용어 정의

마케팅을 처음 공부하는 사람들이 어려워하는 문제 중의 하나는 수많은 새로운 용어들과 씨름을 해야 한다는 것이다. 이 책에서는 처음 등장한 용어의 정의를 각 페이지의 가장자리에 표시하여, 독자들이 본문을 다시 읽을 필요 없이 **주요 용어 323개**의 정의를 쉽게 파악할 수 있도록 하였다.

하이라이트

본문에 등장하는 **주요 용어와 중요한 문장들을 굵은 글씨체로 표시**하여, 독자들이 본문 속에서 핵심이 무엇인지를 쉽게 파악할 수 있도록 하였다.

표, 그림 및 사진

쉬운 용어와 짧은 문장을 사용하는 것은 물론, **77개의 표와 86개의 그림**을 사용함으로써 독자들이 복잡한 내용을 쉽게 이해할 수 있도록 하였다. 그리고 독자들의 이해를 돕기 위하여 꼭 필요하다고 생각되는 곳에는 사진을 첨부하였다.

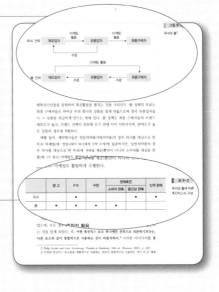

Principles of Marketing

제7판 **마케팅 원리**

박 찬 수

法文社

머리말

"학생들의 머리 속에 아무리 많은 지식을 집어 넣어 준다 하더라도, 사회에 나간 다음 학교에서 배운 바로 그 자세한 지식에 꼭 들어맞는 상황을 만나는 경우는 극히 드물다. 설령 그런 상황을 만난다 하더라도, 학교에서 배운 자세한 지식을 그때까지 기억하고 있는 사람들은 거의 없을 것이다. **정말로 도움이 되는 교육이란 학생들에게 몇 가지의 기본적인 원리들을 이해시키고, 이를 실제 상황에 적용시키는 능력을 키워주는 것이다.**"

알프레드 와이트헤드(Alfred Whitehead), 영국의 철학자

본 저자가 공부하였던 스탠포드 대학교의 마케팅 강의계획서 첫 페이지에 인용된 알프레드 와이트헤드의 이 말은 지금까지 저자가 마케팅을 강의하는 데에 든든한 나침반이 되었을 뿐만이 아니라, 이 책의 이름을 '마케팅원리'라고 붙이게 된 가장 큰 이유가 되었다. 수많은 이론이나 사실들을 배운다고 해서 마케팅을 반드시 잘 하게 되는 것은 아니다. 더구나, 21세기의 급변하는 세상에서 폭발적으로 증가하는 새로운 마케팅 지식을 쫓아가는 것은 누구에게나 힘겨운 일이다. **이렇게 변화가 심할수록 오히려 한 발짝 물러서서, 몇 가지 기본적이고 일반적인 원리들을 확실히 이해한 다음에, 실제로 만나게 된 상황에 이 원리들을 논리적으로 적용시키는 것이 마케팅을 잘 하는 지름길이다.**

이 책의 기본방향

2000년에 '마케팅원리'가 첫선을 보인 후 20여 년간 독자들이 줄곧 보여준 호의적인 반응에 힘입어 위와 같은 저자의 신념은 더욱 강화될 수 있었다. 1, 2, 3, 4, 5, 6판에서 호평을 받았던 이 책의 기본 방향을 7판에서도 충실하게 계승하였다.

- **원리 중심으로 구성한다:** 마케팅의 기본적인 원리들을 명확하게 전달한다. 마케팅 과목을 수강하고도 마케팅의 뼈대를 이루는 중요한 원리들은 제대로 이해하지 못하고, 지엽적인 사실들만 기억하고 나가는 사람들이 적지 않다. 저자는 무엇이 마케팅에서 중요한 원리인지를 독자들이 분명히 파악할 수 있도록 이 책을 원리 중심으로 구성하였다. 중요한 원리들을 뚜렷이 부각시키기 위하여, 별로 중요하지 않다고 생각되는 내용들은 과감하게 배제하였다.
- **독자 중심으로 서술한다:** 독자의 눈높이에 맞도록 내용과 형식을 구성한다. 독

자들이 마케팅의 기본적인 원리들을 보다 잘 이해하도록 하려면 내용과 형식을 독자 중심으로 구성하여야 한다. 이를 위하여, 독자들이 쉽게 읽을 수 있도록 가급적 쉬운 단어와 짧은 문장을 사용하였고, 독자들이 마케팅 원리를 직관적으로 이해할 수 있도록 국내외의 실제 사례를 들어 설명하는 데에 많은 지면을 사용하였다.

이 책의 특징

'원리 중심'과 '독자 중심'으로 요약되는 이 책의 기본 방향은 이 책이 갖고 있는 다음과 같은 다섯 가지 특징에서 잘 드러나고 있다.

- **원 리**

  두꺼운 마케팅 책을 읽고 나서도 마케팅의 기본원리가 무엇인지를 제대로 파악하지 못한 사람들이 많았던 것은 어떤 것이 중요한 원리인지가 명확히 드러나 있지 않았기 때문이다. 이 책에서는 마케팅을 잘 하기 위해서 반드시 이해하고 있어야 하는 **기본 원리 55개**를 엄선하여 박스 안에 담음으로써, 독자들이 필수적인 원리들을 명확하게 파악할 수 있도록 하였다.

- **마케팅 프론티어**

  이 책에서는 사례를 들어서 원리를 설명하는 데에 많은 지면을 사용하고 있지만, 여기에 더하여, 마케팅을 공부하는 사람들에게 정말로 도움이 될 만한 **성공사례나 실패사례 30개**를 엄선하여 '마케팅 프론티어'라는 제목으로 각 장에 포함시켰다. '마케팅 프론티어'에서는 단지 객관적 사실만을 나열하는 데에서 그치지 않고, 저자의 분석을 추가하여 이 책에서 배운 원리들이 어떻게 적용될 수 있는지를 설명하고자 하였다.

- **용어 정의**

  마케팅을 처음 공부하는 사람들이 어려워하는 문제 중의 하나는 수많은 새로운 용어들과 씨름을 해야 한다는 것이다. 이 책에서는 처음 등장한 용어의 정의를 각 페이지의 가장자리에 표시하여, 독자들이 본문을 다시 읽을 필요 없이 **주요 용어 323개**의 정의를 쉽게 파악할 수 있도록 하였다.

- **하이라이트**

  본문에 등장하는 **주요 용어와 중요한 문장들을 굵은 글씨체로 표시**하여, 독자들이 본문 속에서 핵심이 무엇인지를 쉽게 파악할 수 있도록 하였다. 이 책을 처음 읽을 때에는 한 문장 한 문장 빠짐없이 읽어야 하겠지만, 두 번째 읽을 때부터는 하이라이트된 부분만을 보더라도 중요한 내용들을 대부분 되새길 수 있을 것이다.

● 표, 그림 및 사진

쉬운 용어와 짧은 문장을 사용하는 것은 물론, **77개의 표와 86개의 그림**을 사용함으로써 독자들이 복잡한 내용을 쉽게 이해할 수 있도록 하였다. 그리고 독자들의 이해를 돕기 위하여 꼭 필요하다고 생각되는 곳에는 사진을 첨부하였다.

이 책의 구성

이 책의 뼈대를 세우는 데에 있어서 저자가 무엇보다도 중요하게 생각한 것은 마케팅을 처음 공부하는 독자라도 마케팅이 무엇이며, 어떻게 흘러가는 것인지를 한눈에 파악할 수 있도록 하는 것이었다. 그러기 위해서, 각 장과 절의 순서를 최대한 논리적으로 배열하였다. 이 책은 다음과 같이 4부 14장으로 이루어졌다.

제1부　마케팅이란 무엇인가?
　　　제1장　기업경영철학으로서의 마케팅: 마케팅 컨셉트
　　　제2장　기업활동으로서의 마케팅: 마케팅 관리

제2부　마케팅 계획 수립을 위한 기초
　　　제3장　시장의 선택(I): 매력도 분석
　　　제4장　시장의 선택(II): 경쟁우위 및 적합성 분석
　　　제5장　고객의 이해
　　　제6장　시장세분화와 표적시장 선택

제3부　마케팅믹스 관리
　　　제7장　상품관리
　　　제8장　가격관리
　　　제9장　촉진관리(I): 광고, PR 및 구전
　　　제10장　촉진관리(II): 판매촉진과 인적판매
　　　제11장　유통관리

제4부　마케팅 실행과 통제
　　　제12장　마케팅 조직과 통제
　　　제13장　마케팅 정보와 마케팅 조사
　　　제14장　마케팅 윤리

제1부에서는 마케팅이 무엇인지를 짚어본다. 마케팅이 무엇인지를 한 마디로 설명하는 것은 쉽지 않기 때문에, 저자는 독자들의 이해를 돕기 위하여 마케팅의 의미를 두 가지－기업경영철학으로서의 의미(1장)와 기업활동으로서의

의미(2장)-로 나누어서 설명하고 있다.

이 책의 제2부에서부터는 기업활동으로서의 마케팅, 즉 마케팅 관리를 중점적으로 다루게 된다. 마케팅 관리는 상품, 가격, 촉진, 유통을 계획하고, 실행하고, 통제하는 과정으로 이루어져 있는데, 제2부와 제3부는 주로 계획하는 활동들을, 제4부는 실행하고 통제하는 활동들을 주로 다루고 있다.

모든 일에서 첫 단추를 잘 끼우는 것이 중요한 것처럼, 마케팅에서도 처음에 진입할 시장을 잘 선택하는 것이 매우 중요하다. 제2부에서는 시장을 선택하고(3장 및 4장), 선택된 시장의 고객들을 이해하고(5장), 이러한 바탕 위에서 시장을 다시 세분화하여 표적시장을 선택(6장)하는 과정을 설명하고 있다. 이러한 과정을 거쳐야만 상품, 가격, 촉진, 유통을 계획할 수 있는 튼튼한 토대가 마련되기 때문에, 제2부는 '마케팅 계획 수립을 위한 기초'라고 이름 붙였다.

제3부는 마케팅 관리의 '몸통'이라고 할 수 있는 마케팅믹스-상품(7장), 가격(8장), 촉진(9장 및 10장), 유통(11장)-를 다루고 있다. 이 중에서 촉진은 다루어야 할 내용이 많기 때문에, 성격이 비슷한 광고, PR, 구전을 묶어서 9장으로, 판매촉진과 인적판매를 묶어서 10장으로 만들었다.

제4부는 앞에서 수립된 마케팅 계획을 실행하고 통제하는 문제를 다루고 이 책의 끝마무리를 하게 된다. 마케팅 조직의 여러 가지 형태와 마케팅 성과를 측정하고 시정 조치를 취하는 통제 활동은 12장에서 다룬다. 마케팅 계획, 실행, 통제의 모든 단계마다 중요한 역할을 하는 마케팅 정보를 어떻게 수집하고 마케팅 조사를 어떻게 활용할 것인지는 13장에서 다룬다. 과거에는 소홀히 취급되었지만 오늘날 그 중요성이 더욱 높아진 마케팅의 윤리적 측면들을 14장에서 살펴봄으로써 이 책을 끝맺고 있다.

7판이 완성되기까지 저자는 많은 분들의 도움을 받았다. 어려운 출판 환경에도 불구하고, 법문사 영업부의 권혁기 차장님과 정해찬 과장님은 7판이 출판될 수 있도록 적극적으로 성원해주었으며, 편집부의 김제원 이사님과 노윤정 차장님은 보다 나은 책을 만들기 위하여 노력을 아끼지 않았고 손현오 과장님 또한 인상적인 표지를 디자인해주었다. 한국강소기업협회의 나종호 상임부회장님, 에너자이저(Energizer) 코리아의 황현성 대표님, 제일기획의 최지원 차장은 원고를 작성하는데 유익한 조언을 제공해주었다. 끝으로 7판에 사용된 자료를 수집하는데에 도움을 준 고려대학교 대학원의 이상아 양에게도 고마움을 표한다.

2023년 1월
저 자

차 례

제2부 마케팅 계획 수립을 위한 기초

제4부 마케팅 실행과 통제

제12장 마케팅 조직과 통제　　　　　　　　　　　　　　　400

제13장 마케팅 정보와 마케팅 조사　　　　　　　　　　　　430

제 1 부

마케팅이란 무엇인가?

제1장

기업경영철학으로서의 마케팅: 마케팅 컨셉트

- 마케팅은 너무나 기본적인 것이기 때문에, 기업활동 중의 단지 하나라고 볼 수는 없다.
  – 피터 드럭커(Peter Drucker), 미국의 경영학자

- 사업의 목표는 새로운 고객을 만들고, 만들어진 고객을 유지하는 것이다.
  – 테드 레빗(Theodore Levitt), 미국의 경영학자

- 이익이란 것은 구하지 않아야 저절로 이롭게 되는 것이요, 이익을 구하면 얻지도 못하고 오히려 해를 보게 된다.
  – 맹자

이 장의 흐름

1. 고객으로부터 출발하라: 필요와 욕구

⬇

2. 경쟁자보다 더 큰 가치를 제공하라: 가치와 편익

⬇

3. 획득된 고객을 유지하라: 고객의 획득, 유지, 생애가치

⬇

4. 고객은 평등하지 않다: 80/20의 법칙

⬇

5. 최종 소비자만이 고객은 아니다: 고객 개념의 확장

⬇

6. 이익은 목표가 아니라 결과다: 마케팅 컨셉트

이 장의 목표

이 장을 읽은 다음에는 다음 질문에 답할 수 있어야 한다.

1. 고객의 욕구를 충족시킨다는 것은 구체적으로 무엇을 의미하는가?
2. 고객을 유지하는 것이 왜 중요하며, 어떻게 달성할 수 있는가?
3. 고객의 생애가치는 어떻게 극대화할 수 있는가?
4. 고객은 최종 소비자만을 의미하는가? 모든 고객이 똑같이 중요한가?
5. 마케팅 컨셉트를 잘 실천하는 기업은 어떤 특징을 갖고 있는가?

마케팅이 무엇인지를 한마디로 설명하기란 쉽지 않다. 어떤 사람들은 마케팅을 물건을 파는 기술, 화려한 광고, 친절한 서비스 같은 것이라고 생각하기도 하고, 또 다른 사람들은 마케팅을 '사업을 성공시키는 마술지팡이' 같은 것이라고 생각하기도 한다.

이 책의 제1부에서는 먼저 마케팅이 무엇인지를 짚고 넘어가기로 한다. 우리는 마케팅이 크게 두 가지 의미를 갖고 있다는 것을 배우게 될 것이다. 그 한가지 의미는 **기업을 경영하는 철학으로서의 마케팅**이다. 마케팅의 또 다른 의미는 **기업이 행하는 여러 가지 활동 중의 일부로서의 마케팅**이다.

1장에서는 기업경영철학으로서의 마케팅을 다룬다. 기업활동으로서의 마케팅은 2장에서 다루기로 한다.

그림 1-1

마케팅의 두 가지 의미

경영철학이란 무엇인가? 이를 인생철학에 견주어 보면 이해하기 쉽다. 살다보면 우리는 여러 가지 선택에 직면하게 된다. 사랑이 우선인가, 우정이 우선인가? 일이 우선인가, 가족이 우선인가? 둘 다 취할 수 있으면 좋으련만, 인생은 우리에게 둘 중에 하나를 선택하도록 요구한다. 이런 때에 무엇을 선택할 것인가에 대한 소신을 인생철학이라고 부를 수 있다. 마찬가지로, 작든 크든 기업의 최고경영자도 수시로 어려운 선택에 직면하게 된다. 주주에게 당장 더 큰 배당을 할 것인가, 직원에게 더 큰 보너스를 줄 것인가, 아니면 고객에게 더 큰 혜택을 제공할 것인가? 이런 때에 어디에 우선을 둘 것인지에 대한 신념을 경영철학이라고 부를 수 있다.

인생철학이 하나가 아닌 것처럼, 경영철학도 하나가 아니다. 주주를 직원이나 고객보다 중시하는 경영자가 있는가 하면, 직원을 주주나 고객보다 중시하는 경영자도 있다. 독자 여러분은 이미 **기업경영철학으로서의 마케팅이란 고객을 가장 중시하는 것**이라고 짐작하였을 것이다.

기업경영철학으로서의 마케팅을 **마케팅 컨셉**(marketing concept)라고도 부른다. 마케팅 컨셉의 핵심은 고객의 욕구를 잘 충족시켜 주는 것이 기업의 가장 중요한 사명이고, 이익은 이러한 사명을 충실히 실천한 대가로 자연히 생기는 결과물로 본다는 데에 있다. 즉, **이익은 목표가 아니라 결과라는 것**이다. 다음은 마케팅 컨셉를 투철하게 실천하는 어느 기업의 사례를 보여준다.

몇 년 전 한 보험회사에 편지가 배달되었다. 담당 직원이 뜯어보니 한 젊은 아빠가 갓 태어난 딸을 위한 생명보험에 들기 위해서 가입신청서와 첫 달치 보험료를 보낸 것이었다. 그러나 신생아가 보험에 가입하려면 반드시 의사의 건강진단서가 필요했기 때문에 이 회사는 이 아기를 보험에 가입시킬 수 없었다. 며칠을 기다려도 진단서는 오지 않았고, 담당 직원은 보험 가입이 늦어지는 이유를 설명하기 위하여 아기의 아빠에게 전화를 걸었다. 놀랍게도 그 아빠는 담당 직원의 말을 가로막으면서 자신의 딸이 그 날 아침에 갑자기 죽었다는 소식을 침통한 목소리로 전했다. 예상하지 못했던 소식에 몇 마디 위로의 말을 남기고 황급히 전화를 끊은 담당 직원은 그 젊은 아빠가 느꼈을 슬픔을 생각하니 이 사건을 도저히 그냥 묻어버릴 수가 없었다. 그는 결국 자신의 상사를 찾아가서 의논하였고, 그 아기가 죽기 전에 작성된 의사의 건강진단서를 받아 보기로 하였다. 만약 의사의 건강진단서에 특별한 문제가 없는 것으로 나와 있다면, 그리고 만약 의사의 건강진단서가 아기가 죽기 전에 배달되었다면 아기는 생명보험에 가입할 수 있었을 것이라는 것이 담당 직원과 상사의 판단이었다. 의사에게 요청을 해서 건강진단서를 받아보니 정말로 아무 문제가 없었고, 이 회사는 이미 죽은 아기를 보험에 가입시킨 후 보험금을 지급하였다.[1]

여러분은 이 사례를 읽고 어떤 생각이 들었는가? 한편으로는 감동적이지만, 다른 한편으로는 마케팅 컨셉트에 대해서 강한 의문이 생겼을 것이다. "마케팅 컨셉트를 따라하다가는 회사가 망하겠다." 또는 "마케팅 컨셉트는 자선단체에나 어울리겠다"라고. (이 회사의 운명은 1장의 끝 부분에서 밝혀진다.)

우리는 이 장에서 마케팅 컨셉트로 무장한 기업이 어떻게 한편으로 고객의 욕구를 충족시키면서, 다른 한편으로 지속적인 이익을 얻을 수 있는지 그 바탕이 되는 중요한 원리들을 배우게 될 것이다.

---

1 Frederick F. Reichheld, "Lead for Loyalty," *Harvard Business Review* (July–August, 2001).

1 고객으로부터 출발하라: 필요와 욕구

'기업을 경영하는 철학'으로서의 마케팅은 고객들이 현재 무엇을 원하고 있는 지를 이해하고, 한 걸음 더 나아가서, 앞으로 무엇을 원하게 될지를 예측하는 것이 기업의 성장과 발전을 달성하는 지름길이라는 믿음에서부터 출발한다. 우리 주변에서 볼 수 있는 '잘 나가는' 기업들이나 '대박' 상품들의 성공 비결이란 대부분 현재 고객들이 원하는 것을 기존 상품들보다 더 잘 충족시켜 주거나, 아니면 고객들이 앞으로 원하게 될 것을 미리 내다보고 준비를 해서 경쟁자들보다 앞서서 제공할 수 있었던 데에 있다.

그렇다면, 고객이 '원하는 것'에 대해서 좀 더 자세히 알아보자. 고객이 원하는 것을 좀 더 구체적으로 표현해 본다면 '필요'와 '욕구'라는 두 개의 단어로 나타낼 수 있다. **필요**(needs; 니즈)란 사람이 살아가는 데 필요한 음식, 옷, 집, 안전, 소속감, 사회적 지위 등과 같은 기본적인 것들이 부족한 상태를 말하며, **욕구**(wants)란 그러한 필요를 충족시킬 수 있는 어떤 구체적인 수단을 원하는 것을 말한다. 예를 들어, 배가 고프다는 것은 필요이지만, 라면이나 햄버거를 먹고 싶다고 느끼는 것은 욕구이다.

필요는 인간이 태생적으로 갖고 있는 것으로서 기업 하나가 여기에 영향을 미치기 어렵지만, 욕구에는 영향을 미치기 쉽다. 예를 들어, 'BMW는 타는 사람의 지위를 보여준다'는 내용의 광고를 BMW가 한다고 해서 사람들이 사회적 지위를 더 갈망하게 되는 것은 아니다. BMW가 하는 것은 자기 회사가 만든 제품이 사회적 지위를 표현해주는 최고의 수단이라는 것을 인식시킴으로써 BMW에 대한 욕구를 상승시키고, 궁극적으로 BMW를 사게 만드는 일이다. 대개의 경우 마케팅의 출발점은 욕구를 이해하고 이를 충족시키고자 노력하는 것이다.

필요(니즈)
사람이 살아가는 데 필요한 의, 식, 주, 안전, 소속감 등과 같은 기본적인 것들이 부족한 상태

욕구
필요를 충족시킬 수 있는 어떤 구체적인 수단을 원하는 상태

2 고객에게 경쟁자보다 더 큰 가치를 제공하라: 가치와 편익

기업은 고객의 욕구를 단지 이해하는 데에서 그치는 것이 아니라, 이러한 욕구를 충족시킬 수 있는 좋은 수단과 방법을 찾아야 한다. 여기서 '좋은' 수단과 방법이란 구체적으로 어떤 것일까?

아르바이트를 해서 모은 돈으로 13.3인치 노트북을 사려고 하는 A양과 B군의

경우를 살펴보자. 두 사람은 삼성과 LG 중에서 하나를 사려고 한다. 두 회사의 노트북은 메모리, 하드디스크 등과 같은 기본 성능에 있어서는 차이가 없었지만, 삼성의 노트북은 LG의 노트북보다 무게가 600그램 가벼웠고 가격이 40만원 더 비싼 130만원이었다. 두 회사의 노트북을 비교해 본 A양은 삼성 노트북의 화질과 디자인이 더 좋다고 느꼈고, 무게가 600그램 가벼운 것까지 고려하면 40만원을 더 줄만하다고 생각해서 삼성을 사기로 결정했다. 그러나 튼튼한 팔다리를 가진 B군에게는 600그램의 차이는 중요하지 않았고, 삼성의 화질과 디자인이 LG보다 더 좋게 보이기는 했지만, 40만원을 더 지불할만하다고는 생각되지 않아서 LG를 사기로 마음 먹었다.

A양의 결정과 B군의 결정을 알기 쉽게 식으로 써보자. A양의 결정은 다음과 같이 쓸 수 있다.

> 삼성 노트북을 사서 얻는 것(기본 성능, 가벼운 무게, 더 좋은 화질과 디자인) – 삼성 노트북의 가격(130만원) > LG 노트북을 사서 얻는 것(기본 성능) – LG 노트북의 가격(90만원)

B군의 결정은 위와는 반대로 쓸 수 있다. 여기서, 두 사람이 구입한 브랜드는 다르지만, 두 사람은 자신이 얻는 것(what you get)과 자신이 그 대가로 지불하는 것(what you pay for)의 차이가 더 큰 브랜드(A양의 경우 삼성, B군의 경우 LG)를 구입하였다는 점에서는 일치한다.

여러분은 A양에 가까운가 아니면 B군에 가까운가? 비록 가상적인 예이기는 하지만, 위의 예는 사람들이 무엇인가를 사기 위해서 결정을 내리는 기준을 잘 나타내고 있다. 위의 예에서 주목할 점은 삼성의 노트북이 LG의 노트북보다 더 나은 상품이지만, 두 사람 모두 삼성을 구입한 것은 아니라는 점이다. 마찬가지로, LG의 노트북이 삼성의 노트북보다 가격 면에서 유리하지만, 두 사람 모두 LG를 구입한 것은 아니다. 두 사람은 자신이 얻는 것과 자신이 지불하는 것을 비교해서 그 차이가 더 큰 상품을 구입한 것이다. 마케팅에서는 이것을 **가치(value)**라고 부른다. **사람들은 최고 품질의 상품을 사는 것도 아니고 최저 가격의 상품을 사는 것도 아니다. 자신에게 가장 큰 가치를 줄 것이라고 생각되는 상품을 사는 것이다.**

가치를 경제학에서는 **효용(utility)**이라고 부른다. 결국 기업이 고객의 욕구를 충족시켜 줄 수 있는 좋은 방법이란 고객에게 경쟁상품들보다 더 높은 가치를 주는(또는, 더 큰 효용을 주는) 상품을 제공하는 것이다.

가치(value)
= what you get
 – what you pay for
= 총 편익 – 총 비용

코카콜라는 눈으로 마신다?

사람들에게 코카콜라와 펩시콜라 중에서 어느 것이 더 맛이 좋은지를 물으면 대다수는 코카콜라라고 답을 하지만, 객관적으로는 둘 사이에 맛 차이가 거의 없다는 사실이 잘 알려져 있다. 실제로 한 연구에서는 응답자들에게 코카콜라와 펩시콜라를 마시게 한 후 어느 쪽을 선호하는지를 물었다. 그 결과 브랜드를 알고 마신 경우에는 65%가 코카콜라를 선호한다고 답했고, 23%만이 펩시콜라를 선호한다고 답한 반면, 브랜드를 모르고 마신 경우에는 44%만이 코카콜라를 선호한다고 답했고, 51%가 펩시콜라를 선호한다고 답함으로써, 펩시콜라를 선호하는 사람들의 비율이 더 높게 나타났다. 이러한 결과는 대다수의 사람들이 코카콜라를 선호하는 이유는 코카콜라의 맛 때문이 아니라 코카콜라의 브랜드 때문임을 시사해준다.

그런데 어떻게 브랜드를 모를 때에는 펩시가 더 맛있다가 브랜드를 알 때에는 코카콜라가 더 맛있어질 수 있을까? 여러 신경과학자들이 수행한 실험이 이에 대한 답을 제공하였다. 이 연구자들은 사람들이 코카콜라와 펩시콜라를 마실 때 일어나는 뇌의 활동을 fMRI(기능성 자기공명영상장치)라는 기계를 이용해서 관찰하였다. 특정 영역의 뇌 세포들이 흥분하면 에너지원인 산소가 필요하게 돼 그 곳으로 혈액이 공급되는데, fMRI는 이러한 혈액 공급 정도를 측정해 뇌의 어느 영역이 활성화 되었는지를 보여주는 도구이다. 그 결과 실험 참가자 자신이 맛보는 콜라의 브랜드를 아느냐 모르느냐에 따라서 뇌의 활동이 다르다는 것을 발견하였다.

브랜드를 모르는 상태에서 콜라의 맛을 보고서 맛있는 콜라를 선택하는 경우에는 뇌의 영역 중에서 좋은 맛에 반응하는 영역(VMPFC)[2]이 활성화되었다. 그런데 이 영역이 활성화되는 정도는 두 브랜드 사이에 큰 차이가 없어서 맛은 거의 차이가 없다는 것을 보여주었다. 그러나 콜라를 맛보기 전에 브랜드를 먼저 알려준 경우에는 DLPFC[3]와 해마(hippo-campus)라는

사람들은 자신에게 가장 큰 가치를 줄 것이라고 생각하는 상품을 구입한다.

이제 가치라는 개념을 좀 더 자세히 살펴보자.

1. 어떤 상품으로부터 얻는 부분은 여러 가지 편익의 묶음이다

A양이 삼성 노트북을 쓰면서 얻을 수 있는 것들을 나열해보면, 기본 성능 외에도 가벼운 무게, 좋은 화질, 세련된 디자인 등 여러 가지이다. 마케팅에서는 어떤 상품이 사용자에게 제공하는 이러한 효과들을 **편익**(benefit)이라고 부른다. 어떤 상품이든지 사용자에게 한 개가 아니라 여러 개의 편익을 제공하는 것이

편익
어떤 상품으로부터 고객이 받는 욕구충족 효과

---

2 ventromedial prefrontal cortex(배안쪽 이마앞 피질)
3 dorsolateral prefrontal cortex(등쪽 이마앞 피질)

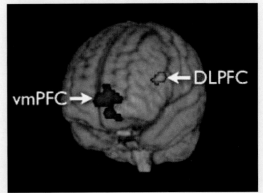

영역이 활성화되었는데, 이 영역들은 정서, 기억, 학습과 관련된다. 그리고 이 영역들이 활성화되는 정도는 코카콜라가 펩시콜라에 비해서 더 큰 것으로 나타났다. 더욱 흥미로운 것은 DLPFC라는 영역이 뇌에서 쾌락을 느끼는 중추와 연결되어 있다는 것이다.

결국 **우리의 혀가 아니라, 코카콜라의 마케팅에 길들여진 우리의 뇌가 콜라에 대한 선호를 형성하는 데 결정적인 역할**을 한다는 것이다. 연구팀은 "코카콜라 상표를 보면 뇌는 자신에게 호감을 주었던 코카콜라의 광고나 마케팅 등의 기억 때문에 DLPFC를 활성화시키고 그 결과 코카콜라를 선택하는 행동을 이끌어 내는 것"이라고 설명하고 있다.

우리가 인식하는 '맛'이 반드시 실제 '맛'과 일치하지 않는 것처럼, 다른 감각 역시 마찬가지이다. 우리가 어떤 브랜드를 살 것인지를 결정할 때 사용하는 정보는 우리의 감각 기관과 뇌를 거쳐서 들어온 것으로 그 과정에서 채색되고 굴절되기 때문에 반드시 객관적인 실체와 일치하는 것은 아니다. 좋은 상품을 만드는 것 못지 않게 그 상품이 좋다는 것을 고객들에게 인식시키는 것이 중요한 이유가 여기에 있다.[4]

보통이다. 예를 들어, 치약은 충치 예방효과, 치석 제거효과, 입 냄새 제거효과, 치아 미백효과 등과 같은 **여러 가지 편익의 묶음**이라고 볼 수 있다. 단지, 어떤 치약 브랜드는 미백 편익이 높고(예: 클라이덴), 다른 브랜드는 충치예방 편익이 높을 수 있으므로(예: 클링스), 구매자에게 어떤 편익이 더 중요한가에 따라 그가 사는 브랜드가 달라질 것이다.

2. 편익의 크기는 객관적일 수도 있고 주관적일 수도 있다

어느 노트북 컴퓨터의 화면이 더 큰지는 객관적으로 비교할 수 있지만, 어느

---

4 Lesile de Chernatony and Simon Knox, "How an Appreciation of Consumer Behaviour Can help in Product Testing," *Journal of the Market Research Society* (July 1990); 이영완, "펩시냐 코카냐… 맛은 혀 아닌 눈으로 먼저 느낀다," 조선일보, 2004년 11월 3일; Sam McClure, Jian Li, Damon Tomlin, Kim Cypert, Latane Montague, and Read Montague, "Neural Correlates of Behavioral Preference for Culturally Familiar Drinks," *Neuron* (2004); Dan Ariely, *Predictably Irrational* (New York, NY: Harper Collins, 2008).

노트북 컴퓨터의 디자인이 더 좋은지는 객관적으로 비교하기 어렵다. 이와 같이 편익 중에는 객관적으로 평가하기 어려운 것들이 있는데, 이런 편익을 평가할 때에 구매자는 브랜드, 가격, 광고 등과 같은 요인들에 의해서 영향을 받는다. 가령, 실제로는 디자인이 비슷한데도, A양은 삼성이라는 브랜드 때문에 디자인이 더 좋다고 느꼈을 수 있다.

따라서 **단지 더 나은 상품을 만드는 것으로는 충분하지 않으며, 우리 상품이 더 낫다는 것을 믿게 만들어야 한다.** '마케팅 프론티어 1-1'은 코카콜라가 이런 측면에서 얼마나 강력한 요새를 구축하고 있는지를 잘 보여준다.

3. 구입가격만이 전부가 아니다

단지 구입가격만이 전부가 아니라, 구입하기 위하여 들여야 하는 시간과 노력은 물론, 그 상품을 사용하면서 추가로 지불해야 하는 금전적 또는 **비금전적 비용도 상품에 따라서는 매우 중요**할 수 있다. 예를 들어, 자동차나 PC 같은 내구재의 경우, 구입가격에 못지 않게 중요한 것은, 나중에 중고 시장에서 제값을 받을 수 있을까 하는 것이다. 미국의 델(Dell)은 이러한 점에 착안하여 자기 회사의 인터넷 사이트에 중고 델 컴퓨터를 경매로 사고 파는 사이트를 개설하였다. 이 덕분에 델 컴퓨터를 쓰던 사람들은 제값을 받고 컴퓨터를 처분할 수 있었고, 이것은 델(Dell)이 새 PC를 판매하는 데에도 도움을 주었다(이에 덧붙여 이 회사는 수수료 수입도 올릴 수 있었다!). 또 다른 예를 들면, 치과의 경우 단지 치과에 가야 한다는 심리적 비용(즉, 두려움)도 무시할 수 없다. 그러므로 환자들의 두려움을 덜어줄 수 있도록 의사와 간호사들의 태도를 부드럽게 하는 것도 효과적일 수 있다.

결론적으로, 고객에게 더 큰 가치를 제공할 수 있는 방법에는 크게 다음 두 가지가 존재한다. **첫째, 총 비용이 경쟁상품들과 동일하다면 더 많은 편익을 제공해야 한다. 둘째, 총 편익이 경쟁상품들과 동일하다면 고객이 지불하는 총 비용을 낮추어야 한다.**

3 획득된 고객을 유지하라: 고객의 획득, 유지, 생애가치

기업은 일반적으로 여러 가지 목표를 추구하지만, 그 중에 빠짐없이 들어 있는 목표는 이익에 관한 목표이다. 이익을 극대화하는 것이 반드시 기업의 가장 중요한 목표가 되어야 하는 것은 아니지만, 기업이 생존하고 성장하기 위해서는 높은 수준의 이익을 지속적으로 내야 한다.

1. 고객의 획득과 유지

앞서 우리는 기업이 고객에게 더 큰 가치를 제공하기 위해서는 편익을 높이거나, 비용을 낮추어야 한다고 배웠다. 그런데 이렇게 하면 기업의 이익이 높아지기는커녕, 낮아질지도 모른다. 경쟁상품보다 더 큰 편익을 제공하는 상품을 만들기 위해서는 여러 가지 투자가 필요하기 때문에 원가가 높아질 것이다. 경쟁상품보다 더 저렴한 상품이 되기 위해서는 아마도 판매가격을 낮추어야 할 것이다.

고객에게 더 큰 가치를 제공해야 한다는 원리와 높은 이익을 지속적으로 내야 한다는 목표는 동시에 잡을 수 없는 두 마리의 토끼 같은 것인가? 고객에게 더 큰 가치를 제공해야 한다는 원리를 실천하면서도 지속적으로 높은 이익을 거둘 수 있는 방법은 있는가? 이러한 근본적인 문제에 답하려면 다음과 같은 중요한 원리를 이해하여야 한다.

원리 1-2

고객과의 관계는 지속될 수 있다.

예를 들어, 은행 적금에 가입한 20대 회사원이 몇 년 후에는 결혼자금 대출이 필요하게 될 것이고, 또 몇 년 후에는 주택자금 대출을 받게 될 것이고, 또 몇 년 후에는 자녀 학자금 대출이 필요할 것이다. 뿐만 아니라, 그 중간 중간에, 신용카드, 환전, 보험 등을 필요로 할 것이다. 그렇다면, 은행은 이 고객에게 적금 하나 판 것으로 그치고 또다른 고객을 찾아 나설 것인가 아니면 이 고객으로 하여금 대출이나 신용카드도 이 은행에서 하도록 만들 것인가?

이 문제에 답하기 위하여 사람들을 아주 단순하게 [그림 1-2]와 같이 세 가지 종류로 나누어 보자: 우리 회사의 고객, 경쟁회사의 고객, 그리고 아직 어느 편의 고객도 아닌 사람(즉, 미사용자). 현재 우리 회사의 고객이 아닌 사람(즉, 경쟁자의 고객이거나 아니면 미사용자)으로 하여금 우리 회사의 상품을 사게 만드는 것을 **획득**(acquisition)이라고 부른다. 그리고 현재 우리 회사의 고객인 사람으로 하여금 다음 번에도 우리 회사의 상품을 구입하게 만드는 것을 **유지**(retention)라고 부른다. 이와는 반대로 우리 고객이 다음 번에 다른 회사의 고객이나 미사용자가 되는 것을 **이탈**(defection)이라고 부른다. 일반적으로 **현재 우리의 고객을 유지하는 데 드는 비용보다 새로운 고객을 획득하는 데 드는 비용이 훨씬 더 크다.**

새로운 고객을 획득하는 것이 얼마나 어려운가를 이해하기 위하여 다음 사례를 살펴보자.

> 초고속인터넷 가입자가 1,600만명을 돌파해 시장이 포화되자 신규 고객을 획득하기 위한 기업들 간의 경쟁이 가열되고 있다. KT, SK브로드밴드, LGU+는 "타사전환, 신규가입시 현금 40만원 즉시 지급", "30만원 현금에 10만원 상당의 상품 지급"이란 내용의 전단지를 무작위로 살포하며 가입자 유치경쟁을 벌이고 있다. 이 와중에 늘어나는 적자를 감당하기 어렵게 된 SK브로드밴드는 마침내 정리해고를 포함한 구조조정 계획을 발표하였다.[5]

위와 같이 초고속인터넷 가입자 유치 경쟁이 과열된 것은 초고속인터넷 시장이 포화되어 더 이상 미사용자를 찾기 어렵게 되자, 기업들이 경쟁회사의 가입자를 뺏어오는 데 치중하기 때문이다. 이미 초고속인터넷에 가입하여 만족하고 잘 쓰고 있는 사람으로 하여금 서비스를 해지하고 심지어는 위약금까지 내면서 다른 회사에 가입하는 번거로움을 감수하게 하려면 파격적인 인센티브를 내걸

그림 1-2

고객의 획득, 유지, 이탈

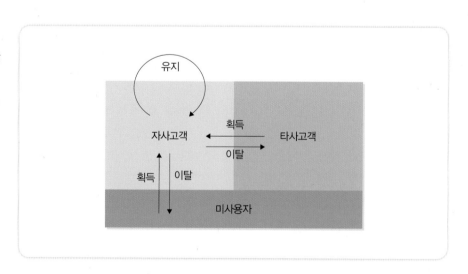

---

5 이은지, "위기도 '초고속'으로 불렀다," *시사저널*, 2010년 6월 30일; "초고속인터넷, 죽기살기 출혈경쟁," *한국일보*, 2010년 2월 11일

지 않으면 불가능할 것이다.

이러한 현상은 초고속인터넷에만 국한된 것이 아니다. 우리 주위에서 볼 수 있는 대부분의 상품들이 성숙기에 접어들면서 미사용자를 찾기 어렵게 되었고, 이런 시장에서 경쟁하는 기업들은 매출액을 늘리기 위해서 경쟁자의 고객을 끌어오는 전략을 사용하곤 한다. 그러나 사람들은 자신이 쓰는 상품에 일단 만족하면 그 상품을 습관적으로 재구매하는 경향이 있기 때문에 경쟁자의 고객을 빼앗아 오기 위해서는 많은 비용을 써야 한다.

이러한 상황에서 기업이 지속적으로 높은 이익을 얻기 위해서는 발상의 전환이 필요하다. 고객을 '일회용품'과 같은 존재로 볼 것이 아니라, '재활용품'과 같은 존재로 보아야 한다. 즉, 상품을 구입하기 전에는 마치 간이라도 빼 줄 것 같은 시늉을 하다가 일단 상품을 구입하면, '내가 언제 너를 봤느냐'하는 식으로 돌아서는 것은 매우 근시안적인 행동이며 하나만 알고 둘은 모르는 태도이다. 이런 식으로 사업을 계속한다면 한 번 이 회사의 상품을 구입한 사람은 거의 대부분 불만을 느끼고 이탈하기 때문에, 이 회사는 매번 새로운 고객을 찾아야 할 것이다. 그런데 이것은, 앞서 설명한 것처럼, 몇 배의 비용이 드는 일이다. 그러므로 우리 상품을 구입한 사람들을 소홀히 취급하여 이들을 떠나보내고, 매번 새로이 고객을 '사냥'하는 **수렵형 경영**보다는 우리 상품을 구입한 사람들을 잘 가꾸어 자주 '열매'를 맺을 수 있도록 하는 **경작형 경영**이 장기적으로 더 바람직하다.

> **원리 1-3**
>
> 성숙기 시장에서 기존 고객 한 명을 유지하는 데 드는 비용은 새로운 고객 한 명을 획득하는 데 드는 비용보다 적다.

2. 고객생애가치

경작형 경영이 수렵형 경영보다 더 높은 이익을 가져온다는 것에 대해서 좀 더 자세히 알아보기로 하자. 우리가 경작형 경영을 해서 기존 고객들을 유지하는 데 성공한다면, 이 고객은 여러 번 우리 상품을 구입하게 된다. 그렇게 된다면 우리는 이 고객으로부터 단 한번의 이익을 얻는 것이 아니라 이익의 흐름을 얻게 된다. 이렇게 어떤 고객으로부터 얻게 되는 이익흐름의 현재가치를 **고객생애가치**(customer lifetime value)라고 부른다.

예를 들어, 어떤 사람이 평생 현대자동차의 차만 구입한다면, 이 사람의 고

고객생애가치
어떤 고객으로부터 얻게 되는 이익의 흐름의 현재가치

객생애가치는 몇 억원에 달하게 된다. 신생아 한 명 당 매 달 10만원을 일회용 기저귀에 지출하고, 30개월 동안 사용한다면, 이 아기의 생애가치는 거의 300만 원에 이른다.

여기서 주의할 것은, 고객생애가치에서의 '가치'는 앞에서 나온 편익과 비용의 차이로 정의된 '가치'와는 다른 의미로 쓰이고 있다는 점이다. 즉, 고객생애가치에서의 '가치'는 고객으로부터 기업이 얻게 되는 이익(즉, value from the customer)을 의미하는 반면, 앞서 나온 '가치'는 어떤 상품으로부터 고객이 얻게 되는 편익과 그 대가로 지불하는 비용의 차이(value for the customer)를 의미한다.

(1) 고객생애가치 계산방법

고객생애가치를 계산하는 방법을 알아보자. 대개의 경우, 여기에 필요한 정보는 기존 고객들에 대한 데이터를 분석하거나 아니면 회사 안에 있는 전문가들의 판단을 종합함으로써 얻을 수 있다. 편의상 1년에 한 번 구입되는 어떤 상품을 예로 들어 설명하면 다음과 같다. 먼저, 새로운 고객을 획득하는 경우를 생각해보면, 이 고객을 획득하기 위하여 지출될 예산, 그러한 비용을 투입했을 때 이 고객이 획득될 확률, 그리고 이 고객에게 이 상품을 판매함으로써 얻을 수 있는 단위당 마진을 추정하여야 한다.

예를 들어, 중학생들을 대상으로 온라인 학습지 사업을 하는 회사의 경우를 생각해보자. 이 회사는 매년 1월에 서울의 예비 중1 약 5만명을 대상으로 신규 회원을 모집하기 위한 마케팅 활동(예: 소셜 미디어 광고)을 펼치곤 한다. 이 마케팅 활동의 예산은 10억원이므로, 예비 중1 한 명당 2만원이 들어가는 셈이다. 이를 **획득예산**이라고 부르자. 물론 이렇게 돈을 들인다고 해서 모두 회원으로 가입하는 것은 아니며, 과거의 경험으로 보면, 20% 정도만이 가입했다고 한다. 즉, 잠재 고객 한 명당 2만원의 비용을 써도 20%만이 가입하는 셈이다. 이를 **획득률**이라고 부르자. 그리고 회원으로 가입할 경우, 처음 1년 동안 구독료에서 거둘 수 있는 마진은 10만원이라고 한다. 이러한 수치를 갖고, '홍길동'이라는 예비 중1 학생으로부터 이 회사가 기대할 수 있는 첫 해 동안의 이익을 계산하면 다음과 같다.

(획득률)×(획득시 회사가 얻는 이익)+
(획득되지 않을 확률)×(미획득시 회사가 입는 손실)
=(획득률)×(마진−획득비용)+(1−획득률)×(−획득비용)
=0.2×(10−2)+0.8×(−2)
=0(만원)

이 학습지 회사는 구독 기간이 끝나갈 무렵이면 구독 연장을 유도하기 위한 마케팅 활동을 전개하곤 하는데, 회원 한 명당 1만원의 예산을 들일 계획이라고 한다. 이를 **유지예산**이라고 부르자. 물론 이렇게 한다고 해서 모두 구독을 연장하는 것은 아니며, 과거의 경험으로 보면, 기존 회원 10명 중 6명 정도만이 연장했다고 한다. 즉, 회원 한 명당 1만원의 비용을 써도 60%만이 유지되는 셈이다. 이를 **유지율**이라고 부르자. 그리고 마진은 10만원 그대로라고 한다. 이러한 수치를 갖고, 앞에서 살펴본 '홍길동'이라는 예비 중1 학생으로부터 이 회사가 기대할 수 있는 둘째 해 동안의 이익을 계산하면 다음과 같다.[6]

$$(획득률) \times \{(유지율) \times (마진 - 유지비용) + (1 - 유지율) \times (-유지비용)\}$$
$$= 0.2 \times \{0.6 \times (10 - 1) + 0.4 \times (-1)\}$$
$$= 1(만원)$$

마찬가지로, 셋째 해 동안의 기대 이익을 계산하면,

$$(획득률) \times (유지율) \times \{(유지율) \times (마진 - 유지비용) + (1 - 유지율) \times (-유지비용)\}$$
$$= 0.2 \times 0.6 \times \{0.6 \times (10 - 1) + 0.4 \times (-1)\}$$
$$= 0.6(만원)$$

정리하면, '홍길동'이라는 예비 중1 학생으로부터 이 회사가 얻을 수 있는 이익은 첫 해에는 0, 둘째 해에는 1만원, 셋째 해에는 0.6만원으로 기대된다. 그런데 이익이 생기는 시점이 제각기 다르므로, 이를 그대로 합산하기 보다는 위의 기대 이익을 현재 시점을 기준으로 환산한 다음에 합산하는 것이 바람직하다(이를 현재가치라고 부른다). 가령, 내년에 들어오는 1만원은 금년에 들어오는 0.9만원 만큼의 가치가 있고, 내후년에 들어오는 1만원은 금년에 들어오는 0.81만원 만큼의 가치가 있다면, 위의 예비 중1 학생으로부터 이 회사가 얻을 수 있는 이익의 현재가치는 1.386만원($= 0 + 1 \times (0.9) + 0.6 \times (0.81)$)으로 계산된다.[7]

(2) 고객생애가치 개념의 적용

위의 계산을 통해서 우리가 얻을 수 있는 시사점은 무엇일까? 첫째, 경작형 경영이 수렵형 경영보다 우월하다는 것을 알 수 있다. 새로운 회원을 획득할 뿐만이 아니라 유지하도록 노력한다면, 3년간 1.386만원의 이익을 기대할 수 있다.

---

6 여기서 '홍길동'이라는 학생은 아직 가입하지 않은 예비 중1 학생이므로, 두 번째 해 동안에 기대되는 이익을 계산하려면 먼저 이 학생이 가입할 확률(즉, 획득률)을 곱해주어야 한다.

7 고객생애가치 계산 방법에 대한 보다 자세한 설명은 이 장 끝의 '더 읽어 볼 거리'를 참조하시오.

생애가치를 높이는 금도끼인가, 자기발등을 찍는 쇠도끼인가?
현대자동차의 10년/10만 마일 무상보증서비스

1986년 미국 시장에 진출한 현대자동차는 저렴한 가격에 힘입어 첫 해에 약 16만대, 그리고 이듬해에는 거의 30만대를 판매하는 선풍적인 인기를 끌기도 하였다. 그러나 낮은 품질로 인하여 판매량이 1988년부터 추락하기 시작하였다. 이렇게 고전하던 현대자동차는 2000년 이후 미국 시장에서 극적인 반전을 이루었는데, 그 배경에는 차종 다양화와 품질 개선 등의 원인도 있지만, 1999년부터 미국 시장에서 가장 긴 10년/10만 마일 무상보증기간을 제공하고 있는 것이 가장 중요한 원동력으로 꼽히고 있다. 실제로 현대차의 미국내 판매량은 1998년 9만대였으나 이 제도를 도입한 직후인 1999년 16만대, 그리고 2003년에는 40만대로 늘어났다. 업계에서 가장 긴 무상보증기간을 제공한다는 것은 품질에 대한 자신감의 표시라고 해석되어 판매량에 도움이 되지만, 차가 많이 팔리는만큼 무상보증비용도 눈덩이처럼 커질 수 있기 때문에 스스로의 발등을 찍는 무모한 행동이 될 수 있다. 그러나 고객생애가치 개념에서 접근한다면 결론이 달라질 수 있다.

이 제도가 현대자동차를 구입한 고객과 이를 판매한 딜러 사이에 더 오랫동안 관계를 유지하게 함으로써, 고객생애가치를 더 높여줄 수 있기 때문이다.

우리나라와 달리 미국의 경우에는 자동차를 판매한 딜러가 자동차 정비 공장도 함께 운영하고 있어서, 차를 구매한 고객은 무상 보증기간 내에는 딜러의 정비 공장에 차를 맡기는 것이 일반적이다. 그러나 무상 보증기간이 끝나면 더 이상 딜러에게 맡기지 않고, 보다 저렴한 다른 정비 업체에게 맡기곤 한다. 즉, 딜러와 고객과의 관계는 무상 보증기간 동안만 유지되는 셈이다. 현대자동차는 이 기간을 10년으로 늘림으로써, 딜러와 고객과의 관계가 최장 10년 동안 유지되도록 한 것이다. 이렇게 함으로써, 딜러는 더 오랜 기간 동안 자동차 수리를 통하여 수입을 올릴 수 있을 뿐만이 아니라, 쏘나타를 산 고객에게 싼타페를 팔고, 싼타페를 산 고객에서 제네시스를 파는 등 새 차를 판매할 수 있는 기회도 더 잘 포착할 수 있게 되었다.

반면, 획득 활동만 하고 유지 활동을 하지 않아서 획득된 회원이 이탈하는 바람에 빈자리를 채우기 위해서 매년 새로운 회원을 획득해야 한다면 3년간 기대이익은 0원(=0+0+0)에 그친다. 물론 위의 계산은 하나의 예시일 뿐 수학적인 증명은 아니다. 그러나 성숙기 시장처럼 획득이 유지보다 어려운 경우에는, 대개 경작형 경영이 수렵형 경영보다 더 나은 성과를 가져다준다.

둘째, 어떤 고객이 생애가치가 높은지 낮은지를 파악할 수 있다. 예를 들어, 이 회사의 경험으로 보면 남학생들은 위에서 살펴본 '홍길동' 학생과 같은 특징을 보이지만, 여학생들은 남학생들보다 유지율이 10% 포인트 높다고 한다. 앞서와 같은 방법으로 어떤 예비 중1 여학생의 생애가치를 계산하면 첫 해에는 0원, 둘째 해에는 1.2만원, 셋째 해에는 0.84만원이 나오고, 이를 현재 시점으로 환산하면 1.76만원(=0+1.2(0.9)+0.84(0.81))이 나온다. 즉, 여학생의 생애가치가 남학생의 생애가치보다 더 높다는 결론이 나오므로, 신규 회원을 모집할 때 남학생보다는 여학생을 더 많이 가입시키도록 노력하는 것이 바람직할 것이다.

셋째, 한 번의 거래에서 나오는 이익을 극대화하는 발상을 갖느냐 아니면 생애가치를 극대화하는 발상을 갖느냐에 따라 기업의 경영자는 전혀 다른 결정을 내리게 된다. 한 전자회사의 사례가 이를 잘 보여준다. 이 회사는 자기 회사의 상품에 들어 있는 불량부품 때문에, 판매된 상품 가운데 35%가 판매된 지 1년 이내에 고장을 일으킨다는 사실을 발견하였다. 이 회사의 사장은 아직 판매되지 않고 창고에 쌓여 있는 상품 모두에 대해서 문제가 된 부품을 교체할 필요가 있는지를 검토해 보도록 이 회사의 엔지니어에게 지시하였다. 이 엔지니어는 교체비용을 계산해 본 결과, 아직 판매되지 않은 상품 모두에 대해서 부품을 교체하는 것보다는, 일단 판매를 하고 상품에 문제가 발생한 경우에 구입고객의 집으로 서비스 요원을 파견하는 것이 더 경제적이라는 결론을 내렸다. 단지 한 번의 거래에서 나오는 이익만을 고려하면 이 엔지니어의 결론은 정확한 것이었다. 그러나 불량부품에 대한 늑장 대응이 고객만족도를 떨어뜨려서 이 고객을 경쟁회사로 이탈하게 함으로써, 이 회사가 장기적으로 입게 될 이익 감소까지 고려에 넣으면, 이 엔지니어의 결론은 잘못된 것임이 판명되었다. '마케팅 프론티어 1-2'는 현대자동차가 직면했던 유사한 사례를 보여준다.

넷째, 온라인에서는 상품정보가 풍부하고, 판매자가 많으며, 판매자와 구매자 사이에 안면이 없으며, 단지 클릭 한 번으로 이탈할 수 있기 때문에, 오프라인에서보다 고객이탈이 더 쉬워진다는 문제를 갖고 있다. 많은 온라인 기업들이 이익을 내지 못하고 어려움을 겪었던 이유 중의 하나는, 막대한 비용을 들여서 고객을 획득했지만 이들을 유지할 수 있는 효과적인 방법을 찾기 어렵기 때문이었다.

원리 1-4

한 번의 거래에서 나오는 이익이 아니라 여러 번의 거래에서 나오는 장기적인 이익, 즉 고객의 생애가치를 높여라.

3. 고객생애가치를 높일 수 있는 방법

고객과 지속적으로 좋은 관계를 유지하는 것이 사업 성공의 중요한 비결이라는 인식은 결코 새로운 발견이 아니며, '장사'의 역사만큼이나 오래된 것이다. 고객의 수가 몇 명 되지 않는 기업에서는 이를 실천하는 것이 용이하지만, 수

그림 1-3

고객생애가치를 높일 수
있는 방법

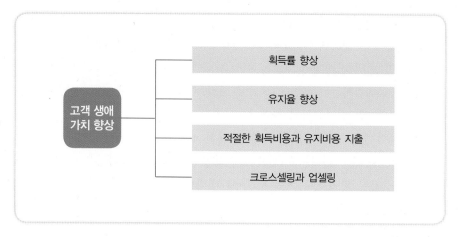

많은 고객들을 가진 현대의 대기업에서는 고객 한사람 한사람과의 관계를 유지
한다는 것은 정보기술의 비약적인 발전이 있기 전까지는 매우 어려운 일이었
다. 정보기술을 이용해서 고객과의 관계를 체계적으로 관리함으로써 고객생애
가치를 극대화하는 것을 목표로 하는 활동들을 통틀어 **CRM**(customer relationship
management)이라고 부르기도 한다. 고객생애가치를 높일 수 있는 방법들은 [그
림 1-3]과 같다.

CRM
정보기술을 이용해서
고객과의 관계를 체계
적으로 관리함으로써
고객 생애가치를 극대
화하는 것을 목표로 하
는 활동

(1) 획득률 향상

고객생애가치를 높이기 위한 첫번째 방법은 획득률을 향상시키는 것이다. 물
론, 이렇게 하려면 비용이 늘어나므로, 비용과 효과를 비교하는 마인드를 갖고
있어야 한다(이에 대한 설명은 조금 뒤에 하기로 한다). 획득률을 높일 수 있는 대
표적인 방법들은 다음과 같다.

1) 고객에게 더 큰 가치 제공

고객을 획득하기 위해서는 고객에게 경쟁자보다 더 큰 가치를 제공해야 하며
(2절 참조), 이를 위해서는 편익을 높이거나 비용을 낮추어야 한다. 프린터, 정수
기처럼 한 번 구입하면 몇 년 동안 사용하는 상품의 경우에는 획득률을 높이기
위해서 본체를 무료 또는 매우 낮은 가격에 제공하기도 한다.

2) 선별적인 고객 획득

'계란으로 바위치기'라는 말처럼, 획득될 가능성이 낮은 잠재 고객에게 획득
노력을 기울이는 것은 낭비일 수 있다. 예를 들어, 어느 보험회사에서는 설계사
들이 새 가입자들을 획득하는 데 너무 많은 시간을 들이고 있다는 것을 발견하
였다. 그 원인은 획득될 가능성이 낮은 사람들에게 너무 많은 공을 들이는 데

에 있었다. 그래서 이 회사는 잠재 고객 리스트를 설계사들에게 넘겨주기 전에 회사가 먼저 그 리스트를 분석해서 획득될 가능성이 어느 수준 이상이 되는 사람들만이 담긴 리스트를 넘겨주었다. 그 후 이 회사의 수익성이 크게 향상되었음은 물론이다.

(2) 유지율 향상

고객생애가치를 높이기 위한 다른 방법은 유지율을 높이는 것이다. 유지율을 높이려면 대개 비용도 늘어나므로 비용과 효과를 비교해야 함은 물론이다. 유지율을 높일 수 있는 대표적인 방법들은 다음과 같다.

1) 애호도 증진 프로그램 실시

애호도(loyalty)란 어떤 회사의 상품을 구입한 사람이 향후 그 회사의 상품을 다시 구입하는 성향을 가리킨다. 즉, 어떤 사람이 우리 회사 상품에 대해서 높은 애호도를 갖고 있다면, 이 사람이 유지될 가능성도 높은 셈이다. 이렇게 애호도를 높이기 위해서 고객들에게 금전적인 또는 비금전적인 인센티브를 제공하는 프로그램을 **애호도 증진 프로그램**이라고 부른다. 항공사부터 동네 미장원까지 널리 도입된 각종 마일리지 프로그램이나, 우리 상품을 사용하는 고객들을 회원으로 가입시켜서 여러 가지 혜택을 주는 멤버십 클럽, 그리고 매달 일정액을 내고 상품이나 서비스를 반복적으로 이용하는 구독 서비스 등이 여기에 속한다. 흔히 기업들은 이런 프로그램에서 금전적인 혜택을 강조하는 경향이 있지만, 쥐꼬리만한 금전적인 혜택을 주는 것보다는 차라리 비금전적인 혜택을 주는 것이 더 효과적일 수도 있다. 가령, 항공사의 마일리지 프로그램에서 탑승 수속을 다른 사람들보다 일찍 할 수 있는 특전을 주는 것이 좋은 예이다.

애호도
같은 상품을 반복해서
구입하는 성향

2) 고객만족도 향상

어떤 회사의 상품에 높은 만족도를 갖고 있는 고객은 대체로 애호도 역시 높은 것으로 알려져 있으므로 **고객만족**(customer satisfaction)을 높임으로써 애호도를 높일 수 있다.

고객이 느끼는 **만족**의 정도는 그 고객이 구매 전에 "이 상품은 나에게 X만큼의 가치를 줄거야"라고 생각했던 **기대** 수준과 구매 후에 "이 상품을 사용해 보니 실제로는 Y만큼의 가치가 있네"라고 느끼는 **성과** 수준 사이의 차이에 의하여 결정된다. 그러므로 단순히 기대를 충족시키는 것만으로는 경쟁에서 이기기 어려우며, 기대를 초과하는 성과를 제공하여야 한다.

만족도를 높일 수 있는 방법에는 크게 다음과 같은 네 가지가 있다.

만족
= 기대 대비 성과

• 성과를 높여라

고객에게 꾸준하게 더 큰 가치를 제공하면 성과수준이 높아지므로 만족도도 높일 수 있다. 그러기 위해서는, 어떤 편익을 제공해야 고객이 느끼는 가치를 높이는 데 크게 기여할 수 있는지를 이해하고 있어야 한다. 이에 대한 자세한 설명은 5장에서 하기로 한다.

• 기대수준을 적절히 관리하라

아무리 성과가 높아지더라도 구매 전에 고객이 지나치게 높은 기대수준을 갖고 있었다면, 성과수준이 기대수준에 못 미쳐서 불만족을 낳을 수도 있다. 그러므로 지킬 수 없는 약속을 남발하여 기대수준만 높여 놓는 것은 피해야 한다. 그러나 그렇다고 해서 기대수준을 낮추라는 뜻은 아니다. 기대수준이 낮다면 고객은 아예 구입하지도 않을 것이기 때문이다. 경쟁자와 비교해서 자신이 있는 부분에 대해서만 기대수준을 높여야 한다.

• 불만을 표시할 수 있는 기회를 최대화하라

불만을 예방하는 것이 최선의 방책이지만, 불만족한 고객이 전혀 없을 수는 없다. 그런데 일반적으로 소비자들은 불만을 느끼더라도 이를 해당 기업에는 잘 표시하지 않는 경향이 있다. 그 대신, 다른 사람들에게 이야기하거나, 다음번에 아예 다른 기업의 상품을 구입하곤 한다.

이렇게 되면, 그 기업은 세 가지로 손해를 입게 된다. 첫째, 불만의 원인을 그대로 방치함으로써 더 많은 불만 고객을 낳게 된다. 둘째, 좋지 않은 구전이 퍼져서 잠재 구매자들을 획득하는 데 실패한다. 인터넷, 특히 소셜 미디어(social media)의 등장 이후 사람들은 클릭 한 번으로 자신이 겪었던 불만족스러운 경험을 자신과 가까운 사람뿐만이 아니라, 지구 반대편에 있는 낯선 사람들과도 공유할 수 있게 되었다. 셋째, 어렵게 획득한 고객이 이탈하게 된다. 그러므로 고객의 불만을 억누르기보다는 불만을 느낀 고객이 자신의 불만을 손쉽게 기업에게 표시할 수 있는 다양한 기회를 제공하는 것이 중요하다. 소비자 상담실, 수신자 부담 전화, 회사의 소셜 미디어 계정 등이 예가 될 수 있다.

• 불만을 신속하고도 효과적으로 해결하라

고객이 불만을 느끼더라도 자동적으로 이탈하는 것이 아니라, 우리가 하기에 따라서 오히려 전보다 더 애호도가 높은 고객이 될 수도 있다. 한 조사에 따르면, 불만을 제기하여 잘 해결된 경우 다음 번에 다시 이 회사의 상품을 구매할 가능성은 54%에서 70%에 달하였고, 평균 다섯 사람에게 자신의 만족스러운 경험을 이야기하였다고 한다. 일반적으로, 고객이 받은 불편이나 손해만큼만 보상해 주는 것으로는 고객의 불만을 해소시키기에 불충분하며, 이보다 훨씬 더 큰 보상을 해 주어야 한다.

3) 전환장벽 구축

전환장벽(switching barrier)이란 고객이 경쟁회사의 상품으로 전환하지 못하도록 만들어 놓은 눈에 보이지 않는 장벽을 가리킨다. 예를 들어, 많은 인터넷 포탈들이 제공하는 무료 이메일 서비스나 일부 인터넷 쇼핑몰들이 제공하는 원클릭 주문 서비스 같은 것들이 여기에 속한다. 한 걸음 더 나아가, 두 개 이상의 서비스를 연결시켜서 전환장벽을 구축하는 것도 가능하다. 통신사들이 내놓고 있는 결합 상품이 여기에 속한다. 즉, 이동전화, 초고속인터넷, IPTV, 집전화를 모두 한 회사에 가입하는 조건으로 많은 할인을 해주는 것인데, 나중에 가령 이동전화를 다른 회사로 옮길 경우에는 할인 혜택이 줄어들기 때문에 전환이 억제되는 효과를 발휘한다.

4) 고객 인게이지먼트 강화

획득된 고객을 유지하면 반복구매가 일어나기 때문에 기업의 수익성이 직접적으로 높아지지만 그것만이 전부는 아니다. 유지된 고객은 다른 고객들을 소개하거나, 긍정적인 구전을 전파하거나, 브랜드나 기업의 활동에 참여(예: 신상품 아이디어 제공 등)함으로써 기업의 수익성을 높이는데 간접적으로 기여할 수 있다. 이렇게 어떤 기업의 활동이나 상품에 고객이 참여하거나 관계를 맺고 있는 정도를 **고객 인게이지먼트**(customer engagement)라고 부른다. 인터넷과 소셜 미디어가 발전하면서, 고객들은 구매자의 역할에만 그치는 것이 아니라, 다양한 방법으로 기업과 관계를 맺고 기업 활동에 참여하는 적극적인 역할을 할 수 있게 되었고, 이에 따라 고객 인게이지먼트의 중요성도 높아졌다. 실제로, 다른 고객의 추천을 통하여 획득된 고객과 그렇지 않은 고객을 비교하면, 전자가 기업에 장기적으로 더 높은 이익을 안겨준다는 연구 결과들이 존재한다. **브랜드 커뮤니티**(brand community)는 고객 인게이지먼트를 강화하는데 효과적인 수단이지만, 모든 브랜드 커뮤니티가 성공적으로 운영될 수 있는 것은 아니다. 또한, 기존 고객들의 인게이지먼트를 높이는 것도 중요하지만, 잠재 고객들 중에서 인게이지먼트 성향이 높은 사람들을 찾아내고 이들을 획득하는 것도 중요하다. '마케팅 프론티어 1-3'은 고객 인게이지먼트를 높이고자 메타버스를 이용한 흥미로운 사례를 보여준다.

반스(VANS)가 메타버스로 간 까닭은?

신발 및 의류 브랜드 반스는 온라인 게임 플랫폼인 로블록스(Roblox)에서 스케이트 파크 '반스 월드'를 오픈하고 스케이트 보드 경험을 제공하고 있다. 로블록스는 사용자들이 직접 게임을 제작해서 공유할 수 있다는 특징을 가진 플랫폼으로, 일일 이용자 수가 4,600만명이 넘고 특히 10대가 높은 비중을 차지한다. 그러다 보니 젊은 소비자들에게 다가가기 위해서 구찌, 현대 등 다양한 브랜드들이 로블록스에서 이미 다양한 이벤트들을 개최한 바 있다. 반스가 이들과 다른 점은 단기적인 이벤트가 아니라 영구적으로 반스만의 세상을 만들었다는 점이다.

반스 월드에서 플레이어들은 전 세계 실제 장소에서 영감을 받아서 설계된 스케이트 파크를 방문할 수 있다. 이곳에서 스케이트 묘기를 연습할 수 있고 다양한 도전과 경주에서 다른 플레이어들과 경쟁할 수도 있다. 또한 반스의 신발, 의류, 액세서리로 아바타를 꾸미고 나만의 스케이트 보드를 디자인할 수도 있다. 처음에는 한 개의 가상 반스 아이템을 무료로 얻을 수 있으며, 이후에는 로블록스의 화폐인 로벅스(Robux)로 아이템을 구매할 수 있다.

반스는 반스 월드를 개설함으로써 다음과 같은 세 가지 효과를 얻을 수 있을 것이다. 첫째, **고객인게이지먼트**를 높일 수 있다. 반스 월드는 로블록스 사용자들에게 반스와 상호작용할 수 있는 기회를 제공해준다. 둘째, 반스의 **브랜드 이미지**를 각인시킬 수 있다. 플레이어들은 반스 월드에서 반스 신발을 커스터마이징(customizing)하고 착용할 수 있는데, 이런 커스터마이징 경험을 통하여 플레이어들은 반스의 정신인 '오프 더 월(Off The Wall)' – 남과 다르게 사고하고 자기를 표현하는 것 –을 몸소 체험할 수 있기 때문이다. 셋째, **새로운 고객을 획득**할 수 있다. 반스 월드의 커스터마이징 기능은 반스의 실제 웹스토어의 커스터마이징 기능과 유사하므로, 플레이어들이 메타버스에서 착용해본 제품을 실제 웹스토어에서 손쉽게 구매할 수 있다.[8]

(3) 적절한 획득비용과 유지비용 지출

고객의 생애가치는 수입흐름(즉, 반복적으로 판매하는 데에서 생기는 마진의 흐름)과 비용흐름(즉, 획득 및 유지비용)의 차이로 표시된다. 그런데 앞에서도 언급한 바와 같이, **획득률과 유지율을 높이는 데에는 비용이 들어가므로 비용에 대한 고려 없이 무작정 획득률과 유지율을 높이기만 한다면 비용이 너무 높아져서 생애가치가 높아지기는커녕 오히려 낮아질 위험을 안게 된다.** 그러므로 생애가치를 극대화하기 위해서는 획득비용과 유지비용을 지나치게 많이 지출하거나 혹은 지나치게 적게 지출하지 않고 적정 수준에서 지출하는 것이 중요하다.

이것을 이해하기 위해서, 유지비용과 유지율 간의 관계가 어떤 모양을 띠게 될 것인지 생각해보자. 유지비용을 더 쓸수록 유지율이 높아질 것이라는 것은 쉽게 짐작할 수 있다. 그러나 유지비용을 2배로 높이면 유지율도 2배가 되고, 유지비용을 3배로 높이면 유지율도 3배가 될 것인가? 조금만 생각을 해보면 그렇게 되기 어렵다는 것을 짐작할 수 있다. 왜냐하면 유지율은 아무리 높아도 100%를 넘을 수가 없으므로, 유지율이 이미 100% 근처에 도달하였다면 유지비용을 2배로 높이더라도 유지율이 그만큼 높아지기는 어려울 것이다. 이러한 관계를 그림으로 나타내면 [그림 1-4]와 같다.

가령 우리 회사의 유지율이 이미 100% 근처에 있다면, 유지율을 더 높이기 위해서 유지비용을 더 쓰는 것보다는, 차라리 유지비용을 조금 줄이는 것이 생애가치를 높이는 좋은 방법임을 알 수 있다. 왜냐하면 이 구간에서는 유지비용을 줄이더라도 유지율은 거의 변함이 없기 때문이다. 반대로, 우리 회사의 유지율이 매우 낮다면, 생애가치를 높이기 위해서는 유지비용을 과감하게 더 써서 유지율을 끌어올려야 할 것이다. 획득비용과 획득률 간의 관계에 대해서도 마찬가지로 말할 수 있다.

최근 기업들은 획득률과 유지율을 높이는 것 못지 않게 획득비용과 유지비용을 줄이는 것에도 깊은 관심을 갖게 되었는데, 이 덕분에 각광을 받게 된 것이 **구전(word of mouth)**이다. 기업이 광고를 하려면 광고비가 들지만 구전은 사람들이 자발적으로 전파하는 것이므로 비용이 적게 들기 때문이다. (단, 처음에 구전이 시작되게 하려면 기업은 재미있는 컨텐츠를 만드는 등의 투자를 할 필요가 있다.)

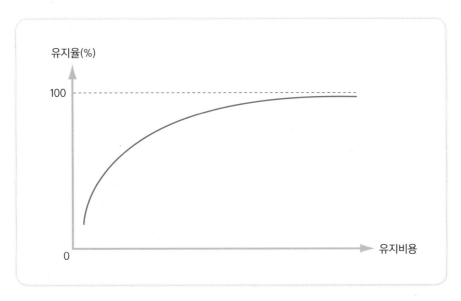

8 이 사례는 다음 기사에 바탕을 두고 작성되었음: https://www.contagious.com/news-and-views/campaign-of-the-week-vans-builds-virtual-skate-park-inside-roblox

그림 1-4

유지비용과 유지율 간의 관계

버즈(buzz) 마케팅
= 구전 마케팅

바이럴(viral) 마케팅
온라인에서 이루어지는
구전 마케팅

게다가 사람들은 광고보다 구전을 더 신뢰하는 경향이 있기까지 하다. 구전을 이용하는 마케팅을 **구전 마케팅** 또는 **버즈 마케팅**(buzz marketing)이라고 부르고, 온라인에서의 구전 마케팅을 특별히 **바이럴 마케팅**(viral marketing)이라고 부른다.

(4) 크로스셀링과 업셀링

크로스셀링
같은 고객에게 관련된
상품들을 판매하는 것

업셀링
같은 고객에게 연속적
으로 수익성이 더 높은
상품들을 판매하는 것

고객 생애가치를 높일 수 있는 또 하나의 방법은 고객이 더 많은 상품을 구입하게 만들거나, 아니면 더 높은 마진이 남는 상품을 구입하게 만드는 것이다. 예를 들어, 은행의 경우 고객에게 예금, 적금, 신탁, 신용카드, 주택자금 대출, 가계대출 등의 다양한 상품을 판매할 수 있다. 이렇게 같은 고객에게 관련된 상품을 판매하는 것을 **크로스셀링**(cross-selling)이라고 부른다. 또, 자동차 회사의 경우 고객에게 처음에는 소형차를 팔고, 그 다음에는 준중형차, 중형차, 대형차 등을 팔 수 있는데 이렇게 하는 것을 **업셀링**(up-selling)이라고 부른다. 우리나라 소비자들은 상향지향성 혹은 품격지향성을 강하게 보이므로, 업셀링이 매우 효과적인 것으로 알려져 있다.

4 고객은 평등하지 않다: 80/20의 법칙

앞에서 우리는 마케팅 컨셉트에 충실한 기업은 한 번의 거래에서 나온 이익이 아니라 여러 번의 거래에서 나오는 이익, 즉 고객의 생애가치를 중시해야 한다는 것을 배웠다. 그런데 기업은 모든 고객의 생애가치를 높여야 하는 것일까? 다시 말해서, 모든 고객이 똑같이 중요한 것일까?

80/20의 법칙
상위 20%의 고객이 80%
의 성과를 창출한다는
경험적 법칙

파레토의 법칙
=80/20의 룰

민주주의의 기본 원칙 중의 하나는 모든 시민은 법 앞에 평등하다는 것이다. 그러나 이러한 원칙은 마케팅에는 적용되지 않는다. 고객의 생애가치는 동일하지 않기 때문이다. 예를 들어, 롯데백화점의 고객 중에서 상위 20%는 백화점 매출액의 73%를 창출하는 반면, 하위 80%의 고객의 구매액은 백화점 매출액의 27%만을 차지하는 것으로 나타났다([그림 1-5] 참조). 이와 같이 **고객생애가치가 높은 고객들은 소수에 불과**하지만, 이들이 기업 성과의 대부분을 창출하는 현상은 백화점에만 있는 것이 아니라, 거의 모든 기업에서 발견되므로, 이를 "**80/20의 법칙**(80/20 rule)" 혹은 **파레토의 법칙**이라고 부르곤 한다. 즉, 대략 상위 20%의 고객이 80%의 성과를 창출한다는 뜻이다.

생애가치가 높은 고객들은 소수에 불과하지만, 이들이 기업 성과의 대부분을 창출한다.

이처럼 80/20의 룰이 적용되는 상황에서 기업은 어떻게 마케팅을 해야 할까? 고객들을 생애가치에 따라 상, 중, 하 등과 같이 몇 개의 집단으로 **세분화하여 집단별로 관리 방법을 달리하여야** 한다. 생애가치가 높은 집단에 대해서는 이들의 유지율과 생애가치를 더욱 높이기 위하여 투자하여야 한다. 롯데백화점은 상위 1%의 고객을 골프대회, 요트파티, 승마교실 등에 초대하고, 개인 도우미 격인 컨시어지 서비스를 강화하기로 하였다. 생애가치가 아주 낮거나 심지어 마이너스인 집단에 대해서는 '3. 고객 생애가치를 높일 수 있는 방법'에서 나온 방법으로 생애가치를 높일 수 있는 방법을 시도해 보아야 한다. 그러나 위의 방법으로도 생애가치를 높이는 것이 어렵다면, 그런 고객들과의 관계는 점차 축소하는 것이 바람직한데, 이렇게 하는 것을 **디마케팅**(demarketing)이라고 부른다. 은행들이 소액 예금에는 이자를 주지 않고, 공과금 수납을 창구에서 처리하지 않는 것이 한 예가 된다. **목표는 생애가치를 높이는 것이지, 수익성이 높든 낮든 고객들을 무조건 유지하는 것이 아니다.**

실제로는 생애가치가 낮은 고객들에 대해서 디마케팅을 하려고 해도 적절한 방법을 찾기가 어려운 경우가 많다. 따라서 디마케팅 때문에 고민하지 않으려면, 무턱대고 고객을 획득하려고 하지 말고, **고객을 획득하기 전에 잠재 고객의**

디마케팅
우리 상품에 대한 수요를 감소시키기 위하여 활동을 벌이는 것

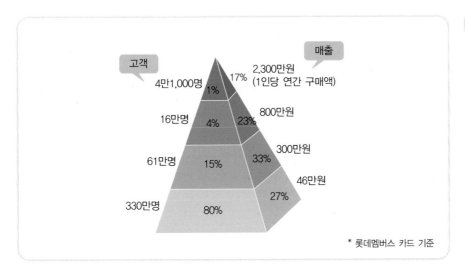

그림 1-5

롯데백화점의 고객 · 매출 구성[9]

---

9 "상위 1% 고객의 힘, 롯데백 전체매출 17%," *매일경제* (2018년 1월 3일).

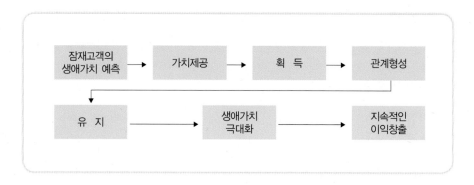

그림 1-6

기업경영철학으로서의
마케팅

생애가치를 예측한 다음, 생애가치가 어느 수준 이상이 되는 고객들만을 획득하는
것이 가장 이상적이다. [그림 1-6]이 이를 잘 보여준다.

5 최종 소비자만이 고객은 아니다: 고객 개념의 확장

지금까지 우리는 고객이라는 단어를 주로 상품의 최종 소비자(예를 들어 백화
점에서 옷을 구입하는 주부, 편의점에서 맥주를 구입하는 회사원 등)의 의미로 사용해
왔다. 그러나 고객을 최종 소비자로만 본다면, 앞서 설명한 기업 경영철학으로
서의 마케팅을 실천하기 어려운 경우가 있다.

예를 들어, 맥주 회사가 생애가치를 극대화하기 위한 활동을 한다고 할 때,
전국에 흩어져 있는 불특정 다수의 맥주 소비자들을 파악하는 것조차도 매우
어려운 일이다. 반대로 고객 개개인에 대하여 상세한 거래 데이터를 갖고 있는
은행이나 신용카드회사 등은 고객 개개인과 관계를 맺는 것이 훨씬 쉬울 것이
다. 그렇다면 위의 맥주 회사와 같은 기업들은 어떻게 하여야 할까? 다음 원리
를 살펴보자.

원리 1-6

중간상들도 최종 소비자에 못지 않게 중요한 고객이다.

즉, 위의 맥주 회사처럼 최종 소비자가 불특정 다수인 회사들은 도매상, 소
매상 같은 중간상들을 최종 소비자에 못지 않은 중요한 고객으로 간주하고, 소
비자들은 물론 중간상들도 대상으로 하여 앞서 나온 마케팅 원리들을 실천하여야

한다. 불특정 다수인 최종 소비자와는 달리 중간상들은 수가 훨씬 적을 뿐만이 아니라, 소수의 대형 중간상들이 제조업체 매출액의 대부분을 차지하는 경우가 많기 때문에, 제조업체는 누가 생애가치가 큰 고객인지를 쉽게 파악할 수 있는 장점이 있다.

중간상들이 최종 소비자에 못지않은 중요한 고객이라면, 중간상들과 심각한 갈등을 일으킬 수 있는 전략을 선택하기 전에 심사숙고해야 한다. 예를 들어, 제조업체들은 자기 상품을 최종 소비자에게 온라인으로 직접 판매하여야 하는 지의 여부를 놓고 고심하곤 한다. 왜냐하면 오프라인에 존재하는 기존의 도매 상이나 소매상들이 반발할 가능성이 높기 때문이다(더 자세한 것은 11장 5절 '유통 경로의 관리' 참조).

6 이익은 목표가 아니라 결과다: 마케팅 컨셉트

결국 기업 경영철학으로서의 마케팅이란, 고객에게 경쟁자보다 더 큰 가치를 제 공하는 것을 기업의 사명으로 삼고, 이익은 이러한 사명을 충실히 실천함으로써 자 연히 얻어지는 결과라고 믿는 것이다. 이를 마케팅 컨셉트(marketing concept)라고도 부른다. 흥미로운 것은, 마케팅 컨셉트를 기업의 사명으로 채택한 기업들은 이 익 극대화를 사명으로 채택한 기업들에 비하여 오히려 더 높은 이익을 거두고 있다는 연구결과도 보고되고 있다.[10] 오래 전 맹자의 가르침이 틀리지 않았다는 것을 알 수 있다(이 장 처음에 인용된 맹자의 말을 상기하시오). 즉, 마케팅 컨셉트 는 매우 우수한 기업경영철학이다('마케팅 프론티어 1-4: 존슨앤존슨의 우리의 신조' 를 참조하시오).

마케팅 컨셉트를 잘 실천하는 기업들은 다음과 같은 세 가지 특징을 갖추고 있다.[11]

마케팅 컨셉트
기업의 사명은 고객들 에게 경쟁자보다 더 큰 가치를 제공하는 것이 며, 이익은 이러한 사명 을 달성하였을 때 그 보 상으로 얻어지는 것이 라고 믿는 경영철학

1. 고객 지향성

고객 지향성(customer orientation)이란 한마디로 고객을 철저히 이해하는 것을

고객 지향성
고객의 눈으로 보고 고 객의 입장에서 생각하 는 것

---

10 James C. Collins and Jerry I. Porras, *Built to Last: Successful Habits of Visionary Companies* (Harper Collins, 1994).

11 John C. Narver and Stanley F. Slater, "The Effect of a Market Orientation on Business Profitability," *Journal of Marketing* (October, 1990), pp. 20-35.

가장 존경받는 기업, 존슨앤존슨(Johnson & Johnson)의 '우리의 신조'(Our Credo)

타이레놀, 존슨즈 베이비샴푸, 아큐브 렌즈 등으로 우리에게도 친숙한 존슨앤존슨은 1886년에 설립된 세계 굴지의 의료용품 회사로서, 2020년 매출액 826억 달러, 순이익 214억 달러에 달하며, 75년간 연속 매출액이 신장하였고, 32년간 연속 이익이 성장한 대기록을 보유한 초우량 기업이다. 그러나 이 회사는 매출액이나 이익이 좋은 회사보다는 사회에서 가장 존경받는 회사로 더 유명하다. 경제전문지인 포춘(Fortune)이 선정한 '가장 존경받는 기업'(Most Admired Companies) 리스트에 포함되었으며, 여론조사기관인 해리스 인터액티브(Harris Interactive)의 조사 결과에서도 미국 최고의 평판을 가진 회사 중의 하나로 선정되기도 하였다.

이 회사가 이처럼 높은 존경을 받게 되는 데 원동력이 된 것은 지난 80여 년간 이 회사 임직원들의 행동의 가이드 역할을 해온 '우리의 신조'이다. 총 24문장으로 구성된 이 문서는 고객에 대한 책임을 최우선으로 명시하고 있으며, 이어서 임직원, 지역사회에 대한 책임을 언급하고 있고, 주주에 대한 책임은 가장 마지막에 언급하고 있음은 눈여겨 볼 필요가 있다. 마케팅 컨셉트에 충실한 기업이 지속적으로 높은 이익도 낼 수 있음을 보여주는 좋은 사례이다.

우리의 신조

첫 번째 책임은 우리의 상품과 서비스의 수요자인 의사, 간호사, 환자와 자녀를 가진 아버지와 어머니를 비롯한 모든 사람에 대한 것이라고 믿는다. 그들의 요구에 부응하기 위해 우리의 상품은 항상 최고의 품질이 유지되어야 한다. 우리는 고객의 주문을 신속하고 정확하게 처리하여야 한다. 우리의 제품을 취급하는 사업자도 정당한 이익을 올릴 수 있도록 하여야 한다.

둘째 책임은 전 세계 어디에서나 우리와 같이 근무하는 모든 남녀 직원에 대한 책임이다. 모든 직원은 각자가 한 인간으로서 대우받아야 한다. 우리는 그들의 인간적인 존엄성을 중시하고 각 개인의 가치를 인정하여야 한다. 우리는 모든 직원이 안심하고 직무를 수행할 수 있도록 하여야 한다. 대우는 정당하고 적절하여야 하며, 근무환경은 청결하고 잘 정돈되고 또한 안전하여야 한다. 우리는 우리 모든 직원이 그들의 가족에 대한 책임을 다할 수 있도록 세심한 배려를 하여야 한다. 직원들은 각자의 의견을 개진하거나 고충을 토론하는 데 자유로워야 한다. 직원의 채용, 능력개발 및 자질을 갖춘 직원의 승진에 있어서는 균등한 기회가 제공되어야 한다. 우리는 우수한 경영진과 관리자를 확보하여야 하며, 경영관리는 공명정대하고 도덕적 바탕 위에 이루어져야 한다.

우리의 셋째 책임은 우리가 생활하고 근무하고 있는 지역사회는 물론 세계 공동체에 대한 책임이다. 우리는 선량한 시민이 되어야 하며, 선행과 자선을 베풀고 적절한 세금을 부담하여야 한다. 우리는 사회의 발전, 건강과 교육의 증진을 위하여 노력하여야 한다. 우리는 우리에게 특별히 제공된 모든 시설을 최상의 상태로 관리, 유지하고 환경과 천연자원을 보호하여야 한다.

우리의 마지막 책임은 회사의 주주에 대한 책임이다. 우리의 사업은 건전한 이익을 올릴 수 있어야 하며, 우리는 새로운 아이디어를 끊임없이 창출하여야 한다. 연구개발을 계속 수행하여야 하고, 혁신적인 프로그램을 기획하여야 하며, 실패의 경우는 이를 극복해 나아가야 한다. 새로운 장비를 구입하여야 하며, 새로운 시설을 제공하여야 하고 새로운 상품을 개발하여야 한다. 또한 역경에 대비한 대책을 항상 강구하여야 한다. 우리는 이러한 원칙에 의거하여 사업을 수행함으로써 주주들이 정당한 이익배당을 받을 수 있게 하여야 한다.

의미한다. 즉, 늘 고객의 눈으로 보고 고객의 입장에서 생각하는 것을 가리킨다. 고객지향성을 불어넣으려면 회사의 최고경영자의 의지가 중요하다. 예를 들어, 고객지향성의 새로운 기준을 제시했다고 평가받고 있는 온라인 신발 판매 사이트인 재포스(Zappos)는 고객이 원하는 품목을 재고로 갖고 있지 않을 경우, 상담원이 경쟁 사이트를 적어도 세 곳 이상 검색하여 고객에게 원하는 품목을 갖고 있는 사이트를 추천해주곤 한다. 이 회사의 창업자인 토니 셰이(Tonny Hsieh)는 이렇게 하는 것이 단기적으로는 손해지만 고객과 장기적으로 관계를 맺고 고객의 애호도를 높이는 데 도움이 된다고 믿고 있다.

고객에 대한 철저한 이해 없이는 어떤 고객이 생애가치가 높은지, 또 그러한 고객을 어떻게 획득하고 유지할 수 있는지를 발견하는 것은 불가능하다. 여기서 '고객'이란 반드시 현재 우리 회사의 상품을 쓰고 있는 사람들만을 가리키는 것은 아니다. 현재 쓰고 있지는 않지만 쓸 가능성이 높은 **잠재 고객들까지 포함**하는 것이다. 5장에서 우리는 고객을 보다 잘 이해하기 위하여 필요한 여러 개념과 이론들을 배우게 된다.

2. 경쟁 지향성

경쟁 지향성(competitor orientation)이란 현재 그리고 미래의 경쟁자들을 철저히 분석하여 이들의 움직임을 예측하는 것을 의미한다. 생애가치가 높은 고객을 획득하고 유지하려면 고객의 욕구를 충족시키는 것만으로는 불충분하다. 경쟁자가 고객에게 제공하는 가치보다 더 큰 가치를 제공하지 않으면 안된다. 그러므로 경쟁자가 무엇을 하고 있는지, 어디로 가고 있는지를 늘 주시하고 정보를 수집하지 않으면 안된다. 4장에서 우리는 경쟁자 분석에 필요한 개념 및 방법들을 다룬다.

3. 통합성

통합성(interfunctional coordination)이란 **기업 내부의 여러 부서들간에 협조가 잘** 이루어지는 것을 의미한다. 고객에게 경쟁자보다 더 큰 가치를 제공하는 것은 마케팅 부서 혼자만의 힘으로는 어렵기 때문에, 다른 부서들과의 협조가 중요해진다. 예를 들어, 고객의 욕구를 충족시키는 새로운 상품을 개발하려면 마케팅 부서는 물론, 연구개발부서와 생산부서의 협조가 필수적이다. 요즘에는 기술의 변화가 빠르고 경쟁이 심화되면서 회사 내부의 힘만으로 마케팅을 잘 하기 어려운 경우가 많아지고 있다. 그래서 기업들은 다른 기업들과 협력하여 신

표 1-1

마케팅 컨셉트와
유사한 컨셉트들

컨셉트	가 정	강조점
생산 컨셉트	소비자들은 저렴하고 쉽게 구입할 수 있는 상품을 선호한다.	원가절감 및 광범위한 유통
제품 컨셉트	소비자들은 최고의 품질, 최고의 성능, 가장 혁신적인 상품을 선호한다.	품질향상, 혁신적인 신상품 개발
판매 컨셉트	소비자들은 그냥 놓아두면 상품을 충분히 많이 구매하지 않는다.	적극적인 판매노력
마케팅 컨셉트	소비자들은 자신들에게 더 큰 가치를 제공하는 상품을 선호한다.	고객에게 경쟁자 대비 더 큰 가치 제공

상품을 개발하거나 판매하기도 하는데, 이렇게 외부의 파트너들과 긴밀한 협조가 이루어지도록 하는 것에까지 통합성의 개념을 확장시킬 수 있다.

그러므로 최고 경영자는 회사의 모든 구성원들에게 고객에게 더 큰 가치를 제공하는 것이 모두의 목표라는 것을 기회 있을 때마다 강조하고, 부서 간에 협조가 잘 이루어질 수 있는 여건을 만들어야 한다. 마케팅 부서와 다른 부서들 간의 관계는 12장에서 다룬다.

모든 시대의 모든 기업들이 경영철학으로서 마케팅 컨셉트를 채택하고 있었던 것은 아니다. 마케팅 컨셉트와 유사하지만 다른 몇 가지 컨셉트들을 살펴보면 〈표 1-1〉과 같다.

끝으로, 마케팅 컨셉트는 정부, 학교, 병원 등과 같은 비영리조직에도 적용될 수 있음에 주목할 필요가 있다. 예를 들어, 제주특별자치도와 같은 지방자치단체들은 관광객들을 더 많이 유치하기 위하여 여러 가지 활동을 하고 있다. 또 선거에 의하여 선출된 시장, 군수들은 다음 선거에서 다시 당선되기 위하여 주민들의 삶의 질을 높이고 만족도를 높이는 데 많은 관심을 갖게 되었다. 회원들이 납부하는 회비에 의하여 운영되는 비영리 단체에서는 우량회원들을 획득하고 유지하는 것이 단체의 발전에 절대적인 영향을 미친다.

그 밖에 우수한 신입생들을 보다 많이 획득하고 강력한 동문회를 유지하여야 하는 대학, 환자들을 빼앗기지 않기 위하여 만족도 향상에 관심을 갖기 시작한 병원에도 마케팅 컨셉트는 생존을 위한 필수적인 존재가 되었다. 이렇게 마케팅 컨셉트는 기업 이외의 비영리조직에도 적용될 수 있지만, 이 책에서는 앞으로 기업과 관련된 내용들을 위주로 다루고자 한다. 비영리조직의 마케팅에 대하여 보다 자세한 것을 알고자 하는 사람들은 해당 분야의 전문서적들을 참고하기 바란다.

＊　　＊　　＊

1장을 마치기에 앞서서, 이 장의 맨 앞에서 소개했던 생명보험회사가 그 후 어떻게 되었는지 알아보기로 하자. 이 믿기 어려운 이야기는 미국 노스웨스턴 뮤추얼(Northwestern Mutual)에서 일어난 실화이다. 8년간 이 회사의 CEO였던 짐 에릭슨(Jim Ericson)은 직원들에게 한 가지 간단한 원칙을 지킬 것을 강조하였는데, 그것은 고객에게 유리한 것이라면 무엇이든 하라는 것이었다. (흥미롭게도 짐 에릭슨은 위의 사건을 한참 후에야 알게 되었다고 한다.) 이러한 원칙은 단기적으로는 회사에 손해가 될 수 있지만, 장기적으로 얻게 되는 이득은 훨씬 더 클 것이다. 약 160년의 역사를 가진 노스웨스턴 뮤추얼이 약 3,000억 달러의 자산을 보유하고 310억 달러의 매출액을 올리고 있을 뿐만이 아니라, 미국 생명보험 업계에서 최고의 고객만족도를 기록하고 있고, 포춘(Fortune)지 선정 "가장 존경받는 기업"에 38번이나 선정되는 영예를 얻게 된 것이 결코 우연은 아닐 것이다.[12]

노스웨스턴 뮤추얼이나 존슨앤존슨('마케팅 프론티어 1-4' 참조)처럼 마케팅 컨셉트로 무장한 기업들은 사회로부터 칭송을 받으면서 동시에 높은 이익을 올리고 있지만, 이렇게 되는 것이 결코 쉬운 것은 아니다. 마케팅 컨셉트로 무장한 기업의 CEO는 고객에게 더 큰 가치를 제공해야 한다는 원칙이 단기적으로는 회사에 손해가 되더라도 장기적으로는 이득이 될 것이라는 믿음을 갖고 마케팅 컨셉트를 일관되게 실천해야 한다. 앞으로 우리나라에서도 마케팅 컨셉트의 모범적인 사례들이 많이 나오게 되기를 기대한다.

■ 이 장의 요약

이 장에서는 기업경영 철학으로서의 마케팅이 어떤 내용을 담고 있는지를 살펴보았다. 1절에서는 고객의 필요와 욕구를 이해하는 것에서부터 마케팅이 출발한다는 것을 공부하였다. 2절에서는 고객에게 경쟁자보다 더 큰 가치를 제공하는 것이 왜 중요한지를 살펴보았다. 3절에서는 기업이 고객에게 더 큰 가치를 제공하면서 지속적으로 높은 이익을 거두려면 새로운 고객을 획득하는 것 못지 않게 획득된 고객을 유지하는 것이 중요하다고 하였다. 그리고 4절에서는 모든 고객이 똑같이 중요하지는 않기 때문에, 기업은 생애가치가 높은 고객들에게 최우선 순

---

12 Northwestern Mutual 홈페이지 www.nmfn.com.

위를 두어야 한다고 하였다.

결국, 기업경영 철학으로서의 마케팅 즉, 마케팅 컨셉트는 잠재 고객들에게 경쟁자보다 더 높은 가치를 제공함으로써, 이들을 고객으로 획득하고, 이들을 유지하도록 노력하는 것을 핵심으로 삼고 있다. 이렇게 함으로써 기업은 지속적으로 높은 이익을 거둘 수 있다. 이러한 경영철학을 충실히 실천하기 위해서 기업들은 고객 지향성, 경쟁 지향성, 통합성을 높여나가야 한다.

■ 더 읽어 볼 거리

1. 고객생애가치에 대해서는 다음을 참조하시오.

Robert C. Blattberg, Gary Getz, and Jacquelyn S. Thomas (2001), *Customer Equity: Building and Managing Relationships as Valuable Assets.* Boston: Harvard Business Publishing.

Roland T. Rust, Valarie A. Zeithaml, and Katherine N. Lemon (2001), *Driving Customer Equity: How Customer Lifetime Value Is Reshaping Corporate Strategy.* New York: Simon & Schuster.

V. Kumar and Werner Reinartz, "Creating Enduring Customer Value," *Journal of Marketing*: (November 2016), pp. 36−68.

제 2 장

기업활동으로서의 마케팅: 마케팅 관리

제조업은 더 이상 가치를 창출하지 못한다. 가치 창조는 세밀한 조사, 혁신, 그리고 마케팅에 의해서 이루어진다.
– 필 나이트(Phil Knight), Nike 창업자

마케팅은 너무나 중요하기 때문에 마케팅 부서에게만 맡겨둘 수 없다.
– 데이비드 패커드(David Packard), HP의 공동 창업자

이 장의 흐름

1. 마케팅관리의 개념: 계획하고, 실행하고, 통제하는 활동들로 구성된다.

⬇

2. 마케팅 관리의 실제: 마케팅 관리는 브랜드나 상품 수준에서 수행된다.

이 장의 목표

이 장을 읽은 다음에는 다음 질문에 답할 수 있어야 한다.

1. 마케팅 관리는 어떤 활동들로 이루어져 있는가?
2. 판매와 마케팅은 어떻게 다른가?
3. 마케팅 관리는 회사내의 어떤 수준에서 수행되는가?

1장에서 우리는 기업경영철학으로서의 마케팅은 고객에게 경쟁자보다 더 큰 가치를 제공하여, 이들을 획득하고 유지하는 데 최우선 순위를 두는 것임을 배웠다. 2장에서부터는 기업이 수행하는 여러 가지 활동 중의 일부로서의 마케팅에 대해서 배우게 된다. 이것을 마케팅 관리(marketing management)라고 부른다. 우선 2장에서는 마케팅 관리가 어떤 것인지 감(感)을 잡기 위하여 마케팅 관리의 대강을 알아본 다음, 3장부터는 마케팅 관리를 구성하고 있는 여러 가지 요소들을 보다 자세하게 다루기로 한다.

1 마케팅 관리의 개념: 계획하고, 실행하고, 통제하는 활동들로 구성된다

기업은 자신의 생존과 성장을 위하여 여러 가지 활동들을 해야 한다. 주요 활동들만 꼽아보더라도, 인적 자원의 획득 및 유지, 기술개발, 자본 및 생산설비 확보, 원료 및 부품의 조달, 제품생산, 생산된 제품의 유통 및 판매, 판매 후 서비스의 제공 등을 들 수 있다. 마케팅을 기업의 활동으로 보기로 한다면, 마케팅은 위와 같은 기업활동들의 한 부분에 해당될 것이다.

1. 마케팅 관리의 정의

1장에서 마케팅을 한마디로 정의하기 어렵다고 했듯이, **마케팅 관리**(**marketing management**) 역시 정의하기 쉽지 않다. 그것은 산업에 따라(예: 화장품 vs. 군수품) 혹은 기업에 따라(예: 대기업 vs. 중소기업) 마케팅 활동의 범위와 내용이 달라지기 때문이다. 그러므로 마케팅 관리에 대해서 모두가 동의하는 정의는 존재하지 않는다. 이 책에서는 세계적으로 널리 인용되는 미국마케팅협회(American Marketing Association)의 정의를 소개하고, 그 의미를 설명하기로 한다.

> 마케팅은 고객, 거래처, 파트너, 그리고 사회 전체에 가치를 제공하는 것들을 창조하고, 커뮤니케이션하고, 전달하고, 교환하기 위한 활동, 제도 및 과정이다.(Marketing is the activity, set of institutions, and processes for creating, communicating, delivering, and exchanging offerings that have value for customers, clients, partners, and society at large.)

위의 정의에 관해서 다음과 같은 점들에 주목하여야 한다.

▶ 기업과 고객 사이에 교환이 일어나기 위해서는 그 교환으로부터 각기 가치를 얻을 수 있어야 한다. 즉, 기업은 고객에게 효용을 제공하는 **상품**(product)을 개발하고 자신은 이익을 얻을 수 있는 **가격**(price)에 공급할 수 있어야 한다. 여기서, 상품이란 자동차와 같은 유형의 제품은 물론 은행 예금과 같은 무형의 서비스도 포함하는 넓은 의미로 사용되었다. 이것은 이 책의 나머지 부분에서도 마찬가지이다.

▶ 이러한 교환이 활발하게 일어나도록 하기 위해서 기업은 자신의 상품이 높은 가치를 제공할 수 있다는 것을 고객에게 알리고 교환에 참여하도록 설득하여야 하며, 또 고객들에게 상품을 전달할 수 있는 체계를 갖추어야 한다. 마케팅에서는 전자를 **촉진**(promotion)이라고 부르고, 후자를 **유통**(distribution)이라고 부른다.

▶ 상품, 가격, 촉진, 유통은 마케팅 관리를 수행하는데 사용할 수 있는 대표적인 수단들이다. 이 네 가지 수단들을 통틀어 **마케팅 믹스**(marketing mix) 혹은 더 간단히 **4P**라고 부른다. 유통을 생산자와 소비자 사이의 장소의 격차를 메꿔주는 것이라고 본다면, distribution 대신에 place로 쓸 수 있으며, 이렇게 되면 상품, 가격, 촉진, 유통 모두 p로 시작되기 때문이다. 그리고 상품, 가격, 촉진, 유통을 각각 **마케팅 믹스 요소**라고 부른다. 우리는 이 책의 3부에서 이들을 자세히 공부하게 될 것이다.

마케팅 믹스
상품, 가격, 촉진, 유통의 네 가지 마케팅 수단

▶ 위의 정의에는 '과정'이라는 단어가 등장한다. 모든 관리 과정은 ―그것이 마케팅을 관리하는 과정이든 여러분의 영어성적을 관리하는 과정이든 ―**계획**(plan)하고, **실행**(do)하고, **통제**(see)하는 절차를 반복적으로 밟게 된다([그림 2-1] 참조). 마케팅을 잘 하기 위해서는 계획(또는 전략)을 잘 세우는 것도 중요하지만, 실행을 빈틈없이 한 다음 성과를 확인하고 잘 된 점과 잘못된 점을 철저히 분석

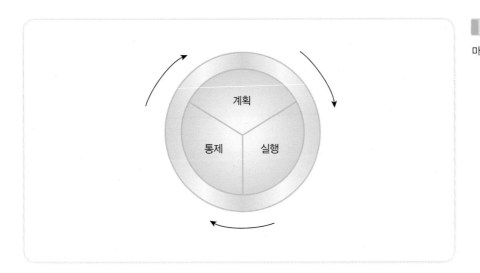

그림 2-1

마케팅 관리과정

하는 것도 중요하다.

▶ 많은 기업들은 마케팅 관리를 담당하는 부서를 두고 있는데, 이 부서의 명칭은 회사에 따라 달라진다. 이 책에서는 편의상 이를 **마케팅 부서**라고 부르고, 이 부서에서 일하는 사람들을 **마케터(marketer)**라고 부르기로 한다.

▶ 마케팅 관리를 담당하는 부서를 마케팅 부서라고 부르고, 여기에서 일하는 사람들을 마케터라고 부른다고 했지만, 어떤 회사가 하는 **마케팅 활동을 반드시 마케팅 부서나 마케터만 수행해야 하는 것은 아니다.** 예를 들어, 마케팅 믹스 중의 하나인 상품을 살펴보자. 상품과 관련된 마케팅 활동 중에 가장 중요한 것은 차별화된 신상품을 개발하는 것이다. 그런데 삼성전자나 현대자동차 같이 신상품 개발에 신기술이 중요한 역할을 하는 경우에는, 마케팅 부서가 아니라 기술을 잘 아는 전문가들이 모인 연구소나 신상품 개발 조직이 신상품 개발을 주도하게 된다. 하지만 그렇다고 해서 고객의 욕구를 무시하고 엔지니어들 마음대로 상품을 개발하는 것은 아니며, 마케터가 신상품 개발 조직에 참여해서 고객의 목소리를 전달하기도 하고, 어떤 경우에는 엔지니어들이 고객의 욕구를 직접 조사해서 신상품 개발에 반영하기도 한다. HP를 공동 창업한 데이비드 패커드(David Packard)가 "마케팅은 너무나 중요하기 때문에, 마케팅 부서에게만 맡겨둘 수 없다."라고 한 것처럼, 마케팅을 담당하는 마케팅 부서가 따로 있다고 하더라도, 어떤 산업이나 기업에서는 **다른 부서가 마케팅 활동의 일부를 수행하기도 한다.**

▶ 미국마케팅협회의 정의에서 주목해야 할 또 하나의 부분은 마케팅이 가치를 제공하는 대상을 고객, 거래처, 파트너뿐만이 아니라 사회 전체로까지 확대하고 있다는 점이다. '사회 전체'에는 지역 사회, 일반 대중, 그리고 자연 환경도 포함된다. 기업은 사회와 분리된 존재가 아니라 사회를 구성하는 일원이므로, **자신의 경제적 이익만이 아니라 사회의 지속가능성도 고려해야 한다.** 그런데 마케팅은 고객의 욕구 충족을 강조하고 있어서 환경 오염 또는 파괴를 유발한다는 비판의 대상이 되곤 한다. 지속가능한 방법으로 경쟁자보다 고객의 욕구를 더 잘 충족시킬 수 있는 방법을 찾는 것이 앞으로 점점 더 많은 마케터들이 풀어야 할 숙제가 될 것이다.

2. 마케팅과 판매(sales)의 차이

사람들은 흔히 마케팅 활동을 판매(sales) 활동과 같은 것으로 생각한다. 과연 판매 활동과 마케팅 활동은 어떻게 다른 것일까?

고객이 무엇을 원하는지를 파악하고, 고객이 원하는 바를 경쟁자보다 더 잘 충족시켜 줄 수 있도록 상품, 가격, 촉진, 유통을 계획하고 실행하는 마케팅 활동의 대부분은 판매 활동보다 앞서서 일어난다. 다른 말로 표현하면, 마케팅은 무엇을 만들어야 잘 팔릴 수 있을지 고민하는 것부터 시작하는 것이라면, 판매는 일단 만들어진 상품을 어떻게 하면 잘 팔 수 있을지 고민하는 것이라고 할 수 있다. 그러므로 마케팅 활동은 판매 활동을 포함한다.

예를 들어, 슈퍼마켓에서 판매되는 비내구소비재(예: 음식료품, 생활용품 등)를 생산하는 기업들을 살펴보자.[1] 이런 기업에서 마케팅부서는 상품, 가격, 촉진, 유통과 관련된 결정을 하고, 판매부서[2]는 마케팅 부서의 결정을 실행에 옮기는 일을 한다. 예를 들어, 농심이 '신라면 볶음면'이라는 신상품을 출시한다면, 이 신상품을 개발하고, 가격, 촉진, 유통과 관련된 결정을 하는 것은 대부분 마케팅부서의 몫이다. 판매부서는 이러한 결정을 실행하는데 있어서 중요한 역할을 수행한다. 농심이 '신라면 볶음면'을 소비자에게 판매하기 위해서는 그 전에 이마트 같은 대형마트들이 '신라면 볶음면'을 사서 매장에 진열을 해놓아야 한다. 대형마트에 '신라면 볶음면'을 판매하는 것이 바로 판매부서의 몫이다(마케팅부서와 판매부서 간의 관계에 대한 보다 자세한 설명은 12장 1절 참조).

2 마케팅 관리의 실제: 마케팅 관리는 브랜드나 상품 수준에서 수행된다

오늘날 한 가지 상품과 한 가지 브랜드만을 가진 회사는 찾아보기 어렵다. 특히 대기업일수록 여러 가지 사업분야에 진출해 있고, 각 사업분야내에서 다시 여러 가지의 상품이나 브랜드를 거느리는 경향을 보인다. 예를 들어, 삼성전자는 영상디스플레이, 생활가전, 모바일 등의 다양한 사업단위(business unit)를 갖고 있으며, 이 중의 하나인 생활가전사업부는 청소기에서부터 세탁기에 이르는 다양한 상품들을 내놓고 있다([그림 2-2] 참조).

삼성전자처럼 다양한 사업과 상품을 거느리고 있는 회사의 경우, 마케팅 관리는 회사 전체 수준에서 이루어지는 것일까, 사업단위수준(예: 생활가전)에서 이루어지는 것일까, 아니면 개별상품(예: 냉장고)이나 브랜드(예: BESPOKE) 수준에서 이루어지는 것일까? 결론부터 이야기하면, 이런 회사의 경우 **마케팅 관리**

---

1 참고로, 업계에서는 이런 상품들을 FMCG(fast-moving consumer goods) 또는 CPG(consumer packaged goods)라고 부른다.
2 우리나라 기업들 중에는 '판매부서'를 '영업부서'라고 부르는 경우가 많다. 그러나 이 책에서는 '판매부서'라고 부르기로 한다.

그림 2-2

삼성전자의 사업단위
(2022년 1월 현재)

의 대부분은 기업전체수준이나 사업단위수준에서 이루어지는 것이 아니라, 상품이나 브랜드 수준에서 이루어진다. 그 이유는 상품이나 브랜드가 달라짐에 따라 표적으로 삼는 고객집단이 달라지고 경쟁자들도 달라지기 때문에, 마케팅 활동 역시 달라질 수밖에 없기 때문이다. 게다가 삼성전자와 같은 글로벌 기업의 경우에는 상품이나 브랜드 뿐만이 아니라 국가별로도 마케팅 활동이 달라질 수 있다. 휴대폰 하나만 놓고 보더라도, 삼성전자가 1위를 달리는 나라에서의 마케팅 활동과 3위로 달리는 나라에서의 마케팅 활동이 같을 수가 없기 때문이다. 그러므로 '삼성전자의 마케팅 전략' 혹은 '삼성전자 냉장고의 마케팅 전략'이라는 것은 정의하기 어려우며, '삼성전자 냉장고의 한국 시장에서의 마케팅 전략'이라고 해야 비로소 정의할 수 있다. 단, 기업전체수준에서 이루어지는 마케팅 관리 활동이 전혀 없는 것은 아닌데, 기업 광고나 글로벌 브랜드 관리 등이 여기에 속한다.

마케팅 관리가 개별상품이나 브랜드 수준의 활동이라고 하더라도, 회사전체 또는 사업단위수준에서 이미 결정해 놓은 사업목표와 전략의 영향을 받게 된다([그림 2-3] 참조). 예를 들어, 삼성전자 생활가전사업부의 올해 사업복표가 급속한 성장이라고 하자(예를 들어, 매출액을 작년도보다 30% 높이는 것). 이 경우 이 사업부에 속한 냉장고의 마케팅 역시 매출액을 대폭적으로 높일 수 있는 활동(빈번한 가격할인, 광고비의 증대, 판매사원수의 증가 등)에 초점이 맞추어진다. 그러나 반대로 이 사업부의 올해 사업목표가 급속한 성장이 아니라 수익성 증대라고 하자(예를 들어, 투자수익률을 작년도보다 50% 높이는 것). 이 경우에는 냉장고의 마

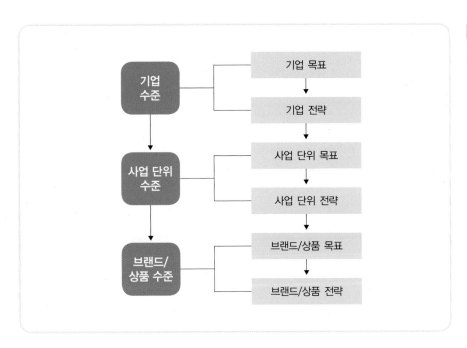

그림 2-3

여러 가지 수준의 목표

케팅 역시 수익성을 크게 개선시킬 수 있는 활동(가격인상, 광고비 삭감, 원가절감 등)에 초점이 맞추어진다.

사업단위수준이나 기업전체수준에서 목표와 전략을 수립하는 것을 **전략계획 과정**(strategic planning process)이라고 부른다. 과거에는 마케팅 분야에서 전략계획과정을 다루기도 하였지만, 이 분야에 대한 지식이 점점 방대해지고 깊어졌기 때문에 경영학 안에 경영전략이라는 독립된 분야가 새로 생겨나게 되었다. 그러므로 이 분야에 대한 깊이 있는 이해를 원하는 사람은 경영전략분야의 책들을 참고하기 바란다.

전략계획과정
기업 전체 또는 사업단위수준의 목표와 전략을 수립하는 활동

원리 2-1

기업 또는 사업단위수준의 목표 및 전략과 일관성을 갖도록 마케팅 목표와 전략을 수립하라.

1. 마케팅 계획의 수립

마케팅 관리의 대강을 이해하였으면, 이번에는 마케팅 계획, 실행, 통제를 구성하는 요소들을 알아보자. 마케팅 계획, 실행, 통제는 1년을 단위로 이루어지는 경우가 많다. 먼저 마케팅 계획을 수립하는 과정을 살펴보자([그림 2-4] 참조).

그림 2-4

마케팅 계획 수립절차

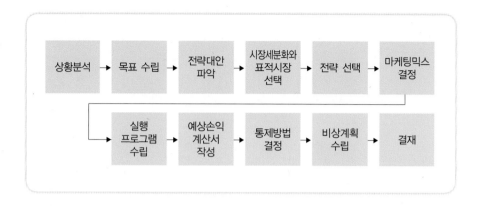

(1) 상황분석

마케팅 계획을 수립하기 위한 첫 단계는 해당 상품의 과거, 현재, 미래의 상황을 분석하고, 이로부터 새로운 기회나 위협요인들을 파악하는 것이다. 물론, 이 중에서도 미래의 상황이 제일 큰 관심의 대상이지만, 과거와 현재의 상황을 분석하는 것이 미래의 상황을 예측하는 데 많은 도움이 된다.

상황분석의 영역은 〈표 2-1〉에 나와 있듯이 여섯 가지로 크게 나누어 볼 수 있다. 이 여섯 가지 영역들 중에서 특히 중요한 것은 경쟁자와 고객에 대한 분석이다. 4장에서는 경쟁자 분석을, 그리고 5장에서는 고객 분석을 자세히 다루고 있다.

표 2-1

상황분석의 내용

영 역	내 용
시장의 전반적 상황	규모, 성장률, 가격수준, 유통경로, 광고 및 판매촉진 활동의 수준, 판매활동의 수준
우리 상품의 성과	종류별, 지역별, 용도별 매출액 추세, 원가 및 이익 추세
고 객	• 소비자: 구매의사 결정과정 • 세분시장별 상대적 크기, 구매결정 기준, 선호 브랜드, 구매 장소, 구매 시기, 기타 인구통계적 특성 • 유통업자: 대형화 또는 집중화의 정도, 새로운 유통업자의 참여 여부, 주요 유통업자별 성과
경쟁자	• 기존 경쟁자 및 잠재적 경쟁자: 마케팅 목표 및 전략, 성과, 강점 및 약점 • 대체재: 대체재의 성장률 및 우리 시장을 잠식하는 정도
공급업자	대형화 또는 집중화의 정도, 새로운 공급업자의 참여 여부, 주요 공급업자별 성과, 원료 수요 및 공급 동향, 에너지 가격
거시환경	• 인구통계적 환경: 인구증가율, 연령대별 인구, 지역별 인구, 가구수의 증가율, 교육수준의 변화 • 경제적 환경: 소득분배 구조, 저축률, 기타 거시경제지표 • 사회적 환경: 가치관의 변화, 환경문제, 소비자운동 • 기술적 환경: 관련 기술의 동향 • 법률적 환경: 각종 규제의 동향

그림 2-5

상황분석의 절차

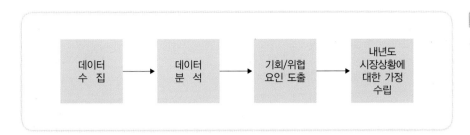

상황분석은 먼저 위와 같은 여섯 가지 영역에 대한 과거 및 현재 데이터를 수집하고 분석한 다음, 기회 및 위협요인들을 도출하고 내년도 시장상황에 대한 가정을 수립하는 순서로 이루어진다.

1) 데이터 수집

마케팅 계획을 수립하는 데 기초가 되는 데이터들은 불완전하거나 추정된 경우가 많다. 예를 들어, 2026년 계획은 2025년 11월쯤에 수립되는데, 아직 2025년도의 최종 매출액이나 시장점유율은 나와 있지 않다. 그래서 마케터는 종종 불완전한 데이터를 기초로 현재 상황이나 미래에 대한 주관적인 예측을 해야 한다. 아무튼 계획을 수립하려면 모든 데이터를 최신의 수치로 최대한 업데이트시킬 필요가 있다.

2) 데이터 분석

수집된 데이터를 이용하여 각 영역별로 최근의 상황을 분석하고 미래를 예측하여야 한다. 물론 이러한 분석은 반드시 계량적일 필요는 없다. 앞에서도 설명한 것처럼, 마케터가 갖고 있는 데이터는 종종 불완전하므로, 주관적인 판단에 의한 질적인 분석에 의존하기도 한다. 상황을 정확히 분석하기 위해서 〈표 2-1〉의 데이터를 체계적으로 수집하고 분석하고, 해석하는 것이 중요한데, 이러한 기능을 수행하는 것을 **마케팅 조사**(marketing research)라고 부른다. 마케팅 조사는 상황을 분석하는 단계에서는 물론, 마케팅 활동의 모든 단계마다 중요한 정보를 제공해 준다. 마케팅 조사는 이 책의 13장에서 자세히 다룬다.

마케팅 조사
기업이 당면한 구체적인 마케팅 문제를 해결하기 위하여 필요한 데이터와 정보를 체계적으로 수집, 분석, 보고하는 활동

3) 기회 및 위협요인 도출

마케터는 〈표 2-1〉의 영역별로 상황을 분석한 다음, 해당 상품에 영향을 미칠 수 있는 기회요인들과 위협요인들을 도출하여야 한다. 예를 들어, 침대 전문 회사인 에이스침대의 경우, 1인 가구 증대로 인한 가구수의 증가는 기회요인인 반면, 한샘 같은 대형 가구 회사들이 가구시장의 불황 속에서 매출을 증대시키기 위하여 침대시장 침투를 강화하는 것은 위협요인이다. 그러므로 에이스침대

는 이러한 기회요인은 적극 활용하고, 위협요인은 약화시킬 수 있는 마케팅 계획을 수립하여야 할 것이다.

4) 내년도 시장상황에 대한 가정 수립

마케팅 목표는 대개 매출액, 시장점유율, 또는 이익 등과 같은 수치로 표시된다. 그런데 이러한 목표는 내년도 시장상황에 대한 어떤 가정에 근거하게 된다. 예를 들어, 내년도에 침대시장의 총 규모가 올해보다 15% 성장한다면, 내년도 매출액 목표를 올해보다 15% 높은 수준으로 결정하는 것은 그렇게 야심적이라고 볼 수 없지만, 반대로 내년도에 침대시장의 총 규모가 올해에 비해 전혀 성장하지 않는다면, 매출액 목표를 올해보다 15% 높은 수준으로 정하는 것은 상당히 야심찬 것이다. 그러므로 마케팅 목표를 수립하기 위해서는 내년도 시장상황에 대한 가정을 명확히 할 필요가 있다. 마케터는 상황분석 결과를 기초로 내년도의 시장상황(예: 총 시장규모, 경쟁의 강도)을 예측하고, 이를 마케팅 계획서에 명확히 밝혀두어야 한다.

(2) 목표 수립

마케팅 목표는 상황분석 결과로부터 도출되기도 하지만, 많은 경우에 기업 목표나 사업 단위 목표에서부터 내려오기도 한다. 마케팅 목표는 대개 개별 브랜드나 상품별 이익, 매출액, 또는 시장점유율 등과 같이 재무적인 수치로 표시된다. 그러나 우리가 1장에서 배운 마케팅 컨셉트에 보다 충실해지기 위해서는, 위와 같은 재무적인 수치 이외에 고객과 관련된 목표도 갖는 것이 바람직하다. 예를 들어, 고객만족도, 고객획득률과 유지율, 또는 생애가치 등이 그것이다.

마케팅 목표는 측정 가능해야 하며(즉, 막연히 '이익증대'가 아니라 '이익 10억원'과 같이 구체적으로 측정할 수 있는 수치로 표시되어야 함), 언제까지 달성하겠다는 시한을 명시해야 하며, 다소 어렵지만 열심히 노력하면 달성이 가능한 수준에서 설정되어 관련된 임직원들에게 동기를 부여할 수 있어야 한다. 또한 앞에서 설명한 것처럼 사업단위수준이나 기업전체수준에서 설정된 목표 및 전략과 일관성을 가져야 한다.

(3) 전략대안의 파악

목표를 수립하는 것이 "우리가 어디로 언제까지 갈 것인가?"라는 질문에 답하는 것이라면, 전략을 선택하는 것은 "우리가 어떤 길로 갈 것인가?"라는 질문에 답하는 것이라고 말할 수 있다. 대개 어떤 목표를 달성할 수 있는 전략에

그림 2-6

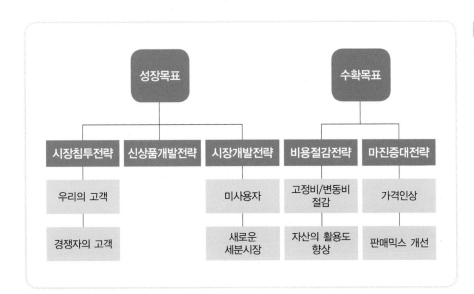

는 여러 가지가 있을 수 있기 때문에(이것을 전략대안이라고 부른다), 이 중에 가장 적합한 것을 선택해야 한다. [그림 2-6]은 이를 잘 보여준다.

마케팅 목표에는 여러 가지 종류가 있을 수 있지만, 모두가 결국에는 장기적으로 높은 이익을 내는 것을 지향하고 있다고 볼 수 있다. 그러나 어느 해의 마케팅 목표는 시장상황에 따라 수익성을 중요시하지 않을 수도 있고 중요시할 수도 있는데, 전자를 성장목표, 후자를 수확목표라고 부른다. 즉, **성장목표**란 단기적으로 수익성이 나빠지더라도 매출액이나 시장점유율의 확대를 목표로 삼는 경우를 가리키며, **수확목표**란 단기적으로 매출액이나 시장점유율이 줄어들더라도 수익성 향상을 목표로 삼는 경우를 가리킨다. 어떤 사람들은 '성장'과 '수확'을 모두 달성하고 싶겠지만, 경쟁이 치열한 시장에서 두 마리의 토끼를 잡는 것은 어려운 일이다.

성장목표
단기적으로 수익성이 나빠지더라도 매출액이나 시장점유율의 확대를 목표로 삼은 것

수확목표
단기적으로 매출액이나 시장점유율이 줄어들더라도 수익성 향상을 목표로 삼은 것

1) 성장목표

만약 마케팅 목표가 성장목표라면 이를 달성할 수 있는 전략대안에는 [그림 2-7]과 같이 크게 네 가지가 있을 수 있다. 이 중에서 가장 빈번하게 쓰이는 전략은 시장침투전략과 신상품개발전략이다. 시장개발전략은 많은 노력이 들기 때문에 비교적 흔치 않은 전략이며, 다각화전략(예: 제약회사가 IT에 진출)은 새로운 고객과 새로운 상품을 필요로 하므로, 상품이나 브랜드 수준의 전략이라기보다는 사업단위수준이나 기업전체수준의 전략이라고 할 수 있다. 그러므로 여기서는 처음 세 가지 전략만을 다루기로 한다.

그림 2-7

상품/시장 매트릭스[3]

	기존상품	신상품
기존시장	시장침투전략	신상품개발전략
신시장	시장개발전략	(다각화전략)

시장침투전략
현재 어떤 상품을 사용하는 고객들로 하여금 더 많이 또는 더 자주 구입하게 하는 전략

▶ **시장침투(market penetration)전략**은 현재 우리의 상품은 물론 이와 같은 종류의 상품을 사용하는 고객(우리 회사의 고객은 물론 경쟁회사의 고객도 포함됨)들로 하여금 우리 상품을 더 많이 또는 더 자주 구입하게 함으로써 성장을 달성하는 전략이다. 예를 들어, 소비자들이 이를 닦는 횟수를 하루에 두 번에서 세 번으로 늘릴 수 있다면, 치약회사는 50%의 매출액 증대를 기대할 수 있다. 경쟁자의 고객들을 이탈시키는 전략도 시장침투전략에 속한다. 이동전화 시장이 좋은 예가 될 수 있다.

신상품 개발전략
기존상품을 구입한 고객들로 하여금 새로운 상품을 구입하게 함으로써 성장을 달성하는 전략

▶ 기존상품을 구입한 고객들로 하여금 새로운 상품을 구입하게 함으로써 성장을 달성하는 전략을 **신상품 개발(new product development)전략**이라고 부른다. 예를 들어, 세단을 만들던 자동차 회사가 SUV를 내놓고 세단을 구입한 고객이 SUV도 추가로 구입하게 하는 전략이 여기에 속한다. 강력한 판매조직을 가진 회사의 경우에는 기존조직의 이용도를 높이기 위하여 계속적으로 신상품을 개발하기도 한다. 예를 들어, 코웨이는 정수기, 비데, 공기청정기 등 가정주부들이 많은 관심을 갖고 있는 상품들을 잇달아 개발한 다음 자신들이 보유하고 있는 강력한 방문판매조직을 통하여 판매하였다.

시장개발전략
기존상품을 구입하지 않는 사람들을 설득하여 구입하게 만드는 전략

▶ 기존상품을 아직 구입하지 않는 사람들을 설득하여 구입하게 만듦으로써 성장을 달성하는 전략을 **시장개발(market development)전략**이라고 부른다. 숙취해소음료는 주로 남성 소비자들에게 판매되어 왔다. 여성의 사회 참여와 음주가 늘어남에 따라, CJ제일제당이 여성을 타깃으로 한 컨디션 레이디를 내놓은 것은 시장개발전략의 한 예가 될 수 있다. 일회용 기저귀나 분유 같은 유아용품회사들이 임산부들을 대상으로 활발한 마케팅을 하는 것도 좋은 예이다.

여성을 타깃으로 내놓은 숙취해소음료. 시장개발전략의 한 예이다.

---

3 Igor Ansoff, "Strategy for Diversification," *Harvard Business Review* (September–October, 1957), p. 114.

2) 수확목표

어느 해의 마케팅 목표가 수확목표인 경우에는 비용절감전략이나 마진 증대 전략을 이용할 수 있다. 먼저, 비용을 절감할 수 있는 방법에는 고정비(예: 광고비, 마케팅 조사비, 영업사원의 인건비)를 줄이는 방법, 변동비(예: 상품의 원료나 부품 비용)를 줄이는 방법, 그리고 자산의 활용도를 높이는 방법(예: 재고나 외상매출금 감축)이 있다.

그러나 이러한 방법들을 실시할 경우에 단기적으로는 수익성이 개선될 수 있지만, 장기적으로는 오히려 이익을 감소시킬 위험이 있다는 것을 인식할 필요가 있다. 예를 들어, 상품의 원료나 부품을 값싼 것으로 대신하면 품질이 나빠져서 우리의 고객들의 이탈률이 높아지고, 외상매출금의 회수를 무리하게 하면 중간상들이 우리에게 등을 돌릴 가능성이 높아진다.

둘째, 마진을 증대시킬 수 있는 방법에는 상품의 가격을 인상하는 방법과 판매믹스를 개선하는 방법이 있다. 판매믹스를 개선한다는 것은 현재 우리가 판매하고 있는 품목들 중에서 수익성이 높은 품목의 판매비중을 높이고 수익성이 낮은 것의 비중은 낮추는 것을 의미한다. 예를 들어, 현대자동차의 경우, 세단과 SUV 중에서 수익성이 높은 SUV의 판매비중을 높이면 판매믹스가 개선될 수 있다. 또는 고객들 중에서 생애가치가 높은 집단에 대한 판매비중을 높일 수도 있을 것이다.

(4) 시장 세분화와 표적시장 선택

마케터의 고민은 주어진 목표를 달성할 수 있는 전략이 하나가 아니라 여러 가지가 있다는 데에 있다. 물론, 여러 가지 전략대안들 중에서 반드시 하나만 선택해야 하는 것은 아니다. 예를 들어, 시장침투전략과 신상품개발전략을 동시에 실시하는 것도 가능하다. 그러나 여러 가지의 전략을 동시에 실행하려면 그만큼 많은 투자가 필요하다. 일반적으로, 전략 대안을 선택하기 위해서는 구매자, 경쟁자, 그리고 우리 스스로에 대한 충분한 정보를 갖고 있어야 하는데, 이러한 정보를 얻기 위해서는 시장을 세분화해 볼 필요가 있다.

1) 시장 세분화

1장에서 마케팅은 구매자를 철저히 이해하는 데에서 출발한다고 하였다. 그런데 어떤 상품을 구매하는 사람들이 그 숫자도 많고 원하는 바도 다양한 경우에는 이들을 철저히 이해하기란 쉬운 일이 아니다. 예를 들어, 침대의 경우를 살펴보자. 침대는 주로 우리나라 도시지역의 많은 가정에서 구입되고 사용되고 있다. 그러므로 이들 가정을 한 집 한 집씩 이해한다는 것은 불가능하다.

그러나 좀 더 깊이 생각해 보면, 비록 수는 많지만, 이들 사이에는 어떤 공통점이 있을 수가 있고, 따라서 공통점을 갖고 있는 가정들을 찾아내서 몇 개의 집단으로 묶는 것이 가능하다는 것을 알 수 있다. 예를 들어, 침대를 구매할 때 디자인을 중시하는 구매자들을 찾아내서 이들을 하나의 집단으로 묶고, 가격을 중시하는 사람들을 찾아내서 이들을 또 하나의 집단으로 묶었다면, 이 두 집단을 각각 **세분시장**(market segment)이라고 부른다. 그리고 이렇게 세분시장을 발견하는 작업을 **시장세분화**(market segmentation)라고 부른다('마케팅 프론티어 2-1' 참조).

일반적으로 한 세분시장은 다른 세분시장과 구별되는 별도의 마케팅 믹스를 필요로 한다. 예를 들어, 첫 번째 세분시장에 대해서는 가격이 높더라도 디자인을 강화한 침대를 개발하여 집중적으로 마케팅하고, 두 번째 세분시장에 대해서는 디자인이 평범하더라도 가격이 낮은 침대를 개발하여 마케팅해야 한다.

세분시장
비슷한 욕구를 가진 구매자들로 구성된 집단

시장세분화
세분시장을 발견하는 작업

마케팅 프론티어 2-1

'침대는 가구가 아닙니다. 침대는 과학입니다.' 에이스침대(Ⅰ)

보루네오, 바로크와 같은 종합 가구 업체들이 가구 시장의 불황을 극복하기 위한 방편으로 침대 시장에 대한 마케팅을 강화하자, 침대 전문 업체인 에이스침대는 시장점유율이 계속 하락하는 어려운 상황을 맞이하게 되었다. 에이스침대는 시장점유율 회복을 마케팅 목표로 결정하고, 적절한 전략을 선택하기 위하여 시장세분화를 실시하였다. 침대 구매자가 얻고자 하는 편익을 기준으로 시장을 세분화하고, 각 세분시장(market segment)의 특징을 파악한 결과는 다음과 같았다.

세분시장 1은 다양한 구색과 정통 침대 업체의 이미지를 중요하게 생각하는 집단으로, 에이스침대가 경쟁자들에 비하여 우위에 있는 시장이었다. 세분시장 2는 침대의 기능(즉, 인체공학적 특성)을 중요시하기는 하지만, 가격도 중요시하기 때문에, 상대적으로 가격이 비싼 에이스침대는 종합 가구 업체에 비하여 열세에 놓여 있었다. 세분시장 3은 혼수시장에 해당하는데, 다른 가구와 함께 세트 구매가 많이 일어나므로, 침대 전문 업체인 에이스는 고전을 면치 못하는 시장이었다.

침대시장의 편익기준 세분화

	세분시장 1	세분시장 2	세분시장 3
추구 편익	정통성, 다양성	기능성, 저렴한 가격	다른 가구와의 조화
인구통계적 특성	35세 이상의 여성	25~34세의 여성	미혼 여성
경쟁 브랜드	에이스, 기타 침대 전문업체	종합가구업체(예: 바로크, 보루네오 등)	종합가구업체 군소가구업체

시장을 세분화하는 방법에는 앞의 예처럼 편익을 기준으로 하는 방법 이외에도 여러 가지가 있다. 예를 들어, 사용량(예: 다량 사용자 vs. 소량 사용자), 사용여부(예: 사용자 vs. 비사용자), 애호도(예: 우리 브랜드 vs. 경쟁 브랜드) 등을 들 수가 있다. 그러므로 고려 중인 전략 대안별로 적합한 세분화의 기준들을 선택하여 여러 가지로 세분화를 해 보아야 한다.

또, 최종 구매자인 소비자 뿐만이 아니라 중간상인 도매상과 소매상도 세분화할 수 있다. 시장세분화는 6장에서 좀 더 자세히 다루기로 한다.

2) 표적시장 선택

시장을 여러 개의 세분시장으로 나눈 다음에 모든 세분시장들을 대상으로 마케팅을 하는 경우는 드물다. 여러 개의 세분시장들 중에서 소수의 세분시장들을 선택하여 이들을 표적으로 하여 마케팅을 하는 것이 보통이다. 이렇게 선택된 시장을 **표적시장**(target market)이라고 부른다.

시장이 빠르게 변화하지 않는 경우에는, 작년에 선택한 표적시장을 올해에도 계속 표적시장으로 삼게 되지만, 시장이 크게 변화하는 경우에는 표적시장을 변경해야 하는 경우도 생긴다. 예를 들어, 존슨앤존슨(Johnson & Johnson)의 베이비 로션은 원래 표적시장이 유아였지만, 출산율 감소로 유아 시장의 규모가 급속히 줄어들자 표적시장을 10대 소녀에게까지 확대시키지 않으면 안되었다. 표적시장 선택 역시 6장에서 자세히 다룬다.

표적시장
여러 개의 세분시장 중에서 마케팅 활동의 표적으로 선택된 시장

(5) 전략 선택

표적시장을 선택하면 전략 대안을 선택하는 것은 비교적 쉽게 이루어진다. 표적시장으로 선택된 세분시장에 속한 고객들의 특성과 여기서 경쟁하는 경쟁자들의 상대적인 강점과 약점들이 비교적 분명하게 드러나기 때문이다. 에이스 침대의 사례가 이를 잘 보여준다('마케팅 프론티어 2-2' 참조).

(6) 마케팅 믹스 결정

앞서 설명한 것처럼, 마케팅 믹스란 마케팅 전략을 수행하기 위하여 마케터가 동원할 수 있는 네 가지 대표적인 수단들, 즉 상품, 가격, 촉진, 유통을 가리킨다. 어떤 마케팅 전략이 선택되느냐에 따라 마케팅 믹스 중에서 특히 어떤 요소에 중점을 둘 것인지가 결정된다.

예를 들어, 신상품개발전략이 선택되었다면, 마케팅 믹스 중에서도 특히 상품이 중요해지며, 경쟁자의 고객을 대상으로 한 시장침투전략이 선택되었다면, 여러 가지 판매촉진 프로그램(예: 할인쿠폰 배포)이 중요해질 것이다. 그러나 이

'침대는 가구가 아닙니다. 침대는 과학입니다.' 에이스침대(II)

'마케팅 프론티어 2-1'에서 살펴본 시장세분화 결과를 기초로 에이스침대는 마케팅 목표인 시장점유율 회복을 가장 효율적으로 달성할 수 있는 세분시장을 찾기로 하였다. 세분시장 1은 규모가 크지 않은 데다가 에이스침대가 이미 매우 높은 점유율을 보이는 시장이어서, 더 이상 점유율을 높이려면 매우 많은 비용을 들여야 할 것으로 판단되었다. 세분시장 3은 다른 가구와의 조화를 위하여 세트 구매를 하는 시장이므로 이 시장에서 점유율을 높이려면 침대 이외의 다른 다양한 가구들을 공급하지 않으면 안되었다. 이것은 그동안 침대 전문업체로 성장해온 에이스침대로서는 적합하지 않은 것으로 판단되었다. 결국 마지막으로 남은 세분시장 2가 시장점유율을 높이기 위한 표적시장으로 선정되었다.

세분시장 2에서 에이스침대는 종합 가구 업체들에 비하여 낮은 점유율을 갖고 있었으므로, 에이스침대가 시장점유율 회복이라는 목표를 달성하기 위하여 선택할 수 있는 유일한 전략은 경쟁자의 고객들을 빼앗아오는 시장침투전략이었다.

이 세분시장의 고객들로 하여금 에이스침대를 구입하도록 하는 데 가장 큰 장애요인은 가격이었으므로, 가격을 인하하는 것도 시장침투를 할 수 있는 한 가지 방안이 될 수 있었다. 그러나 에이스침대가 가격을 인하하면, 자금력이 좋은 종합 가구 업체들도 즉시 가격을 인하할 것으로 예측되었기 때문에, 가격인하는 고려대상에서 제외되었다. 가격을 인하하지 않고, 이 세분시장에서 에이스침대의 점유율을 높일 수 있는 방법은 무엇일까?

그 해답이 바로 '침대는 가구가 아닙니다. 침대는 과학입니다. 에이스침대.'라는 슬로건을 내세운 광고였다. 즉, 구매자들로 하여금 에이스침대의 강점인 침대의 기능(즉, 인체공학적 특성)에 상대적으로 더 높은 중요도를 부여하도록 만들자는 것이었다. 이렇게 하면, 자연히 가격에 부여하는 중요도는 떨어지게 되므로, 종합 가구 업체에 비하여 에이스침대가 상대적으로 우위에 설 수 있게 될 것으로 기대되었다.

이러한 예측은 적중하여, 광고가 시작된 이후 침대 구매시에 기능성을 중요시하는 구매자들의 비율이 현저하게 높아지게 되었다. 더구나, 이 광고 캠페인의 표적이 아니었던 세분시장 3에서조차도 기능성을 가장 중요시하는 사람들의 비율이 22퍼센트에서 43퍼센트로 늘어나서 다른 어떤 편익보다도 더 중요한 구매요인으로 자리잡게 되었다. 그리고 이러한 구매자 태도의 변화가 에이스침대의 매출액과 시장점유율의 급신장으로 연결되었음은 물론이다. 에이스침대의 시장점유율은 광고 시작전 18.3퍼센트에서 27.8퍼센트로 급신장하였다. 심지어 이 광고 때문에 초등학교 저학년 학생들 중에는 침대가 정말로 가구가 아닌 것으로 혼동하는 학생들이 많아서 서울시 교육청에서 광고문안의 변경을 요청하는 해프닝이 벌어지기도 하였다.

에이스침대를 '가구가 아니라 과학'으로 인식시키고자 하는 노력은 30여 년간 일관되게 계속되고 있다.

말은 다른 마케팅 믹스 요소들은 소홀히 다루어도 좋다는 의미는 아니다. **마케팅 목표를 달성하기 위해서는, 마케팅 믹스 요소들을 상호 보완적으로 조화롭게 활용하는 것이 중요하다.** 예를 들어, 다른 마케팅 믹스 요소들은 아무 것도 달라진 것이 없는데, 광고비만 2배, 3배로 높이는 것보다는, 상품에 변화를 주고(예: 포장 변경, 새로운 품목 추가) 동시에 광고비를 높이는 것이 매출액을 높이는 데 더 큰 효과가 있다. 또 다른 예를 들자면, 기능성 요구르트에는 낮은 가격보다는 높은 가격이 더 잘 어울린다.

마케팅 믹스 요소들에 대한 여러 가지 원리들을 이해하는 것은 마케팅 관리를 배우는 데 있어서 매우 중요하다. 이 책에서는 7장에서 상품을, 8장에서 가격을, 9장과 10장에서 촉진을, 그리고 11장에서 유통의 기본 원리들을 다루고 있다.

원리 2-2

마케팅 믹스 요소들을 상호 보완적으로 조화롭게 활용하라.

(7) 실행 프로그램 수립

마케팅 계획에는 마케팅 믹스 요소별로 언제, 누가, 무엇을, 얼마의 예산으로 실행에 옮길 것인지를 구체적으로 명시한 실천 프로그램이 담겨져 있어야 한다. 어느 노트북 PC 회사의 판매촉진 프로그램은 〈표 2-2〉와 같다.

	2월	4월	8월	9월
목 표	졸업시즌에 맞춘 판매량 증대(지난해 같은 기간 대비 10% 증대 목표)	유통업자들의 신상품 인지도 증대	비수기 동안의 판매량 증대(지난해 같은 기간 대비 10% 증대 목표)	소비자들의 대리점 방문율 증대(지난해 같은 기간보다 방문객수 25% 증대 목표)
수 단	노트북용 백팩 증정	한국전자전람회 출품(우리 회사의 부스 방문객 수 1만명 목표)	판매경진대회 (이 기간 동안 가장 높은 매출액 증가를 기록한 10곳의 대리점에게 하와이 무료 여행권 증정)	경품(이 기간 동안 대리점을 방문한 사람들 중 10명에게 신상품 무료 증정)
예 산	5억원	1억원	0.5억원	2억원
책임자	소비자 판촉 담당자	중간상 판촉 담당자	중간상 판촉 담당자	소비자 판촉 담당자

표 2-2

어느 노트북 PC 회사의 판매 촉진 프로그램

(8) 예상 손익계산서 작성

마케터는 실행 프로그램을 기초로 예산을 편성할 수 있다. 예상 손익계산서의 항목들은 크게 매출액과 비용으로 나누어지는데, 매출액은 판매량 예측치와 평균가격 예측치를 이용하여 추정되며, 비용은 다시 제조원가, 판매 및 일반관리비 등의 구체적인 항목들로 세분화하여 산출된다. 이러한 예상 매출액과 예상 비용의 차이가 바로 예상 이익이 된다.

(9) 통제방법 결정

마케팅 계획이 실행에 옮겨지면, 정기적으로(예: 매달 또는 매분기) 그 결과를 측정하여 목표와 비교하고, 차이가 있는 경우에는 그 원인을 분석하고, 시정조치를 취해야 한다. 이렇게 하는 것을 **통제**(control)라고 부른다. 그러므로 마케팅 계획을 수립할 때에는 마케팅 활동의 결과를 얼마나 자주 어떤 방법으로 측정할 것인지를 분명히 밝혀둘 필요가 있다.

(10) 비상계획 수립

앞서 설명한 것처럼, 내년도의 마케팅 목표를 수립하기 위해서는 내년도의 시장상황에 대한 어떤 예측을 하여야 한다. 예를 들어, 내년도의 대형차 시장 전체 규모가 10만대가 될 것이라든지, 또는 내년도의 경제성장률이 2%가 될 것이라는 예측이 필요하다. 그런데 이러한 예측은 불완전한 데이터에 기초한 것이므로, 크게 빗나갈 가능성도 적지 않다.

예를 들어, 2020년에 발생한 팬데믹으로 인하여 많은 기업들의 2020년도 마케팅 계획은 커다란 차질을 빚게 되었지만, 이를 미리 예측하고 대비한 기업들은 거의 없었기 때문에 뒤늦게 계획을 수정하느라 커다란 혼란을 겪게 되었다. 시장환경이 불확실할수록, 여러 가지 발생 가능한 상황들을 미리 생각해보고, 실제로 그러한 상황이 닥쳤을 때, 어떻게 대처할 것인지를 계획해 두는 것이 바람직하다. 이렇게 하는 것을 **비상계획수립**(contingency planning)이라고 부른다. 비상계획이 미리 수립되어 있으면, 시장상황이 바뀌더라도 경쟁자보다 신속하게 대처함으로써 경쟁우위를 확보할 수 있다.

(11) 결 재

비상계획까지 작성이 끝나면, 마케터는 지금까지 분석하고 결정한 내용들을 문서로 작성하는데, 이것을 마케팅 계획서라고 부른다. 마케팅 계획서에 포함되는 내용은 회사에 따라 다소 차이는 있지만, 대개 〈표 2-3〉과 같은 내용으로

표 2-3

마케팅 계획서의 목차

- 표지
- 요약
- 목차
- 상황분석
- 마케팅 목표
- 마케팅 전략
- 마케팅 믹스별 실행계획
- 예상 손익계산서
- 성과 통제
- 비상계획
- 부록: 참고자료

이루어진다. 마케터는 이 계획서를 자신보다 상위에 있는 관리자에게 제출하고, 결재를 받는다. 결재를 받는 과정에서 마케팅 계획서의 내용이나 예산 등이 수정되기도 한다. 일단 계획서가 승인되면, 이를 실행에 옮기기 위하여 필요한 원자재 조달계획, 생산계획, 직원채용계획 등이 만들어진다.

2. 마케팅 계획의 실행

마케팅 계획을 실행에 옮기려면, 회사 안팎의 인적 또는 물적 자원을 조직화하여야 한다. 규모가 작은 회사에서는 한 사람이 모든 마케팅 업무(마케팅 조사, 판매, 광고, 고객 서비스 등)를 수행하기도 하지만, 규모가 커질수록 여러 명의 마케팅 전문가를 두게 된다.

대부분의 회사들은 마케팅 부서를 따로 두고 있다. 회사에 따라 다르지만, 마케팅 부서의 최고 책임자는 대개 부장이나 임원이 임명된다. 이 사람에게는 크게 다음과 같은 세 가지의 임무가 맡겨진다. 첫째, 잠재력 있는 마케터들을 선발하고, 훈련시키고, 지휘하고, 동기를 부여하고, 업적을 평가한다.

둘째, 마케팅 부서내의 마케터들간에 협조가 원활하게 이루어지도록 한다. 예를 들어, 소비자를 대상으로 한 경품행사를 차질 없이 실시하려면, 광고 담당자와 판매촉진 담당자가 긴밀히 협조해야 한다.

셋째, 마케팅 부서와 다른 부서간에 협조가 원활하게 이루어지도록 한다. 앞서 우리는 상품, 가격, 촉진, 유통이 마케팅 활동의 영역이라고 하였는데, 이 말의 의미는 마케터가 위의 요소들에 대하여 계획을 세우고 실행하는 데 중요한 역할을 할 수 있다는 뜻이지, 마케터가 마음대로 할 수 있다는 뜻은 아니다. 왜냐하면, 마케팅 믹스 요소에 대한 계획을 세우거나 실행하는 데에는 마케팅 부서 이외의 다른 부서의 협조나 동의가 필요한 경우가 대부분이기 때문이다.

예를 들어, 어떤 항공사의 마케터가 고객만족도를 조사한 결과, 승무원들의 서비스를 보다 친절하게 만들고, 기내식의 품질을 높이며, 정시 운항 비율을 높일 필요가 있음을 발견하였다고 하자. 그러나 이 중에서 마케터가 혼자서 계획하고 실행에 옮길 수 있는 것은 하나도 없다. 승무원의 친절도를 높이기 위해서는 승무원의 교육, 훈련을 담당하는 인사부서, 기내식을 개선하려면 기내식 구매를 담당하는 구매부서 및 원가통제를 담당하는 기획부서, 정시 운항 비율을 높이려면 항공기의 정비를 담당하는 정비부서와 운항 스케줄을 담당하는 운항부서의 협조를 얻거나 동의를 받아야 가능하기 때문이다.

그러므로 **마케팅 관리를 잘하기 위해서는 마케팅 부서 혼자의 노력만으로는 불충분하며, 관련된 여러 부서들의 협조가 매우 중요하다**는 것을 알 수 있다. 경우에 따라서는, **회사 내부뿐만이 아니라 회사 외부의 파트너들, 예를 들어 공급업자나 유통업자의 협조도 매우 중요**해진다. 이렇게 마케팅 부서와 회사 내외부의 사람들이 긴밀한 협조하에 움직이는 것을 **통합적 마케팅**(integrated marketing)이라고 부른다. 이것은 1장에서 언급하였던 **통합성**(interfunctional coordination)과 비슷한 개념이다.

통합적 마케팅
마케팅 관리가 회사 내 다른 부서, 유통업자, 공급업자 등과의 긴밀한 협조하에 수행되는 것

원리 2-3

회사 내부의 관련 부서, 회사 외부의 파트너들과 긴밀하게 협력하라.

통합적 마케팅을 할 수 있는 방법은 무엇일까? 가장 중요한 방법은 고객에게 더 큰 가치를 제공하는 것이 단지 마케팅 부서만의 목표가 아니라 회사내 관련 부서, 공급업자, 유통업자 등 모두가 추구해야 할 목표이며, 이를 달성하게 되면 모두에게 바람직한 결과가 돌아간다는 것을 회사의 CEO가 설득을 통하여 회사 내외부의 관계자 모두에게 깨닫게 하는 것이다. 즉, 마케팅 컨셉트를 회사 내외부의 관련된 모든 사람들이 나침반으로 삼게 만들어야 한다.

3. 마케팅 계획의 통제

앞에서 설명한 것처럼, 마케팅 계획은 반드시 계획한 대로 실행에 옮겨지는 것은 아니며, 그 결과 역시 처음에 목표한 수준과 일치하지 않는 경우가 많다. 그러므로 마케팅 계획을 실행한 결과를 정기적으로 측정하고 이를 목표와 비교한 다음, 중요한 차이가 있다면 그 원인을 분석하여 시정조치를 취하여야 한다. 이것을 통제라고 부른다고 하였다. 통제를 하는 방법에는 여러 가지가 있는데, 이 책의 12장에서 다루고 있다.

이 장에서 우리는 기업활동으로서의 마케팅, 즉 마케팅 관리를 다루었다. 마케팅 관리는 기업의 목표를 달성하기 위하여 상품, 가격, 촉진, 유통활동을 계획하고, 집행하고, 통제하는 과정을 가리킨다. 이러한 의미로서의 마케팅 활동은 판매 활동보다 훨씬 더 넓은 개념이며, 판매 활동을 그 일부로서 포함하게 된다.

오늘날 많은 기업들은 그 안에 여러 개의 사업단위를 갖고 있고, 각 사업단위는 다시 여러 개의 상품이나 브랜드를 갖고 있다. 이러한 기업에서 마케팅 관리는 대개 브랜드나 상품 수준에서 수행된다. 그러나 마케팅 목표나 전략은 상위 수준의 목표나 전략의 테두리 안에서 결정된다.

마케팅 계획을 수립하는 과정은 상황분석, 목표수립, 전략대안의 파악, 시장세분화 및 표적시장 선택, 전략 선택, 마케팅 믹스 결정, 실행 프로그램 수립, 예상 손익계산서 작성, 통제방법 결정, 비상계획 수립, 결재의 순서로 이루어진다. 이렇게 수립된 마케팅 계획이 제대로 실행에 옮겨지려면 마케팅 부서와 다른 부서, 그리고 외부의 파트너들과 긴밀한 협력이 이루어져야 한다.

더 읽어 볼 거리

1. 전략계획과정에 대한 상세한 내용은 다음을 참조하시오.

김언수, *Top을 위한 전략경영 5.0*(피앤씨미디어, 2018).
장세진, *경영전략*, 11판(박영사, 2020).

PRINCIPLES OF MARKETING

제2부

마케팅 계획 수립을 위한 기초

제3장

시장의 선택(Ⅰ): 매력도 분석

이 장의 흐름

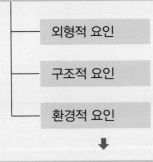

1. 시장 매력도 평가기준: 외형적, 구조적, 환경적 요인들을 분석하라

- 외형적 요인
- 구조적 요인
- 환경적 요인

2. 시장 매력도 평가 결과의 종합: 합의를 도출하라

이 장을 읽은 다음에는 다음 질문에 답할 수 있어야 한다.

1. 시장 매력도란 무엇인가?
2. 시장 매력도에 영향을 미치는 요인들에는 어떠한 것들이 있는가?
3. 시장의 성장률을 예측할 때에는 어떤 점에 유의해야 하는가?
4. 산업구조분석의 틀이란 무엇인가?

제1부에서 우리는 마케팅이란 무엇인지를 알아보았다. 마케팅에는 기업 경영철학으로서의 의미와 기업이 수행하는 활동으로서의 의미가 있다는 것을 배웠다. 지금부터 이 책에서는 두 번째 의미, 즉 마케팅 관리과정을 보다 자세히 다루게 될 것이다.

대부분의 기업들은 지속적으로 성장하는 것을 중요한 목표로 삼고 있다. 그러자면 현재 갖고 있는 상품과 현재 갖고 있는 고객들에 안주하면 안되고, 새로운 사업기회를 포착하고 새로운 시장에 진출하여 새로운 상품을 개발하고 새로운 고객을 획득해야 한다.

제2부에서는 여러 개의 새로운 사업기회들을 평가하여 진입할 시장을 선택하는 문제를 다룬다. 진입하기에 이상적인 조건을 갖춘 시장은 다음과 같은 세 가지 특징을 갖고 있어야 한다.

첫째, **높은 매력도**를 갖고 있어야 한다. 시장의 매력도란 그 시장에 진입한 기업들이 잠재적으로 얻을 수 있는 평균적인 이익의 크기를 가리킨다. 이것을 피자(pizza)에 비유하면, 피자 한 판의 크기가 얼마나 큰가에 해당된다. 피자를 나눠 먹을 때, 피자 한 판의 크기가 커지면 각자의 몫도 커지는 것과 비슷하다.

둘째, 그 시장에서 우리가 **높은 경쟁우위**를 갖고 있어야 한다. 즉, 고객을 획득하고 유지하는 데에 있어서 우리가 경쟁자들보다 유리한 위치에 서 있어야 한다. 이것은 피자가 아무리 크더라도 먹는 사람이 많고 우리가 멀리 앉아 있으면 한 쪽도 제대로 먹기 어려운 것에 비유할 수 있다.

셋째, 그 시장이 우리 회사와 **높은 적합성**을 갖고 있어야 한다. 즉, 그 시장에 들어가는 것이 우리가 가진 기업문화, 자원, 기존 시장, 기존 마케팅믹스와 어울려야 한다. 이것을 다시 피자에 비유하면, 피자가 아무리 크고 우리가 가까이 앉아 있더라도 우리의 입맛에 맞지 않는다면 많이 먹을 수 없는 것에 비유할 수 있다.

'마케팅 프론티어 3-1'은 테슬라가 스포츠카 시장을 선택하여 첫 차를 출시한 이유를 매력도, 경쟁우위, 적합성 측면에서 분석하고 있다.

원리 3-1

높은 매력도, 높은 경쟁우위 및 높은 적합성을 갖고 있는 시장이 진입하기 가장 좋은 시장이다.

3장에서는 시장의 매력도를 구성하는 요인들을 평가하기 위하여 필요한 여러 가지 개념들과 방법들을 배우게 된다. 4장에서는 경쟁우위와 적합성을 다루게 된다. 그리고 5장에서는 일단 진입할 시장이 결정된 다음에 해당 시장의 고객을 보다 깊이 이해하는 데 필요한 여러 가지 개념들과 이론들을 배우게 된다. 6장에서는 이렇게 고객을 깊이 이해한 바탕 위에서 고객들을 세분화하여 각 세분시장의 특성을 파악하고 표적시장을 결정하는 문제를 다룬다.

테슬라의 첫 제품이 스포츠카인 이유는?

많은 사람들이 테슬라(Tesla)가 2012년에 출시한 Model S를 이 회사의 첫 번째 제품으로 알고 있지만, 실은 2008년에 내놓은 2인승 스포츠카인 로드스터 (Roadster, 사진 참조)가 이 회사의 첫 번째 제품이었다. 승용차 시장의 대부분은 세단과 SUV가 차지하고 있는데, 테슬라가 이런 주류 시장이 아닌 규모가 작은 스포츠카 시장을 선택한 것은 의외로 보인다. 테슬라가 스포츠카 시장을 선택한 이유를 시장 선택의 기준인 매력도, 경쟁우위, 적합성 측면에서 분석해보자.

매력도 측면에서, 스포츠카 시장의 작은 규모는 매력도를 떨어뜨리는 요인이다. 하지만, 스포츠카의 구매자들은 가격보다 성능을 중요시하기 때문에, 스포츠카 메이커들은 높은 가격을 매길 수 있어서 한 대당 수익성은 세단보다 높다. 게다가 2008년 당시 전기차의 생산 원가는 내연기관차에 비해서 훨씬 높았었는데, 전기로 움직이는 스포츠카는 이런 불리함을 감출 수 있을 것이다.

다음으로 경쟁우위 측면을 살펴보자. 무명의 스타트업이었던 테슬라는 페라리나 포르쉐 같은 스포츠카 시장의 강자들 대비 매우 불리한 위치에 놓여있었다. 그러나 일반적으로 전기차는 내연기관차 대비 가속능력이 뛰어나다는 특성을 갖고 있어서, 경쟁자들보다 우월한 가속능력을 보여준다면 스포츠카 구매자들에게 어필할 수 있다.

마지막으로 적합성을 따져보면, 스타트업인 테슬라는 차를 생산해본 경험이 전혀 없었고, 차를 대량으로 생산할 수 있는 설비도 없었으며, 자금력도 미약하였다. 그러므로 이런 상황에서 세단이나 SUV 같은 매스 마켓을 선택하는 것은 어울리지 않았다. 반면, 스포츠카는 대량 생산 설비 없이도 만들 수 있고, 스포츠카를 소량 생산해 봄으로써 테슬라는 장차 전기차 대량 생산에 필요한 노하우를 획득할 수 있을 것이다.

테슬라는 로드스터를 백지상태에서 개발하는 대신, 영국의 스포츠카 메이커인 로터스(Lotus)와 제휴를 맺고 로터스의 로드스터인 엘리즈(Elise)를 기반으로 개발하였는데, 테슬라는 이 과정에서 기존 내연기관차를 전기차로 개조하는 것보다 처음부터 전기차를 만드는 것이 낫다는 것을 학습하게 된다.

2008년에 출시된 테슬라 로드스터는 양산된 최초의 전기차이자, 한 번 충전으로 거의 400km 주행할 수 있는 최초의 전기차라는 기록을 세웠다. 또한 정지 상태에서 시속 100km에 도달하는 데에 4초도 걸리지 않았는데, 이는 12실린더의 4,943cc 엔진을 장착한 페라리 테스타로사(Ferrari Testarossa)를 앞서는 것이었다.

그러나 대당 10만 9천 달러라는 높은 가격에도 불구하고, 로드스터는 테슬라에 큰돈을 벌어주지는 못하였다. 2009년 7월에 월간으로 첫 흑자를 기록하였으나 이는 반짝 흑자에 그쳤고, 로터스와의 계약에 따라 로드스터는 2012년까지 총 2,500대만 생산되고 단종된다.

그럼에도 불구하고, 테슬라의 로드스터는 뛰어난 성능으로 많은 언론의 찬사를 받았고, 조지 클루니, 스티븐 스필버그, 데미 무어 등 다수의 유명인들이 구입하여 당시로서는 스타트업에 불과했던 테슬라의 브랜드 인지도와 이미지를 높일 수 있었다. 또한 테슬라는 로드스터의 파워트레인을 기반으로 모델 S를 개발함으로써 본격적으로 세단 시장에 진입하는 발판을 마련할 수 있었다. 결론적으로, 테슬라가 스포츠카 시장을 선

1

시장 매력도 평가기준: 외형적, 구조적, 환경적 요인들을 분석하라

시장 매력도
어떤 시장에 진입한 기업들이 잠재적으로 얻을 수 있는 평균적인 이익의 크기

시장 매력도란 어떤 시장에 진입한 기업들이 잠재적으로 얻을 수 있는 평균적인 이익의 크기를 말한다. 예를 들어, 약간의 기술만 있으면 쉽게 조립할 수 있는 데스크톱 PC 시장에 진입한 기업들보다는 높은 수준의 기술을 요구하는 노트북 PC 시장에 진입한 기업들이 평균적으로는 더 높은 이익을 올리고 있을 것이다.

시장매력도를 평가하는 기준에는 크게 외형적, 구조적, 환경적 요인들이 있는데, 1절에서는 이러한 기준들을 자세히 다루고, 2절에서는 이렇게 평가한 결과를 종합하는 방법을 다룬다.

1. 시장의 외형적 요인들을 분석하라

시장의 매력도에 영향을 미치는 외형적 요인에는 현재 시장규모, 시장 잠재력, 성장률, 상품수명주기단계, 판매의 주기성 또는 계절성, 그리고 현재의 수익성 등이 있다.

(1) 현재 시장규모

현재 시장의 규모는 주로 정부, 협회, 민간연구소, 또는 마케팅 조사 회사 등이 제공하는 데이터를 기초로 추성할 수 있다. 어떤 시장이 '충분히' 큰지 작은지를 판단할 때에는 절대적인 크기가 아니라, 우리 회사의 규모를 감안한 상대

---

1 이 사례는 다음을 기초로 작성되었음: Eric Van Den Steen, "Tesla Motors," *Harvard Business School Case* 9-714-413 (Rev: November 12, 2020); Fernando F. Suarez, James Utterback, Paul von Gruben, and Hye Young Kang, "The Hybrid Trap: Why Most Efforts to Bridge Old and New Technology Miss the Mark," *MIT Sloan Management Review* (Spring 2018); Julianne Pepitone, "Electric roadster maker making money," https://money.cnn.com/2009/08/07/technology/tesla_profitability/?postversion.

적인 크기를 기준으로 삼아야 한다. 그러므로 큰 회사에게는 너무 작은 시장이라도 작은 회사에게는 충분히 큰 시장이 될 수 있다.

(2) 시장 잠재력

1) 개 념

시장 잠재력(market potential)이란 어떤 시장내에서 일정기간 동안에 이상적인 조건하에서 우리 회사와 경쟁회사들이 달성할 수 있는 **최대 매출액 또는 판매량**을 가리킨다. 여기서 '이상적인 조건'이란 우리 회사를 포함한 이 시장내의 모든 경쟁자들이 최대한의 마케팅 노력을 기울이는 경우를 의미한다. 즉, 최대한의 편익을 제공하도록 상품을 개선하고, 가격을 최대한 낮추고, 촉진활동은 최대한 전개하고, 고객들이 최대한 구입하기 쉽게 유통시킬 경우 달성 가능한 매출액이다. 그런데 실제로는 모든 기업들이 최대한의 마케팅 노력을 기울이지는 않으므로, 시장 잠재력은 같은 기간 동안에 실제로 달성되는 매출액의 합, 즉 시장규모보다는 훨씬 큰 수치이다. 시장 잠재력과 비슷한 개념으로 **판매 잠재력**(sales potential)이란 것이 있는데, 이것은 시장 잠재력 중에서 우리 회사가 차지할 수 있는 최대 매출액을 가리킨다.

시장 잠재력은 시장상황에 따라 변화할 수 있는 수치이다. [그림 3-1]은 이를 잘 보여 준다. 이 그림에서 X축은 우리 회사와 경쟁자들의 마케팅 비용 지출을

시장 잠재력
어떤 시장내에서 일정기간 동안에 이상적인 조건하에서 우리 회사와 경쟁회사들이 달성할 수 있는 최대 매출액 또는 판매량

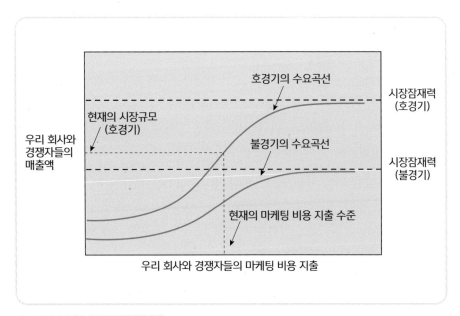

그림 3-1

시장 수요와 시장 잠재력[2]

---

2 Philip Kotler and Kevin Lane Keller, *Marketing Management*, 15th ed. (Pearson, 2016), p.87 일부 수정.

나타내고, Y축은 시장 전체의 매출액을 나타낸다. 시장상황이 유리한지(예: 호경기) 또는 불리한지(예: 불경기)에 따라 같은 마케팅 비용을 지출하고도 매출액이 달라질 수 있으므로, 두 가지의 시장 수요곡선을 그릴 수 있다. 각각의 시장 상황하에서 수요곡선의 최대점이 바로 시장 잠재력이 되고, 현재 우리 회사와 경쟁자들의 마케팅 비용 지출 수준에 대응되는 시장 전체의 매출액이 현재 시장규모가 된다.

2) 유용성

시장 잠재력 추정치는 다음과 같이 유용하게 이용된다.

▶ 새로운 시장기회를 발견할 수 있다. 실제 달성된 매출액과 시장 잠재력 추정치를 비교하면 아직 우리가 충분히 살리지 못하고 있는 시장기회를 파악할 수 있기 때문이다(이 장 첫 페이지에 나온 코카콜라 고스웨타 회장의 말을 상기하시오).

▶ 상품의 마케팅 목표를 세우는 데 참고할 수 있다. 어떤 상품이 앞으로 얼마나 더 매출액을 높일 수 있는가는 시장 잠재력에 달려 있기 때문이다.

▶ 마케팅 자원을 여러 상품들에 배분하는 데 이용할 수 있다. 현재의 매출액 수준이 아니라 시장 잠재력 수준을 기준으로 마케팅 자원을 배분함으로써, 성장기회를 살릴 수 있다.

▶ 판매구역을 나누거나 점포의 입지 결정을 하는 데 이용된다. 판매사원 한 사람 한 사람이 담당할 판매구역을 결정하는 데 있어서, 구역간에 잠재력이 비슷하게 되도록 지역을 나누는 방법이 흔히 쓰인다.

3) 추정방법

시장 잠재력은 여러 가지 방법으로 추정된다. 구체적인 추정방법은 산업과 상품의 종류에 따라 크게 달라지므로, 여기서는 다음과 같이 3단계로 이루어진 일반적인 절차만 설명하기로 한다. 여러 가지 비율들을 연속적으로 곱하므로, 이를 **연쇄비율법**(chain ratio method)이라고도 부른다.

• 잠재 구매자 또는 사용자들의 범위 및 그 크기를 파악한다

이때, 매우 넓게 정의하는 것이 중요하다. 원칙적으로, 해당 상품에 대한 욕구가 있고, 사용할 수 있는 여건을 갖추고 있으며, 가격을 지불할 능력이 있는 사람들을 모두 포함시켜야 한다.

예를 들어, 4인 이상의 가족이 있는 가구들은 식기 세척기에 대한 욕구를 갖고 있고, 이 중 50평 이상의 집에 사는 가구들이 식기 세척기를 들여 놓을 공간을 갖추었으며, 그 중에서도 중형차 이상을 갖고 있는 가구들이 지불능력을 갖

고 있다고 추정할 수 있다. 그러므로 이 세 가지의 비율을 곱하면 식기 세척기의 잠재 구매자의 수를 추정할 수 있다.

이 단계에서 필요한 데이터는 주로 정부의 각종 센서스 데이터나 협회나 민간연구소의 통계자료들로부터 얻을 수 있다. 상품에 따라서는 잠재 구매자 또는 사용자가 절대 될 수 없는 사람들의 범위를 파악하여 역으로 계산하는 것이 더 빠를 수도 있다.

• 잠재 구매량 또는 사용량을 추정한다

현재 구매자 또는 사용자들의 평균 구매량 또는 사용량 추정치가 이 추정치로서 가장 많이 쓰인다. 식기 세척기와 같은 내구재의 경우 구매량은 대개 1대이지만, 일회용 기저귀와 같은 비내구재의 경우 대량 사용자와 소량 사용자 사이에 큰 차이가 있을 수 있으므로, 현재 사용자들을 대상으로 설문조사를 실시하여 대량 사용자와 소량 사용자별 평균 사용량을 구할 수 있다. 경우에 따라서는, 평균 대신에 대량 사용자들의 사용량을 쓰기도 하는데, 이것은 모든 잠재 사용자들이 궁극적으로는 그렇게 많은 양을 사용하게 될 것이라는 가정을 바탕에 깔고 있는 것이다.

• 앞의 두 단계에서 구한 수치를 곱한다

시장 잠재력을 구하는 공식은 다음과 같이 표현된다.

> 시장 잠재력 = 잠재 구매자 수 × 잠재 구매량

그리고 판매 잠재력은 시장 잠재력에 우리 회사가 달성할 수 있는 최대 점유율을 곱하면 얻어진다. 이것을 잠재 점유율이라고 부르면,

> 판매 잠재력 = 시장 잠재력 × 잠재 점유율

이해를 돕기 위하여, 시장 잠재력을 추정하는 두 가지 예를 들기로 한다. 먼저 일회용 기저귀 시장의 잠재력을 추정하는 경우를 살펴보자. 일회용 기저귀의 잠재 사용자를 생후 24개월 이하의 유아로 정의하고, 정부의 인구통계로부터 12개월 이하가 27만명, 13개월 이상 24개월 이하가 30만명이라고 하자. 또, 12개월 이하의 아이는 하루 평균 10개의 기저귀를 쓰고, 13개월 이상 24개월 이하의 아이는 5개를 쓴다면, 연간 총 사용량은 15억 3,300만개로 추정된다. 물론 이 숫자는 만 24개월 이하의 아이들이 한 사람도 빠짐 없이 일회용 기저귀를 쓴다고 가정한 것이므로, 천 기저귀를 쓰는 유아들까지 포함하고 있다. 일회용

기저귀를 만드는 회사들은 이들 미사용자들을 사용자로 바꾸어 나가야 하는 숙제를 안고 있는 셈이다.

다음 예는 산업재인 전기재료의 시장 잠재력을 추정하는 것이다. 산업재의 경우 잠재 구매자의 수는 **표준산업분류**(standard industrial classification, SIC)를 이용하여 추정할 수 있다. 표준산업분류란 산업들을 비슷한 것들끼리 범주로 묶어 놓은 것을 가리키며, 각 범주마다 부여된 고유번호를 **표준산업분류코드** 또는 **SIC코드**라고 부른다. 〈표 3-1〉에는 우리나라의 표준산업분류체계가 설명되어 있다. 표준산업분류표를 이용하면 5자리 번호가 부여된 각 상품 범주별로 거기에 속한 회사들의 이름, 각 회사의 위치, 종업원 수, 매출액, 자본금 등을 찾을 수 있다.

예를 들어, 전기코일을 생산 판매하는 어느 회사의 고객들을 SIC코드별로 분류하였더니, 〈표 3-2〉와 같았다. 예를 들어, SIC코드 C26310번에 속하는 회사들이 총 1억 6,000만원어치를 구매하였고, 이들 회사의 근로자들은 모두 3,200명이라고 하자. 그러면, 근로자 1명당 5만원어치씩 구매한 셈이다. 그런데 SIC코드 C26310번에 속하는 회사들이 고용하고 있는 근로자들의 총 수가 34,913명

---

3 통계청 홈페이지(www.kostat.go.kr).

표 3-1

우리나라의 표준산업분류[3]

우리나라의 경우 산업분류구조는 대분류(알파벳 문자 사용, 총 21개), 중분류(두 자리 숫자 사용, 총 77개), 소분류(3자리 숫자 사용), 세분류(4자리 숫자 사용), 세세분류(5자리 숫자 사용)의 5단계 분류체계로 구성되어 있다. 예를 들어, A는 농업 및 임업, B는 광업, C는 제조업, D는 전기, 가스, 증기 및 공기조절 공급업을 나타낸다. 또, 제조업(C)은 다음과 같이 분류된다:

```
  C 제조업
      11 음료 제조업
          ⋮
      12 담배 제조업
          ⋮
      13 섬유제품 제조업; 의복제외
          ⋮
      14 의복, 의복액세서리 및 모피제품 제조업
          141 봉제의복 제조업
              1411 겉옷 제조업
                  14111 남자용 겉옷 제조업
                  14112 여자용 겉옷 제조업
              1412 속옷 및 잠옷 제조업
              1413 한복 제조업
          142 모피제품 제조업
              ⋮
```

표 3-2

SIC	명 칭	구매액수 (백만원)	구매처의 근로자수	일인당 구매액수 (백만원)	총 종업원수	잠재력 추정치 (백만원)
C28512	가정용 전기 난방기기 제조업	2,840	10,896	0.26	119,330	31,145
C28519	기타 가정용 전기기기 제조업	4,010	4,678	0.86	46,805	40,112
C26310	컴퓨터 제조업	160	3,200	0.05	34,913	1,746
C28111	전동기 및 발전기 제조업	5,015	4,616	1.09	42,587	46,249
계		12,025				119,252

이라면, 이 시장에서의 잠재력은 약 17억 4,600만원으로 추정된다. 나머지 SIC 코드에 대해서도 마찬가지로 하면, 시장 잠재력은 총 1,192억 5,200만원으로 추정된다.

(3) 성장률

성장률을 추정하려면 미래의 시장상황하에서 우리와 경쟁자들이 달성할 것으로 기대되는 매출액, 즉 미래의 시장규모를 예측하여야 한다. 이것을 **시장예측**(market forecast)이라고 부르고, 우리가 달성할 것으로 기대되는 매출액을 예측하는 것은 **판매예측**(sales forecast)이라고 부른다.

1) 예측의 기초

현재 KOSPI(한국종합주가지수)가 3,000인데, 1억원의 자금을 주식에 투자해야 하는지의 여부를 놓고 고민하는 어떤 투자자가 있다고 하자. 이 사람은 전문가 두 사람에게 1년 후의 KOSPI에 대한 예측을 부탁하였다. 첫 번째 전문가는 1년 후의 KOSPI가 3,300이 될 것이라고 예측하였다. 두 번째 전문가는 1년 후의 KOSPI가 미국 금리와 외국인 주식투자자들의 움직임에 영향을 받게 될 것이며, 미국 금리가 더 오르지 않고 외국인들의 주식 투자액이 늘어나는 낙관적인 상황에서는 3,300, 금리가 더 오르지 않지만 외국인들의 주식투자액이 늘어나지 않는 상황에서는 3,000, 금리가 오르고 외국인들의 주식투자액이 감소하는 비관적인 상황에서는 2,700이 될 것이라고 예측하였다. 그리고 각 상황이 발생할 가능성은 20%, 30%, 50%라고 추정하였다.

이 투자자에게 어느 전문가의 예측이 더 유용하였을까? 언뜻 보기에는 첫 번

---

4 Donald R. Lehmann and Russell S. Winer, *Product Management* (McGraw-Hill, 2005), p. 194 일부 수정.

그림 3-2

예측의 기본 틀[5]

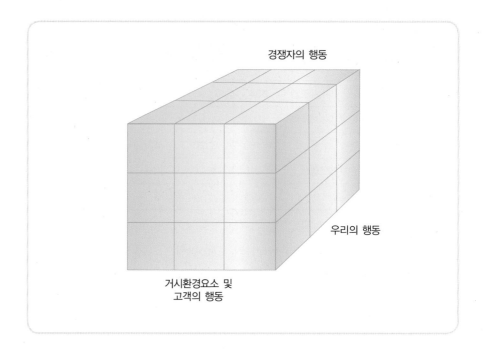

째 전문가의 예측이 더 확실해보여서 좋을 것 같지만, 실제로는 그렇지 않다. 주식가격은 여러 가지 요인들에 의하여 영향을 받고, 이 요인들 하나하나가 어느 방향으로 움직일지를 모두 정확히 예측하는 것은 불가능하다. 이러한 현실을 무시하고 예측치를 단 하나만 작성한다는 것은 점을 치는 것과 다를 바 없다. 반대로, 두 번째 전문가의 예측은 발생가능한 여러 상황하에서 일어날 수 있는 결과의 범위를 보여주므로, 의사결정을 내리는 데 매우 도움이 된다. 가령 이 투자자가 갖고 있는 1억원이 자신의 퇴직금 전부라면, 원금 손실이 발생할 가능성이 50%가 된다는 것은 매우 중요한 정보이다.

주가와 마찬가지로, 미래시점의 시장규모나 우리 회사의 매출액도 여러 가지 요인들에 의하여 영향을 받는다. 이 요인들은 다음과 같이 분류된다.

▶ 거시환경 요소 및 고객의 행동
▶ 우리의 행동
▶ 경쟁사의 행동

그러므로 미래의 시장규모나 매출액을 예측한다는 것은 위의 세 가지 변수들의 모든 가능한 조합하에서 일어날 수 있는 결과들을 예측하는 것이라고 생각할 수 있다. 즉, [그림 3-2]와 같은 3차원 큐브의 각 셀(cell)을 채워 넣는 작업

---

5 Donald R. Lehmann and Russell S. Winer, *Product Management* (McGraw-Hill, 2005), p. 197.

인 셈이다.

그러나 위의 세 가지 변수들의 모든 가능한 조합의 수는 너무 많기 때문에, **실제로는 비관적인 상황, 중립적인 상황, 그리고 낙관적인 상황의 세 가지 시나리오하에서 각각 예측치를 구하는 것이 일반적이다.** 이렇게 함으로써, 마케팅 관리자는 발생할 수 있는 여러 가지 경우에 대하여 풍부한 정보를 갖고 올바른 의사결정을 할 수 있다. 예를 들어, 신상품이 낙관적일 때 40억원 이익, 비관적일 때 28억원의 손실을 가져올 것이라는 예측이 있을 때에는 이 신상품의 출시를 주저하게 되지만, 낙관적일 때 10억원 이익, 비관적일 때 2억원 이익을 가져올 것이라는 예측이 있을 때에는 머뭇거릴 필요가 없을 것이다.

원리 3-2

미래에 대한 결정을 할 때에는 단 하나의 예측치보다는 예측치의 범위를 알고 있는 것이 더 유용하다.

---

2) 예측방법

예측에 이용될 수 있는 방법들은 실로 다양하다. 일반적으로, 예측방법들은 다음과 같이 크게 네 가지로 분류된다(〈표 3-3〉 참조).

▶ 판단적 기법
▶ 고객반응 조사기법
▶ 시계열 기법
▶ 상관관계 기법

여러 가지 예측기법들에 대하여 상세히 설명하는 것은 이 책의 범위를 벗어나므로, 여기서는 각 기법의 특징에 대해서 간략히 설명하기로 한다. 보다 상세한 내용은 이 장 끝의 [더 읽어 볼 거리]를 참고하기 바란다.

• **판단적 기법**

판단적 기법이란 마케터나 관련 분야의 전문가들의 판단에 의존하는 예측방법들을 가리킨다.

단순 추세 연장법: 이 방법에는 여러 가지 종류가 있는데, 가장 간단한 것은 지난 기(期)의 매출액에 일정한 비율을 더하여 이번 기의 매출액 예측치로 삼는 것이다. 또는, 최근 몇 기 동안의 매출액을 그래프에 표시한 다음, 눈대중으로 추세를 파악하여 그 연장선상에서 다음 기의 매출액을 예측하는 방법도 있다.

표 3-3 여러 가지 예측방법[6]

	판단적 기법				고객반응 조사기법		시계열 기법		상관관계 기법	
	단순 추세 연장법	판매사원 의견종합법	전문가 의견종합법	델파이 기법	컨셉트 테스트	시장 테스트	이동 평균법	지수 평활법	회귀분석	선행 지수법
1. 예측 범위	단기/중기	단기/중기	단기/중기	중기/장기	중기	중기	단기/중기	단기/중기	단기/중기/장기	단기/중기/장기
2. 소요시간	매우 짧음	짧음	내부전문가/외부전문가에 따라 다름	상당함	상당함	상당함	짧음	짧음	비교적 짧음	비교적 짧음
3. 요구되는 계량적 지식수준	최소한	최소한	최소한	최소한	높음	높음	최소한	최소한	높음	기본적인 수준
4. 소요 비용	매우 낮음	낮음	내부전문가/외부전문가에 따라 다름	경우에 따라 높아질 수 있음	높음	높음	낮음	낮음	보통/높음	보통
5. 과거 데이터	약간 필요	불필요	불필요	불필요	방법에 따라 다름	방법에 따라 다름	필요	필요	필요	필요
6. 정확성	낮음	경우에 따라 다름	1인일 경우 낮음	환경이 급변할 수록 유리함	환경이 안정적이면 높음	환경이 안정적이면 높음	환경이 안정적 이면 높음	단기예측일 경우 높음	환경이 안정적 이면 높음	보통 수준

6 David M. Georgoff and Robert G. Murdick, "Manager's Guide to Forecasting," *Harvard Business Review* (January–February, 1986), pp. 110–120을 일부 수정.

이 방법은 단순하다는 장점을 갖고 있지만, 과거의 추세가 계속될 것이라고 가정한다는 단점을 갖고 있다.

판매사원 의견 종합법: 이 방법은 판매사원들에게 자신이 담당하고 있는 지역 또는 상품별로 다음 기의 매출액 예측치를 제출하도록 한 다음, 이를 합산하는 것이다. 이 방법은 고객과 가장 가까이 있는 판매사원들의 의견을 기초로 한다는 장점을 갖고 있다. 그러나 판매사원들은 자신들에게 할당되는 매출액이 높아지는 것을 원하지 않기 때문에 예측치를 낮춰서 제시하는 경향이 있다. 따라서 이 방법은 다음 기의 매출액을 과소 예측할 가능성이 높다는 단점을 갖고 있다.

전문가 의견 종합법: 이 방법은 여러 명의 전문가들로부터 예측치를 수집한 다음 이를 단순평균하거나 아니면 가중평균하는 것이다. 이때 가중치는 각 전문가의 전문성에 비례하게 결정한다. 전문가들은 회사 내에 있을 수도 있고 밖에 있을 수도 있는데, 회사 내의 전문가란 주로 임원이나 최고경영자를 지칭하는 경우가 많다.

이 방법은 수치로 나타내기는 어렵지만 미래의 매출액에 영향을 미치는 요인들을 반영하여 예측을 할 수 있다는 장점을 갖고 있다. 그러나 외부의 전문가들을 이용할 경우 비용이 많이 들어가고, 소위 전문가들의 예측조차도 엄청나게 빗나가는 경우가 많다는 단점을 갖고 있다. 예를 들어, 1960년대 중반 미국에서 전문가들을 대대적으로 동원하여 실시된 미래 기술 예측 프로젝트에서는 총 401개의 예측을 내놓았는데, 결국 거의 모든 예측이 빗나간 것으로 판명되었다. 몇 가지 예측을 들면 다음과 같다:

> 1977년까지는 달에 유인기지가 건설될 것이다.
> 1980년까지는 일반 사람들도 우주여행을 하게 될 것이다.
> 1981년까지는 바다 밑에서 광물을 채취하고 농사를 짓게 될 것이다.

그러므로 전문가 의견 종합법 그 자체에만 의존하는 것은 위험하며, 다른 계량적인 예측기법들과 상호 보완적으로 이용하는 것이 안전하다.

델파이 기법(Delphi Method): 여러 명의 전문가들로 패널을 구성한 다음, 패널 멤버들이 모두 합의한 예측치를 얻는 방법을 델파이 기법이라고 부른다. 이 방법은 대개 다음과 같이 진행된다. 먼저 패널 멤버 각자에게서 독자적인 예측치

델파이 기법
전문가들로 구성된 패널로부터 합의된 예측치를 얻는 예측 방법

를 얻는다. 그 다음, 진행자(패널에 속하지 않은 사람)가 이를 집계한 다음 패널 멤버들에게 예측치들의 분포를 알려주고, 각자의 예측치를 수정해 달라고 요청한다. 대개 패널 멤버들은 각자의 예측치를 조금씩 수정하게 된다. 일반적으로, 이러한 절차가 몇 번 반복되면 일치된 예측치에 도달하게 된다. 이 방법은 과거의 데이터가 없는 전혀 새로운 상품의 매출액을 예측하는 데 유용하다는 장점을 갖고 있다. 그러나 외부의 전문가들을 이용할 경우 비용이 많이 들어간다는 단점을 갖고 있다.

• 고객반응 조사기법

고객반응 조사기법이란 신상품을 개발하는 과정중에 잠재구매자들의 반응을 조사하여 이를 기초로 매출액을 예측하는 방법들을 가리킨다. 이에 대해서는 7장에서 설명하기로 한다.

• 시계열(time-series) 기법

시계열 기법이란 과거의 매출액 데이터만을 이용하여 미래의 매출액을 예측하는 여러 가지 통계적인 방법들을 가리킨다.

이동 평균법
최근 몇 기(期) 동안의 매출액 평균치를 다음 기 매출액 예측치로 삼는 방법

이동 평균법(moving averages): 이 방법의 목적은 과거의 데이터에 존재하는 '잡음(noise)'을 제거하여 바탕에 깔려 있는 패턴을 찾아내자는 데에 있다. 예를 들어, 실제로는 매출액이 증가하고 있어도 날씨나 경쟁자의 마케팅 활동 등의 영향으로 표면상 매달 들쭉날쭉한 기복을 보일 수 있다. 그러나 몇 달치 매출액의 평균을 구하면, 이러한 '잡음(noise)'은 대체로 상쇄되어 사라지기 때문에, 바탕에 깔려 있는 패턴을 뚜렷하게 발견할 수 있다는 것이 이 방법의 기본 아이디어이다.

이동 평균법에는 여러 가지 종류가 있지만, 여기서는 간단한 방법만을 설명하기로 한다. 3개월 이동 평균법으로 구한 $t+1$期(즉, 다음 달)의 매출액 예측치는 다음과 같이 표시된다:

$$\hat{S}_{t+1} = (S_t + S_{t-1} + S_{t-2})/3$$

여기서 $\hat{S}_{t+1}$은 $t+1$期의 매출액 예측치를 나타내며, '에스햇(hat)티 플러스 원'이라고 읽는다. 이동 평균법은 사용하기가 간편하고 신속하다는 장점을 갖고 있지만, 변화가 심한 환경하에서는 사용하기 어렵다는 단점도 갖고 있다.

지수 평활법
과거의 모든 데이터를 가중 평균하여 예측치를 구하되, 최근의 값일수록 더 높은 가중치가 부여되도록 하는 방법

지수 평활법(exponential smoothing): 이동 평균법과 마찬가지로 지수 평활법 역

시 데이터에 들어있는 잡음을 제거하려는 목적을 갖고 있다. 그러나 n개월 이동 평균법이 n개월의 데이터만을 단순평균하는 반면에, 지수 평활법은 과거 모든 데이터를 최근 데이터일수록 높은 가중치가 부여되도록 가중 평균한다. 지수 평활법으로 구한 $t+1$期의 매출액은 다음과 같이 표시된다:

$$\hat{S}_{t+1} = aS_t + (1-a)\hat{S}_t$$

여기서 $\hat{S}_t$은 t期의 매출액 예측치를 나타내고, a는 0과 1 사이의 값을 갖는 계수이다. a의 값은 기존의 데이터를 이용하여 통계적인 방법으로 추정하여야 한다. 그런데 $\hat{S}_t = aS_{t-1} + (1-a)\hat{S}_{t-1}$이므로, 이것을 윗 식에 대입하면, S_{t-1}의 계수는 $(1-a)a$가 되고, 이것은 S_t의 계수인 a보다 작다는 것을 알 수 있다. 즉, 최근의 데이터에 더 높은 가중치가 붙고, 과거로 갈수록 가중치가 낮아지는 특징을 확인할 수 있다(S_{t-n}의 계수가 $(1-a)^n a$가 됨을 확인해 보라). 지수 평활법은 이동 평균법과 비슷한 장점 및 단점을 갖는다.

• 상관관계 기법
상관관계 기법이란 매출액과 높은 상관관계를 갖고 있는 변수들을 이용하여, 미래의 매출액을 예측하는 방법들을 가리킨다.

회귀분석(regression analysis): 이 방법은 상관관계 기법들 중에서 가장 대표적인 방법이다. 회귀분석을 이용하여 미래의 매출액을 예측하려면 다음과 같은 단계를 거친다. 먼저 매출액과 높은 상관관계를 갖고 있을 것이라고 믿어지는 변수들을 나열한다. 이 변수들을 설명 변수라고 부르자. 예를 들어, 코카콜라의 매출액(단위: 억원)은 광고비(X_1, 단위: 억원), 가격(X_2, 단위: 원/리터), 18세에서 25세 사이의 인구(X_3, 단위: 명)와 높은 상관관계를 갖고 있다고 하자. 그 다음, 매출액과 설명 변수들 사이의 함수관계를 식으로 표현한다. 코카콜라의 경우 다음과 같이 선형함수를 가정하자.

$$S_{t+1} = \beta_0 + \beta_1 X_{1,\ t+1} + \beta_2 X_{2,\ t+1} + \beta_3 X_{3,\ t+1} + \varepsilon_{t+1}$$

여기서 ε_{t+1}는 오차항(random error term)이라고 불리는데, 이 오차항은 위의 식에 포함된 세 개의 설명 변수 이외에 매출액과 상관관계를 갖는 다른 모든 변수들이 매출액에 미치는 영향을 나타낸다고 할 수 있다. β_0, β_1, β_2, β_3는 회귀 계수라고 부르는데, 이 계수들이 취하는 값들은 매출액과 설명변수들에 대한 과거 데이터를 이용하여 통계적인 방법으로 추정된다. 그리고 이 과정에서 설

회귀분석
매출액과 관계를 맺고 있는 변수들과 매출액 간의 통계적인 함수관계를 이용하여 미래의 매출액을 예측하는 방법

명변수들 중에 어느 것이 매출액과 강력한 상관관계를 갖고 있는지를 알 수 있다. 예를 들어, 추정된 회귀계수의 값이 각각 500, 2.0, -0.02, 0.003이었고, 이 중에서 X_3의 회귀계수인 0.003은 통계적으로 의미가 없는 것으로 판명되었다고 하자. 그러면, 매출액과 설명변수들간의 함수관계를 다음과 같이 쓸 수 있다:

$$\hat{S}_{t+1} = 500 + 2.0X_{1,\ t+1} - 0.02X_{2,\ t+1}$$

이제 $t+1$期의 광고비를 100억원, 가격을 950원으로 결정하면, 매출액은 681억원으로 예측된다.

시계열기법은 단순히 과거의 매출액만을 이용하여 미래의 매출액을 예측하는 데 비하여, 회귀분석은 가격이나 광고 등과 같은 마케팅 믹스 변수들을 설명변수로 이용하여 예측하기 때문에, 마케팅 관리자가 의사결정을 내리는 데 훨씬 더 유용한 정보를 제공해 주는 장점을 갖고 있다. 예를 들어, 위의 식은 광고비를 1억원 더 지출하면 매출액이 2억원 높아지고, 가격을 1원 인상하면 매출액이 200만원 감소한다는 중요한 사실을 알려준다. 그러나 회귀분석은 매출액뿐만이 아니라 여러 설명 변수들에 대한 데이터를 요구한다는 단점을 갖고 있다.

선행 지수법

매출액의 변동에 앞서서 움직이는 변수들의 변화를 이용하여 미래의 매출액을 예측하는 방법

선행 지수법(leading indicators method): 선행 지수라는 용어는 원래 경제학에서 온 것으로, 실업률, 재고, 설비투자 등과 같은 거시경제적인 변수들의 움직임이 경제성장률의 움직임보다 앞서서 일어나는 경향이 있기 때문에, 이들 선행변수들을 이용하여 경제성장률을 예측할 수 있다는 아이디어에서 비롯되었다. 전반적인 경제의 성장률을 예측하는 데 이용되는 선행지수들과는 별도로, 반도체, 건설 등 일부 산업에서는 그 산업 고유의 선행지수들이 개발되어 산업 전체의 미래 시장규모를 예측하는 데 이용되고 있다.

3) 어느 기법을 이용하는 것이 바람직한가?

우리는 지금까지 여러 가지 예측방법들을 살펴보았다. 제각기 장점과 단점을 갖고 있어서, 모든 경우에 적합한 예측방법이란 존재하지 않는다. 그러므로 **중요한 예측을 할 때에는 여러 가지 방법으로 각각 예측을 해 본 다음, 그 결과들을 비교해보는 것이 바람직하다.**

만약 예측치들 사이에 큰 차이가 있다면, 그 원인을 따져보고 차이를 줄이도록 노력하여야 한다. 반대로, 예측치들 사이에 큰 차이가 없다면, 이것은 예측 결과에 높은 확신을 가져도 된다는 것을 의미한다. 이 경우 예측치들의 단순평

균을 구하여 이것을 단일 예측치로 사용하여도 무방하다.

뿐만 아니라, 판매예측을 하는 데 있어서 개인적인 동기가 작용할 수 있다는 것을 이해하는 것도 중요하다. 앞서 설명한 바와 같이, 판매사원들은 자신들에게 할당되는 판매 쿼터를 낮추기 위하여 매출액을 과소 예측하는 경향을 보인다. 반대로 마케터들은 더 많은 예산을 따내기 위하여 매출액 예측치를 부풀리기도 한다. 그러므로 되도록 다양한 관계자들로부터 예측치를 구해보는 것이 바람직하다.

원리 3-3

중요한 예측을 할 때에는 복수의 방법을 사용하라.

(4) 상품수명주기 단계

MP3 플레이어, 전자사전, 삐삐처럼 시장에 나와서 한 때 잘 팔리다가 사라진 상품의 시장 규모를 그래프로 나타내면 대략 [그림 3-3]과 같은 S자 모양을 보이는 경우가 많다. 그리고 이 커브를 다음처럼 4개의 단계로 나누어 볼 수 있다: 도입기, 성장기, 성숙기, 쇠퇴기. 이것을 **상품수명주기**(product life cycle)라고 부른다.

상품수명주기
상품이 시장에 도입되어, 성장하고, 성숙되고, 쇠퇴하는 단계를 거치는 것

그림 3-3

상품수명주기와
시장매력도[7]

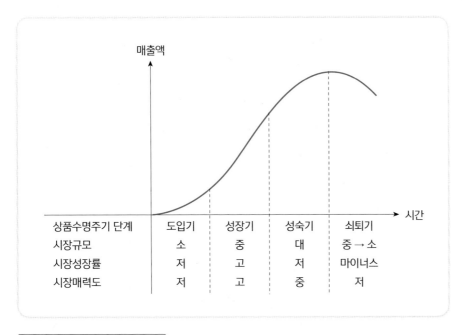

상품수명주기 단계	도입기	성장기	성숙기	쇠퇴기
시장규모	소	중	대	중 → 소
시장성장률	저	고	저	마이너스
시장매력도	저	고	중	저

---

7 Donald R. Lehmann and Russell S. Winer, *Product Management* (McGraw-Hill, 2005), p. 77 일부 수정.

여성복은 계절과 유행에 민감한 반면, 핸드백은 그렇지 않다. 옷과 핸드백을 함께 취급함으로써 패션 브랜드들은 계절성을 완화시킬 수 있다.

어떤 시장이 수명주기상 어떤 단계에 있는지에 따라서 매력도가 달라진다. 도입기에는 시장의 규모도 작고 성장률도 낮기 때문에 매력도가 낮다. 성장기에는 시장이 빠르게 성장하면서 규모가 커지기 때문에 매력도가 가장 높다. 성숙기에는 성장률이 정체되고 경쟁이 심해지기 때문에 매력도는 낮아진다. 쇠퇴기에는 매력도가 매우 낮기 때문에 대부분의 경쟁자들이 시장을 떠나게 된다. 상품수명주기에 대해서는 7장에서 좀 더 자세히 다룬다.

(5) 주기성 또는 계절성

주기성(cyclicity)과 **계절성**(seasonality)은 비슷한 개념이지만, 주기성은 1년 이상의 기간에, 계절성은 1년 이하의 기간에 대한 것이다. 주기성이 높은 시장이란 한 마디로 호황인 해와 불황인 해 사이에 매출액의 차이가 크게 벌어지는 시장을 가리킨다. 즉, 산도 높고 골도 깊은 시장이라고 할 수 있는데, 주로 조선, 반도체, 철강 등과 같은 장치산업들이 해당된다. 주기성은 낮을수록 바람직한데, 그 이유는 주기성이 큰 시장에서는 불황기에 변동비라도 건지기 위하여 치열한 가격경쟁이 벌어지고, 이것은 모든 회사들에게 큰 손실을 가져오기 때문이다.

계절성 역시 비슷하게 이해할 수 있다. 냉난방 기구, 장난감, 음료수와 아이스크림 등이 계절성이 높은 상품의 대표적인 예들이다. 이렇게 성수기와 비수기 사이에 매출액 차이가 크게 벌어지는 시장에서는 여러 가지 추가비용이 발생하므로, 기업들의 수익성을 악화시킨다. 예를 들어, 성수기가 다가오면, 2교대 또는 3교대로 생산설비를 풀 가동해야 하므로 인건비가 많이 들고, 반대로 성수기가 끝날 무렵에는 재고를 처분하기 위하여 치열한 가격경쟁이 벌어지므로 마진이 줄어든다.

(6) 현재의 수익성

시장의 매력도란 그 시장에 들어가서 잠재적으로 얻을 수 있는 이익의 크기, 즉 '이익 잠재력'이라고 하였다. 그런데 그 시장에 이미 들어가 있는 회사들이 현재 올리고 있는 수익성은 그 시장의 이익 잠재력을 추정하는 데 중요한 단서가 된다. 전통적으로 낮은 수익성을 보여온 시장은 그렇지 않은 시장에 비하여 매력도가 떨어질 수밖에 없다.

시장의 외형적 요인과 매력도 사이에는 다음과 같은 관계가 있다.

시장의 외형적 요인 세부 항목	시장의 매력도	
	높음	낮음
현재 시장규모	+	−
시장 잠재력	+	−
성장률	+	−
상품수명주기단계	성장기	도입기 또는 쇠퇴기
주기성 또는 계절성	−	+
현재의 수익성	+	−

2. 시장의 구조적 요인들을 분석하라

시장의 매력도는 시장의 외형적 요인들 뿐만이 아니라, 시장에 직접적 또는 간접적으로 참여한 플레이어(player)들이 어떤 행동을 보이는가에 의해서도 영향을 받는다. 예를 들어, 플레이어들끼리 치열한 가격경쟁을 벌이는 시장의 매력도는 나쁠 수밖에 없다.

그렇다면 시장내 플레이어들의 행동은 무엇에 의하여 결정되는 것일까? 경제학의 여러 분야들 중에서 기업들 간의 경쟁을 다루는 분야를 산업조직론(industrial organization)이라고 부르는데, 산업조직론에서는 전통적으로 어떤 산업의 구조가 그 산업내 플레이어들의 행동을 결정하고, 이것이 다시 그 산업의 수익성을 결정한다고 보고 있었다. 이것을 '구조-행동-성과(structure-conduct-performance)' 패러다임이라고 부른다. 이 틀에 따르면, 어떤 산업의 구조를 분석하면, 그 산업내 플레이어들의 행동과, 더 나아가서는 그 산업의 수익성을 파악할 수 있게 된다는 것이다.

산업의 구조를 분석하는 방법으로서 가장 널리 알려진 것은 하버드 대학교의 교수인 마이클 포터(Michael E. Porter)가 제안한 분석 틀을 따르는 것이다.[8] 포터의 분석 틀에 따르면 산업의 구조를 평가하려면 다음과 같은 다섯 가지 요인들을 고려하여야 한다.

▶ 잠재적 진입자의 위협(Threat of New Entrants)
▶ 구매자의 교섭력(Bargaining Power of Buyers)

---

8 Michael E. Porter, *Competitive Strategy* (The Free Press, 1980).

Five Forces Model
잠재적 진입자의 위협,
구매자의 교섭력, 공급
자의 교섭력, 대체재의
위협, 현재 시장내의 경
쟁의 5요인들을 이용하
여 산업구조를 분석하
는 틀

▶ 공급자의 교섭력(Bargaining Power of Suppliers)

▶ 대체재의 위협(Threat of Substitute Products or Services)

▶ 현재 시장내의 경쟁(Rivalry among Existing Competitors)

그래서 흔히 이 틀을 'Five Forces Model'이라고 부른다.

(1) 잠재적 진입자의 위협

일반적으로 경쟁자의 수가 많아질수록 수익성은 낮아지므로, **새로운 경쟁자들이 쉽게 들어올 수 있는 시장은 매력도가 낮은 시장**이다. 반대로, 어떤 시장에 새로운 경쟁자들이 들어오는 것을 어렵게 만드는 장애요인이 있다면 이 시장의 매력도는 높다고 할 수 있다. 이러한 장애요인을 **진입장벽(entry barrier)**라고 부른다. 언뜻 생각하면 진입장벽이 낮은 시장이 매력적이라고 착각하기 쉽지만, 진입하기 쉬운 시장에는 경쟁자가 많기 때문에 수익성이 떨어진다. 진입장벽은 다음과 같은 원천으로부터 생성된다.

1) 정부의 진입 규제

특정 산업에 진입하기 위하여 정부의 허가를 받아야 한다면, 새로운 경쟁자가 진입하기가 어려워지기 때문에, 이미 진입한 회사들은 진입 장벽 덕분에 안정적인 이익을 거둘 수 있다. 이동통신시장이 좋은 예가 될 수 있다.

2) 높은 투자 소요액

새로 들어온 경쟁자가 생산설비를 짓거나, 기술개발을 하거나, 광고나 판매촉진을 하는 데 막대한 액수의 투자를 해야 한다면, 이 산업에 들어올 수 있는 경쟁자의 수는 극히 적어질 것이다. 예를 들어, 새로운 자동차 회사를 시작하려면 몇 조원 규모의 설비투자가 필요하다.

3) 원가 차이

새로 진입한 경쟁자가 이미 이 시장에 진출해 있었던 회사들보다 더 높은 원가를 감수해야 한다면, 강력한 진입장벽이 될 수 있다. 예를 들어, 기존 반도체 회사들은 그동안 쌓인 생산경험 덕분에 DRAM을 개당 3달러에 만들 수 있는데, 새로 생긴 반도체 회사는 6달러에 만들 수밖에 없다면 가격경쟁에서 밀리게 될 것이다.

4) 강력한 브랜드

고객들에게 높은 인지도와 좋은 이미지를 갖고 있는 브랜드를 구축하는 데에는 오랜 시간과 비용이 들기 때문에, 강력한 브랜드는 강력한 진입장벽이 될 수 있다. 예를 들어 농심은 라면시장 안에서 가장 규모가 큰 매운 맛 세분시장을 신라면으로 선점하여, '매운 맛=신라면'이라는 인식을 소비자들의 마음 속에 강력하게 심어주었다. 이 때문에, 이 세분시장에 들어온 다른 라면들은 '신라면의 아류'로 인식되어 낮은 점유율을 얻는 데 그치고 있다.

5) 중요한 투입요소 확보의 어려움

공장이나 점포의 입지, 재료나 부품, 기술, 유통경로 등과 같이 사업을 시작하는 데 필수적인 요소들을 이미 진입한 경쟁자들이 확보하고 있다면, 새로운 경쟁자가 진입하기 어려워진다. 최근에는 데이터가 새로 진입하는 인터넷 기업들에게 필수적인 투입요소가 되었다. 고객 데이터가 없으면 기존의 기업들과 경쟁하기 어렵기 때문이다.

6) 높은 전환비용

전환비용(switching cost)이란 공급선을 바꾸는 데 들어가는 비용을 가리킨다. 1장에서 우리는 전환장벽(switching barrier)이라는 용어를 배웠는데, 전환장벽이 높을수록 전환비용도 높아진다. 전환비용이 높은 시장(예: 컴퓨터나 스마트폰의 운영체제)에서는 다른 회사의 상품을 사용하고 있는 고객들을 빼앗아 오기 어렵기 때문에 새로운 회사가 진입하더라도 성공하기가 어렵다.

> **전환비용**
> 공급선을 바꾸는 데 들어가는 비용

(2) 구매자의 교섭력

구매자란 현재 우리가 분석하고 있는 시장에서 상품을 구매하는 사람들을 가리킨다. 구매자는 반드시 최종 소비자만을 의미하는 것은 아니며, 유통업자가 될 수도 있고 또 다른 제조업자가 될 수도 있다. 예를 들어, 금호타이어의 구매자는 최종 소비자뿐만이 아니라 홈플러스 같은 유통업자, 현대자동차 같은 자동차 메이커도 포함한다.

일반적으로, **구매자의 교섭력이 높아질수록 그 시장의 매력도는 낮아진다.** 교섭력이 센 구매자는 가격을 낮추라는 압력을 가하거나 여러 가지 부대 서비스를 요구하기 때문에, 판매자가 얻게 되는 수익성이 낮아진다. 구매자의 교섭력은 다음과 같은 경우에 높아진다.

1) 구매자의 수가 작거나 구매자가 조직화된 경우

구매자의 수가 작아질수록 구매자는 일종의 독점적인 위치에 서게 되므로 협상에서 유리한 고지에 올라설 수 있다. 구매자의 수가 많더라도 조직화하여 공

이마트 우유, 홈플러스
먹는 샘물, 롯데마트
아이스크림

동구매를 한다면, 역시 유리한 위치를 점령할 수 있다. 예를 들어, 우리나라의 소비재 제조기업들은 과거에는 규모가 작은 다수의 소매업자들을 상대하면서 유리한 위치에 서 있었지만, 1990년대 이후 이마트와 같이 전국에 백여개의 대형 매장을 가진 대형마트의 등장으로 인하여 불리한 위치에 서게 되었다.

2) 구매자가 후방 통합할 가능성이 높을수록

후방 통합이란 구매자들이 자신들이 구매하던 상품들을 직접 생산하는 것을 가리킨다. 후방 통합 가능성이 높을수록 구매자는 구매협상에서 유리한 고지를 차지할 수 있다. 예를 들어, 이마트와 같은 대형마트들이 우유, 화장지 등의 상품 카테고리에서 자체 상표를 붙인 상품[9]을 판매하기 시작하면서 대형마트에 이런 상품을 공급하던 제조업체들의 교섭력은 더욱 낮아지게 되었다.

3) 구매자가 가격에 민감할수록

구매자가 가격에 민감해질수록 구매협상을 할 때 낮은 가격을 중요시 하게 된다. 대형마트의 예를 계속 들자면, 대형마트들은 다른 대형마트들과 치열한 경쟁을 해야 하기 때문에 대형마트가 붙일 수 있는 판매마진은 일반적으로 매우 낮은 편이다. 그러므로 대형마트는 제조업체와 협상을 할 때 가격을 매우 중요시하는 경향을 보인다. 구매자의 가격민감도가 높아지는 경우들을 구체적으로 살펴보면 다음과 같다.[10]

• 고객의 비용부담 측면

▶ 구매자 자신이 가격을 부담하는 경우. 이와 반대로 아동이나 10대 청소년들은 자신들이 상품을 구입하더라도 비용은 자신들이 부담하지 않기 때문에, 가격에 민감하지 않은 특징을 보인다.

▶ 그 제품의 가격이 고객의 총 비용 가운데 높은 비중을 차지하는 경우.

▶ 구매자가 최종 사용자가 아니라, 이를 이용하여 최종제품을 만들어 경쟁시장에 판매하는 경우. 이 경우 최종제품 시장에서부터 발생하는 가격에 대한 압력 때문에, 가격인하의 압박을 받게 된다. 예를 들어, 한 철강회사에서는 동일한 부품을 판매함에도 불구하고 구매자에 따라 마진이 달라졌는데, 구매자가 이 부품을 이용하여 최종사용자의 주문에 따라 특수한 품목을 만들어 판매하는 경우에는 높은 마진을 거둘 수 있었고, 구매자가 이 부품을 이용하여 범용(汎用) 제품

---

9 이를 private brand라고 부르는 사람들이 많지만, private label 또는 store brand라고 불러야 맞다.
10 Robert J. Dolan, "How Do You Know When the Price Is Right?" *Harvard Business Review* (September–October, 1995), pp. 174–183.

을 만들어 가격경쟁이 치열한 시장에서 판매하는 경우에는 낮은 마진을 얻는
데 그치게 되었다.

▷ 구매자가 가격에 의존하지 않고도 품질을 평가할 수 있는 경우. 이와 반대로 구
매전에 품질을 평가하기 어려운 향수 같은 제품의 경우에는 소비자들이 가격이
품질의 지표라고 생각하므로 높은 가격을 매길 수 있다.

• 구매자의 정보 탐색활동과 사용 측면

▷ 구매자들이 쉽게 여러 제품들의 가격과 성능을 비교할 수 있는 경우. 인터넷 덕
분에 구매자들은 여러 제품들의 가격과 특징들을 손쉽게 입수할 수 있게 되었
다. 이러한 추세가 계속된다면, 많은 시장에서 소비자들의 가격 민감도가 높아
질 것으로 예측된다.

▷ 구매자들이 시간을 내서 여러 제품들을 비교할 수 있는 경우. 이와 반대로, 긴급
한 상황에서는 가격보다도 얼마나 빨리 배달을 해 줄 수 있는지가 더 중요하다.

▷ 구매자들이 공급선을 전환하는 데 들어가는 전환비용이 낮은 경우. 일반적으로
원료나 부품 같은 산업재의 경우, 공급선을 바꾸었다가 품질에 이상이 생길 위
험 때문에 공급선을 쉽게 바꾸지 못하는 반면, 소비재의 경우에는 전환비용이
낮다.

• 경쟁상황 측면

▷ 차별화의 정도가 낮을수록. 구매자들이 경쟁상품들간에 차이가 거의 없다고 느
끼면 가격이 가장 중요한 결정기준이 되므로, 경쟁상품들간에 자연히 가격경쟁
이 심하게 벌어진다. 반대로 구매자들이 경쟁상품들이 저마다의 특징을 갖고 있
다고 느끼면 가격 이외의 요인들이 상대적으로 중요해지므로, 경쟁상품들간에
가격경쟁의 정도가 약해진다. 그러므로 구매자의 교섭력을 약화시키려면 자기
회사의 상품을 경쟁회사의 상품과 차별화하여야 한다.

▷ 특정 공급선과의 오랜 관계 또는 공급선의 명성이 그다지 중요하지 않고, 매 거
래마다 원가를 절감하는 것이 더 중요한 경우.

(3) 공급자의 교섭력

**Five Forces Model에서 공급자란 Five Forces Model의 분석 대상이 되는 산업
에 부품이나 원료 등을 공급하는 사업자를 가리킨다.** 예를 들어, 대형마트들로 이
루어진 산업을 분석하고 있다면, 대형마트에 상품을 공급하는 CJ제일제당, 농
심 등과 같은 제조업체들이 공급자에 해당된다.

공급자의 교섭력이 높아질수록 그 시장의 매력도는 낮아진다. 그런데 대형마트
에 상품을 공급하는 공급자의 교섭력이 높아진다(낮아진다)는 말은, 이로부터 상
품을 구매하는 대형마트의 교섭력은 낮아진다(높아진다)는 것을 뜻한다. 그러므

로 어떤 경우에 공급자의 교섭력이 높아지는지를 알려면, 앞에서 살펴본 구매자의 경우와 반대로 생각하면 된다. 즉, 공급자의 교섭력은 다음과 같은 경우에 높아진다.

1) 공급자의 수가 작거나 공급자들이 조직화된 경우
2) 공급자가 전방 통합할 가능성이 높을수록(전방통합이란 공급자가 자신의 상품을 구매해주던 산업에 진출하는 것을 뜻한다. 만약 농심이 대형마트를 오픈한다면 전방통합에 해당될 것이다.)
3) 구매자가 가격에 민감하지 않을수록(여기서 구매자란 공급자로부터 상품을 구매하는 사업자를 가리킨다. 즉, 공급자가 농심이라면 구매자는 대형마트가 된다.)

예를 들어 할리우드의 영화제작사들은 영화 제작용 카메라를 구입하거나 빌릴 때 가격에는 신경 쓰지 않고 최신의 기능을 다 갖추고 고장도 나지 않는 카메라를 선택하므로, 영화 제작용 카메라 공급업자들은 상대적으로 높은 교섭력을 가질 수 있다.[11]

(4) 대체재의 위협

대체재의 위협은 항상 존재하고 있다. 예를 들어 신차 대신 중고차를 살 수도 있고, 앞머리를 자르러 미장원에 가는 대신 집에서 자를 수도 있으며, 학원에 가지 않고 집에서 스스로 공부할 수도 있다. 그러나 대체재는 우리 상품과 다른 산업에 속하기 때문에, 대체재가 주는 위협은 분석에서 빠뜨리는 경우가 많다.

저렴한 대체재가 다수 존재하는 시장에서는 가격을 높이기가 어려워지므로 수익성이 낮아진다. 그러므로 저렴한 **대체재가 많을수록 시장의 매력도는 낮아진다.** 예를 들어, 치약시장 중에서 구취예방효과를 중요시하는 세분시장에는 껌, 구강청정제, 스프레이 등의 다양한 대체재가 존재하는 반면, 미백효과를 중요시하는 세분시장에는 저렴한 대체재가 존재하지 않는다. 그러므로 다른 조건이 동일하다면, 미백효과를 중요시하는 세분시장이 수익성이 더 높을 가능성이 높다.

(5) 현재시장내의 경쟁

주요 경쟁자들 사이에 **치열한 경쟁이 벌어지는 시장은 그렇지 않은 시장에 비하여 낮은 매력도를 갖는다.** 경쟁이 치열할수록, 여러 가지 비용 지출이 많아지

---

11 Michael E. Porter, "The Five Competitive Forces That Shape Strategy," *Harvard Business Review* (January, 2008), p. 7.

므로 수익성에는 나쁜 영향을 미치게 된다. 여러 가지 형태의 경쟁 중에서도 가격경쟁은 수익성에 가장 부정적인 영향을 미친다. 가격경쟁은 다음과 같은 경우에 치열하게 일어난다.

1) 시장의 규모가 거의 성장하지 않는 경우

이런 시장에 참여하고 있는 회사들이 성장할 수 있는 방법은 경쟁자의 점유율을 빼앗아 오는 것뿐이므로, 가격전쟁이 빈번하게 일어난다.

2) 원가에서 고정비가 차지하는 비중이 높고 과잉설비가 존재하는 경우

이런 경우 변동비라도 건질 수 있다면 설비를 더 가동하는 것이 유리하므로, 경쟁자들간에 치열한 가격전쟁이 벌어진다. 항공 운송, 제지, 화학산업 등이 여기에 속한다. 원가 구조가 가격경쟁에 미치는 영향에 관해서는 8장에서 자세히 다룬다.

3) 경쟁자들간에 차별화의 정도가 낮은 경우

앞에서 이미 설명한 것처럼, 차별화의 정도가 낮은 시장에서는 구매자가 가격을 가장 중요한 결정기준으로 삼게 되므로 가격경쟁이 빈번하다.

4) 경쟁자들이 그 시장에서 쉽게 철수하지 않는 경우

가격경쟁이 치열하게 벌어져서 모두의 수익성이 악화되더라도, 경쟁자들이 이 시장에서 속속 떠난다면 경쟁의 정도가 곧 약해질 수 있다. 그러나 경쟁자들이 손해를 무릅쓰고 오래 버티는 경우에는 사정이 달라진다. 다음과 같은 경우에 경쟁자들이 오래 버티는 경향이 나타난다.

▶ **퇴출장벽**(exit barrier)이 높은 경우. 진입장벽이 있어서 진입이 자유롭지 않은 것처럼, 퇴출도 자유롭지 않은 경우가 있다. 예를 들어, 주유소들 사이에 가격경쟁이 치열한 이유들 중의 하나가 이것이다. 일반 상가와 달리 주유소의 시설은 다른 용도로 전환하는 것이 어렵기 때문에, 주유소가 잘 안되서 매물로 내놓더라도 제값을 받고 팔기는 어렵다. 그러므로 적자가 쌓이더라도 여간해서는 포기하지 않고 배수의 진을 치고 '죽기 아니면 살기로' 가격경쟁을 벌이게 된다.

▶ 경쟁자가 이 시장에 강한 미련을 갖고 있는 경우. 예를 들어, 그 시장에서 경쟁자가 처음 사업을 시작한 경우, 지금은 그 시장이 더 이상 주력사업이 아니더라도 강한 애착심 때문에 포기하지 못하고 끝까지 남아서 경쟁하려는 경향을 보인다.

시장의 구조적 요인과 매력도 사이에는 다음과 같은 관계가 있다.

시장의 구조적 요인 세부 항목	시장의 매력도	
	높음	낮음
잠재적 진입자의 위협	−	+
구매자의 교섭력	−	+
공급자의 교섭력	−	+
대체재의 위협	−	+
현재 시장 내의 경쟁	−	+

(6) 포터의 산업구조분석 틀의 한계점

마이클 포터가 제안한 'Five Forces Model'은 산업구조분석의 필수적인 틀이지만 이를 이용할 때에는 다음과 같은 점들에 주의하여야 한다.

1) 산업 전체의 평균 수익성 vs. 각 기업의 수익성

산업구조가 열악한 산업 안에서도 높은 수익성을 올리는 회사가 있을 수 있고, 산업구조가 매우 좋은 산업 안에서도 형편없는 수익성을 올리는 회사가 있을 수 있다. 산업구조분석에서 다루는 시장 매력도는 산업 전체의 평균 수익성을 의미할 뿐이며, 각 기업의 수익성은 그 기업이 경쟁기업들에 비하여 얼마나 높은 경쟁우위를 갖고 있는지에 따라 달라진다. 어떤 시장에 진입하기 전에 매력도만 분석해서는 안되고, 경쟁우위(4장 참조)도 분석해야 하는 이유가 여기에 있다.

2) 산업구조의 변화 가능성

산업구조는 그 안에서 경쟁하는 기업들이 무조건 받아들여야 하는 운명적인 것이 아니라, 창의적인 노력을 기울이면 유리하게 바꿀 수 있는 성질의 것이다. 예를 들어, 차별화를 하거나 전환장벽을 구축하면 구매자의 교섭력을 줄일 수 있으며, 공급자의 교섭력을 낮추기 위하여 후방통합의 의지를 보일 수도 있다('마케팅 프론티어 3-2: 산업구조 분석의 예: OTT 서비스를 대상으로' 참조). 그러므로 산업구조분석을 할 때에는 소극적으로 현재 구조의 좋고 나쁨을 평가하는 데에서 그치지 말고, 적극적으로 현재 구조를 유리하게 바꿀 수 있는 방법들을 모색하는 것이 바람직하다. 또한 현재의 산업구조를 평가하는 데 그치지 말고,

가까운 미래의 산업구조가 어떻게 변화할 것인지도 예측하여야 한다.

3. 시장의 환경적 요인들을 분석하라

환경이란 우리 회사는 물론 경쟁회사들이 마음대로 움직일 수 없는 외부 요인들을 가리킨다. 환경요인들은 이렇게 기업들이 통제할 수 없는 요인들이기 때문에, **어떤 시장이 환경변화에 민감한 영향을 받는다면 그 시장은 그다지 매력적인 시장이 되지 못한다.** 환경적 요인들은 크게 다음과 같이 다섯 가지 종류로 분류된다.

(1) 인구통계적 환경

시장의 매력도에 영향을 미치는 인구통계적 환경요인들에는 다음과 같은 것들이 있다: 인구증가율, 연령별/지역별 인구구성비, 핵가족화, 독신가구 비율, 교육수준의 변화. 예를 들어, 독신가구의 비율이 지속적으로 늘어남에 따라, 가전제품시장과 식품시장에서 소용량 또는 소포장 세분시장의 매력도가 높아지고 있다.

(2) 경제적 환경

경제성장률, 저축률, 이자율, 물가상승률, 환율, 실업률, 소득분포, 부동산 가격 등이 시장의 매력도에 영향을 미치는 경제적 요인들이다. 예를 들어, 중산층이 줄어들고 소비가 양극화되면 건설, 자동차, 가전 등 여러 시장에서 고소득층을 대상으로 한 세분시장과 저소득층을 대상으로 한 세분시장이 급성장하고, 중산층을 대상으로 한 세분시장은 낮은 성장이나 제자리 걸음을 할 것으로 예측된다.

(3) 사회적 환경

시장의 매력도에 영향을 미치는 사회적 요인들에는 여성의 사회참여 비율, 각종 시민단체의 발언권 확대, 환경 및 건강에 대한 관심 증대, 가치관의 변화 등이 있다. 여성의 사회참여 비율이 지속적으로 높아짐에 따라서 기혼 여성들의 가사부담을 줄여 줄 수 있도록 가전제품, 식품, 교육시장 등에서 편리성을 강조하는 세분시장의 매력도가 높아질 전망이다. 또, 환경 및 건강에 대한 관심 증대는 식품, 음료, 주류시장 등에 큰 영향을 미칠 것이다. 소주시장에서 알코올 도수가 낮은 순한 세분시장의 규모가 커지고 있는 것이 좋은 예이다.

산업구조분석의 예: OTT 서비스를 대상으로

마이클 포터의 Five Forces Model을 이용해서 OTT 서비스(Over-The-Top Service) 시장의 구조분석을 한 사례를 살펴보자.

	현황 및 시사점
현재 시장 내의 경쟁	• Netflix, Disney+, Amazon, Apple, Hulu 등 다수의 글로벌 플레이어들 이외에도 웨이브, 티빙 등 다수의 토종 플레이어들이 치열하게 경쟁 중 • 가격 경쟁보다는 차별화된 콘텐츠를 앞세운 차별화 경쟁 양상 • 자체 콘텐츠를 제작하기 위해서 막대한 자금을 투자하는 중
잠재적 진입자의 위협	• 자체 컨텐츠나 자금력이 없으면 진입하기 어려움
공급자의 교섭력	• 소수의 제작사들이 다수의 고품질 컨텐츠 보유 • 디즈니 등 일부 제작사는 자체 컨텐츠를 무기로 OTT 서비스 사업 진출 (즉, 전방통합) • 이에 맞서서 OTT 서비스 사업자들은 자체 컨텐츠 제작을 늘리고 있음 (즉, 후방통합)
구매자의 교섭력	• 구매자들은 대부분 불특정 다수의 개인들이므로 교섭력에 한계가 있음 • 구매자들은 가격보다는 컨텐츠의 양과 질을 중시하며, 눈이 높아지고 있음 → 구매자들을 유지하기 위해서는 지속적으로 고품질의 컨텐츠를 제공해야 함 • 구매자들에게 선택의 여지가 많고, 손쉽게 다른 사업자로 갈아탈 수 있음 → OTT 서비스의 가격을 인상하기 어려움
대체재의 위협	• 공중파 TV의 점유율은 내려가는 추세 • 영화관에서 개봉하지 않고 바로 OTT 서비스에서 개봉하는 영화들이 늘어남에 따라 영화관의 위협도 감소하는 추세 • 한정된 여가 시간을 놓고 유튜브, 게임, 기타 다양한 여가 활동들과 경쟁해야 함

(4) 기술적 환경

많은 분야에서 기술이 눈부시게 발전하고 있어서, 기술적 환경의 변화로부터 자유로울 수 있는 시장은 거의 없을 것으로 보인다. 특히 정보통신기술과 유전공학기술의 발전은 지대한 영향을 미칠 것으로 보인다. 언뜻 생각하면 하이테크 기업들에게 기술적 환경은 유리하게 작용할 것 같지만, 반드시 그런 것은 아니다. 휴대폰 시장에서 한때 1위를 달리던 노키아가 애플에게 스마트폰 시장을 뺏기고 사라진 것에서 알 수 있듯이, 급격한 기술 변화에 노출된 기업은 그렇지 않은 기업에 비해서 더 많은 위험에 노출되어있는 셈이다.

위의 분석 결과를 요약하면 다음 그림과 같다:

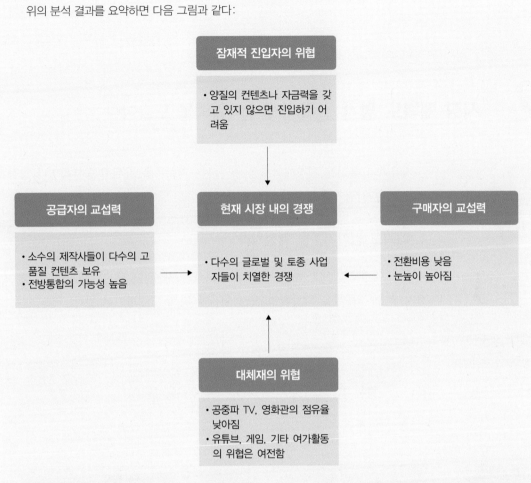

요약하면, OTT 서비스 시장에는 이미 자체 컨텐츠를 확보했거나 막강한 자금력을 가진 기업들이 속속 뛰어들어서 치열한 경쟁을 벌이고 있다. 구매자들의 전환비용이 낮고 눈높이가 높아지고 있어서 구매자들을 유지하기 위해서는 OTT 서비스 사업자들은 계속 막대한 비용을 투자하지 않으면 안 된다. 이로 인하여 대부분의 사업자들은 수익을 내는데 어려움을 겪고 있다. 낮은 수익성을 견디지 못하고 일부 사업자들이 문을 닫을 때까지 출혈 경쟁은 계속될 것으로 전망된다.

(5) 법률적 환경

국회가 제정한 각종 법률과 정부가 시행하고 있는 각종 규제는 시장의 매력도에 적지 않은 영향을 미치고 있다. 특히 가격에 직접적인 영향을 미치는 세율의 변화가 그러하다. 예를 들어, 경차와 승합차의 인기는 이들 차종에 대하여 주어지는 여러 가지 혜택 덕분이라고 할 수 있다. 또, 환경보호나 제품안전에 관한 각종 입법과 규제가 늘어나고 있는 추세여서 이에 대한 각별한 주의가 필요하다.

2 시장 매력도 평가 결과의 종합: 합의를 도출하라

지금까지 우리는 시장매력도를 평가하는 기준들을 자세히 공부하였다. 2절에서는 이렇게 평가한 결과들을 종합하는 방법을 알아보자.

1. 매력도 평가기준을 결정하라

시장 매력도를 평가하는 기준은 각 회사가 자체적으로 개발하거나, 다른 회사가 쓰는 기준들을 도입하여 자기 회사에 맞게 수정하기도 한다. 어느 경우든

그림 3-4

시장 매력도 분석절차

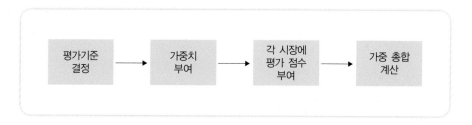

표 3-4

시장 매력도 평가기준

요 인	세부 항목
외형적 요인	현재 시장규모 시장 잠재력 성장률 상품수명주기 단계 판매의 주기성 또는 계절성 현재의 수익성
구조적 요인	잠재적 진입자의 위협 구매자의 교섭력 공급자이 교섭력 대체재의 위협 현재 시장 내의 경쟁
환경적 요인	인구통계적 환경 경제적 환경 사회적 환경 기술적 환경 법률적 환경

회사의 경영진이 중요하다고 여기는 요인들이 포함될 수 있도록 경영진의 토의를 거쳐서 확정되어야 한다. 〈표 3-4〉에는 1절에서 공부한 시장 매력도 평가기준들이 나와 있다.

2. 각 평가기준에 가중치를 부여하라

시장 매력도 평가기준들이 회사의 입장에서 모두 똑같이 중요한 것이 아니라면, 그 중요도에 따라서 가중치를 부여하여야 한다. 가중치 부여를 어느 한 사람의 판단에 맡기기보다는 생산, 마케팅, 재무, 연구개발 등 여러 부서의 시각을 대표할 수 있는 사람들에게 맡겨서, **토의를 거쳐서 합의에 도달하도록** 하는 것이 바람직하다.

가중치를 부여하는 방법에는 여러 가지가 있지만, 합이 100이 되도록 각 요인에 점수를 부여하는 일정합(constant sum) 방법이 많이 쓰인다. 예를 들어, 외형적 요인, 구조적 요인, 환경적 요인에 각각 35, 40, 25씩의 중요도를 부여하고, 그 안에서 세부항목들에게 가중치를 부여한 예가 〈표 3-5〉의 세 번째 열에 나와 있다.

요 인	세부 항목	가중치	시장 A	시장 B
외형적 요인	현재 시장규모	5	2	5
	시장 잠재력	5	5	2
	성장률	10	5	2
	상품수명주기 단계	5	3	2
	판매의 주기성 또는 계절성	5	3	3
	현재의 수익성	5	2	5
	외형적 요인에 대한 가중치 합계	35		
구조적 요인	잠재적 진입자의 위협	10	2	5
	구매자의 교섭력	10	5	1
	공급자의 교섭력	5	4	5
	대체재의 위협	5	5	3
	현재 시장 내의 경쟁	10	5	1
	구조적 요인에 대한 가중치 합계	40		
환경적 요인	인구통계적 환경	5	3	5
	경제적 환경	5	2	4
	사회적 환경	5	5	4
	기술적 환경	5	2	5
	법률적 환경	5	2	4
	환경적 요인에 대한 가중치 합계	25		
	(가중) 총 합	100	360	325

표 3-5

시장 매력도 구성요인별로 가중치와 평가 점수를 부여한 예

3. 평가기준별로 각 시장에 평가점수를 부여하라

평가기준과 가중치를 결정한 후에는, 우리 회사가 진입을 고려하고 있는 후보 시장 각각을 평가기준별로 평가하여야 한다. 이때, 복잡하고 정교한 방법을 사용할 수도 있고, 단순하고 대략적인 방법을 사용할 수도 있다.

각 시장에 대한 데이터와 정보가 풍부하고 분석할 시간이 충분하다면 복잡하고 정교한 평가방법을 사용하는 것이 바람직하지만, 그렇지 못한 경우가 대부분이다. 지금 이 단계에서는 우리가 이미 잘 알고 있는 시장이 아니라 아직 진입해 보지도 않은 시장을 평가하는 것이므로, 데이터와 정보가 부족하기 때문이다. 또 한 개의 시장이 아니라 여러 개의 시장을 평가해야 하므로, 부족한 데이터와 정보를 새로 수집해 가면서 평가하려면 시간과 노력이 너무 많이 들어갈 것이다.

그러므로 진입할 시장을 결정하는 단계에서는 **쉽게 구할 수 있는 데이터와 정보를 기초로 경영진의 주관적인 판단을 가미하여 각 시장을 평가하는 것이 바람직하다.** 일단 진입할 시장이 결정되고, 마케팅 계획을 수립하는 단계에 도달했을 때, 보다 정확한 데이터와 정보를 수집하기 위한 여러 가지 조사를 실시하게 된다.

〈표 3-5〉의 네 번째와 다섯 번째 열에는 우리 회사가 진입을 고려하고 있는 두 개의 후보시장 각각에 대하여 평가기준별로 평가점수를 부여한 예가 나와 있다. 평가점수를 부여하는 데에도 여러 가지 방법이 있는데, 다음과 같은 5점 척도 방법이 많이 쓰인다.

1	2	3	4	5
전혀 매력적이지 못함		보통임		매우 매력적임

평가점수를 어느 한 사람에게서 받는 것보다는, 회사내의 생산, 마케팅, 재무, 연구개발 등 여러 부서의 시각을 대표할 수 있는 사람들로부터 각각 받는 것이 바람직하다. 이렇게 수집된 점수들을 단순 평균해서 사용할 수도 있고, 아니면 평가자들을 한 자리에 모이게 해서 토의를 갖게 한 다음에 합의된 점수를 사용할 수도 있다. 이렇게 함으로써, 시장에 진입한 후에도 관련 부서들이 긴밀하게 협조할 수 있게 된다.

4. 각 시장이 받은 점수의 가중 총합을 계산하라

다음 작업은 주어진 점수를 집계하여, 어느 시장이 매력도가 높고 어느 시장이 매력도가 낮은지를 파악하는 것이다. 가중치와 평가점수를 곱한 다음 이를 합산한 가중 총합 점수가 높을수록 매력도가 높은 시장이다.

〈표 3-5〉에서 시장 A는 총 500점 만점에 360점을 받아서, 325점을 받은 시장 B보다 매력도가 높은 것으로 나왔다. 이 경우 낮은 점수를 받은 시장 B는 진입 대상에서 제외되는 것은 아니며, 경쟁우위 및 적합성 평가결과를 지켜보아야 한다. 경우에 따라서는 어떤 평가기준에서 너무 낮은 점수를 받게 되면 다른 평가기준에서 몇 점을 받았는지에 상관 없이 탈락시키는 룰을 적용시킬 수도 있다. 예를 들어, 어떤 기준에서든 1점을 받은 시장은 탈락시키기로 한다면, 시장 B는 탈락될 것이다.

■ 이 장의 요약

이 장에서는 시장의 매력도를 평가하는 기준과 절차를 알아보았다. 시장 매력도를 평가하는 기준들은 외형적 요인, 구조적 요인, 환경적 요인들로 구성된다. 첫번째 요인인 외형적 요인에는 현재 시장규모, 시장잠재력, 성장률, 주기성과 계절성, 상품수명주기단계, 현재의 수익성 등이 포함된다.

두 번째 요인인 구조적 요인들을 분석하기 위하여, 우리는 마이클 포터가 제안한 산업구조 분석의 틀을 도입하였다. 이 틀에서는 산업구조에 영향을 주는 다음과 같은 다섯 가지 요인들을 분석에 포함시키고 있다: 잠재적 진입자의 위협, 구매자의 교섭력, 공급자의 교섭력, 대체재의 위협, 현재 시장내의 경쟁.

세 번째 요인인 환경적 요인에는 인구통계적 요인, 경제적 요인, 사회적 요인, 기술적 요인, 법률적 요인 등이 포함된다.

시장 매력도를 평가하는 절차는, 매력도 평가기준 결정 → 각 평가기준에 가중치 부여 → 평가기준별로 각 시장에 평가점수 부여 → 각 시장이 받은 점수의 가중 총합 계산의 4단계로 이루어진다. 여러 시장들의 매력도를 평가할 때에는 개별시장에 대한 데이터와 정보가 충분하지 않기 때문에 단순하고 대략적인 평가방법을 사용하는 것이 바람직하다. 또 평가절차를 어느 한 사람의 독자적인 판단에 맡기기보다는 관련 부서의 대표자들이 토의를 거쳐서 합의에 도달하도록 하는 것이 바람직하다. 진입할 시장을 선정하기 위해서는 시장의 매력도 이외에 경쟁우위와 적합성을 파악하여야 한다. 이 장에서는 시장의 매력도를 분석하는 방법을 다루었으므로, 다음 장에서는 경쟁우위와 적합성을 파악하는 방법을 다루기로 한다.

■ 더 읽어 볼 거리

1. 다양한 수요 예측방법들에 대해서는 다음을 참고하시오.

> J. Scott Armstrong (2001), *Principles of Forecasting: A Handbook for Researchers and Practitioners*. Springer.

제 4 장

시장의 선택(II):
경쟁우위 및 적합성 분석

투우사가 되려면 먼저 소가 되어 봐야 한다.
– 스페인 속담

적을 알고 나를 알면, 백번을 싸워도 위태롭지 않다.
적을 모르고 나 자신만 알면, 승패는 반반이다.
적을 모르고 나 자신도 모르면, 싸움마다 패할 것이다.
– 손자

이 장의 흐름

1. 경쟁우위분석: 경쟁을 폭넓게 보라

- 경쟁의 개념: 대체가능성이 있는 것은 모두 경쟁자다
- 경쟁자 파악: 세분시장수준에서 파악하라
- 경쟁자에 대한 정보수집: 1차 자료와 2차 자료를 폭넓게 활용하라
- 경쟁자의 마케팅 목표 파악: 성장인가, 수확인가?
- 경쟁자의 마케팅 전략 분석: 충돌 코스를 피하라
- 경쟁자 대비 자사의 강약점 파악: 강점과 약점을 세밀하게 분석하라
- 경쟁자의 미래 마케팅 전략 예측: 경쟁자의 입장에 서서 생각하라
- 경쟁을 어떻게 볼 것인가: 경쟁자와 같이 사는 길을 택하라

2. 적합성분석: 몸에 맞는 옷을 입어라

- 기업문화 및 사명과의 적합성
- 기존 시장 및 기존 마케팅 믹스와의 적합성

3. 경쟁우위 및 적합성 평가결과의 종합: 합의를 도출하라

이 장의 목표

이 장을 읽은 다음에는 다음 질문에 답할 수 있어야 한다.

1. 경쟁이란 무엇인가? 어디까지를 경쟁자라고 부르는가?
2. 경쟁의 정도를 파악할 수 있는 방법에는 어떠한 것들이 있는가?
3. 경쟁자는 반드시 타도되어야 할 대상인가?
4. 기업 문화, 사명, 기존 시장, 기존 마케팅 믹스를 고려하지 않고 시장을 선택하면 어떤 결과를 낳을 수 있는가?

3장에서 우리는 시장의 매력도를 분석하는 데 필요한 여러 가지 개념, 이론 및 분석 도구들을 배웠다. 여러 개의 시장들 중에서 진입할 시장을 선택하려면 시장의 매력도뿐만이 아니라 경쟁우위와 적합성을 분석하여야 한다. 이것이 바로 이 장에서 우리가 다룰 내용이다.

이를 위하여 다음과 같은 두 가지 질문에 답하여야 한다. 첫째, 우리가 그 시장의 고객들에게 현재의 또는 잠재적인 경쟁자들보다 더 높은 가치를 제공할 수 있는가? 고객을 획득하고 유지하는 데 있어서 우리가 경쟁자보다 유리한 위치에 서게 될 때, 경쟁우위를 갖고 있다고 말할 수 있다. 둘째, 그 시장에 들어가는 것이 우리의 기업 문화, 사명, 기존 시장, 기존 마케팅 믹스와 어울리는가?

이 두 가지 질문에 답하려면, 주요 경쟁자들과 우리 자신을 분석해야 한다. 그래서 경쟁우위 및 적합성 분석을 '**경쟁 및 자사 분석**'이라고 부르기도 한다.

1 경쟁우위 분석: 경쟁을 폭넓게 보라

이제부터 경쟁우위 분석에 필요한 여러 가지 개념과 방법들을 자세히 살펴보자. 적합성 분석은 2절에서 다루고, 3절에서는 경쟁우위 분석과 적합성 분석의 결과를 종합하는 방법을 설명한다.

1. 경쟁의 개념: 대체 가능성이 있는 것은 모두 경쟁자다

코카콜라의 경쟁상대는 누구인가? 언뜻 생각하면 펩시콜라 정도만 떠오를 것이다. 그러나 조금 더 생각해 보면 비록 콜라는 아니지만 칠성사이다도 경쟁상대가 될 수 있을 것 같다는 생각이 들 것이다. 여기까지 생각이 미쳤다면, 썬키스트 오렌지 주스나 게토레이는 어떨까? 이 중에 코카콜라의 경쟁상대가 아니라고 딱 잘라 말할 수 있는 것은 하나도 없다. 정도의 차이는 있지만 모두 다 코카콜라와 어떤 관련성이 있다는 것을 알 수 있다. 그 중에서도, 펩시콜라가 관련성이 높아 보이고, 썬키스트 오렌지 주스와 게토레이는 낮아 보인다. 이 관련성이란 무엇일까?

치토스로 우리에게 잘 알려진 프리토레이(Frito-Lay)는 소비자들을 대상으로 설문조사를 하면서 다음과 같은 질문을 던졌다: 귀하가 치토스를 사러 슈퍼마켓에 갔는데, 하필이면 그날 따라 치토스가 다 팔리고 없다면, 무엇을 사시겠습니까? 응답자들이 답한 결과를 받아 본 프리토레이의 마케터들은 뜻밖의 결과에 놀라지 않을 수 없었다. 치토스와는 전혀 관련성이 없다고 생각하였던 아이스크림이나 사과를 꼽은 응답자들이 상당히 많이 나왔기 때문이었다. 즉, 많은 소비자들이 보기에 아이스크림이나 사과는 치토스가 없을 때 이를 대체할 수 있는 훌륭한 대안이었던 것이다!

마케팅에서는 이를 **대체가능성(substitutability)**라고 부른다. 앞에서 칠성사이다나 오렌지 주스가 코카콜라와 어떤 관련성을 갖고 있는 것 같다고 하였을 때, 이 관련성 역시 대체가능성을 가리키는 것이었다. 이처럼 **상품의 형태나 종류가 다르더라도 대체가능성이 있는 것들은 경쟁자가 될 수 있다.** 예를 들어, 코카콜라의 마케터가 주스는 콜라도 아니고 청량 음료도 아니기 때문에 코카콜라의 경쟁상대가 될 수 없다고 생각하였다면, 이것은 고객의 관점을 무시한 매우 근시안적인 생각이다. 이렇게 경쟁의 범위를 같은 형태나 같은 종류로 한정시켜서 좁게 보는 것을 **마케팅 근시(marketing myopia)**라고 부른다.

최근 몇 년 사이에 우리가 경험하였듯이, 콜라시장이 크게 줄어든 것은 소비자들이 차음료나 주스 등을 많이 찾게 되었기 때문이다. 이제 이런 음료들이 펩시콜라 못지 않게 코카콜라의 위협적인 경쟁상대가 된 것이다. 이처럼 **같은 상품으로 경쟁하는 경쟁자뿐만이 아니라, 기존 상품을 대체하는 새로운 상품도 위협적인 경우가 있으므로, 마케터는 경쟁을 폭넓게 봐야** 한다.

이 책을 주의 깊게 읽어온 독자라면 대체가능성을 중시해야 한다는 이야기가 3장에서 다루었던 **Five Forces Model** 중 **대체재의 위협**에서 나왔던 이야기와 기본적으로 동일한 것임을 알아차렸을 것이다. 우리가 어떤 시장에 진입할 것인지를 결정할 때에는 그 시장 내에 존재하는 경쟁자들 뿐만이 아니라 그 시장 밖에 존재하는 대체재들이 얼마나 많으며 얼마나 위협적인지도 주의 깊게 살펴봐야 한다(〈표 4-1〉에서 '고급라면과 라면집' 사례 참조). 또한 이미 어떤 시장에 진입해서 사업을 하고 있다면 기존 경쟁자들의 동향뿐만이 아니라 새로운 대체재의 출현(또는 몰락)에 대해서도 촉각을 곤두세우고 있어야 한다(〈표 4-1〉에서 '돌반지와 유아용품', '스마트폰과 MP3플레이어' 사례 참조).

물론 대체가능성이 있다고 해서 모두 똑같이 위협적인 경쟁상대가 되는 것은 아니다. 대체가능성이 높은 것일수록 더 위협적이고, 낮은 것일수록 덜 위협적이다. 예를 들어, 코카콜라는 오렌지 주스보다는 펩시콜라하고 대체가능성이 더 높기 때문에, 주스보다 펩시콜라가 더 위협적인 경쟁상대가 될 것이다. 이처럼 코카콜라와 대체가능성이 있는 상품들을 그 정도에 따라 그림으로 나타내면 [그림 4-1]과 같다.

[그림 4-1]에서 코카콜라와 가까이 있을수록 대체가능성이 높은, 따라서 보

마케팅 근시
경쟁의 범위를 같은 형태나 같은 종류의 상품으로 한정시켜서 좁게 보는 것

대체재	사 례
고급라면과 라면집	일본 닛세이 식품에서 고급라면 Goota를 300엔에 내놓았으나 300엔에 라면을 파는 중저가 라면 체인점의 등장으로 실패함.[1]
돌반지와 유아용품	금 값이 치솟자 돌 선물로 반지 대신 유아용품을 구매함.[2]
스마트폰과 MP3 플레이어	스마트폰이 보급되면서, MP3 플레이어, 내비게이션 기기, 휴대용 게임기, PMP 등의 판매량이 감소함.[3]

표 4-1

흥미로운 대체재 사례들

다 위협적인 경쟁상대이고, 멀리 있을수록 대체가능성이 낮은, 따라서 덜 위협적인 경쟁상대이다. 이렇게 보면, 경쟁이란 '누구는 코카콜라의 경쟁자이고 누구는 아니다'는 식으로 마치 칼로 두부를 자르듯이 자를 수 있는 것이 아니라, '모두가 코카콜라의 경쟁자가 될 수 있는데, 단지 정도의 차이가 있다'는 것임을 알 수 있다. 즉, **경쟁이란 Yes/No의 문제가 아니라 정도의 문제이다.**

원리 4-1

상품의 형태나 종류와 상관 없이, 대체가능성이 있는 것들은 경쟁자가 될 수 있다.

편의상 경쟁의 정도를 다음과 같이 4개의 수준으로 나누기도 한다.

▶ 상품형태(product form) 수준의 경쟁
  상품형태 수준의 경쟁이란 같은 형태를 가진 상품들간의 경쟁을 가리키며, 일반적으로 가장 치열한 경쟁이 바로 이 수준에서 벌어진다. 예를 들어, 코카콜라와 펩시콜라 간의 경쟁이 여기에 해당된다.

▶ 상품범주(product category) 수준의 경쟁
  상품범주 수준의 경쟁이란 상품형태는 다소 다르지만 기본적으로 같은 범주에 속하는 상품들간의 경쟁을 가리킨다. 상품형태 수준의 경쟁 다음으로 치열한 경쟁이 이 수준에서 벌어진다. 예를 들어, 형태는 다르지만 청량음료 범주에 속하는 코카콜라와 칠성사이다 간의 경쟁이 여기에 속한다.

▶ 본원적 편익(intrinsic benefit) 수준의 경쟁
  본원적 편익 수준의 경쟁이란 형태나 범주는 다르지만 고객에게 기본적으로 동일한 편익을 제공하는 상품들간의 경쟁을 가리킨다. 예를 들어, 오렌지 주스나 생수는 갈증해소라는 편익을 제공하므로 코카콜라와 본원적 편익 수준에서 경쟁하고 있다.

---

1 정욱, "닛세이식품의 실패 이유", *매일경제*, 2006년 8월 24일.
2 신은진, "금값 고공행진에 유아용품 업체가 웃는 이유는?", *조선일보*, 2008년 1월 30일.
3 신동흔, "'모바일 블랙홀' 스마트폰이 미워!", *조선일보*, 2011년 2월 26일.

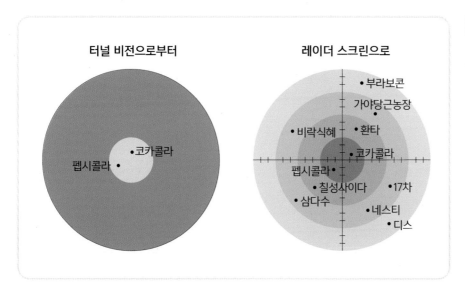

그림 4-1

경쟁을 보는 시야의
확장

터널 비전으로부터

펩시콜라
코카콜라

레이더 스크린으로

부라보콘
가야당근농장
비락식혜
환타
코카콜라
펩시콜라
칠성사이다
삼다수
17차
네스티
디스

▶ 예산(budget) 수준의 경쟁

예산 수준의 경쟁이란 제공하는 편익이 다르더라도 고객의 한정된 예산을 차지하기 위하여 여러 상품들이 경쟁하는 것을 가리킨다. 예산 수준의 경쟁은 그 범위가 너무 넓기 때문에 특별한 경우가 아니고서는 마케터에게 유용한 지침을 제공해주지 못한다. 여기서 특별한 경우란, 예를 들어 경제적 환경의 급격한 악화로 소비자의 예산이 갑자기 줄어든 경우를 들 수 있다.

2. 경쟁자 파악: 세분시장 수준에서 파악하라

지금까지 우리는 경쟁을 주로 개념적으로 살펴봤으나, 이제부터는 경쟁우위를 분석하는 방법을 구체적으로 알아보기로 하자. 경쟁우위 분석은 [그림 4-2]와 같이 이루어진다.

이 중 첫 단계인 경쟁자 파악을 좀 더 자세히 알아보자. 앞서 설명한 것처럼, 경쟁은 정도의 문제이기 때문에, 코카콜라의 경쟁자는 펩시콜라에서부터 생수에 이르기까지 다양할 수 있다고 하였다. 그러나 경쟁자가 이렇게 수도 많고 다양하다면, 마케터의 입장에서 경쟁자의 행동을 분석하기란 거의 불가능에 가까워진다.

그래서 앞에서 설명한 경쟁의 네 가지 수준 중에서 상품형태나 상품범주 수준으로 범위를 한정시키고 그 안에 들어오는 경쟁자들만 분석할 수도 있다. 그러나 이 방법은 두 가지 문제점을 안고 있다. 첫째, 경쟁의 범위를 너무 좁게 본다는 것이고, 둘째, 상품형태나 범주 수준에서도 여전히 경쟁자의 수가 너무 많다는 것이다. 예를 들어, 치약의 경우 상품형태 수준에서만 거의 40개에 달하

그림 4-2

경쟁우위 분석의 흐름

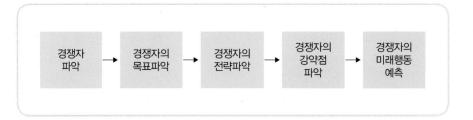

표 4-2

치약시장의 세분시장별
경쟁자

추구 편익	미백	충치예방	잇몸질환 예방	입냄새 억제
상품 형태 수준의 경쟁자	페리오 클라이덴, 2080 뉴 샤이닝 화이트, CJ 작트	페리오 캐비티 케어 플러스, 2080 오리지널, 뉴 닥터세닥 플러스, 안티프라그	2080 진지발리스, 메디안 잇몸과학	페리오 브레쓰케어 플러스, 2080 어드밴스 구취케어
상품 범주 수준의 경쟁자	–	검가드 오리지널	–	–
본원적 편익 수준의 경쟁자	페리오클라렌 화이트나우 치아미백패치, 치아표백제	불소첨가 식수, 치아 코팅	스케일링	구강청정제, 껌, 스프레이

는 브랜드들이 경쟁하고 있어서 이들을 일일이 분석한다는 것은 매우 힘든 일이다.

그렇다면 마케터는 어느 수준에서 경쟁자를 분석해야 할까? 답은 **세분시장 수준에서 분석하라**는 것이다. 소비자들이 치약으로부터 어떠한 편익을 얻고자 하는가에 따라 치약 시장을 세분화하면 충치예방, 입냄새 억제, 미백효과 등 몇 개의 세분시장으로 나누어진다.

예를 들어, 입냄새 억제 효과를 중요하게 생각하는 20대 여성에게 있어서 페리오 브레쓰케어 플러스와 2080 어드밴스 구취케어는 대체 가능성이 높은 경쟁 상품이지만, 페리오 브레쓰케어 플러스와 2080 진지발리스는 분명 같은 치약임에도 불구하고, 대체 가능성이 훨씬 낮을 것이다. 뿐만 아니라, 구강 청정제, 껌, 입안에 뿌리는 스프레이 등은 상품범주는 다르지만 기본적으로 동일한 편익을 제공해주므로, 페리오 브레쓰케어 플러스와 비교적 높은 대체 가능성을 갖고 있는 경쟁상품들이다(〈표 4-2〉 참조).

원리 4-2

세분시장 수준에서 경쟁자를 파악하라.

이제 세분시장 수준에서 경쟁자를 보다 세밀하게 파악할 수 있는 방법들을 알아보자. 경쟁자를 파악하는 방법에는 크게 기업중심적인 방법과 고객중심적인 방법의 두 가지가 있다. 고객중심적인 방법은 다시 지각에 기초한 방법과 행동에 기초한 방법의 두 가지로 나누어진다.

(1) 기업중심적인 방법

앞서 언급한 프리토레이의 예에서는 소비자 조사를 실시하여 치토스와 아이스크림이 대체 관계에 있다는 새로운 사실을 발견할 수 있었다. 그러나 소비자 조사를 통하여 잠재적인 경쟁자를 발견하기 어려운 경우들도 있다. 가령, 기술의 변화나 법제도의 변화에 의하여 전혀 다른 산업에서 경쟁자가 출현하는 경우를 들 수 있다. 예를 들어, 자율주행차 시장을 놓고 자동차회사들이 구글, 애플과 경쟁한다든지, 보험업법의 개정으로 상해·질병·간병 보험을 손해보험사 뿐만이 아니라 생명보험사도 취급하게 되는 경우 등은 소비자들의 이해 범위를 넘는 것이다. 이런 경우에 경쟁자를 파악하는 데 유용한 것이 기업중심적인 방법이다.

1) 상품/시장 매트릭스를 이용하는 방법

2장에서 나온 바 있는 상품/시장 매트릭스를 이용하면 마케터의 판단을 체계적으로 끌어내면서 경쟁자를 파악할 수 있다. [그림 4-3]에서 A는 우리의 상품과 기본적으로 같고 표적시장도 같은 상품들에 해당된다. 즉, 상품형태 수준의 경쟁자들이다. 예를 들어, 입냄새 억제 효과를 중요시하는 20대 여성들을 표적시장으로 하는 페리오 브레쓰케어 플러스의 마케터는 같은 표적시장을 가진 2080 어드밴스 구취케어를 A에 포함시킬 것이다.

C는 우리의 상품과 기본적으로 같은 상품이지만 표적시장은 다른 상품들에 해당된다. 예를 들어, 같은 치약이지만 메디안 잇몸과학은 잇몸 질환을 예방하

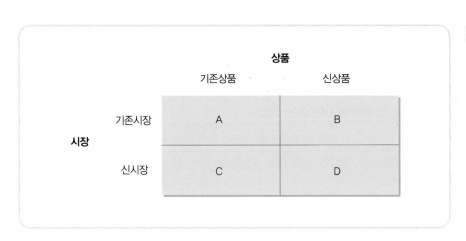

그림 4-3

경쟁자를 파악하기 위한 상품/시장 매트릭스

는 치약이므로, C에 속하게 된다.

B는 우리의 상품과 다른 상품이지만 같은 표적시장을 갖고 있는 상품들에 해당된다. 예를 들어, 입냄새를 제거할 목적으로 사용되는 구강 청정제, 껌, 스프레이 등을 만드는 회사들이 여기에 속한다. 이 상품들은 본원적 편익 수준에서 페리오 브레쓰케어 플러스와 경쟁하고 있다. 이 밖에도 비록 현재에는 경쟁자가 아닐지라도 미래에는 경쟁자가 될 가능성이 높은 회사들도 B에 속한다. 예를 들어, 현재 이 시장을 대상으로 치약을 내놓고 있지는 않지만 20대 여성들 사이에서 높은 인지도와 좋은 이미지를 누리고 있는 P&G, 유한킴벌리 등을 B에 포함시킬 수 있다. 마케터는 B에 속한 회사들이 A로 움직일 가능성이 어느 정도이며, 만약 움직인다면 얼마나 위협적인 존재가 될 것인지를 예측하고 있어야 한다.

마지막으로, 앞의 매트릭스에서 D에 속한 회사들은 우리와는 다른 상품들을 다른 표적시장에 내놓고 있으므로 우리와 경쟁자가 될 가능성이 가장 낮은 회사들이다. 그러나 기술의 급속한 발전으로 전혀 예상치 않은 방향에서 경쟁자가 나타날 가능성이 높아지고 있다. 자율주행차 개발에 거액을 투자해온 구글이 전통적인 자동차회사에 위협적인 존재로 떠오른 것이 좋은 예이다.

상품/시장 매트릭스를 이용하여 경쟁자를 파악하는 방법은 상품형태나 범주 수준의 경쟁자는 물론 본원적 편익 수준의 경쟁자와 잠재적인 경쟁자(B 및 D)들을 파악하게 해 준다는 장점을 갖고 있다. 그러나 이 방법은 관리자의 주관적인 판단에만 의존하는 단점을 갖고 있다. 그러므로 여기에만 전적으로 의존하지 말고 다른 방법들과 같이 사용하는 것이 바람직하다.

2) 기술적인 대체가능성을 판단하는 방법

이 방법은 부품이나 원료와 같은 산업재나 하이테크 상품들에 유용한 방법이다. 엔지니어, 마케터, 또는 다른 전문가들로 하여금 기존상품을 대체할 수 있는 다른 상품이나 기술을 생각해내도록 하는 것이다. 예를 들어, 통신시장에서 광섬유는 구리선을 빠른 속도로 대체해 나가고 있으므로, 광섬유와 구리선은 기술적으로 대체관계에 있다.

3) 표준산업분류를 이용하는 방법

이 방법은 정부가 만들어 놓은 **표준산업분류**(standard industrial classification)를 이용하는 것이다. 여기에 대해서는 3장에서 이미 설명한 바 있다.

(2) 고객중심적인 방법

경쟁자를 파악하기 위한 고객중심적인 방법은 다시 고객 지각에 기초한 방법과 고객 행동에 기초한 방법으로 나누어진다.

1) 고객 지각에 기초한 방법

이 장을 시작할 때, 우리는 대체가능성이 높을수록 경쟁의 정도가 치열해진 다고 하였다. 고객들은 어떤 경우에 대체가능성이 높다고 생각할까? 대체가능 성이 높다는 것은 한 상품이 다른 상품의 훌륭한 대안이 될 수 있음을 뜻한다. 한 상품이 다른 상품의 훌륭한 대안이 되려면 두 상품이 매우 비슷하지 않으면 안될 것이다.

예를 들어, 어떤 대학생이 나이키와 리복은 여러모로 비슷하다고 생각하면, 이 학생은 나이키를 신으나 리복을 신으나 별로 차이가 없다고 생각할 것이다. 그러므로 만약 스포츠화를 사러 갔을 때, 나이키 매장에 맞는 사이즈가 없다면, 리복 매장으로 쉽게 발길을 돌릴 것이다. 이렇게 **고객이 어떤 두 상품이 비슷하다고 생각할수록, 그들간의 대체가능성은 높아진다.**

그러므로 고객들에게 여러 가지 상품들을 주고 이 상품들이 서로 얼마나 비 슷하다고 느끼는지를 물어봄으로써, 어떤 상품과 어떤 상품이 높은 대체가능성 을 갖고 있는지, 즉 치열한 경쟁관계에 있는지를 파악할 수 있다. 이렇게 지각 된 유사성에 기초하여 경쟁자를 파악하는 방법에는 **지각도**(perceptual map), **상품 제거**(product deletion), **사용상황별 대체**(substitution in-use)의 세 가지 종류가 있다 (여기서 '지각'이란 '주관적인 믿음'과 같은 뜻이다. 지각에 대한 정확한 정의는 5장에서 내리기로 한다).

• 지각도(perceptual map)

지각도란 여러 가지 상품들이 고객의 마음 속에서 차지하고 있는 위치를 2차 원이나 3차원 공간에 나타낸 그림을 가리킨다(어떤 사람들은 이것을 포지셔닝맵이 라고 부르기도 한다). 이 그림에서 **가까이에 위치한 상품들은 유사성이 높음을 나타 내고, 멀리 위치한 상품들은 유사성이 낮음을 나타낸다.** 예를 들어, [그림 4-4]를 보면 스포츠화 시장의 소비자들은 프로스펙스와 아식스는 매우 비슷하다고 느 끼는 반면, 나이키와 프로스펙스는 별로 비슷하지 않다고 느끼고 있음을 알 수 있다. 그러므로 프로스펙스는 나이키보다는 아식스를 더 경계해야 할 것이다.

지각도를 작성하려면 먼저 고객들에게 제시할 상품의 범위를 결정해야 한다. 이때, 같은 형태를 가진 상품들만 제시하면 상품형태나 범주 수준의 경쟁자만 파악하게 되지만, 형태는 다르지만 대체가능성이 있는 상품들을 폭 넓게 제시

지각도
고객의 마음 속에서 여 러 상품들이 차지하고 있는 위치를 2차원이나 3차원 공간에 나타낸 그림

하면 본원적 편익 수준의 경쟁자까지도 파악할 수 있다. 그러므로 포함될 상품의 범위는 분석목적을 고려하여 결정하여야 한다. 일단 상품의 범위가 결정되면, 설문지를 작성하고, 고객들로부터 응답을 받는다. 이렇게 수집된 데이터를 요인분석(factor analysis)이나 다차원척도법(multidimensional scaling, MDS)과 같은 통계적인 기법들을 이용하여 분석함으로써 지각도가 얻어진다. 이들 통계기법에 대한 설명은 이 책의 범위를 벗어나므로, 이 장 끝의 [더 읽어 볼 거리]를 참조하기 바란다.

• 상품 제거(**product deletion**)

이 방법은 다음과 같이 두 단계로 이루어진다. 첫째, 고객에게 여러 상품들을 제시한 다음, 그 중에서 무엇을 살 것인지를 질문한다. 둘째, 고객이 사겠다고 응답한 상품을 제거한 다음, 나머지 상품들 중에서 무엇을 살 것인지를 묻는다. 둘째 단계에서 응답된 상품은 첫째 단계에서 응답된 상품과 높은 대체가능성을 갖고 있고, 치열한 경쟁관계에 있는 것으로 볼 수 있다.

• 사용상황별 대체(**substitution in-use**)

이 방법은 대체가능성을 평가하는 데 있어서, 상품의 사용상황을 고려한다는 특징을 갖고 있다. 이 방법은 세 단계로 이루어진다. 첫째, 어떤 상품을 고객에게 제시하고 이 상품의 모든 가능한 사용상황들을 이야기하도록 한다. 둘째, 첫 번째 단계에서 나온 사용상황별로, 그 사용상황에 적합한 다른 상품들을 이야

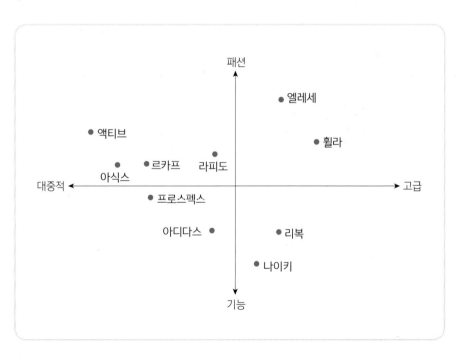

그림 4-4

스포츠화 시장의 지각도

기하도록 한다. 셋째, 두 번째 단계에서 나온 상품마다 그 사용상황에 어울리는 정도를 점수를 매기도록 한다. 예를 들어, 와인에 대하여 이 방법을 적용시키면 〈표 4-3〉과 같은 결과가 나올 수 있다.

이 방법은 본원적 편익 수준의 경쟁자는 물론 예산수준의 경쟁자들까지 파악할 수 있는 장점을 갖고 있다. 그러나 사용상황별로 조사를 해야 하므로 다소 번거롭다는 단점을 갖고 있다.

이와 같이, 고객 지각에 기초하여 경쟁자를 파악하는 방법은 고객이 주관적으로 느끼고 있는 상품들간의 유사성을 근거로 삼고 있다. 그런데 어떤 고객이 어떤 상품과 어떤 상품이 매우 비슷하다고 느낀다는 것은, 대체 사용할 가능성이 높다는 것을 의미할 뿐이지, **반드시 대체 사용하고 있다는 뜻은 아니다.** 즉, 잠재적인 대체가능성만을 나타낼 뿐이다. 이것은 장점이기도 하고 단점이기도 하다. 현재 대체사용이 일어나지 않더라도 앞으로 일어날 가능성을 보여준다는 것은 경쟁의 범위를 폭 넓게 파악하는 데 도움이 되므로 장점이지만, 현재 일어나지도 않는 것까지 다 경쟁의 범위에 포함시킴으로써 마케터의 초점을 흐릴수 있다는 것은 단점이다.

2) 고객 행동에 기초한 방법

고객 지각에 기초하여 경쟁자를 파악하는 방법과는 달리, 고객 행동에 기초한 방법이란 고객이 실제로 대체 사용하는 패턴을 관찰하여 이를 기초로 주요 경쟁자들이 누구인지를 파악하는 것이다. 여기에는 상표전환 매트릭스(brand switching matrix)를 이용한 방법과 수요의 교차탄력성(cross-elasticity of demand)을 이용한 방법이 있다.

• 상표전환 매트릭스(**brand switching matrix**)

고객의 눈에 어떤 상품이 어떤 다른 상품과 매우 비슷하게 보이면, 이 고객은 이 두 상품을 바꿔가면서 사용하는 경향을 보이게 된다. 지난번에 테라를 마셨던 사람이 이번에는 카스를 마시면, 이를 가리켜 **상표전환(brand switching)**이 일어났다고 부른다. 상표전환은 유사한 상품들 사이에, 즉 대체가능성이 높은 상품들 사이에 자주 일어나므로, 이러한 상표전환 패턴을 관찰하면 상품들

사용상황	양식집에서 손님접대	동료의 집들이 선물용
대체상품	맥주 (10) 양주 (6) 칵테일 (4)	꽃 (10) 케이크 (7) 화분 (5) 세탁세제 (2)

표 4-3

와인의 사용상황별 대체상품(괄호안은 10점 만점으로 측정한 적합성 점수)

간의 경쟁관계를 파악할 수 있다.

상표전환 패턴을 관찰하려면, 여러 명의(보통 수백 명) 고객들에게 지난번에 무엇을 샀으며 이번에는 무엇을 샀는지를 질문하여야 한다. 그리고 그 결과를 〈표 4-4〉와 같이 정리한 것을 **상표전환 매트릭스**(brand switching matrix)라고 부른다.

상표전환 매트릭스
구매자들이 한 상표에서
다른 상표로 전환하는
비율을 계산해 놓은 표

〈표 4-4〉에서 행은 지난번에 산 스포츠화 브랜드를 나타내고, 열은 이번에 산 브랜드를 나타낸다. 그리고 행과 열이 만나는 칸에 나와있는 숫자는 지난번에 행에 있는 브랜드를 산 사람들 중에서 이번에는 열에 있는 브랜드를 산 사람들의 퍼센티지를 나타낸다. 그러므로 어떤 행에 나와 있는 퍼센티지의 합은 100이 된다(〈표 4-4〉의 수치는 반올림이 되었기 때문에 각 행의 합이 정확히 100이 되지 않을 수도 있다).

예를 들어, 나이키(행)와 리복(열)이 만나는 칸에 있는 29는 지난번에 나이키를 산 사람들 중 29%가 이번에는 리복을 샀다는 것을 의미한다. 〈표 4-4〉를 보면, 나이키는 리복과, 리복은 나이키와, 프로스펙스는 나이키와 상표전환이 많이 이루어지고 있다. 또, 상표전환 매트릭스의 대각선에 기입된 숫자들은 지난번과 이번 모두 같은 브랜드를 구입한 사람들의 비율을 나타낸다. 이 비율이 높을수록, 해당 브랜드가 고객들로부터 높은 애호도(loyalty)를 누리고 있다고 말

표 4-4

스포츠화 시장의
상표전환 매트릭스
(단위: %)

최근 이전	액티브	나이키	르카프	리복	아디 다스	아식스	엘레세	프로 스펙스	라피도	휠라	기타
액티브	21	21	7	21	7	0	0	14	0	7	0
나이키	3	26	9	29	8	3	1	13	0	9	0
르카프	2	36	16	11	9	2	4	18	0	2	0
리복	1	33	1	26	8	0	12	10	0	8	0
아디 다스	5	27	9	16	13	2	2	16	3	9	0
아식스	0	22	11	22	6	6	11	17	0	6	0
엘레세	0	19	6	50	0	0	0	6	0	19	0
프로 스펙스	4	32	12	14	7	3	4	23	2	0	0
라피도	0	60	0	0	20	0	0	0	0	20	0
휠라	0	31	0	8	8	0	8	8	0	38	0
기타	4	19	7	18	10	5	5	18	0	8	6

할 수 있다.

　상표전환 매트릭스는 하나의 표에 많은 정보를 담고 있는 매우 유용한 도구이지만, 이를 이용할 때에는 주의할 점이 있다. **브랜드 A에서 브랜드 B로 전환이 일어났다는 것이 반드시 두 브랜드가 대체관계에 있음을 의미하지는 않는다는** 것이다. 예를 들어, 어떤 주부가 지난번에 댄트롤 샴푸를 사고 이번에는 비달사순 샴푸를 샀다면, 지난번에는 비듬이 많은 남편이 쓰는 샴푸를 산 것이었고, 이번에는 스타일을 중요하게 생각하는 자신이 쓸 샴푸를 산 것일 수 있다. 또 다른 예를 들면, 이 주부가 지난번에는 맥심 오리지널 커피를 사고 이번에는 맥심 디카페인 커피를 샀다면, 지난번에 산 맥심 오리지널 커피는 낮에 마시기 위하여 산 것이고, 이번에 산 맥심 디카페인 커피는 자기 전에 마시려고 산 것일 수 있다.

　이와 같이, 구입자는 같아도 사용자가 달라서 상표전환이 일어나는 것처럼 보이는 경우와 사용자는 같아도 사용상황이 달라서 상표전환이 일어나는 것처럼 보이는 경우에, 이것을 대체가능성이 높다고 해석하는 잘못을 범해서는 안된다. 이러한 잘못을 피하려면, 고객들을 대상으로 조사를 할 때, **사용자 및 사용상황을 명확히 하고 질문을 던져야** 한다.

원리 4-3

사용자 및 사용상황을 명확히 하고 경쟁자를 파악하라.

　상표전환 매트릭스는 어떤 브랜드와 어떤 브랜드가 대체관계에 있는지는 보여주지만, 두 브랜드가 왜 대체관계에 있는지는 설명해주지 못한다. 예를 들어, 〈표 4-4〉에서 아식스와 프로스펙스가 왜 높은 대체관계를 갖고 있는지를 이해하려면, [그림 4-4]와 같은 지각도를 보지 않으면 안된다. 또, 상표전환 매트릭스는 한정된 범위의 경쟁자밖에 파악할 수 없는 한계점을 갖고 있다. 왜냐하면, 고객들에게 지난번에는 무엇을 샀고 이번에는 무엇을 샀는지를 질문하기 전에 조사대상에 포함되는 상품들의 범위를 미리 결정해야 하기 때문이다.

• **수요의 교차탄력성**(cross-elasticity of demand)

　수요의 교차탄력성이란 경제학에서 비롯된 개념으로, 한 상품의 가격이 1% 변했을 때, 다른 상품의 판매량이 몇 % 변했는지를 나타낸다. 이를 수식으로 표현하면 다음과 같다.

수요의 교차탄력성
한 상품의 가격이 1% 변했을 때, 다른 상품의 판매량이 변화한 비율

$$수요의 \ 교차탄력성 = \frac{\dfrac{\Delta Q_X}{Q_X}}{\dfrac{\Delta P_Y}{P_Y}}$$

여기서 ΔQ_X = 상품 X의 판매량의 변화

Q_X = 상품 X의 판매량

ΔP_Y = 상품 Y의 가격의 변화

P_Y = 상품 Y의 가격

예를 들어, 리복의 가격이 1% 올랐을 때, 나이키의 판매량이 2% 늘어났다면, 나이키의 리복에 대한 교차탄력성은 2가 된다. 두 상품간의 교차탄력성이 높다면, 이것은 한 상품의 판매량이 다른 상품의 가격변화에 민감하게 반응한다는 뜻이므로, 두 상품 사이에 대체가능성이 높다. 즉 치열한 경쟁관계가 있다고 볼 수 있다.

수요의 교차탄력성은 매우 유용한 개념이지만 실제로 이것을 계산하는 것은 쉽지 않다. 왜냐하면, 이것을 쉽게 계산하려면 경쟁상품의 마케팅 믹스 중에서 가격만 변하고, 우리 상품의 마케팅 믹스는 물론 시장상황에 아무 변화가 없는 상태에서 우리 상품의 판매량이 얼마나 변하였는지를 볼 수 있어야 한다. 그러나 실제로 그러한 경우는 거의 발생하지 않는다. 왜냐하면, 두 상품이 치열하게 경쟁할 때, 한 상품의 가격이 변하면 이에 대응하여 다른 상품의 가격이나 다른 마케팅 믹스가 거의 동시에 변하는 경향이 있기 때문이다. 이 때문에, 교차 탄력성을 계산하는 데에는 상당히 복잡한 계량경제학적인 방법이 이용되지만, 그 결과가 언제나 만족스러운 것은 아니다.[4]

(3) 요 약

지금까지 살펴 본 경쟁자 파악 방법들을 정리하면 〈표 4-5〉와 같다. 이 표에서는 각 방법이 어떤 수준의 경쟁을 파악할 수 있는지와 각 방법을 사용하는데 주로 이용되는 데이터가 1차 자료인지 아니면 2차 자료인지가 나와있다. 여기서 **2차 자료**(secondary data)란 누군가 다른 사람들이 다른 목적으로 이미 수집해 놓은 데이터(예: 정부통계)를 의미하고, **1차 자료**(primary data)란 당면한 문제(여기서는 경쟁자를 파악하는 것)에 답하기 위하여 마케터가 설문조사를 실시하는 등 특별히 수집한 데이터를 가리킨다.

2차 자료
다른 문제를 해결하기 위하여 이미 수집된 자료

1차 자료
현재 직면한 문제를 해결하기 위하여 특별히 수집된 자료

---

4 그러나 상표전환 매트릭스와 교차탄력성 간에는 일정한 함수 관계가 있어서, 우리가 비교적 손쉽게 구할 수 있는 상표전환 매트릭스로부터 교차탄력성을 도출할 수 있다. Randolph E. Bucklin, Gary J. Russell, and V. Srinivasan, "A Relationship Between Market Share Elasticities and Brand Switching Probabilities," *Journal of Marketing Research* (February, 1998), pp. 99-113.

표 4-5

	경쟁의 수준				데이터의 원천	
	상품형태	상품범주	본원적 편익	예산	1차 자료	2차 자료
• 기업 중심적 방법						
상품/시장 매트릭스	∨	∨	∨		∨	∨
기술적 대체가능성	∨	∨	∨		∨	
표준산업분류	∨	∨				∨
• 고객 중심적 방법						
1. 고객지각에 기초한 방법						
지각도	∨	∨	∨		∨	
상품제거	∨	∨	∨		∨	
사용상황별 대체	∨	∨	∨	∨	∨	
2. 고객행동에 기초한 방법						
상표전환 매트릭스	∨	∨			∨	∨
수요의 교차탄력성	∨	∨	∨		∨	∨

〈표 4-5〉를 보면 상품형태나 상품범주 수준의 경쟁자를 파악하는 것이 목적이라면 어떤 방법을 사용하더라도 가능하다는 것을 알 수 있다. 그리고 기업 중심적인 방법이나 고객 행동에 기초한 방법보다는 고객 지각에 기초한 방법이 더 폭넓게 경쟁자들을 파악하게 해 준다는 것을 알 수 있다.

그러나 이것이 고객 지각에 기초한 방법이 항상 우월하다는 것을 뜻하는 것은 아니다. 고객 지각에 기초한 방법은 대개 1차 자료를 필요로 하기 때문에, 시간과 비용이 많이 드는 단점을 갖고 있다.

3. 경쟁자에 대한 정보수집: 2차 자료와 1차 자료를 폭 넓게 활용하라

기업중심적인 방법이든 고객중심적인 방법이든 현재 경쟁자 또는 잠재적 경쟁자들이 누구인지를 파악하였다면, 이들에 대한 상세한 정보를 수집하여야 한다. 앞에서도 설명하였듯이, 정보의 원천에는 2차 자료와 1차 자료가 있는데, 2차 자료는 1차 자료보다 저렴하고 신속하게 입수할 수 있기 때문에, 마케터는 **우선 2차 자료부터 탐색을 시작하는 것이 바람직하다.** 〈표 4-6〉과 〈표 4-7〉은 경쟁자에 대한 정보를 얻을 수 있는 2차 자료, 1차 자료의 원천들을 보여준다.

4. 경쟁자의 마케팅 목표 파악: 성장인가 수확인가?

경쟁자를 분석하는 목적은 경쟁자의 지금까지의 행동을 철저히 이해하여 **경쟁자의 미래 행동을 예측하고자 하는 데에 있다.** 경쟁자의 목표가 무엇인지를 파악하는 것은 경쟁자가 미래에 어느 정도로 공격적인 행동을 취할 것인지를 예측

표 4-6

대표적인 2차 자료의
원천

원 천	예	얻을 수 있는 정보의 예
회사내 자료	과거 마케팅 계획서 과거 마케팅 조사보고서	경쟁자의 강점 및 약점
경쟁자 발간 자료	주주총회 보고서	경쟁자의 전략, 원가구조, 공장 소재지, 주요 의사결정자의 이름
	광고 판촉자료	경쟁자의 마케팅 전략, 우리 상품 대비 강점 및 약점, 경쟁상품의 성능, 주요 담당자 이름 및 전화번호
	사내(외)보	경쟁자의 새로운 유통업자 또는 공급업자의 이름
언론 자료	신문 기사 데이터베이스 시사주간지 전문지(예: 전자신문)	경쟁자의 향후 마케팅 전략, 신상품 개발, 인사 이동 등
	구인 광고	경쟁자의 설비확장 계획, 급여 수준
정부 및 협회	특허출원 자료	경쟁자의 신상품 생산기술 또는 공정
전문 기관	협회발간 자료	경쟁자의 시장점유율, 가격
	광고 대행사	경쟁상품의 광고비

표 4-7

대표적인 1차 자료의
원천

원 천	예	얻을 수 있는 정보의 예
고객	유통업자와의 면담	경쟁자의 최근 판매동향, 가격, 신상품 출시계획
사원	판매사원의 활동 보고서	경쟁자의 상품, 가격, 포장 등의 변화
공급업자	포장재 생산업자	경쟁자의 신상품의 브랜드 이름, 생산량
은행 및 증권회사	투자분석가의 보고서	경쟁자의 향후 수익성 및 매출전망
전시회	모터쇼	경쟁자의 신상품의 특징, 개발 일정
경쟁자	공장 견학	경쟁자의 생산 설비 및 공정
	벤치마킹(benchmarking) 또는 역엔지니어링(reverse engineering)	경쟁상품의 원가, 강점 및 약점
	경쟁자의 직원 스카우트	경쟁자의 마케팅 계획[5]

하는 데에 아주 중요한 정보를 제공해 준다. 2장에서 설명한 것처럼, 어느 회사의 마케팅 목표는 성장목표와 수확목표의 두 가지로 크게 나눌 수 있다. 일반적으로 **성장목표를 갖고 있는 회사는 수확목표를 갖고 있는 회사에 비하여 훨씬 더**

---

5 자신이 근무하던 회사의 영업비밀을 누설하면 법적인 제재를 받을 수 있으므로, 이런 방법을 쓰기 전에 법률적인 자문을 받을 필요가 있음.

공격적인 행동을 취하는 경향이 있다.

경쟁자의 마케팅 목표가 무엇인지를 알아내는 것은 그다지 많은 노력을 필요로 하지 않는다. 성장목표를 갖고 있는 회사는 가격인하, 광고비 지출 증대, 또는 판촉활동의 증가 중에서 일부 또는 전부를 실행에 옮기는 경향이 있고, 수확목표를 갖고 있는 회사는 가격인상, 광고비 지출 삭감, 또는 판촉활동의 감소중에서 일부 또는 전부를 실행에 옮기는 경향이 있다. 그리고 경쟁자의 이러한동향은 쉽게 관찰된다. 심지어 경쟁사의 최고 경영자가 공개적으로 자기 회사의 목표를 밝히는 경우도 드물지 않다. 그러므로 여기서는 경쟁자의 목표를 파악하는 데 있어서 유용한 몇 가지 포인트들을 설명하는 데 그치기로 한다.

▶ 주요 경쟁자가 외국에 본사를 둔 회사라면, 본국의 정치·경제적 사정을 고려에 넣어야 한다. 예를 들어, 본국 정부가 자국 기업들을 보호하고 있다면, 이들 기업은 이익은 도외시한 채 확장 일변도의 성장 목표를 추구할 가능성이 높다.

▶ 경쟁자가 주식시장에 공개되지 않은 비상장 기업이라면 단기적인 이익보다는 장기적인 이익을 추구하기 위하여 성장목표를 택할 가능성이 높다.

▶ 경쟁자가 빚이 많은 재무구조를 갖고 있다면, 높은 이자부담 때문에 성장목표를 추구하기는 어렵다.

▶ 경쟁자의 판매사원들이 이익이 아니라 매출액 기준으로 성과급을 받는다면 그 회사는 성장목표를 추구하고 있을 가능성이 높다.

5. 경쟁자의 마케팅 전략 분석: 충돌코스를 피하라

경쟁자의 마케팅 목표를 파악함으로써 누가 공격적인 행동을 취할 가능성이 높은지를 알 수 있다고 하였다. 그러나 공격적인 성향을 가진 경쟁자라고 해서 모두 다 우리에게 위협이 되는 것은 아니다. **우리와 같은 전략을 쓰고 있는 경쟁자가 우리에게 가장 큰 위협이 되는 것이다.** 두 비행기가 동시에 같은 항로를 날고 있을 때, 이 두 비행기는 충돌하게 되는 것처럼, 두 회사가 같은 전략을 따라가고 있다면 이 두 회사는 시장에서 충돌하게 된다. 만약 어떤 시장에서 여러 회사가 모두 같은 전략을 쓰고 있다면, 충돌이 자주 일어나므로 이 시장은 우리가 보통 말하는 '경쟁이 치열한' 시장이다.

그러므로 경쟁자들의 전략을 파악하는 것은 누가 우리와 충돌할 가능성이 높은지 그리고 이 시장에서 경쟁이 얼마나 치열할 것인지를 알려준다. 예를 들어, PC 시장에서 삼성, LG, HP 등의 대형 업체들은 높은 서비스를 제공하는 대신 높은 가격을 받고 있는 반면, 소형 업체들은 낮은 서비스를 제공하는 대신 낮은 가격을 받고 있다. 그러므로 PC 시장에서는 대형 업체들끼리 그리고 소형 업체들끼리의 경쟁은 매우 치열하지만, 서로 다른 마케팅 전략을 구사하는 대형 업체와 소형 업체는 직접 경쟁하는 상대는 아니다. 이렇게 어떤 시장에서 비슷한 전략을 쓰는 기업들의 집단을 **전략군**(strategic group)이라고 부른다.

전략군
어떤 시장에서 비슷한 전략을 쓰는 기업들의 집단

다음과 같은 경험적인 법칙들을 알고 있으면, 앞으로 일어날 경쟁의 정도를 예측하는 데 유용하다.

▶ **가격경쟁보다는 차별화 경쟁이 벌어지는 시장에서 경쟁은 덜 치열하다.** 가격 경쟁이 벌어지는 시장에서는 모든 경쟁자들이 같은 전략을 쓰고 있으므로 충돌이 잦아지기 때문이다. 예를 들어, 신문 시장에서 구독자를 확보하기 위한 경쟁은 매우 치열하다. 그 가장 큰 이유는 신문의 내용은 차별화하기 어려우므로, 모든 신문사가 사은품이나 '3개월 무료' 등의 인센티브를 제공해서 구독자를 획득하는 전략을 쓰고 있기 때문이다.

▶ **차별화의 요소가 많아질수록 더 많은 수의 경쟁자들이 공존할 수 있고 경쟁은 덜 치열해진다.** 예를 들어, 차별화의 요소가 품질 한 가지밖에 없는 시장에서는 많은 경쟁자들이 품질 향상에 매달리므로 경쟁이 치열해질 수밖에 없다. 그러나 차별화의 요소가 품질과 서비스 이렇게 두 가지가 있는 시장에서는 어떤 경쟁자는 품질에, 다른 경쟁자는 서비스에 집중함으로써 상호간의 직접적인 경쟁을 줄일 수 있다.

원리 4-4

가격 경쟁보다는 차별화 경쟁이 벌어지는 시장에서, 그리고 차별화의 요소가 한정된 시장보다는 다양한 시장에서 더 많은 경쟁자들이 공존할 수 있으며, 경쟁의 정도가 약해진다.

경쟁자의 마케팅 전략을 파악하기 위해서는 경쟁자의 표적시장과 마케팅 믹스 요소들에 대한 정보를 수집하여야 한다. 경쟁자의 목표를 파악하는 것이 어렵지 않은 것처럼, 경쟁자들의 전략 역시 공개적인 원천으로부터 비교적 쉽게 파악할 수 있다. 예를 들어, 소비재의 경우 경쟁자의 광고만 분석해도 대부분의 정보를 얻을 수 있으며, 산업재의 경우 경쟁사의 브로슈어로부터 필요한 정보를 대부분 얻을 수 있다.

6. 경쟁자 대비 자사의 강약점 파악: 강점과 약점을 세밀하게 분석하라

지금까지 우리는 경쟁자의 현재 마케팅 목표와 전략을 분석하는 방법을 설명하였다. 경쟁자를 분석하는 목표는 경쟁자의 미래 마케팅 전략을 예측하는 데에 있다고 하였다. '경쟁자가 현재 무엇을 하고 있는지'와 '경쟁자가 앞으로 무엇을 할 것인지'를 연결해주는 고리는 경쟁자의 현재 건강상태라고 할 수 있다. 즉, 경쟁자의 강점과 약점을 우리와 비교하여 분석하여야 한다. 이때, 다음과 같은 사항에 유의하여야 한다.

(1) 경쟁상품은 물론 경쟁회사까지도 분석하라

경쟁자의 강점과 약점을 분석한다고 할 때의 '경쟁자'란 **경쟁상품은 물론 경쟁회사까지도 포함하는 것**이다. 예를 들어, 모기업의 재정상태를 알아야 경쟁상품의 마케팅에 어느 정도의 돈이 투자될지를 예측할 수 있다.

(2) 상세한 정보를 수집하라

강점과 약점을 파악할 때에는 **항목들을 매우 세분화하여야** 한다. 예를 들어, 소비재 회사들의 대부분은 자신들의 강점이 마케팅 능력이라고 하지만, 이것은 절반 정도만 맞는 말이다. 마케팅 능력 중에서도 브랜드, 상품, 가격, 촉진, 유통 중 어디에 강점이 있는지, 만약 촉진이라면 광고인지 판매촉진인지, 또 만약 판매촉진이라면 어떤 판촉수단을 사용하는 데 강점이 있는지까지 세분화하여 분석하여야 한다. 〈표 4-8〉에는 경쟁자의 강점과 약점을 분석하기 위하여 수집해야 할 정보의 종류가 나열되어 있다.

(3) 분석 결과를 요약하라

〈표 4-8〉과 같이 상세하게 정보를 수집하고나면, 마케터는 '정보의 홍수' 속에서 정말 중요한 정보가 무엇인지를 파악하지 못하고 허우적거릴 수 있다. 그러므로 수집된 정보 중에서 특히 중요한 내용들을 요약할 필요가 있다. 이를 위하여, 이 시장에서 성공하는 데 핵심적인 역할을 하는 **핵심 성공요인들을 파악**하고, 이를 중심으로 〈표 4-9〉와 같이 요약하는 것이 바람직하다. 예를 들어, 각 요인별로 10점 만점으로 경쟁자들과 우리의 능력에 점수를 매기고 이를 단순 또는 가중 평균할 수 있을 것이다.

(4) 능력뿐만이 아니라 의지도 분석하라

운동경기에 비유하자면, 경쟁자의 능력은 체력이나 기술에 해당되고, 의지는 정신력에 해당된다. 체력이나 기술에서 다소 부족하더라도 강한 정신력으로 극복하는 경우를 많이 보아왔다. 마찬가지로, 마케팅에서도 경쟁자의 의지를 과

표 4-8

1. 상품개발 능력
  (1) 기술 수준
    1) 특허의 수
    2) 기술 개발 단계
  (2) 인적 자원
    1) 핵심 인물
    2) 외부 인력의 활용 여부
  (3) 연구개발비
    1) 총액
    2) 매출액 대비 비율
    3) 최근 몇 년 동안의 패턴
    4) 원천
  (4) 기술 개발 전략
    1) 핵심 능력
    2) 선점 vs. 모방
  (5) 관리 과정
    1) TQM(Total Quality Management)
    2) 고객의 소리의 체계적 반영 정도

2. 생산 능력
  (1) 유형적 자원
    1) 총 규모
    2) 공장
      규모, 위치, 노후 정도
    3) 설비
      자동화, 유지보수, 유연성
    4) 공정
      독특성, 유연성
  (2) 인적 자원
    1) 핵심 인물
    2) 근로자
      기술수준, 노조결성 여부

3. 마케팅 능력
  (1) 판매조직
    1) 능력
    2) 크기
    3) 종류
    4) 위치
  (2) 유통경로
    1) 능력
    2) 종류
  (3) 서비스 및 판매정책
  (4) 광고
    1) 능력
    2) 종류
  (5) 인적 자원
    1) 핵심인물
    2) 이직률

  (6) 예산
    1) 총액
    2) 매출액 대비 비율
    3) 최근 몇 년 동안의 패턴
    4) 보상 시스템

4. 재무 능력
  (1) 장기
    1) 부채 비율
    2) 부채 비용
  (2) 단기
    1) 차입선
    2) 부채의 종류
    3) 부채 비용
  (3) 유동성
  (4) 현금 흐름
    1) 외상 매출금
    2) 재고 회전율
    3) 회계 처리 관행
  (5) 인적 자원
    1) 핵심 인물
    2) 이직률
  (6) 시스템
    1) 예산 수립
    2) 예측
    3) 통제

5. 관리 능력
  (1) 핵심 인물
    1) 목표와 우선 순위
    2) 가치관
    3) 보상 시스템
  (2) 의사 결정
    1) 결정권자
    2) 종류
    3) 신속성
  (3) 계획 수립
    1) 종류
    2) 강조점
    3) 기간
  (4) 인력 충원
    1) 이직률
    2) 경험
    3) 충원 정책
  (5) 조직
    1) 집중화의 정도
    2) 부서
    3) 스태프

---

6 Donald R. Lehmann and Russell S. Winer, *Product Management* (McGraw-Hill, 2005), p. 123 일부 수정.

핵심 성공요인	경쟁자 A	경쟁자 B	…	경쟁자 Z	우리 회사
1					
2					
3					
4					
⋮					
평균 점수					

■ 표 4-9

강약점 분석 결과의
요약

소평가해서는 안된다. 일반적으로, 문제의 상품이 경쟁자의 매출액과 이익에서 차지하는 비중이 높을수록, 경쟁자에게 중요한 상징적인 의미를 갖고 있을수록 (예: 치약은 LG의 출발점이 된 상품으로서 매우 중요시되고 있음), 그리고 경쟁자의 마케터들이 공격적인 성격을 갖고 있을수록 경쟁자의 의지도 강인해지는 경향이 있다.

7. 경쟁자의 미래 마케팅 전략 예측: 경쟁자의 입장에 서서 생각하라

경쟁자를 분석하는 목적은 경쟁자가 앞으로 어떤 마케팅 전략을 사용할 것인지를 예측하는 데에 있다. 경쟁자의 과거전략은 철저히 분석하면서도, 미래 전략 예측을 소홀히 하는 것은 매우 잘못된 습관이다.

경쟁자의 미래 행동을 예측한다는 것은 마치 퍼즐을 맞추는 것과 같아서, 우리가 갖고 있는 정보(경쟁자의 목표, 전략, 강점 및 약점)를 잘 끼워 맞춰야만 성공할 수 있다. 퍼즐을 맞추는 데에도 요령이 있듯이, 경쟁자의 미래 마케팅 전략을 예측하는 데에는 다음과 같은 방법들이 있다.

(1) 추세연장법

첫 번째 방법은 경쟁자가 지금까지 사용해온 전략을 앞으로도 계속 사용할 것이라고 예측하는 것이다. 이것을 **추세연장법**이라고 부른다. 예를 들어, 경쟁자가 고품질, 고가격 전략을 사용해 왔다면, 이러한 추세가 계속될 것이라고 예측하는 것이다. 이 방법은 단순하다는 장점을 갖고 있지만, 바로 이 단순함 때문에 예측이 잘못될 가능성이 높다는 단점을 안고 있다. 단지 겉으로 드러나는 전략만 보고 있을 뿐이지, 그러한 전략을 낳게 만든 원인들은 보지 않기 때문이다. 다시 말해서, 원인이 사라지면 전략도 바뀔 수 있다는 점을 무시하고 있다.

(2) 인과관계법

두 번째 방법은 추세연장법의 단점을 보완하기 위하여, 어떤 상황이나 어떤 원인이 있을 때 어떤 전략이 사용될 것인지를 예측하는 것이다. 이것을 인과관계법이라고 부른다. 예를 들어, 2008년 9월과 10월에 걸쳐서 롯데쇼핑, 롯데호텔, 롯데제과 등이 회사채를 발행해서 약 1조원의 자금을 마련하자, 롯데그룹이 이 자금으로 우량 회사를 인수합병할 것이라는 관측이 나왔고, 실제로 소주 '처음처럼'을 내놓고 있는 두산의 주류사업, 편의점 '바이더웨이', GS백화점·마트, 하이마트 등을 잇따라 인수하였다. 2021년 10월 이마트가 본사 건물을 매각하여 약 1조원이 넘는 자금을 확보하자, 앞으로 이커머스 역량을 강화하는데 투자할 것이라는 예측이 나온 것도 비슷한 사례이다.

(3) 롤 플레이

지금까지의 방법은 우리의 입장에서 경쟁자가 앞으로 택할 전략을 예측하는 것이었다면, **롤 플레이**(role play)(또는 **시뮬레이션**)는 우리가 경쟁자의 입장에 서서 '내가 만약 경쟁사 ×× 상품의 마케터라면 어떤 전략을 쓸 것인가?'라는 질문에 답해 보는 것이다. 이 방법은 그 동안 여러 다국적기업들에 의하여 사용되어 경쟁자의 미래전략을 예측하는 데 매우 큰 효과를 발휘하는 것으로 알려져 있으며, 인텔(Intel)과 같은 회사는 아예 회사 안에 경쟁자의 역할을 전담하는 팀을 두고 있다고 한다. '투우사가 되려면 먼저 소가 되어야 한다.'라는 스페인 속담이 생각나는 대목이다.

> **롤 플레이**
> 경쟁자의 입장에서 경쟁자가 어떤 전략을 쓸 것인지를 예측해보는 방법

8. 경쟁을 어떻게 볼 것인가: 경쟁자와 같이 사는 길을 택하라

지금까지 우리는 경쟁자를 분석하는 절차에 대하여 알아보았다. 이제는 한 걸음 뒤로 물러나서, 경쟁의 본질에 대하여 다시 한번 생각해보자.

(1) 경쟁자를 몰아내는 것이 항상 바람직한가?

마케터들은 경쟁자를 분석하고 경쟁자의 전략에 대한 대응방안을 마련하는 데 상당히 많은 시간을 쓰고 있다. 뿐만 아니라, 이러한 분석이 틀렸거나, 대응방안이 잘못되거나, 또는 운이 없는 경우에는 심각한 손실을 입게 되고 이에 대하여 책임을 지기도 한다. 이렇게 본다면 마케터에게 있어서 경쟁자란 한마디로 '골칫덩어리'라고 할 수 있다. 할 수만 있다면, 경쟁자를 몰아내고 싶은 충동을 느끼게 될 것이다. 하지만 **경쟁자를 몰아내는 것이 항상 좋은 결과만을 가져오는 것은 아니다.**

1970년대에 소프트 콘택트 렌즈 시장에서 바슈 앤 롬(Bausch and Lomb)은 공격적인 마케팅으로 경쟁자들을 벼랑 끝으로 모는 데 성공하였다. 그러나 위기에

몰린 경쟁자들은 소프트 콘택트 렌즈 사업을 존슨 앤 존슨(Johnson & Johnson)과 레블론(Revlon) 등과 같은 대기업들에게 넘기고 말았다. 결국 바슈 앤 롬은 지금까지의 경쟁자들보다 훨씬 더 큰 경쟁자들을 만나게 되었다. 혹을 떼려다 훨씬 더 큰 혹을 붙인 셈이었다.[7] 2013년 국내 스마트폰 3위 업체인 팬택이 자금난에 빠지자, 삼성전자가 530억원을 투자해서 팬택을 위기에서 구해준 이유 중의 하나도 높은 기술력을 갖춘 팬택이 중국 회사에 넘어가서 더 큰 위협이 되는 것을 방지하기 위함이었다.[8]

(2) 경쟁이 주는 이익

위의 예에서 알 수 있듯이, 경쟁자를 몰아내는 것이 항상 우리에게 이익이 되는 것만은 아니다. 뿐만 아니라, 경쟁자의 존재는 도리어 우리에게 다음과 같은 도움을 주기도 한다.

1) 시장규모의 확대

새로운 경쟁자가 들어옴으로써, 활발한 마케팅 활동이 벌어져서 시장의 규모가 확대되기도 한다. 예를 들어, 동원산업이 혼자 뛰고 있던 참치 캔 시장에 사조산업이 뛰어든 후, 참치 캔의 연간 수요는 6,000만 캔에서 1억 3,000만 캔으로 증가되었다. 반대로, CJ제일제당은 강력한 마케팅으로 컨디션의 경쟁자였던 아스파와 RGO 등을 시장에서 몰아냈지만, 그 후 시장 규모가 축소되는 문제에 직면하였다.

2) 기술적 표준으로서의 지위 확보

하이테크 시장에서 새로운 기술을 개발한 회사는 경쟁자를 많이 만듦으로써 자신의 기술을 업계의 표준으로 만들 수 있다. Sony와 JVC가 가정용 VTR기술을 놓고 벌인 대결이 이를 잘 보여준다. 베타 방식이라고 불리던 Sony의 기술과 VHS 방식이라고 불리던 JVC의 기술은 호환성이 없는 기술이어서 누가 VTR 시장의 표준이 될 것인지를 놓고 한 판 승부가 불가피하였다. 이 싸움의 승자는 VHS였는데, 그 비결은 VHS 방식이 기술적으로 뛰어나서가 아니라, JVC가 자신의 기술을 전 세계의 여러 회사들에게 라이센스해 줌으로써, 스스로 자신의 경쟁자들을 많이 만들어 놓았기 때문이었다(반면에 Sony는 도시바에게만 라이센스해 주었다). 즉, VHS 기술을 라이센스받은 회사들은 VHS 방식의 VTR을 시장에 쏟아 놓기 시작하였고, VHS VTR의 가격은 베타 방식의 VTR에 비하여 낮아지게

---

7 Philip Kotler and Gary Armstrong, *Principles of Marketing*, 16th ed. (Pearson, 2016), p. 573.
8 백강녕, "위기의 팬택, 삼성전자와 스마트폰 동맹," 조선일보, 2013년 5월 23일.

되었다. 그래서 VHS VTR의 시장점유율이 높아지자, 소프트웨어 메이커, 즉 영화 회사들이 VHS 방식의 테이프를 더욱 많이 내놓게 되었고, 이것은 다시 VHS VTR의 시장점유율을 더욱 높여주는 상승작용을 하게 되었다.

PC의 핵심 부품인 마이크로프로세서를 만드는 인텔도 8086칩 기술을 개발한 이후로 자신의 기술을 AMD를 비롯한 여러 회사에 라이센스해 주었다. 이렇게 의도적으로 만들어진 경쟁자들 덕분에, 인텔 계열의 칩은 가격이 낮아졌고, 이것은 마이크로프로세서를 대량으로 구매하여야 하는 PC 메이커들에게는 커다란 매력이 아닐 수 없었다. 인텔의 이같은 전략은 PC 시장에서 WINTEL (Windows+Intel)을 표준으로 만드는 데 원동력이 되었다. 구글은 안드로이드 운영체제를 삼성전자를 비롯한 여러 기업에 라이센스해 줌으로써 다수의 제조사와 앱 개발자들이 참여하는 '안드로이드 생태계'를 성공적으로 구축하고, 스마트폰 운영체제의 거의 90%를 차지하게 되었다. 이 같은 사례들은 IoT (Internet of Things)나 자율주행차 기술 표준을 선점하기 위해서 글로벌 기업들이 벌이는 경쟁을 바라보는데 유용한 관전 포인트를 제공한다.

3) 혁신 및 차별화의 기회 제공

강력한 경쟁자의 존재 또는 새로운 경쟁자의 등장은 기존 회사들로 하여금 **끊임없이 혁신을 하게 만들고, 차별화의 기회를 찾게 만든다.** 부광약품의 브렌닥스 안티프라그 치약이 나온 후 럭키화학(지금의 LG생활건강)의 시장점유율은 97%에서 52%로 감소하였지만, 매출액은 오히려 높아졌는데, 이것은 사람들이 갑자기 이를 자주 닦게 되어서가 아니라, 럭키가 경쟁에 대응하기 위하여 다양한 편익을 제공하는 신상품들을 내놓고 이와 동시에 가격을 인상할 수 있었기 때문이었다(브렌닥스 안티프라그 치약의 가격은 럭키 치약의 가격보다 훨씬 더 높았으므로 가격을 올릴 수 있는 여지가 충분하였다).

4) 협상력 강화

공동의 이익을 달성하기 위하여 공급자, 구매자, 또는 정부에게 압력을 가하고자 할 때, 경쟁자의 수가 많아지는 것이 큰 힘이 될 수 있다. 미국에서 수제 맥주(craft beer)를 만드는 소규모 양조장들은 각각은 힘이 약했지만, 협회를 만들어서 공동보조를 취함으로써 원료 공급자들에 대한 협상력을 높일 수 있었다.[9] 우리나라의 맥주회사들은 오랫동안의 노력 끝에 1999년에 마침내 맥주에 대한 주세율을 낮추는 데 성공하였는데, 오비와 하이트 두 회사만 있었을 때에는 번

---

9 Andre F. Maciel and Eileen Fischer, "Collaborative Market Driving: How Peer Firms Can Develop Markets Through Collective Action," *Journal of Marketing* (September, 2020), pp. 41-59.

번이 실패하였다가, 카스가 뛰어들어 세 회사가 경쟁을 하게 되자 성공하였다는 것이 이를 잘 보여준다(그 후 카스는 오비에 인수합병되었다).

원리 4-5

경쟁자와 공존할 수 있는 길을 택하라.

(3) win-lose 전략 vs. win-win 전략

'죽기 아니면 살기' 또는 '너의 손해는 나의 이익'이라고 생각하는 것을 win-lose 마인드라고 부른다. 이와는 반대로 '너도 살고 나도 살자' 또는 '너의 이익은 나에게도 이익'이라고 생각하는 것을 **win-win 마인드**라고 부른다.

win-lose 마인드가 지배하는 시장에서는 대개 치열한 가격경쟁이 벌어진다. 가격경쟁에서는 1원이라도 낮추는 쪽이 이기기 때문에, '죽기 아니면 살기'식의 마인드가 지배하는 것이다. 가격경쟁에서 승리하려면 경쟁자보다 두둑한 지갑을 갖고 있어야 한다. 그러나 가격경쟁에서 승리하기까지는 많은 손실을 감수하여야 하기 때문에, '상처뿐인 영광'을 얻게 될 가능성이 높다. 더구나, 어느 쪽도 두둑한 지갑을 갖고 있지 못하다면, 가격경쟁은 지리한 소모전의 양상을 띨 가능성이 높다.

반면에 win-win 마인드가 지배하는 시장에서는 가격경쟁은 되도록 피하자는 공감대가 경쟁자들간에 형성되어 있다. 그래서 가격경쟁은 잘 일어나지 않으며, 일어난다고 해도 단기간에 그치고 만다. 그러면 어떻게 이러한 공감대가 형성되는 것일까? 사장들끼리 가격경쟁을 하지 말자는 신사협정이라도 맺은 것일까? 만약 그랬다면 불법행위인 가격담합을 한 것이므로 머지 않아서 쇠고랑을 차게 될 것이다.

win-win 마인드가 형성되려면 대개 누군가가 먼저 나서서 '고양이 목에 방울을 달아야' 한다. 그리고 그 역할을 하는 것은 업계의 리더가 될 가능성이 높다. 다음의 예를 살펴보자.[10]

1990년대에 미국의 항공사인 TWA는 미국내 노선에 취항하는 항공기의 이코노미 클래스를 개선한 다음 이것을 컴포트 클래스(Comfort Class)라고 이름 붙이고 대대적인 광고를 하였다. 컴포트 클래스의 특징은 앞 좌석과 뒷 좌석간의 거리가 이코노미 클래스의 경우보다 더 길어져서 편안하게 여행할 수 있다는 것이었다. 이렇게 하기 위하여, TWA는 이코노미 클래스의 좌석을 5개에서 40

---

10 Adam M. Brandenburger and Barry J. Nalebuff, "The Right Game: Use Game Theory to Shape Strategy," *Harvard Business Review* (July–August, 1995), pp. 57–71.

개까지 줄여야 했다. 여기서 흥미로운 것은 같은 노선에 취항하는 경쟁 항공사들의 반응이었다. 이 경쟁자들은 처음 얼마동안은 침묵을 지키고 있다가, 하나 둘씩 TWA의 컴포트 클래스를 모방하여 이코노미 클래스의 좌석간 거리를 넓히기 시작하였다.

이제 TWA의 컴포트 클래스는 효력을 상실한 것일까? TWA가 컴포트 클래스를 통하여 노린 효과는 두 가지였다. 그 하나는 **win-lose의 효과**였다. 컴포트 클래스 덕분에 TWA는 시장점유율을 높이고 J.D. Power and Associates가 조사한 장거리 항공 여행 고객 만족도 부문에서 1위로 뛰어오를 수 있었다. 이것은 TWA에게는 win이었고 경쟁자들에게는 loss였다. 그러나 이것만이 전부는 아니었다. 다른 하나는 **win-win의 효과**였다. 그것은 항공산업에서 극심하게 벌어지고 있던 가격경쟁을 줄이는 것이었다. 컴포트 클래스가 어떻게 해서 가격경쟁을 줄이는 데 기여를 하게 되었을까? 어느 산업이든 공급이 수요를 초과하게 되면 가격경쟁이 벌어지게 된다. 항공산업 역시 예외는 아니어서 좌석 수가 승객 수를 만성적으로 초과하고 있었다. 그런데 제조업의 경우 안 팔리고 남은 물건은 재고로 비축하였다가 나중에 팔 수도 있지만, 항공산업의 경우는 안 팔리고 남은 좌석은 모두 기회손실이 된다. 그러므로 항공사들은 예약이 부진할 경우 좌석을 채우기 위하여 적극적으로 가격할인을 하지 않을 수 없었다.

이러한 악순환에서 근본적으로 벗어날 수 있는 방법은 만성적인 공급과잉을 해소하는 것 이외에는 없었고, TWA는 승객들의 편의를 위한다는 명분으로 '총대를 매고' 다른 항공사들보다 먼저 좌석 수를 줄이는 행동을 보여준 것이었다. 경쟁 항공사들이 TWA의 의도를 알아차리고 따라왔는지는 분명하지 않지만, 결과적으로 많은 노선에서 공급과잉이 해소되고 가격경쟁이 줄어듦으로써 항공 업계 전체적으로 수익성이 향상되는 성과를 거둘 수 있었다. 즉, TWA의 컴포트 클래스는 win-lose와 win-win의 두 가지 측면을 모두 갖고 있는 훌륭한 전략이었다.

많은 회사들이 실시하고 있는 **마일리지 프로그램도 win-win 전략의 예**라고 해석할 수 있다. 모든 경쟁자들이 마일리지 프로그램을 실시하면 대부분의 고객들이 어느 회사인가의 고정 고객이 되어 버리므로, 다른 회사 상품의 가격이 어지간히 낮아지지 않는 이상, 마일리지를 높이기 위하여 계속 같은 회사의 상품을 구매하게 된다. 그러므로 가격경쟁의 빈도가 줄어들게 되는 것이다.

우리 회사가 업계의 리더이고 현재 가격경쟁이 치열하게 벌어지고 있는 상황이라면, win-lose 전략만 고집할 것이 아니라, win-win 전략을 찾아내서 실천에 옮겨야 한다. 그런데 win-win 전략이 성공하려면 대부분의 경쟁자들이 우리를

Win–Lose 전략
경쟁자에게는 손해를 입히고 우리에게는 이득을 가져오는 전략

Win–Win 전략
업계 전반의 수익성을 높임으로써 우리는 물론 경쟁자들에게도 도움을 줄 수 있는 전략

따라와야 한다. 그러므로 win-win 전략은 경쟁자들의 수가 적고 경쟁자들간의 차별화의 정도가 약한 시장에서 성공할 가능성이 높다.[11]

'무한경쟁' 시대라는 말을 잘못 이해하고 소모적인 가격경쟁을 당연하게 받아들여서는 안된다. '너도 죽고 나도 죽는' 가격경쟁에서 벗어나서 '너도 살고 나도 사는' 차별화 경쟁으로 나아가는데 win-win전략이 도움이 될 수 있다.

2 적합성 분석: 몸에 맞는 옷을 입어라

지금까지 우리는 경쟁우위 분석을 살펴보았다. 이제부터는 적합성 분석을 알아보기로 하자. 적합성 분석이란 한마디로 '이 시장에 들어가는 것이 우리와 어울리는가?'라는 질문에 답하는 것이다('마케팅 프론티어 3-1: 테슬라의 첫 제품이 스포츠카인 이유는?'을 참조하시오). 경쟁우위 분석과는 달리, 적합성 분석은 대부분 "우리"에 대한 분석이고, 우리 스스로에 대한 정보는 이미 갖고 있는 경우가 대부분이기 때문에 경쟁우위 분석보다 훨씬 더 수월하다. 그러므로 중요한 부분에 대해서만 간략히 설명하기로 한다.

1. 기업문화 및 사명과의 적합성

기업문화란 기업의 구성원들이 공유하고 있는 가치관을 가리킨다. 예를 들어, 삼성은 전통적으로 '일등주의'로 표현되는 강력한 프라이드와 함께 인재 확보와 양성을 중요시하는 가치관을 갖고 있고, LG는 구성원들간의 인화와 단결을 중요시해 왔다.

기업문화는 기업활동의 여러 방면에 영향을 미치는데, 새로운 시장을 선택하는 경우도 예외가 아니다. 예를 들어, 경쟁자보다 앞서서 혁신적인 상품을 시장에 내놓는 것을 중요시하는 기업문화를 갖고 있는 회사에서는 이미 경쟁자가 진입한 시장에 뒤따라 들어가는 것에 대하여 강한 거부감을 갖고 있을 것이다. 그러므로 이 시장이 매우 매력적이고 우리 회사가 상당한 경쟁우위를 누릴 수 있더라도, 진입하지 않기로 결정할 가능성이 높다. 설령 진입하기로 하더라도 이 사업은 회사 안에서 '2류 사업'으로 간주되어 충분한 지원을 받지 못함으로써 저조한 성과를 보일 가능성도 높다.

기업문화
기업의 구성원들이 공유하고 있는 가치관

---

11 Sanjay Jain and Joydeep Srivastava, "An Experimental and Theoretical Analysis of Price-Matching Refund Policies," *Journal of Marketing Research* (August, 2000), pp. 351-362.

그러므로 **기업문화와 일치하지 않는 시장에 진입하려면 사전 설득 작업이 필요하다.** 구성원들에게 이 시장에 진입하지 않으면 안되는 이유를 이해시킴으로써, 관련된 부서들로부터 충분한 협조와 지원을 받을 수 있도록 하여야 한다.

기업사명은 진입할 시장을 선택하는 데 있어서 기업문화보다 더 강력한 영향을 미친다. 예를 들어, '식품과 음료를 통하여 인류의 삶의 질을 향상'시키는 사명을 갖고 있는 기업이라면 식품과 음료 이외의 시장은 아무리 매력적이고 경쟁우위가 있더라도 진입대상에 포함되기 어려울 것이다.

2. 기존시장 및 기존 마케팅 믹스와의 적합성

기업은 하나의 시장에서만 사업을 하는 것이 아니라 대개 여러 개의 시장에서 사업을 하기 때문에, 진입할 시장을 선택할 때에는 시장을 따로 따로 평가해서는 안되고, 기업이 이미 진출하고 있는 다른 시장들과의 관련성도 평가하여야 한다.

예를 들어, 산업용 접착제를 만드는 회사가 접착제 분사기 시장에 진출할 것인지의 여부를 검토하는 경우, 접착제 분사기 시장 그 자체의 매력도는 높지 않더라도, 접착제 분사기 매출이 이 회사의 접착제 매출을 크게 증대시킬 수 있다면, 진출할 충분한 이유가 된다고 할 수 있다.

반대로, 그 시장 자체만 놓고 보면 상당히 매력적이라도, 그 시장에 진입할 경우 이미 진출해 있는 다른 시장에서의 매출을 크게 잠식시킬 가능성이 높다면 진입을 하기에 앞서서 철저한 분석이 필요하다.

기존의 마케팅 믹스와의 적합성도 중요하게 고려되어야 한다. 예를 들어, 앞서 예를 든 접착제 회사의 경우 유통업자들이 접착제는 잘 취급해 주지만 접착제 분사기와 같은 장비는 잘 취급하려 하지 않는다면, 기존 유통경로와의 적합성은 높지 않다고 볼 수 있다.

3 경쟁우위 및 적합성 평가결과의 종합: 합의를 도출하라

여러 개의 후보 시장들을 놓고 각각의 시장에서 우리가 얻게 될 경쟁우위와 적합성을 평가한 결과들을 종합하는 방법은 3장 2절에서 살펴본 매력도 평가결과를 종합하는 방법과 기본적으로 비슷하다. 그러므로 여기서는 매력도 평가결

그림 4-5

경쟁우위 및 적합성
분석절차

요 인	세부 항목	요 인	세부 항목
마케팅	판매 조직 A/S 주문 처리 상품 구색 상품 디자인 품질 보증 유통업자의 수 점포의 입지 유통업자와의 관계 유통 비용 배달 광고 브랜드 또는 기업 이미지	생 산	생산 원가 품질 가동률 생산 설비의 입지 생산성 유연 생산 능력
		조 직	인적 자원의 질 부서간 협조 정보 시스템 의사 결정의 속도 축적된 경험과 노하우
기 술	과학적 연구 능력 생산기술 혁신 능력 상품성능 개선 능력	재 무	자금 동원 능력 자본 비용

표 4-10

일반적으로 많이 쓰이는
경쟁우위 평가기준

요 인	세부 항목
기업문화 및 사명	기업문화와의 적합성 기업사명과의 적합성
기존 시장	기존 고객들과의 적합성
기존 마케팅 믹스	기존 상품들과의 적합성 기존 가격대와의 적합성 기존 촉진요소들과의 적합성 기존 유통경로와의 적합성

표 4-11

일반적으로 많이 쓰이는
적합성 평가기준

과를 종합하는 방법과 다른 점들을 중심으로 간략히 설명한다.

1. 평가기준을 결정하라

매력도 평가기준과 마찬가지로, 경쟁우위 및 적합성 평가기준도 회사가 처한 상황에 맞게 개발되어야 한다. 〈표 4-10〉과 〈표 4-11〉에는 일반적으로 많이 쓰이는 경쟁우위 평가기준들과 적합성 평가기준들이 분류되어 있다. 물론 여기에 나열된 기준들을 모두 사용하여야 하는 것은 아니며, 주어진 상황에 맞는 것을 선택하거나 수정하여 사용할 수 있다. 필요하다면, 여기에 들어 있지 않은 기준을 추가할 수도 있다.

2. 각 평가기준에 가중치를 부여하라

위의 평가기준들은 모두 똑같이 중요한 것이 아니므로, 그 중요도에 따라서 가중치를 부여하여야 한다. 시장매력도 평가기준들의 가중치가 평가대상 시장들에게 모두 동일하게 적용된 것과는 달리(〈표 3-5〉 참조), 경쟁우위 평가기준들의 가중치는 평가대상 시장에 따라 다르게 부여될 수 있다. 한 시장에서는 핵심성공요인이 브랜드인 반면, 다른 시장에서는 핵심성공요인이 생산원가가 될 수 있기 때문이다.

이렇게 어떤 시장에서 이익과 손실, 성공과 실패를 판가름하는 요소를 **핵심 성공요인**(key success factor, KSF)이라고 부른다. 예를 들어, 맥주시장에서는 생산설비의 가동률, 강력한 도매상 네트워크, 그리고 효과적인 광고가 핵심 성공요인으로 꼽히고 있다. 의류시장에서는 디자인과 색상, 그리고 낮은 원가가 핵심 성공요인으로 꼽히고 있다. 어느 시장이든지 핵심 성공요인의 숫자는 3~4개를 넘지 않으며, 이 중에서도 1~2개가 특히 중요한 것이 보통이다. 그러므로 경쟁우위 요인들에 가중치를 부여할 때에는 모든 요인들에게 비슷한 가중치를 주는 것보다는, 핵심 성공요인들과 그렇지 않은 요인들 사이에 많은 차이를 두고 별로 중요하지 않은 요인들은 아예 평가기준에서 제거하는 것이 바람직하다. 〈표

핵심 성공요인
어떤 시장에서 이익과 손실, 성공과 실패를 판가름하는 요소

표 4-12

경쟁우위 평가기준별로 가중치와 평가점수를 부여한 예

요 인	세부 항목	시장 A		시장 B	
		가중치	평가점수	가중치	평가점수
마케팅	유통업자의 수	5	5	20	4
	광고	10	2	5	3
	브랜드 또는 기업 이미지	40	3	5	2
기술	상품성능 개선능력	15	4	0	3
생산	품질	20	3	5	2
	생산원가	5	5	50	5
조직	축적된 경험과 노하우	5	5	0	4
재무	자금동원능력	0	2	15	2
합 계		100	335	100	395

표 4-13

적합성 평가기준별로
가중치와 평가점수를
부여한 예

요인	세부 항목	가중치	시장 A	시장 B
기업문화 및 사명	기업문화와의 적합성	10	2	5
	기업사명과의 적합성	10	2	5
기존 시장	기존 고객들과의 적합성	20	4	2
기존 마케팅믹스	기존 상품들과의 적합성	20	5	2
	기존 가격대와의 적합성	10	4	3
	기존 촉진요소들과의 적합성	10	3	3
	기존 유통경로와의 적합성	20	5	5
합 계		100	390	340

4-12〉의 세 번째 열과 다섯 번째 열을 보면, 시장 A에서는 브랜드/기업 이미지가, 시장 B에서는 생산원가가 핵심 성공요인임을 알 수 있다.

적합성 평가기준들에 대해서도 가중치를 부여하여야 한다. 단지, 이 가중치들은 평가대상 시장마다 다르게 부여될 수도 있고, 동일하게 부여될 수도 있다. 〈표 4-13〉의 세 번째 열에서는 평가대상 시장에 관계 없이 동일하게 부여되어 있다.

3. 평가기준별로 각 시장에 평가점수를 부여하라

평가기준과 가중치가 결정된 다음에는, 우리 회사가 진입을 고려하고 있는 후보 시장 각각을 평가기준별로 평가하여야 한다. 경쟁우위를 평가할 때에는 각 시장별로 존재하는 주요 경쟁자들과 우리 회사를 비교해 가면서 우리가 상대적으로 얼마나 높은 경쟁우위를 갖고 있는지를 평가하여야 한다. 그리고 적합성을 평가할 때에는, 평가기준별로 해당 시장의 특성이 우리 회사의 현재 상황과 얼마나 어울리는지를 평가하여야 한다.

평가점수를 부여하는 데에도 여러 가지 방법이 있는데, 다음과 같은 5점척도 방법이 많이 쓰인다. 나머지는 시장매력도 평가의 경우와 비슷하므로 자세한 설명은 생략한다.

[경쟁우위 평가의 경우]

1	2	3	4	5
매우 뒤떨어짐		비슷함		매우 앞서 있음

〈표 4-12〉와 〈표 4-13〉에는 우리 회사가 진입을 고려하고 있는 후보시장 각 각에 대하여 평가기준별로 평가점수를 부여한 예가 나와 있다.

4. 각 시장이 받은 점수의 가중 총합을 계산하라

다음 작업은 주어진 점수를 집계하여 어느 시장이 높고 어느 시장이 낮은지 를 파악하는 것이다. 각 평가기준에 주어진 가중치와 각 시장에 주어진 평가점 수를 각각 곱한 다음 이를 합계하여 구한 가중 총합 점수가 높을수록 유리한 시장이다.

〈표 4-12〉에서 시장 A는 총 500점 만점에 335점을 받아서, 395점을 받은 시 장 B보다 경쟁우위가 낮은 것으로 나왔다. 또, 〈표 4-13〉에서는 시장 A가 총 500점 만점에 390점을 받아서 340점을 받은 시장 B보다 우리 회사와의 적합성 이 높은 것으로 나왔다. 3장에서 시장매력도 평가결과는 시장 A가 360점을 받 았고, 시장 B는 325점을 받았다. 이 세 가지 평가결과를 그림으로 나타내면 [그 림 4-6]과 같다. 시장매력도와 적합성 측면에서는 시장 A가, 경쟁우위 측면에

그림 4-6

시장매력도, 경쟁우위, 적합성 평가결과

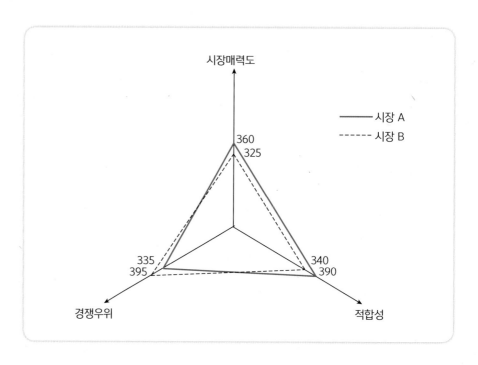

표 4-14

시장의 선택

	시장 A	시장 B	동일한 가중치			차등적 가중치		
			가중치	시장 A	시장 B	가중치	시장 A	시장 B
시장매력도	360	325	33.3%	120	108	25%	90	81
경쟁우위	335	395	33.3%	112	132	50%	168	198
적합성	390	340	33.3%	130	113	25%	98	85
합 계				362	353		356	364

서는 시장 B가 더 나은 평가를 받았는데, 이 경우 어떻게 결정을 내려야 할까?

시장매력도, 경쟁우위, 적합성을 모두 똑같이 중요하게 생각한다면, 세 가지 평가점수의 평균점수가 더 높은 시장이 우선할 것이다. 이 경우 시장 A는 평균 362점이고, 시장 B는 평균 353점이므로, 시장 A가 시장 B보다 높은 우선순위를 갖게 될 것이다(〈표 4-14〉 참조).

그러나 시장매력도, 경쟁우위, 적합성을 똑같이 중요하게 생각하지 않는다면, 이 세 가지 차원에 차등적인 가중치를 부여한 다음 가중 총합을 구할 수 있다. 예를 들어, 경쟁우위를. 다른 두 가지 차원보다 더 중요시해서, 여기에 50%, 그리고 시장매력도와 적합성에 각각 25%씩의 가중치를 둔다면, 시장 A는 356점, 시장 B는 364점을 얻어서 시장 B가 더 높은 우선순위를 갖게 될 것이다. 이 세 가지 차원에 부여되는 가중치는 회사의 경영방침에 따라 혹은 합의에 의하여 도출될 수 있다.

이 장의 요약

이 장에서는 진입할 시장을 선택하기 위하여 평가하여야 하는 세 가지 요인들—시장의 매력도, 경쟁우위, 적합성— 중에서 경쟁우위와 적합성을 평가하는 데 필요한 여러 가지 개념과 방법들을 살펴 보았다.

경쟁우위 분석은 경쟁자를 파악하고, 경쟁자의 목표와 전략을 파악한 다음, 우리와 경쟁자의 강점 및 약점을 파악하고 경쟁자의 미래 행동을 예측하는 순서로 이루어진다.

경쟁자를 파악할 때에는 상품형태나 상품범주에 얽매이기보다는 대체가능성에 초점을 맞추는 것이 중요하다. 대체가능성을 파악하는 방법에는 기업 중심적인 방법과 고객중심적인 방법의 두 가지 종류가 있다.

경쟁자가 수확목표를 갖고 있을 때보다는 성장목표를 갖고 있을 때 더 공격적인 행동을 보이게 되므로 경쟁자의 목표를 파악하는 것이 중요하다. 또 우리와 다른 전략을 구사하는 경쟁자보다는 우리와 같은 전략을 구사하는 경쟁자가 더 큰 위협이 된다. 경쟁자의 강점과 약점을 파악하려면 경쟁자가 갖고 있는 능력 전반에 걸쳐 상세하게 정보를 수집할 필요가 있다. 그리고 경쟁자의 미래 행동을 예측하는 가장 좋은 방법은 경쟁자의 입장에 서서 생각해 보는 것이다.

경쟁자는 반드시 타도해야 할 대상은 아니며, 경쟁자의 존재가 가져오는 긍정적인 효과들도 적지 않다. 또한 경쟁자를 몰아내거나 타격을 입히려는 win-lose 전략을 구사하면, 경쟁자는 강력히 반격해 올 가능성이 높기 때문에 결과적으로 모두에게 손해가 돌아갈 수 있다. 그러므로 경쟁자와 우리가 공존할 수 있는 win-win 전략을 구사하는 것이 바람직하다.

진입할 시장의 적합성 분석은 기업문화 및 사명과의 적합성, 그리고 기존 시장 및 마케팅 믹스와의 적합성을 평가하는 것이 주된 내용이다. 적합성 분석의 내용은 각 회사가 처한 상황에 따라 크게 달라지므로, 이 장에서는 주로 사례 위주로 설명하였다.

여러 후보 시장들을 대상으로 각 시장의 경쟁우위와 적합성을 평가하려면 많은 데이터와 정보가 필요하지만, 실제로는 그렇지 못한 경우가 많다. 그러므로 부실한 데이터를 갖고 정교한 평가방법을 사용하는 것보다는 가급적 단순한 방법을 사용하는 것이 바람직하다는 것을 강조하였다.

■ 더 읽어 볼 거리

1. 지각도 작성 방법에 대해서는 다음을 참고하시오.

이학식 (2021), *마케팅조사*, 제5판, 집현재, pp. 451-470.

2. win-win 전략에 대해서는 다음을 참고하시오.

Adam M. Brandenburger and Barry J. Nalebuff, "The Right Game: Use Game Theory to Shape Strategy," *Harvard Business Review* (July-August, 1995), pp. 57-71.

제 5 장

고객의 이해

이 장의 흐름

1. 소비자의 이해: 소비자의 행동은 물론 심리도 분석하라	→	2. 조직 구매자의 이해: 조직 구매자는 집단의사결정을 한다

1. 소비자의 이해
- 소비자의 이질성
- 소비자 심리의 중요성
- 소비자 구매의사 결정과정
- 소비자 구매의사 결정과정에 영향을 미치는 요인

2. 조직 구매자의 이해
- 조직 구매자와 소비자의 차이점
- 조직 구매자 구매의사 결정과정
- 조직 구매자 구매의사 결정과정에 영향을 미치는 요인

이 장의 목표

이 장을 읽은 다음에는 다음 질문에 답할 수 있어야 한다.

1. 소비자의 구매행동은 어떤 수준에서 분석해야 하는가?
2. 겉으로 보이지 않는 소비자의 심리를 분석하는 것이 왜 중요한가?
3. 소비자는 어떤 단계를 거쳐서 구매하게 되는가?
4. 어떠한 요인들이 소비자의 심리와 행동에 영향을 미치는가?
5. 조직 구매자는 소비자와 어떤 점이 다른가?

3장과 4장에서 우리는 여러 개의 시장들 중에서 진입할 시장을 결정하는 문제를 공부하였다. 많은 시장들 중에서 진입할 시장을 결정하는 단계에서는 각 시장에 대하여 자세한 데이터나 정보를 수집하기 어렵기 때문에, 고객에 대한 깊이 있는 이해를 하기 어렵다. 그러나 일단 **진입할 시장이 결정되면, 그 시장에 대하여 깊이 있는 이해가 필요**해지며, 특히 고객에 대한 이해는 무엇보다 중요하다.

이 장에서는 먼저 고객을 분석하는 데 필요한 여러 가지 개념, 이론, 모형을 배우게 된다. 그러기 위해서는 고객의 개념을 정확히 이해할 필요가 있다. 고객에는 크게 소비자와 조직 구매자의 두 가지 종류가 있다. 예를 들어, 자동차 타이어의 경우를 살펴보자. 자가용 차의 타이어를 교체하기 위하여 구입하는 사람들은 **소비자**(consumer)에 해당된다. 반대로 회사(예: 자동차 메이커, 카 센터)를 위하여, 또는 정부(예: 국방부) 같은 비영리 기관을 위하여 타이어를 구입하는 사람들을 **조직 구매자**(organizational buyer)라고 부른다.

고객을 이렇게 소비자와 조직 구매자로 분류하는 것이 중요한 이유는 이들이 상품을 구매하는 과정이 매우 다르기 때문이다. 따라서 같은 타이어를 판매하더라도 소비자를 상대로 마케팅하는 방법과 조직 구매자를 상대로 마케팅하는 방법은 달라야 한다. 소비자를 상대로 마케팅하는 것을 **B to C**(Business to Consumer) **마케팅**, 조직구매자를 상대로 마케팅하는 것을 **B to B**(Business to Business) **마케팅**이라고도 부르며, 이를 더 줄여서, 각각 B2C 마케팅, B2B 마케팅이라고 쓰기도 한다. 이 장에서 우리는 먼저 소비자의 구매행동을 살펴보고, 그 다음에 조직 구매자의 구매행동을 다루기로 한다.

B2C(Business to Consumer) 마케팅
소비자들을 상대로 하는 마케팅

B2B(Business to Business) 마케팅
조직 구매자들을 상대로 하는 마케팅

그림 5-1

고객의 개념

1 소비자의 이해: 소비자의 행동은 물론 심리도 분석하라

소비자의 구매의사 결정과정 및 여기에 영향을 미치는 요인들을 자세히 살펴보기 전에, 소비자들을 세분시장 수준에서 분석하는 것이 왜 바람직한지, 그리고 겉으로 드러나는 행동뿐만이 아니라 심리까지 분석하는 것이 왜 필요한지 알아보기로 하자.

1. 소비자의 이질성: 세분시장 수준에서 소비자를 분석하라

우리가 소비자를 이해한다고 할 때, 즉시 부딪히게 되는 문제는 소비자의 수가 너무 많고 각자가 원하는 것이 매우 다르다는 것이다. 그렇다고 해서 소비자 한사람 한사람이 무엇을 원하는지를 파악한다는 것도 비현실적이다. 예를 들어, 주방용 세제를 만드는 A회사가 주방용 세제를 쓰는 수백만명의 소비자들이 어떤 주방세제를 원하는지를 일일이 조사하는 것이 가능할까? 설령 그렇게 조사했다고 하더라도 개개인에 꼭 맞춘 제품을 만들어 주는 것이 가능할까? 한 사람 한사람을 이해하는 것이 어렵고 의미가 없다면 '평균적인 소비자'가 무엇을 원하는지를 파악해야 할까? 이 회사는 신제품을 개발하기 위하여 주방용 세제의 사용자들을 대상으로 설문조사를 실시하였다. 그 설문지에는 주방용 세제를 구입할 때, 세정력, 손 보호 효과, 가격을 각각 얼마만큼 중요하게 여기는지를 1점(전혀 중요하지 않음)에서 10점(매우 중요함)으로 응답하도록 하는 문항이 있었다. 수백명의 사용자들의 응답을 평균 낸 결과가 〈표 5-1〉의 마지막 열에 나와 있다. 이 평균값들을 보면, 응답자들이 가장 중요하게 생각하는 것은 가격이라는 결론에 도달하게 된다. 그러나 과연 그럴까? 사실은 응답자 중 50%(집단 1)는 세정력을 가장 중요시하는 사람들이었고, 나머지 50%(집단 2)는 손 보호 효과를 가장 중요시하는 사람들이었는데, 평균치만 보면 응답자들이 가격을 가장 중요시한다는 오판을 하게 된다.

이것이 단순히 착각으로 끝나지 않고, 이 회사가 실제로 가격을 낮추고(그리고 원가를 낮추기 위해서 세정력과 손 보호 효과도 함께 낮춰버린) 신제품 X를 내놓았다면 어떻게 되었을까?

요 인	집단 1 (50%)	집단 2 (50%)	평 균
세정력	10	2	6
손 보호 효과	2	10	6
가격	8	8	8

표 5-1

주방용 세제 구입시 고려하는 요인들의 중요도

이 시장에 경쟁자가 없었다면, A회사가 어떻게 하더라도 큰 문제가 없었을 것이다. 그러나 불행하게도 A회사에게는 B회사라는 경쟁자가 있었다. B회사는 설문조사 결과를 집단별로 해석하고, 세정력을 매우 강화시킨(그 대신 손 보호 효과는 약해지고 가격은 그다지 비싸지 않은) 신제품 Y와 손 보호 효과를 매우 강화시킨(그 대신 세정력은 약해지고 가격은 그다지 비싸지 않은) 신제품 Z를 동시에 내놓았다. 이렇게 되자, 집단 1은 자신들이 원하는 강력한 세정력을 갖춘 신제품 Y를 구입하고, 집단 2는 신제품 Z를 구입하였다. A회사의 신제품 X는 시장에서 발 붙일 데가 없었다. 결국, 같은 조사를 하고도 그 결과를 응답자 전체 수준에서 해석하느냐 아니면 집단별로 해석하느냐가 신제품의 성패를 가른 셈이다.

고객의 수가 많고 원하는 것이 다양한 경우, 이러한 **이질성**(heterogeneity)을 무시하고 A회사처럼 "소비자들은 가격을 가장 중요하게 여긴다."라고 '평균적인 소비자'에 초점을 맞춘다면 그릇된 결정을 하게 될 것이다. 우리는 2장에서 비슷한 특징을 갖는 고객들로 이루어진 집단을 세분시장이라고 부른다고 하였다. 올바른 고객 분석의 첫 걸음은 고객들을 여러 개의 **세분시장**으로 나눈 다음, 세분시장별로 특징을 파악하는 것이다. 시장세분화에 대한 대강의 내용은 2장에서 다루었고, 보다 자세한 내용은 6장에서 다루기로 한다.

원리 5-1

고객의 수가 많고 욕구가 이질적인 경우에는 세분시장별로 분석하라.

물론 고객의 수가 손가락으로 꼽을 수 있을 정도로 작거나, 수는 많지만 원하는 것이 다 비슷한 경우에는 위의 원리가 적용되지 않는다. 예를 들어, 현대자동차에만 자동차용 시트를 납품하는 기업이 앞의 경우에 해당될 것이고, 소금을 만드는 회사는 뒤의 경우에 해당될 것이다.

2. 소비자 심리의 중요성: 겉으로 드러나는 구매행동만으로는 불충분하다

이 장의 첫 머리에서 인용한 쉐스 교수의 말처럼, 사람의 행동을 연구하는 것처럼 어려운 일은 없을 것이다. 평생 동안 소비자 행동을 연구한 유명한 학자조차도 확실한 것이라곤 아무것도 없다고 실토할 정도이니 말이다. 여러분도 아마 가까운 친구, 직장 동료, 애인 또는 가족의 예상치 못한 행동을 보면서 비슷한 느낌을 받은 적이 있을 것이다. 그러나 미리부터 좌절할 필요는 없다. 일

그림 5-2

소비자 행동의 단순모형

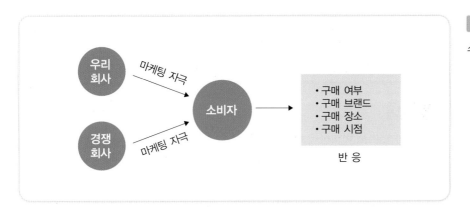

단 [그림 5-2]와 같이 쉬운 모형부터 시작해서 소비자의 행동을 이해하여 보자.

위의 모형이 보여주는 것은 시장에서 경쟁하는 기업들이 여러 가지 마케팅 자극(예: 신상품, 가격할인, 광고, 진열 등)을 소비자에게 가하면, 소비자는 이를 받아들이고 소화시켜서 어떤 반응을 보이게 된다는 것이다. 예를 들어, 우리 상품을 샀는지 아니면 경쟁자의 상품을 샀는지(또는 아무 것도 안 살 수도 있음), 누가 샀는지, 어디서 샀는지, 언제 샀는지 등이다. 그러므로 이러한 반응을 꽤 오랫동안 관찰할 수 있다면, 어떤 자극이 효과가 있었고 어떤 자극이 효과가 없었는지를 알 수 있을 것이다.

그러나 무엇을 샀는지, 어디서 샀는지, 언제 샀는지만 알면 그것으로 충분한 것일까? 예를 들어, 문제의 소비자가 우리 상품을 안 사고 경쟁자의 상품을 샀다면, 왜 우리 상품을 사지 않았는지가 궁금해질 것이다. 또는, 보다 근본적으로, 두 회사로부터 동일한 자극을 받은 소비자들이 왜 모두 같은 반응을 보이지 않고, 다른 반응을 보였는지가 궁금해질 것이다. 다른 예를 들자면, 이 소비자가 계속 우리 상품만을 구입했다면 이 소비자가 우리 상품에 대해서 높은 애호도(loyalty)를 갖고 있어서 그런 것인지, 아니면 다른 대안이 있다는 것을 몰라서 그런 것인지 궁금해질 것이다.

이러한 질문에 답하기 위해서는 **겉으로 드러나는 행동만 관찰해서는 충분하지 않으며, 겉으로 드러나지 않는 심리를 파고들어야 한다.** 기술의 발전으로 오늘날

표 5-2

고객 행동 분석에서
파악해야 할 것

Who are they? (구매자와 사용자의 일치 여부)
What do they buy? (구매한 상품 또는 브랜드)
Where do they buy it? (구매 장소)
When do they buy it? (구매 시점)
How do they buy? (구매의사결정과정 및 여기에 영향을 미치는 변수들)
Why do they select a particular product? (선호 이유)

많은 기업들은 소비자의 구매행동 데이터를 손쉽게 얻을 수 있게 되었지만, 이것만 분석해서는 소비자의 심리를 이해하기에 충분하지 않다. 설문조사나 인터뷰 같은 고전적인 조사 방법들도 동원될 필요가 있다.

> **원리 5-2**
>
> 소비자의 행동을 이해하고 예측하려면, 행동뿐만이 아니라 심리도 분석하라.

3. 소비자 구매의사 결정과정: 구매는 갑자기 일어나는 것이 아니다

소비자들이 의사결정을 하는 과정은 간단하지 않아서, 사람에 따라 달라지며, 같은 사람이라도 어떤 상품을 구입하느냐에 따라 달라지고, 같은 사람이 같은 상품을 구입한다고 해도 어떤 상황이냐에 따라 달라진다. 예를 들어, 급한 성격을 가진 홍길동이라는 사람과 꼼꼼한 성격을 가진 이몽룡이라는 사람이 승용차를 구입하는 과정은 같지 않을 것이다(**개인에 따른 차이**). 또 홍길동이라는 사람이 승용차를 구입하는 과정과 와인을 구입하는 과정 역시 같지 않을 것이다(**상품에 따른 차이**). 마지막으로 홍길동이라는 사람이 집에 가서 마실 와인을 구입하는 과정과, 직장 상사의 집들이에 선물로 들고 갈 와인을 구입하는 과정 또한 같지 않을 것이다(**상황에 따른 차이**).

이렇게 구매에 관한 의사결정을 내리는 과정은 개인, 상품, 상황에 따라 달라지는데, 대체로 어떤 구매에 대하여 관심을 갖는 정도가 높아질수록 의사결정을 신중하게 내리게 될 것임을 예상할 수 있다. 소비자가 어떤 대상에 대하여 관심을 갖는 정도나 중요하게 여기는 정도를 **관여도**(involvement)라고 부른다. 즉, 어떤 **구매에 대한 관여도가 높아질수록 구매의사 결정과정이 길어지며, 관여도가 낮아질수록 구매의사 결정과정이 짧아진다.**

관여도가 높아서 소비자가 상당한 시간과 노력을 들여서 신중하게 의사결정을 하는 경우를 **포괄적 문제해결**(extensive problem solving)이라고 부르고, 관여도가 낮아서 소비자가 비교적 적은 시간과 노력을 들여서 의사결정을 하는 경우는 **제한적 문제해결**(limited problem solving)이라고 부른다.

이보다 더 단순한 의사결정 유형에는 **일상적 문제해결**(routinized problem solving)과 **회상적 문제해결**(recalled problem solving)이 있다. 두 가지 모두 소비자가 다른 대안에 대한 정보탐색이나 평가를 하지 않고 바로 구매에 도달한다는 공통점을 갖고 있지만, 전자는 과거에 구매하였던 대안을 습관적으로 구매하는 것이고, 후자는 과거에 구매한 경험이 없지만 기억 속에 저장된 대안을 구매한

관여도
어떤 상품에 대하여 관심을 갖는 정도나 중요하게 여기는 정도

포괄적 문제해결
소비자가 상당한 시간과 노력을 들여서 신중하게 의사결정을 하는 것

제한적 문제해결
소비자가 비교적 적은 시간과 노력을 들여서 의사결정을 하는 것

일상적 또는 회상적 문제해결
소비자가 다른 대안에 대한 정보탐색이나 평가를 하지 않고 바로 의사결정을 하는 것

그림 5-3

관여도와 구매의사
결정과정

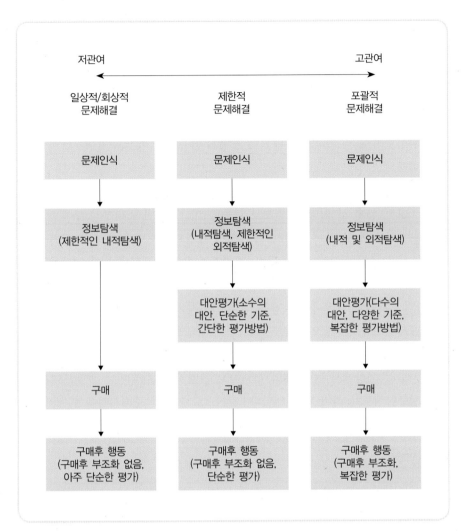

다는 점이 다르다. [그림 5-3]은 관여도에 따라 구매의사 결정과정을 다양한 모
형으로 나타낼 수 있음을 보여준다.[1]

여기서 '모형'이라는 단어가 사용된 것에 유의할 필요가 있다. 앞에서 설명하
였듯이, 실제로 소비자들이 구매의사결정을 내리는 과정은 변화무쌍하므로 이
를 이해하기 위해서는 어느 정도 단순화시킬 필요가 있다. 그래서 이를 [그림
5-3]과 같이 몇 가지 모형으로 나타낸 것이다. **모형은 현실을 단순화시킨 것이므
로, 이 모형이 나의 구매행동을 속속들이 반영할 것을 기대해서는 안 된다.** 예를
들어, [그림 5-3]의 모형들은 한 방향으로 질서있게 진행되는 것처럼 보이지만,

---

1 [그림 5-3] 이외에도 소비자 구매의사 결정과정 모형에는 여러가지가 존재한다. 또한 소비자
구매의사 결정과정 모형을 소비자 구매의사 결정여정 모형(consumer decision journey model)이
라고 부르기도 한다. 이에 대한 보다 자세한 소개는 이 장 끝의 '더 읽어볼 거리'를 참조하시오.

실제로는 소비자들은 루프(loop)를 돌기도 한다. 예를 들어, 대안평가 결과 뚜렷한 결론을 내리기가 어렵다면, 정보탐색 단계로 돌아가서 추가로 정보를 수집한 후 다시 대안평가를 하기도 한다.

이 절에서는 관여도가 높은 경우에 소비자가 밟게 되는 포괄적 문제해결 과정을 설명하기로 한다. 관여도가 높은 경우의 구매의사 결정과정을 축소시킨 것이 관여도가 낮은 경우의 구매의사 결정과정이므로, 이것은 자연스럽게 이해될 것이다.

구매의사 결정과정 모형은 앞 단계가 충족되지 않으면 뒷 단계가 일어나기 어렵다는 가정 위에 서 있다. 그러므로 구매를 일으키려면 소비자가 구매를 하는 시점에만 공을 들일 것이 아니라, 구매의사 결정과정의 모든 단계에 걸쳐서 꾸준하게 공을 들일 필요가 있다. 가령, 소비자가 우리 브랜드에 대한 정보를 가지고 있지 않다면, 대안평가도 할 수 없게 되므로, 구매도 불가능해진다. 예를 들어, 과거 GM이나 크라이슬러 같은 미국 자동차 회사들은 판매를 늘리기 위하여 구매시점에서 가격할인과 같은 다양한 인센티브를 제공하는 데 주력해왔다. 그러나 미국산 자동차의 낮은 품질에 실망한 많은 미국 소비자들은 미국 브랜드들을 고려 대상에서 아예 제외시켜 놓고 있었기 때문에 미국 브랜드에 대해서는 정보탐색조차 하지 않고 있었다. 그러므로 아무리 구매시점에서 매력적인 가격조건을 제시한다고 하더라도 판매를 늘리는 데에는 효과가 별로 없었다.

원리 5-3

구매시점에만 초점을 맞추는 것은 근시안적이다. 구매가 일어나기 훨씬 전부터 구매가 일어난 훨씬 후까지 분석의 범위를 넓혀라.

이제부터는 각 단계의 특징을 알아보고, 각 단계에서 마케터가 어떤 액션을 취해야 하는지를 알아보기로 한다.

동기
소비자로 하여금 행동을 취하도록 만들기에 충분할 정도로 강한 욕구

변기 속 세균이 베개 속에도 살고 있음을 보여줌으로써 문제 인식을 촉진하고 있는 페브리즈 광고의 한 장면

(1) 문제인식 단계

소비자가 자신의 현재상태가 바람직한 상태와 차이가 있다는 것을 느끼게 되면 그 차이를 메울 수 있는 수단을 찾으려는 욕구를 갖게 되는데, 이것을 문제의 인식이라고 부른다. 물론 욕구가 생겼다고 해서 반드시 행동으로 옮겨지는 것은 아니며, 이러한 욕구가 충분히 커져서 구매 **동기**(motive)가 생겨나야 행동으로 옮겨지는 것이

다. 욕구가 동기로 발전하려면 현재상태와 바람직한 상태 사이의 차이가 상당히 크거나, 이러한 욕구를 해결하는 것이 상당히 중요하다고 느껴야 한다.

소비자가 문제를 인식하게 되는 계기는 **내적 요인**에 의한 것(즉, 소비자 자신이 스스로 문제를 인식하는 것)과 **외적 요인**에 의한 것(즉, 소비자 자신은 문제를 인식하지 못하였는데, 광고나 주변사람 등과 같은 외적인 자극 때문에 문제를 인식하게 되는 것)이 있다. 예를 들어, 자동차의 경우, 타고 다니던 차가 자꾸 고장이 나서 문제를 인식하는 것은 내적 요인에 해당되고, 새로 나온 차의 광고를 보고 문제를 인식하는 것은 외적 요인에 해당된다.

문제인식 단계에서 기업이 취할 수 있는 액션은 다음과 같다.

▶ 현재 충족되고 있는 욕구의 경우에는 현재상태보다 더 바람직한 상태를 제시함으로써 새롭게 문제를 인식시킨다.
▶ 현재 충족되지 않은 욕구의 경우에는 이미 문제인식은 되고 있는 상태이므로, 이를 해결할 수 있는 신상품을 개발하는 데 노력을 집중한다.

(2) 정보탐색 단계

문제를 강하게 인식하여 구매동기가 형성된 소비자는 문제를 해결해 줄 수 있는 대안들에 대한 정보를 찾게 된다. 필요한 정보가 소비자의 기억 속에 이미 저장되어 있는 경우에는 **내적 탐색**만으로 충분하지만, 그렇지 않은 경우에는 **외적 탐색**을 하게 된다(기억에 대한 보다 자세한 설명은 [그림 5-4] '소비자 정보처리 과정' 참조).

내적 탐색
구매 대안들에 대한 정보를 기억 속에서 찾는 것

외적 탐색 과정에서 소비자는 대개 여러 가지 원천으로부터 필요한 정보를 얻게 되는데, 이러한 정보 원천들은 크게 기업제공 원천(예: 광고, 판매사원 등), 소비자 원천(예: 가족, 친구 등), 중립적 원천(예: 정부기관, 언론 등)의 세 가지로 분류된다. 소비자들은 기업제공 원천보다는 소비자 원천이나 중립적 원천을 더 신뢰하는 경향이 있다.

외적 탐색
구매 대안들에 대한 정보를 외부에서 찾는 것

대안에 대한 정보를 탐색하는 과정은 적지 않은 시간과 노력을 필요로 하기 때문에, 소비자는 시장에 나와 있는 모든 대안들에 대하여 정보를 탐색하는 것이 아니라, 그 중 소수의 대안들만을 고려 대상에 넣고 정보를 수집하게 된다. 이렇게 소비자의 고려 대상에 포함된 상품이나 브랜드들을 **고려상표군**(consideration set)이라고 부른다.

고려상표군
소비자의 구매 고려 대상으로 포함된 상품이나 브랜드들

예를 들어, 대학생이 채용 면접시험에 가기 위하여 신사복을 구입하는 경우를 생각해보자. 우리나라의 신사복 브랜드는 수십개에 달하는 것으로 알려져 있지만, 이 학생이 알고 있는 브랜드는 불과 10여 개에 불과하다. 또 10여 개의

SONY
──── 헤드폰에 도전하다 ────
**WF-1000XM4
체험단 모집**
10월 17일 모집 마감

신제품을 이미 사용해 본 사람들의 의견은 그 제품의 구매를 고려하는 사람들에게 강력한 영향을 미친다. 많은 기업들이 신제품 체험단을 모집하는 이유 중의 하나는 그 제품에 유리한 구전을 전파시키기 위함이다.

브랜드 중에서도 어떤 브랜드는 나이에 맞지 않기 때문에, 또는 너무 비싼 가격 때문에 고려 대상에서 제외시키고 3~4개 정도의 브랜드에 대해서만 매장에 들어가서 옷들을 살펴보거나 입어보게 된다.

소비자들이 고려상표군에 포함시키는 대안의 수는 상품의 종류에 따라 다르지만 대개 3~4개 정도에 불과한 것으로 알려져 있다. 어떤 브랜드가 고려대상에서 제외되는 이유는, 위의 예에서와 마찬가지로, 그 브랜드의 존재를 모르거나, 아니면 무슨 이유에서건 부적당한 것으로 판단되기 때문이다. **고려상표군에서 제외된 대안들이 구매될 가능성은 거의 없으므로**, 만약 우리 상품이 많은 소비자들의 고려상표군에서 제외되어 있다면 이는 매우 큰 문제라고 할 수 있다. 그러므로 우리 상품의 판매가 부진하다면 그 원인을 구매시점에서만 찾지 말고, 고려상표군을 조사해 볼 필요가 있다.

정보탐색 단계에서 기업이 취할 수 있는 액션은 다음과 같다.

▶ 소비자들이 우리 상품에 대한 정보를 쉽게 얻을 수 있도록 한다(예: 24시간 상담원과 연결되는 수신자 부담 전화 또는 홈페이지 개설).

▶ 소비자들이 신뢰하는 정보원천에 우리 상품에 유리한 정보가 많이 흘러가도록 한다(예: 인플루언서의 추천 획득).

▶ 가능한 한 많은 소비자들의 고려상표군에 우리 상품이 포함될 수 있도록 한다(예: 인지도 향상).

(3) 대안평가 단계

소비자는 정보탐색 단계에서 수집한 정보를 토대로 대안들을 비교하고 평가한다. 그리고 그 중에서 자신에게 가장 큰 효용을 줄 것으로 생각되는 대안에 대하여 가장 호의적인 **태도(attitude)**를 형성하며, 가장 높은 **선호(preference)**를 갖게 된다(마케팅에서 태도와 선호는 거의 같은 의미로 쓰인다). 소비자는 대안평가의 결과 가장 선호하는 대안을 다음 단계인 구매단계에서 구매하게 될 가능성이 높기 때문에, 대안평가 단계는 구매의사 결정과정에서 매우 중요한 위치를 차지한다. 태도가 어떻게 형성되는지를 이해하기 위하여 소비자 정보처리과정을 살펴보자.

---

2 이학식, 임지훈, 박종철, *마케팅*, 제5판(집현재, 2019), p. 176 일부 수정.

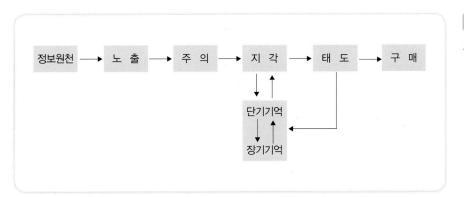

그림 5-4

소비자 정보처리과정[2]

1) 소비자 정보처리과정

앞에서 설명한 것처럼, 소비자는 많은 마케팅 자극에 노출된다. 소비자가 마케팅 자극에 노출되어 주의를 기울이고 그 내용을 지각하여 어떤 상품에 대한 태도를 형성하기까지의 과정을 **소비자 정보처리과정**(consumer information processing)이라고 부른다. 이렇게 형성된 태도는 구매의사 결정에 즉시 이용되기도 하고, 아니면 기억 속에 일단 저장되었다가 나중에 의사결정에 이용되기도 한다.

여기서는 소비자 정보처리과정의 각 단계를 간략히 알아보기로 한다.

• 노출(exposure)

노출에는 소비자가 정보를 찾기 위하여 스스로 정보에 노출되는 의도적 노출과 우연히 노출되는 우연적 노출의 두 가지 경우가 있다.

• 주의(attention)

소비자는 노출된 모든 정보에 주의를 기울이는 것이 아니다. 이미 관심을 갖고 있었던 정보나, 비록 관심은 없었지만 소비자의 이목을 집중시키는 정보에 대해서 주의를 기울인다. 그러므로 의도적 노출의 경우에는 주의를 기울이지만, 우연적 노출의 경우에는 관여도가 높은 상품에 대한 정보이거나, 이목을 끄는 정보인 경우에만 주의를 기울인다. 주의를 기울이지 않은 정보는 더 이상 처리되지 않으므로, 광고나 패키지를 만들 때 가능한 한 소비자의 이목을 많이 끌수 있도록 디자인하는 것이 중요하다.

• 지각(perception)

지각은 **이해**(comprehension)라고도 불리는데, 여러 가지 자극들을 조직화하고 전체적으로 의미를 부여하는 과정을 의미한다. 예를 들어, 매일유업이 우유 신제품의 TV 광고를 할 경우, 소비자는 광고의 메시지뿐만이 아니라, 광고에 등

지각
소비자가 여러 가지 자극들을 조직화하고 전체적으로 의미를 부여하는 과정

같은 광고를 보더라도
소비자가 갖고 있는
사전지식에 따라 반응
이 달라진다.

장하는 제품의 이미지, 광고 모델, 배경 화면, 음악 등을 통합하고 조직화하여 받아들인다. 따라서 똑같은 광고를 보더라도, 광고에 나오는 상품의 디자인, 광고 모델, 배경 화면, 음악 등에 대한 개인적인 호·불호에 따라 어떤 사람은 그 광고에 호감을 갖고 다른 사람은 그렇지 않을 수 있다. 게다가 소비자는 이렇게 받아들인 자극을 해석하고 의미를 부여하게 되는데, 이 과정에서 기억 속에 저장되어 있던 **사전 지식(prior knowledge)**이 영향을 미친다. 예를 들어, 소비자 A는 매일유업이 희귀질환으로 일반 분유를 먹지 못하는 아기들을 위해서 손해를 무릅쓰고 특수 분유를 생산하는 좋은 일을 하는 기업이라는 것을 알고 있었고, 소비자 B는 이런 사실을 모르고 있었다고 가정하자. 이럴 경우 동일한 광고를 봤지만, 이 두 사람이 이 광고에 대해서 보이는 반응은 달라진다. 소비자 A는 소비자 B보다 더 긍정적으로 반응할 것이다. 이처럼 **동일한 자극을 주더라도 그 결과 형성되는 지각은 개개인에 따라 달라질 수 있다**는 점을 마케터는 인식하고 있어야 한다.

• 기억(memory)

기억은 정보의 처리와 저장이 이루어지는 가설적인 장소를 의미한다. 이 중에서 정보를 처리하는 영역을 단기기억, 정보를 저장하는 부분을 장기기억이라고 부른다. 즉 앞에서 설명한 지각을 형성하는 과정이 일어나는 곳이 단기기억이고, 지각을 형성하는 과정에서 중요한 역할을 하는 사전 지식이 저장되어 있던 곳이 장기기억이다. 단기기억의 용량은 작은 반면 장기기억의 용량은 크기 때문에, 단기기억에서 처리된 정보 중에 소비자에게 의미가 있는 정보만 장기기억으로 옮겨져 저장되고, 그렇지 않은 정보는 곧 잊혀진다.

• 태도(attitude)

태도

어떤 대상에 대하여 호의적 또는 비호의적으로 평가하고, 느끼고, 행동하려는 지속적인 경향

태도란 어떤 대상(마케팅에서는 주로 상품이나 브랜드)에 대하여 호의적 또는 비호의적으로 평가하고, 느끼고, 행동하려는 지속적인 경향을 의미한다. 태도는 지각을 토대로 형성되는데, 다음에 설명할 다속성 태도모형은 지각이 태도를 어떻게 형성하는지를 모형으로 나타낸 것이다.

2) 다속성 태도모형

마케터는 대안평가 단계에 매우 큰 관심을 가져야 한다. 태도는 어떤 대상을 얼마나 좋아하느냐 하는 지속적인 경향이므로, 소비자가 어떤 대안에 대해서 가장 호의적인 태도를 형성하였는지를 안다면, 마케터는 이 소비자가 어떤 대

안을 선택할지를 비교적 정확하게 예측할 수 있다. 이렇게 태도를 측정하여 소비자가 어떤 대안을 구매할지를 예측하는 데에는 **다속성 태도모형**(multiattribute attitude model)이 매우 유용하다.[3]

어떤 대안에 대한 태도가 호의적일수록 그 대안을 선택할 가능성이 높아진다.

다속성 태도모형은 어떤 상품이든지 몇 개의 기본적인 속성(attribute)으로 나누어 볼 수 있다는 가정에서 출발한다. 예를 들어, 치약의 경우, 충치 예방, 치아 미백, 입냄새 억제, 잇몸 질환 예방, 그리고 가격 등과 같이 여러 개의 속성으로 나누어 볼 수 있다. 그러므로 어떤 상품에 대한 태도는 기본적으로 그 상품이 갖고 있는 여러 가지 속성 수준에 대한 지각으로 이루어져 있다고 가정할 수 있다. 이를 이해하기 위하여, 다음 예를 살펴보자.

대학 졸업 후 희망하던 회사에 입사한 홍길동씨는 입사기념으로 스마트폰을 바꾸기로 하였다. 홍씨는 네 가지의 스마트폰을 고려 대상에 올려놓고 정보탐색을 하여 수집된 정보를 종합한 결과, 각 폰의 속성별로 지각을 형성하게 되었다. 홍길동씨의 속성 지각(attribute perception)을 설문지를 이용하여 10점 만점으로 측정한 결과는 〈표 5-3〉과 같다.

앞에서 정보처리과정을 설명할 때에 언급한 것처럼, 태도는 지각을 토대로 형성된다고 하였다. 그렇다면 위와 같은 경우 각 폰에 대한 태도는 어떻게 형성된다고 볼 수 있을까? 한 가지 방법은 위의 속성 지각을 단순 합계하는 것이다. 즉, 태도는 속성 지각의 단순 합이라고 보는 것이다. 그러나 이 방법의 단점은 속성들에 대한 중요도를 무시한다는 점이다. 즉, 홍길동씨가 위의 다섯 가

스마트폰	화면 크기	카메라 성능	디자인	무게	가격
A	9	5	6	7	4
B	7	9	10	6	1
C	8	7	9	9	2
D	6	3	4	4	10

표 5-3

홍길동씨의 속성 지각

* 1=형편없음, 10=뛰어남. 가격의 경우 1=매우 비쌈, 10=매우 저렴함.

---

3 다속성 태도모형은 미국의 심리학자인 마틴 피시바인(Martin Fishbein)이 개발한 모형에서 비롯되었기 때문에, '피시바인 모델'이라고도 불린다. 그러나 엄격한 의미에서, 마케팅에서 쓰이는 다속성 태도모형은 원래의 피시바인 모델과는 다소 차이가 있다. 보다 자세한 것은 이 장 끝의 [더 읽어 볼 거리]를 참조하시오.

지 속성들 중에서 특히 중요시하는 것이 있고 별로 중요시하지 않는 것이 있다면, 이것을 감안함으로써 보다 정확한 예측을 할 수 있을 것이다. 그래서 홍길동씨가 이들 속성에 부여하는 상대적 중요도를 설문지를 이용하여 〈표 5-4〉와 같이 측정하였다.

중요도의 합계가 100%가 되도록 중요도를 질문한 결과, 홍길동씨는 카메라 성능에 40%의 중요도를, 화면 크기와 디자인에는 각각 20%의 중요도를 부여하였다. 이제 속성 중요도와 지각을 모두 알고 있을 때, 각 대안에 대한 태도는 속성 지각을 속성 중요도로 가중합산함으로써 구할 수 있다.

A에 대한 태도 = (0.2)(9) + (0.4)(5) + (0.2)(6) + (0.1)(7) + (0.1)(4) = 6.1

A에 대한 태도는 6.1이 될 것으로 계산되었다. 이것이 얼마나 호의적인 태도를 나타내는지는 다른 대안들에 대한 태도와 비교를 해 봐야만 알 수 있다. 나머지 대안들에 대한 태도 점수는 〈표 5-4〉의 마지막 열에 나와 있다. B에 대한 태도가 7.7로서 가장 호의적임을 알 수 있다. 즉, 홍길동씨는 B에 대하여 가장 호의적인 태도를 갖고 있으며, B를 가장 선호한다. 그러므로 홍길동씨는 B를 구입할 것으로 예측된다.

위의 계산과정을 공식으로 표시하면 다음과 같다.

$$A_{ij} = \sum_{k=1}^{m} w_{ik} b_{ijk}$$

여기서

A_{ij} = 소비자 i가 브랜드 j에 대하여 갖고 있는 태도

w_{ik} = 소비자 i가 속성 $k(k = 1, 2, ..., m)$에 대하여 부여한 중요도

b_{ijk} = 소비자 i가 브랜드 j의 속성 k에 대하여 갖고 있는 지각

다속성 태도모형을 이용하려면 그 상품을 구성하는 중요한 속성들이 무엇인지를 파악한 다음, 소비자들을 대상으로 설문조사를 실시하여 속성 지각과 중

표 5-4

홍길동씨의 속성
지각과 중요도

스마트폰	화면 크기 (20%)	카메라 성능 (40%)	디자인 (20%)	무게 (10%)	가격 (10%)	태도
A	9	5	6	7	4	6.1
B	7	9	10	6	1	7.7
C	8	7	9	9	2	7.3
D	6	3	4	4	10	4.6

요도를 측정하여야 한다. 그 상품을 구성하는 중요한 속성들이 무엇인지는 소비자들을 대상으로 표적집단면접(focus group interview; 13장 참조)을 실시하거나 마케터가 자신의 경험을 기초로 파악할 수 있다.

• 다속성 태도모형의 유용성

다속성 태도모형이 유용한 이유는 크게 두 가지이다. 첫째, **소비자들이 무엇을 구입할지를 비교적 정확하게 예측할 수 있게 해 준다.** 다속성 태도 모형에는 여러 가지 형태가 있으며, 위에서 나온 다속성 태도모형은 그 중에서도 매우 단순한 것이다. 그러나 정교한 다속성 태도모형을 사용하면 약 70~80%의 예측 정확성(즉, 100명의 소비자 중 70~80명이 무엇을 구입할지를 정확하게 예측)을 얻을 수 있는 것으로 알려져 있다.

둘째, 마케터에게 유용한 정보를 풍부하게 제공해준다. 사실 무엇을 구입할지를 예측하는 것이 유일한 목적이라면, 굳이 다속성 태도모형을 이용할 필요 없이, 홍길동씨에게 무엇을 구입할 것인지를 직접 물어봐도 충분할 것이다. 그러나 다속성 태도모형을 이용하면, 홍길동씨가 왜 B를 구입하려고 하는지, 또는 왜 C는 구입하지 않으려 하는지를 파악할 수 있다. 이를 기초로, C는 다음과 같이 여러 가지 대응방안을 마련할 수 있을 것이다.

▶ 제품 자체를 개선하기

C는 B에 비하여 카메라 성능에서 낮은 속성 지각을 얻고 있다. 만약 C가 B보다 실제로 카메라 성능이 떨어진다면, 우선 카메라 성능을 개선하고, 이를 소비자들에게 알려야 한다.

▶ 속성 지각을 개선하기

C가 B보다 실제로 카메라 성능은 부족하지 않은데, 소비자가 C의 카메라 성능이 떨어지는 것으로 주관적으로 느끼고 있다면, 속성 지각을 개선하여야 한다. 이를 위하여, 비교광고와 같은 수단을 사용할 수 있다.

▶ 경쟁자의 속성 지각을 떨어뜨리기

C는 B의 약점을 공격할 수도 있다. 가령, B의 디자인이 보기는 좋지만 사용하기 불편하다면, 역시 비교 광고와 같은 수단을 사용하여 B의 속성 지각을 떨어뜨릴 수 있다.

▶ 속성 중요도를 유리하게 바꾸기

소비자가 B를 선호하는 결정적 이유는 카메라 성능을 소비자가 매우 중요하게 여긴다는 데에 있다. 소비자가 C의 강점인 무게를 지금보다 더 중요하게 여기도록 만든다면, C는 게임의 룰을 자신에게 유리하게 바꿀 수 있을 것이다. 에이

출시 후 1년여 만에 전 세계 시장에서 600만 대가 팔린 삼성전자의 "보르도" TV도 다속성 모형을 적용하여 개발되었다. 많은 구매자들이 구매시점에서는 화질이나 음질보다 디자인을 중시한다는 사실에 주목하여 음질을 희생하고 디자인을 살린 것이다. 흔히 V자로 곡선처리된 TV 하단부와 와인잔 모양의 받침대에 주목하지만, 스크린 양옆에 달려있던 스피커를 스크린 밑의 좁은 공간에 숨기기 위하여 소형 스피커를 사용했다는 점에도 주목해야 한다. 이 과정에서 원가절감은 덤으로 얻어졌다. 그러나 많은 소비자들에게 음질은 중요하지 않았기 때문에 이 TV는 절찬리에 판매되었다. 이처럼 고객에게 더 높은 가치를 제공하는 동시에 회사에는 원가 절감을 가져다 준 "보르도" TV는 블루오션(Blue Ocean) 전략을 수행하기 위한 핵심 방법인 가치 혁신(Value Innovation)의 대표적인 사례로 꼽히기도 한다.

스 침대의 유명한 '침대는 가구가 아닙니다.' 캠페인은 바로 이러한 아이디어에서 나온 것이었다(마케팅 프론티어 2-2 참조). 이 방안의 변형된 형태로서, 지금까지 거의 무시되어온 속성에서 C가 B보다 우위에 있다면, 그 속성을 들고 나와서 소비자가 그 속성에 좀 더 높은 중요도를 두도록 하는 방법도 가능하다. 예를 들어, C가 B보다 내구성이 우수하다면, 스마트폰을 구입할 때 내구성을 고려하도록 소비자를 교육시키는 방법을 검토할 수 있다.

• 다속성 태도모형의 한계점

다속성 태도모형은 비교적 정확한 예측능력과 함께 유용한 정보를 풍부하게 제공해주기 때문에, 마케터에게 없어서는 안되는 필수도구로 자리잡았다. 그러나 다음과 같은 한계점들도 지니고 있다.

▶ 상품 속성만으로는 구매자의 태도를 충분히 설명할 수 없는 상품들이 존재한다. 향수, 숙녀복 등이 대표적인데, 이들의 경우에는 상품 속성보다 전반적 이미지가 태도에 큰 영향을 미친다.

▶ 다속성 태도모형은 소비자들의 실제 구매의사 결정과정을 모형화한 것이 아니다. 즉, 소비자들이 실제로 일일이 속성 지각 점수를 매기고 여기에 속성 중요도를 가중치로 사용하여 가중평균을 계산한다는 뜻은 아니다. 소비자들의 구매의사 결정과정은 실제로 매우 복잡하기 때문에, 어느 한 모형으로 나타내는 것은 불가능하다. 단지, 다속성 태도모형을 이용하면 소비자가 무엇을 구매할지를 비교적 정확하게 예측할 수 있고, 유용한 정보를 얻을 수 있다는 데에서 그 의의를 찾을 수 있다.

(4) 구매단계

모바일 기술의 발전으로 매장에 들어온 소비자에게 새로운 상품 정보나 판촉 정보를 제공할 수 있게 되면서 상황적 요인의 영향력이 커졌다.

소비자들은 대안평가 단계에서 가장 선호하게 된 대안을 대개 구입하게 된다. 그러나 다음과 같은 세 가지 요인들 때문에 가장 선호하던 대안 대신에 다른 대안을 구입하거나, 심지어 구입을 뒤로 미루기도 한다. 첫째, 미처 예상하지 못했던 **상황적 요인**이 발생한 경우이다(예: 품절, 불친절한 판매원, 경쟁상품의 판촉 등). 그러므로 마케터는 이러한 구매시점 요인들을 잘 관리하여야 한다.

둘째, '혹시 산 다음에 후회하면 어떻게 하지?'하는 생각이 강하게 드는 경우이다. 이것을 **지각된 위험**(perceived risk)이라고 하는데, 비싼 물건일수록, 물건에 대한 확신이 낮을수록 지각된 위험을 크게 느끼며, 그 결과 구매를 미루게 된다. 마케터는 소비자들에게 지각된 위험을 주는 원인이 무엇인지를 파악하고, 이를 줄이기 위한 노력을 기울여야 한다. 구매자가 환불을 요구하면 그 이유를 따지지 않고 무조건 환불해주는 정책은 지각된 위험을 낮춤으로써 구매를 촉진할 수 있는 효과적인 방법 중의 하나이다.

셋째, **다른 사람들의 태도**가 중요한 영향을 미치는 경우이다. 여기에 대해서는 '4. 소비자 구매의사 결정과정에 영향을 미치는 요인'에서 상세히 다루기로 한다.

(5) 구매후 행동 단계

소비자가 물건을 사기 전에는 마치 간이라도 빼줄 것처럼 하다가, 일단 물건을 산 다음에는 '나 몰라라' 하고 돌아서는 것이 얼마나 근시안적인가 하는 것은 이제는 상식에 속한다. 우리는 이미 1장에서 생애가치가 높은 고객을 획득하고 유지하는 것이 기업이 지속적으로 높은 이익을 거두는 지름길이라는 것을 배운 바 있으며, 특히 일단 획득한 고객을 유지하는 데 있어서 고객만족이 매우 중요한 역할을 한다는 것도 배웠다. 소비자가 얼마나 높은 만족을 느끼는지가 최종적으로 결정되는 것이 바로 이 구매후 행동 단계이기 때문에, 마케터는 마지막 순간까지 마음을 놓아서는 안된다.

한 번 구매한 고객을 유지하여 재구매를 유도하는 것도 중요하지만, 다른 잠재 고객을 추천하거나, 긍정적인 구전을 전파하거나, 우리 브랜드나 기업의 활동에 참여하는 고객 인게이지먼트를 높이는 것도 소홀히 해서는 안 된다.

고객 만족도와 고객 인게이지먼트를 높이는 방법에 대해서는 1장에서 다루었으므로, 여기서는 **구매후 부조화**(post-purchase dissonance)에 대해서만 설명하기로 한다. 이것은 '내가 선택을 잘 한 것일까?'하는 의구심에서 생기는 불안감을 가리킨다. 대체로, 중요한 구매일수록, 그리고 비슷한 대안이 많이 있을수록, 소비자가 구매 후에 느끼는 부조화가 높아진다(예: 카펫, 보험 등). 이러한 부조화가 없어지지 않으면, 소비자는 자신이 구입한 상품에 대하여 불만족을 느끼게 되므로, 마케터는 구매자에게 자신의 선택이 잘 된 것이라는 확신을 심어주는 커뮤니케이션 활동을 구매 직후부터 펼쳐야 한다.

고객만족도 1위를 차지했음을 알림으로써, SK브로드밴드 가입자들에게는 그들의 선택이 현명하였음을 확인시켜주고, 잠재 구매자들에게는 자사를 선택해야 하는 이유를 제시하는 광고

구매후 부조화
소비자가 구매 후에 자신의 선택에 대하여 느끼는 불안감

4. 소비자 구매의사 결정과정에 영향을 미치는 요인: 인간은 사회적 동물이다

우리는 앞에서 관여도에 따라 소비자의 구매의사 결정과정이 달라진다는 것

을 배웠다. 관여도 이외에도 소비자의 구매의사 결정에 영향을 미치는 요인들은 다음과 같이 몇 가지가 더 있다.

(1) 사회문화적 요인

소비자 행동에 영향을 미치는 사회문화적 요인들에는 문화, 사회계층, 준거집단, 가족 등이 있다.

1) 문화 및 하위문화

문화(culture)는 소비자의 행동에 영향을 미치는 요인들 중에서 가장 근원적인 것이다. 우리 사회의 구성원들이 공유하고 있는 문화적 가치는 소비 활동을 비롯한 여러 일상적인 행동에 영향을 주고 있다. 문화적 가치는 사람이 태어나면서부터 가족, 교육기관, 그리고 종교단체 등을 통하여 끊임없이 전파된다.

마케터는 이러한 문화적 가치에 맞도록 마케팅 활동을 하여야 하며, 문화적 가치가 변화하는지를 예의주시할 필요가 있다. 특히 요즘처럼 변화가 빠른 시대에는 같은 사회를 구성하는 사람들간에도 서로 다른 문화적 가치를 갖게 되는 경우가 있는데, 이것을 **하위 문화**(subculture)라고 부른다. 하위 문화의 예로는 청년문화, 힙합(Hip Hop)문화, 펑크(Punk)문화, 히피(Hippie)문화 등을 들 수 있다.

2) 사회계층

우리나라에서 신분제도가 폐지된 지는 오래 되었지만, 계층구조가 존재한다는 것을 쉽게 발견할 수 있다. **사회계층**(social class)은 권력, 재산, 지식 등의 원천으로부터 형성된다. 우리가 흔히 말하는 특권층, 부유층, 지도층 등의 용어들이 이를 잘 보여준다. 일반적으로, 어떤 사람이 어떤 계층에 속하는가를 가장 잘 나타내주는 지표는 그 사람의 직업이라고 할 수 있다.

같은 사회계층에 속한 사람들은 비슷한 태도와 가치를 갖게 되며, 이것은 다시 비슷한 구매행동을 낳을 수 있으므로, 마케터는 시장을 세분화하는 데 사회계층을 기준으로 삼기도 한다.

3) 준거집단

소비자는 구매결정을 내릴 때, 자기 주위 사람들이 무엇을 갖고 있는지 혹은 자기에 대하여 어떻게 생각할지를 생각하는 경우가 많다. 구매하고자 하는 상품이 다른 사람의 눈에 띄는 상품일 경우에 특히 이러한 경향이 많이 나타난다. 승용차, 남녀 정장, 골프채, 스포츠화, 핸드백 등이 좋은 예이다. 이렇게 소

그림 5-5
준거집단의 분류

비자가 구매결정을 할 때, 비교의 기준으로 삼는 집단을 **준거집단**(reference groups)이라고 부른다.

　준거집단은 크게 **회원집단**과 **비회원집단**의 두 가지로 나누어진다. 회원집단이란 소비자가 현재 속해 있는 집단을 가리킨다. 비회원집단이란 소비자가 현재 속해 있지는 않지만 소속되기를 열망하는 집단을 가리키므로, **열망집단**(aspiration groups)이라고도 부른다. 스포츠 스타, 인기 가수, 성공한 비즈니스 맨 등이 좋은 예이다. 나이키가 오래 전부터 유명 스포츠 스타들을 광고 모델로 사용해 오고 있는 것도 스포츠 스타들이 일반 선수나 스포츠 팬들에게 영향을 주고, 다시 이들이 일반 대중들에게 영향을 준다는 믿음에 근거한 것이다. 인기 연예인의 스타일을 일반 대중이 순식간에 모방하는 행동도 열망집단을 이용하여 설명할 수 있다.

　우리나라에서는 전통적으로 집단주의 문화를 유지해 오고 있기 때문에, 자신의 개성이나 의견보다는 집단의 결정을 중시하는 **집단동조의식**이 강하다. 여러 사람이 식당에 가서 음식을 주문할 때, 자연스럽게 통일이 되는 것이 한 예이다. 또 우리나라 사람들은 대인관계에 있어서는 자신의 체면을 중시하는 **체면의식**이 강하다. 선물을 할 때에는 되도록 비싼 것을 해야 된다고 생각하는 것은 이러한 체면의식의 표현이다. 이러한 집단동조의식과 체면의식 때문에, 우리나라 사람들은 서양 사람들에 비하여 구매결정에 있어서 준거집단의 영향을 크게 받는 편이다. 게다가 소셜 네트워크의 확산으로 준거집단이 구매 결정에 미치는 영향은 더욱 커질 것으로 예측된다. 그러므로 **준거집단의 영향력이 큰 상품의 경우 개개인의 태도나 선호만 조사해서는 불충분하며, 준거집단이 개개인의 태도나 선호에 어떤 영향을 미칠 것인지도 함께 고려하여야 한다.** 예를 들어, 앞에서 배운 다속성 태도 모형을 이용할 때, 준거집단의 영향력이 큰 상품이라면, '귀하의 구매결정에 영향을 미칠 수 있는 다른 모든 사람들의 의견을 감안하여' 응답하도록 요구하는 것이 한 방법이다.

준거집단
소비자가 비교의 대상으로 삼는 집단

회원집단
소비자가 현재 속해 있는 집단

비회원집단
소비자가 현재 속해 있지 않은 집단

열망집단
소비자가 현재 속해 있지는 않지만, 소속되기를 열망하는 집단

4) 가 족

가족은 준거집단의 하나이지만, 그 중요성 때문에 별도로 설명하기로 한다. 많은 상품의 경우 구매결정은 개인수준에서 이루어지는 것이 아니라 가족수준에서 이루어진다. 그리고 이 경우에 상품을 실제로 사용하는 사람, 의사결정을 내리는 사람, 돈을 지불하고 구매하는 사람이 같지 않을 가능성이 높다. 예를 들어, 자녀를 위한 PC를 구입하는 경우, 사용자는 자녀이지만 의사결정은 아버지가 내리고, 실제 구입은 어머니가 할 수도 있다.

이런 상품을 마케팅할 때에, 마케터는 누가 어떤 역할을 하는지, 얼마 만큼의 영향력을 행사하는지를 파악하여 마케팅 활동을 해 나가야 한다('마케팅 프론티어 5-1: 중동에서 명품 냉장고가 안 팔리는 이유는?' 참조). 물론 여러 사람이 구매결정에 관여하게 될 때, 이들의 정확한 역할과 상대적인 영향력의 크기를 가늠하기란 쉽지 않다.

유아용품, 어린이 옷, 남성용 화장품, 남성용 내의 등과 같은 상품의 경우에는 사용자보다는 구매자가 결정하는 경향이 높으므로, 구매자에게 초점을 맞춘 마케팅을 하는 것이 보통이다. 남성용 화장품 브랜드의 이름을 '미스 쾌남'이라고 붙여서 여성들을 표적으로 한 마케팅을 했던 것이 한 예이다. 반대로, 어린이 장난감, 청량 음료, 빙과, 과자 등은 사용자인 어린이가 결정하는 경향이 높으므로, 어린이에게 초점을 맞춘 마케팅을 하게 된다. 정확한 영향력의 크기를 가늠하기 어려운 상품의 경우에는 사용자와 구매자에게 각각 적합한 양동 작전을 펴야 한다. 예를 들어, 가정용 PC를 판매하는 경우 사용자인 학생에게는 학습이나 게임에 필요한 여러 가지 멀티미디어 기능을 내세우고, 구입자인 부모에게는 저렴한 가격과 함께 자녀교육에 없어서는 안되는 필수품이라는 점을 내

그림 5-6

가족 구매의사 결정의
복잡성[4]

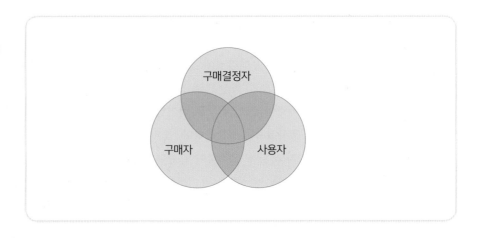

---

4 나종호, *Q&A실전마케팅* (청림출판, 2003), p. 73.

중동에서 명품 냉장고가 안 팔리는 이유는?[5]

오일 머니가 넘치는 중동은 값비싼 명품들이 불티나게 팔리는 시장으로, '고가상품의 블랙홀'이라고 불리고 있다. 그렇다면 중동의 부호들은 모든 제품에서 명품을 선호할까?

몇 해 전 금(金)으로 장식한 대형 TV가 대당 7만 달러가 넘는 가격에도 중동 부유층 사이에서 인기를 끌었다. 자가용 비행기와 '마이바흐' 같은 고급 승용차도 예외가 아니다. 이슬람 전통 복장인 검은색 '아바야'를 두르고 두 눈만 간신히 내놓은 여성들이 루이비통 핸드백을 들고 다니는 것은 자연스러운 풍경이다. 대당 5,000달러인 다이아몬드로 수제 장식한 휴대전화도 주문이 빗발쳤다고 한다.

이와는 반대로 고가 제품이 성공하지 못한 상품군도 있는데 냉장고가 대표적이다. 한 가전업체가 보석으로 장식된 냉장고를 중동지역에 출시하였지만 판매 실적이 바닥이었는데 그 이유는 무엇일까?

전문가들은 이유를 중동의 '하인 문화'에서 찾고 있다. 중동에는 보통 한 집안에 하인들이 많게는 10명 이상 있고, 음식은 주로 하인들이 만들기 때문에, 냉장고도 주로 하인들이 사용한다. 돈 많은 주인은 냉장고를 직접 사용할 기회가 없으니, 굳이 값비싼 제품을 살 필요성을 못 느끼는 것이다. 같은 이유로 명품 세탁기도 중동에서는 인기가 별로 없다. 이처럼 **구매자와 사용자가 다른 경우에는 마케터가 판단착오를 범하기 쉽다.**

세울 수 있다.

(2) 개인적 요인

소비자 행동에 영향을 미치는 개인적 요인들에는 연령 및 패밀리 라이프사이클, 라이프스타일, 직업 및 소득 등이 있다.[6]

1) 연령 및 패밀리 라이프사이클

소비자가 나이를 먹어감에 따라서 소비하는 상품의 종류가 달라지며(예: 초등학교 전과 → 중고등학교 참고서 → 대학교 교재), 동일한 상품이라도 취향이 바뀌게 된다(예: 옷, 가구, 승용차 등). 일반적으로 개인주의적 문화가 강한 서양에서 연령은 소비자 행동에 그다지 큰 영향을 미치지 못하는 것으로 알려져 있다. 예를 들어, 1960년대에 포드 자동차가 스포츠 카인 머스탱(Mustang)을 내놓을 때, 표적시장을 20대 연령층으로 설정하였으나, 실제로 이 차를 구입한 사람들은 거의 모든 연령층에 걸쳐 분포하고 있었다는 사례가 이를 잘 보여준다. 그러나 우리나라는 집단주의적 문화가 강하고 자신의 나이에 걸맞게 행동해야 한

---

5 이성훈, "값비싼 명품 냉장고, 중동에서 찬밥인 이유는?" 조선일보, 2008년 3월 19일.
6 구매의사 결정과정에 영향을 미치는 중요한 개인적 요인으로 관여도도 있으나 이미 앞에서 다루었다.

다는 규범이 매우 강하기 때문에, 연령은 소비자 행동에 매우 큰 영향을 미치고 있다.

연령이 소비자 개인에 관한 것이라면, **패밀리 라이프사이클(family lifecycle)**은 가족에 관한 것이다. 나이가 똑같이 30세인 소비자 두 사람을 놓고 보더라도, 한 사람은 아직 미혼이고 다른 사람은 기혼에 자녀가 둘이나 된다면, 이 두 사람의 소비 패턴은 매우 다를 것이다. 또, 앞에서 설명한 것처럼, 많은 상품의 경우 구매결정은 개인단위가 아니라 가족단위로 이루어진다. 그러므로 가족단위로 구매결정이 이루어지는 상품의 경우에는 소비자의 패밀리 라이프사이클에 주목하는 것이 유용하다. 패밀리 라이프사이클의 단계는 보통 미혼단계, 신혼부부, 젊은 부부, 중년 부부, 장년 부부, 노년단계, 사별후 독신기 등으로 나누어진다.

2) 라이프스타일

라이프스타일
소비자의 활동, 관심, 의견 등으로 표출되는 삶의 패턴

라이프스타일(lifestyle)이란 소비자의 삶의 패턴을 말한다. 구체적으로, 그 사람이 살아가면서 어떤 활동을 하며, 어떤 일에 관심을 갖고 있고, 자신 또는 여러 사회문제들에 대하여 어떤 의견을 갖고 있는가를 조사한 다음, 그 결과를 종합하여 비슷한 패턴을 갖고 있는 사람들을 묶어서 하나의 라이프스타일 집단으로 나타낸다(이것을 AIO(Activities, Interests, and Opinions) 프레임워크라고도 부른다).

라이프스타일을 파악하기 위해서는 많은 수의 소비자들을 대상으로 설문조사를 실시하여, 그들의 활동, 관심, 의견에 대하여 많은 수의 질문을 던지게 된다. 예를 들어, 다음과 같은 문항들을 주고 응답자가 동의하는 정도를 답하도록 한다.[7]

- 유행하는 것은 빨리 받아들이는 편이다.
- 쇼핑가기 전에 쇼핑목록을 작성하는 편이다.
- 유명한 상표가 품질도 좋다고 생각한다.
- 술은 분위기를 위해 마셔야 한다.

마케터는 자신의 상품과 라이프스타일 집단 사이에 관계가 있는지를 분석할 필요가 있다. 예를 들어, 우리 상품의 소비자들이 상품에 대하여 사전 정보를 직접 충분히 탐색한 후에 구입하는 경향이 강하다면(〈표 5-5〉의 '합리적 소비형' 참조), 우리 상품에 대한 상세한 정보를 이들이 주로 이용하는 정보 채널을 통하여 제공하여야 할 것이다.

---

7 김기주, "한국소비자의 변화: Media Index 2001년과 2007년 lifestyle 비교 분석," *Research Note* (2008 Summer), pp. 5-9.

유형(비중, %)	라이프스타일 특성	인구통계적 특성
사회적 실현지향형 (23%)	• "술은 분위기를 위해 마셔야 한다."고 생각하며 인생에서 사회적 인정에 큰 가치를 두고 있음 • 최신 패션이나 트렌드에는 관심이 없음	• 30~40대 남성 위주
합리적 소비형 (33%)	• 계획적이고 합리적인 소비가 생활화된 소비자들 • 최신 패션이나 트렌드에는 관심이 없음	• 전업주부의 비중 높음
알파걸/슈퍼맨 (12%)	• 최신 트렌드와 패션에 민감하고 브랜드에 대한 호감과 충성도를 보이면서도 동시에 똑똑한 소비를 하려고 함 • 사회적 인정과 실현을 추구	• 20대 여성이 22%를 차지
패션지향형 (22%)	• 최신 패션과 트렌드를 지향하며 브랜드를 선호함	• 10대와 20대가 약 40% 차지
무관심형 (11%)	• 소비욕구와 구매력이 낮아 패션, 트렌드, 브랜드 등에 대한 관여도가 낮은 집단 • 사회적 인정에 대해서도 무관심한 편	• 10대 및 40대 이상 위주 • 남성이 63% 차지

표 5-5

우리나라 소비자들의 라이프스타일 분류의 예[8]

라이프스타일을 파악하기 위한 여러 가지 측정방법들이 지금까지 개발되었고, 실무에서 상당히 많이 이용되고 있지만, 기존 방법들의 신뢰성은 그다지 높지 않은 편이므로 주의를 요한다.[9]

3) 소득과 직업

소득과 직업은 모두 소비자의 소비 패턴에 영향을 주는 변수들이다. 그러나 우리나라 사람들은 자신이나 가계의 소득을 정확히 밝히는 것을 매우 꺼리기 때문에 소득을 정확히 파악하기란 매우 어렵다. 이러한 이유 때문에 우리나라 기업들은 다른 변수(예: 대형차 보유 여부, 콘도/골프 회원권 보유 여부, 아파트 평수 등)를 이용하여 간접적으로 표적시장의 소득수준을 추정하고 있다.

직업은 소득보다 파악하기가 훨씬 쉬울 뿐만이 아니라, 소득 및 사회적 지위와 밀접한 관계를 맺고 있기 때문에, 사회계층을 분류하는 기준으로 유용하게 이용된다. 어떤 직업을 갖고 있는 사람들이 우리 회사의 상품에 대하여 높은 관심을 갖고 있다면, 이러한 직업을 가진 사람들에게 마케팅 노력을 집중하는 것이 효율적이다. 예를 들어, CJ제일제당은 회사원을 비롯한 사무직 종사자들이 숙취해소에 대하여 높은 니즈를 갖고 있다는 것을 파악하고, 컨디션을 '비즈니스 맨의 음료'로 내세웠다.

---

8 위의 책, p. 6.
9 John L. Lastovicka, John P. Murry, Jr., and Eric Joachimsthaler, "Evaluating the Measurement Validity of Lifestyle Typologies With Qualitative Measures and Multiplicative Factoring," *Journal of Marketing Research* (February, 1990), pp. 11-23.

2 조직 구매자의 이해: 조직 구매자는 집단 의사결정을 한다

지금까지 우리는 소비자의 구매의사 결정과정과 여기에 영향을 미치는 요인들을 공부하였다. 지금부터는 조직 구매자에 대하여 알아보기로 한다. 앞에서도 잠깐 설명한 것처럼, 조직 구매자는 소비자와는 다른 특징들을 갖고 있으므로, 먼저 이러한 특징들을 이해하는 것이 중요하다.

1. 조직 구매자와 소비자의 차이점

조직 구매자와 소비자는 공통점보다는 차이점이 더 많다고 볼 수 있다. 〈표 5-6〉에는 대표적인 차이점들이 나와있다.

(1) 고객의 수

타이어 회사가 소비자를 상대로 판매하는 경우, 잠재 고객의 수는 자가용차를 갖고 있는 수백만 명에 달하지만, 이들은 몇 년에 한 번씩 한 번에 최대 4개를 구입하는 것이 고작일 것이다. 그러나 조직 구매자를 상대로 판매하는 경우, 잠재 고객의 수는 자동차 회사, 타이어 대리점, 대형 유통업체 등을 다 합쳐도 수백개 정도에 불과하지만, 이들이 구입하는 타이어의 개수는 천차만별이다. 예를 들어, 현대자동차가 1년에 구입하는 타이어의 개수는 타이어 대리점들이 1년 동안에 구입하는 개수를 모두 합한 것보다 많을지도 모른다.

(2) 고객과의 관계

불특정 다수의 소비자들을 대상으로 판매하는 경우 개별고객과 긴밀한 관계를 형성하기란 쉽지 않다. 타이어 회사의 경우, 누가 자기 회사의 타이어를 사

표 5-6

소비자와 조직
구매자의 차이

	소 비 자	조직 구매자
고객의 수	다수의 고객이 소량 구매	소수의 고객이 대량 구매
고객과의 관계	그다지 긴밀하지 않고 단기적임	매우 긴밀하고 장기적임
구매결정에 참여하는 사람들의 수	한 사람 또는 소수	다수
고객의 상품 지식	비교적 낮음	비교적 높음
고객의 지역별 분포	비교적 고르게 분포	특정 지역에 집중
수요의 변동	비교적 낮음	비교적 높음

가지고 갔는지조차도 파악하기 어려운데, 소비자들과 개별적인 관계를 형성한 다는 것은 쉬운 일이 아니다. 그러나 조직 구매자들을 대상으로 판매하는 경우, 그 수가 적은 데다가 그 중에서도 소수의 구매자들이 대부분의 매출을 일으키므로(1장의 80/20의 법칙 참조), 개별고객과 긴밀한 관계를 형성하기가 훨씬 더 용이하다.

예를 들어, 타이어 회사는 대량 구매자인 자동차 회사나 대형 유통업체가 요구하는 경우에는, 특별한 규격이나 특징을 가진 타이어를 만들어서 특정업체에만 납품하기도 한다. 또, 자동차 회사나 대형 유통업체의 재고부담을 덜어주기 위하여, 타이어 재고가 일정 수준 이하로 내려가면 즉시 타이어를 납품할 수 있는 체제를 구축하기도 한다. 조직 구매자와 공급업체 사이의 관계는 시간이 흐름에 따라 이렇게 긴밀해지는 것이 보통이기 때문에, 다른 공급업체가 그 사이를 비집고 들어오기란 매우 어렵다.

(3) 구매결정에 참여하는 사람들의 수

소비자가 상품을 구매하는 경우, 대개 자기 혼자 결정하거나, 아니면 배우자, 자녀, 가까운 친구 등 소수의 사람들과 같이 결정하는 것이 보통이다. 그러나 조직 구매 상황에서는 대개 다수의 사람들이 구매결정에 직접 또는 간접으로 영향을 미친다. 이들은 다음과 같이 크게 다섯 가지로 분류된다. **사용자**(users), **영향력 행사자**(influencers), **구매자**(buyers), **결재자**(approvers), **정보통제자**(gatekeepers).

자동차 회사에서 타이어를 구입하는 경우를 살펴보자.

▶ **사용자**란 완성된 자동차를 구입하는 소비자에 해당된다. 예를 들어, 현대자동차는 미국 수출 초기에 국산 타이어 대신에 미국 사람들이 선호하는 미쉐린 타이어를 부착하였다.

▶ **영향력 행사자**란 자동차를 설계하는 엔지니어들에 해당된다. 엔지니어들은 자동차의 특성에 맞는 타이어의 성능과 규격을 결정하는 역할을 한다.

▶ **구매자**란 구매부서에 해당된다. 이들은 소비자들의 선호와 엔지니어들이 설정한 성능규격을 기초로 어느 회사의 타이어를 구입할 것인지를 제안하고 자신의 상사에게 이에 대한 결재를 요청한다.

▶ **결재자**란 이렇게 구매부서에서 결정한 내용을 결재하는 사람들로서, 이들은 회사 내에서 고위 경영자

스폰서쉽은 B2C 기업의 전유물은 아니다. 기업용 통신장비 회사인 AVAYA는 잠재적인 거래처 기업의 엔지니어들은 자사의 이름을 알고 있지만, CEO들이 모른다는 문제를 해결하기 위하여 월드컵 공식 파트너로 참여하고 CEO들을 경기에 초청하는 등 활발한 마케팅을 전개하였다.

(즉, 임원에서부터 최고경영자까지)에 해당된다. 이와는 달리, 고위 경영자들이 공급업체를 먼저 결정하고, 구매부서는 이를 실행에 옮기는 역할을 하는 경우도 있다.

정보통제자
구매결정자에게 정보가 흘러 들어가지 못하게 할 수 있는 힘을 가진 사람

▶ **정보통제자**란 자동차 회사의 구매부서나 고위 경영자들을 접촉하기 위하여 타이어 회사의 직원들이 전화를 걸거나 방문하였을 때, 그 길목에 있는 사람들을 가리킨다. 주로, 비서나 리셉셔니스트(receptionist)와 같은 사람들이 해당된다. 이들은 비록 구매결정에 직접 영향을 미치지는 못하지만, 구매결정에 필요한 정보가 구매자나 결재자에게 얼마나 원활하게 흘러 들어가는지에 영향을 미칠 수 있다. 실제로, '판매왕'들의 성공비결 중의 하나는 구매업체를 처음 방문할 때, 비서에게 줄 작은 선물도 가지고 간다는 것이다. 이렇게 해서 일단 호감을 사게 되면, 다음번에 방문할 때 높은 사람들을 만나기가 훨씬 쉬워진다고 한다.

구매 센터
구매결정에 직접 또는 간접으로 영향을 미치는 모든 사람들

이렇게 구매결정에 직접 또는 간접으로 영향을 미치는 사람들을 통틀어 **구매 센터**(buying center)라고 부른다. 여기서, 구매 센터란 회사 내에 존재하는 어떤 한 부서를 가리키는 말이 아니라, 소속 부서에 상관 없이 구매결정에 영향을 미치는 모든 사람들을 추상적으로 가리키는 말임에 주의하여야 한다. 구매 센터의 존재는 조직 구매자에게 소비자와는 다르게 마케팅해야 하는 가장 큰 이유가 된다. **조직 구매자에게 성공적으로 마케팅하기 위해서는, 구매 센터에 누가 참여하며, 각자가 어떤 결정에 어느 정도의 영향을 미치는지를 파악하여야 한다.** 이를 위하여 많이 사용되는 것이 의사결정 매트릭스이다(〈표 5-7〉 참조). 이것은 구매의사 결정의 각 단계마다 각자가 어떤 역할을 하는지를 일목요연하게 보여 준다.

그 다음, 의사결정에 참여하는 각자가 어떤 기준을 중요하게 생각하는지를 파악하여, 각자에게 알맞은 접근방법을 사용하여야 한다. 예를 들어, 엔지니어에게는 우리 상품의 기술적인 우위성을 강조하고, 구매부서에게는 만족스러운

표 5-7

타이어에 대한 의사결정 매트릭스의 예[10]

	문제인식	상품 명세서 확정	공급업자 탐색	제안서 요청	공급업자 평가 및 선택
엔지니어	%	%	%	%	%
공장장	%	%	%	%	%
구매책임자	%	%	%	%	%
재무책임자	%	%	%	%	%
사 장	%	%	%	%	%
합 계	100%	100%	100%	100%	100%

---

10 이유재 · 박찬수(역), *신상품 마케팅*(Glen L. Urban and John R. Hauser, *Design and Marketing of New Products*) (서울: 시그마프레스, 1995), p. 384 일부 수정.

부 서	관심 사항
엔지니어링	공급업체의 이름 및 명성; 설계기준을 충족시킬 수 있는 능력.
생 산	납기준수; 구매된 부품/원료와 기존 생산설비간의 호환성; 구매된 장비의 설치 및 A/S.
마케팅	구매된 부품/원료/설비가 완성품의 시장성에 미칠 영향.
재무/경리	구매가 현금흐름, 재무상태표, 손익계산서에 미칠 영향; 추정된 원가와 실제 원가간의 차이; 다른 대안(예: 내부조달, 리스 등)과의 비교.
구 매	만족스러운 품질수준과 최저 가격; 공급업체와의 원만한 관계 형성.
품질관리	구매된 부품/원료가 명세서의 기준, 정부규제, 소비자의 요구 등을 충족시키는지의 여부.

표 5-8

산업재 구매시
부서별 관심 사항

품질과 낮은 가격을 강조하는 것이 바람직하다(〈표 5-8〉 참조). 이러한 활동을 효과적으로 수행하려면, 한 사람이 구매 센터에 속한 모든 사람들에게 접근하기보다는, 여러 명의 직원으로 판매팀을 구성해서 역할을 분담하는 것이 더 효과적이다.

(4) 고객의 상품지식

소비자들은 상품들을 비교 평가할 수 있는 정보나 지식이 부족하기 때문에, 자신의 주관적인 사용경험, 구전, 브랜드, 가격, 광고 등에 의존하여 구매를 결정하는 경우가 많다. 이와는 반대로, 조직 구매자는 많은 경험을 갖고 있고 체계적인 교육훈련도 받기 때문에, 상품에 대하여 많은 지식을 갖고 있다. 그러므로 우리 상품에 대한 기술적인 정보나 경쟁상품 대비 장점 등을 상세하게 제공할 필요가 있다.

(5) 고객의 지역별 분포

소비자들은 전국적으로 분포되어 있는 경우가 대부분이지만, 조직 구매자들은 몇몇 지역에 집중되어 있는 경우가 많다. 그리고 이것은 공급업체 공장의 입지 결정에 중요한 영향을 미친다. 예를 들어, 자동차 타이어의 소비자들은 전국에 걸쳐 발견되지만, 완성차를 만드는 메이커들은 울산, 부산, 창원, 광주, 아산, 수도권 등에서만 발견된다. 그러므로 타이어 공장을 완성차 공장과 가까운 곳에 두게 되면, 운송비용을 줄이고 완성차 메이커와 긴밀한 협조관계를 구축할 수 있는 장점을 거둘 수 있다.

그림 5-7

소채찍 효과[11]

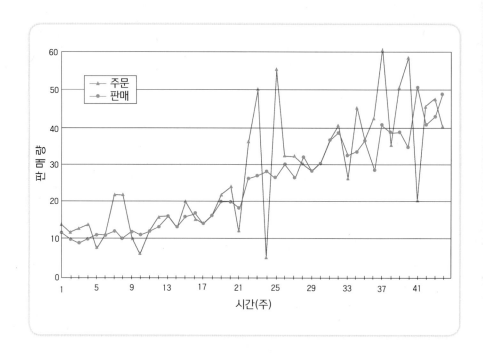

그림 5-7

소채찍 효과[11]

(6) 수요의 변동

소비재, 특히 필수품에 대한 수요는 비교적 안정적이고 큰 변화를 보이지 않는 반면, 산업재에 대한 수요는 매우 큰 기복을 보이는 경향이 있다. 예를 들어, 종이 기저귀에 대한 소비자 수요가 5% 증가하면, 소매업자들은 품절을 우려하여 주문량을 10% 정도 늘리고, 도매업자들은 역시 품절을 우려하여 주문량을 다시 20% 정도 늘리게 된다. 늘어난 주문량의 대부분이 사실은 가수요라는 것을 모르는 제조업체는 늘어난 주문량을 공급하기 위하여 생산량을 크게 늘린다. 이렇게 소비자 수요가 소폭 변동하면 생산자에 대한 주문량은 대폭 변동하는 현상을 **소채찍 효과**(bullwhip effect)라고 부른다. 소채찍 효과를 근본적으로 해결하기 위해서는 제조업자가 유통업자를 설득하여 상품의 재고 데이터를 공유하여야 한다.

소채찍 효과
소비자 수요가 소폭변동하면 생산자에 대한 주문량은 대폭 변동하는 현상

2. 조직 구매자 구매의사 결정과정

실무적으로 조직 구매자는 소비자 못지 않게 중요한 위치를 차지하고 있지만, 이론적으로 조직 구매자에 대하여 축적된 지식의 양은 소비자에 대하여 축적된 지식의 양에 비하여 비교가 안될 정도로 빈약하다. 가장 큰 이유는 개별

---

11 Hau L. Lee, V. Padmanabhan, and Seungjin Whang, "Information Distortion in a Supply Chain: The Bullwhip Effect," *Management Science* (April, 1997), p. 547.

소비자의 행동을 설명하고 예측하는 것도 매우 어려운 일인데(이 장의 처음에 인용된 쉐스 교수의 말을 상기하시오), 여러 사람들이 구매과정에 참여하게 되는 조직 구매자의 행동을 설명하고 예측한다는 것은 그보다 몇 배 더 어려운 일이기 때문이다. 그러므로 어느 마케팅 교과서를 보든지 조직 구매자에 대한 내용은 소비자에 대한 내용보다 분량이 적으며, 이 책도 예외가 아니다.

우리는 앞에서 소비자의 구매의사 결정과정은 개인, 상품, 상황에 따라서 달라진다는 것을 배웠다. 마찬가지로, 조직 구매자의 구매의사 결정과정 역시 회사, 상품, 상황에 따라서 달라진다. 예를 들어, 작은 회사는 큰 회사에 비하여 구매의사 결정과정이 단순한 경향이 있다. 같은 회사 안에서도 복사용지를 구매하는 경우는 복사기를 구매하는 경우에 비하여 매우 단순한 구매의사 결정과정을 거칠 것이다. 또 같은 회사에서 같은 상품을 구입한다고 하더라도 구매상황에 따라 구매의사 결정과정이 달라진다. 조직 구매자의 구매상황은 크게 [그림 5-8]과 같이 세 가지로 나누어진다.

▶ **단순 재구매**(straight rebuy)란 이미 선정된 공급업자로부터 구매조건의 변경 없이 반복적으로 구매하는 상황을 가리킨다. 이 상황에서는 새로운 공급업자가 비집고 들어가기 어렵다.

단순 재구매
이미 선정된 공급업자로부터 구매조건의 변경 없이 반복적으로 구매하는 상황

▶ **수정 재구매**(modified rebuy)란 조직 구매자가 기존의 공급업자를 상대로 구매조건(예: 가격, 상품규격, 배달조건 등)을 변경하고자 하는 상황을 가리킨다. 구매자와 공급업자 사이의 협상이 원만하게 끝나면 기존의 공급업자는 수정된 조건하에서 계속 공급하게 되지만, 협상이 깨지면 구매자는 새로운 공급업자를 물색하게 된다. 그러므로 기존 공급업자를 제치고 공급할 수 있는 자격을 획득하고자 하는 경쟁업체는 언제 수정 재구매 상황이 발생할 것인지를 예의 주시하여야 한다. 수정 재구매 상황은 외부 요인(예: 원자재 가격의 급변)뿐만이 아니라 내부 요인(예: 구매자 회사의 인사 이동)에 의해서도 발생할 수 있다.

수정 재구매
조직 구매자가 기존의 공급업자를 상대로 구매조건을 변경하고자 하는 상황

▶ **신규 구매**(new task)란 조직 구매자가 지금까지 구매해 본 적이 없는 상품을 처음으로 구매하는 상황을 가리킨다. 새로운 공급업자가 될 수 있는 가장 좋은 기회이다. 구매하고자 하는 상품의 가격이 높거나(예: 생산설비), 구매결정이 잘못 되었을 때 입게 될 위험이 클수록(예: 컴퓨터 보안 시스템), 구매의사 결정

신규 구매
조직 구매자가 지금까지 구매해 본 적이 없는 상품을 처음으로 구매하는 상황

그림 5-8

조직 구매자의 구매상황

과정에 참여하는 사람들의 수가 많아지고, 결정에 이르기까지 오랜 시간이 걸리게 된다.

이와 같이 조직 구매자의 구매의사 결정과정은 구매상황에 따라 단순할 수도 있고 복잡할 수도 있는데, 여기서는 가장 복잡한 상황, 즉 신규 구매하에서의 구매의사 결정과정에 초점을 맞추어 설명하기로 한다. 일단 이것을 이해한 다음에는 이보다 간단한 단순 재구매나 수정 재구매 상황하에서의 결정과정은 자연히 이해할 수 있게 될 것이다.

신규 구매 상황하에서의 구매의사 결정과정은 [그림 5-9]와 같이 일곱 단계로 이루어진다.

(1) 문제 인식

소비자의 경우와 마찬가지로, 조직 구매자의 구매결정과정도 문제를 인식함으로써 시작된다. 문제 인식은 내적인 요인(예: 기존 생산설비의 잦은 고장) 또는 외적인 요인(예: 전시회, 잡지광고, 영업사원)에 의하여 일어나게 된다.

많은 산업에서 경쟁자들 간의 능력이 평준화되면서, 고객이 일단 문제를 인식하게 되면 그 문제를 해결할 수 있는 상품을 제공할 수 있는 공급업자들은 다수 존재하기 때문에 많은 경쟁자들이 뛰어들어 치열한 가격 경쟁이 벌어지곤 한다. 그러므로 잠재 고객이 가까운 미래에 인식하게 될 문제를 미리 예측하고 이를 해결할 수 있는 상품을 경쟁자보다 한발 앞서서 미리 제안하는 것(이를 실무에서는 **선제안 마케팅**이라고도 부름)이 B to B 마케팅에서 성패를 가르는 중요한 요인이 되고 있다. 그러므로 마케터는 잠재 고객의 현재의 욕구 뿐만이 아니라 미래의 욕구에도 깊은 관심을 가져야 한다.

선제안 마케팅
잠재 고객이 가까운 미래에 인식하게 될 문제를 해결할 수 있는 상품을 경쟁자보다 앞서서 제안하는 마케팅

(2) 상품 명세서 확정

일단 문제를 인식하게 되면, 조직 구매자는 필요한 상품이 갖추어야 할 구체적인 특성(예: 내구성, 신뢰성, 가격 등)들을 결정하고 이를 명세서의 형태로 작성한다. 생산설비와 같이 복잡한 물품의 경우에는 여러 부서의 관계자들이 이 작

그림 5-9

신규 구매상황하에서의
구매의사 결정과정

업에 참여하게 된다.

이 단계에서 마케터는 상품명세가 자기 회사에 유리하게 결정되도록 노력하여야 한다. 특히 우리가 선제안을 한 경우에는 더욱 유리한 위치를 차지할 수 있다. 예를 들어, A지점과 B지점 사이에 해저터널을 건설하자는 선제안을 담당 관청에 내놓았는데, 국내에서는 우리 회사만이 해저터널 건설 경험을 갖고 있는 경우, 담당 관청을 설득하여 입찰 자격을 '해저터널 건설 경험 보유 회사'로 제한하도록 만든다면 다른 회사의 참여는 불가능해진다.

(3) 공급업자 탐색

상품 명세서가 확정되면, 조직 구매자는 명세서에 기재된 조건을 충족시키는 상품을 공급할 수 있는 업체들을 물색하기 시작한다. 이를 위하여 대개 관련 산업 업체 주소록이나 인터넷 등을 찾아보거나, 전시회에 참가하기도 하고, 다른 회사에 추천을 의뢰하기도 한다. 소비자의 고려 상표군에 소수의 대안들만이 포함되는 것처럼, 조직 구매자의 고려 대상에도 소수의 공급업체만이 포함되는 것이 보통이다.

따라서 마케터는 자기 회사의 인지도를 높이고 좋은 명성을 쌓기 위한 노력을 기울여야 한다. 이를 위하여 업체 주소록에 자기 회사가 수록되도록 하고, 회사의 이름을 알리는 활동을 꾸준히 계속하여야 한다.

(4) 제안서 요청

고려 대상 업체 리스트를 작성한 조직 구매자는 해당 업체들에게 제안서를 제출하도록 요청하게 된다. 구매하고자 하는 상품이 복잡하거나 값비싼 경우에는 프리젠테이션을 요구하기도 한다.

그러므로 마케터는 우수한 제안서를 작성하고, 이를 효과적으로 프리젠테이션할 수 있는 능력을 갖추고 있어야 한다. 제안서에는 단지 우리 상품의 기술적인 우수성만 나열하는 것은 효과적이지 않으며, 그러한 우수성이 구매자에게 어떤 편익을 줄 수 있는지를 구체적으로 보여주는 것이 보다 효과적이다.

앞에서도 설명했다시피, 많은 산업에서 경쟁자들 간의 능력이 비슷해지면서 기술이나 가격 측면에서 확실한 우위를 갖는 것은 어려워지고 있다. 따라서 기술 또는 가격 측면에만 머물지 말고 좀 더 넓은 관점에서 고객에게 경쟁자보다 더 큰 가치를 제공할 수 있는 방법을 제안서에 담아야 한다. '마케팅 프론티어 5-2: B2B 마케팅의 핵심 전략: 시스템 판매'는 이를 잘 보여준다.

B2B 마케팅의 핵심 전략: 시스템 판매

대형 건설 공사 같은 대규모 프로젝트를 발주할 경우, 조직 구매자들은 입지선정, 설계, 자재 구매, 시공 등의 주요 단계마다 따로따로 업자를 선정하기 보다는 한 업자가 토탈 솔루션을 제공해주는 것을 선호한다. 이렇게 구매하는 것을 **시스템 구매** 혹은 **턴키 솔루션**(turnkey solution)이라고 부른다(구매자는 열쇠만 한 번 돌리면 된다는 의미임).

인도네시아 정부가 자카르타 인근에 시멘트 공장을 발주했던 사례는 시스템 판매의 예를 잘 보여준다. 미국 회사는 입지선정, 설계, 자재구매, 시공을 포함한 제안서를 제출한 반면, 일본 회사는 미국 회사가 제안한 것뿐만이 아니라, 공장 운영 인력의 선발 및 교육, 생산된 시멘트의 해외 수출, 그리고 생산된 시멘트를 이용한 도로 및 건물 건설 계획까지 포함한 제안서를 제출하였다. 일본 회사의 제안이 가격이 더 높았지만, 인도

네시아 정부는 일본 회사를 선택하였다. 이 프로젝트를 단지 시멘트 공장을 짓는 것으로 본 것이 아니라 인도네시아 경제 발전에 기여하는 것으로 본 것이 이 일본 회사의 승리의 원인이었다.

초대형 프로젝트의 경우에는 기업 뿐만이 아니라 정부가 나서서 전폭적인 지원을 약속하기도 한다. 약 20조원 규모의 UAE (아랍에미레이트) 원자력 발전소 4기 건설 프로젝트를 놓고 한국전력 컨소시엄과 프랑스 아레바(Areva) 컨소시엄이 경쟁을 할 때에는, 원자력 발전소 건설이 아니라 양국간 협력관계 증진 차원의 경쟁이 벌어졌다. 양국 대통령이 직접 나서 "루브르 박물관 분관 UAE 개설", "UAE주둔 프랑스군 증강", "특전사를 파견하여 왕실 경호원 훈련" 등의 약속을 경쟁적으로 쏟아낸 끝에, 한국전력 컨소시엄이 수주하는데 성공하였다.[12]

(5) 공급업자 평가 및 선택

제출된 제안서 또는 프리젠테이션 내용을 검토한 후, 조직 구매자는 공급업자를 선택한다. 공급업자 선택을 체계적으로 하기 위하여, 다속성 태도 모형과 비슷한 방법을 이용하기도 한다. 즉, 중요한 선택기준들을 규정하고, 각 기준의 중요도를 매긴 다음, 후보 업체별로 점수를 계산하여 가장 높은 점수를 얻은 업체를 선택하는 것이다.

마케터는 조직 구매자가 갖고 있는 선택기준과 각 기준의 중요도를 파악하고자 노력하여야 한다. 또 경쟁업체 대비 강점 및 약점을 분석하여 강점은 부각시키고 약점은 보완할 수 있는 방법을 찾아야 한다. 예를 들어, 가격이 약점인 경우에는, 비록 구입가격은 비싸지만 높은 내구성 때문에 유지비가 적게 든다든지, 또는 부대 서비스가 많다든지 하는 점 등을 내세워서 구매자를 설득할

---

12 "佛로 넘어간 UAE 원전⋯MB, 왕세자에 밤낮으로 통화 후 '대반전'," *한국경제신문*, 2012년 10월 25일. Philip Kotler, Kevin Lane Keller, and Alexander chernev, *Marketing Management*, 16th ed. (Pearson, 2022), p. 113–114에 기초하여 작성하였음.

수 있을 것이다(그 밖의 방안에 대해서는 앞에서 다룬 '다속성 태도모형의 유용성' 참조).

　조직 구매자는 공급업자를 하나만 선택할 수도 있고, 두 개 이상 선택할 수도 있다. 두 개 이상의 공급업자들을 선정하면, 상품을 안정적으로 공급받고, 이들간에 경쟁을 유발하여 구입 원가를 낮출 수 있는 장점이 있다. 반면에 하나의 공급업자를 선정하여 이 회사와 장기적으로 긴밀한 협력관계를 형성하면, 공급업자로부터 여러 가지의 질 높은 서비스를 받을 수 있는 장점이 있다. 예를 들어, 조직 구매자가 신상품을 개발하는 과정부터 공급업자가 참여하여 필요한 부품개발을 일찌감치 시작한다든지, 조직 구매자의 재고를 줄이는 대신 필요시에 신속한 납품을 할 수 있도록 공급업자가 조직 구매자의 공장 부근으로 이전한다든지 하는 등의 혜택은 조직 구매자가 하나의 공급업자와 장기적인 거래관계를 갖고 있을 때에 기대할 수 있는 것들이다.

(6) 계약체결

　공급업자를 선정한 다음, 조직 구매자는 선정된 업자와 구체적인 구매조건(예: 납기, 품질보증기간, 교환 또는 환불조건 등)들에 대하여 최종 협상을 벌이고, 원만하게 타협이 이루어지면 정식계약을 체결한다.

(7) 공급업자 성과평가

　조직 구매자는 공급업자의 성과를 측정하여 그 결과에 따라 거래관계를 유지할 것인지, 수정할 것인지 아니면 중단할 것인지를 결정한다. 이를 위하여, 조직 구매자는 어떤 항목들에 걸쳐서 성과를 측정할 것인지를 미리 정해 놓아야 한다.

　마케터는 구매자가 갖고 있는 성과측정 항목들이 무엇인지를 파악하고 스스로 자신의 성과를 측정함으로써, 개선이 필요한 항목들을 신속하게 발견하고, 시정조치를 취하여야 한다.

3. 조직 구매자 구매의사 결정과정에 영향을 미치는 요인들

　우리는 앞에서 구매상황에 따라 조직 구매자의 구매의사 결정과정이 달라진다는 것을 배웠다. 구매상황 이외에도 조직 구매자의 구매의사 결정에 영향을 미치는 요인들은 몇 가지가 더 있다.

(1) 조직적 요인

조직 구매자의 구매의사 결정과정에 영향을 미치는 조직적 요인에는 조직의 성향, 규모, 집중화의 정도가 있다. 마케터는 이러한 특성들을 이해하고 여기에 적합한 마케팅 계획을 만들어야 한다.

1) 조직의 성향

조직의 성향이란 일반적으로 조직내의 어느 부서가 지배적인 위치를 차지하고 있는가를 가리킨다. 예를 들어, 엔지니어링 부서의 파워가 강한 조직에서는 구매결정을 할 때에도 엔지니어들의 입김이 강하게 작용하여, 공급업체의 기술적인 능력을 중요한 선정기준으로 삼게 될 것이다.

2) 조직의 규모

조직의 규모도 구매의사 결정과정에 영향을 미친다. 예를 들어, 매우 규모가 큰 조직에서는 단순 재구매 상황을 제외하고는 거의 모든 경우에 집단 의사 결정을 이용하는 경향이 있다. 반대로 작은 조직에서는 한두 사람이 구매의사 결정을 내리곤 한다.

3) 집중화의 정도

권한이 분권화되어 있지 않고 매우 집중화된 조직에서는 구매의사 결정이 한두 사람의 손에 의하여 내려진다. 반대로 분권화된 조직에서는 구매의사 결정이 여러 사람들이 참여하는 형태로 이루어진다.

(2) 개인적 요인

조직 구매자의 구매의사 결정과정에 영향을 미치는 개인적 요인에는 개인의 동기와 역할 지각이 있다.

1) 동 기

B to B 마케팅에서 내려오는 격언 중의 하나로 '**고객의 욕구와 고객사의 욕구를 구별하라**'는 것이 있다. 조직 구매자들은 소비자들에 비하여 전문성이 높은 사람들이지만, 이들 역시 사람이기 때문에 여러 가지 개인적인 동기(예: 학연, 지연, 기타 친분관계, 개인적 야심, 위험회피 성향 등)에 의하여 영향을 받는 것이 사실이다. 예를 들어, 조직 구매자가 위험회피 성향이 높은 사람이라면, 매우 보수적인 의사결정을 하는 경향이 크다. 이런 사람은 가격이 낮지만 지명도가 낮은 회사보다는 가격이 높지만 지명도가 높은 회사를 선호할 가능성이 높다.

지명도가 높은 업체를 선정하면 자신의 결정을 정당화하기 쉽기 때문에, 나중에 구매한 물품에 문제가 발생하더라도 책임추궁을 모면할 가능성이 높기 때문이다.

마케터는 조직 구매자 회사의 욕구뿐만이 아니라 조직 구매자 개인이 갖고 있는 개인적인 욕구를 파악하는 일도 게을리하지 말아야 한다. 그러나 이러한 개인적인 욕구 중에는 **법적 또는 윤리적으로 문제를 일으킬 수 있는 것들이 존재**하므로(예: 뒷돈 요구 등), 필요하다면 회사의 법무 또는 윤리 담당관의 자문을 받아야 한다.

2) 역할 지각

우리는 앞에서 구매센터의 구성원들이 어떤 결정에 어느 정도의 영향력을 행사하는지를 파악하는 것이 중요하다고 하였다. 그러나 조직 구매의사 결정과정에 참여하는 사람들은 자신들이 갖고 있는 영향력을 실제 수준보다 더 크다고 생각하는 경향이 있다. 그러므로 구매센터 구성원들의 영향력을 파악할 때, 어느 한 사람의 말에만 의존하기보다는 여러 사람들의 의견을 종합해 보는 것이 바람직하다.

이 장의 요약

이 장에서는 고객의 '양대 산맥'인 소비자와 조직 구매자를 이해하는 데 필요한 여러 가지 개념, 이론, 모형들을 공부하였다. 소비자를 이해하려면 겉으로 드러나는 구매행동만 관찰하는 것으로는 불충분하며, 소비자가 마케팅 자극을 받은 다음부터 구매가 일어나기까지 일어나는 심리적인 과정을 이해하는 것이 중요하다는 것을 강조하였다([그림 5-10] 참조).

소비자가 구매에 이르는 과정은 문제인식 단계, 정보탐색 단계, 대안평가 단계, 구매단계, 구매후 행동 단계의 5단계로 이루어진다. 이 장에서는 각 단계별로 소비자를 이해하는 데 필요한 개념들을 살펴보았고, 마케터가 어떤 액션을 취할 수 있는지를 공부하였다.

소비자가 구매의사 결정을 내리는 데 있어서, 연령, 라이프사이클, 라이프스타일, 직업, 소득 등과 같은 개인적 특성은 물론, 하위문화, 준거집단, 사회계층, 가족 등과 같은 여러 가지 사회문화적 요인들의 영향을 받게 된다. 특히 우리나라 사회는 집단주의적 성향이 강하므로, 이러한 사회문화적 요인들의 영향력을

제5장 고객의 이해 **165**

그림 5-10

소비자 행동과 영향
요인[13]

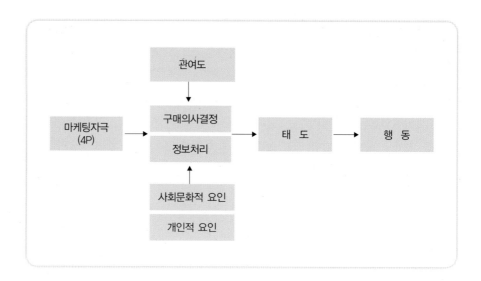

과소평가해서는 곤란하다.

조직 구매자의 구매의사 결정과정에는 여러 사람들이 참여한다는 것이 소비자의 구매의사 결정과정과 구별되는 가장 큰 특징이다. 그러므로 조직 구매자의 구매의사 결정과정을 이해하는 것은 소비자의 경우보다 훨씬 더 어렵다. 조직 구매자의 의사결정 과정은 문제인식, 상품 명세서 확정, 공급업자 탐색, 제안서 요청, 공급업자 평가 및 선택, 계약체결, 공급업자 성과 평가 등의 단계를 거치며, 이 과정에서 여러 가지 조직적 요인들과 개인적 요인들이 영향을 미치게 된다.

더 읽어 볼 거리

1. 소비자 행동에 대한 기본서로는 다음을 참조하시오.

박세범 · 박종오, 소비자행동론, 제2판 (북넷, 2013).
이학식 · 안광호 · 하영원, 소비자행동, 제7판 (집현재, 2020).
이호배(역), Hawkins의 소비자행동론 (지필출판사, 2014).
임종원 · 김재일 · 홍성태 · 이유재, 소비자 행동론, 제3판 (경문사, 2006).

2. 여러 가지 소비자 구매의사 결정과정 모형에 대해서는 다음을 참조하시오.

Ryan Hamilton, Rosellina Ferraro, Kelly L. Haws, and Anirban Mukhopadhyay, "Traveling with Companions: The Social Customer Journey," *Journal of Marketing* (January, 2021), 68-92.

---

13 이학식 · 현용진, *마케팅* (법문사, 1999), p. 156 일부 수정.

Court, David, Dave Elzinga, Susan Mulder, and Ole Jorgen Vetvik (2009), "The Consumer Decision Journey," *McKinsey Quarterly* (June), https://www.mckinsey.com/business-functions/marketingand-sales/our-insights/the-consumer-decision-journey.

3. 다속성 태도모형에 대해서는 다음을 참조하시오.

William L. Wilkie and Edgar A. Pessemier, "Issues in Marketing's Use of Multiattribute Attitude Models," *Journal of Marketing Research* (November, 1973), pp. 428-41.

Martin Fishbein and Icek Ajzen, *Belief, Attitude, Intention, and Behavior: An Introduction to Theory and Research* (Reading, Mass.: Addison-Wesley, 1975).

4. 산업재 구매자의 행동에 대해서는 다음을 참조하시오.

장대련, *B2B Marketing* (북넷, 2009).

전동균 · 오은주, 신용필, 오현주, *B2B 마케팅원리*, 제2판 (학현사, 2011).

한상린, *B2B마케팅* (21세기 북스, 2011).

제 6 장

시장세분화와 표적시장 선택

세분시장을 생각하지 않는다면, 생각을 안하는 것이다.
– 테드 레빗(Theodore Levitt), 미국의 경영학자

(삼성전자의 7인치 태블릿 PC를 가리키며) 7인치 크기의 제품을 쓰려면 사용자의 손가락을 사포로 갈아야 할 것이다.
– 스티브 잡스(Steve Jobs), 애플 공동 창업자

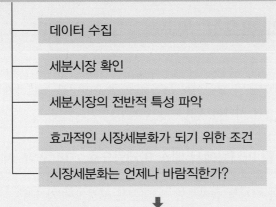
이 장의 목표

이 장을 읽은 다음에는 다음 질문에 답할 수 있어야 한다.

1. 시장세분화는 왜 필요한가? 시장세분화를 하지 않으면 어떤 잘못에 빠질 수 있는가?
2. 시장세분화는 어떻게 하는가? 어떤 변수를 사용하는 것이 효과적인가?
3. 표적시장을 선택하는 기준은 무엇인가?

진입할 시장을 선택하고(3, 4장), 이 시장의 고객들을 심층적으로 이해하였다면(5장), 많은 경우에 그 고객들이 갖고 있는 욕구가 상당히 다양하다는 것을 발견하게 된다. 이는 예를 들면, 라면 회사가 한 가지 라면으로 모든 사람의 입맛을 만족시킬 수 없다는 뜻이다. 그러나 그렇다고 해서 라면 회사가 한 사람 한 사람의 입맛에 맞춘 라면을 만들어 낼 수도 없을 것이다. 그러면 어떻게 해야 할까? 이 질문에 대한 답을 이 장에서 찾아보자.

1 시장세분화의 필요성: 평균적인 고객은 없다

시장세분화가 무엇인지 그리고 왜 필요한지를 설명하기 전에 잠시 기업의 역사를 거슬러 시간여행을 떠나 보자.

1. 일대일 마케팅에서 매스 마케팅으로, 그리고 또 세분시장 마케팅으로

기업의 역사를 돌아보면, 기업들은 고객의 수가 많든 적든 고객의 욕구를 이해하기 위하여 나름대로의 답을 찾아 왔다는 것을 알 수 있다.

(1) 일대일 마케팅

산업혁명 이전의 주문생산 시대에는 기업이 상대하던 고객의 수가 적었고, 생산자가 고객을 직접 만나서 대화를 나누면서 주문을 받았기 때문에, 고객 한 사람 한 사람이 갖고 있는 욕구를 이해하는 것은 어려운 일이 아니었다. 만약 어떤 기사(騎士)가 무기를 원하였다면, 그는 무기 생산자와 직접 만나서 이야기를 했을 것이고, 무기 생산자는 기사의 욕구에 따라 무기를 만들었을 것이다. 두 사람은 어떤 재료를 쓸 것인지, 그리고 표면에 무늬를 넣는 것이 바람직한지 아닌지 등과 같은 세부적인 문제에 대해서도 의논을 하였을 것이다. 오늘날의 관점에서 보면, 이것은 **일대일 마케팅**(one-to-one marketing)이라고 부를 수 있을 것이다. 그러나 이 시기에 일대일 마케팅으로 제공되던 상품은 가격이 너무 높아서 일반 대중들이 그 혜택을 폭넓게 누리지 못한다는 문제를 안고 있었다.

일대일 마케팅
고객 개개인을 위한 맞춤 상품을 개별적인 방법으로 마케팅하는 것

(2) 매스 마케팅

그러나 산업혁명 이후 대량생산 시대가 열리면서, 기업은 수많은 일반 대중을 대상으로 상품을 생산하게 되었고, 실제로 고객을 한 사람 한 사람 만나서

매스 마케팅
모든 고객들에게 똑같은 상품을 똑같은 방법으로 마케팅하는 것

대화를 나누고 욕구를 확인하는 것은 불가능해졌다. 게다가 이 시기에는 수요가 공급을 초과했기 때문에, 기업들은 한 가지 상품만을 대량생산하여 값싸게 공급하는 데에 관심을 두고 있었다. 이렇게 하는 것을 **매스 마케팅**(mass marketing)이라고 부른다. 미국의 포드 자동차가 모델 T만을 그것도 검은색으로만 생산한 것이나, 럭키화학(지금의 LG생활건강)이 1954년부터 1975년까지 럭키치약 한 가지만을 생산한 것이 대표적인 예이다. 매스 마케팅은 고객들의 욕구가 다양하지 않은 시기(주로 어떤 상품이 나온 지 얼마 되지 않았을 때)에는 성공을 거둘 수 있다. 그러나 **고객의 욕구가 다양해지고 있을 때에도 매스 마케팅을 고집하면 회사를 심각한 위험에 빠뜨릴 수 있다.** 포드자동차가 GM에 추월당한 것이 그 좋은 예라고 할 수 있다. GM은 여러 개의 자동차 회사들을 인수합병하여 만들어진 회사였기 때문에, 다양한 차종(폰티악-스포티한 차, 뷰익-정통 세단, 캐딜락-고급차 등)을 내놓을 수 있었다. 이렇게 되자, 모델 T보다 더 스포티한 차를 원하던 사람들은 폰티악을, 더 중후한 세단을 원하던 사람들은 뷰익을, 더 고급차를 원하던 사람들은 캐딜락을 사게 되었기 때문에, 모델 T의 판매 대수는 급격히 줄어들게 되었다. 전성기에는 무려 60%의 시장점유율을 자랑하면서 독주하던 포드 자동차는 이때 GM에게 선두를 빼앗긴 이후 수십년 동안 선두 자리를 되찾을 수 없었다.

소비자들은 "검은색이라면 어느 색깔이든("in any color, as long as it is black")" 원하는 차를 살 수 있다라는 농담이 잘 보여주듯이, 포드자동차의 Model T는 1908년부터 1927년까지 한 가지 모델, 한 가지 색깔로 총 1,500만대가 생산되는 기록을 수립하였다. 한 가지 모델만을 생산한 덕분에 대당 가격은 825달러에서 260달러로 낮아졌지만, 결국 매스마케팅의 한계 때문에 시장에서 사라지고 만다.

(3) 세분시장 마케팅

고객들의 욕구가 다양해지면 다양해질수록 매스 마케팅은 부적절한 전략이 된다. 그러나 고객 한 사람 한 사람의 욕구를 충족시키는 맞춤 생산(또는 주문 생산)을 할 경우, 원가가 너무 올라가서 가격이 비싸진다. 그렇다면 일종의 타협으로, 비슷한 욕구를 갖고 있는 고객들을 묶어서 하나의 작은 시장으로 간주하고, 만일 이 작은 시장이 어느 정도의 규모가 된다면, 이 작은 시장의 욕구에 맞는 상품을 마케팅할 수 있을 것이다. 이 '작은 시장'을 **세분시장**(market segment)이라고 부른다. 그리고 어떤 시장을 이렇게 여러 개의 세분시장으로 나누는 것을 **시장세분화**(market segmentation)라고 부르고, 각 세분시장의 욕구에 맞는 상품을 마케팅하는 것을 **세분시장 마케팅**(segment marketing)이라고 부른다. 예를 들어, LG생활건강은 주방용 세제 시장에서 주부들이 원하는 편익에 따라 〈표 6-1〉과 같이 세분시장 마케팅을 하고 있다. 단일 크기를 고수해왔던 애플이 아이폰6부터는 다양한 화면 크기를 가진 제품을 내놓고 아이패드(9.7인치)와 별도로 아이패드 미니(7.9인치)를 내놓은 것도 매스 마케팅에서 세분시장 마케팅

세분시장
비슷한 욕구를 갖고 있는 고객들의 집단

시장세분화
한 시장을 여러 개의 세분시장으로 나누는 것

세분시장 마케팅
각 세분시장의 욕구에 맞는 상품을 마케팅하는 것

그림 6-1

일대일 마케팅과
매스마케팅의
타협점으로서의
세분시장 마케팅

세분시장 마케팅

일대일 마케팅 ←————————————→ 매스 마케팅

표 6-1

LG생활건강 주방세제의
세분시장 마케팅

편 익	경제성	손보호	안 심
브랜드	퐁 퐁	자연퐁	세이프

으로 전환한 것으로 해석할 수 있다.

최근에는 정보기술의 발전 덕분에 고객 개개인을 위한 맞춤 상품을 제공하는 것이 일부 상품 카테고리에서 가능해지고 있다. 각자가 원하는 곡만을 수록한 앨범을 제작한다든지, 인터넷 포탈의 마이페이지 같은 것들이 좋은 예이다. 이러한 현상을 **대량 개별화**(mass customization)라고 부르는데, 아직은 일부 상품 카테고리에서만 실현되고 있다.

대량 개별화
고객 개개인을 위한 맞춤상품을 대량으로 제공하는 것

2. 시장세분화의 효과

시장세분화는 현대 마케팅의 핵심이라고 일컬어질 정도로 시장세분화를 하지 않고 마케팅 계획을 수립하는 것은 거의 생각할 수 없게 되었다. 그 이유는 시장세분화가 다음과 같은 세 가지 효과를 가져오기 때문이다.

(1) 경쟁우위 확보

시장세분화의 핵심은 하나의 상품보다는 여러 개의 상품을 내놓는 것이 고객 욕구를 더 잘 충족시킬 수 있다는 데에 있다. 그러므로 **경쟁자보다 한 발 앞서 세분시장 마케팅을 하는 기업은 경쟁우위를 확보할 수 있다.** 앞서 언급한 포드와 GM의 사례가 이를 잘 보여준다.

(2) 마케팅 기회의 발견

시장세분화를 하면 하지 않는 경우에 비하여 고객들의 욕구를 보다 잘 이해할 수 있기 때문에, **자칫하면 눈에 띄지 않았을 마케팅 기회를 더 잘 발견할 수 있다.** 이것을 지게차 시장의 예를 통하여 설명하기로 한다. 세계적인 중장비 메이커인 클라크는 브라질시장을 대상으로 자동변속기를 장착한 지게차를 내놓는

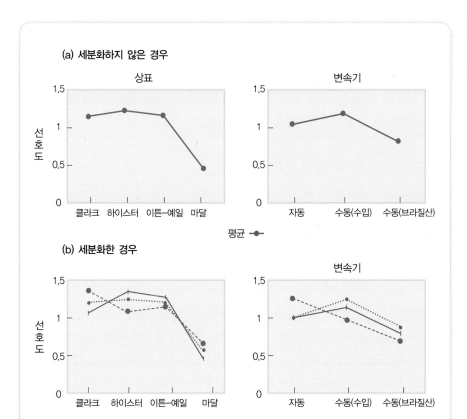

그림 6-2

지계차 시장의 마케팅
조사 결과[1]

(a) 세분화하지 않은 경우

상표

변속기

평균 ●

(b) 세분화한 경우

변속기

―― 대규모 고객   ……● 중간규모 고객   ―●― 소규모 고객

것이 전망이 얼마나 밝은지를 조사하기 위하여, 컨설팅 회사에 마케팅 조사를 의뢰하였다. 지계차의 구매자는 기업들이므로, 약 100여 개의 기업들을 대상으로 조사가 실시되었다. 조사결과는 [그림 6-2]에 나와 있다.

여기서 Y축은 여러 가지 상표와 변속기에 대한 선호도를 각각 나타낸다. [그림 6-2a]는 응답 기업들을 세분화하지 않고 전체 평균을 구한 것을 보여주는데, 응답 기업들은 클라크보다는 하이스터와 이튼-예일을 더 선호하고, 예상 밖으로, 자동변속기보다 수동변속기(수입)를 더 선호하는 것으로 나타났다. 이 결과만을 보면, 클라크가 자동변속기를 개발해서 지계차에 장착하는 것은 전망이 별로 밝아보이지 않는다.

그러나 [그림 6-2b]와 같이 응답 기업들을 지계차 보유 대수에 따라 소규모(1~2대 보유), 중간 규모(3~6대 보유), 대규모(7대 이상 보유)로 세분화한 결과, 소규모 기업들은 다른 기업들과는 달리 상표 중에서는 클라크를, 변속기 중에서

1 이유재 · 박찬수(역), 신상품마케팅 (시그마프레스, 1995), p. 345.

는 자동변속기를 가장 선호하는 것으로 나타났다. 즉, 자동변속기를 장착한 클라크 지게차는 이들 소규모 기업들의 욕구를 가장 잘 충족시킬 수 있을 것이다. '평균적인 고객'만 봐서는 발견되지 않았을 중요한 기회가 세분시장 수준에서는 발견된 것이다. 뿐만 아니라, **마케팅 노력을 유망한 세분시장에 집중함으로써, 효율적이고 효과적인 마케팅을 할 수 있다.**

(3) 차별화를 통한 가격경쟁 완화

세분시장 마케팅을 하면 고객욕구를 보다 잘 충족시킬 수 있을 뿐만이 아니라, 소모적인 가격경쟁의 정도를 약화시킬 수 있는 전략적인 이점도 거둘 수 있다. [그림 6–3]을 보면 이를 쉽게 이해할 수 있다.

진통제 소비자 가운데 절반 정도는 빠른 진통효과가 무자극성(즉, 위에 자극을 주지 않는 것)보다 더 중요하다고 생각하고, 나머지 절반 정도의 소비자들은 그 반대라고 가정하자. 진통효과를 중요시하는 집단을 세분시장 1, 무자극성을 중요시하는 집단을 세분시장 2라고 부르자. 세분시장 1에 속하는 사람들은 가끔 극심한 두통을 겪기 때문에 다소 부작용이 있더라도 반드시 이를 해소하고자 하는 사람들일 것이고, 세분시장 2에 속하는 사람들은 만성적인 통증 때문에 진통제를 자주 복용하므로 부작용에 대하여 신경을 많이 쓰는 사람들일 것이다.

그러나 고객의 욕구를 세분시장 수준에서 보지 않고 전체 수준에서 본다면 심각한 잘못을 범하게 된다. 왜냐하면 두 세분시장의 욕구의 평균을 구하면,

2 이유재 · 박찬수(역), *신상품마케팅* (시그마프레스, 1995), p. 341.

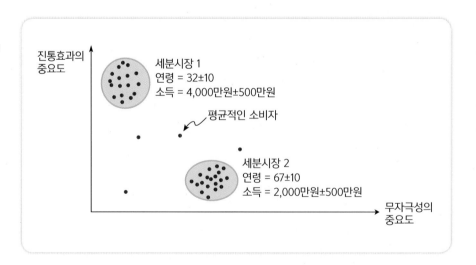

그림 6–3

진통제 시장의 세분화[2]

'평균적인 소비자'는 무자극성과 진통효과를 엇비슷하게 중요시하는 것으로 나오기 때문이다. 따라서 이 제약회사는 무자극성과 진통효과를 엇비슷하게 만든 진통제를 하나 내놓는 것이 최선이라고 결론 내리게 된다. 그런데 진통효

과를 빠르게 하려면 부작용이 많아지고, 부작용을 줄이려면 진통효과가 약해지므로, 이렇게 '평균적인 소비자'에 맞춘 진통제는 진통효과도 그저 그렇고 무자극성도 그저 그런 진통제가 되기 싶다.

그런데 더 심각한 문제는, 이 제약회사의 경쟁자도 똑같은 결론을 내릴 경우에 발생한다. 두 회사는 '평균적인 소비자'에 맞춘 거의 비슷한 진통제를 내놓게 되므로, 차별화가 미흡하여 치열한 가격경쟁을 벌이게 되고, 결과적으로 이익이 크게 줄어들게 될 것이다.

그러나 만약 한 제약회사는 세분시장 1을 표적으로 하여 진통효과를 높인 진통제를 내놓고, 다른 회사는 세분시장 2를 표적으로 하여 무자극성을 높인 진통제를 내놓는다면, 두 회사는 **동일한 소비자를 놓고 직접 경쟁하지 않아도 되므로 가격경쟁이 줄어들고**, 각자 자신의 표적시장에서 어느 정도 독점적인 지위를 누리게 되므로(이것을 **국지적 독점**(local monopoly)이라고도 부른다) 가격을 올려받을 수 있기 때문에, 수익성이 높아질 것이다.

이러한 효과는 **특히 규모가 작은 중소기업들에게 중요하다.** 중소기업들은 대기업들이 관심을 갖고 있지 않은 세분시장에 집중함으로써, 대기업들과의 직접경쟁을 피하고 장기적인 생존과 성장을 이룩할 수 있다. 우리나라에 제대로 된 빅사이즈 여성 의류가 없다는 사실에 착안하여, 상의 77~130, 하의 32~44까지 빅사이즈에 적합한 패턴을 개발하고 옷을 생산, 판매하고 있는 크레빅이 좋은 예이다. 이러한 전략을 **틈새 마케팅**(niche marketing)이라고 부른다.

이온음료 시장을 양분해온 게토레이와 포카리스웨트는 시장세분화를 통하여 직접적인 경쟁을 최소화할 수 있었다. 게토레이는 격렬한 운동 후에 마시는 용도에, 포카리스웨트는 일상적으로 마시는 용도에 초점을 맞추어 왔기 때문이다.

틈새 마케팅
규모가 작은 세분시장에 집중하여 마케팅하는 것

2 **시장세분화의 방법**: 비슷한 욕구를 가진 고객들을 찾아서 하나로 묶어라

1. 데이터 수집

세분시장 마케팅을 하려면 고객 행동변수와 고객 특성변수에 대한 데이터가 필요하다. **고객 행동변수**란 고객의 구매행동과 밀접한 관련이 있는 변수들을 가리킨다. 예를 들어, 추구편익, 사용상황, 사용량, 상표애호도 등이다. **고객 특성변수**란 고객이 누구인지를 나타내 주는 변수들을 가리킨다. 예를 들어, 인구통계적 변수(연령, 성별, 소득, 직업 등)와 심리분석적 변수(라이프스타일, 성격 등) 등이다.

세분시장이란 욕구가 비슷한 사람들을 하나의 집단으로 묶은 것이므로, 세분시장을 찾으려면 고객 행동변수를 사용하여야 한다. 고객 행동변수는 구매행동과 밀접한 관련이 있는 변수이므로 누가 비슷한 욕구를 갖고 있고, 누가 다른 욕구를 갖고 있는지를 가려내는 데 효과적이다. 그러나 시장을 세분화하였다고 해서 곧바로 세분시장 마케팅을 할 수 있는 것은 아니다. 고객 특성변수를 이용하여 각 세분시장을 구성하는 고객들이 누구인지를 파악해야 효율적으로 이들에게 접근할 수 있는 것이다.

예를 들어, 치약 구매자들을 대상으로 고객 행동변수인 추구 편익을 조사했더니, 구매자들 중에 40%는 충치예방 편익을, 30%는 잇몸질환 예방 편익을, 30%는 미백 효과를 가장 중요하게 생각하는 것으로 나타났다고 하자. 이를 기초로 마케터는 충치예방 편익을 중시하는 세분시장을 타겟으로 치약을 내놓기로 했다고 가정하자. 그런데 이 치약을 효율적으로 판매하려면, 충치예방을 중요하게 생각하는 사람들이 누구인지를 알 필요가 있다. 예를 들어, 광고를 하려면 즐겨보는 TV 프로그램 혹은 자주 이용하는 소셜 미디어가 무엇인지를 알아야 하고, 가격을 결정하려면 소득수준에 대한 정보가 필요하다. 또 유통을 시키려면 거주지역에 대한 정보도 필요하다.

고객 행동변수
고객의 구매행동과 밀접한 관련이 있는 변수

고객 특성변수
고객이 누구인지를 나타내 주는 변수

그림 6-4

시장세분화의 절차

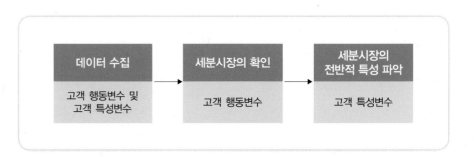

데이터 수집	세분시장의 확인	세분시장의 전반적 특성 파악
고객 행동변수 및 고객 특성변수	고객 행동변수	고객 특성변수

	소비자	조직 구매자	
고객 행동변수 (일차적 역할)	추구편익 사용상황 사용량 상표애호도 또는 태도 고객생애가치 반응단계	추구편익 용도/산업/기술/주문의 긴급성 사용량/주문량 애호도/거래 관계 고객생애가치 구매방식(리스/입찰/시스템 구매 등)	**표 6-2** 세분화에 이용되는 고객 행동변수와 특성변수
고객 특성변수 (이차적 역할)	인구통계적 변수 　연령/성별/소득/직업/지역 　가족생활주기/가족의 크기 　교육수준/사회계층 심리분석적 변수 　라이프스타일 　성격	입지 규모 구매의사결정의 집중화 정도 조직의 성향(5장 참조)	

그러므로 고객 행동변수는 세분화의 기준변수가 됨으로써 일차적인 역할을 하고, 고객 특성변수는 이렇게 발견된 세분시장의 전반적인 특성을 알려줌으로써 이차적인 역할을 한다. 고객 행동변수와 고객 특성변수들에 대한 데이터는 (잠재) 구매자들을 대상으로 한 설문조사로 수집된다(설문조사 방법은 13장에서 배운다). 앞에서 나왔던 [그림 6-3]은 이를 잘 보여준다. 진통제 소비자들을 대상으로 한 설문조사 결과는 진통제 시장을 빠른 진통효과를 중시하는 집단(세분시장 1)과 부작용이 적은 것을 중시하는 집단(세분시장 2)으로 나누어 볼 수 있다는 것을 보여준다. 그리고 각 세분시장에 속하는 소비자들의 연령과 소득 분포도 보여준다. 마케터가 세분시장 1을 타겟으로 진통제를 내놓는다면, 30대 전후에 4,000만원 전후의 소득을 올리는 소비자들을 대상으로 마케팅을 해야 한다.

여러분 중에는 기업들이 인구통계적인 변수를 갖고 시장세분화를 한다고 생각했던 사람들이 있을 것이다. 기업들이 자사의 신상품이 'MZ 세대를 타겟으로 한다' 또는 '베이비부머를 타겟으로 한다'라고 밝히는 경우가 많기 때문이다. 그러나 그렇다고 해서 이 기업들이 인구통계적인 변수를 기준으로 시장을 세분화했다는 뜻은 아니다. 위의 진통제 시장 예에서 마케터는 30대 전후에 4,000만원 전후의 소득을 올리는 소비자들을 타겟으로 마케팅을 하지만, 이 마케터가 처음부터 연령이나 소득을 기준으로 시장을 세분화한 것은 아니다.

과거에 인구통계적인 변수들은 어떤 세분시장에 속하는 (잠재) 구매자들의 특성을 파악하는데 중요한 역할을 하였다. TV나 신문 같은 매체들이 시청자나 독자의 인구통계적인 특성을 조사하여 광고주(즉, 광고를 하는 기업)들에게 제공해 왔기 때문이다. 위의 진통제 예에서 30대 전후의 소비자들에게 마케팅을 하기 위하여 이 연령대의 소비자들이 즐겨 보는 TV 프로그램이나 신문에 광고를 실을 수 있었다. 그러나 오늘날에는 기술의 발전으로 인구통계적인 변수에 의존하지 않고서도 특정한 상품에 관심을 갖고 있는 사람들에게 직접 광고를 집행할 수 있다. 예를 들어 페이스북 같은 소셜 미디어에서는 비슷한 관심사(예: 환경, 채식, 반려동물 등)를 가진 사용자들에게만 광고를 내보낼 수 있다.

원리 6-1

고객행동변수를 이용하여 시장을 세분화하라.

이제 고객 행동변수들이 세분시장 마케팅에 어떻게 이용될 수 있는지를 좀 더 자세히 알아보자.

(1) 추구편익

고객들이 상품으로부터 추구하는 편익을 기준으로 시장을 세분화하는 것은 매우 유용한 방법이다. 특히 신상품을 개발할 때 유용한 지침을 제공해 준다. 앞서 나온 LG생활건강의 주방세제, 클라크의 지게차, 진통제 모두 편익을 기준으로 시장을 세분화하고 있다.

(2) 사용상황

고객들은 대개 어떤 용도를 염두에 두고 상품을 구입한다. 게토레이는 운동 후에, 포카리 스웨트는 일상적으로 마시는 상황에 초점을 맞추고 있고, 와인은 양식에 타겟을 맞추고 있다.

(3) 사용량 또는 사용여부

고객들을 사용량에 따라 세분화하면, 대개의 경우 소수의 대량 사용자들이 상품 소비량의 대부분을 차지하는 현상을 발견할 수 있다. 이것을 **80/20의 법칙**(**80/20 rule**)이라고 부른다. 즉, 80%의 소비량을 20%의 고객들이 차지한다는 뜻에서 나온 말이다.[3]

대량 사용자의 욕구와 소량 사용자의 욕구는 많은 차이점을 갖고 있으므로 마케팅 믹스를 달리 하여야 한다. 예를 들어, 대량 사용자들은 소량 사용자들에 비하여 일반적으로 가격에 민감하므로, 이동전화 서비스 업체들은 대량 사용자

---

3 1장에서는 '80/20의 법칙'을 상위 20%의 고객이 80%의 성과를 창출한다는 뜻으로 사용하였으나, 여기서는 상위 20%의 고객이 80%의 소비량을 차지한다는 뜻으로 사용하였다. '80/20의 법칙'은 원래 80%의 결과를 20%의 원인이 차지한다는 의미를 갖고 있기 때문에 다양한 상황에 적용될 수 있다.

들을 위하여 기본료는 비싸지만 통화료가 낮은 요금제를 내놓고 있다. 또한, 해당 상품을 전혀 사용하지 않는 사람들도 그냥 지나쳐서는 안된다. 이들을 사용자로 만드는 것을 2장에서 시장개발전략이라는 이름으로 다루었다.

(4) 상표 애호도

상표 애호도(brand loyalty)란 어떤 상표를 계속적으로 구매하려는 성향을 가리킨다. 우리는 1장에서 기존 고객들의 애호도를 높이는 것이 왜 중요하며, 애호도를 어떻게 높일 수 있는지를 살펴보았다. 마케터는 자기 상표에 대하여 높은 애호도를 갖고 있는 사람들의 경우에는 애호도를 계속 높게 유지하고, 낮은 애호도를 갖고 있는 사람들의 경우에는 애호도를 높이거나, 아니면 단발적이라도 자기 상표를 구매하도록 유도하여야 한다.

예를 들어, 대규모 아파트 단지 속에 자리잡은 패스트 푸드 레스토랑이 아파트 주민들에게 할인쿠폰을 뿌리는 경우를 생각해보자. 이 단지에 사는 사람들은 제값을 다 내면서도 이 레스토랑을 애용할 가능성이 높지만(즉 애호도가 높지만), 멀리 떨어진 곳에 사는 사람들은 이 레스토랑에 올 가능성이 낮은 사람들이다(즉, 애호도가 낮은 사람들이다). 그러므로 할인쿠폰을 무차별적으로 뿌리는 것보다는 일정 거리 이상 떨어진 곳에만(즉, 애호도가 낮은 지역에만) 뿌리는 것이 바람직할 것이다.

(5) 고객생애가치

회사가 어떤 고객으로부터 얻는 이익흐름의 현재가치를 **고객생애가치**(customer lifetime value)라고 부른다는 것은 1장에서 이미 설명하였다. 애호도가 높은 고객이 반드시 생애가치도 높은 것은 아니다. 가령, 자주 구매하기는 하지만 한 번에 구매하는 액수가 작을 수도 있고, 단골이라는 이유로 과도한 가격 할인을 요구할 가능성도 있다. 그러므로 마케터는 생애가치에 따라 고객들을 분류하고 생애가치가 높은 집단의 애호도를 높이도록 마케팅 활동을 펴나가야 한다. 예를 들어, 어느 은행의 지점장은 명절 때마다 작은 선물을 들고 'VIP 고객'의 집을 직접 돌아다니면서 깍듯한 인사말과 함께 전달함으로써, 적은 비용을 들이고도 생애가치가 높은 집단의 애호도를 높이는 효과를 거두고 있다.

(6) 반응단계

어떤 회사가 어떤 시장에 진입하여 상당 기간 동안 마케팅을 한 다음, 그 시장의 구매자들을 대상으로 조사를 해보면 적지 않은 차이를 발견할 수 있다.

그림 6-5

Marketing Funnel의 예

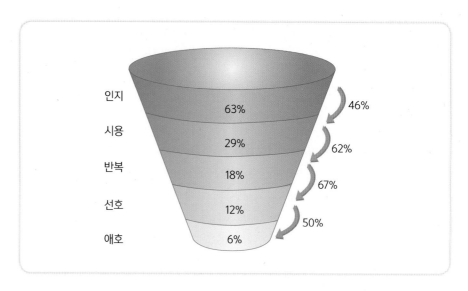

인지 　63%　　46%

시용 　29%　　62%

반복 　18%　　67%

선호 　12%　　50%

애호 　6%

예를 들어, 아직도 그 회사의 존재를 모르는 사람이 있는가 하면, 그 회사의 상품을 한 번 써보고 다시는 안쓰는 사람도 있고, 자주 구매하는 사람도 있을 수 있다. 이를 **반응단계**(response hierarchy)라고 부르며, 어떤 시장의 구매자들을 세분화하는 기준으로 삼을 수 있다.

마케터는 각 단계가 차지하는 비율을 조사한 결과를 [그림 6-5]와 같은 깔때기(funnel) 모양의 그림으로 나타내곤 한다. [그림 6-5]를 보면, 63%의 소비자가 브랜드 A의 존재를 알고 있으나(인지), 이 중 46%인 29%만이 이 브랜드를 한 번이라도 구매한 적이 있고(시용), 그 중에서 62%인 18%만이 이 브랜드를 가끔씩 구매하고 있으며(반복), 이 중에서 67%인 12%만이 이 브랜드를 경쟁 브랜드들 중에서 가장 자주 구매하고 있고(선호), 그 중 50%인 6%가 오직 이 브랜드만을 구매하고 있음(애호)을 보여준다. 이 그림에서 인지에서 시용으로 전환되는 비율(즉, 46%)이 상대적으로 낮기 때문에, 여기가 마케팅에 있어서 '병목'(bottleneck)일 가능성이 높다. 그러므로 이 마케터는 시용률이 낮은 원인을 파악하고 해결 방법을 마련하여야 할 것이다.

2. 세분시장 확인

고객 행동변수를 이용하여 세분시장을 확인하는 방법에는 여러 가지가 있지만, 기준이 되는 고객 행동변수가 불연속적인지 아니면 연속적인지에 따라 크게 두 가지 방법으로 나누어 볼 수 있다.

(1) 기준변수가 불연속적인 경우: 교차 테이블 분석(cross-tabular analysis)

기준변수가 자연히 몇 개의 범주(category)로 나누어질 때, 우리는 이것을 불연속적인 변수라고 부른다. 예를 들어, 와인의 사용상황은 '가정에서', '친구나 동료들과의 회식자리에서', '손님접대 자리에서'와 같이 몇 개의 범주로 나누어 볼 수 있다. 성격상 연속적인 변수라도 나중에 몇 개의 범주로 묶어서 사용한다면 불연속적인 변수라고 볼 수 있다. 예를 들어, 와인의 음용량을 측정하기 위하여 '한 달에 몇 병이나 마십니까?'라고 묻는다면 연속적인 변수가 되지만, 응답결과를 '0~1병 미만', '1병 이상~2병 미만', '2병 이상'으로 묶어버리면 불연속적인 변수가 된다.

어느 조미료 회사에서는 1,004명의 소비자들을 대상으로 조미료 사용량과 상표 애호도를 조사하여 다음과 같이 교차 테이블을 작성하였다.[4] 〈표 6-3〉에서 각 셀(cell)에 기재된 숫자는 소비자들의 수를 나타낸다. 예를 들어, 81명의 소비자들이 조미료의 대량 사용자이면서 동시에 이 상표에 대하여 높은 애호도를 갖고 있다. 그리고 괄호 안에 기재된 숫자는 행을 기준으로 한 퍼센티지와 열을 기준으로 한 퍼센티지를 나타낸다. 예를 들어, 이 상표에 대하여 높은 애호도를 갖고 있는 소비자들 중 27%가 대량 사용자이고, 대량 사용자 중 31%가 이 상표에 대하여 높은 애호도를 갖고 있다.

마케터가 제일 먼저 할 일은 조미료 사용량과 상표 애호도 사이에 관계가 있

	대량 사용자	중간 사용자	소량 사용자	합 계
높은 애호도 (행 %) (열 %)	81 (27%) (31%)	144 (48%) (31%)	74 (25%) (26%)	299 (30%)
중간 애호도 (행 %) (열 %)	97 (38%) (38%)	115 (45%) (25%)	45 (18%) (16%)	257 (26%)
낮은 애호도 (행 %) (열 %)	35 (13%) (14%)	108 (40%) (23%)	127 (47%) (45%)	270 (27%)
비사용자 (행 %) (열 %)	45 (25%) (17%)	96 (54%) (21%)	37 (21%) (13%)	178 (18%)
합 계	258 (26%)	463 (46%)	283 (28%)	1004

표 6-3

조미료 소비자들의 세분화

---

4 Donald R. Lehmann and Russell S. Winer, *Product Management* (McGraw-Hill, 2005), p. 169 일부 수정.

는지를 확인하는 것이다. 만약 관계가 없다면, 굳이 두 개의 변수를 교차하여 테이블을 만들 필요가 없이, 한 개의 변수만으로 테이블을 만들어도 충분할 것이다. 교차 테이블의 두 변수가 통계적으로 의미있는 관계를 갖고 있는지를 테스트하려면 카이 스퀘어(χ^2) 테스트라는 것을 이용하여야 한다.[5] 〈표 6-3〉에 카이 스퀘어 테스트를 적용시키면, 두 변수 사이에는 유의한 관계가 있음을 발견할 수 있다.

다음으로 마케터가 할 일은 각 세분시장의 특성을 이해하는 것이다. 예를 들어, 올해의 마케팅 전략이 중간 사용자 집단 내에서 시장점유율을 높이는 것이라고 가정하자. 〈표 6-3〉의 데이터는 중간 사용자 중 21%가 이 조미료를 전혀 사용해 본 적이 없다는 것을 보여주므로, 시용구매(trial purchase)를 유도하기 위하여 비사용자 집단을 대상으로 샘플이나 할인쿠폰을 배포할 필요가 있음을 알 수 있다. 그리고 샘플이나 할인쿠폰을 어느 지역에 어떤 방법으로 배포하는 것이 효율적인지를 파악하기 위하여, 비사용자 집단의 인구통계적 또는 심리분석적 특성을 조사하여야 한다.

(2) 기준변수가 연속적인 경우: 군집분석(cluster analysis)

기준변수가 불연속적이지 않은 경우에는 군집분석이라고 불리는 통계적인 분석방법을 사용하여 세분시장을 발견할 수 있다. 예를 들어, 앞서 진통제 시장의 세분화를 보여준 [그림 6-3]을 보면, 이 그림의 왼쪽 위와 오른쪽 아래에 많은 소비자들이 몰려 있고 그 중간에는 거의 없으므로, 첫눈에 소비자들을 두 개의 집단으로 묶을 수 있다는 것을 알 수 있다.

세분화의 기준변수가 두 가지 뿐이라면 고객들을 [그림 6-3]과 같이 도면에 표시하고 눈으로 세분시장을 확인할 수 있지만, 세 가지 이상이 되면 불가능해진다. 이런 경우에는, 컴퓨터로 하여금 고객들간의 거리를 계산하여 가까이에 있는 고객들을 하나의 집단으로 묶어나가도록 할 수 있는데, 이것을 **군집분석** (**cluster analysis**)이라고 부른다. 군집분석을 하기 위한 컴퓨터 프로그램은 SPSS나 SAS와 같은 통계 패키지에 포함되어 있다.[6]

군집분석을 이용하여 세분시장들을 발견한 다음에는 각 세분시장에 속한 구매자들의 인구통계적 또는 심리분석적 특성들을 파악하여야 한다. [그림 6-3]을 보면 두 개의 세분시장간에는 연령과 소득수준에 차이가 있다는 것을 알 수 있다. 그러므로 이 회사가 부작용을 줄인 진통제를 마케팅하려면 노년층을 타겟으로 삼아야 한다.

군집분석
다양한 특성을 지닌 대상들을 동질적인 집단으로 분류하는 데 이용되는 기법

---

5 카이 스퀘어 테스트에 대한 설명은 기본적인 통계학 교과서를 참조하시오.
6 군집분석에 대한 보다 자세한 설명은 이 장 끝의 [더 읽어 볼 거리]를 참조하시오.

	초우량회원	우량회원
• 사용행동 　월평균 사용금액 　월평균 카드 이용횟수 　최근 1년 동안 연체비율	460~730만원 20회 이상 0.6%	160~460만원 10~20회 0.6~10%
• 인구통계적 특성 　연령 　직업 　성별 　거래기간	40대 이상이 47% 국가기관, 국영기업체, 교육 기관, 자영업의 비중 높음 남자가 84% 3년 이상이 80%	40대 이상이 30% 제조업 및 기타 업종의 비중 높음 남자가 75% 3년 이상이 72%

표 6-4

어느 신용카드 회원들의
세분시장별 특성

3. 세분시장의 전반적 특성 파악

이미 앞에서 여러 번 강조한 것처럼, 고객 행동변수를 이용하여 세분시장을
확인한 다음에는, 각 세분시장에 속한 고객들의 인구통계적 또는 심리분석적
특성을 파악하여야 한다. 예를 들어, 우리나라의 어느 신용카드 회사는 자기 회
사의 고객들을 카드 사용 행동을 기준으로 초우량회원, 우량회원, 일반회원, 이
탈위험회원의 네 가지로 세분화한 다음, 각 세분시장의 특성을 파악하였다. 그
중에서 초우량회원과 우량회원의 특성을 나타내면 〈표 6-4〉와 같다. 이 카드
회사는 초우량회원이나 우량회원의 인구통계적 특성과 부합되는 사람들을 집중
적으로 신규회원으로 끌어들임으로써, 카드 사업의 수익성을 높일 수 있다.

4. 효과적인 시장세분화가 되기 위한 조건

지금까지 우리는 시장세분화의 3단계 절차에 대하여 알아보았다. 다양한 고
객 행동변수들이 시장세분화의 기준으로 사용될 수 있기 때문에, 다양한 방법
으로 시장을 세분화할 수 있다. 그러나 **시장을 세분화했다고 해서 무조건 마케팅
계획을 수립하는 데 유용한 정보를 얻을 수 있는 것은 아니다.**

시장세분화가 유용하려면, 첫째, 기준변수를 올바르게 선택하는 것이 중요하
다. 기준변수를 올바르게 선택하려면 일반적으로 해당 시장에 대하여 상당한
지식과 경험을 갖고 있어야 한다. 그런데 다행스러운 것은, 아주 새로운 상품을
제외하고는 어떤 변수를 세분화의 기준으로 하는 것이 유용한지가 대개 알려져
있으므로, 완전히 백지상태에서 세분화의 기준변수를 선택해야 하는 경우는 많
지 않다. 둘째, 세분시장이 다음과 같은 조건들을 충족시킬 수 있으면 바람직하
다. 그러나 이 조건들을 충족시키지 못한다고 해서 시장세분화의 결과가 완전
히 쓸모없어지는 것은 아니며, 단지 유용성이 적어질 뿐이다.

▶ 측정가능성

세분시장의 크기, 구매력, 기타 특성들을 측정할 수 있어야 한다.

▶ 규모

세분시장이 너무나 작아서는 안된다. 즉, 그 세분시장만을 타겟으로 마케팅 활동(예: 신상품 개발, 광고, 판매촉진 등)을 해도 이익이 날 수 있을 정도의 규모를 갖고 있어야 한다. 가령, 우리나라에서 발 크기가 300mm 이상의 사람들을 위한 신발가게를 여는 것은 무모한 일일 것이다.

▶ 접근가능성

세분시장에 속하는 고객들에게 효과적이고 효율적으로 접근할 수 있어야 한다. 즉, 고객들이 어떤 매체를 주로 보는지 또는 고객들이 주로 어느 지역에 사는지 등과 같은 정보를 알고 있어야 한다. 이러한 정보가 없거나 세분시장의 규모가 작아서 대중매체로 접근하기가 어려운 경우에는, 해당 세분시장에 속하는 사람들이 모이는 온라인 커뮤니티가 있는지를 찾아보는 것도 좋은 방법이다.

▶ 세분시장내 동질성과 세분시장간 이질성

같은 세분시장에 속한 고객들끼리는 최대한 비슷하여야 하고, 서로 다른 세분시장에 속한 고객들끼리는 최대한 달라야 한다. 예를 들어, [그림 6-3]에서 세분시장 1과 2 사이에 있는 4명의 고객들을 세분시장 1에 억지로 포함시키면, 세분시장 1에 속한 고객들의 동질성이 약해지고, 세분시장 1과 세분시장 2 사이의 이질성도 약해진다. 그러므로 이 4명의 사람들은 어느 세분시장에도 속하지 않은 상태로 내버려 두는 것이 낫다.

5. 시장세분화는 언제나 바람직한가?

지금까지 우리는 시장세분화가 왜 필요하며 어떻게 하는 것인지 알아보았다. 시장세분화는 현대 마케팅의 핵심이라고 할 정도로 거의 모든 기업들이 채택하고 있는 중요한 개념이다. 그러나 '예외 없는 규칙이 없다'는 말이 있듯이, 시장세분화에도 예외가 없을 수 없다. 이 절에서는 이러한 예외들을 알아보기로 하자.

(1) 혁신적인 신상품의 경우에는 시장세분화가 시기상조일 수 있다

헨리 포드는 소비자들의 욕구가 다양해지고 있음에도 불구하고 이를 무시하고 너무 오랫동안 한 가지 모델만을 고집하다가 회사를 위기에 몰아넣었지만, 사실 자동차 시장이 형성된 초기에는 대부분의 소비자들이 단지 차를 갖고 싶어 했기 때문에 검은색 일변도의 모델 T 하나만을 갖고도 포드 자동차는 소비자들의 욕구를 충족시키고 한동안 승승장구할 수 있었다. 휴대폰 단말기 시장에서도 초창기에는 메이커들은 한두 가지의 모델(색깔은 모두 검은색!)만 갖고도 충분히 경쟁할 수 있었다.

고객의 욕구가 충분히 형성되기도 전에 너무 일찍 앞서서 세분시장 마케팅을 시도하면 실패를 경험할 수 있다. 예를 들어, 미국 시장에서 다이어트 콜라가 첫선을 보인 것은 1952년 커쉬 노캘 콜라(Kirsch's No-cal cola)가 나온 때였지만, 너무 일찍이어서 판매부진으로 실패하였고, 그 후 30년이 지난 후 다이어트 코크(Diet Coke)가 나오면서 다시 빛을 볼 수 있었다.

(2) 지나친 세분시장 마케팅은 수익성을 악화시킬 수 있다

[그림 6-3]에서와 같이 진통제 시장을 두 개의 세분시장으로 나눌 수 있다면, 제약회사는 반드시 두 가지의 진통제를 내놓아야 할까? 이것은 각 세분시장의 규모, 추가되는 비용(개발비용, 생산비용, 재고비용, 마케팅비용 등), 유통업자의 반응, 경쟁상황 등에 달려 있다. 일반적으로 다수의 세분시장에서 마케팅을 하면 할수록 매출액이 높아지지만 그와 함께 비용도 높아지므로, 수익성에 반드시 좋은 영향을 미치는 것만은 아니다.

(3) 도전자는 역세분화를 하는 것이 바람직할 수도 있다

지나친 세분화는 회사의 수익성에 악영향을 미칠 수 있을 뿐만이 아니라, 고객이 선택하기 어렵게 만들어서 불만이나 불편을 초래할 수 있다. 치약 메이커들은 전통적으로 치약 시장을 추구 편익에 따라 충치 예방, 미백, 입냄새 억제 등으로 세분화하고 각 세분시장을 타겟으로 한 치약 제품들을 다양하게 내놓고 있었다. 그런 가운데 토탈 케어(즉, 여러가지 편익들을 한꺼번에 제공하는 것)를 표방하는 페리오 토탈7이나 2080 시그니처토탈 같은 제품들도 내놓고 있다.

이와 같이 세분화된 시장을 통합하여 여러 세분시장에 동시에 어필할 수 있는 상품을 내놓는 것을 **역세분화**(counter-segmentation)라고 부른다. **역세분화는 시장에서 점유율이 높은 회사보다는 점유율이 낮은 회사들에게 적합한 방법이다.** 점유율이 높은 회사는 이미 철저하게 시장을 세분화하여 각 세분시장에서 확고부동한 위치를 차지하고 있으므로, 경쟁자보다 먼저 역세분화를 해서 이러한 유리한 구도를 허물어버릴 이유가 별로 없다. 더구나, 역세분화를 하면, 자기회사 상품의 판매를 잠식할 위험도 크다. 그러나 점유율이 낮은 회사들은 기존의 구도하에서 획기적인 변화를 가져오기 힘들다고 판단하게 되면, 역세분화를 통하여 시장을 흔들어볼 이유가 충분하다.

역세분화
세분화된 시장을 통합하여 여러 세분시장에 동시에 어필할 수 있는 상품을 내놓는 것

기초화장품, 메이크업 베이스, 재생크림, 자외선차단제를 하나로 묶어서 선풍적인 인기를 모은 한스킨의 BB 크림도 역세분화의 좋은 예이다.

저가 시장을 타겟으로 해서 성공하려면?
사우스웨스트 항공(Southwest Airlines)

어느 시장을 보든지 가격을 중시하는 세분 시장. 즉 저가(低價) 세분 시장은 존재하고 그 규모도 상당히 크기 때문에 여러 회사들이 뛰어들곤 하지만 대부분 실패하고마는 '악명 높은' 시장이다. 미국의 항공 시장에서 저가 항공사로서 장기적인 성공을 거두고 있는 회사는 1971년에 설립된 사우스웨스트 항공이 유일하다. 이 회사의 성공 비결은 첫째, 저가 항공사로 성공하기 위해서는 확실한 원가 우위가 필요하며, 이를 위해서는 다른 항공사들이 하는 방식을 그대로 따라하지 말고 자신만의 비즈니스 모델을 가져야 한다는 점을 깨닫고 있었다는 것과 둘째, 원가를 낮추기 위해서 고객들이 정말로 중요하게 생각하는 것을 희생해서는 안 된다는 점을 깊이 인식하고 있었다는 것이다.

이 회사는 저가 시장의 여행자들이 매우 중요하게 생각하고 있는 정시출발 및 정시도착에서 앞서 나가기로 하였고, 실제로 이 회사는 이 부분에 있어서 강점을 갖고 있었다. 대형 항공사들은 허브 앤 스포크(Hub-and-Spoke) 시스템을 채택하고 있었는데, 이 시스템에서는 거점 공항(보통 대도시에 있는 공항)을 중심으로 노선이 사방으로 뻗어 나가도록 되어 있었다. 따라서 한 중소도시에서 다른 중소도시로 여행하는 사람은 거점 공항까지 와서 비행기를 갈아타고 가야 하는 불편을 겪었고, 거점 공항에 들어오는 비행기가 연착이라도 하면 다른 도시로 떠나는 비행기도 연발해야 하는 문제가 있었다. 그러나 사우스웨

사우스웨스트 항공은 광고에서도 유머감각을 유감없이 발휘하고 있다.

3 표적시장의 선택: 세분시장 매력도, 경쟁우위, 적합성을 고려하라

지금까지 우리는 비슷한 욕구를 가진 고객들을 묶어서 시장을 세분화하는 방법을 살펴보았다. 어떤 상품 시장에서 N개의 세분시장이 발견되었을 때, N개의 세분시장 모두를 타겟으로 삼아서 마케팅을 하는 경우는 흔하지 않다. 그 중의 어느 세분시장은 경쟁자가 아무도 없지만 규모가 너무 작아서 고려의 대상에서 제외되기도 하고, 또 다른 세분시장은 규모는 크지만 강력한 경쟁자가 이미 들어가 있어서 고려의 대상에서 제외되기도 한다. 뿐만 아니라, 우리 회사

스트는 도시와 도시를 직접 연결하는 시스템이었기 때문에 정시에 출발하고 정시에 도착하는 데 유리하였다.

다른 한편으로 이 회사는 저가 시장의 여행자들이 중요하게 여기지 않는 부분들은 원가 절감을 위하여 축소 또는 제거하였다. 기내식과 기내영화가 사라졌고 (이 회사가 대부분 중단거리 노선에만 취항했기 때문에 가능한 일이었음), 여행사를 통한 발권 대신 인터넷을 통한 발권을 실시하여 여행사에 지급하는 수수료를 절감하였다. 또한 특정 도시 부근에 공항이 여러 개가 있을 경우 도심에서 좀 떨어진 (즉, 인기가 없는) 공항에 취항함으로써 공항에 지불하는 취항료도 절감하였다. 물론 이렇게 되면 승객들이 공항에서 내린 다음 도심까지 가는데 시간이 더 많이 걸렸지만 저가 항공의 승객들은 항공 요금이 충분히 싸다면 이런 불편을 감수할 용의를 갖고 있었다. 비행기의 기종을 보잉 737 하나로 단일화한 것도 다른 항공사와 다른 점이었다. 이렇게 단일화함으로써 비행기 정비 비용을 절약할 수 있었고, 비행기 착륙 즉시 다른 노선에 투입할 수 있게 되어 비행기의 가동률도 경쟁사 대비 20~30% 향상시킬 수 있었다.

끝으로 이 회사는 승무원들이 유머를 곁들인 친절한 서비스를 제공하는 것으로도 유명하다. 공동창업자인 허브 켈러허(Herb Kellerher)가 엘비스 프레슬리 복장을 입고 탑승구에 나타나서 깜짝 서비스를 하기도 하였고, 이 회사에 입사하려는 지원자들은 유머 감각을 갖추어야 한다. 승무원이 기내에서 금연이라는 안내 방송을 할 때에도 그냥 하는 것이 아니라 "날개 위에 마련된 라운지에서 마음껏 흡연하시기 바랍니다."라고 유머 감각을 발휘하곤 한다. 이렇게 함으로써 승객들은 사우스웨스트는 단지 싸구려 항공사라는 이미지를 갖지 않게 되었고 경쟁자와 성공적으로 차별화할 수 있었다.

처음에 겨우 3대의 비행기로 3개 도시만을 취항하였던 사우스웨스트는 오늘날 700여 대의 비행기로 107개 도시에 취항하는 세계 최대의 저가 항공사로 성장하였다. 저가 항공사임에도 47년간 연속 흑자를 기록하였을 뿐만 아니라 1987년 이후 승객 1인당 불만 수가 가장 낮은 항공사라는 기록도 보유하고 있다. 사우스웨스트 항공의 사례는 **고객에게 높은 가치를 제공하면서 동시에 원가도 절감할 수 있다면 저가 시장에서도 자신만의 '블루오션'을 개척할 수 있음**을 잘 보여준다.

가 갖고 있는 자원이 충분하지 않다면, 어느 한 개의 세분시장에만 자원을 집중하여 전력투구할 수밖에 없을 것이다.

그러므로 일단 시장을 세분화한 다음에는 발견된 세분시장들을 여러 가지 기준으로 평가하여, 가장 바람직한 한 개 또는 그 이상의 세분시장을 찾아내는 작업이 기다리고 있다. 이렇게 찾아진 세분시장들이 바로 우리의 **표적시장**(target market)이 되는 것이다.

표적시장
기업이 마케팅 노력을
집중하는 시장

표적시장은 다음과 같은 세 가지 조건을 충족시켜야 한다.

▶ 그 세분시장이 높은 매력도를 갖고 있어야 한다.
▶ 그 세분시장에서 경쟁자들보다 높은 경쟁우위를 갖고 있어야 한다.
▶ 그 세분시장에 들어가는 것이 우리의 기업문화, 목표, 기존의 시장 및 마케팅 믹스와 높은 적합성을 갖고 있어야 한다.

세분시장들을 위의 기준에 비추어서 평가하는 방법은 우리가 진입할 시장을

볼보는 광고에서 수십 년 동안 일관되게 안전 한 가지에 집중함으로써 볼보를 안전한 차의 대명사로 포지셔닝하는 데 성공하였다.

포지셔닝
표적시장의 고객의 마음 속에 우리 상품의 차별점을 인식시키는 것

STP
segmentation, targeting, and positioning

선택하기 위하여 시장들을 평가하는 방법과 동일하다(자세한 것은 3장과 4장을 참조하시오). 단지 평가의 대상이 시장 전체(예: 라면 시장)가 되는 것이 아니라 세분시장(예: 매운 맛 라면 시장)이 된다는 점이 다를 뿐이다.

시장세분화와 관련된 개념으로 **포지셔닝**(positioning)이라는 것이 있다. 포지셔닝이란 **표적시장의 고객의 마음 속에 우리 상품의 차별점을 인식시키는 것**을 가리킨다. 예를 들어, 볼보(Volvo)가 자동차 시장을 추구편익을 기준으로 세분화한 결과 안전을 중시하는 세분시장을 표적시장으로 선택하였다고 가정하자. 그러나 그렇게 했다고 해서 이 세분시장에 속하는 소비자들이 저절로 '볼보＝안전한 차'라는 인식을 갖게 되는 것은 아니다. 객관적으로 안전한 차를 만드는 것만으로는 불충분하다. 고객들에게 커뮤니케이션 할 때 오랫동안 일관되게 안전 한 가지에 집중을 해야 '볼보＝안전한 차'라는 등식이 고객의 마음 속에 자리잡을 수 있는 것이다.

어떤 사람들은 시장을 세분화하고 표적시장을 선택한 다음에 포지셔닝을 하고, 이와 일관되게 상품을 개발하고 가격, 촉진, 유통 등에 대한 결정을 해야 한다고 주장한다. 이렇게 시장세분화, 표적시장 선택, 포지셔닝을 잇달아 하는 것을 줄여서 **STP**(segmentation, targeting, and positioning)라고 부르기도 한다. 이렇게 상품, 가격, 촉진, 유통이 포지셔닝과 일관성 있게 진행된다면 이상적이겠지만, 현실에서는 그렇지 않은 경우들이 자주 발생한다. 가령, 세탁력이 탁월한 세탁세제로 포지셔닝하려고 계획했지만, 기술적인 문제 때문에 혹은 경쟁자가 그 사이에 더 나은 세제를 내놓은 바람에 실제로 만들어진 세제는 세탁력에서 전혀 강점을 보유하지 못한 경우가 생길 수 있다. 이런 경우에는 처음에 결정된 포지셔닝은 무위로 돌아가고 새로운 포지셔닝을 모색하지 않으면 안될 것이다. 가령, 이 세제에 첨가된 독특한 향을 차별점으로 끄집어 내서 '향이 좋은 세제'로 포지셔닝할 수 있을 것이다. 이처럼 **포지셔닝은 상품 개발이 끝나고 브랜드 혹은 광고에 대한 결정을 할 때 확정**되는 경우가 많으므로 다른 책들과는 달리 이 책에서는 브랜드(7장)와 광고(9장)를 다룰 때 본격적으로 설명하기로 한다.

이 장에서는 시장세분화와 표적시장 선택을 공부하였다. 세분시장 마케팅은 일대일 마케팅과 매스 마케팅 사이에서 일종의 타협점으로서 이해할 수 있다고 하였다. 세분시장 마케팅을 하는 기업은 매스 마케팅을 하는 기업에 비해 높은 경쟁우위를 확보할 수 있고, 자칫하면 놓쳐버리기 쉬운 마케팅 기회를 발견할 수 있으며, 차별화를 통하여 소모적인 가격경쟁을 완화시킬 수 있는 이점을 누릴 수 있다. 세분시장 마케팅을 효과적이고 효율적으로 하기 위해서는, 먼저 고객 행동변수를 이용하여 시장을 세분화한 다음, 고객 특성변수를 이용하여 세분시장 각각의 전반적인 특성을 파악하여야 한다. 시장세분화의 기준변수가 불연속적인 경우에는 교차 테이블 분석을, 기준변수가 연속적인 경우에는 군집분석을 이용할 수 있다.

시장세분화는 현대 마케팅의 핵심이라고 부를 수 있을 정도로 유용한 개념이지만, 언제나 시장세분화가 가능하거나 바람직한 것만은 아니다. 특히 혁신적인 신상품의 경우에는 아직 구매자들의 욕구가 다양하지 않을 수 있기 때문에 시장을 세분화하는 것이 시기상조일 가능성이 높다. 또, 성숙기에 접어든 시장이라 하더라도 지나친 세분화는 수익성을 악화시킬 수 있다. 도전자의 경우에는 '게임의 규칙'을 뒤바꾸기 위하여 세분시장을 하나로 합치는 역세분화를 시도할 필요도 있다. 여러 개의 세분시장들 중에서 표적시장을 선택하는 과정은 진입할 시장을 선택하는 과정과 비슷하다. 즉, 세분시장의 매력도, 경쟁우위, 그리고 적합성을 기준으로 표적시장을 선택하여야 한다.

1. 군집분석에 대해서는 다음을 참조하시오.

안광호 · 임병훈, *마케팅 조사원론*, 제6판 (창명, 2017).

이학식, *마케팅조사*, 제5판 (집현재, 2021).

이훈영, *마케팅 조사론*, 제4판 (청람, 2013).

PRINCIPLES OF MARKETING

제3부

마케팅
믹스 관리

제 7 장

상품관리

우리가 공장에서 만드는 것은 화장품이지만, 가게에서 파는 것은 희망이다.
– 찰스 렙슨(Charles Revson), 레블론(Revlon) 화장품 창업자

이 세상의 새로운 것들이란 우리가 이미 알고 있는 것들을 결합한 것에 불과하다.
– 조셉 슘페터(Joseph Schumpeter), 오스트리아 경제학자

이 장의 흐름

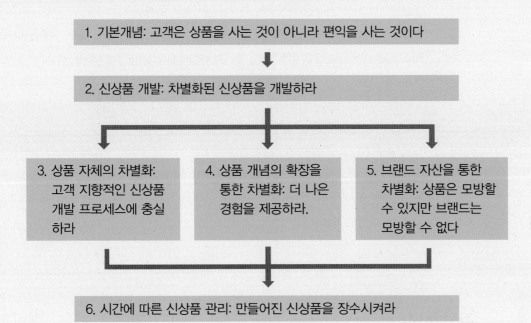

1. 기본개념: 고객은 상품을 사는 것이 아니라 편익을 사는 것이다

2. 신상품 개발: 차별화된 신상품을 개발하라

3. 상품 자체의 차별화: 고객 지향적인 신상품 개발 프로세스에 충실하라

4. 상품 개념의 확장을 통한 차별화: 더 나은 경험을 제공하라.

5. 브랜드 자산을 통한 차별화: 상품은 모방할 수 있지만 브랜드는 모방할 수 없다

6. 시간에 따른 신상품 관리: 만들어진 신상품을 장수시켜라

이 장의 목표

이 장을 읽은 다음에는 다음 질문에 답할 수 있어야 한다.

1. 상품이란 무엇인가?
2. 신상품 개발의 성공요인들은 무엇인가?
3. 체계적인 신상품 개발 프로세스는 어떤 단계들로 이루어지는가?
4. 상품을 차별화할 수 있는 방법에는 어떤 것들이 있는가?
5. 상품수명주기에 따른 관리란 무엇이며, 어떤 점에 유의하여야 하는가?

제1부에서 우리는 마케팅이 무엇인지를 살펴보았고, 제2부에서는 마케팅 계획 수립의 주춧돌이라고 할 수 있는 시장의 선택, 고객행동의 이해, 시장세분화와 표적시장의 선택을 다루었다. 표적시장을 선택한 다음에는, 그 표적시장의 욕구를 충족시켜 줄 수 있도록 상품을 기획하고, 가격을 책정하며, 촉진을 실시하고, 유통을 시켜야 한다. 이것이 바로 제3부에서 다루게 될 내용들이다. 2장에서 설명한 것처럼, **상품, 가격, 촉진, 유통**을 **마케팅 믹스**(marketing mix)라고 부르며, 더 줄여서 **4P**(product, price, promotion, place)라고 부르기도 한다.

마케팅 믹스 계획은 상품(product)으로부터 출발한다. 경쟁자의 상품보다 표적시장의 욕구를 더 잘 충족시켜 줄 수 있는 상품을 갖고 있다면, 절반은 성공했다고 할 수 있을 정도로 상품은 마케팅 믹스 중에서 중요한 위치를 차지하고 있다. 상품관리는 신상품을 개발하는 것과 일단 개발된 상품을 시간의 흐름에 따라 관리하는 두 가지 내용으로 이루어진다. 이 장에서는 먼저 상품의 개념을 공부한 다음, 신상품 개발과 개발된 상품의 관리를 차례대로 살펴보기로 한다.

1 **기본개념**: 고객은 상품을 사는 것이 아니라 편익을 사는 것이다

고객의 필요나 욕구를 충족시키기 위하여 제공되는 것이라면 무엇이든지 상품이라고 부른다. 상품의 개념을 보다 잘 이해하려면, 다음과 같은 원리들을 알고 있어야 한다.

1. 제품과 서비스: 거의 모든 상품들은 유형적인 요소와 무형적인 요소를 함께 갖고 있다

거의 모든 상품들은 유형적인 요소와 무형적인 요소를 함께 갖고 있다. 단지 어떤 상품은 유형적인 요소가 무형적인 요소보다 더 많을 뿐이고, 다른 상품은 그 반대로 무형적인 요소가 유형적인 요소보다 더 많을 뿐이다. 흔히 유형적인 상품은 제품이라고 부르고, 무형적인 상품은 서비스라고 부르지만, [그림 7-1]을 보면 실제로 어디까지가 제품이고 어디까지가 서비스인지를 구분하는 것은 쉽지 않다는 것을 알 수 있다.

예를 들어, 자동차는 흔히 제품이라고 부르지만, 자동차 구매자에게는 자동차뿐만이 아니라 여러 가지 서비스들도 함께 제공되고 있다. A/S, 할부판매, 등

그림 7-1

제품과 서비스[1]

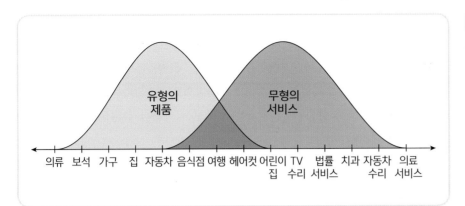

록 대행, 중고차 처분 등이 대표적인 예이다. 경우에 따라서는 자동차 그 자체보다도 이러한 서비스들이 경쟁우위의 원천이 되기도 한다.

반대로, 어린이집은 흔히 서비스라고 부르지만, 무형적인 서비스보다도 유형적인 요소들, 예를 들어 시설이나 음식 등이 더 중요한 요소가 되기도 한다. 그러므로 이 책에서는 **유형적인 제품과 무형적인 서비스를 굳이 구분하지 않고 통틀어 상품이라고 부르기로 한다.**

2. 고객의 관점: 상품은 편익의 묶음이다

생산자는 상품을 만드는데 들어간 원료, 부품, 기술 등에 관심을 갖고, 이를 자랑하고 싶어한다. 그러나 고객들은 그 상품이 어떤 편익을 얼마나 많이 제공해 줄 수 있는지를 알고 싶어한다. 다음 이야기가 이를 잘 보여준다.

> 난로를 파는 가게에 한 노인이 왔다. 주인은 난로에 대해 여러모로 설명했다. 이 난로는 어떤 재료로 만들어져서 어떠한 기술을 사용했노라고 장황한 얘기를 늘어놓는다. 그러나 흥미를 잃은 노인이 돌아서면서 "올 겨울 유난히 춥다는데 이거 제일 따뜻한 난로요?"라는 한마디로 주인의 설명을 일축한다. 난로의 재료가 중요한 것이 아니라 따뜻한 겨울을 원하는 것이다.[2]

대부분의 상품들은 단 한 가지의 편익만 제공하는 것이 아니라, 여러 개의 편익들을 동시에 제공하기 때문에, **상품은 편익의 묶음**이라고 볼 수 있다. 위에서 나온 난로도 따뜻함이라는 편익 이외에도, 깨끗함(냄새나 그을음이 없음)이나

---

1 Valarie A. Zeithaml, "How Consumer Evaluation Processes Differ between Goods and Services," in *Marketing of Services*, ed. James H. Donnelly and William R. George (American Marketing Association, 1981).
2 신강균, *성공하는 광고의 숨은 심리*(컴온북스, 2004).

경제성(연료비 절감) 등의 편익들을 제공할 것이다(물론, 이 노인은 그 중에서도 따뜻함을 가장 중시하고 있었지만). 그리고 1장에서 강조한 것처럼, 고객이 느끼는 편익의 크기는 상품 그 자체뿐만 아니라, 가격, 촉진, 유통 등 여러 가지 요인들의 영향을 받아서 **고객의 마음 속에서 주관적으로 결정된다**는 것을 기억하여야 한다. 그러므로 단지 상품만 잘 만드는 것으로는 충분하지 않고, 그 상품이 우월함을 인식시켜야 한다.

난로의 따뜻함, 치약의 충치예방처럼 문제를 해결하거나 미래의 문제를 예방하는데 도움을 주는 편익을 **기능적 편익**(functional benefit)이라고 부른다.

'상품은 편익의 묶음'이라고 할 때 이 편익을 기능적 편익으로만 한정해서는 안 된다. 사람들은 상품을 구매하고 사용하는 과정에서 오감의 즐거움을 느끼기도 하는데 이를 **경험적 편익**(experiential benefit)이라고 부른다. 고급 호텔이나 백화점에 들어가면 나는 좋은 냄새 같은 것이 여기에 속한다

다른 사람들에게 '나는 이런 사람이야'라고 자신의 지위나 개성을 표현하면서 얻게 되는 편익은 **사회적 편익**(social benefit)이라고 부른다. 예를 들어, 친환경 제품을 쓰면서 다른 사람들에게 자신이 '의식있는' 소비자임을 보여준다거나, 수입 고급차를 타면서 자신이 '잘나가는' 인물임을 보여주는 편익이 여기에 해당된다.[3] 사회적 편익은 다음과 같은 경우에 중요한 역할을 한다. 첫째, 내가 어떤 상품을 소비하는지가 다른 사람들에게 드러나는 경우(예: 주택, 자동차, 옷 등). 둘째, 우리 상품과 경쟁 상품 사이에 기술적인 차이가 거의 없어져서 기능적 편익으로 상품을 차별화하기 어려운 경우.

기능적 편익
문제를 해결하거나 미래의 문제를 해결하는데 도움을 주는 편익

경험적 편익
상품을 구입, 소유, 사용하면서 얻는 오감의 즐거움

사회적 편익
상품을 통하여 다른 사람들에게 자신의 지위나 개성을 표현하면서 얻는 편익

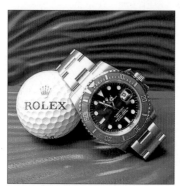

일본 세이코는 1969년 세계 최초 쿼츠(수정 발진자) 시계를 내놓고 '한달 오차 5초 이하'라는 정밀도를 무기로 스위스 시계 산업을 위협했지만, 정작 오늘날 프리미엄 손목시계 시장은 롤렉스 등 스위스 브랜드들이 지배하고 있고 세이코의 존재감은 희미하다.

상품믹스
어떤 회사가 판매하는 모든 상품들의 집합

원리 7-1

상품은 편익의 묶음이다.

3. 상품믹스와 상품라인: 상품은 홀로 존재하지 않는다

단 한 가지 상품만 내놓고 있는 회사는 우리 주변에서 찾아 보기 힘들다. 대부분의 회사들은 두 가지 이상의 상품들을 내놓고 있다. 어떤 회사가 판매하는 모든 상품들의 집합을 **상품믹스**(product mix)라고 부르고, 그중에서 서로 밀접하게 관련된 상품들의 집단을 **상품라인**(product line)이라고 부른다. 예를 들어, ⟨표

---

3 사회적 편익은 자기표현적 편익(self-expressive benefit) 혹은 상징적 편익(symbolic benefit)이라고도 불린다.

상품 믹스의 폭					
상품 라인의 길이	헤어케어	스킨케어	구강용품	세탁용품	주거용품
	엘라스틴 오가니스트 리엔 닥터그루트 실크테라피	벨먼 젠톨로지 피지오겔	페리오 죽염치약 REACH	샤프란 한입세제 테크 수퍼타이 Fiji	홈스타 SAFE 퐁퐁 자연퐁

표 7-1

LG생활건강의
상품믹스 중 일부

7-1〉은 LG생활건강의 상품라인(product line) 다섯 개를 보여준다(LG생활건강은
이 외에도 몇 개의 상품라인을 더 갖고 있다).

상품믹스 및 상품라인과 관련하여 다음과 같은 용어를 알고 있어야 한다:

▶ 상품믹스의 **폭(width)**이란 상품믹스 안에 들어 있는 상품라인의 개수를 가리킨
다. 〈표 7-1〉에 나온 LG생활건강의 상품믹스의 폭은 다섯 개이다.

▶ 상품라인의 **길이(length)**는 상품라인 안에 들어 있는 브랜드의 개수를 가리킨다.
LG생활건강의 스킨케어 라인은 3개의 브랜드로 구성되어 있다.

▶ 상품라인의 **깊이(depth)**는 어떤 브랜드가 얼마나 많은 품목을 거느리고 있는가
를 의미한다. 예를 들어, 〈표 7-1〉에는 지면 제약 때문에 나와 있지 않지만, 페
리오 치약은 캐비티 케어, 브레쓰 케어, 치석 케어 등 30가지가 넘는 품목을 내
놓고 있다.

〈표 7-1〉에서 보다시피, 하나의 상품라인 내에는 여러 개의 브랜드와 품목들
이 존재하는 경우가 대부분이다. 일반적으로, **상품라인에 상품을 단 하나만 내놓
기보다는 여러 개의 상품들을 내놓는 것이 바람직**한데, 그 이유는 다음과 같다.

▶ **욕구의 이질성** 때문이다. 즉, 하나의 상품으로 여러 개의 세분시장들이 갖고 있
는 상이한 욕구들을 충족시킬 수 없기 때문이다. 예를 들어, 많은 샴푸브랜드들
은 모발상태별로 건성용, 지성용, 손상된 모발용 등 제품을 따로 내놓고 있다.

▶ **다양성 추구 성향** 때문이다. 예를 들어, 게토레이는 다양한 맛을 선보임으로써,
이온 음료의 단순한 맛에 식상한 소비자들이 다른 음료로 이탈하는 것을 방지
하고 있다.

▶ **가격 민감도의 차이** 때문이다. 즉, 고객들 가운데 같은 상품이라도 조금 높은
가격을 지불할 용의가 있는 집단과 그렇지 않은 집단이 있다고 하자. 이런 경우
에 상품을 한 가지만 내놓고 한 가지 가격으로만 판매하는 것 보다는, 상품을
다양화하여 높은 가격을 지불할 용의가 있는 집단에는 조금 비싼 상품을 팔고,
그렇지 않는 집단에는 조금 싼 상품을 파는 것이 이익을 극대화할 수 있다. 이
것을 **가격차별(price discrimination)**이라고 부른다. 예를 들어, 그랜저에 배기량

상품라인
상호 밀접하게 관련되
어 있는 상품들의 집단

상품믹스의 폭
상품믹스 안에 들어 있
는 상품라인의 개수

상품라인의 길이
상품라인 안에 들어 있
는 브랜드의 개수

상품라인의 깊이
어떤 브랜드가 거느리
고 있는 품목의 개수

GM 쇠퇴의 또 다른 원인은?[4]

오랫동안 세계 자동차 산업의 1위에 군림했던 GM(General Motors)이 쇠퇴하게 된 이유는 여러 가지이지만, 무원칙한 상품관리도 하나의 원인을 제공하였다. 1908년 윌리엄 듀어런트(William Durant)에 의해서 설립된 GM은 당시에 난립하였던 자동차 회사들을 공격적으로 인수하면서 성장하였고, 불과 2년 만에 캐딜락, 뷰익, 올즈모빌을 비롯한 17개의 회사가 GM의 우산 밑에 들어왔다. 그러나 GM이 단기간에 이렇게 많은 회사들을 삼키다 보니 인수된 브랜드들 간의 구분이 불명확해지는 문제가 발생하였다. 예를 들어 1921년의 GM의 브랜드들은 캐딜락을 제외하고는 대부분 비슷한 가격대의 차들을 팔고 있어서 서로가 서로의 판매를 잠식하고 있었다(맨 위 그림 참조). 그 결과 GM의 시장점유율은 12%에 그쳤고 뷰익과 캐딜락을 제외한 모든 브랜드들이 적자를 면치 못하고 있었다. 모델 T 하나 만을 갖고 있던 포드가 60%의 시장을 장악했던 것과 극명한 대조를 이루었다.

1923년 GM의 경영난을 타개하기 위하여 **알프레드 슬로운(Alfred Sloan)**이라는 전설적인 경영자가 영입되었다. 슬로운의 모토는 GM이 "**모든 계층과 모든 용도에 맞는(for every purse and purpose)**" 차를 생산하는 것이었으며, 이를 위하여 그는 GM을 독립적인 사업부로 쪼개고, 각 사업부가 생산하는 차량들이 저가에서 고가에 이르기까지 시장을 커버하되 서로 경쟁하지 않도록 GM의 조직을 개편하였다(가운데 그림 참조). 예를 들어, 캐딜락 사업부는 2,000달러 중반에서 3,000달러 중반 가격대의 차량만을 판매할 수 있었다. (이때 슬로운이 도입한 사업부 조직은 오늘날 대부분의 대기업들이 따르는 표준이 되었다.) 슬로운의 전략은 적중하여 불과 6년 만에 GM은 포드를 제치고 1위에 올라섰고, 주가는 5배나 급등하였다.

그러나 그 후 GM의 사업부들은 다시 자기잠식하는

가격차별
기본적으로 같은 상품에 대해서 개별고객마다 또는 세분시장마다 다른 가격을 받는 것

2400cc, 3000cc가 있고, 그 안에 프리미엄, 익스클루시브와 같은 등급이 존재하는 이유가 여기에 해당된다. 가격차별은 다음 장에서 보다 자세히 다루기로 한다.

▶ **경쟁자의 진입을 저지**할 수 있기 때문이다. 예를 들어, 인텔(Intel)은 마이크로프로세서 라인에 불과 1년 동안 무려 25가지나 되는 품목을 추가한 적이 있었는데, 이것은 AMD와 같은 경쟁자들이 인텔 상품라인의 빈 틈을 파고들지 못하도록 하기 위한 것이었다.

▶ **판매량을 증대**할 수 있기 때문이다. 예를 들어, 1회용 반창고의 경우 표준형, 방수용, 살균용, 대형, 네모 등이 있고, 아이들이 좋아하는 캐릭터를 집어 넣은 것도 있어서, 소비자로 하여금 여러 가지 종류를 가정에 비치하도록 유도하고 있다.

▶ **전문기업(또는 브랜드)이라는 이미지**를 줄 수 있고, 이를 통하여 **고품질 이미지**도 획득할 수 있기 때문이다. 가령 여러분이 누군가에게 초콜릿을 선물해야

---

4 Jack Trout, "Schizophrenia at GM," *Harvard Business Review* (May, 2005); http://www.economist.com/business/management/displaystory.cfm?story_id=13047099&fsrc=rss.

관계가 되었는데(맨 아래 그림 참조) 다음과 같은 몇 가지 원인이 작용하였다. 첫째, 1955년(슬로운이 퇴임한 해)에 이르러 GM의 시장점유율이 57%에 이르자, GM은 시장점유율은 더 이상 확대하지 않는 대신 수익성 증대를 추구하게 되었다. 비용 절감을 위해 각 사업부는 독자적으로 차를 개발하는 대신 공동으로 차량 플랫폼을 개발하고 이에 기반한 외양만 약간 다른 차를 각기 다른 이름으로 비슷한 가격대에서 판매하기 시작하였다. 이는 필연적으로 각 사업부의 차별화된 이미지를 약화시켰고 사업부 간 가격 경쟁을 심화시켰다. 둘째, 각 사업부의 경영자들은 자기 사업부의 매출액을 높이기 위해서 처음에 지정된 가격대를 넘어가기 시작하였다. 즉 캐딜락은 상대적으로 저렴한 모델을 내놓았고, 쉐보레는 고가의 모델을 선보이게 되었다.

알프레드 슬로운은 상품 관리의 원칙을 정확히 이해하고 실천하였지만, GM으로서는 불행하게도, 그의 후계자들은 그렇지 못했던 것이 GM 쇠퇴의 한 원인을 제공하였다.

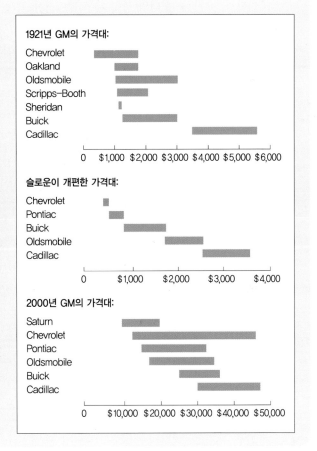

하는데, 두 브랜드의 매장 중 한 곳을 골라야 한다고 가정하자. 브랜드 A는 30가지 종류의 초콜릿을 전시하고 있고, 브랜드 B는 10가지라면 여러분은 어디로 들어가겠는가? 이런 상황을 다룬 연구 결과는 대다수의 소비자들은 브랜드 A를 선택하며, 이 브랜드가 전문성이 높고 품질도 높다고 인식한다는 것을 보여준다.[5]

그러므로 **상품 관리를 한다는 것은 하나의 상품을 관리하는 것이 아니라, 상품 라인의 길이와 깊이를 관리하는 것**임을 알 수 있다. 즉, 상품 라인 내에 어떤 상품을 언제, 어떤 상황하에서 개발할 것인지를 계획하고, 실행하고, 통제하는 것이 상품 관리의 핵심이다. 그러나 상품 라인 내에 무작정 새로운 품목을 추가하기만 하면 다음과 같은 문제점들이 발생한다.

▶ 생산의 효율성이 떨어져서 비용이 높아진다.

---

5 Jonah Berger, Michaela Draganska, and Itamar Simonson, "The Influence of Product Variety on Brand Perception and Choice," *Marketing Science* (July-August, 2007).

▶ 선택의 폭이 너무 많아져서 고객들이 혼란을 느끼고 구매를 연기하거나 포기할 수도 있다.[6]

▶ 소매점에서 진열 면적을 확보하기가 어려워진다.

▶ 품절 가능성이 높아지므로 재고관리도 어려워진다.

▶ 새로 추가된 품목이 경쟁자의 고객을 빼앗아 오는 것이 아니라 우리 회사의 다른 품목의 고객을 빼앗을 가능성이 높아진다. 이것을 **자기잠식**(cannibalization)이라고 부른다. 예를 들어, 현대자동차의 그랜저 프리미엄은 그보다 값이 비싼 익스클루시브의 판매를 잠식할 위험이 있다. 이와 유사하게, 그랜저는 제네시스의 판매를 잠식할 가능성이 있다.

자기잠식
신상품이 우리 회사 다른 상품의 판매를 잠식하는 현상

결국, 상품 관리의 핵심은 우리 회사의 상품들로 커버되는 시장은 최대화하면서 동시에 우리 상품들 사이에 중첩되는 부분은 최소화하도록 상품 라인을 관리하는 것(Maximize the coverage and minimize the overlap.)('마케팅 프론티어 7-1: GM 쇠퇴의 또 다른 원인은?' 참조)이라고 할 수 있다.

> **원리 7-2**
>
> 시장을 커버하되, 우리 상품들끼리 경쟁하지 않도록 하라.

2 신상품 개발: 차별화된 신상품을 개발하라

상품관리는 새로운 상품을 개발하는 것에서부터 시작한다. 이 절에서 신상품 개발이 왜 중요한지 그리고 신상품의 성공요인들이 무엇인지를 알아보자.

1. 신상품 개발의 중요성

'신상품'이라고 하면 세계 최초로 개발된 획기적인 상품을 지칭하는 것 같지만, 실제로 이런 종류의 신상품들은 극히 드물다. 현실적으로, 기업에서 '신상품'이라고 할 때에는 다른 회사는 이미 내놓고 있지만, 우리 회사에서는 처음 내놓은 상품, 기존의 상품 라인에 추가된 품목, 또는 기존 상품의 포장이나 스타일을 개선한 것들을 지칭하는 경우가 일반적이다.

---

6 Sheena S. Iyengar and Mark R. Lepper, "When choice is demotivating: Can one desire too much of a good thing?," *Journal of Personality and Social Psychology* (December, 2000).

비록 세계 최초의 획기적인 신상품이 아니더라도, 신상품 개발은 기업이 수행하는 여러 가지 활동들 중에서 매우 중요한 위치를 차지하는데 그 이유는 다음과 같다.

▶ **성공적인 신상품들은 기업을 성장시키는 데 매우 중요한 역할을 한다.** 미국에서 이루어진 한 조사에 따르면, 각 산업을 리드하는 기업들의 경우 매출액 중 평균 49%가 최근 5년 동안에 개발된 신상품들로부터 나오는 반면, 각 산업에서 바닥권에 있는 기업들의 경우 매출액 중 11%만이 신상품들로부터 나오는 것으로 나타났다.

▶ **신상품 개발은 매우 어려운 활동이다.** 신상품 개발에는 일반적으로 많은 시간과 비용이 들어가지만, 이렇게 개발된 신상품이 성공할 가능성은 매우 낮은 편이다. 예를 들어, 국내 시장에서 신상품의 성공률은 평균적으로 20%정도에 불과한 것으로 추정된다.[7] 그러므로 성공한 1개의 신상품은 실패한 4개의 신상품들을 개발하는 데 들어간 비용까지 커버하지 않으면 안된다. 신상품의 성공률을 향상시킬 수 있다면 기업의 수익성을 높이는 데 큰 도움이 될 것이다.

2. 신상품의 성공요인

평균 20% 정도밖에 되지 않는다는 신상품의 성공 가능성을 높이려면, 신상품의 성공요인을 이해하여야 한다. 그러나 이에 앞서서, '성공'인지 '실패'인지를 평가할 수 있는 기준이 무엇인지를 살펴보기로 하자.

(1) 신상품의 성공 기준

어떤 신상품이 **다음의 두 가지 기준을 모두 충족시키면 이상적(ideal)**이라고 할 수 있다.

1) 신상품에 부여된 마케팅 목표 달성

신상품을 계획할 때에는 신상품에 대하여 시장점유율, 매출액, 또는 이익 등의 목표를 부여하게 된다. 예를 들어, 시장에 나온 지 1년 만에 20%의 시장점유율을 기록한 신상품이라도, 목표가 25%였다면 성공이라고 보기 어렵다.

2) 상품라인 전체의 이익 증가

위의 기준을 충족시켰다 하더라도, 아직 성공한 신상품이라고 단정지을 수는 없다. 신상품의 성공 여부는 해당 신상품이 보여준 성과만으로 평가해서는 안

---

7 나종호·이준희, *마케팅 길라잡이* (청림출판, 1997), p. 55.

된다. 앞에서도 살펴 본 바와 같이, 신상품이 우리 회사의 다른 상품의 판매를 잠식할 위험 때문이다.

일반적으로, **시장점유율이 높은 회사일수록 자기잠식의 위험이 높다.** 농심의 경우가 이를 잘 보여준다. 국내 라면 시장에서 60% 정도의 시장점유율을 차지하고 있는 농심은 라면 신상품을 성공시키기가 매우 어려운 상황에 놓여 있다. 라면 시장이 더 이상 커지지 않는다고 가정하면, 농심이 신상품을 내놓고 이것이 10개 팔린다고 하더라도, 이 중에서 6개 정도는 농심의 다른 라면(예: 신라면, 안성탕면 등)의 판매를 잠식한 것이고, 나머지 4개 정도가 경쟁 라면의 판매를 빼앗은 것이라고 추정할 수 있다. 그러므로 신상품이 10개 팔린다고 하더라도, 농심 전체의 라면 판매량은 10개만큼 늘어난 것이 아니라 4(10−6=4)개만큼만 늘어난 셈이다. 결국, 농심은 이 신상품의 매출액 중 40%만 갖고 이 신상품을 개발하고 마케팅하는 데 들어간 많은 비용을 커버해야 하므로, 라면 신상품을 내놓고 이익을 남기기란 매우 어려워진다. 이러한 이유 때문에, 농심은 라면 라인에 신상품을 추가하기보다는, 생면, 즉석밥 등의 새로운 상품 라인을 개발하는 데 많은 노력을 해야 한다. 이와 같이, **신상품 출시 후의 상품라인 이익이 신상품을 출시하기 전의 상품라인 이익보다 증가해야 이상적**이다.

그렇다면, 자기잠식의 위험이 클 때에는 무조건 신상품을 억제해야 하는 것일까? 첫째, 자기잠식이 일어나더라도 신상품이 기존 상품보다 이익이 많이 남는 상품이라면 오히려 적극적으로 자기잠식을 추구할 수 있다. 둘째, 업종의 성격을 고려해야 한다. 하이테크 산업처럼 급속한 기술의 변화가 일어나는 시장에서는 새로운 기술을 채용한 신상품을 내놓지 않으면 경쟁에서 밀려나게 되므로, 새로운 기술을 채용한 신상품이 기존의 기술을 채용한 상품보다 수익성이 낮더라도 신상품을 내놓아야 한다. 예를 들어, PC용 검색광고 시장에서 높은 수익을 올리고 있는 인터넷 검색 포탈(예: 구글, 네이버 등)에게 모바일 기기용 검색광고 시장은 고민거리였다. 모바일 기기에 광고를 하는 것이 효과가 있는지에 대해서 기업들이 확신을 갖고 있지 못하기 때문에, 같은 검색광고라고 하더라도 모바일 기기에서의 광고단가가 더 낮게 형성되어 있었다. 그러나 모바일 검색광고가 수익성이 낮다고 해서 이를 소홀히 하다가 모바일 광고시장의 주도권을 놓쳐버릴 위험이 있기 때문에 인터넷 검색 포탈들은 수익성이 낮은 모바일 광고시장에도 진출하지 않을 수 없었다. 이와 같이, 자기잠식이 일어나는 것을 알면서도 신상품을 내놓는 것을 **전략적 자기잠식**(strategic cannibalization)이라고 부르기도 한다.

어떤 신상품이 다음과 같은 두 가지 조건을 충족시킬 수 있으면 이상적이다. 첫째, 그 상품에 부여된 마케팅 목표를 달성하여야 한다. 둘째, 그 상품 출시 후에 상품라인 이익이 증가하여야 한다.

(2) 신상품 성공요인

어떤 신상품이 성공하고 어떤 신상품이 실패하는가에 대해서는 그 동안 많은 연구들이 있어왔다. 그 결과들을 정리하면 〈표 7-2〉와 같다.

신상품 성공요인들 중에서 가장 중요한 요인은 상품을 둘러싼 환경이 아니라 상품 그 자체에 있다. 그러므로 신상품 성공의 첫 걸음은 표적시장의 욕구에 더 잘 부합되고 더 높은 편익을 제공하는 '**의미 있는 차별화**'를 이루는 데에서부터 시작하여야 한다.

신상품을 차별화하는 길은 수없이 많이 있지만, [그림 7-2]와 같이 크게 세 가지로 분류할 수 있다. 앞으로 이 세 가지 방법을 하나씩 알아보기로 하자.

성공 요인	실패 요인
• 표적시장의 욕구에 부합되고 실질적인 편익을 제공 • 성장잠재력 있는 시장 • 회사 내부 능력에 부합 • 최고 경영자의 일관된 지원 • 부서간 협조 • 기술적 우위와 혁신 • 체계적인 신상품 개발과정 이용 • 유리한 환경 • 개발기간 단축	• 왼쪽에 나열된 성공요인들의 결핍 • 새롭지 않고 차별화되지 않은 상품 • 유통업자로부터의 지원 부족 • 부정확한 예측과 지나친 투자 • A/S 부족

표 7-2

신상품의 성공/실패 요인

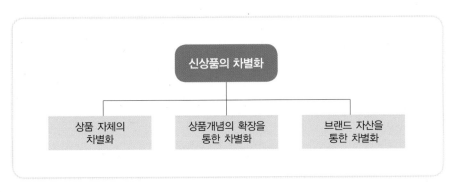

그림 7-2

신상품의 차별화 방법

3 상품 자체의 차별화: 고객지향적인 신상품개발 프로세스에 충실하라

차별화된 신상품을 개발하는 첫 번째 길은 상품 자체를 다르게 만드는 것이다. 삼성전자가 접을 수 있는 스마트폰을 개발한 것이 좋은 예이다. 이렇게 상품 자체를 차별화하는 것은 많은 기업들이 차별화를 하기 위하여 제일 먼저 생각하는 가장 기본적인 방법이다. 상품 자체를 다르게 만들어서 고객에게 더 큰 편익을 제공하는 의미있는 차별화에 성공하려면 기본에 충실하는 것이 중요하다. 즉, 신상품 개발과정을 고객지향적으로 충실하게 운영하는 것이다. 신상품이 개발되는 프로세스는 산업에 따라 달라진다. [그림 7-3]은 Fast-Moving Comsumer Goods(FMCG)(예: 음료, 식품, 생활용품, 화장품) 산업의 경우를 보여주는데, 이하에서는 이 프로세스를 중심으로 신상품 개발 프로세스를 설명하기로 한다.

1. 아이디어 창출 및 심사

신상품을 성공시키기 어려운 이유 중의 하나는 좋은 아이디어가 희귀하다는 데에 있다. 한 조사에 따르면, 약 500개의 아이디어가 창출되어야 한 개의 혁신

그림 7-3

FMCG 산업의
신상품개발 프로세스

표 7-3

신상품 아이디어
원천과 창출방법

원 천	창출방법
• 사내 　종업원 　최고경영자	제안제도, 부서간 의사소통을 장려하는 제도/조치, 브레인스토밍(brainstorming)
• 사외 　최종 소비자 　유통업자 　국내외 경쟁자 　공급업자 　다른 산업/다른 나라	관찰, 인터뷰, 설문조사, 제안제도, 커뮤니티 인터뷰, 설문조사, 제안제도 벤치마킹(benchmarking), 전략적 제휴, 인수합병 신상품 공동개발 기술동향 모니터링

적인 상품이 빛을 볼 수 있다고 한다. 그러므로 하나의 시장기회에 대해서도 **많은 아이디어들을 창출**하는 것이 중요하다. 그러자면 다양한 아이디어의 원천들을 활용할 필요가 있다. 〈표 7-3〉에는 여러 가지 아이디어 원천들이 나와 있다.

다수의 아이디어들을 창출한 다음에는, 이를 심사하여 잠재력이 있는 **소수의 아이디어들만을 선별**하여야 한다. 이를 위하여, 심사기준을 명확히 정의하고(예: 기술적·경제적 실현 가능성, 기업목표와의 적합성 등), 체계적으로 심사하여야 한다. 그러나 이 단계에서는 기대이익이나 개발비용이 모두 불확실하므로, 가급적 단순한 방법을 사용하는 것이 바람직하다.

2. 컨셉트 개발 및 테스트

앞 단계에서 선별된 소수의 아이디어들은 소비자가 사용하는 언어나 그림 등을 통하여 구체화되는데, 이것을 **신상품 컨셉트**(new product concept)라고 부른다. 예를 들어, 한국인삼공사가 홍삼을 함유한 에너지 드링크 신상품을 개발하는 아이디어를 채택했다고 가정하자. 그리고 이 아이디어는 다음과 같이 구체적인 신상품 컨셉트로 표현될 수 있다. "6년근 홍삼 농축액 375mg과 천연 카페인, 타우린이 함유된 홍삼 에너지 드링크로서 가격은 250ml 한 캔에 2000원".

그런데 신상품 아이디어는 단 하나의 컨셉트로만 표현되는 것이 아니라, 복수의 컨셉트로 나타낼 수 있다. 예를 들어, 홍삼 에너지 드링크의 경우 홍삼은 핵심 아이디어이므로 바꿀 수 없지만, 홍삼의 함유량이나 가격은 변화시킬 수 있다. 예를 들어, 홍삼 함유량을 375mg 대신에 200mg으로 바꿀 수 있고, 가격은 2000원 대신에 1500원으로 바꿔볼 수 있다. 이렇게 되면, 하나의 아이디어에서 모두 4가지(=2가지 함유량 × 2가지 가격)의 컨셉트가 나온다.

이렇게 다양한 컨셉트들 중에서 가장 우수한(즉, 이익을 극대화하는) 컨셉트를 선택하기 위하여 고객들을 대상으로 신상품 컨셉트들에 대한 반응을 조사하는 것을 **컨셉트 테스트**(concept test)라고 부른다. 컨셉트 테스트에는 최종 구매자뿐만이 아니라, 유통업자들도 포함시킬 수 있다.

3. 마케팅 믹스 개발

가장 우수한 컨셉트가 결정되면, 이 컨셉트와 어울리는 다른 마케팅 믹스 요소들을 결정한다. 신상품 컨셉트에는 이미 상품과 가격 요소가 포함되어 있으므로, 이 단계에서는 주로 촉진계획이 수립되고 유통경로에 대한 결정이 이루

급속한 기술개발이 일어나고 경쟁이 치열해지는 오늘날 기업들은 신상품 개발이 모두 사내에서 일어나기를 기대할 수 없게 되었다. P&G가 내놓은 히트 상품인 Pringles Prints는 이탈리아 볼로나의 작은 베이커리에서 사용하고 있던 잉크젯 기술을 활용하여 1년도 걸리지 않고 개발 출시될 수 있었다. 이처럼 핵심 기술을 외부에서 조달하는 것을 Open Innovation 혹은 C&D (Connect and Development)라고 부른다.

신상품 컨셉트
신상품 아이디어를 소비자가 사용하는 언어나 그림 등을 통하여 구체적으로 표현한 것

컨셉트 테스트
가장 우수한 신상품 컨셉트를 선택하기 위하여, 고객들을 대상으로 신상품 컨셉트들에 대한 반응을 조사하는 것

어진다. 예를 들어, 위에 나온 홍삼 에너지 드링크의 경우 핫식스, 레드불 등의 강력한 경쟁자들의 틈바구니 속에서 살아남기 위해서 얼마나 많은 광고, 판촉 비용을 들일 것인지를 결정해야 한다. 또한 이 상품을 한국인삼공사의 기존 정관장 매장에서만 판매할 것인지 아니면 약국이나 일반 소매점에도 유통시킬 것인지도 결정해야 한다. 전자의 경우 유통 비용은 적게 들지만 판매량은 낮을 것이고, 후자의 경우 새로운 유통 경로를 개척해야 하기 때문에 비용이 많이 들지만 판매량은 높아질 것이다. 이 단계에서 수립된 마케팅 믹스 계획들은 신상품 개발이 진행되면서 수정될 수 있다.

4. 사업성 분석

컨셉트 테스트 결과 가장 우수한 컨셉트가 선택되고 마케팅 믹스 요소들이 결정되면, 이를 기초로 사업성 분석을 하게 된다.

사업성 분석의 목표는 선택된 컨셉트를 기초로 상품을 만들었을 때 얻을 수 있는 판매량, 비용, 이익을 추정하고 이것이 이 상품의 마케팅 목표에 부합되는지를 판단하는 데에 있다. 그러나 이 단계에서는 아직 신상품을 제작하기 전이므로, 정확한 원가계산은 불가능하며 대략적인 추정치가 이용되는 것이 일반적이다. 만약 사업성 분석결과가 불만족스러울 때에는 컨셉트를 변경하거나, 아니면 비용을 낮출 수 있는 방법을 찾게 된다.

우리가 앞에서 배운 것처럼, '신상품'에는 여러 가지 종류가 있다. 이미 형성되어 있는 시장에 나가게 되는 '덜 새로운' 신상품이 얻을 수 있는 판매량은 컨셉트 테스트를 통하여 비교적 수월하게 예측할 수 있다. 그러나 아직 시장이 형성되지도 않아서 글자 그대로 **새로운 시장을 창출하는 혁신적인 신상품**(예: 자율주행차)**이 얻을 수 있는 판매량은 잠재 구매자를 대상으로 한 컨셉트 테스트와 같은 방법으로 예측하기는 매우 어렵다.** 왜냐하면 잠재 구매자 자신들이 이러한 혁신적인 신상품의 효용을 확신하기 어려우므로, 확실한 응답을 하지 못하기 때문이다. 이것은 잠재 구매자들에게만 적용되는 이야기가 아니라, 심지어는 그러한 혁신적인 신상품을 개발한 발명가에게도 적용되는 이야기이다. 발명왕 에디슨(T. Edison)은 1880년경에 축음기를 발명하고나서, "축음기의 상업적 가치는 전혀 없다."라고 단언하기까지 하였다.

그러므로 이러한 혁신적인 신상품의 판매량을 예측하려면 잠재 구매자를 대상으로 한 조사에만 의존하기보다는 다른 방법을 같이 이용하는 것이 더 낫다. '마케팅 프론티어 7-2: 혁신적인 신상품의 확산'은 혁신적 신상품의 판매량 예측과 마케팅을 하는 데 널리 이용되는 개념인 확산현상을 소개하고 있다.

혁신적인 신상품의 확산

새로운 시장을 창출하는 혁신적인 신상품(예: 스마트폰, OTT 서비스 등)의 판매는 대개 일정한 패턴을 따른다는 사실이 알려져 있다. [그림 7-4]는 이를 잘 보여준다. 이 그림에서 실선은 우리나라의 연도별 이동전화 가입자 수를 나타낸다.

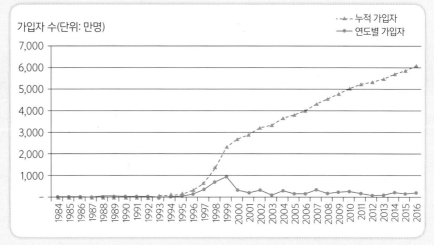

그림 7-4 우리나라 이동전화 가입자 추이

처음 몇 년 동안에는 가입자 수가 저조하다가 어느 시점이 지나면서 성장하고, 1999년에 피크에 도달한 다음에는 감소하고 있다. 초창기의 경우 잠재 구매자들이 이동전화의 가치를 이해하지 못했고 가격도 비쌌기 때문에 가입자 수가 천천히 늘었지만 시간이 지나면서 이동전화의 가치를 깨닫게 되고, 경쟁자가 진입하여 가격이 떨어지고, 주위의 많은 사람들이 휴대폰을 갖게 되면서 모방심리가 자극됨에 따라 폭발적으로 가입자 수가 늘어나게 되었다. 이렇게 혁신적인 신상품이 시장에 퍼져나가는 현상을 **확산(diffusion)현상**이라고 부른다.

그리고 [그림 7-4]에서 연도별 가입자 수를 누적해서 더하면 점선으로 표시된 S자 모양의 커브를 얻을 수 있는데 이를 **확산커브**라고 부른다. 이처럼 성공한 혁신적 신상품의 판매량은 S자 모양의 확산커브를 그린다는 사실을 이용해서 새로 나오게 될 혁신적 신상품의 수요를 예측하기도 한다. 예를 들어, OTT 서비스의 연도별 가입자 수를 예측하려면, OTT 서비스와 비슷한 기존 상품들, 예를 들어 음악 스트리밍이나 케이블TV의 확산커브를 도출하고, OTT와 이들 상품들 간의 차이점을 고려하여 도출된 확산커브를 수정한 후 OTT의 연도별 가입자 수를 예측할 수 있다.

미국의 사회학자인 에버렛 로저스(Everett Rogers)는 새로운 옥수수 종자가 농가에 퍼져나가는 현상을 연구한 결과 혁신을 채택하는데 걸리는 시간을 기준으로 소비자를 5개의 카테고리로 분류하였다([그림 7-5] 참조): **혁신수용자(innovators), 얼리 어답터(early adopters), 조기다수 수용자(early majority), 후기다수 수용자(late majority), 지각수용자(laggards).**[8]

이들 5개 집단은 상이한 특성을 지니고 있으므로 혁신적인 신상품을 성공적으로 마케팅하기 위해서는 각 집단의 특성을 정확히 이해하여야 한다. 하이테크 분야의 유명한 컨설턴트인 제프리 무어(Geoffrey Moore)는 특히 초기시장(early market)(즉, 혁신수용자+얼리

---

8 Everett M. Rogers, *Diffusion of Innovation*, 4th ed. (Free Press, 1995).

어댑터)와 주류시장(mainstream market)(즉, 나머지 3 집단) 사이에 큰 갭(gap)이 존재한다고 주장하고, 이를 협곡을 뜻하는 지질학 용어를 사용하여 **캐즘(chasm)**이라고 불렀다.[9] 무어에 따르면 초기 시장의 소비자들은 기술을 잘 알고 있고, 남과 다르게 보이기 위해서 위험을 기꺼이 감수할 용의를 갖고 있는 반면, 주류 시장의 소비자들은 기술을 잘 모르고 있고, 위험을 최소화하고 싶어하며 남과 함께 가기를 원한다고 한다. 그러므로 **초기시장에서 성공한 마케팅 방식을 그대로 주류시장에 적용하려고 하면 캐즘에 빠져서 실패하게 될 것이다.** 무어는 초

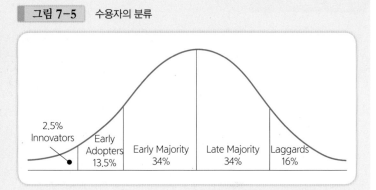

그림 7-5 수용자의 분류

- 2.5% Innovators
- Early Adopters 13.5%
- Early Majority 34%
- Late Majority 34%
- Laggards 16%

기시장에서 성공하려면 앞선 기술이 가장 중요하지만, 주류시장에서 성공하려면 기술만으로는 충분하지 않고 소비자의 문제를 완벽하게 해결해줄 수 있는 솔루션(solution)을 제공해야 한다고 주장하였다.[10]

5. 시제품 생산

사업성 분석을 통과한 컨셉트는 연구개발부서나 엔지니어링 부서에 넘겨져서 점차 상품으로서의 형체를 갖추게 된다. 일단 **시제품(prototype)**이 생산되면 실험실에서 하자나 결함 여부를 찾기 위하여 여러 가지 테스트를 거치게 된다. 또, 시제품을 생산하게 되면 생산원가를 보다 정확하게 추정하는 것이 가능해지므로, 앞 단계에서 하였던 사업성 분석결과를 재검토할 수 있게 된다. 테스트 결과와 사업성 재검토 결과가 모두 만족스러우면 대량 생산 설비 마련을 위한 준비가 시작된다.

6. 시장 테스트

시장 테스트
신상품을 출시하기 전에, 잠재적인 구매자들로 하여금 신상품을 써 보게 한 다음 반응을 조사하는 것

신상품의 시제품을 잠재 구매자들로 하여금 사용하게 한 다음 이에 대한 반응을 조사하는 것을 **시장 테스트(market test)**라고 부른다. 이를 기초로 판매량이나 시장점유율을 예측할 수 있다. 또, 신상품의 어디를 어떻게 개선해야 하는지도 파악할 수 있다. 시장 테스트의 성격은 신상품이 내구재인가 아니면 비내구재인가에 따라 크게 달라진다.

---

9 Geoffrey A. Moore, *Crossing the Chasm* (Harper Business, 1991).
10 캐즘 극복을 위한 구체적인 방안들은 이 장 끝의 [더 읽어 볼 거리]를 참조하시오.

(1) 비내구재의 시장 테스트

신상품이 맥주나 샴푸 같은 비내구재라면 테스트 단계는 매우 중요하다. 비내구재의 경우 신상품 개발 프로세스에서 가장 큰 비용이 들어가는 단계는 바로 다음 단계인 출시단계이다. 출시단계에서 들어가는 광고비용, 판매촉진비용 등이 상품 개발비용보다 워낙 크기 때문이다. 그러므로 무조건 출시하기보다는, 출시하기 전에 신상품의 매출액을 예측하여 사업성이 좋은 경우에만 출시하고, 좋아 보이지 않을 때에는 출시를 보류하는 것이 합리적이다. 설사 출시를 아주 포기한다 하더라도, 지금까지 들어간 돈보다 앞으로 들어갈 돈이 더 큰 경우가 많으므로 기업의 입장에서는 손실을 줄일 수 있다.

비내구재의 테스트의 핵심은 매출액이나 시장점유율을 예측하는 것이다. 그런데 비내구재의 매출은 '시용(trial) – 반복(repeat)'이라는 과정을 거쳐서 이루어진다. 예를 들어, 새로운 음료가 시장에 나오게 되면, 소비자들이 시험 삼아 구매해서 마셔보고(시용), 마음에 들면 자주 사 마시게 된다(반복). 대개 비내구재 신상품이 나오면 활발한 마케팅 활동이 벌어지고 가격도 부담이 없으므로, 초기에는 판매가 활발하게 일어난다. 그러나 이것은 거의 모두 시용에 해당된다. 만약 이 음료를 시용한 사람들이 대부분 실망하고 더 이상 구입하지 않는다면 이 음료는 성공하기 어려울 것이다. 즉, **비내구재 신상품의 성패를 좌우하는 것은 얼마나 많은 소비자들이 시용을 했으며, 또 시용한 소비자들 중에서 얼마나 많은 사람들이 반복구매를 얼마나 자주 하는가에 달려 있다.**

그러므로 **비내구재를 시장 테스트할 때에는 '시용 – 반복'과정을 관찰할 수 있는 방법을 사용하여야 한다.** 그러자면, 잠재 구매자들에게 신상품을 사용할 수 있는 기회를 준 다음, 재구매의도를 물어보는 방법을 쓰게 된다. 이런 방법에는 구체적으로 다음과 같은 종류들이 있다.[11]

- ▶ **가정유치조사(In-Home Use Test)**: 수백 개의 가정에 신상품과 기존 경쟁상품을 주고 약 한 달 동안 사용하게 한 다음, 구매 의도를 물어보는 방법.
- ▶ **시험시장(Test Market)**: 3~4개의 중소 도시에서 약 1년 동안 실전과 동일하게 신상품을 마케팅해 보는 방법.
- ▶ **예비시험시장(Pre-Test Market) 또는 모의시험시장(Simulated Test Market)**: 시험시장을 축소시킨 것으로, 시험시장이 실제 시장에서 이루어지는데 비하여, 예비(모의)시험시장은 실험실이나 모의점포에서 수백 명의 잠재구매자들을 대상으로 이루어짐.

---

11 이러한 테스트 방법들에 대한 자세한 설명은 이 장 끝의 [더 읽어 볼 거리]를 참조하시오.

우리나라의 비내구재 기업들은 위의 세 가지 방법 중에서 가정유치조사를 가장 많이 사용하고 있다. 그러나 매출액이나 시장점유율을 보다 정확하게 예측하려면, 가정유치조사보다는 예비시험시장이나 시험시장을 이용하여야 한다. 한편, 우리에게 널리 알려진 블라인드 테스트 방법은 시장점유율을 예측하기에는 부적당한 방법이므로, 그 결과를 과신해서는 안된다('마케팅 프론티어 1-1: 코카콜라는 눈으로 마신다?' 참조).

원리 7-4

비내구재 신상품의 매출은 '사용 – 반복' 과정을 따른다.

(2) 내구재의 시장 테스트

비내구재와는 달리 내구재의 시장 테스트는 큰 의미를 갖지 못한다. 자동차 같은 내구재의 경우 신상품 개발 프로세스에서 가장 큰 돈이 들어가는 시점은 대량생산을 위한 설비투자가 이루어진 때인데, 대개 출시하기 몇 년 전에 설비투자가 이루어지기 때문이다. 즉, 이미 큰 돈이 들어갔고, 앞으로 들어갈 돈은 이미 들어간 돈에 비하여 훨씬 적기 때문에, 출시를 보류하거나 포기하기 어려운 것이다. 그러므로 내구재의 시장 테스트는 출시 여부를 결정하기 위한 것이 아니라, 출시할 신상품의 매출액을 좀 더 정확히 예측하고, 마케팅 계획을 수정/보완하는 데에 그 목적이 있다. 예를 들어, 자동차의 경우, 생산된 차량과 기존의 경쟁 차량들을 잠재 구매자들에게 보여주고 구매 의도나 속성 지각을 물어보는 방법이 흔히 사용되고 있다.

그러나 **가상 현실**(virtual reality) 기술이 개발되면서, 내구재의 테스트 방법에도 변화가 일어나고 있다. 즉, 설비투자를 하기 전이라도 가상 현실을 이용해서 구매자들에게 매우 현실감 있는 사용경험을 제공할 수 있기 때문이다. 가령 자동차의 경우, 승차감이나 핸들링까지도 느끼게 할 수 있다.

7. 출 시

지금까지의 단계를 충실하게 밟아왔다면 출시단계는 비교적 수월하게 진행될 것이다. 그러나 아무리 완벽하게 준비를 해왔다 하더라도 예상치 못한 문제들이 발생할 가능성이 있으므로, 출시과정을 자세히 모니터하는 것이 중요하다. 이것을 출시과정의 **추적**(tracking)**조사**라고 부른다.

예를 들어, **비내구재의 경우 '사용 – 반복' 과정을 모니터**하기 위하여 출시 후 1

추적조사
신상품이 출시된 다음 시장에 정착되는 과정을 정기적으로 측정하는 조사

년 동안 2~3개월에 한 번씩 설문조사를 실시하여야 한다. 이 조사에는 시용률과 반복구매율은 물론 인지도, 점포에서의 취급률, 그리고 시장점유율 등이 포함된다. 이러한 조사를 하느냐 안하느냐는 신상품의 성패에 결정적인 영향을 미칠 수 있다.

예를 들어, 웅진에서 내놓은 '가을대추'는 처음 1년간 300억원의 높은 매출액을 올렸지만 광고비를 100억원이나 쓰는 바람에 적지 않은 손실을 본 것으로 알려져 있다. 광고비를 이렇게 많이 지출하게 된 원인 중의 하나는 '시용-반복' 과정에 대한 정확한 데이터 없이 출시 후 처음 몇 달 동안 기록된 엄청난 매출이 지속될 것으로 과신한 데에 있었다. 실제로 반복구매율은 빠른 속도로 떨어지고 있었지만, 출시 초기의 높은 시용구매율에 가려서 보이지 않았던 것이었다.

내구재의 경우 구입자들의 만족도를 조사하는 것이 중요하다. 내구재를 구매할 때에는 이미 구입한 다른 사람들의 구전에 큰 영향을 받기 때문에, 이미 구입한 사람들을 인터뷰해서 불만족 요인들을 조기에 발견하여 시정조치를 취함으로써 불리한 구전이 전파되는 것을 예방하여야 한다. 이미 많은 기업들이 이를 실천에 옮기고 있다.

4 상품개념의 확장을 통한 차별화: 더 나은 경험을 제공하라

상품 자체를 차별화하는 것은 성공적인 신상품을 개발하는 첫걸음이지만, 이것만으로 성공이 보장되는 것은 아니다. 경쟁자들도 쉽게 모방할 수 있기 때문이다. 또한 규격화된 상품을 판매하는 경우(예: 볼트, 너트 등)에는 상품 자체를 다르게 만드는 것은 더욱 어렵다. 그러므로 이런 시장에서는 상품 자체를 차별화하는 것에만 집착하지 말고, 다른 방면으로 차별화할 수 있는 방법을 찾아야 한다. '마케팅 프론티어 7-3: 나에게 어울리는 제품은? 로레알의 AR솔루션'은 이러한 차별화에 성공한 좋은 사례를 보여준다.

화장품 소비자들이 구매 또는 사용 과정에서 부딪히는 장애물 중의 하나는 어떤 제품이 나에게 어울리는지를 판단하기가 어렵다는 것이었는데, 로레알은 정교한 안면인식 및 증강현실 기술을 적용한 앱을 내놓음으로써 이러한 고충을 덜어주고 차별화에 성공하였다. 차별화의 대상을 상품을 더 좋게 만드는 것으로 한정한 것이 아니라, 고객들이 그 상품을 구매하고 사용하는 과정에서 더 나은 경험을 하도록 하는 데까지 넓힌 것이다. 이렇게 상품의 개념을 넓히는

나에게 어울리는 제품은? 로레알의 AR 솔루션

화장품 구매자들이 겪는 커다란 고충 중의 하나는 어떤 제품이 나에게 어울리는지를 판단하는 것이다. 매장에 있는 메이크업 아티스트나 판매원에게 추천을 받거나 동행한 지인에게 물어보는 것이 거의 유일한 해결책이었지만, 이는 상당히 번거로운 일이었다.

이러한 고충을 덜어주고자 로레알은 2014년 스마트폰용 앱인 메이크업 지니어스(Makeup Genius) 앱을 내놓았다. 소비자는 이 앱에서 자신의 얼굴을 스캔한 후, 로레알의 제품을 자신의 얼굴에 가상으로 발라볼 수 있다. 정교한 안면인식과 증강현실 기술이 적용된 덕분에 사진에 단순히 그래픽으로 화장을 덧씌운 것이 아니라, 다양한 움직임과 빛의 각도에 따라 달라지는 발색력의 변화까지 확인할 수 있다. 또한 각기 다른 스타일로 화장을 한 모델 사진들 중에서 하나를 골라 자신의 얼굴에 겹쳐볼 수도 있다. 이때 해당 스타일로 메이크업을 하는데 필요한 로레알의 제품들이 별도의 탭에 표시된다. 소비자가 어떤 제품을 사려고 클릭하면 그 제품의 판매처들이 화면에 나타난다.

뿐만 아니라, 소비자가 주문한 제품을 받고 메이크업 지니어스 앱을 켜면, 원하는 스타일로 화장을 하는 방법이 화면에 나타난다. 그리고 앱은 이 소비자와 비슷한 사용자들의 선호를 토대로, 이 소비자가 좋아할 만한 스타일을 주기적으로 추천해준다. 각 스타일별로 필요한 제품들을 함께 추천하는 것은 물론이다.

이 앱은 화장품 구매자들이 공통적으로 느끼는 고충을 덜어줌으로써, **화장품 구매 및 사용시 더 나은 경험**

을 제공해주었다. 이는 사용자들로 하여금 로레알의 제품들을 반복구매하도록 유도하여 브랜드 애호도를 높이고 고객생애가치를 향상시킨 것으로 평가된다. 또한 가상으로 화장한 얼굴 사진들을 페이스북으로 손쉽게 공유할 수 있어서, 새로운 고객을 획득하는 데에도 기여한 것으로 보인다.

메이크업 지니어스의 성공에 고무된 로레알은 2018년 AR 뷰티 스타트업인 모디페이스(ModiFace)를 인수하였고, 컴퓨터 카메라를 통해 자신의 피부 나이를 평가하고 맞춤형 스킨케어 루틴을 추천받을 수 있는 스킨 지니어스(Skin Genius)와 헤어 컬러를 가상으로 체험할 수 있는 온라인 툴도 잇달아 내놓았다. 팬데믹으로 인하여 오프라인 매장들이 타격을 입으면서 로레알의 온라인 툴들은 더욱 진가를 발휘하였는데, 평균 사용 시간이 팬데믹 이전 2분에서 팬데믹 이후 9분으로 늘었다. 로레알의 매출액 중에서 온라인 매출 비중이 2014년 약 2%에 불과했으나, 2020년 27%로 급성장한 데에는 이러한 툴들이 상당히 기여한 것으로 추정된다.[12]

것은 **상품개념의 확장**이라고 부른다. [그림 7-6]은 이를 보여준다.

상품개념을 확장할 수 있는 기회를 포착하려면 다음 두 가지 원칙에 충실하

---

12 이 사례는 다음을 기초로 작성하였음: David C. Edelman and Marc Singer, "Competing on Customer Journeys," *Harvard Business Review* (November 2015), pp. 1–11; "로레알, '안면인식+증강현실' 가상 메이크업 앱 출시," *CIO*, 2015년 3월 26일; 유미애, "'크리에이티브의 미래'에 대비하라," *어패럴뉴스*, 2021년 3월 22일.

그림 7-6

상품개념의 확장

여야 한다.

1. 세분시장 수준에서 고객을 분석하라

각 세분시장은 독특한 욕구를 갖고 있으므로, 아직 충족되지 않은 욕구를 발견하려면 각 세분시장별로 따로따로 분석하여야 한다. 로레알의 AR 솔루션들도 비록 첨단의 기술이 적용된 것이었지만, 모든 화장품 구매자들을 위한 것은 아니었다. 새로운 스타일에 오픈되어있고 실험하려는 욕구가 높은 소비자들에게 어필하는 것이었다.

2. 구매 전후의 모든 단계를 분석하라

상품개념을 확장하려면, 고객의 구매의사 결정과정의 모든 단계를 세밀하게 분석하여 충족되지 않고 있는 욕구를 발견하여야 한다. 구매하기 훨씬 전부터 시작하여, 구매시점은 물론, 구매 후 상품을 사용하고 버리는 단계에 이르기까지, 숨어 있는 고객의 미충족 욕구를 찾아야 한다. 어떤 제품이 나에게 어울리는지 몰라서 구매를 미루는 것은 화장품 구매 과정에서 커다란 병목으로 작용한다. 또한 원하는 스타일을 내도록 화장하는 방법을 모른다면 구입한 제품에 만족하기 어려울 것이다. 이처럼 더 나은 경험을 줄 수 있는 기회는 상품 자체에만 존재하는 것이 아니라 고객이 우리 회사 또는 우리 상품과 접촉하는 매 단계마다 존재하는 것이다.

상품의 종류에 따라 차이는 있겠지만, 고객이 상품을 구매하고 사용하는 단계들을 분류하고 각 단계마다 숨어 있는 차별화의 기회들을 정리하면 〈표 7-4〉

표 7-4

구매/사용 단계별
차별화 기회

구매/사용 단계	차별화의 기회	예
정보수집 단계	우리 상품에 대한 정보를 쉽게 획득할 수 있도록 할 수는 없는가?	24시간 상담전화 개설 웹사이트 개설
대안선택 단계	우리 상품을 구입하는 과정을 쉽고, 편안하고, 단순하게 할 수는 없는가?	고객의 컴퓨터와 우리의 컴퓨터를 연결한 자동 발주 시스템 설치. 고객이 작성해야 하는 서류 최소화
	우리 상품을 구입하는 과정에서 느끼는 지각된 위험을 낮출 수는 없는가?	무조건 교환/환불 보증제도
배달 또는 운반 단계	우리 상품을 신속하게 배달할 수는 없는가?	우리 회사의 창고를 특송 회사의 창고 부근에 설치
	우리 상품이 쉽게 운반되게 만들 수는 없는가?	포장용기 경량화
설치 단계	우리 상품을 쉽게 설치되도록 할 수는 없는가?	설치 과정을 담은 동영상 제공
지불 단계	대금청구서 양식을 고객 지향적으로 만들 수는 없는가?	대금 청구서 양식 개선
	대금지불 정책을 고객 위주로 변경시킬 수는 없는가?	할부금 납부 방법에 융통성 부여
보관 단계	우리 상품을 보관하기 쉽게 할 수는 없는가?	보관 대행
사용 단계	우리 상품을 효과적으로 사용하게 도울 수는 없는가?	사용방법 지도
교환 또는 환불 단계	교환 또는 환불을 쉽게 만들 수는 없는가?	무조건 교환/환불 보증제도
A/S 단계	고장을 예방해 줄 수는 없는가?	원격 진단을 통한 고장 예방
폐기 단계	우리 상품을 폐기하기 쉽게 만들 수는 없는가?	폐기 대행 또는 폐기물 회수

와 같다. 여기에 나와 있는 차별화의 기회들은 대부분 유형적인 것이 아니라 무형적인 것들이다. 이러한 무형적인 요소들은 유형적인 요소들에 비하여 경쟁자들이 모방하기가 어렵기 때문에, 강력한 차별화의 수단이 되며 획득된 고객들을 유지하는 데 크게 기여한다.

원리 7-5

고객이 우리 회사 또는 우리 상품과 접촉하는 모든 단계마다 차별화의 기회가 존재한다.

5 브랜드 자산을 통한 차별화: 상품은 모방할 수 있지만 브랜드는 모방할 수 없다

상품의 개념을 확장함으로써 차별화하는 것이 항상 가능한 것은 아니다. 만약 상품 그 자체도 더 이상 차별화하기 어렵고, 상품의 개념을 확장하는 것도 어렵다면, 어떻게 하여야 할까? 그 답은 브랜드에 있다. 상품이나 기술은 모방할 수 있지만, 브랜드는 모방할 수 없기 때문이다.

1. 브랜드

브랜드(brand) 또는 **상표**(trademark)란 어떤 판매자가 자신의 상품을 다른 판매자의 상품과 구별하기 위하여 붙인 이름, 문자, 기호, 도형 또는 이들의 결합으로 된 것을 가리킨다. 브랜드 옆에 ® 표시나 ™ 표시가 붙어 있는 것은 정부에 등록된 상표임을 나타내는 것이다. 상표 중에서 서비스업(예: 금융, 보험, 통신 등)에서 사용하는 상표를 특별히 **서비스 마크**(service mark)라고 부르기도 한다. 이 책에서는 앞으로 상표나 서비스 마크를 모두 브랜드라고 부르기로 한다.

우리가 보통 브랜드라고 부르는 것에는 여러 가지 종류가 있다. LG전자, 아모레퍼시픽, 풀무원 등은 기업명이 브랜드의 역할을 하고 있어서, **기업 브랜드**(corporate brand)라고 부른다. 백설표, 청정원 등은 한 회사에서 나오는 복수의 상품에 공통적으로 부착되는 **패밀리 브랜드**(family brand 또는 umbrella brand)의 역할을 하고 있고, 싼타페, 한입쏙비엔나 등은 한 가지 상품에 부착되는 **개별**

브랜드(또는 상표)
어떤 판매자가 자신의 상품들을 다른 판매자의 상품들과 구별하기 위하여 붙인 이름, 문자, 기호, 도형 또는 이들의 결합으로 된 것

서비스 마크
서비스업에서 사용되는 상표

기업 브랜드
기업명이 브랜드 역할을 하는 것

패밀리 브랜드
한 회사에서 나오는 복수의 상품에 공통적으로 부착되는 브랜드

그림 7-7
브랜드 계층구조의 예

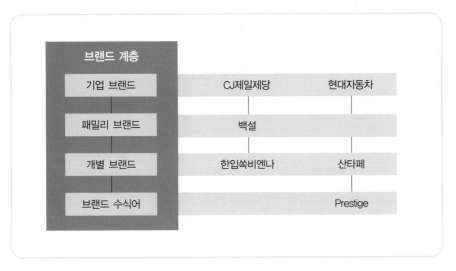

개별 브랜드
한 가지 종류의 상품에
만 부착되는 브랜드

브랜드 수식어
브랜드 뒤에 붙는 수식
어

브랜드 계층구조
기업 브랜드/패밀리 브
랜드/개별 브랜드/브랜
드 수식어로 이루어진
계층구조

브랜드(individual brand)이다. 그리고 윈도우 11에서 보듯이 구형 모델과 구분하
기 위하여 붙이는 숫자나, '프리미엄,' '플러스,' '골드' 등과 같이 품질이 개선된
것을 나타내기 위하여 붙이는 단어인 **브랜드 수식어**(brand modifier)도 있다.

이와 같이 우리가 흔히 브랜드라고 부르는 것들을 기업 브랜드/패밀리 브랜
드/개별 브랜드/브랜드 수식어 등 4개의 계층으로 나눌 수 있다. 이것을 **브랜드
계층구조**(brand hierarchy)라고 부르기도 하는데, [그림 7-7]은 브랜드 계층구조의
한 예를 보여준다.

2. 브랜드 자산

브랜드는 원래 한 기업의 상품을 다른 기업의 상품과 구별하기 위하여 생겨
난 것이었지만, 오늘날에 와서는 이러한 식별기능보다도 자산으로서의 가치가
더 큰 주목을 받고 있다.

자산이란 기업에게 현재는 물론 미래에도 경제적인 이득을 가져올 수 있는
것을 가리키는 말이다. 예를 들어, 토지, 기계, 건물 같은 것들을 자산이라고
부르는 이유는 기업이 이들을 소유하고 활용함으로써 꾸준한 이익흐름을 얻을
수 있기 때문이다. 브랜드를 자산이라고 부를 수 있는 이유도 기업에게 꾸준한
이익흐름을 제공해 줄 수 있기 때문이다. 이렇게 브랜드가 창출하는 부가가치

브랜드 자산
브랜드가 창출하는 부
가가치

를 **브랜드 자산**(brand equity)이라고 부른다. 우리는 1장의 '마케팅 프론티어 1-1:
코카콜라는 눈으로 마신다?'에서 코카콜라의 마케팅에 길들여진 우리의 뇌가
코카콜라 브랜드에 어떻게 반응하는지를 살펴보았다. 코카콜라 브랜드의 가치
는 수십 조원에 달하는 것으로 알려져 있다.

다른 예를 들면, 에프킬라를 만들던 삼성제약은 살충제 사업부문 전체를 한
국존슨에 넘기면서 모두 387억원을 받았는데, 이 중에 90억원만이 유형자산(예:
건물, 기계 등)에 대한 대가였고, 나머지 297억원이 에프킬라 브랜드에 대한 대
가였다.[13] 즉, 에프킬라 브랜드 덕분에, 삼성제약은 살충제 사업부문을 팔면서
297억원이나 더 받게 된 것이다. 저자가 수행한 한 연구에서는 우리나라에서
판매되는 주요 휴대폰 브랜드들의 자산 가치를 측정하였는데, 삼성전자의 경우
강력한 브랜드 덕분에 휴대폰 시장에서 점유율을 35% 포인트나 더 얻은 것으로
추정되었다.

이처럼 기업이 강력한 브랜드를 갖고 있으면, 경쟁자보다 높은 시장점유율을
올리거나 높은 가격을 받을 수도 있고, 브랜드를 다른 기업에게 라이센스해 주
고 로열티 수입을 올릴 수도 있으며(예: 디즈니), 유통업자들이 그 브랜드를 더

---

13 이강운, "[경제 포커스] 무형자산시대…보이지 않는 기업의 힘," 동아일보, 2002년 9월 24일.

많이 취급해주고, 더 좋은 위치에 진열해주는 등의 혜택을 누릴 수 있다.

3. 브랜드 자산의 원천

브랜드 자산의 출발점은 고객이므로, 고객의 마음속에서 브랜드 자산이 어떻게 형성되는지를 이해할 필요가 있다.

(1) 브랜드 자산은 브랜드 인지도와 브랜드 이미지로부터 형성된다

브랜드 자산이 생기기 위한 첫번째 조건은 많은 고객들이 우리 브랜드를 기억하고 있어야 한다는 것이다. 어떤 고객이 우리 브랜드를 전혀 들어본 적이 없다면, 그 고객이 우리 브랜드를 구입할 가능성은 거의 0일 것이기 때문이다. 뿐만 아니라 사람들은 많이 들어본 브랜드에 대해서 호감을 갖게 되고 품질도 좋을 것이라고 생각하는 경향이 있으므로 유명한 브랜드는 그렇지 않은 브랜드에 비해서 더 유리하다.

고객들이 우리 브랜드를 기억하고 있는 정도를 **브랜드 인지도**(brand awareness)라고 부르는데, 브랜드 인지도는 어떻게 측정하느냐에 따라서 세 가지 종류가 있다. 예를 들어, "샴푸 브랜드 중에서 기억나는 것들을 말씀해주세요."라고 물었을 때 응답자 중 몇 %가 엘라스틴을 가장 먼저 답했는지를 엘라스틴의 **최초 상기도**(top-of-mind awareness)라고 부른다. 그리고 첫 번째든 두 번째든 상관없이 응답자 중 몇 %가 엘라스틴을 답했는지를 엘라스틴의 **비보조인지도**(unaided awareness)라고 부른다. 그리고 "엘라스틴이라는 샴푸를 들어보신 적이 있으십니까?"라고 물었을 때 "예"라고 답한 응답자들의 %를 엘라스틴의 **보조인지도**(aided awareness)라고 부른다.

브랜드 인지도
브랜드를 기억하는 정도

브랜드의 인지도를 높이기 위해서 가장 효과적인 방법은 TV 같은 대중 매체에 많은 양의 광고를 내보내는 것이지만, 높은 광고비를 지출해야 한다는 단점을 안고 있다. 뿐만 아니라, 대중매체 광고에 까다로운 규제가 따르는 상품들도 존재한다(예: 의약품, 술, 담배 등). 그러므로 브랜드와 관련된 뉴스거리나 볼거리(예: 동영상)를 만들고 이를 씨앗으로 삼아서 구전을 창출시킴으로써 소비자들에게 브랜드의 존재를 알리는 방법을 사용하는 기업들이 늘어나고 있다.

(2) 브랜드 이미지는 유리하고, 독특하고, 강력하여야 한다

관여도가 낮은 경우 소비자는 머리 속에 가장 먼저 떠오르는 브랜드를 구입하기도 한다. 그러나 관여도가 높은 경우에는 가장 먼저 떠오르는 브랜드를 반드시 구입하는 것은 아니다. 가장 먼저 떠오르기는 했지만 그 브랜드를 구입해야 하는 이유를 모른다면 아마 구입하지 않을 것이다. 그러므로 브랜드 인지도가 높다는 것만으로는 충분하지 않다.

브랜드 이미지
=브랜드 연상

소비자에게 어떤 브랜드를 구입해야 하는 이유를 제공하는 것은 **브랜드 이미지**이다. 브랜드 이미지는 **브랜드 연상**(聯想)이라고도 하는데, 글자 그대로 어떤 브랜드에 관련된 생각을 뜻한다. 어떤 고객이 어떤 브랜드를 들어본 적도 없다면 그 브랜드에 대한 어떤 생각도 없을 것이므로, **브랜드 이미지가 존재하려면 먼저 그 브랜드가 인지되어야 한다.**

브랜드 이미지는 어떻게 생기는 것일까? 예를 들어, 어떤 소비자가 맥도날드를 인지하게 되었다면, 그 다음부터 이 소비자가 맥도날드의 광고를 보거나, 직접 이용해보거나, 다른 사람의 이용 경험을 들어봄으로써 맥도날드에 대한 이미지가 생기게 된다. 그 결과 '해피밀', '아이들의 생일파티', '저렴한 가격', '빠른 서비스' 등의 이미지를 갖게 되었다면 이러한 이미지들은 [그림 7-8]과 같이 브랜드에 연결되어 기억 속에 저장된다.

소비자들은 웬만큼 인지도가 있는 브랜드에 대해서는 브랜드 이미지를 갖고 있겠지만, 모든 브랜드 이미지가 그 브랜드에 도움이 되는 것은 아니다. 예를 들어 어떤 소비자가 지난번에 맥도날드에서 겪었던 불쾌한 경험을 제일 먼저 떠올린다면 아마도 맥도날드 점포가 바로 앞에 있어도 들어가지 않을 것이다.

브랜드 이미지가 그 브랜드에 도움이 되려면 **유리하고, 독특하고, 강력해야 한다.**[14] 브랜드 이미지가 불리하지 않고 유리해야 좋다는 것은 자명하다. 그러나 아무리 훌륭한 브랜드라고 하더라도 유리한 이미지와 불리한 이미지를 모두 갖고 있는 것이 현실이다. [그림 7-8]을 보면 어떤 이미지는 맥도날드에 유리하

그림 7-8

어떤 고객이
맥도날드에 대하여
갖고 있는 연상

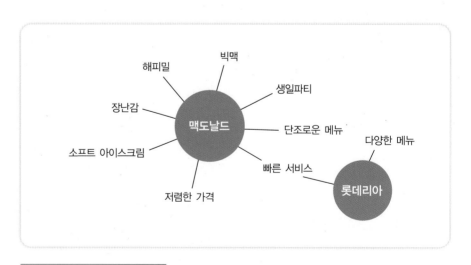

---

14 Kevin Lane Keller and Vanitha Swaminathan, *Strategic Brand Management*, 5th ed., (Pearson, 2020), p. 76.

지만(예: 저렴한 가격, 해피밀, 생일파티, 빠른 서비스 등), 어떤 이미지는 불리하다(예: 단조로운 메뉴). 그러므로 소비자들이 유리한 이미지들을 많이 기억하도록 만드는 것이 이미지 관리의 중요한 과제이다.

소비자들이 우리 브랜드에 대해서 유리한 이미지를 많이 갖고 있다는 것은 분명 좋은 일이지만 이것만으로는 충분하지 않다. 우리의 유리한 이미지를 다른 브랜드도 똑같이 갖고 있다면 우리 브랜드를 차별화하는 데 도움이 되지 못하기 때문이다. [그림 7-8]에서 소비자는 서비스가 빠르다는 이미지를 맥도날드뿐만이 아니라 롯데리아에 대해서도 갖고 있다. 그러므로 맥도날드에 유리하면서도 동시에 맥도날드만의 독특한 이미지(예: 저렴한 가격, 해피밀 등)가 이 소비자를 맥도날드에 오게 만드는 것이다.

이제 우리가 고객의 마음 속에 심어줄 유리하면서도 독특한 이미지를 찾아냈다면, 마지막으로 남은 과제는 이를 강력한 이미지로 만드는 것이다. 브랜드 이미지가 강력하다는 것은 소비자가 맥도날드를 떠올렸을 때 그 이미지가 빨리 기억나는 것을 뜻한다. 예를 들어, 고객이 길 양쪽에 서있는 맥도날드와 롯데리아 중에서 어디로 갈까 망설이는 경우를 생각해보자. 이 소비자가 실제로는 [그림 7-8]과 같이 맥도날드에 대해서 유리하고 독특한 이미지들을 다수 갖고 있다고 하더라도 결정을 내려야 하는 그 순간에 하필이면 '단조로운 메뉴'가 가장 먼저 떠올랐다면 훨씬 더 다양한 메뉴를 제공하는 롯데리아로 발길을 돌릴지도 모른다. 그러므로 유리하고 독특한 이미지라고 하더라도 소비자에게 강력하게 기억되어 있지 않다면 결정적인 순간에 도움이 되지 못한다는 것을 알 수 있다.

하루에도 수없이 많은 광고 메시지에 노출되는 소비자에게 우리 브랜드의 이미지를 강력하게 기억시키는 것은 결코 쉬운 일이 아니다. 바쁜 (동시에 무관심한) 소비자 앞에 우리 브랜드를 사야 하는 이유를 여러 개 기억시키려 한다면, 소비자는 한 개도 제대로 기억하지 못할 것이다. 차라리 **한 개의 이유를 골라서 이것을 명확히 기억시키는 것을 목표로 삼는 것이 현실적이다.** 즉, **선택과 집중**이 필요하다. 이것이 바로 **포지셔닝**(6장 참조)에 성공하는 비결이기도 하다. 〈표 7-5〉는 포지셔닝에 성공한 브랜드들의 예를 보여준다.

공익연계마케팅(cause-related marketing)은 훌륭한 차별화의 수단이 될 수 있다. 페디그리(Pedigree)는 매출액의 일정 비율을 유기견 보호소에 기부하고 유기견 입양을 장려하는 캠페인을 전개함으로써, 구매자들로부터 강력한 공감을 얻었고 차별화하기 어려운 애완견 사료 시장에서 뛰어난 성과를 거둘 수 있었다.

포지셔닝
표적시장의 고객의 마음 속에 우리 상품의 차별점을 인식시키는 것

브랜드 자산은 높은 브랜드 인지도와 유리하고, 독특하고, 강력한 브랜드 이미지로부터 형성된다.

표 7-5

포지셔닝에 성공한 브랜드들

브랜드	포지셔닝
볼보	안전
도브	보습효과
나이키	Performance
롤렉스	Luxury
할리 데이비슨	남성적
애플	혁신
에이스침대	과학

(3) 두 가지 브랜드 이미지: Points of Difference and Points of Parity

앞에서 우리는 유리하고 독특한 이미지를 강력하게 기억시키는 것이 중요하며, 그렇게 하기 위해서는 우리 브랜드를 사야 하는 이유를 한 가지라도 확실하게 전달하는 것이 좋은 방법임을 강조하였다. 그런데 여기서 한 가지 의문이 생긴다. 정말 한 가지 이유만 기억시키면 소비자가 우리 브랜드를 살까?

6장에서 다루었던 볼보의 예를 다시 살펴보자. 볼보는 자기 회사의 차를 매우 안전한 차라고 소비자들에게 포지셔닝하는 데 성공했지만, 안전하다는 것만 강조하는 것이 차를 파는 데 얼마나 도움이 될 것인가? 가상적으로, 볼보가 안전하기는 하지만, 스타일은 볼품없고, 엔진 성능도 떨어지고, 애프터서비스도 형편없는 차라고 가정하자. 과연 사람들이 볼보를 살 것인가?

볼보가 잘 팔리려면 안전하다는 이미지만으로는 충분하지 않다는 것을 알 수 있다. 안전하다는 이미지에 있어서는 경쟁자들보다 앞서나가면서, 스타일, 엔진 성능, 애프터서비스에 있어서는 경쟁자들을 앞서지는 못하더라도 비슷한 수준은 된다는 이미지를 줄 수 있어야 잠재 구매자들에게 명함을 내밀 수 있을 것이다.

소비자들이 우리 브랜드가 어떤 편익을 경쟁 브랜드보다 더 많이 갖고 있다고 믿을 때, 그 편익을 우리 브랜드의 **point of difference**라고 부른다. 볼보의 경우에는 안전이 point of difference에 해당된다. 이와는 달리, 소비자들이 어떤 편익에 대해서는 우리 브랜드나 경쟁 브랜드나 특별히 차이가 없다고 믿을 때, 그 편익을 **point of parity**라고 부른다. 소비자들이 볼보의 스타일, 엔진, 성능, 애프터서비스 등이 경쟁 브랜드와 비슷하다는 인식을 갖고 있다면, 이들이 points of parity에 해당된다.

결국 볼보를 많이 팔기 위해서는 자신의 point of difference뿐만이 아니라 자신의 point of parity도 명확히 정의하고 이를 일관되게 실행해야 한다. 고객과 커뮤니케이션 할 때에는 차별점인 '안전'을 늘 최우선으로 강조하되, 스타일, 성능, 애프터서비스 등은 경쟁자 대비 뒤쳐지지 않는다는 이미지를 주도록 디자인, 기술, 애프터 서비스 등에도 신경써야 한다. point of difference뿐만이 아니라 point of parity까지 포함해서 우리 브랜드가 고객들의 마음 속에 심어주고자 하는 이미지들의 집합을 **브랜드 아이덴티티**(**brand identity**)라고 부른다. 앞에서 든 볼보의 예를 계속한다면, 볼보의 브랜드 아이덴티티는 '동급 최고의 안전함', '세련된 디자인', '우수한 성능의 엔진', '믿을 수 있는 서비스'라는 이미지들로 이루어져있다고 할 수 있다. 이 중에서 '동급 최고의 안전함'이 point of difference에 해당되고, 나머지는 points of parity에 속하는 셈이다.

브랜드 아이덴티티
어떤 브랜드가 고객들의 마음 속에 심어주고자 하는 이미지들의 집합

4. 브랜드 자산의 구축

브랜드 자산을 구축하기 위해서는 인지도를 높이고, 유리하고 독특한 이미지를 강력하게 심어주어야 한다. 그러나 이것으로 끝나는 것은 아니다. 우리 브랜드를 인지시켰고, 유리·독특·강력한 이미지를 심어주었다면, 그 고객으로부터 반응(즉, 구매)을 끌어내야 한다. 만약 한 번에 구매를 유도하기 어렵다면 매장·홈페이지 방문이나 시용(trial) 등의 낮은 단계의 반응을 유도할 수 있다. 그리고 반응을 끌어내는 데 성공하였다면, 1장에서 공부한 것처럼 고객과 장기적인 관계를 유지해 나가야 한다.

이를 달성하기 위한 수단으로는 크게 다음과 같이 네 가지를 들 수 있다. 첫째, 포지셔닝에 어울리는 **브랜드 요소**(즉, 브랜드 네임, 로고, 슬로건, 패키지 등)을

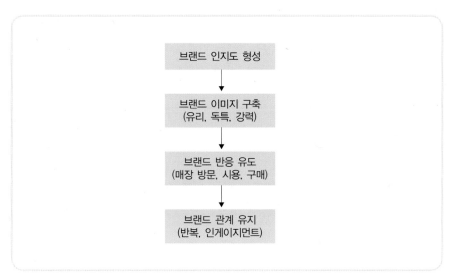

그림 7-9

브랜드 자산의 구축 단계

이 브랜드는 프리미엄이라고 인식될까?

빙그레는 하겐다즈, 배스킨라빈스, 나뚜르 등이 경쟁하고 있는 프리미엄 아이스크림 시장에 '끌레도르(Cléd'or)'(프랑스어로 황금열쇠를 뜻함)라는 새 브랜드로 도전장을 내밀었다.[15] 그러나 이 브랜드의 마케팅 믹스를 살펴보면 프리미엄 포지셔닝과 부합되지 않는 부분들을 다수 발견할 수 있다.

첫째, 유통 측면에서 프리미엄 아이스크림 브랜드들은 자사 브랜드만을 판매하는 전문점들을 갖고 있어서 소비자들의 마음 속에는 '프리미엄 브랜드=전문점'이라는 공식이 세워져 있다. 그러나 끌레도르는 전문점을 열지 않고 편의점과 대형마트를 통해서 판매하였다. 게다가 첫 출시를 농수산홈쇼핑 채널을 통하여 한 것도 프리미엄 이미지와 걸맞지 않았다.

둘째, 가격 측면에서 프리미엄 브랜드들은 아이스크림 바는 2,600∼3,000원, 싱글컵은 2,500∼2,600원에 판매하고 있는 반면, 끌레도르는 1,900원에 판매하였다. 낮은 가격은 판매에는 도움이 되지만 프리미엄 이미지 형성에는 방해가 된다.

셋째, 촉진 측면에서 프리미엄 브랜드들은 대중매체, 특히 TV에 광고를 한 반면, 끌레도르는 케이블 TV에 광고를 함으로써 많은 소비자들에게 브랜드 인지도를 높이고 프리미엄 이미지를 심는 데 한계가 있었다. 게다가 끌레도르는 한 개를 사면 한 개를 덤으로 주는 판매촉진을 실시하였는데, 이것은 프리미엄 브랜드들은 좀처럼 사용하지 않는 방법이었다.

반면, 끌레도르의 맛은 다른 프리미엄 아이스크림에 비해서 손색이 없는 것으로 알려져 있으며, 필자가 학생들을 대상으로 블라인드 맛 테스트를 해본 결과도 다른 프리미엄 브랜드와 비슷한 것으로 나타났다. 또한 끌레도르라는 브랜드 네임은 다른 프리미엄 브랜드들과 마찬가지로 외국어 이름으로서 프리미엄 이미지에 어울린다고 할 수 있다.

결국 끌레도르는 프리미엄에 걸맞는 맛과 브랜드 네임을 갖고 있었음에도 불구하고, 다른 마케팅 믹스 요소들이 프리미엄 이미지와 어울리지 않음으로써 소비자들의 마음 속에 프리미엄 아이스크림으로 포지셔닝되는 데 어려움을 겪고 있다.

갖추어야 한다. 예를 들어, 롯데캐슬은 '캐슬'이라는 이름 덕분에 고급 아파트로 효과적으로 포지셔닝할 수 있었다. 둘째, **마케팅 믹스 요소**들이 포지셔닝을 지지(support)해주어야 한다. 예를 들어, 우리 브랜드를 프리미엄 브랜드로 포지셔닝하고자 한다면, 상품이 고품질이어야 함은 물론이거니와, 가격, 촉진, 유통이 모두 프리미엄 이미지를 제공할 수 있도록 수행되어야 한다. '마케팅 프론티어 7-4: 이 브랜드는 프리미엄이라고 인식될까?'는 그렇지 못한 사례를 보여준다. 셋째, 우리 힘만으로 브랜드 자산을 구축하기 어렵다면 이미 고객의 마음 속에 강력한 입지를 구축한 **다른 브랜드**의 힘을 빌릴 수 있다. 예를 들어, 삼성전자는 1998년부터 올림픽 공식 스폰서가됨으로써 글로벌 브랜드라는 이미지를 효

---

15 김희원, "빙그레, 프리미엄 아이스크림 브랜드 끌레도르 출시," *서울경제신문* (2005년 5월 24일).

과적으로 구축할 수 있었다. 넷째, **직원**들이 직접 고객들과 빈번하게 접촉하는 서비스 기업(예: 금융기관, 유통업체 등)에서는 직원들의 언행이 브랜드 자산 구축에 중요한 역할을 한다. 예를 들어, 아무리 우리 회사가 금융의 전문가라고 광고하더라도 창구 직원이 전문 지식을 갖고 있지 못하다면 효과가 없을 것이다.

끝으로, 브랜드 자산을 성공적으로 구축하기 위한 열쇠가 무엇인지 알아보자. 그것은 바로 '**일관성**'이다. 여기서 일관성은 세 가지 의미를 담고 있다. **첫째, 포지셔닝의 일관성**이다. 즉, 포지셔닝을 자꾸 바꾸지 말고 오랫동안 유지해야 한다는 것이다. 많은 소비자들이 '볼보=안전한 차', '에이스침대=과학'으로 기억하게 된 것은 이 브랜드들이 포지셔닝을 바꾸지 않고 수십년 동안 유지해온 덕분이라고 할 수 있다. 반대로, 스포츠화 시장에서 한 때 나이키를 앞서기도 했던 리복은 처음에 '패션(Fashion)' 포지셔닝으로 출발했지만 나이키를 앞서기 위해서 나이키와 비슷하게 '기능(Performance)' 포지셔닝으로 이동함으로써 결국 이도 저도 아닌 브랜드로 전락하고 말았다. **둘째, 포지셔닝과 수단들 사이의 일관성**이다. 즉, 위에서 설명한 것처럼 브랜드 요소, 마케팅 믹스 요소, 직원들의 언행 등이 모두 포지셔닝을 지지(support)해 주어야 한다. **셋째, 투자의 일관성**이다. 즉, 고객의 마음 속에 우리 브랜드를 포지셔닝하기 위해서 투자를 계속해야 한다. 즉, 호경기에만 투자(즉, 마케팅 비용 지출)를 하고 불경기에는 투자를 안한다면 고객의 기억 속에 우리 브랜드를 사야 하는 이유가 희미해질 것이다.

원리 7-7

브랜드 자산 구축의 핵심 성공 요인은 일관성이다.

---

5. 브랜드 자산의 전략적 활용

우리가 일단 높은 자산 가치를 가진 브랜드를 갖게 되었다면, 이것을 적극적으로 활용하여야 한다. 신상품을 내놓을 때 새로운 브랜드를 만들어서 붙이기보다는 기존 브랜드를 붙이는 것을 **브랜드 확장**(brand extension)이라고 부른다. [그림 7-10]은 브랜드 확장의 다양한 경우들을 보여준다.

> **브랜드 확장**
> 신상품에 기존 브랜드를 사용하는 것

(1) 라인 확장

기존 브랜드와 같은 상품범주에 출시된 신상품에 기존 브랜드를 사용하는 것을 **라인 확장**(line extension)이라고 부른다. 예를 들어, CJ라이온은 드럼세탁기용 세탁세제를 출시할 때 새 브랜드 네임을 붙이지 않고, 자기 회사의 대표적인

> **라인 확장**
> 기존 브랜드와 같은 상품 범주에 출시된 신상품에 기존 브랜드를 사용하는 것

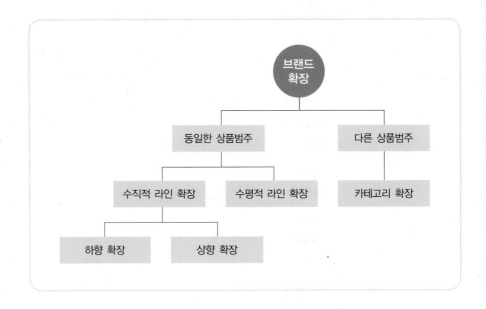

그림 7-10

브랜드 확장의 종류

세탁세제 브랜드인 '비트'를 확장해서 '비트 드럼'으로 이름 붙였다. 라인 확장은 다시 수직적 라인 확장과 수평적 라인 확장으로 나누어진다.

수직적 라인 확장(vertical line extension)이란 신상품이 기존상품보다 가격이 낮거나 높은 경우를 가리킨다. 특히 기존상품보다 낮은 가격대로 확장하는 경우를 **하향 확장**(downward line extension), 높은 가격대로 확장하는 경우를 **상향 확장**(upward line extension)이라고 부른다. 예를 들어, 위스키 브랜드로 유명한 조니워커(Johnnie Walker)는 원래 조니워커 레드와 조니워커 블랙의 두 가지 위스키만 내놓고 있었지만, 이보다 값비싼 위스키를 조니워커 골드와 조니워커 블루라는 이름으로 내놓았는데, 이것은 상향 확장에 해당된다. 이와는 달리, **수평적 라인 확장**(horizontal line extension)은 앞에서 예를 든 '비트'와 '비트 드림'의 경우처럼, 신상품이 기존상품과 비슷한 가격대에서 다른 세분시장을 표적으로 삼고 있는 경우를 가리킨다.

수직적 라인 확장
라인 확장된 신상품이 기존 상품보다 가격이 낮거나 높은 경우

수평적 라인 확장
라인 확장된 신상품이 기존 상품과 가격대는 비슷하지만 다른 세분시장을 표적으로 삼는 경우

1) 라인 확장의 장점

앞서 설명한 것처럼, 우리가 '신상품'이라고 부르는 것 중의 대부분은 라인 확장에 해당되는데, 그 이유는 라인 확장이 **적은 비용**으로 **매출 및 수익성 증대** 효과를 거둘 수 있는 장점을 갖고 있기 때문이다. 예를 들어, CJ라이온이 '비트 드림' 대신에 전혀 새로운 브랜드를 붙였다면, 소비자들에게 이 브랜드를 인지시키고 이미지를 전달하는 데 수십억원 이상의 비용이 들었을 것이다. 그러나 이미 잘 알려진 '비트'를 활용함으로써, 불과 몇 분의 일의 비용만이 소요되었다. 뿐만 아니라, 라인 확장으로 인하여 소비자들이 모(母)브랜드에 대해서 갖

고 있던 태도가 바뀔 수 있는데, 이를 **반향효과**(feedback effect 또는 reciprocal effect)라고 부른다. 앞서 예로 든 조니워커의 경우 기존 조니워커 위스키(4~5만원대)보다 훨씬 더 비싼 위스키를 '조니워커 블루'(20만원대)라는 이름으로 냄으로써 소

비자들이 조니워커에 대해서 갖고 있던 인식을 더 고급스럽게 바꿀 수 있었는데, 이는 긍정적 반향효과에 해당된다.

세상에서 가장 작은 카페 맥심 카누
KANU

인스턴트 원두커피를 표방하고 나온 맥심 카누. 인지도가 높은 맥심 브랜드를 확장함으로써 마케팅 비용 절감 효과를 기대할 수 있을 뿐만이 아니라, 맥심의 노후화된 이미지를 젊게 만드는 효과도 기대할 수 있다.

2) 라인 확장의 위험

라인 확장이 위와 같은 장점을 갖고 있지만, 모든 신상품이 기존 브랜드를 붙이고 나오는 것은 아니다. 그 이유는 라인 확장이 다음과 같은 위험을 안고 있기 때문이다.

▶ **기존 브랜드가 신상품의 특성을 잘 나타내지 못할 가능성**이 있다. 신상품에 새 이름을 붙이지 않고 기존 이름을 붙이면 신상품이 갖고 있는 새로움을 잘 나타내지 못함으로써 신상품이 실패하게 될 위험이 있다. 예를 들어, 1990년대 초 LG생활건강이 '한스푼', CJ가 '비트'를 내놓으면서 고농축 세탁세제 붐이 일어나자 애경산업은 '울트라 스파크'를 내놓았다. '울트라 스파크'는 애경의 (고농축세제가 아닌 일반) 세탁세제였던 '스파크'로부터 라인 확장을 한 것이어서, 많은 소비자들은 '울트라 스파크'가 새로운 고농축 세제가 아니라 '스파크'를 이름만 바꾼 것이라고 생각하였다. 결과적으로 '울트라 스파크'는 저조한 판매를 기록하였다. 결국, 이러한 위험을 감수하면서 신상품 출시 비용을 절약하는 것이 나은지, 아니면 높은 비용을 쓰면서 신상품의 특성을 명확히 전달하는 것이 나은지를 결정해야 하는 것은 마케터의 몫이다.

▶ 라인 확장이 부적절하거나 실패한 경우 소비자들이 모(母)브랜드에 대해서 갖는 태도가 나빠지거나 심한 경우에는 판매도 줄어들 수 있다. 이것을 **부정적인 반향효과**라고 부른다는 것을 앞에서 언급한 바 있다. 예를 들어 1980년대 중반 미국시장에서 잘 팔리고 있던 Audi5000이 급발진 사고를 일으켰다는 의혹이 제기되면서 Audi5000은 물론 자매 모델인 Audi4000의 판매까지 급감하게 되었다. 흥미롭게도, 같은 Audi의 모델이었지만 Audi 이름을 붙이지 않았던 콰트로(Quattro)의 판매는 거의 영향을 받지 않았다.

▶ 하향 확장의 경우 모브랜드의 고급 이미지를 희석시켜서 결국에는 브랜드 자산을 약화시키는 부정적인 반향효과의 위험이 크다. 이를 특별히 **희석효과**(dilution effect)라고 부르기도 한다. 예를 들어, 한때 고급 인스턴트 커피로 인정받았던 초이스(Taster's Choice) 커피가 캔 커피에도 초이스 브랜드를 붙인 것은 초이스

반향효과
브랜드 확장으로 인하여 소비자들의 모브랜드에 대한 태도가 바뀌는 효과

희석효과
라인 확장된 신상품이 기존 브랜드의 이미지를 약화시키는 것

커피의 고급 이미지에 손상을 입혔을 가능성이 높다. 한 걸음 더 나아가서, 가격이 낮은(즉, 수익성이 낮은) 품목이 가격이 높은(즉, 수익성이 높은) 품목의 판매를 잠식하여 상품라인 전체의 수익성을 악화시킬 수 있다. 예를 들어, BMW 5시리즈 세단을 사려던 사람이 이보다 값이 더 싼 3 시리즈 세단을 산다면 3시리즈가 5시리즈의 판매를 잠식한 것이다. 이것을 **자기 잠식** (**cannibalization**)이라고 부른다는 것은 이미 설명한 바 있다.

▶ **상향 확장의 경우, 프리미엄 이미지 구축에 실패할 가능성**이 있다. 토요타자동차는 미국 시장에 최고급 승용차인 렉서스(Lexus)를 내놓으면서, "토요타=경제적인 차"라는 이미지가 렉서스의 판매에 장애가 된다고 판단하여, 토요타의 이름을 아예 사용하지도 않았을 뿐만이 아니라, 토요타의 딜러 대신 별도의 렉서스 딜러 네트워크를 구축하여 거기에서만 판매하도록 하였다. 이와 같이, 지금까지 우리가 내놓은 상품들보다 훨씬 고급의 신상품을 내놓는 경우에는 새로운 이름을 붙이는 것이 바람직하다. 그렇다면, 앞에서 예를 든 '조니워커 블루'(20만원대)의 경우에 기존 조니워커 위스키(4~5만원대)보다 훨씬 더 고급임에도 불구하고 조니워커 브랜드 네임을 사용한 것을 어떻게 해석해야 할까? '조니워커 블루'를 내놓은 것은 이 제품을 많이 팔기 위한 것보다는 소비자들에게 조니워커 브랜드 이미지를 고급스럽게 만드는 데에 더 큰 목적이 있었을 것이다(즉, 긍정적 반향효과 추구).

▶ 같은 브랜드의 상품이 서로 다른 유통 경로로 판매될 경우, **경로간의 갈등**을 일으킬 위험이 있다. 예를 들어, 아모레퍼시픽은 한때 라네즈를 전문점과 대형마트 양쪽에서 판매하였는데, 전문점 주인들은 대형마트에서 라네즈가 더 낮은 가격에 팔리고 있기 때문에 판매가 안된다고 강한 불만을 표시하였다. 이 때문에, 아모레퍼시픽은 라네즈를 대형마트에서 철수시키고 이니스프리를 대형마트에 출시하였다.

3) 라인 확장 vs. 새 브랜드

라인 확장이 갖는 위와 같은 위험들을 해결하려면 새 브랜드를 만들어야 한다고 생각하기 쉽지만, 새 브랜드를 구축하는 데에는 많은 시간과 비용이 들기 때문에, 정말로 필요한 경우가 아니라면 피해야 한다. 예를 들어, 신상품이 정말 새로운 상품이라는 것을 보여야 하는 경우에는 새 브랜드를 쓰는 것이 일반적이다. 그러나 하향 확장을 하는 경우에는 우리가 이미 구축해 놓은 강력한 브랜드를 활용하되 위험을 줄일 수 있는 창의적인 방법을 찾아야 한다.

예를 들어, 세계적인 호텔 체인인 매리어트(Marriott)는 가격대별로 여러 개의 체인을 운영하고 있는데, 최고급 호텔인 리츠 칼튼(Ritz-Carlton)에는 매리어트라

는 이름을 전혀 쓰지 않는 반면, 그보다 저렴한 풀 서비스(full service) 호텔에는 매리어트를 크게 내세우고, 중저가 체인에는 각기 다른 이름을 쓰되, 매리어트를 뒤에 붙임으로써 위험을 줄이고 후광을 입도록 하였다. 더구나, 심볼 마크의 색상도 각각 다르게 함으로써, 매리어트 호텔과 나머지 체인들을 뚜렷이 구분한 바 있다.

(2) 카테고리 확장

기존 브랜드와 다른 범주에 속하는 신상품에 기존 브랜드를 붙이는 경우를 **카테고리 확장**(category extension)이라고 부른다. 예를 들어, LG생활건강은 페리오 치약을 내놓은 다음, 페리오 칫솔을 내놓기도 하였다.

> **카테고리 확장**
> 기존 브랜드와 다른 범주에 속하는 신상품에 기존 브랜드를 사용하는 것

1) 카테고리 확장의 장점

카테고리 확장은 새 브랜드를 붙이는 경우에 비하여 다음과 같은 두 가지 장점을 갖고 있다.

▶ **낮은 비용**으로도 신상품의 **성공 가능성**을 높일 수 있다. 이는 라인 확장의 경우와 마찬가지로 신상품이 즉각적으로 **높은 인지도**를 달성할 수 있기 때문이다. 또한 두 개의 상품범주 간에 유사성이 높은 경우에는(예: 비누와 샴푸, 치약과 칫솔) 기존 브랜드에 대한 호감이 신상품에 옮겨질 수 있기 때문이다.

▶ **긍정적인 반향효과**를 기대할 수 있다. 즉, 카테고리 확장이 성공하면 소비자들이 그 브랜드는 '크고 유명한' 브랜드라고 생각해서 더 높은 신뢰감을 갖게 되므로, 브랜드 자산이 높아진다. 우리나라 소비자들이 큰 재벌그룹 계열의 브랜드를 신뢰하는 이유도 여기에서 찾아볼 수 있다.

2) 카테고리 확장의 위험

그러나 카테고리 확장은 언제나 성공을 보장해 주는 것은 아니며, 다음과 같은 위험을 안고 있다.

▶ 두 상품 범주 간에 **유사성이 낮은 경우**에는 카테고리 확장이 실패할 가능성이 높다. 예를 들어, 샘표 식품은 캔 커피를 출시하면서 샘표 브랜드를 붙이는 실수를 범하였다. 여기서 유사성이란 상품과 상품 사이의 유사성(예: 비누와 샴푸) 뿐만이 아니라 브랜드 이미지와 상품 사이의 유사성도 포함하는 것임에 주의하여야 한다. 즉, **상품과 상품 사이의 유사성이 낮더라도 브랜드 이미지와 상품 사이의 유사성이 높다면 카테고리 확장이 성공할 수도 있다.** 예를 들어, 롤렉스는 시계라는 이미지는 물론 고급스럽다는 이미지도 갖고 있기 때문에 시계와는 유

가습기 살균제 옥시싹싹 때문에 100여명이 사망하고 300여명이 심각한 상해를 입은 사건에도 불구하고, 소비자단체의 불매운동이 일어나기 전까지 옥시크린의 매출액은 거의 줄어들지 않은 것으로 나타났다. 이처럼 같은 브랜드를 사용하더라도 두 제품의 유사성이 낮을 때에는 부정적인 반향효과가 거의 나타나지 않는다.

사성이 낮은 넥타이 핀이나 남성용 향수 같은 상품에 확장을 해도 성공할 가능성이 높다.[16] 샤넬이나 버버리 같은 고급 패션 브랜드들이 옷에서부터 핸드백에까지 다양한 종류의 상품에 확장되는 이유도 여기에 있다.

▶ **기존 브랜드가 어떤 상품 범주와 밀접하게 연결되어 있다면,** 카테고리 확장이 실패할 가능성이 높다. 예를 들어, 일부 지방에서 하이트소주가 출시된 것은 어떻게 보아야 할까? 하이트는 매우 강력한 브랜드이지만 '하이트＝맥주'라는 이미지가 너무 강하기 때문에, 다른 종류의 술에 하이트를 쓴다면 성공하기 어려울 것이다.

▶ 카테고리 확장에서도 라인 확장에서와 마찬가지로 **부정적인 반향효과**가 발행해서 모브랜드가 타격을 입을 수 있다. 그러나 많은 연구에 의하면 부정적인 반향효과는 두 개의 상품이 유사하면(예: 건성모발용 샴푸와 중성모발용 샴푸) 크지만, 유사하지 않으면(예: 가습기 살균제와 세탁용 표백제) 작은 것으로 알려져 있다. 그러므로 라인확장에 비해서 카테고리 확장에서는 부정적인 반향효과가 발생할 가능성이 낮다.

3) 카테고리 확장 vs. 새 브랜드

위에서 살펴본 위험에도 불구하고, 우리가 이미 강력한 브랜드를 갖고 있다면, 위와 같은 위험을 최소화하면서 이미 구축한 브랜드 자산을 등에 업을 수 있는 방법을 찾아야 한다. 예를 들어, 애플의 MP3 플레이어(iPod), 스마트폰(iPhone), 태블릿 PC(iPad) 브랜드 네임이 모두 i로 시작하는 것이 좋은 예이다. 이렇게 함으로써 각 제품의 독특성을 살리면서도 각 제품이 애플에서 나온 것임을 효과적으로 나타내고 있다.

보다 근본적으로는, 브랜드를 만들 때 미래에 확장할 가능성을 고려하여 이름을 짓는 지혜가 필요하다. 오란씨는 오렌지 맛 탄산음료의 이름으로는 매우 좋은 이름이지만, 포도, 파인애플 등 다른 맛으로의 확장 가능성을 놓고 보면 경쟁 상표인 환타에 뒤떨어진다. 일반적으로 환타와 같은 조어(造語) 상표가 확장 가능성이 높은데, 이런 상표는 네이밍 전문가에게 맡겨서 만드는 것이 바람직하다.

마지막으로, 우리 회사가 강력한 브랜드를 갖고 있지 못한 경우에는 어떻게

---

16 C. Whan Park, Sandra Milberg, and Robert Lawson, "Evaluation of Brand Extensions: The Role of Product Level Similarity and Brand Concept Consistency," *Journal of Consumer Research* (September, 1991), pp. 185−193.

할까? 브랜드 자산을 구축하는 것은 짧은 시간 내에는 힘들기 때문에, 이런 경우에는 다른 회사가 구축해 놓은 브랜드 자산을 빌리는 것도 한 방법이다. 이것을 **코브랜딩**(co-branding)이라고 부른다. 2000년에 프랑스의 르노자동차가 삼성자동차를 인수한 후 2022년까지 회사 이름에 '르노'와 '삼성'을 모두 사용한 것이 한 예가 될 수 있다.

코브랜딩
우리 회사의 브랜드와 다른 회사의 브랜드를 결합해서 같이 쓰는 것

원리 7-8

이미 축적된 브랜드 자산을 신상품 출시 시 적극적으로 활용하라.

---

6 시간에 따른 신상품 관리: 만들어진 신상품을 장수시켜라

차별화된 신상품을 개발하는 것 못지 않게 중요한 것은 이를 잘 관리하는 것이다. 신상품들을 개발하고 출시하는 데에는 적지 않은 시간과 비용이 들어가며, 또 그 중에서 성공하는 신상품은 소수에 불과하기 때문에, 성공한 상품을 장수시켜서 오랫동안 이익을 뽑아내지 않으면 기업은 장기적으로 높은 이익을 내기 어려워진다. 잘 관리했으면 오래 갈 수 있었던 상품이 관리 소홀로 단명하는 경우가 흔하다. 여기서는 시간의 흐름에 따라 상품을 관리하는 것과 관련된 두 가지 주제들을 다루기로 한다.

1. 포지셔닝 확인, 리포지셔닝, 리뉴얼

치열한 경쟁 속에서 우리 상품이 구매되려면 표적시장의 고객들의 마음 속에 유리하고 독특한 위치에 강력하게 포지셔닝되어야 한다. 그러므로 정기적으로 표적시장의 고객들을 대상으로 설문조사를 실시하여 우리 상품의 포지셔닝을 확인하여야 한다. 이러한 목적으로 널리 쓰이는 것이 4장에서 소개하였던 지각도(perceptual map)이다([그림 4-4] 참조). 이 그림에서 프로스펙스는 다소 대중적인 쪽으로 포지셔닝되어 있음을 확인할 수 있다. 이 포지셔닝이 프로스펙스가 목표로 한 것이었다면 그 상태로 포지셔닝을 유지하면 될 것이다. 그러나 프로스펙스가 목표로 하였던 포지셔닝이 아디다스 근처였다면, 그 방향으로 옮겨가야 할 것이다. 이렇게 포지셔닝을 변경하는 것을 **리포지셔닝**(repositioning)이라고 부른다.

리포지셔닝
포지셔닝을 변경하는 것

그러나 **이미 포지셔닝이 강하게 되었다면, 리포지셔닝은 성공하기가 어렵다.** 즉, 프로스펙스가 이미 대중적인 브랜드라고 강력하게 인식되었다면 이것을 고급 브랜드로 인식을 바꾸려고 하는 것은 성공을 거두지 못할 가능성이 높다. 그 이유는 고객의 마음 속에 어떤 브랜드가 일단 강력하게 포지셔닝되면 이것을 바꾸기란 매우 어렵기 때문이다. 이것을 흔히 **'포지셔닝은 끈적끈적하다'**라는 말로 표현하기도 한다. 그러므로 포지셔닝을 하려면 처음부터 실수 없이 잘해야 한다.

만약 포지셔닝이 처음부터 잘못 되었다면, 차라리 과감한 수술을 하는 것이 바람직할 수도 있다. 예를 들어, 해태음료는 네오소다가 데미소다에 비해 불리하게 포지셔닝되자, 이름을 '깜찍이 소다'로 바꾸고 전혀 다른 표적시장을 대상으로 마케팅하여 큰 성공을 거두었다.

리포지셔닝과 관련된 것으로 **리뉴얼**(renewal)이 있다. 리포지셔닝이 고객의 인식을 바꾸는 것이라면, 리뉴얼은 상품 그 자체를 정기적으로 새롭게 만드는 것이다. 상품의 내용물을 개선한다든지 포장을 세련되게 바꾼다든지 하는 것이다.

리뉴얼
상품을 정기적으로 새롭게 만드는 것

원리 7-9

포지셔닝은 끈적끈적하다.

---

2. 상품수명주기에 따른 관리

상품수명주기(product life cycle)는 이미 3장에서 다룬 바 있다([그림 3-3] 참조). 〈표 7-6〉은 상품수명주기에 따라 상품을 어떻게 관리해야 하는지를 요약해서 보여준다. 상품수명주기 개념과 관련하여 다음과 같은 점들에 유의하여야 한다.

▶ 〈표 7-6〉에 나와 있는 것과 같은 지침은 **변화가 빠른 시장에서는 매우 유용**하지만, 반대로 변화가 거의 없는 시장에서는 별로 유용하지 못하다. 예를 들어, 이동전화 단말기 같은 하이테크 상품이나 찜닭·불닭 전문점과 같이 급속한 유행을 타는 상품들은 불과 1~2년 사이에도 수명주기상의 단계가 바뀌기 때문에 마케팅 활동을 적절히 변화시키는 것이 중요해진다. 그러나 세제, 샴푸 등과 같이 거의 변화가 없는 시장에서는 몇 년 전이나 지금이나 그리고 몇 년 후에도 같은 단계에 머물러 있을 것이기 때문에, 마케팅을 하는데 수명주기의 변화를 고려할 필요가 없을 것이다.

▶ 상품수명주기는 **독립변수가 아니라 종속변수이다.** 인간의 수명주기는 다분히 '운명적'이어서, 소년기 다음에는 청년기가 오게 되어 있고, 노년기가 오면 필연

표 7-6

상품수명주기에
따른 관리

특 징	도입기	성장기	성숙기	쇠퇴기
판 매 량	낮음	급속 성장	판매의 극대점 도달	감소
상품원가	높음	점차 하락	낮아짐	낮음
이 익	적자 또는 낮은 이익	점차 증가	높은 이익	감소
고 객 층	혁신층	조기수용자	중간다수층	후기수용층
고객당 비용	높음	평균	낮음	낮음
경 쟁 자	없거나 소수	증가	많음	감소
마케팅목표	상품인지도 형성, 사용 창출	시장점유율 확대	이익극대화를 위한 시장점유율 유지	비용절감, 투자 회수
브랜드전략	브랜드 구축 전략	브랜드 강화 전략	브랜드 리뉴얼 전략	
상 품	기본 형태의 상품	상품 확대, 서비스 향상, 품질보증의 도입	브랜드, 모델의 다양화	경쟁력 없는 취약 상품의 철수
가 격	고가 전략(또는 저가 전략)	시장 침투 가격	경쟁사 대응 가격	저가 전략
광 고	조기 수용층과 중간 상에 대한 상품 인지 형성	일반 소비자층의 인지도, 상품 관심의 향상	브랜드간 차이와 상품편익 차이 강조	핵심, 고정 고객유지만을 위한 최소한의 광고
판매촉진	사용 구매를 유도하기 위하여 강력한 중간상, 소비자 촉진 수행	수요성장에 따른 매출액 대비 판촉 비율의 감소	자사 브랜드로의 전환을 유도하기 위한 판촉비 증대	최저 수준으로 감소
유 통	선택적 유통–좁은 경로 커버리지	집약적 유통–경로 커버리지 확대	집약적 유통–경로 커버리지 최대화	선택적 유통–수익성 적은 유통경로 폐쇄

적으로 사망을 앞두게 된다. 그러나 상품의 수명주기는 '운명적'으로 주어진 것이 아니라, 기업들이 어떤 노력을 하는가에 따라 쇠퇴기에 들어선 상품이 '회춘'을 할 수도 있다. 쇠퇴기에 접어든 상품의 수명주기를 다시 성장기로 되돌려 놓는 것을 **재활성화**(reactivation)라고 부른다. 예를 들어, 1970년대에 기존의 렌즈–셔터 방식보다 우월한 일안 렌즈(single lens reflex, SLR) 방식의 카메라가 나오자, 렌즈–셔터 방식의 카메라는 판매량이 감소하기 시작하였다. 상품수명주기상 쇠퇴기에 접어든 것으로 볼 수 있었다. 그러나 일본의 카메라 회사들은 렌즈–셔터 방식을 되살릴 수 있는 길이 있을 것이라고 생각하고, 소비자들이 갖고 있는 불만사항들을 조사한 다음, 그 결과를 바탕으로 개량된 렌즈–셔터 방식의 카메라를 만들었는데, 이것이 바로 디지털 카메라가 나오기 전에 널리 쓰였던

재활성화
쇠퇴기에 접어든 상품의 수명주기를 다시 성장기로 되돌려 놓는 것

오토 포커스 카메라였다. 오토 포커스 카메라의 출현은 당시 '1가구 1대'였던 카메라 시장을 '1인 1대'로 대폭 확장시켰으며, 그 덕분에 렌즈-셔터 방식의 카메라는 디지털 카메라가 나올 때까지 '제2의 청춘'을 맞이할 수 있었다. 이 때문에 일안 렌즈 카메라는 매우 느리게 성장할 수밖에 없었다. 만약 카메라 회사들이 렌즈-셔터 방식의 카메라가 소멸을 앞둔 것으로 단정짓고 마케팅 노력을 포기하였다면, 렌즈-셔터 방식의 카메라는 일찌감치 시장에서 사라졌을 것이다.

▶ **상품수명주기는 상품범주나 상품형태 수준에서 사용하여야 하며, 브랜드 수준에서 사용해서는 안된다.** 예를 들어, '스마트폰'의 수명주기나 '5G폰'의 수명주기를 말하는 것은 옳지만, '아이폰'이나 '갤럭시'의 수명주기를 말하는 것은 옳지 않다. 브랜드의 수명은 상품범주나 상품형태의 수명보다 더 길 수 있기 때문이다. 수명주기를 브랜드에 적용시키면 기업의 중요한 자산인 브랜드를 단명시키는 잘못을 범하게 될 것이다.

이 장의 요약

이 장에서는 마케팅 믹스의 첫번째 요소인 상품을 다루었다. 오늘날 대부분의 상품들은 유형적인 요소는 물론 무형적인 요소도 함께 가지고 있기 때문에 이 책에서 상품이란 용어는 유형적인 제품은 물론 무형적인 서비스도 모두 가리키는 말이다.

마케팅에서는 상품을 여러 가지 편익의 묶음으로 간주한다. 그리고 상품이 제공하는 편익에는 기능적인 편익만이 있는 것이 아니라, 경험적인 편익과 사회적인 편익도 있다는 것을 강조하였다. 그리고 상품이 홀로 존재하는 것이 아니라 여러 개의 관련된 품목들이 상품라인을 이루는 것이 바람직한 이유들도 설명하였다.

마케팅 믹스 요소로서의 상품을 다룰 때에는 신상품 개발과 관련된 이슈들이 매우 중요한 위치를 차지한다. 기업이 장기적으로 높은 이익을 내기 위해서는 성공적인 신상품을 지속적으로 내놓을 수 있어야 한다. 이 장에서는 상품라인 관점에서 신상품의 성공기준을 판단해야 한다는 것을 강조하였다. 그리고 성공의 열쇠는 얼마나 차별화된 신상품을 개발할 수 있는지에 달려있다고 하였다.

신상품을 차별화한다고 할 때 흔히 상품 자체를 더 좋게 만드는 것만을 생각하기 쉽지만 그것만이 전부는 아니다. 기존 상품을 바꾸지 않더라도 고객들이 우리 상품을 구매하고 사용하는 과정에서 더 나은 경험을 할 수 있도록 하는 것도 좋은 방법이며, 강력한 브랜드 자산을 구축하여 기능적으로는 별 차이가 없는 상품을 고객의 마음속에서 더 좋게 인식시키는 방법도 있다. 이 장에서는 상품 자체의 차별화, 상품 개념의 확장을 통한 차별화, 브랜드 자산의 구축을 통한 차별화를 상세히 다루었다.

신상품을 성공적으로 내놓은 다음에는 이를 잘 관리하여 장수시키는 것이 중요하다. 시간의 흐름에 따라 포지셔닝을 정기적으로 확인하고, 상품수명주기에 따라 마케팅 믹스를 적절히 변화시키는 것이 필요하다.

■ 더 읽어 볼 거리

1. 신상품 개발 프로세스(시장 테스트 방법을 포함해서)에 대한 자세한 설명은 다음을 참조하시오.

박흥수 · 하영원 · 강성호, *신제품 마케팅 전략*, 제2판 (박영사, 2018).

이유재 · 박찬수(역), *신상품 마케팅* (Glen L. Urban and John R. Hauser, *Design and Marketing of New Products*) (시그마프레스, 1995).

2. 확산커브를 이용한 판매량 예측에 대해서는 다음을 참조하시오.

Frank M. Bass, "A New Product Growth Model for Consumer Durables," *Management Science* (Vol. 15, No. 5, January 1969), pp. 215-227.

3. 캐즘 극복을 위한 구체적인 마케팅 방안들은 다음을 참조하시오.

Geoffrey A. Moore, *Crossing the Chasm* (Harper Business, 1991).

_____, *Inside the Tornado* (Harper Business, 1995).

김상훈, *하이테크 마케팅*, 제4판 (박영사, 2018).

4. 상품개념의 확장을 통한 차별화에 대한 사례들은 다음을 참조하시오.

Ian C. MacMillan and Rita Gunther McGrath, "Discovering New Points of Differentiation," *Harvard Business Review* (July-August, 1997), pp. 133-145.

5. 브랜드 자산 관리에 대한 자세한 내용은 다음을 참조하시오.

Kevin Lane Keller and Vanitha Swaminathan, *Strategic Brand Management*, 5th ed., (Pearson, 2020).

제 8 장

가격관리

가격의 목표는 원가를 커버하는 것이 아니라, 고객의 마음 속에 지각된 상품의 가치만큼을 받아내는 것이다.
- 다니엘 니머(Daniel A. Nimer), 마케팅 컨설턴트

맛의 차이가 없다면 가격을 보고 선택하세요.
- 킨사이다 광고문구

이 장의 흐름

| 1. 가격의 개념과 특성: 가격은 파괴력이 크다 |

| 2. 개별가격의 결정: 가격의 목표는 원가를 커버하는 것이 아니라, 고객이 지각한 가치만큼을 받는 것이다 |

| 3. 가격구조의 결정: 나무만 보지 말고 숲을 보라 |

| 4. 가격변화의 결정: 가격 전쟁을 피하라 |

이 장의 목표

이 장을 읽은 다음에는 다음 질문에 답할 수 있어야 한다.

1. 마케팅 믹스 요소로서의 가격은 어떠한 특성을 갖고 있는가?
2. 개별상품의 가격을 결정하기 위하여 어떤 요인들을 고려하여야 하는가?
3. 가격구조에는 어떠한 유형들이 있는가?
4. 가격차별이란 무엇이며 왜 중요한가?
5. 가격변경은 어떻게 하는 것이 바람직한가?

가격을 책정하는 것은 많은 기업들에게 가장 큰 골칫거리 중의 하나이다. 가격은 기업 성과에 가장 큰 영향을 미치는 변수이면서도 가격결정이 제대로 되었는지 아닌지를 알기란 매우 어렵다. 예를 들어, 판매량과 시장점유율이 기대 이상으로 호조를 보이는 것은 가격이 지나치게 낮게 책정되었기 때문일 수도 있다. 이렇게 해서 놓쳐버린 이익은 누구의 책임으로도 기록되지 않고 넘어가게 된다.

이러한 어려움에도 불구하고 가격을 "옳게" 결정하는 것은 기업의 성과에 커다란 영향을 미칠 수 있다. 예를 들어, 8%의 공헌 마진을 갖고 있는 제품의 가격을 1%만 높이면 공헌마진이 12.5%나 상승하는 셈이다[1](1%의 가격인상이 판매량에는 전혀 영향을 미치지 않는다는 가정하에서). 따라서 올바른 방향으로 가격을 설정하도록 노력하는 것은 충분히 가치 있는 일이다.

1 가격의 개념과 특성: 가격은 파괴력이 크다

이 절에서는 가격의 개념과 관련된 내용들과, 마케팅 믹스 요소로서 가격이 갖는 특성들을 알아보기로 한다.

1. 가격의 개념

'가격'이라고 하면 많은 사람들은 가게에 진열된 상품에 붙어있는 가격표를 떠올릴 것이다. 가격은 이렇게 판매자가 결정하는 것으로 생각하기 쉽지만, 실제로는 반드시 그런 것만은 아니며, 다음과 같이 다양한 방식을 통해서 결정된다.

▶ **판매자 가격결정**: 판매자가 가격을 결정하고, 구매자는 그 가격에 살 것인지의 여부만 결정하는 형태이다. 구매자가 판매자보다 많은 경우에 주로 나타나며, 대부분의 소매업이 여기에 해당된다.

▶ **구매자 가격결정**: 구매자가 가격을 결정하고, 판매자는 그 가격에 공급할것인지의 여부만 결정하는 형태이다. 자동차회사가 부품을 구매하는 경우처럼, 구매자가 파워를 갖고 있는 경우에 나타난다.

▶ **판매자 주도 경매**: 잠재 구매자의 수가 판매될 상품의 수보다 많고, 잠재구매자마다 해당 상품에 대해서 느끼는 가치가 달라서 획일적인 가격을 붙이기 어려울 때 주로 활용된다. 이 밖에도, 짧은 시간 내에 상품을 처분할 필요가 있을

---

1 공헌마진에 대한 설명은 248쪽 참조.

때(예: 압류 부동산 경매)나 상품을 공정하게 배분하는 것이 중요한 경우(예: 공기업 매각)에도 이용된다.

▶ **구매자 주도 경매**: 구매자가 잠재 판매자의 원가 구조를 모르기 때문에 가격을 섣불리 정하기 어려운 경우에 주로 활용된다. 이외에도 정부가 물품을 구매하는 경우처럼, 공정하게 판매자를 선정하는 것이 중요한 경우에도 이용된다.

▶ **협상**: 주택의 경우처럼 각각의 상품이 저마다의 특징을 갖고 있는 경우에 주로 이용된다. 협상에서 성공하기 위해서는 다른 어떤 가격 결정 방식에서보다도 고도의 기술이 필요하다.

▶ **거래소**: 증권거래소처럼 다수의 잠재 판매자와 잠재 구매자들이 제각기 희망 가격을 제시하고, 가격이 맞는 경우에만 거래가 일어나는 방식이다. 그러므로 이런 방식의 거래가 성립하려면 '거래소'의 역할을 하는 중개인이 필요하다.

이 장에서는 주로 첫번째 방식, 즉 판매자가 가격을 결정하는 경우에 이용할 수 있는 여러 가지 개념과 원리들을 다룬다. 판매자가 "가격을 결정한다"고 할 때, 여기에는 두 가지 의미가 있다.

▶ 제조업자의 관점에서 가격은 **출고가격**을 의미한다. 즉, 제조업자가 상품을 도매업자나 소매업자에게 판매하는 가격을 가리킨다.

▶ 소매업자의 관점에서 가격은 **소매가격**을 의미한다. 즉, 최종 구매자가 상품을 사는 가격을 가리킨다.

제조업자가 유통업자들보다 우월한 위치에 서 있었던 시대에는 제조업자가 출고가격은 물론 소매가격까지 결정하는 것이 일반적이었다. 그러나 소매업자들의 파워가 높아지면서 소매가격의 결정 권한은 급속히 소매업자에게 넘어가고 있다. 심지어 높은 구매력을 가진 대형 소매업자들은 제조업자 대비 많은 파워를 갖고 있기 때문에 제조업자의 출고가격 결정에까지 영향을 미치곤 한다.

뿐만 아니라, 제조업자가 소매업자에게 소매 가격을 정해주고 이를 강요하는 것은 법으로 인정하는 경우를 제외하면 불법으로 간주된다. 제조업자가 소매가격을 결정할 수 없다는 것은 가격결정을 더욱 어렵게 만든다. 예를 들어, 제조업자가 출고가격을 인하하더라도, 소매업자가 소매가격을 인하할 것인지, 인하한다면 얼마나 인하할 것인지 불확실하기 때문이다.

2. 가격의 특성

가격결정과 관련된 구체적인 주제들을 살펴보기 전에, 가격이 다른 마케팅 믹스 요소들과 구별되는 어떤 특징들을 갖고 있는지 알아보자.

▶ 가격은 다른 마케팅 믹스 요소들과 달리 **쉽게 변경할 수 있다.** 예를 들어, 일단 개발된 상품을 개선하거나 변경하는 데에는 적지 않는 시간과 비용이 들어간다. 광고 역시 마찬가지이다. 유통경로의 경우에는, 11장에서 설명하겠지만, 변경하기가 매우 어렵다. 그러나 가격은 변경하겠다고 결정한 즉시 실행에 옮길 수 있다. 특히 치열한 가격 경쟁이 벌어지는 온라인 오픈마켓에 입점한 소매점들의 경우 경쟁자의 가격을 모니터하는 소프트웨어를 이용해서 하루에도 몇 번씩 가격을 올리거나 내리기도 한다.

▶ 가격 그 자체는 쉽게 바꿀 수 있지만, **가격 이미지는 쉽게 바꿀 수 없다.** 즉, 실제로는 우리 회사 상품이 비싸지 않더라도, 고객들은 우리 회사 상품이 비싸다고 지각할 수 있는데, 일단 이런 이미지가 형성되면, 바로잡는 데에는 오랜 시간이 걸린다.

▶ 가격변경은 기업의 **이익에 즉각적으로 커다란 영향을 미친다.** 미국에서 2,463개의 기업들을 대상으로 수행된 한 연구결과에 따르면, 가격을 1% 인상하면 공헌이익이 평균 11.1%나 향상되는 것으로 나타났다.[2] 이 결과가 암시하는 것은, 가격을 잘못 결정하면 이익이 크게 감소될 가능성이 높다는 것이다. 따라서 매우 조심해서 다룰 필요가 있다.

▶ 가격변화는 회사의 매출액과 이익에 직접적이고 즉각적인 영향을 주기 때문에, 회사의 수익성을 보전하기 위해서는 **가격경쟁을 가능한 한 피하는 것이 바람직하다.** 이를 위해서는 경쟁사간 암묵적인 합의에 도달하거나(명시적 합의는 많은 경우에 불법임), 경쟁의 양상을 가격경쟁에서 차별화 경쟁으로 바꾸어 나가야 한다.

원리 8-1

가격경쟁은 가능한 한 피하고 차별화경쟁을 택하라.

---

2 M.V. Marn and R.L. Rosiello, "Managing Price, Gaining Profits," *Harvard Business Review* (September-October, 1992), p. 85.

2 개별가격의 결정: 가격의 목표는 원가를 커버하는 것이 아니라, 고객이 지각한 가치만큼을 받는 것이다

상품의 가격을 최종적으로 결정하려면(예: 3,800원 vs. 3,900원) 많은 경험과 주관적인 판단에 의존해야 되지만, 가격정책의 큰 방향을 결정하려면(예: 저가 vs. 고가정책) 정확한 사실과 과학적인 이론에 의지하여야 한다.

가격결정과정을 이해하기 위하여, 우선 하나의 표적시장을 가진 어떤 상품 하나의 가격을 결정하는 문제부터 다루어보기로 하자. 그리고 다음 절에서는 보다 현실적으로 여러 개의 표적시장과 여러 개의 상품에 대하여 적절한 가격 구조를 결정하는 문제를 다루기로 한다.

1. 가격결정시 기본적인 고려요인

어떤 상품의 가격을 결정할 때 고려하여야 하는 요인에는 [그림 8-1]과 같이 세 가지가 있다. 고객의 심리와 행동, 우리의 마케팅 목표, 포지셔닝과 원가, 경쟁자의 원가와 가격.

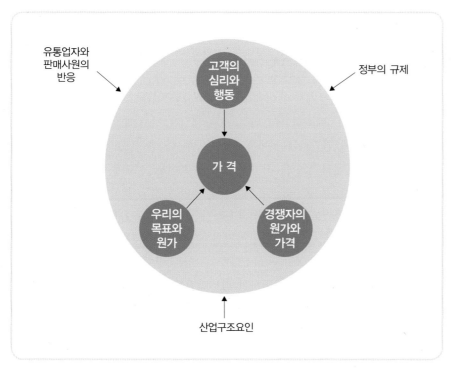

그림 8-1

가격결정시 기본적 고려요인

(1) 고객의 심리와 행동

소비자들이 어떤 가격을 어떻게 받아들이느냐 하는 것은 그 가격의 객관적인 크기에 의해서만 좌우되는 것이 아니라, **그 가격이 어떻게 제시되었는가에 의해서도 영향을 받는다**(가령, 비교 대상이 있는지, 있다면 그 대상의 가격이 높은지 낮은지 등). 그러므로 가격 결정을 하기 전에 가격의 객관적인 크기 뿐만이 아니라 제시 방법이 소비자에게 어떤 영향을 줄 것인지를 예상할 수 있어야 한다. 그러기 위해서는 가격에 대해서 소비자들이 보이는 심리와 행동을 충분히 이해하고 있어야 한다. 여기서는 다음과 같은 개념들을 살펴보기로 한다.

1) 준거가격

준거가격(reference price)이란 구매자가 가격이 비싼지 싼지를 판단하는 데 기준으로 삼는 가격을 가리킨다. 예를 들어, 어떤 구매자가 PC의 가격이 대개 100만원 정도라고 알고 있다면, 130만원짜리 PC를 보면 비싸다고 생각하게 될 것이다.

준거가격은 구매자의 과거 구매경험이나 현재 갖고 있는 가격정보를 기초로 형성되므로, 구매자가 누구냐에 따라 달라진다. 앞에서 예를 든 PC의 경우, 어떤 다른 구매자가 PC의 가격을 150만원 정도라고 알고 있다면, 그에게 130만원짜리 PC는 싸다고 느껴질 것이다.

이처럼 준거가격은 사람마다 다를 수 있고, 준거가격을 안갖고 있는 사람들도 많기 때문에, 설문조사를 통하여 준거가격을 일일이 조사하는 것은 별로 도움이 되지 않는다. 오히려, 그것보다는 **기업의 마케팅 활동이 준거가격을 높이거나 낮출 수 있다**는 것을 이해하는 것이 중요하다. 예를 들어, 백화점이 세일기간에는 붐비다가, 세일기간이 아닐 때에는 한산한 이유도 준거가격을 이용하여 설명할 수 있다. 즉, 백화점들이 너무 자주 세일을 하기 때문에, 구매자들의 준거가격이 내려가게 된 것이다. 예를 들어, 양복 한 벌이 50만원이라고 알고 있는 사람도 백화점에서 세일을 하면서 양복을 30만원 정도에 판매하는 것을 여러 번 보게 되면, 양복 한 벌의 준거가격을 30만원 정도로 하향 조정하게 된다. 그러므로 세일이 끝나고 가격이 정상수준인 50만원으로 올라가면 쇼크를 받게 되는 것이다. 그러므로 부득이하게 가격인하를 하는 경우에는 구매자들의 준거가격에 미치는 부정적인 영향을 최소화할 수 있는 방법을 찾아야 한다.

반대로, 준거가격이 600~700원하던 라면시장에 1,000원짜리 라면이 출시되면 이 라면의 판매는 부진하지만, 뒤이어 1,500원짜리 라면이 출시되자 1,000원짜리 라면의 판매가 급증하는 현상 역시 준거가격으로 설명할 수 있다.

준거가격
구매자가 가격이 비싼지 싼지를 판단하는 데 기준으로 삼는 가격

소비자가 준거가격을 낮게 갖고 있으면 마케터는 판매에 어려움을 겪게 된다([그림 8-2] 참조). 매년 입학 시즌만 되면 터져 나오는 중고등학교 교복 값(유명 메이커 기준 약 30만원)이 비싸다는 불만에 대해서 생각해보자. 어른이 입는 양복도 30만원짜리가 있다는 것을 고려하면, 학생이 입는데다가 양복에 비해 재질도 떨어지는 교복 값이 30만원이라는 것이 비싸게 느껴진다. 여러분이 교복 대리점의 주인이라면, 교복 값이 비싸다고 불평하는 소비자를 어떻게 설득할 것인가? 좋은 방법은 준거가격을 판매자에게 유리하게 바꾸는 것이다. 가령 교복을 입지 않고 사복을 입는다고 가정해보자. 학부모가 지출해야 하는 사복 구입비용이 교복 값보다 훨씬 더 많다는 것을 보인다면, 상대적으로 교복 값이 싸게 느껴질 것이다. 이처럼 마케터는 자신에게 유리한 준거가격을 제시해서 구매자를 설득해야 한다.

원리 8-2

우리 상품에 유리한 준거가격을 제시하라.

준거가격을 가격결정에 이용한 또 하나의 예는 **단수가격**(odd pricing)이다. 단수가격이란 예를 들어 가격을 100만원, 200만원, 300만원이 아니라 99만원, 198만원, 297만원과 같이 매기는 것을 가리킨다. 소비자는 가격을 왼쪽에서 오른쪽으로 읽어나가기 때문에 심리적으로 90만원대, 100만원대, 200만원대 가격으로 인식하는 경향이 있어서 실제보다 매우 싸게 느낄 수 있다.

2) 유보가격

유보가격(reservation price)이란 구매자가 어떤 상품에 대하여 지불할 용의가 있는 최고가격을 가리킨다. 즉, 그 상품의 가격이 이 수준 이하이면 구매를 하지만, 이 수준을 넘어서면 너무 비싸다고 생각해서 구매를 유보하게 되는 가격이다. 유보가격은 준거가격과 마찬가지로 구매자의 경험이나 정보에 의해서도 형

유보가격
구매자가 어떤 상품에 대하여 지불할 용의가 있는 최고가격

그림 8-2

최저수용가격, 준거가격, 유보가격

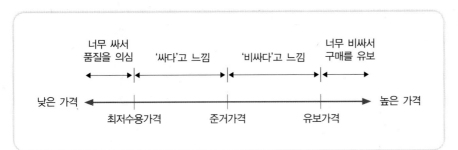

표 8-1

2018 FIFA 월드컵
입장권 가격

구분	1등급	2등급	3등급
개막전	$550	$390	$220
조예선전	$210	$165	$105
16강전	$245	$185	$115
8강전	$365	$255	$175
준결승전	$750	$480	$285
3-4위전	$365	$255	$175
결승전	$1,100	$710	$455

성되지만, 무엇보다도 구매자 자신이 해당 상품에 대하여 주관적으로 느끼는 효용과 지불능력에 의하여 많은 영향을 받는다.

그러므로 가능만하다면, **판매자는 상품의 가격을 구매자의 유보가격 수준까지 올려야** 이익을 극대화할 수 있다. 〈표 8-1〉은 그러한 예를 보여준다. 2018 FIFA 월드컵 입장권 가격을 보면, 1등급 좌석을 기준으로 할 때, 준결승전 입장권에는 조예선전 입장권에 비하여 약 3배 정도 높은 가격이 매겨져 있다. 준결승전 한 게임의 원가가 조예선전 한 게임의 원가보다 3배가 높아서일까? 축구팬들이 준결승전을 관람하기 위해서 지불하고자 하는 가격이 조예선전을 관람하기 위하여 지불하고자 하는 가격보다 월등히(아마도 3배 정도?) 높기 때문일 것이다. 더욱 흥미로운 것은 조예선전부터 준결승전까지는 입장권 가격이 높아지다가, 준결승보다 뒤에 벌어지는 3-4위전 입장권 가격은 다시 낮아진다는 점이다(그 이유를 생각해보라).

FIFA가 이처럼 자유롭게 입장권 가격을 책정할 수 있었던 것은 월드컵이라는 상품이 직접적인 경쟁자가 없는 독점 상품이기 때문이다. 실제로는 대부분의 시장에서 경쟁자들이 존재하므로 경쟁 상품들의 가격을 무시하고 우리 상품의 가격을 유보가격 수준까지 높이는 것은 불가능하다. 다만, 구매자들의 유보가격이 같지 않다는 것을 인식하고, **유보가격이 높을 때에는 가격을 높게, 유보가격이 낮을 때에는 가격을 낮게 책정한다**는 아이디어는 매우 중요하다. 3절에서 가격차별을 다룰 때 이를 자세히 설명하기로 한다.

3) 최저수용가격

가격이 낮을수록 구매자들이 무조건 좋아하는 것만은 아니며, 어느 수준 이하로 내려가면 해당 상품의 품질을 의심하게 된다. 바로 이 수준의 가격을 **최저수용가격**(lowest acceptable price)이라고 부른다.

4) 로스 어버전

가격이 인하되면 판매량이 늘어나고 가격이 인상되면 판매량이 줄어드는 것이 일반적이다. 그런데 어떤 상품의 가격을 10% 인하한 경우와 10% 인상한 경우를 비교하면, 어떤 경우에 판매량의 변화가 더 크게 나타날까? 정답은 **가격인하보다는 가격인상에 약 2~3배 더 민감하게 반응한다**는 것이다. 예를 들어, 가격을 10% 인하한 경우에 판매량이 정가일 때보다 10% 늘었다면, 가격을 10% 인상한 경우에는 판매량은 정가일 때보다 20~30% 줄어든다는 것이다.

이것을 심리학에서는 **로스 어버전**(loss aversion)이라고 부른다. 즉, 사람들은 손해를 회피하려는 경향이 강하기 때문에, 자신에게 손해가 되는 경우와 이득이 되는 경우 중에서 손해가 되는 경우에 더 민감하게 반응한다는 것이다. 가격과 관련해서 보면, 가격인상은 구매자들에게 손해가 되는 경우이고, 인하는 이득이 되는 경우에 해당된다. 마케터는 이러한 현상을 자신에게 유리하게 활용할 수 있다. 예를 들어, 코레일에서 KTX 신규 노선의 요금을 주말이 주중보다 5,000원 비싸게 책정했다고 하자. 주중과 주말 요금이 다른 것은 주중 여객을 늘리고 주말 여객을 줄이기 위함이다. 이 요금을 홍보할 때 다음과 같은 두 가지 방법이 있다면 어느 방법이 주중 여객을 늘리고 주말 여객을 줄이는데 더 효과적일까? (1안) "주중에 이용하시고 5,000원 할인도 받으세요!" (2안) "주말에 이용하시면 5,000원을 더 내셔야 합니다!" 객관적으로는 두 가지 안은 동일한 메시지를 전달하고 있지만, 실제로 이와 유사한 상황을 다룬 연구 결과들은 손실 회피 성향을 자극하는 2안이 더 효과적임을 보여주고 있다. 로스 어버전 이론에 의하면 **중요한 것은 이득과 손실의 객관적인 크기가 아니라 심리적인 반응**이라는 것이다. 로스 어버전은 기업이 가격을 인상하려고 할 때에 중요한 의미를 갖는다. 처음부터 가격을 인상하지 말고, 가격인상의 효과를 거둘 수 있는 방법 (예: 불필요한 서비스 중단 등)을 먼저 시도해 보는 것이 바람직하다. 또, 우리 상품의 가격을 처음에 너무 낮게 매기면 나중에 높이기 어렵다는 것도 기억하여야 한다.

로스 어버전
구매자들이 이득보다 손실에 더 민감하게 반응하는 현상

원리 8-3

구매자들은 가격인하(이득)보다는 가격인상(손실)에 더 민감하게 반응한다.

---

5) 웨버의 법칙과 JND[3]

낮은 가격의 상품은 가격이 조금만 올라도 구매자가 가격인상을 알아차리는

---

3 이학식, 임지훈, 박종철, *마케팅*, 제5판(집현재, 2019), p. 346.

반면, 높은 가격의 상품은 가격이 똑같이 올라도 구매자가 가격인상을 알아차리지 못하는 현상을 종종 발견할 수 있다. 이것은 **웨버의 법칙**(Weber's Law)에 의하여 설명할 수 있다. 웨버의 법칙은 다음과 같은 공식으로 표현할 수 있다.

$$k = (S_2 - S_1)/S_1$$

여기서
k = 주관적으로 느낀 가격변화의 크기
S_1 = 원래의 가격
S_2 = 변화된 가격

예를 들어, S_1 = 1,000원, S_2 = 1,200원이라고 하자. 그러면 k는 0.2가 된다. 그러나 S_1 = 2,000원, S_2 = 2,200원이라고 하자. 그러면 k는 0.1이 된다. 즉, 똑같이 200원이 올랐지만, 원래의 가격이 얼마였는지에 따라 구매자가 주관적으로 느끼는 가격변화의 크기는 달라진다. 다시 말해서, 원래의 가격이 높으면 높을수록 가격이 크게 올라야만 구매자가 가격인상을 느낄 수 있다.

이와 밀접하게 관련이 있는 개념으로 **JND**(Just Noticeable Difference)라는 것이 있다. JND란 가격변화를 느끼게 만드는 최소의 가격변화폭을 의미한다. 예를 들어, 1,000원짜리 상품에서 10원 미만의 가격인상은 알아차리지 못하지만, 10원 이상의 가격인상에 대해서는 알아차린다고 한다면, 10원이 JND에 해당된다. 즉, 구매자의 입장에서 1,000원이나 1,009원은 심리적으로 마찬가지인 셈이다.

웨버의 법칙과 JND는 기업이 **일정한 범위 내에서는 가격을 인상하더라도 구매자가 느끼지 못할 수 있다**는 것을 보여준다. 그러므로 그 범위 내에서 가격을 인상하더라도 판매량이 줄지 않을 것이고, 새로이 확보된 마진으로 수익성을 적지 않게 향상시킬 수 있을 것이다. 마찬가지로, **일정한 범위 내에서는 가격을 인하하더라도 구매자가 느끼지 못할 수도 있다.** 이 경우에는 판매량이 늘지는 않고 마진만 줄어들므로 기업은 가격인하를 하지 않는 편이 더 나을 것이다.

원리 8-4

일정한 범위 내에서는 가격을 인상(인하)하더라도 구매자가 느끼지 못할 수 있다.

6) 가격–품질 연상

경제학의 기본원리 중의 하나는 가격은 수요와 반비례한다는 것이다. 즉, 가격이 높아질수록 판매량이 줄어들어야 한다. 그러나 향수, 보석 등의 경우에는 오히려 비싼 것이 더 잘 팔리는 경우를 볼 수 있다. 이러한 현상은 여러 가지로 설명할 수 있지만, 한 가지 설명은 구매자들이 가격이 높은 상품일수록 품질도 높을 것이라고 기대하기 때문이라는 것이다. 이것을 **가격-품질 연상**(price-quality association)이라고 부른다.

그러나 이러한 경향은 보편적인 것이 아니라, 구매하기 전에 품질을 평가하기 어려운 향수나 보석 등과 같은 상품들에서 주로 발견된다. 이들 상품의 경우에는 대부분의 구매자들이 품질을 평가할 수 있는 지식을 갖고 있지 못하므로, 가격에 의존하여 품질을 추측할 수밖에 없기 때문이다. 그러므로 **이러한 상품들을 마케팅할 때에는 가격을 높게 매겨야 구매자들에게 품질이 높다는 것을 암시할 수 있다.** 반대로, 품질을 평가할 수 있는 정보가 풍부한 상품들의 경우에는 가격이 품질평가의 단서로서의 역할을 거의 하지 못하므로, 품질이 높다는 것을 암시하기 위하여 가격을 높게 매길 필요가 없다.

7) 구매자 vs. 소비자 vs. 의사결정자

5장에서 이미 설명한 것처럼, 구매자와 소비자와 의사결정자가 일치하지 않는 경우가 종종 발생한다. 일반적으로 이런 경우에는 의사결정자는 자기가 가격을 지불하지 않기 때문에 가격에 대하여 둔감해지는 경향이 있다. 그러므로 이러한 시장에서 기업은 가격을 비교적 쉽게 올릴 수 있거나, 내리더라도 덜 내릴 수 있다. 불경기에도 10대 청소년들을 타겟으로 하는 시장들은 비교적 타격을 덜 받는 것도 이러한 맥락으로 설명할 수 있다.

> **원리 8-5**
>
> 구매 의사결정자가 값을 지불하지 않을 때에는 가격에 대하여 둔감해지는 경향이 있다.

(2) 우리의 마케팅 목표, 포지셔닝과 원가

우리 상품이 갖고 있는 마케팅 목표, 포지셔닝과 원가구조도 가격을 결정하는 데 중요한 영향을 미친다.

You get what you pay for.
비싸게 주고 산 약이 더 잘 듣는다

같은 진통제를 A라는 사람은 3,000원에 샀고, B는 500원에 샀다면, 이 두 사람이 각각 약을 먹은 후 느끼는 진통 효과는 차이가 날까?

MIT, 스탠포드, INSEAD의 연구진은 실험 참가자들의 팔목에 전기 충격을 가하면서 그들이 진통제를 먹기 전과 먹은 후 통증을 느끼는 정도가 얼마나 달라졌는지를 측정하였다. 실험 참가자들은 모두 동일한 진통제를 먹었지만, 한 집단은 한 알에 $2.50이라고 적혀 있는 진통제를 먹었고, 다른 집단은 한 알에 $0.10이라고 적혀있는 진통제를 먹은 점이 달랐다. 그 결과 $2.50짜리 진통제를 먹은 집단에서는 85%의 사람들이 진통제를 먹기 전에 비해서 통증이 줄어들었다고 답한 반면, $0.10짜리를 먹은 집단에서는 61%의 사람들만이 통증이 줄어들었다고 답하였다.[4]

위의 연구진이 수행한 다른 연구에서도 비슷한 결과가 나왔다. 이 연구에서는 대학생들에게 에너지 드링크를 마시게 한 후 두뇌를 집중적으로 써야 하는 퍼즐을 풀게 하였다. 실험 참가자들이 마신 드링크는 동일한 것이었지만, 한 집단에게는 드링크를 나눠주면서 한 병에 $3.00씩 주고 산 것이라고 이야기해 주었고, 다른 집단에게는 원래 $3.00짜리인데 단체 구입을 했기 때문에 20% 할인된 가격에 산 것이라고 이야기해 준 점만이 달랐다. 그 결과는 역시 $3.00짜리를 마신 집단이 퍼즐을 더 많이 푼 것으로 나왔다.[5]

우리가 가격−품질 연상에서 배웠듯이, 사람들은 가격이 높으면 품질도 좋을 것이라는 기대를 갖게 된다. 그러나 위의 연구들이 발견한 것은 가격이 단지 기대를 형성하는데 그치는 것이 아니라 진통제(또는 에너지 드링크)의 실제 효능에도 영향을 준다는 사실이다.

이러한 연구 결과들은 소비자 개개인은 물론 국가 정책에도 흥미로운 시사점들을 제공한다. 먼저 소비자 측면에서, 같은 약이라도 비싸게 주고 산 약이 효능이 더 좋다면, 더 싸게 파는 곳을 찾기 위해 시간과 노력을 들이는 행동이 합리적인지 재고해보아야 한다. 큰 맘 먹고 부모님께 값비싼 보약이나 건강 식품을 선물할 때, 부모님의 걱정을 덜어드리기 위해서 비싼 물건이 아니라고 둘러대는 것이 미덕이었지만, 앞으로는 무척 비싼 물건이라고 고개를 절레절레 흔들면서 드리는 것이 진정한 효도를 하는 방법일지도 모른다. 국가 정책 측면을 언급하면, 건강보험 재정적자를 축소하기 위하여 우리나라 정부는 약제비 적정화 방안을 시행하고 있는데, 이 방안에 따르면 가격 대비 효능이 우수한(즉, 같은 효능이라면 가격이 저렴한) 약품만 건강보험 의약품으로 인정받게 된다. 그러나 위의 연구 결과에 비추어보면, 우리 정부의 정책은 치료 효과를 감소시켜서 건강보험의 궁극적인 목적인 국민 건강의 증진을 달성하지 못하고, 병이 잘 낫지 않음으로 해서 건강보험 재정도 오히려 악화시킬지도 모른다.

1) 마케팅 목표 및 포지셔닝

가격결정은 가격목표를 결정하는 것에서부터 출발한다. 가격은 마케팅 믹스

---

4 Rebecca L. Waber, Baba Shiv, Ziv Carmon, and Dan Ariely, "Commercial Features of Placebo and Therapeutic Efficacy," *Journal of the American Medical Association* (March 5, 2008). 이 연구에서 참가자들이 먹은 것은 진통제가 아니라 비타민 C 캡슐이었다.

5 Baba Shiv, Ziv Carmon, and Dan Ariely, "Placebo Effects of Marketing Actions: Consumers May Get What They Pay For," *Journal of Marketing Research* (November, 2005).

요소 중의 하나이므로 **가격목표는 해당 상품의 마케팅 목표 및 포지셔닝과 일관성을 가져야** 한다. 2장에서 마케팅 목표는 성장목표(즉, 매출증대)와 수확목표(즉, 이익증대)의 두 가지로 나누어 볼 수 있다고 하였다. 해당 상품의 마케팅 목표가 성장목표라면, 가격은 이를 달성하기 위하여 상대적으로 낮은 수준으로 결정될 필요가 있다. 반대로, 해당 상품의 마케팅 목표가 수확목표라면, 가격은 상대적으로 높은 수준에서 결정되어야 한다. 또 우리 상품을 고급 브랜드로 포지셔닝하고자 한다면, 가격은 높게 매겨져야 한다('마케팅 프론티어 7-4: 이 브랜드는 프리미엄이라고 기억될까?' 참조).

2) 원 가

마케팅 목표 못지않게 가격결정에 중요한 영향을 미치는 것은 원가이다. 여기서는 특히 '공헌마진'이라는 개념을 중심으로 살펴보기로 한다.

• 원가는 변동비와 고정비로 구분된다

원가(cost)에는 여러 가지 종류가 있지만, 크게 변동비와 고정비로 구분된다. **변동비**(variable cost)란 생산량이나 판매량에 비례하여 변동하는 원가를 가리킨다. 예를 들어, 휴대폰을 만드는 데 들어가는 재료비, 완제품의 운송비용, 판매사원 커미션 등이 여기에 해당된다. 단위당 원가는 고정되어 있지만 생산량 또는 판매량이 많아지면 원가 총액이 따라서 변동하므로 변동비라 불린다. **고정비** (fixed cost 또는 overhead)란 생산량이나 판매량에 비례하지 않고, 일정하게 발생하는 원가를 가리킨다. 예를 들어, 휴대폰을 만드는 회사의 사무실 임대료, 사무직 임직원들의 급여, 광고비, 상품개발비 등이 여기에 해당된다. 총변동비(= 단위당 변동비 × 생산량)와 고정비의 합을 **총원가**(total cost)라고 부르며, 총원가를 생산량으로 나눈 것을 **단위원가**(unit cost) 또는 **평균원가**(average cost)라고 부른다.

이제 변동비와 고정비를 사용해서 이익함수를 나타내보면 다음과 같다:

$$이익 = 매출액 - 총원가$$
$$= SP \times Q - (VC \times Q + FC)$$
$$= (SP - VC) \times Q - FC$$

여기서 $SP = $ 판매가격
$VC = $ 변동비
$FC = $ 고정비
$Q = $ 판매량

변동비 및 고정비와 밀접하게 관련된 개념으로 **손익분기점**(break-even point,

변동비
생산량이나 판매량에 비례하여 변동하는 원가

고정비
생산량이나 판매량에 비례하지 않고 일정하게 발생하는 원가

총원가
총변동비와 고정비의 합계

단위원가 또는 평균원가
총원가를 생산량으로 나눈 것

손익분기점
총원가를 커버할 수 있는 판매량 수준

BEP)이라는 것이 있다. 손익분기점이란 총원가를 커버할 수 있는 판매량 수준을 가리키는 말이다. 즉, 매출액이 총원가와 같아져서 손실도 이익도 발생하지 않을 때의 판매량이 손익분기점이다. 이를 공식으로 나타내면 다음과 같다.

$$(SP - VC) \times BEP - FC = 0 \Rightarrow BEP = \frac{FC}{(SP - VC)}$$

예를 들어, $SP=5,000$원, $VC=3,500$원, $FC=1,500,000$원인 상품이 있다면, 손익분기점은 1,000개($=1,500,000/(5,000-3,500)$)가 된다.

- 판매가격에서 변동비를 차감한 것을 공헌마진이라고 부른다

가격결정과 관련해서 중요한 개념은 공헌마진이라는 개념이다. **공헌마진** (contribution margin)이란 판매가격(SP)에서 변동비(VC)를 차감하고 남은 액수를 가리킨다(공헌마진을 **한계이익**(marginal profit)이라고 부르기도 한다). 위의 예에서 공헌마진은 1,500원이다. 이것을 '공헌'마진이라고 부르는 이유는 이 액수가 고정비를 커버하는 데 '공헌'하기 때문이다. 단기적으로(예: 기존 상품을 기존 설비로 생산하는 경우) 고정비는 판매량과 관계없이 일정하게 발생하므로, 공헌마진의 총액, 즉 **총공헌마진**($=(SP - VC) \times Q$)을 극대화하면 자동적으로 이익이 극대화된다(위에서 나온 이익함수를 참조하시오). 그러므로 **단기적으로는 고정비는 고려하지 말고 총공헌마진을 극대화**하는 데 초점을 맞춰야 한다.

판매가격 중에서 공헌마진이 차지하는 비율을 **공헌마진율**(contribution margin rate)이라고 부른다. 공헌마진율은, 아래에서 볼 수 있듯이, 가격 변화가 수익성에 어떤 영향을 미치는지를 결정하는 중요한 지표이다.

- 공헌마진율이 높은 상품의 가격목표는 판매량 증대가 되어야 한다

총원가에서 변동비의 비중은 매우 낮은 반면 고정비의 비중은 아주 높은 상품(예: 항공운송업)의 경우에는 고정비를 커버하기 위하여 총공헌마진을 높이는 것이 매우 중요하다. 예를 들어, 일단 여객기가 이륙하면 빈 자리는 모두 매출액 손실에 해당되고, 빈자리가 많아서 매출액 손실이 아주 커지면 고정비를 커버하지 못할 수도 있다. 그러므로 변동비만 커버할 수 있다면(항공운송업에서 어떤 비용이 변동비인지 생각해보라) 운임을 할인해서라도 빈자리를 채우는 것이 바람직하다(이미 제값을 내고 비행기표를 산 사람들에게까지 할인해준다는 뜻은 아니다. 비어있는 좌석을 채우기 위해서 가격을 할인해서 추가로 승객을 받는다는 뜻이다). 승객을 1명 더 받으면 매출액은 늘지만 추가되는 변동비는 미미하고 고정비는 늘어나지 않으므로,

공헌마진 또는
한계이익
= 판매가격(SP) −
  변동비(VC)

공헌마진율
= 공헌마진/판매가격

총공헌마진
= 공헌마진 × 판매량

항공운송업은 변동비가 매우 낮고 고정비가 매우 높은 특징을 갖고 있으므로 빈자리가 있다면 대폭 할인을 해서라도 좌석을 채우는 것이 이익을 높일 수 있다.

표 8-2

공헌마진율, 가격변화율 및 손익분기점과의 관계[6]

가격변화율(%)	공헌마진율(%)								
	10	15	20	25	30	35	40	45	50
+ 25	29	38	45	50	55	58	62	64	66
+ 20	33	43	50	56	60	64	67	69	72
+ 15	40	50	57	63	67	70	73	75	77
+ 10	50	60	67	72	73	78	80	82	83
+ 5	67	75	80	83	86	88	89	90	91
0	100	100	100	100	100	100	100	100	100
− 5	200	150	133	125	123	117	114	113	111
− 10		300	200	167	150	140	133	129	125
− 15			400	280	200	175	160	150	143
− 20				500	300	233	200	180	167
− 25					600	350	267	225	200

결과적으로는 이익이 높아진다. 대학들이 정원을 한 명이라도 늘리기 위해서 노력하는 이유도 이해할 수 있다. 예를 들어 연간 800만원을 내는 학생 1명을 더 받는다면, 추가되는 변동비는 거의 없고 고정비는 늘어나지 않으므로, 800만원의 추가 등록금 수입은 고스란히 이익을 높여준다.

• 공헌마진율이 낮은 상품의 가격목표는 단위당 마진증대가 되어야 한다

그러나 반대로 총원가 중에서 고정비의 비중이 낮고 변동비의 비중이 높은 상품의 경우에는 고정비를 커버하는 것은 이슈가 되지 않으며, 오히려 공헌마진이 거의 이익을 좌우하게 된다. 그러므로 이러한 상품의 가격목표는 단위당 가격을 높은 수준에서 유지하는 데에 맞추어져야 한다.

이러한 결론은 〈표 8-2〉에 의해서도 확인된다. 이 표의 각 열은 공헌마진율을 나타내며, 왼쪽에서 오른쪽으로 갈수록 공헌마진율이 높아진다. 각 행은 가격변화율을 나타내며, 열과 행이 만나는 칸에 기재된 숫자는 가격변화 후의 이익이 가격변화 전의 이익과 같아지려면 판매량이 얼마나 더 늘어나야 하는지를 나타낸다. 예를 들어, 35%의 공헌마진율을 가진 상품의 가격을 10% 할인하면, 할인 전에 비하여 40%를 더 팔아야 가격 할인전과 같은 이익을 얻을 수 있다(물론 40%를 더 팔 수 있는지의 여부는 표적시장 고객들의 가격민감도에 달려 있다. 가격

6 Donald R. Lehmann and Russell S. Winer, *Product Management* (McGraw-Hill, 2005), p. 453.

민감도에 대해서는 3장 참조).

표에서 알 수 있듯이, 공헌마진율이 낮은 상품의 경우에는 조금이라도 가격할인을 하면 엄청나게 많은 수량을 추가로 판매해야만 가격할인 전과 같은 이익을 낼 수 있다. 즉, 가격할인이 매우 큰 부담을 안겨준다. 그러므로 이런 상품의 가격은 되도록 높은 수준에서 유지하는 것이 중요하다. 반대로, 공헌마진율이 높은 상품의 경우에는 이러한 부담이 적다는 것을 알 수 있다.

원리 8-6

단기적으로는 가격결정시 총공헌마진을 극대화하라.

(3) 경쟁자의 원가와 가격

경쟁자의 원가와 가격은 가격결정에 있어서 매우 중요한 역할을 한다. 경쟁상품들의 가격은 구매자들이 준거가격을 형성하는 데 많은 영향을 미친다. 경쟁자의 현재가격 수준 못지않게 중요한 것은 경쟁자의 미래 가격전략을 예측하는 것이다. 이것은 여러 가지 단서들을 종합함으로써 가능한데, 경쟁회사의 마케팅 목표, 과거 가격전략, 재무상태(모기업까지 포함해서), 생산설비 가동률 등이 중요한 단서가 될 수 있다.

경쟁자의 원가수준을 알고 있는 것도 매우 중요하다. 그러나 경쟁자의 원가는 파악하기 어려운 경우가 많다. 유형적인 제품의 경우에는 경쟁자의 제품을 구입하여 이를 분해함으로써 원가를 추정하는 것이 가능하다. 고정비의 비중이 높은 서비스의 경우에는 원가를 추정하는 것이 쉽지 않지만, 일부러 경쟁자의 고객이 되어봄으로써 경쟁자의 원가구조를 이해하는 데 도움이 되는 정보를 수집할 수 있다.

이상과 같이 가격결정에 영향을 미치는 세 가지 중요한 요인들을 살펴보았는데, 이 세 가지 요인들이 모두 중요하기는 하지만, 상품수명주기에 따라 이들 요인의 상대적인 중요성이 달라질 수 있다. 즉, 도입기에는 아직 경쟁자가 거의 없으므로 가격을 고객의 유보가격 수준으로 높게 책정하는 것이 가능하다. 그러므로 경쟁자의 가격이나 우리의 원가보다는 고객의 중요성이 높다. 그러나 성장기에 접어들면서 경쟁자들이 진입하면, 고객과 경쟁자가 비슷하게 중요해진다. 그리고 성숙기와 쇠퇴기에 들어서면, 상품들 간의 차별화는 미약해지고 가격경쟁이 치열하게 벌어지므로, 경쟁자들의 가격과 우리의 원가수준이 중요해진다.

(4) 기타 요인들

가격결정에 영향을 미치는 요인들에는 위의 세 가지 이외에도 여러 가지가 있다.

1) 유통업자와 판매사원들의 반응

유통업자와 판매사원들은 대개 가격인상을 싫어하고 가격인하를 좋아하는 경향을 보인다. 그렇게 하는 것이 자신들의 이해관계와 일치하기 때문이다. 실제로 판매를 하는 데에 있어서는 이들의 협조와 노력이 매우 중요한 역할을 하므로 이들의 반응을 감안하여 가격결정을 하여야 한다.

2) 산업구조요인

3장에서 소개한 Five Forces Model의 요소들도 가격결정시에 고려되어야 한다. 잠재적 진입자와 대체재의 위협, 구매자의 교섭력이 크다면 가격을 높은 수준에서 유지하기가 어려워진다. 반대로 공급자의 교섭력이 큰 산업에서는 가격인상의 압력을 받게 된다.

현재 시장내의 경쟁도 중요한 영향을 미치는데, 예를 들어, 퇴출장벽(exit barrier)이 높은 산업에서는 가격경쟁이 매우 치열하게 벌어진다.

3) 정부의 규제와 세금

전기, 통신, 운수산업 등 공공적인 성격이 강한 산업에서는 가격결정을 개별기업들이 마음대로 할 수 없으며 정부의 규제를 받아야 한다는 것은 잘 알려져 있다. 뿐만 아니라, 물가안정이라는 명분하에 정부는 많은 업종에 걸쳐서 기업들의 가격인상을 억제하거나 인상폭을 줄이도록 개입해 오고 있다.

가격결정에 정부의 입김을 느끼게 만드는 또 하나의 요인은 세금이다. 특히, 자동차, 가전제품 등의 내구재와 술, 휘발유 등은 세금의 비중이 매우 높아서 세율변화에 따라 가격이 큰 변동을 보이게 된다.

2. 기본적인 가격결정 방법

가격결정 방법에는 여러 가지 종류가 있지만, 여기서는 그 중에서 가장 기본적인 방법 네 가지를 살펴보기로 한다.

(1) 원가기준법

원가기준법(cost-plus pricing 또는 markup pricing)이란 상품의 원가에 일정 비율

원가기준법
상품의 원가에 일정 비율의 이익을 더하여 가격을 결정하는 방법

의 이익을 더하여 가격을 결정하는 방법이다. 예를 들어, 어떤 상품의 변동비가 단위당 10만원이고 고정비가 60억원이라고 하자. 그리고 이 상품의 예상 판매량이 10만개라면, 이 상품의 단위원가는 다음과 같다.

$$단위원가 = 변동비 + 단위당 고정비$$
$$= 100,000 + 6,000,000,000/100,000 = 160,000(원)$$

이 상품을 판매해서 20%의 이익을 얻고자 한다면, 이 상품의 가격은 다음과 같이 결정된다.

$$가격 = 단위원가/(1 - 희망이익률) = 160,000/(1 - 0.2) = 200,000(원)$$

이 방법은 단순하다는 장점 때문에 많은 품목의 가격을 결정해야 하는 유통업자들이 주로 이용하고, 군수산업이나 건설산업에서도 종종 이용된다. 그러나 다음과 같은 단점들을 갖고 있어서 종종 비판의 대상이 되고 있다.

▶ **고객의 관점을 완전히 무시하고 있다.** 즉, 고객이 이 상품에 대하여 어느 정도의 가치를 느끼며, 얼마 정도를 지불하려고 하는지를 전혀 고려하지 않는다. 이 방법에 의하여 결정된 가격은 고객이 지불하려고 하는 가격보다 훨씬 낮아지거나 높아질 가능성이 있다.

▶ **경쟁자의 가격이나 원가**에 대한 고려도 전혀 하지 않고 있다.

▶ **논리적인 결함**을 안고 있다. 단위원가는 판매량에 따라 달라지는데, 판매량은 판매가격에 따라 달라지기 때문이다. 그러므로 판매가격을 정하기 위하여 단위원가를 계산한다는 것은 논리적으로 모순이다. 군수산업이나 건설산업처럼 판매수량이 계약에 의하여 결정되어 있는 경우에는 문제가 없지만, 판매수량이 가격에 의하여 영향을 받는 경우에는 부적절하다.

목표수익률 기준법
목표로 하고 있는 투자수익률을 달성할 수 있도록 가격을 결정하는 방법

(2) 목표수익률 기준법

목표수익률 기준법(target-return pricing)이란 목표로 하고 있는 투자수익률(return

그림 8-3

가격결정 절차

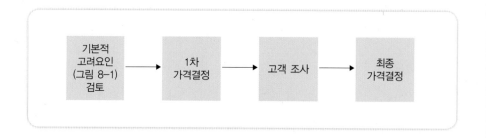

on investment, ROI)을 달성할 수 있도록 가격을 결정하는 방법이다. 앞의 예에서
나온 회사가 그 상품을 만들기 위하여 총 200억원을 투자하였고, 이 투자금액
에 대하여 10%의 투자수익률을 얻기를 원한다면, 이 상품의 가격은 다음과 같
이 결정된다.

$$가격 = 단위원가 + (목표\ 투자수익률 \times 투자금액) / 예상\ 판매량$$
$$= 160,000 + (0.1 \times 20,000,000,000) / 100,000$$
$$= 180,000(원)$$

이 방법의 장점 및 단점은 원가기준법과 동일하다. 이 방법은 시장 내에서
독점적인 지위를 갖고 있고, 투자자들에게 적절한 이익을 제공해야 하는 의무
를 안고 있는 정부투자기관이나 공기업들이 많이 사용한다.

(3) 경쟁기준법

경쟁기준법(going-rate pricing)은 경쟁자의 가격을 기준으로 동일한 수준이나
아니면 조금 높거나 낮도록 가격을 결정하는 방법이다. 예를 들어, 소수의 대기
업들이 시장을 지배하고 있는 철강, 정유, 제지, 비료 등의 시장에서는 모든 기
업들이 동일한 가격을 매기고 있는 것을 발견할 수 있다. 이런 산업에서는 리
더 회사(보통 점유율 1위 기업)가 가격을 변경하면, 나머지 회사들은 이것을 따라
가는 패턴을 보이고 있다. 이 방법은 가격경쟁을 최소화할 수 있다는 장점을
갖고 있는 반면에, 고객측면을 전혀 고려하지 않는다는 단점을 갖고 있다.

> **경쟁기준법**
> 경쟁자의 가격을 기준
> 으로 동일한 수준이나
> 아니면 조금 높거나 낮
> 도록 가격을 결정하는
> 방법

(4) 지각된 가치기준법

1장에서 우리는 고객이 지각한 **가치**(value)에 대하여 공부한 적이 있다. 가치
란 '고객이 어떤 상품으로부터 얻는 편익과 그 대가로 지불하는 비용의 차이'라
고 정의한 바 있다. **지각된 가치기준법**(perceived-value pricing)이란 이처럼 고객이
지각한 가치를 기준으로 가격을 결정하는 방법을 가리킨다. 이 방법은 대개 다
음과 같은 절차를 거친다.

첫째, 우리 상품과 비교의 기준이 될 **준거상품**(reference product)을 선정한다.
이것은 대개 고객이 이미 사용하고 있는 상품이거나 아니면 경쟁자의 상품이
된다.

둘째, 준거상품 대신 우리 상품을 사용함으로써 고객이 얻게 될 **경제적인 편**
익의 증가분(incremental economic benefits)을 화폐단위로 계산한다.

> **지각된 가치기준법**
> 고객이 지각한 가치를
> 기준으로 가격을 결정
> 하는 방법

셋째, 이 값이 0보다 크다는 것을 전제로, 적절한 가격수준을 결정한다. 이때, '우리 상품의 가격=준거상품의 가격'이면 우리 상품을 사용함으로써 고객이 얻게 되는 경제적 편익의 증가분을 모두 고객에게 돌려주는 것이 되고, 반대로 '우리 상품의 가격=준거상품의 가격+경제적 편익의 증가분'이면 우리 상품을 사용함으로써 고객이 얻게 되는 경제적 편익의 증가분을 모두 우리가 갖게 되는 것이 된다. 그러나 실제로 가격수준은 이 중간의 적절한 선에서 결정되는 것이 보통이다.

[그림 8-4]에는 지각된 가치기준법에 따라 가격을 결정하는 과정이 예시되어 있다. 가장 왼쪽에 있는 막대는 준거상품 Y를 나타낸다. 준거상품의 가격은 30만원이고, 이를 사용하는 방법을 익히는 데에 20만원, 유지비용으로 50만원이 들어간다. 우리 상품(X)은 사용방법을 익히는 데에 10만원, 유지비용으로 40만원밖에 들어가지 않는다. 더구나 우리 상품은 준거상품 Y가 제공하지 않는 새로운 편익을 제공하는데, 이것의 가치는 10만원으로 추정된다. 결국 우리 상품은 Y보다 30만원(=20만원의 절약 + 10만원의 새로운 편익)의 경제적 편익을 구매자에게 더 제공하므로, 구매자가 Y에 대하여 30만원을 지불하려고 한다면, 우리 상품에 대해서는 30만원 더 높은 60만원까지 지불할 용의를 갖고 있을 것이다.

그림 8-4

지각된 가치기준법의
예시[7]

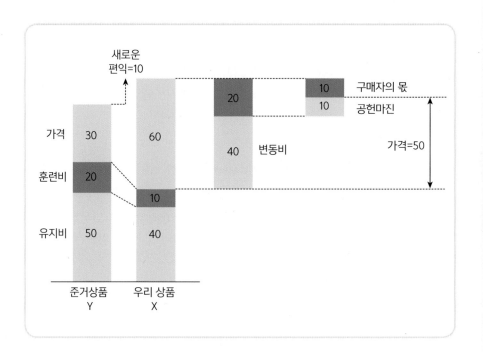

7 John L. Forbis and Nitin T. Mehta, "Value-Based Strategies for Industrial Products," *Business Horizons* (May-June, 1981), p. 241 일부 수정.

소프트웨어 사지 말고 구독하세요

SAS 인스티튜트는 세계에서 가장 큰 비상장(즉, 주식이 증권시장에 상장되지 않은) 소프트웨어 회사로서, 기업, 정부, 학교 등을 타깃으로 한 통계 분석, 빅데이터 분석(13장 참조), 의사결정지원 소프트웨어 등을 제공하고 있다. SAS의 모든 소프트웨어들은 **판매되는 것이 아니라 라이센스(license)된다**는 점이 특이하다. 즉, 고객들은 1년 단위로 사용료를 지불하면서 소프트웨어를 쓰게 된다.

이러한 가격 정책은 **고객이 지각한 가치에 충실하다**는 장점을 갖고 있다. 보통 소프트웨어를 꽤 오랫동안 써보기 전에는 그 가치를 파악하기가 어렵기 때문에, 사람들은 비싼 돈을 내고 소프트웨어를 구입하는 것을 꺼리게 된다. 소프트웨어의 가치는 쓰면서 느끼게 되는 것이다. 그러므로 SAS의 정책은 처음부터 비싼 돈을 내고 소프트웨어를 구입해야 하는 부담을 덜어주고, 이후 고객들이 지각하는 가치의 일부분을 매년 사용료로 받기 때문에 고객의 관점에 충실하다. 더구나, 고객이 1년을 써보고 가치를 느끼지 못한다면 사용 계약을 해지할 수 있기 때문에, SAS는 고객에게 지속적으로 높은 가치를 제공하기 위하여 끊임없이 노력하지 않으면 안 된다(예: 기술지원, 업데이트 등). 이러한 가격 정책과 유지 노력 덕분에 SAS 고객들 중의 무려 98%가 계약을 유지하는 놀라운 성과를 거두었다.

보다 최근에는 포토샵으로 유명한 어도비(Adobe)도 소프트웨어를 매달 사용료를 내고 온라인 구독하는 형태로 판매 방식을 바꾸었다.[8] 처음에는 개당 백만 원 이상의 매출액을 올리던 소프트웨어를 팔지 않고, 월 1만원 정도의 구독료를 받으면 매출액이 급감할 것을 우려한 주주들이 떠나는 바람에 주가가 폭락했다. 그러나 저렴한 구독료 덕분에 과거에 어도비 제품이 비싸서 구매하지 않았던 사람들이 새로운 사용자로 유입된 덕분에 2016년 현재 구독자 수가 800만명을 돌파하여 매우 성공적인 정책으로 평가되고 있다. 과거와 달리 경기에 영향을 받지 않고 매출액이 안정적으로 창출되어 주가도 급등하였음은 물론이다.

세 번째 막대는 우리 상품의 변동비가 40만원임을 나타낸다. 그러므로 우리는 이 상품의 가격을 최소 40만원에서 최고 60만원 사이에서 결정해야 한다. 예를 들어, 우리 상품의 가격을 50만원으로 결정하면, 우리 상품이 추가로 제공하는 30만원의 경제적 편익 중에서 20만원은 우리의 몫이 되고 10만원은 구매자의 몫이 된다.

고객이 지각한 가치를 측정하는 방법에는 여러 가지가 있다. 산업재의 경우에는 **베타 테스트(beta test)**나 산업공학적인 방법들이 이용되며, 소비재의 경우에는 설문조사나 컨조인트 분석(conjoint analysis)과 같은 마케팅 조사기법들이 이용된다. 보다 자세한 내용은 이 장 끝의 [더 읽어 볼 거리]를 참조하기 바란다.

지각된 가치기준법은 고객의 관점에서 출발하지만, 경쟁상품의 특성과 우리

베타 테스트
잠재구매자들에게 아직 출시되지 않은 신상품을 일정기간 동안 사용해보도록 한 다음, 그들의 반응을 조사하는 것

---

8 배정원, "어도비 CEO 나라엔 판매방식 바꾸고도 잘 나가는 비결은?" *조선일보*, 2015년 5월 2일.

회사의 원가를 모두 고려한다는 점에서 앞서 나온 다른 가격결정 방법들보다 우월하다.

3 가격구조의 결정: 나무만 보지 말고 숲을 보라

지금까지 우리는 "상품 X의 가격을 어떻게 매겨야 하는가"라는 질문에 답하기 위하여 여러 가지 개념들과 이론들을 다루었다. 이러한 문제에 답하는 것도 물론 중요하지만, 이보다 더 중요한 문제가 남아 있다. 그것은 가격의 구조를 결정하는 것이다. 예를 들어, "단일상품/단일가격으로 가는 것이 좋은가 아니면 복수상품/복수가격으로 가는 것이 더 좋은가?", "수량할인을 해 주는 것이 좋은가 아니면 해 주지 말아야 하는가?", "놀이공원에서 놀이시설 요금을 따로 받을 것인가 아니면 입장료에 포함시킬 것인가?", "프린터의 가격과 잉크 카트리지의 가격은 따로따로 매겨야 하는가 아니면 어떤 관계가 있어야 하는가?" 등과 같은 질문에 답하는 것이 가격구조에 관한 문제이다. 이러한 질문에 대한 해답을 정확하게 찾지 못한다면 기업의 수익성은 매우 나빠질 수 있다. 비유하자면, **개별 상품의 가격을 결정하는 것이 '나무'를 보는 것이라면, 가격구조를 결정하는 것은 '숲'을 보는 것**이라고 할 수 있다.

이 장에서는 가격구조의 문제를 [그림 8-5]와 같이 세 가지 축을 중심으로 설명하기로 한다. 먼저 고객을 축으로 하는 가격구조로서 가격차별을 다루고, 상품을 축으로 하는 가격구조로서 캡티브 프로덕트(captive product) 가격과 묶음가격(bundling)을 다루며, 마지막으로 시간을 축으로 하는 가격구조로서 스키밍(skimming)과 침투가격을 다룬다.

1. 고객별 가격결정: 가격차별

모든 고객들에게 똑같은 가격을 받는 것보다, 고객에 따라 가격을 다르게 매김으로써 더 높은 이익을 올릴 수 있다는 것을 깨닫지 못하는 사람들이 많이 있다. 이것을 이해하기 위하여 다음의 예를 살펴보자.

(1) 가격차별의 예

우리는 2절에서 유보가격을 설명할 때, 구매자들의 유보가격이 같지 않다면,

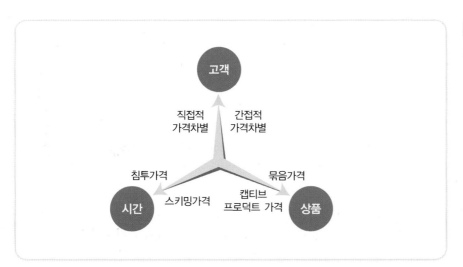

그림 8-5

가격구조의 세 가지 축

	세분시장 A	세분시장 B	세분시장 C	세분시장 D
유보가격(단위: 만원)	40	30	20	10
구매자의 수(단위: 명)	N	N	N	N

표 8-3

유보가격이 다른
가상적인 세분시장

유보가격이 높은 구매자에게는 높은 가격을, 유보가격이 낮은 구매자에게는 낮은 가격을 매겨야 함을 강조한 바 있다. 이제 그 이유를 이해해보자.

어느 상품의 구매자들을 유보가격을 기준으로 〈표 8-3〉과 같이 4개의 세분시장으로 나누었다. 세분시장 A는 이 상품에 대하여 최대 40만원까지 지불할 용의가 있는 사람들로 이루어져 있다. 세분시장 B, C, D는 각각 30만원, 20만원, 10만원까지 지불할 용의가 있는 사람들로 이루어져 있다. 각 세분시장의 크기는 동일해서 각각 N명의 사람들로 구성되어 있다. 이 상품의 변동비는 5만원이고, 고정비는 없으며, 이 시장에 경쟁자는 없다고 하자.

이 회사가 이익을 극대화하려면 이 상품의 가격을 얼마로 정하면 될까? 우선 모든 구매자들에게 같은 가격을 매기는 경우부터 생각해보자.

가격(단위: 만원)	이익(단위: 만원)
40	$(40 - 5) \times N = 35N$
30	$(30 - 5) \times 2N = 50N$
20	$(20 - 5) \times 3N = 45N$
10	$(10 - 5) \times 4N = 20N$

예를 들어, 가격을 40만원으로 책정하는 경우 세분시장 B, C, D는 자신들이 지불하고자 하는 최고가격보다도 이 상품의 가격이 높으므로 구매를 유보하며, 단지 세분시장 A만이 구매한다. 그러므로 구매자 수는 N명이 되고, 이익은 35N(만원)이 된다. 나머지 가격에 대해서도 마찬가지로 계산할 수 있다. 그 결과, 단일가격을 매길 경우에 이익을 극대화하는 가격은 30만원임을 알 수 있다.

이제, 세분시장별로 다른 가격을 매기는 경우를 생각해보자. 세분시장 A는 최고 40만원까지 지불할 용의가 있고, 다른 경쟁상품도 없다고 하였으므로, 이 세분시장에 대해서는 40만원보다 낮은 가격으로 팔 이유가 없다. 다른 세분시장에 대해서도 마찬가지이다. 즉, 각 세분시장별로 유보가격만큼을 가격으로 매겨야 한다. 이 경우 얻어지는 이익은 다음과 같이 계산된다.

$$(40 - 5) \times N + (30 - 5) \times N + (20 - 5) \times N + (10 - 5) \times N = 80N(만원)$$

동일한 가격을 매길 경우 최대이익이 50N(만원)인데 세분시장별로 다른 가격을 매길 경우 최대이익은 80N(만원)이므로, 이익을 극대화하는 가격정책은 세분시장별로 다른 가격을 정하는 것임을 확인할 수 있다.[9]

이렇게 세분시장별로 가격을 다르게 받는 것이 우월한 이유는 고객이 지불하고자 하는 가격을 모두 받아냈기 때문이다. 이와는 반대로, 30만원을 단일가격으로 정할 경우에는 세분시장 B에 대해서만 유보가격만큼을 받아낼 수 있을 뿐이고, 세분시장 A에 대해서는 10만원만큼 싸게 파는 셈이 된다. 그리고 세분시장 C와 D에 대해서는 너무 높은 가격을 매겨서 판매기회를 날려버린 셈이 된다.

(2) 가격차별의 개념과 중요성

가격차별
기본적으로 동일한 상품에 대해서 개별고객마다 또는 세분시장마다 다른 가격을 받는 것

이렇게 기본적으로 동일한 상품에 대해서 개별고객마다 또는 세분시장마다 다른 가격을 받는 것을 **가격차별**(price discrimination)이라고 부른다.[10] 그러면 무엇을 기준으로 가격을 다르게 받아야 할까? 여기에는 다음과 같은 몇 가지 기준들이 있다.

▶ **유보가격**이 높은(낮은) 집단에는 높은(낮은) 가격을 받는다.
▶ 높은(낮은) 가치를 느끼는 집단에는 높은(낮은) 가격을 받는다.
▶ **가격민감도**(price sensitivity)가 높은 집단에는 낮은 가격을 받고, 가격민감도가

---

9 엄밀한 증명은 기본적인 경제학 교과서에 나와 있다.
10 어떤 사람들은 이것을 가격차별화라고 부르기도 하는데, 이것은 옳지 않은 표현이다. 가격차별화는 영어로는 price differentiation이라고 쓸 수 있는데, 이것은 우리의 가격을 경쟁자의 가격과 다르게 한다는 뜻이다. 이와 달리, 가격차별은 경쟁자가 있든 없든 개별고객 또는 세분시장별로 가격을 다르게 매긴다는 뜻이다.

낮은 집단에는 높은 가격을 받는다.

많은 독자들이 이미 간파하였겠지만, 이 세 가지 기준들은 상호 밀접하게 연관되어 있다. 어떤 상품에 대하여 높은 가치를 느끼는 집단은 높은 유보가격과 낮은 가격민감도를 갖게 된다. 3장에서 Five Forces Model을 다룰 때, 어떤 경우에 구매자들의 가격민감도가 높아지는지를 공부한 바 있다.

가격차별이 중요한 이유는, 위의 사례에서도 보았듯이, **모든 고객들에게 같은 가격을 받는 것보다 가격을 다르게 받는 것이 더 높은 이익을 창출**할 수 있기 때문이다. 그러므로 우리의 고객들을 유보가격, 지각된 가치, 또는 가격민감도를 기준으로 세분화할 수 있다면, 각 세분시장별로 가격을 다르게 받는 것이 이익을 극대화하는 지름길이다.

여기서 주의할 것은 가격민감도가 높은 집단에 낮은 가격을 책정한다고 해서 변동비 이하의 가격으로 팔아서는 안된다는 것이다. 위의 예에서도 세분시장 D에 대하여 책정한 10만원은 이 상품의 변동비 5만원보다 높았다.

원리 8-7

가격민감도가 높은 집단(또는 지각된 가치나 유보가격이 낮은 집단)에는 낮은 가격을, 낮은 집단(또는 지각된 가치나 유보가격이 높은 집단)에는 높은 가격을 책정함으로써, 단일 가격을 책정한 경우보다 더 높은 이익을 올릴 수 있다.

(3) 가격차별이 성공하기 위한 조건

고객들을 가격민감도에 따라 세분화할 수 있다고 해서 가격차별이 반드시 가능해지는 것은 아니다. 다음과 같은 조건이 충족되어야 가격차별이 성공할 수 있다.

▶ 고객들이 싼 값에 사서 비싼 값에 되파는 일이 일어나지 않거나 이를 방지할 수 있어야 한다.
▶ 고객들이 가격차별을 당한 데 대하여 나쁜 감정을 갖지 않도록 해야 한다.
▶ 제값을 내고 구입할 용의가 있는 고객에게 할인을 해주어서는 안된다. 즉, 할인해주지 않으면 사지 않았을 사람들에게만 할인을 해주어야 한다.
▶ 법률적인 측면을 고려해야 한다. 예를 들어, 제조업자가 도매업자들에게 상품을 팔 때, 업자별로 다른 가격을 받는 것은 불법으로 간주된다. 그러나 이 경우에도 수량할인을 통하여 실질적으로 가격차별을 할 수는 있다(수량할인에 대해서는 다음에서 다루기로 한다).

위의 조건들 중에서 특히 두 번째 조건은 가격차별에 중요한 걸림돌로 작용한다. 고객의 불만을 일으키지 않으면서 기본적으로 동일한 상품을 다른 가격으로 팔려면, 고객이 받아들일 수 있는 이유를 붙이지 않으면 안된다. 그러한 이유를 발견할 수 없다면, 상품을 조금 다르게 만든 다음에 가격을 다르게 붙여야 한다. 이렇게 똑같은 상품을 갖고 가격차별을 하는 것을 **직접적 가격차별**, 상품을 조금 다르게 한 다음 가격차별을 하는 것을 **간접적 가격차별**이라고 부르기로 하자. 구체적인 사례들은 다음에서 다룬다.

(4) 가격차별의 사례

가격차별의 사례는 우리 주위에서 흔히 발견된다. 실제로 너무 당연하게 받아들여왔던 것들이 알고 보면 가격차별이었던 경우가 많다.

1) 직접적 가격차별

• 학생 할인

학원, 소프트웨어, 신문 등이 대학생들을 대상으로 수강료나 구독료를 대폭 할인해주는 것을 흔히 볼 수 있다. 학생들은 일반인들에 비하여 가격민감도가 높으므로 요금을 할인해주는 것이다. 학원, 소프트웨어, 신문 등은 원가구조에서 변동비가 차지하는 비중이 매우 낮으므로 대폭 할인을 해주더라도 가입자를 늘릴 수 있다면 총 공헌마진을 높일 수 있다.

• 항공요금

앞에서 공헌마진을 설명할 때 예로 든 것처럼, 항공여객운송의 원가구조는 변동비가 낮고 고정비가 높은 특징을 갖고 있기 때문에, 빈자리를 남겨두기보다는 가격민감도가 높은 집단에게 가격을 할인해 줌으로써 자리를 채우는 것이 바람직하다. 그렇다면 항공여행을 하는 사람들 중에서 누가 가격민감도가 높을까?

항공사들이 이 문제를 연구한 결과 얻은 결론은 자비로 여행하는 사람들이 가격민감도가 높고, 남의 돈으로 여행하는(즉, 회사업무로 출장가는) 사람들은 가격민감도가 낮다는 것이었다.

그 다음 과제는 누가 남의 돈으로 여행하는지를 구별할 수 있는 방법을 찾는 것이었다. 항공사들은 한 가지 흥미로운 사실을 발견하였다: 출장을 가는 사람들은 목적지에 가서 주말을 보내지 않고 돌아오거나 아니면 다음 행선지로 떠나는 경향이 높은 반면, 자비로 여행하는(즉, 친지방문이나 휴가) 사람들은 거의 정확히 그 반대라는 사실이었다. 여기에 착안한 항공사들은 토요일 저녁을 목적지에서 자고 오는 조건으로 낮은 가격에 티켓을 판매하기 시작하였다. 이 티켓을 이용하는 사람들은 자비로 여행하는 사람들이 대부분이었다.

• 수량할인

수량할인(quantity discount)이란 한 번에 구입하는 물량이 많아짐에 따라 단가를 낮춰 주는 가격정책을 가리킨다. 수량할인의 좋은 예는 복사 가게에서 발견할 수 있다. 예를 들어, 단가가 1매에 50원씩이더라도, 한꺼번에 1,000매쯤 복사한다고 하면 단가를 낮추어 주는 것이 일반적이다.

수량할인
한 번에 구입하는 물량이 많아짐에 따라 단가를 낮추어 주는 가격정책

수량할인은 주로 제조업자와 도매업자 또는 도매업자와 소매업자 사이의 거래에서 흔히 발견된다. 예를 들어, 어떤 제조업자가 다음과 같은 두 명의 구매자에 대한 가격정책을 수립해야 하는 경우를 살펴보자.[11]

구매자 A는 이 상품을 한 개만 구입할 경우 70만원까지 지불할 용의가 있지만, 두 개 이상을 구입할 때에는 추가단위에 대해서는 각각 20만원만 지불할 용의를 갖고 있다.

문제를 단순화하기 위하여, 제조업자가 구매자의 이러한 성향을 파악하고 있다고 가정하고, 구매자들간에는 거래가 전혀 이루어지지 않는다고 가정하자. 또 이 제품의 원가는 20만원이라고 가정하자. 만약 이 제조업자가 가격을 70만원으로 책정한다면, 구매자 A와 B에게 각각 1단위씩을 팔게 되고, 모두 100만원의 순이익을 올리게 될 것이다.

단 위	구매자 A	구매자 B
1	70(만원)	70(만원)
2	20	50
3	20	40
4	20	35
5	20	30

그러나 이것이 과연 최적 가격구조인지를 면밀히 검토해보면, 우리는 다음과 같은 가격구조를 채택하는 것이 이익을 극대화해준다는 것을 깨닫게 된다.

---

11 Robert J. Dolan, "How do you know when the price is right?" *Harvard Business Review* (September–October, 1995), p. 180.

처음 1개 구입시	70만원
2개째 구입시	50만원 추가
3개째 구입시	40만원 추가
4개째 구입시	35만원 추가
5개째 구입시	30만원 추가

이러한 가격구조하에서, 구매자 A는 한 개만을 구입하고 70만원을 지불할 것이다. 그러나 구매자 B는 모두 5개를 구입하고 225만원(=70+50+40+35+30)을 지불할 것이다. 이 제품의 단위당 원가가 20만원이었으므로, 이 기업은 모두 175만원의 이익을 거두게 될 것이다. 이는 가격을 70만원으로 책정하였을 때 거둘 수 있었던 이익보다 무려 75%나 높은 것이다.

일반적으로 대량 구매자는 소량 구매자에 비하여 가격에 민감하므로, 대량 구매자에게 가격 할인을 해주는 수량할인은 가격차별의 효과를 가져온다. 수량 할인은 비교적 널리 쓰이는 가격정책이지만, 수량할인이 이익극대화에 기여한 다는 것을 깨닫지 못하는 기업들이 많이 있다. 이들 기업들은 "대량 구매를 통하여 원가가 절감되는 부분을 구매자에게 일부 돌려주기 위하여 수량할인을 한다"라고만 알고 있는 경우가 많다.

• 이중요율

이중요율

기본요금과 사용요금의 두 가지로 이루어진 가격체계

이중요율(two-part tariff)이란 가격체계가 기본요금과 사용요금의 두 가지로 이루어진 것을 가리킨다. 전화요금이 이중요율의 대표적인 예이다. 전화요금을 이중요율로 하는 이유는 세 가지로 설명할 수 있다.

▶ 설령 전화를 걸지 않더라도 받을 수는 있기 때문이다.
▶ 이중요율은 소비를 촉진할 수 있다. 기본요금도 엄연히 가격의 일부이지만 많은 소비자들이 기본요금은 잊어버리고 사용요금만 기억하고 있기 때문에, 기업은 기본요금으로부터 이익을 취하고, 사용요금은 거의 원가로 매김으로써 소비를 촉진하게 된다.
▶ 가격이 민감한 사용자들에게 할인혜택을 주기 위한 것이다. 예를 들어, 월 1만 원의 기본요금과 10초당 9원의 사용요금을 적용받는 이동전화 가입자의 경우, 한 달 동안 10초만 통화를 하였다면, 이 사람은 10초당 10,009원이나 되는 높은 요금을 지불한 셈이다. 그러나 한 달 동안 10,000초나 통화를 하였다면, 이 사람은 10초당 19원을 지불한 셈이다. 즉, 이중요율하에서는 대량 사용자들이 낮은 단가를 지불한다. 그런데 대량 사용자들이 소량 사용자들보다 가격에 더 민감한 경향을 보이기 때문에, 이중요율은 가격차별의 효과를 갖고 있다.

• 할인시간가격

할인시간가격(off-peak pricing)은 주로 통신이나 음식점 등과 같은 서비스 업종에서 발견된다. 할인시간가격이 존재하는 이유는 크게 두 가지로 설명할 수 있다.

할인시간가격
일정한 시간대에는 가격을 할인해 주는 가격 정책

▶ 특정 시간대에 몰리는 **고객들을 분산**시키기 위해서다. 서비스업의 특성상 미리 재고를 만들어 놓을 수가 없기 때문에, 수용능력 이상으로 고객이 몰릴 경우 매출손실이 발생할 수밖에 없으므로, 이를 방지하기 위한 것이다.

▶ **가격민감도가 높은 사람들**을 유인하기 위해서다. 서비스업의 원가구조는 변동비가 낮고 고정비가 높은 경우가 많으므로, 앞에서 설명한 것처럼 되도록 가격을 낮추고 그 대신 판매량을 높여서 매출액을 높이는 것이 중요하다. 그런데 모든 사람들에게 가격을 할인해주지 않고, 가격민감도가 높은 사람들에게만 할인을 해줄 수 있는 방법이 바로 할인시간대를 두는 것이다. 할인시간대는 보통 늦은 밤이나 이른 아침과 같이 불편한 시간대에 위치하므로, 불편을 감수하면서 할인시간대를 이용하는 사람들은 대부분 가격민감도가 높은 사람들이다.

• 할인쿠폰

할인쿠폰(discount coupons) 역시 가격차별의 수단으로서 이해할 수 있다.[12] 할인쿠폰을 찾고, 보관하고, 상품을 구입할 때 잊어버리지 않고 제시하는 데에는 적지 않은 노력이 필요한데, 이러한 노력을 기꺼이 들이는 사람들은 바로 가격민감도가 높은 사람들이기 때문이다.

2) 간접적 가격차별

앞에서는 같은 상품을 갖고 가격차별을 하는 경우들을 살펴보았다. 여기에서는 상품을 약간 다르게 하면서 가격차별을 하는 경우들을 알아보자.

• 소프트웨어

마이크로소프트사가 윈도우11을 내놓는 경우를 생각해보자. 이미 윈도우10을 쓰고 있는 사람들은 굳이 업그레이드할 필요성을 적게 느끼기 때문에 윈도우11에 대하여 낮은 유보가격을 갖게 되는 반면, 윈도우를 처음 사는 사람들은 다른 대안이 없기 때문에 높은 유보가격을 갖게 된다. 바로 이러한 이유 때문에 마이크로소프트는 기존 윈도우 사용자에게는 윈도우11 무료 업그레이드를 제공하였다.

---

12 Chakrvarthi Narasimhan, "A Price Discrimination Theory of Coupons," *Marketing Science* (Spring, 1984), pp. 128–147.

양날의 칼, 프리미엄(freemium) 가격 정책[13]

정보기술의 눈부신 발전과 함께 '디지털 경제' 시대가 도래했다고 말하는 사람들이 적지 않다. 그러나 '디지털 경제'는 '아날로그 경제'와 다른 법칙이 적용되는 것일까?

실제로 인터넷을 들여다보면 지금까지의 경제 상식으로는 이해하기 어려운 일들을 발견할 수 있다. 예를 들어, 무료로 쓸 수 있는 소프트웨어, 게임, 서비스(예: Dropbox, LinkedIn, Pandora, Spotify 등)가 넘쳐난다. '아날로그 경제'의 이론으로 이런 현상을 설명할 수 있을까?

소프트웨어, 게임, 온라인 서비스 같이 디지털화가 가능한 상품을 **정보재(information good)**라고 부르는데, 이러한 상품들은 변동비가 거의 0이고 고정비는 매우 높으며, 엄청난 규모의 경제를 누린다는 특징을 갖고 있다. 예를 들어, 소프트웨어를 개발하는 비용(즉, 고정비)은 매우 높지만, 이를 한 카피 더 찍어내는 비용(즉, 변동비)은 0에 가깝다. 거기에다 인터넷에서는 수많은 기업들이 국경을 초월하여 경쟁하므로 경제학에서 말하는 완전경쟁과 비슷한 상황이 벌어진다.

경제학의 기본원리에 따르면, 완전경쟁하에서 가격은 변동비(또는 한계비용) 수준까지 내려가게 되는데, 정보재의 변동비는 거의 0이므로, 인터넷에서 소프트웨어, 게임, 서비스들이 무료로 제공되는 것은 **'아날로그 경제' 이론이 예측한 것과 일치**하며 전혀 놀라운 일이 아니다.

그렇다면 이렇게 정보재를 무료로 파는 회사들은

- • 상품라인 가격정책

가장 흔한 가격차별의 예가 바로 상품라인을 이용하는 방법이다. 7장에서 이미 설명한 것처럼, 상품라인 내에 값이 싼 품목부터 비싼 품목까지 여러 품목을 두는 이유 중의 하나는 가격민감도가 높은 사람들에게는 싼 품목을 팔고, 가격민감도가 낮은 사람들에게는 비싼 품목을 팔기 위한 것이다. 예를 들어, 갤럭시 스마트폰에 S시리즈 외에 A시리즈와 M시리즈가 존재하는 것도 가격민감도의 차이를 이용하기 위한 것이라고 해석할 수 있다.

가격차별은 온라인과 모바일에서도 중요하다. 온라인과 모바일에서는 오프라인에서보다 고객들에 대한 정보를 많이 가질 수 있고 가격 변경도 순식간에 이루어질 수 있으므로, 이론적으로는 우리 사이트에 접속하는 고객 한 사람 한 사람마다 다른 가격을 매길 수 있다. 그러므로 온라인 또는 모바일 스토어들은 가격

---

13 이 글은 다음을 참조하여 작성하였음: Carl Shapiro and Hal R. Varian, "Versioning: The Smart Way to Sell Information," *Harvard Business Review* (November–December, 1998), pp. 106–114; Thales Teixeira and Elizabeth Anne Watkins, "Freemium Pricing at Dropbox," *Harvard Business School Case*, 9-514-053 (November 12, 2013); 김병도, "프리미엄 전략… 공짜를 미끼로 알짜를 팔아라," 조선일보, 2012년 1월 19일.

어떻게 이익을 낼 수 있을까? 기본 성능 또는 낮은 수준의 서비스는 무료로 제공하되, 부가 기능이나 프리미엄 수준의 서비스는 유료로 제공하는 **프리미엄 (freemium, free와 premium을 합성한 신조어) 가격 정책**이 그 열쇠를 쥐고 있다. 예를 들어, 애플스토어의 매출액 상위 100개 앱 중에서 약 80%가 freemium 전략을 쓰고 있으며, 전 세계에서 5억명 이상이 사용하는 파일 공유 서비스인 Dropbox는 2.5GB까지의 저장 공간은 무료로 제공하지만, 그 이상을 사용하려면 매달 일정한 요금을 내야 한다. 온라인 라디오인 Pandora의 무료 서비스에서는 음악에 광고가 붙지만, 유료 서비스에서는 광고가 붙지 않고 고품질의 오디오를 들을 수 있다. 넥슨의 메이플스토리는 무료 서비스이지만, 캐릭터를 꾸미려면 돈을 내야 한다.

freemium 전략은 앞서 나온 **가격차별의 일종**이기도 하다. 어떤 상품에 대해서 높은 가치를 느끼는 사람은 유료로 사용하고, 그렇지 않은 사람은 무료로 사용하기 때문이다. 그러나 freemium 전략이 성공을 보장하는 것은 아니다. 대부분의 경우 전체 사용자 중에서 유료 사용자의 비율은 1~2%에 불과하기 때문에, 짧은 시간 내에 충분히 많은 유료 사용자를 확보하지 못하면 막대한 적자를 견디지 못하고 문을 닫아야 한다.

freemium 전략이 성공하려면 무료 사용자를 유료로 전환시킬 수 있을 정도로 충분히 매력적인 유료 버전을 제공할 수 있어야 한다. 단기간에 많은 수의 무료 사용자를 획득하는 것도 중요하다. 그래야 그 중의 단지 1%라도 유료 사용자로 전환하더라도 상당한 액수의 매출액을 거둘 수 있기 때문이다. Dropbox는 무료 사용자가 다른 사용자를 추천할 경우 한 건당 500MB, 최대 16GB의 용량을 주었는데, 2010년의 경우 무료 사용자의 70%가 새로운 사용자를 추천하는 큰 성공을 거두었다.

차별을 실시할 수 있는 효과적인 방법을 찾는 데에 많은 관심을 갖고 있다.

2. 상품라인 가격결정: 대체재와 보완재

가격차별이 세분시장, 즉 고객을 축으로 하는 가격구조였다면, 지금 설명하려고 하는 상품라인 가격결정은 고객이 아니라 상품을 축으로 하는 가격구조에 해당된다.

상품라인 가격결정의 성격은 상품들이 상호 대체재인가 아니면 보완재인가에 따라 크게 달라진다. 상품라인 내의 상품들이 상호 대체재라는 것은 기본적으로 같은 상품이지만 가격대가 다른 경우를 가리킨다. 이런 경우에는 한 상품의 가격을 변경할 때 그 상품의 수익성뿐만이 아니라 대체 관계에 있는 다른 상품의 수익성에 미치는 영향까지도 고려하여야 한다. 예를 들어, 우리나라 자동차 회사들이 판매하는 승용차의 가격이 비싸다는 지적이 많이 있는데, 이것은 승용차의 가격을 내릴 경우 승용차와 대체 관계에 있는 SUV(승용차보다 대당 수익성이 더 높음!)의 판매가 감소할 것을 우려해서 승용차의 가격을 내리지 못하기 때문이라고 설명할 수 있다.

여기서 중점적으로 설명하려는 것은 상품들이 상호 보완재인 경우의 대표적인 가격구조인 캡티브 프로덕트 가격(captive product pricing)과 묶음가격(bundling)이다.

(1) 캡티브 프로덕트 가격

캡티브 프로덕트 가격
일단 어떤 상품을 싸게
판매한 다음에, 그 상품
에 필요한 소모품이나
부품 등을 비싼 가격에
판매하는 가격정책

캡티브 프로덕트 가격(captive product pricing)이란 일단 어떤 상품을 싸게 판매한 다음에, 그 상품에 필요한 소모품이나 부품 등을 비싼 가격에 판매함으로써 더 큰 이익을 거둘 수 있는 가격정책을 가리킨다. 게임기와 소프트웨어, 프린터와 잉크 카트리지, 자동차와 부속품 등이 좋은 예이다. 이런 상품들의 경우, 대부분의 이익은 소모품이나 부품 등을 지속적으로 판매하는 데에서 얻어진다.

그러므로 이 경우 처음에 싸게 판매하는 상품의 가격은 원가 이하로 내려가기도 하며, 심지어 무료로 줄 수도 있다.

(2) 묶음가격

묶음가격
여러 가지 상품을 묶어
서 판매하는 가격정책

묶음가격(bundling)이란 여러 가지 상품들을 묶어서 판매하는 가격정책이다. 여기서 묶음으로 판매되는 상품들은 컴퓨터와 프린터처럼 서로 보완재인 경우가 대부분이다.

묶음가격의 용도는 크게 세 가지이다. 첫째, **A 상품 시장에서 독점적인 지위를 가진 기업이 B 상품 시장에서의 경쟁자를 몰아내기 위하여**, 상품 A와 B를 묶음으로 만들고, 사실상 B는 무료로 판매하는 경우이다. PC 운영체제 시장을 사실상 독점하고 있는 마이크로소프트가 인터넷 익스플로러(Internet Explorer)를 윈도우와 묶음으로 판매한 것이 여기에 속한다고 볼 수 있다. 이러한 행위는 법적으로 문제가 될 수 있으므로 주의가 필요하다. 실제로 미국 정부는 마이크로소프트의 이러한 행위가 넷스케이프(Netscape)를 몰아내기 위한 불공정행위라고 판단하여 마이크로소프트를 기소하였고, 몇 년에 걸친 법정 공방을 벌이기도 하였다(물론 마이크로소프트는 이를 전면 부인하였고, 단지 인터넷 익스플로러를 더 효과적으로 작동되도록 만들기 위하여 운영체제에 통합시킨 것이라고 주장하였다).

둘째, **고객이 다른 회사로 이탈하는 것을 억제함으로써 가격 경쟁을 완화시키고자 하는 경우**이다. 우리나라 통신회사들이 집전화, 이동전화, 초고속인터넷, IPTV 등을 묶어서 할인혜택을 주는 것이 좋은 예이다.

셋째, 우리가 판매하는 **상품의 종류가 많고, 상품 하나 하나에 대하여 고객들이 지각하는 가치가 너무나 이질적이어서, 기업이 상품별로 가격을 매기고 따로따로 파는 것이 어려운 경우**이다. 헐리우드의 영화 공급업자들이 영화를 개별적으로 판매하기보다는 패키지로 판매하는 것이 좋은 예이다. 예를 들어, 다음과 같은

두 편의 영화에 대하여 두 명의 영화수입업자가 부여하는 가치를 살펴보자.[14]

	구매자 A	구매자 B
영화 1	9,000(만원)	5,000
영화 2	1,000	5,000
총계	10,000	10,000

이 두 명의 구매자들은 모두 영화 1과 영화 2로 이루어진 패키지에 대하여 1억원의 가치를 부여하고 있다. 그러므로 이렇게 패키지로 판매하면, 총 2억원의 수입을 올릴 수 있다. 그러나 영화를 따로 따로 판매하면, 총 수입을 극대화할 수 있는 방법은, 영화 1은 5,000만원에 구매자 A와 B에게 판매하고, 영화 2는 5,000만원에 구매자 B에게 판매하는 것이다. 이 경우 총 수입은 1억 5,000만원에 불과하다. 영화를 묶음으로 판매함으로써 총 수입을 33%나 높일 수 있음에 주목하여야 한다.

상품을 개별적으로는 팔지 않고 묶음으로만 판매하는 것을 **순수 묶음가격**(pure bundling)이라고 부른다. 반면에 상품을 개별적으로도 팔고 묶음으로도 파는 것을 **혼합 묶음가격**(mixed bundling)이라고 부른다. 순수 묶음가격보다는 혼합 묶음가격을 채택하는 것이 많은 경우에 더 높은 이익을 가져오는 것으로 알려져 있다.[15]

혼합 묶음가격을 채택할 경우, 묶음의 가격은 개별상품의 가격의 합보다 낮을 수도 있고 높을 수도 있다. 묶음의 가격이 낮은 경우는 그 안에 잘 안팔리는 품목이 끼워져 있는 경우가 많고, 묶음의 가격이 높은 경우는 묶음으로 사는 것이 개별적으로 사는 것보다 고객에게 더 큰 편익을 제공하는 경우가 많다. 명절에 백화점에서 판매하는 선물세트가 여기에 해당된다.

순수 묶음가격
상품을 개별적으로는 팔지 않고 묶음으로만 판매하는 것

혼합 묶음가격
상품을 개별적으로도 팔고 묶음으로도 파는 것

3. 시간의 흐름에 따른 가격결정: 스키밍 가격과 침투가격

가격구조의 마지막 유형은 시간을 축으로 한 것으로서, 스키밍 가격(market-skimming pricing)과 침투가격(market-penetration pricing)이 대표적이다.

---

14 Robert J. Dolan, "How do you know when the price is right?" *Harvard Business Review* (September-October, 1995), p. 181.

15 R. Venkatesh and Vijay Mahajan, "A Probabilistic Approach to Pricing a Bundle of Products or Services," *Journal of Marketing Research* (November, 1993), pp. 494-508.

(1) 스키밍 가격

스키밍 가격의 개념을 먼저 알아보고, 스키밍 가격이 어떤 경우에 적합한지를 알아보자.

1) 개 념

스키밍 가격

신상품이 처음 나왔을 때 아주 높은 가격을 매긴 다음, 시간이 흐름에 따라 점차 가격을 낮추는 가격정책

스키밍 가격(market-skimming pricing)이란 신상품이 처음 나왔을 때 아주 높은 가격을 매긴 다음, 시간이 흐름에 따라 점차 가격을 낮추는 가격정책을 가리킨다. 스키밍 가격은 듀퐁(Du Pont)이 셀로판, 나이론, 테프론 등 자기 회사가 특허 기술을 갖고 있는 신상품을 내놓을 때 즐겨 사용한 것으로 알려져 있다.

예를 들어, 어떤 신상품의 잠재 구매자들과 그들의 유보가격이 〈표 8-3〉과 같이 분포되어 있을 때, 듀퐁은 신상품의 가격을 일단 40만원으로 정한다. 이렇게 되면 세분시장 A에 속한 사람들은 40만원을 내고 이 상품을 구입할 것이다. 세분시장 A에서 이 상품이 거의 다 팔렸다고 판단될 때, 듀퐁은 이 상품의 가격을 30만원으로 낮춘다. 그러면 세분시장 B에 속한 사람들이 30만원을 내고 이 상품을 구입할 것이다. 이런 식으로 단계적으로 신상품의 가격을 낮춤으로써, 듀퐁은 구매자들의 유보가격만큼을 모두 받아낼 수 있고, 결과적으로 이익을 극대화할 수 있다.

이미 많은 독자들이 파악하였겠지만, **스키밍 가격도 일종의 가격차별이다.** 여러 세분시장을 대상으로 동시에 가격차별이 이루어지는 것이 아니라, 시차를 두고 이루어진다는 것이 다를 뿐이다.

그러나 **시간이 지나면서 가격이 내려간다고 모두 스키밍 가격은 아니다.** 예를 들어, 전자제품의 가격이 시간이 지나면서 내려가는 것은 스키밍 가격 때문이 아니라, 대부분 대량 생산에 의한 원가절감, 경쟁으로 인한 가격인하 때문에 나

그림 8-6

남성용 정장 '리얼리스트'의 스키밍 가격[16]

출시일 8월말 (정상가격)	380,000원
9월 11일~10월 7일 (30% 할인판매)	266,000원
10월 7일~10월 13일 (55% 할인판매)	170,000원

---

16 "백화점 세일 남발―값 흥정," 조선일보 (1998년 10월 13일).

타나는 현상이다. 스키밍 가격이란 이런 요인들에 의하여 가격이 낮아지는 것을 가리키는 것이 아니라, 듀퐁의 경우처럼 의도적으로 가격을 높게 매긴 다음 단계적으로 가격을 낮추는 것만을 가리킨다.

듀퐁과 같이 신상품을 독점적으로 내놓은 기업들만이 스키밍 가격을 쓰는 것이 아니라, 패션, 유행상품, 계절상품 등에도 폭 넓게 이용되고 있다. 예를 들어, [그림 8-6]은 백화점에서 판매되고 있는 한 패션상품의 가격이 시간에 따라 어떻게 변화하였는지를 보여준다.

2) 조 건

스키밍 가격은 다음과 같은 경우에 사용하는 것이 이상적이다.

▶ 가격을 일부러 높게 매겨도 경쟁자들이 들어올 가능성이 낮을 때: 듀퐁의 경우는 특허 기술이었으므로 이 조건이 훌륭하게 충족되었다.
▶ 잠재 구매자들이 가격-품질 연상을 강하게 갖고 있을 때: 초기에 신상품의 가격을 높게 결정함으로써, 신상품이 우수한 상품이라는 인상을 심어 줄 수 있다.

그러나 많은 잠재 구매자들이 조금만 기다리면 가격이 내려갈 것이라는 기대심리를 갖고 있다면, 스키밍 가격은 성공하지 못할 것이다.

(2) 침투가격

스키밍 가격과 마찬가지로, 침투가격에 대해서도 그 개념을 먼저 살펴본 다음, 효과 및 문제점을 살펴보자.

1) 개 념

침투가격(market-penetration pricing)은 스키밍 가격과는 반대로, 신상품이 처음 나왔을 때 매우 낮은 가격을 매긴 다음, 시간이 흐름에 따라 점차 가격을 높여 나가는 가격정책이다. 이 정책은 과거에 일본의 자동차, 전자 회사들이 즐겨 사용한 것으로 알려져 있다.

[그림 8-7]은 토요타 자동차의 최고급 승용차인 렉서스(Lexus) LS400의 미국 시장내 가격이 출시 후에 어떻게 변화하였는지를 보여준다. 렉서스 LS400은 5만 달러 가격대의 벤츠 및 BMW와 경쟁하는 차종이었지만, 출시 초기에는 파격적으로 낮은 3만 5천 달러로 가격이 결정되었다가, 결국 6년에 걸쳐서 5만 2천 달러 수준까지 인상되었다.

침투가격
신상품이 처음 나왔을 때 매우 낮은 가격을 매기고, 시간이 흐름에 따라 점차 가격을 높이는 가격정책

2) 효과 및 문제점

침투가격은 한 마디로 단기적으로 이익을 희생하는 대신, 장기적으로 이를 상쇄하고도 남을 정도의 이익을 얻기 위하여 사용된다. 침투가격이 장기적으로 이익 극대화를 가져올 수 있는 이유들은 다음과 같다.

▶ 초기에 많은 수의 구매자들을 확보함으로써, 이들을 통하여 강력한 **구전(word-of-mouth)**을 창출하고, 다른 구매자들의 **모방행동**을 유도한다. 렉서스의 경우가 여기에 해당되는데, 토요타가 최고급 차를 만들 수 있을지 의심하는 잠재 구매자들을 설득하는 가장 효과적인 방법은 다른 구매자들의 입과 행동을 빌리는 것이었다. 초기에 렉서스를 싸게 내놓은 것은, 구전을 전파해주는 초기 구매자들에게 일종의 보조금을 지급한 것이라고도 해석할 수 있다.

▶ **진입장벽**을 구축할 수 있다. 침투가격으로 충분히 많은 수의 구매자들에게 상품을 안겨 놓으면, 나중에 경쟁자가 진입하였을 때 남아 있는 수요가 부족할 것이기 때문에, 잠재적인 진입자가 진입을 포기할 수 있다. 이러한 효과는 주로 구매주기가 긴 내구재에서 기대할 수 있다.

▶ **원가우위**를 확보할 수 있다. 경험효과가 큰 산업에서는 '초기의 낮은 가격 → 대량판매 → 대량생산 → 원가하락'의 사이클이 일어남으로써, 경쟁자들보다 훨씬 더 낮은 원가를 달성할 수 있게 되고, 이것을 진입장벽으로 활용할 수도 있다. 이것을 **경험곡선가격(experience-curve pricing)**이라고 부르기도 한다.

경험곡선가격
경험효과를 이용하여 원가우위를 달성하기 위해서 신상품의 가격을 낮게 매기는 가격정책

그림 8-7

렉서스 LS400의 침투가격[17]

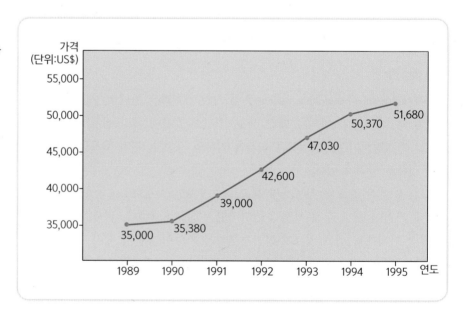

17 Robert J. Dolan and Hermann Simon, *Power Pricing* (Free Press, 1996), p. 279.

▶ 아직 기술 표준이 확립되지 않은 하이테크 시장에서 낮은 가격으로 대량 판매를 함으로써 우리 회사의 기술을 사실상 산업의 표준으로 만들 수 있다.

▶ **시장의 성장**을 촉진할 수 있다. 팩스(fax)와 같은 상품은 이것을 갖고 있는 사람들이 많아질수록 그 효용이 높아지는 특성을 갖고 있다. 이러한 상품의 경우에는 침투가격을 통하여 조기에 충분한 수의 유저 베이스(user base)를 구축하여 시장을 더욱 빠르게 성장시킬 수 있다.

그리고 침투가격은 몇 가지 문제점들도 가지고 있다.

▶ 경험효과를 이용한 원가우위 확보에 너무 집착하면, 낡은 모델이나 낡은 기술을 버리지 못해서 오히려 경쟁우위를 잃어버릴 위험이 있다.

▶ 잠재 구매자들이 가격-품질 연상을 강하게 갖고 있다면 침투가격은 실패할 위험이 높다.

▶ 처음에 낮은 가격을 매김으로써 구매자들의 준거가격이 낮아졌다면, 나중에 가격을 올리고자 할 때 구매자들의 저항에 부딪힐 위험이 있다.

4 가격변화의 결정: 가격 전쟁을 피하라

전반적인 가격구조와 개별 상품의 가격을 결정했다고 해서 끝이 아니다. 기업은 상황 변화에 따라 가격을 올리거나 내려야 하는 상황에 직면할 수 있다. 이것 역시 매우 어려운 결정인데, 여기서는 가격변화 결정을 할 때 고려하여야 하는 경쟁측면의 요인들과 고객측면의 요인들을 살펴보기로 한다.

1. 경쟁측면의 고려사항

가격변경의 성패는 경쟁자의 반응에 따라 상당 부분 좌우된다. 우리가 가격변경을 하거나, 경쟁자의 가격변경에 대응하는 경우에 다음과 같은 점들에 주의하여야 한다.

(1) 가격인하시에는 불필요하게 가격전쟁이 일어나지 않도록 해야 한다

가격을 인하하는 동기에는 여러 가지가 있을 수 있다. 우리가 마음 먹고 한바탕 가격전쟁을 시작하는 경우에는 상관이 없지만, 단지 일시적인 재고물량을 처리하기 위하여 가격을 인하하였는데 경쟁자들이 오해해서 전면적인 가격전쟁으로 발전한다면 모두가 피해자가 될 것이다.

그러므로 원치 않는 가격전쟁을 시작하지 않으려면, 우선 가격의 변화가 경쟁자들에게 어떤 영향을 줄 것인지를 예측하여야 한다. 우리가 가격을 변화시킨 것을 알았을 때 경쟁자는 무슨 생각을 할 것인가? 또는, 만약 내가 경쟁자의 입장이라면, 무슨 행동을 취할 것인가? 경쟁자의 예상되는 행동에 대하여 효과적으로 대응할 수 있는 방안이 마련되어 있는가? 이에 덧붙여 우리의 가격변화가 업계 전반의 수익성에 미치게 될 영향도 고려해 보아야 한다. 예를 들어, 성수기가 아니라 비수기에, 그리고 많은 수량이 아니라 한정된 수량에 대해서만 가격을 인하하는 것이 경쟁자의 반격을 받을 위험을 낮출 수 있을 것이다.

(2) 가격인상시에는 경쟁자들이 따라오도록 만들어야 한다

가격인하의 경우와는 반대로, 가격인상을 할 때에는 경쟁자들이 따라오는 것이 바람직하다. 철강, 정유, 제지산업처럼 시장점유율이 가장 높은 마켓 리더(market leader)가 가격을 인상하면 다른 회사들이 이를 따라가는 패턴을 보이는 곳에서는 이런 걱정을 할 필요가 없지만, 그렇지 않은 곳에서는 어떻게 하면 경쟁자를 움직일 수 있을지를 놓고 고민하지 않을 수 없다. '마케팅 프론티어 8-4: 경쟁자의 가격을 올려라, 루퍼트 머독의 경쟁자 길들이기'는 이에 관한 매우 흥미로운 사례를 보여준다.

(3) 마켓 리더는 경쟁자의 가격인하에 신중하게 대처해야 한다

어떤 시장에서 점유율이 낮은 도전자들이 마켓 리더를 공격하기 위하여 자주 쓰는 전략은 가격을 인하하는 것이다. 왜 도전자들은 주로 가격을 무기로 공격을 하는 것일까? 마켓 리더는 어떻게 대응하여야 할까?

일반적으로 어떤 회사가 가격을 인하하면 두 가지 상반되는 효과가 나타난다. 첫째는 좋은 효과로서, 경쟁자의 고객 중에서 가격에 민감한 사람들을 빼앗아 올 수 있다. 또는 가격이 부담이 되어서 아직 이 상품을 사지 못하는 사람들이 있다면 이런 사람들도 끌어들일 수 있다. 둘째는 나쁜 효과로서, 자기 회사의 고객들에게도 가격을 인하해 주어야 하는데, 이것은 곧 마진 감소를 의미한다.

그런데 시장 점유율이 낮은 도전자의 경우에는 자기 고객들보다는 빼앗아 올 수 있는 고객들의 수가 더 많으므로, 가격을 인하하는 것이 유리하다. 그러나 마켓 리더의 경우에는 빼앗아 올 수 있는 고객들보다 자기 고객들이 상대적으로 더 많으므로 가격을 인하하는 것은 출혈이 크다. 그러므로 마켓 리더는 도

경쟁자의 가격을 올려라, 루퍼트 머독의 경쟁자 길들이기[18]

1994년 7월, 뉴욕시의 일간 신문 중의 하나인 데일리 뉴스(Daily News)는 1부당 가격을 40센트에서 50센트로 인상한다고 발표하였다. 이 발표는 경쟁자인 뉴욕 포스트(New York Post; 세계적인 언론 재벌 루퍼트 머독 소유의 신문임)가 뉴욕시의 한 구역인 스테이튼 아일랜드(Staten Island)에서 1부당 가격을 40센트에서 25센트로 인하하는 테스트 마케팅을 하고 있는 중에 나온 것이어서 많은 사람들을 의아하게 만들기에 충분하였다.

그러나 속을 들여다보면, 루퍼트 머독의 치밀한 '경쟁자 길들이기 전술'에 데일리 뉴스가 굴복한 것이었다. 이 일이 있기 전에, 뉴욕 포스트는 가격을 40센트에서 50센트로 인상하였으나, 데일리 뉴스가 가격을 40센트로 묶어 두는 바람에 상당한 타격을 입은 적이 있었다.

루퍼트 머독은 데일리 뉴스가 따라오도록 만들기 위하여, 뉴욕 포스트를 50센트에서 25센트로 인하하겠다고 발표하였다. 그러나 데일리 뉴스측은 머독이 실제로 가격을 그렇게 많이 인하할 수 없을 것이라고 생각하였다. 또, 설사 인하한다 하더라도, 데일리 뉴스가 뉴욕 포스트보다 더 권위 있는 신문이기 때문에, 불과 15센트의 차이 때문에 사람들이 신문을 바꿔보지는 않을 것이라고 생각하였다. 그래서 데일리 뉴스는 가격을 여전히 40센트에 묶어 두었다.

그러자, 머독은 2단계 작전에 돌입하였다. 즉, 뉴욕 시내의 한 구역인 스테이튼 아일랜드만을 대상으로 가격을 25센트로 인하하는 테스트 마케팅을 시작한 것이었다. 뉴욕 포스트의 판매 부수는 두 배로 뛰었고, 데일리 뉴스는 그제서야 사태의 심각성을 깨닫게 되었다. 만약 가격인하가 뉴욕시 전체를 대상으로 확대된다면 데일리 뉴스의 운명은 뻔한 것이었다.

결국, 데일리 뉴스는 루퍼트 머독의 의도를 파악하고 '자발적으로' 가격을 50센트로 인상하였다. 뉴욕 포스트가 곧바로 뒤를 따른 것은 물론이다. 그 덕분에, 두 신문은 전보다 훨씬 더 높은 수익성을 누릴 수 있게 되었다.

전자의 가격인하에 대하여 똑같이 가격인하로 맞대응하기 전에 다음과 같은 대안을 찾아 보고, 마땅한 대안이 없을 때 맞대응하는 것이 바람직하다.

▶ 상품을 개선하거나, 서비스를 추가하거나, 대금결제조건을 고객에게 더 유리하게 바꾼다.
▶ 브랜드 자산을 높이기 위한 광고활동을 강화한다.
▶ 판매사원들이 고객을 만나서 이야기할 때 가격보다는 성능이나 서비스에 초점을 맞추도록 한다.

---

18 이 사례는 Adam M. Brandenburger and Barry J. Nalebuff, "The Right Game: Use Game Theory to Shape Strategy," *Harvard Business Review* (July-August, 1995), p. 69에 기초하여 작성하였음.

2. 고객측면의 고려사항

가격변경시 고객측면에서 고려해야 할 중요한 사항들은 주로 고객의 심리와 행동과 밀접한 관련이 있다. 이에 대해서는 이 장의 앞 부분에서 이미 다루었으므로, 여기서는 다음 두 가지만을 언급하기로 한다.

(1) 가격을 인상하기 전에 다른 방법들을 먼저 시도하라

로스 어버전(loss aversion)과 관련하여 이미 설명한 것처럼, 구매자들은 가격인상에 대하여 특히 민감하게 반응하므로, 가격인상은 되도록 하지 않는 것이 바람직하다. 그러나 가격인상을 꼭 해야 한다면 어떻게 하는 것이 좋을까? JND(just noticeable difference)를 감안해보면, 고객들의 눈에 띄지 않게 가격인상효과를 거둘 수 있는 방법이 있을 수 있다. 예를 들어, 용량을 눈에 띄지 않게 줄이는 것이 바로 그것이다. 진로는 '참나무통 맑은소주'를 출시하면서 330ml 병에 담음으로써 약 8%의 가격인상효과를 거둔 사례가 있다(보통 소주 1병은 360ml이었음). 그러나 고객들에게 알리지 않고 용량을 줄이는 것은 비윤리적이라는 비난을 받을 위험이 있다. 이 문제에 대해서는 14장에서 다시 다루기로 한다.

(2) 출고가격을 인하하더라도 소매가격에 반영되지 않을 수도 있다

이 장의 시작 부분에서 설명한 것처럼, 소매가격은 제조업자가 아닌 소매업자가 결정하기 때문에, 제조업자가 판매량을 늘리기 위하여 출고가격을 인하하더라도, 소매가격은 일부만 인하되거나 아니면 전혀 인하되지 않는 경우도 생긴다. 그러므로 제조업자는 가격을 인하하기 전에 소매업자들의 반응을 예측할 필요가 있다.

이 장의 요약

이 장에서는 마케팅 믹스의 두 번째 요소인 가격결정과 관련된 개념과 이론들을 공부하였다. 가격은 기업의 이익에 큰 영향을 미치는 변수이므로, 가격결정은 매우 신중하게 할 필요가 있다는 것을 강조하였다.

개별상품의 가격을 결정하는 데에는 고객의 심리와 행동, 우리의 마케팅 목표, 포지셔닝과 원가, 그리고 경쟁자의 원가와 가격을 고려하여야 한다. 많은 기업들은 아직도 원가 위주의 가격결정을 하고 있지만, 여기에서 벗어나서 고객이 지각한 가치를 중심으로 가격결정방법을 바꾸어 나가야 한다.

개별상품의 가격결정보다 더 중요한 문제는 가격구조를 결정하는 것이다. 가격구조는 고객, 상품, 시간을 각각 축으로 하여 설정될 수 있다. 고객을 축으로 한 가격구조는 가격차별이라고 불리는데, 단일상품/단일가격 마인드에서 벗어나서 구매자의 가격민감도에 따라 가격차별을 함으로써 이익을 극대화할 수 있다는 점을 강조하였다. 상품을 축으로 하는 가격구조로는 캡티브 프로덕트 가격과 묶음가격을 다루었고, 시간을 축으로 하는 가격구조로는 스키밍과 침투가격을 다루었다.

가격인상이나 인하의 효과는 경쟁자와 고객이 어떻게 반응하는가에 달려있다고 해도 과언이 아니다. 그러므로 가격변경에 앞서서 경쟁자와 고객의 반응을 면밀히 예측하고 신중히 움직이는 것이 바람직하다. 특히, 원치 않은 가격경쟁이 발생하지 않도록 가격을 인하할 때에는 경쟁자의 입장에 서서 경쟁자의 반응을 예상하고, 대응책을 마련해 두는 것이 중요하다.

더 읽어 볼 거리

1. 가격정책에 관한 실무적인 지침은 다음을 참조하시오.

    Robert J. Dolan and Hermann Simon, *Power Pricing* (Free Press, 1996).

2. 가격정책에 관한 이론적인 내용은 다음을 참조하시오.

    석관호, *가격의 심리학* (한국문화사, 2016).
    유필화, *가격관리론* (박영사, 2012).

3. 로스 어버전(loss aversion)에 대한 깊이 있는 설명은 다음을 참조하시오.

    Daniel Kahneman and Amos Tversky, "Prospect Theory: An Analysis of Decision Under Risk," *Econometrica*, 47(March, 1979), pp. 263-291.

4. 고객의 지각된 가치를 측정하기 위한 방법들에 대해서는 다음을 참조하시오.

    Donald R. Lehmann and Russell S. Winer, *Product Management*, 4th ed. (McGraw-Hill, 2005), pp. 295-303.

제 9 장

촉진관리(Ⅰ):
광고, PR 및 구전

포지셔닝은 상품에 하는 것이 아니라, 잠재고객의 마음에 하는 것이다. 즉, 이미 만들어진 상품을 잠재고객의 마음 속에 자리잡게 하는 것이다.
– 앨 리즈(Al Ries)와 잭 트라우트(Jack Trout), 마케팅 컨설턴트

광고주가 지루해 할 때, 그 광고를 처음 보는 소비자가 있다.
– 노익상, 한국리서치 사장

이 장의 흐름

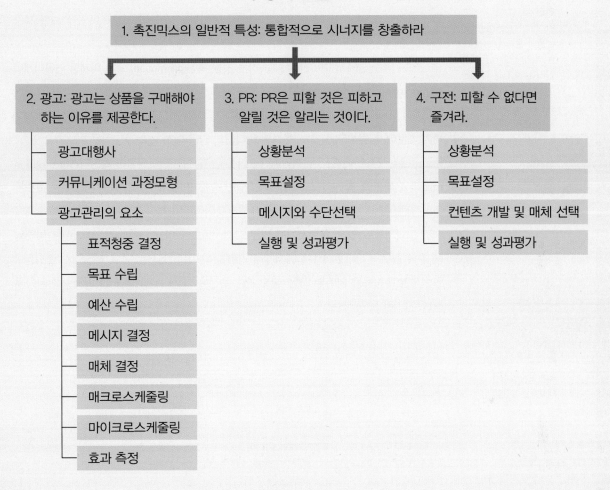

1. 촉진믹스의 일반적 특성: 통합적으로 시너지를 창출하라

2. 광고: 광고는 상품을 구매해야 하는 이유를 제공한다.
- 광고대행사
- 커뮤니케이션 과정모형
- 광고관리의 요소
  - 표적청중 결정
  - 목표 수립
  - 예산 수립
  - 메시지 결정
  - 매체 결정
  - 매크로스케줄링
  - 마이크로스케줄링
  - 효과 측정

3. PR: PR은 피할 것은 피하고 알릴 것은 알리는 것이다.
- 상황분석
- 목표설정
- 메시지와 수단선택
- 실행 및 성과평가

4. 구전: 피할 수 없다면 즐겨라.
- 상황분석
- 목표설정
- 컨텐츠 개발 및 매체 선택
- 실행 및 성과평가

이 장의 목표

이 장을 읽은 다음에는 다음 질문에 답할 수 있어야 한다.

1. 촉진효과를 극대화하려면 촉진믹스 요소들을 어떻게 활용해야 하는가?
2. 광고계획의 주요 요소들은 무엇인가?
3. 판매반응함수란 무엇이며, 광고예산 수립에 어떤 시사점을 주는가?
4. PR은 광고와 비교하여 어떤 특징을 갖는가?
5. 온라인 구전 관리를 통하여 달성할 수 있는 목표에는 어떤 것들이 있는가?

마케팅이 성공하려면 고객의 욕구를 충족시켜 주는 상품을 만들고 적절한 가격을 매겨 놓는 것만으로는 충분하지 않다. 이렇게 좋은 상품이 있다는 것을 현재 또는 미래의 고객들에게 알리고, 구매하도록 설득하며, 구매를 유인할 수 있는 여러 가지 인센티브를 제공하여야 한다.

마케팅 믹스 중에서 이러한 역할을 하는 것을 **촉진(promotion)** 또는 **마케팅 커뮤니케이션(marketing communication)**이라고 부른다. 그런데 촉진은 상품의 존재를 알리고, 구매하도록 설득하고, 유인하는 다각적인 과업을 수행해야 하므로 한 개의 수단으로는 불충분하기 때문에, 다른 마케팅 믹스와는 달리 다음과 같은 다섯 개의 수단들을 거느리고 있다: 광고, PR, 구전, 판매촉진, 인적판매. 이 다섯 가지 수단들을 통틀어 **촉진믹스(promotion mix)**라고 부른다. 촉진이라고 하면 가격할인 같은 판매촉진을 떠올리기 쉽지만, 촉진은 판매촉진만을 의미하지 않는다. 촉진 믹스에 다이렉트 마케팅(direct marketing)까지 포함시킨 교과서들도 있고, 포함시키지 않은 교과서들도 있다. 이 책에서는 다이렉트 마케팅을 유통 경로의 하나로서 11장에서 다루기로 한다. 이 장에서는 먼저, 촉진믹스 요소들의 일반적인 특성들을 알아본 다음, 광고, PR, 구전을 다룬다. 판매촉진과 인적판매는 다음 장에서 다룬다.

표 9-1

촉진믹스 요소별
대표적인 수단들

촉진믹스 요소	대표적 수단
광고	방송 광고, 인쇄 광고, 온라인 광고, 옥외 광고
PR	보도자료, 홈페이지, 스폰서쉽, 사회봉사활동
구전	대면 접촉, 소셜 미디어
판매촉진	할인쿠폰, 샘플, 사은품, 경품
인적판매	프리젠테이션, 고객초청세미나

1 촉진믹스의 일반적 특성: 통합적으로 시너지를 창출하라

촉진수단에는 여러 가지가 있으므로, 촉진계획을 수립하려면 어떤 경우에 어떤 수단이 적합한지를 정확히 이해하고 있어야 한다. 그러므로 이 절에서는 이 문제를 살펴보기로 하자.

1. 상품유형별 촉진믹스

촉진믹스 요소의 효용은 상품의 종류에 따라서 달라진다. 상품들을 소비재와 산업재로 나누면, **소비재**의 경우 기업들은 대개 판매촉진에 가장 많은 촉진예산을 투입하고, 그 다음이 광고, 인적판매, PR의 순이다.

그러나 **산업재**의 경우 기업들은 대개 인적판매에 가장 많은 촉진예산을 투입하고, 그 다음이 판매촉진, 광고, PR의 순이다. 일반적으로 인적판매는 규모가 큰 구매자들이 소수 존재하는 시장, 그리고 복잡하고 값이 비싼 상품에 대하여 많이 활용된다. 이러한 특성을 갖춘 시장이 바로 산업재 시장이기 때문에, 인적판매는 산업재 시장에서 가장 높은 비중을 차지하고 있다.

2. 반응단계별 촉진믹스

우리는 6장에서 시장을 세분화하는 기준 변수들 중의 하나로 반응단계를 다루었다. 반응단계는 여러 가지 모형으로 나타낼 수 있는데(6장의 [그림 6-5]도 그 중 하나임), 그 중에서 촉진 전략을 수립할 때 가장 널리 사용되는 모형은 **효과계층모형**(hierarchy-of-effects model)이라는 것이다.[1] 이 모형은 잠재구매자의 반응단계를 다음과 같이 여섯 단계로 구분하고 있다: **인지**(awareness) → **지식**(knowledge) → **호감**(liking) → **선호**(preference) → **확신**(conviction) → **구매**(purchase)(〈표 9-2〉 참조). 광고와 PR은 신상품을 알리고(인지), 정보를 제공하며(지식), 호감을 갖게 하는데에(호감, 선호), 판매촉진과 인적판매는 확신을 심어주고 구매를 하도록 만드는데에 가장 큰 효과를 발휘한다. 구전은 지인 간에 이루어질 경우 광고에 비하여 신뢰도가 높은 반면, 대중매체를 이용한 광고에 비해서는 도달 범위가

반응단계
고객이 어떤 상품을 인지하고 구매하기까지 거치게 되는 단계

효과계층단계		광고	PR	구전	판매촉진	인적판매
인지적 단계 (Learn)	인 지	●	●			
	지 식	●	●	●		
감정적 단계 (Feel)	호 감	●	●	●		
	선 호	●	●	●		
	확 신			●	●	●
행동적 단계(Do)	구 매				●	●

표 9-2

효과계층단계별 촉진믹스 요소의 효과

---

1 Robert J. Lavidge and Gary A. Steiner, "A Model for Predictive Measurements of Advertising Effectiveness," *Journal of Marketing* (October, 1961), p. 61.

작다. 따라서 지식, 호감, 선호, 확신 단계에서 가장 큰 효과를 발휘한다고 볼 수 있다.

효과계층 모형은 **앞의 단계가 성공적으로 달성되어야 뒤의 단계로 넘어갈 수 있다**고 가정하고 있다. 예를 들어, 각 단계가 성공적으로 달성될 확률이 50%라고 가정하자. 그렇다면 위의 여섯 단계가 모두 성공적으로 수행되어 구매에 이르게 될 확률은 겨우 1.5625%(=0.5×0.5×0.5×0.5×0.5×0.5)에 불과하다. 즉 1,000 명의 잠재 구매자들 중 겨우 15~6명만이 구매하는 셈이다. 반면, 각 단계의 성공 확률을 조금씩만 높일 수 있다면 이 수치는 급격히 올라간다.

이를 위해서는 세심한 계획이 필요하다. 마케터는 표적시장의 고객들이 어느 단계에 있는지를 조사하여, 다음 단계로 끌고 갈 수 있는 적절한 촉진 활동을 전개하여야 한다. 가령, 고객들이 우리 브랜드의 이름은 인지하고 있지만 우리 브랜드의 장점에 대한 지식이 없다면, 상품 지식을 전달하는 광고나 PR 활동을 펼쳐야 할 것이다. 혹은, 고객들이 우리 브랜드에 대해서 높은 선호도를 갖고는 있지만 구매를 미루고 있다면, 더 이상 광고나 PR에 의존하기보다는 인적판매와 판매촉진 활동을 강화하여 지금이 바로 구매할 때라는 확신을 갖게 하고 지갑을 열도록 만들어야 할 것이다.

다른 모든 모형과 마찬가지로 효과계층모형도 모든 경우에 다 적용될 수 있는 것은 아니며, 주로 **관여도가 높고 대안들간의 차별성이 큰 경우에 적용**될 수 있다. 그렇지 않은 경우에 적용할 수 있는 모형들에 대해서는 이 장 끝의 '더 읽어볼 거리'에 나와 있는 광고에 관한 기본적인 교과서들을 참조하기 바란다.

3. 푸쉬(push)와 풀(pull)

촉진믹스의 구성은 앞에서 살펴 본 것처럼 상품의 종류와 구매자의 반응단계에 따라 달라질 뿐만이 아니라, 회사의 기본적인 촉진정책에 따라서도 달라진다.

제조업자들이 사용하는 촉진정책은 푸쉬(push)와 풀(pull)의 두 가지로 크게 분류된다([그림 9-1] 참조). **푸쉬(push)** 정책이란 제조업자가 유통업자들을 대상으로 하여 주로 판매촉진과 인적판매수단들을 동원하여 촉진활동을 펼치는 것을 가리킨다. 푸쉬정책의 목표는 유통업자들로 하여금 우리 회사의 상품을 많이 취급하도록 하고, 최종 구매자들에게 적극 권하도록 만드는 데에 있다. 푸쉬정책은 최종 구매자들의 브랜드 애호도가 낮고, 브랜드 선택이 점포 안에서 이루어지며, 충동구매가 잦은 상품의 경우에 적합하다.

풀(pull) 정책이란 제조업자가 최종구매자들을 대상으로 하여 주로 광고와 판

그림 9-1

푸쉬와 풀[2]

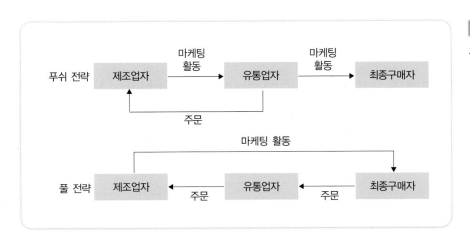

매촉진수단들을 동원하여 촉진활동을 펼치는 것을 가리킨다. 풀 정책의 목표는 최종 구매자들로 하여금 우리 회사의 상품을 찾게 만듦으로써 결국 유통업자들이 그 상품을 취급하게 만드는 데에 있다. 풀 정책은 최종 구매자들의 브랜드 애호도가 높고, 브랜드 선택이 점포에 오기 전에 이미 이루어지며, 관여도가 높은 상품의 경우에 적합하다.

예를 들어, 제약회사들은 전문의약품(처방의약품)의 경우 의사를 대상으로 한 푸쉬 마케팅(예: 영업사원이 의사에게 신약 소개)에 집중하지만, 일반의약품의 경우 약사를 대상으로 한 푸쉬(예: 판촉물 제공)뿐만이 아니라 소비자를 대상을 한 풀(예: TV 광고) 마케팅도 활발하게 수행한다.

표 9-3

푸쉬와 풀에 따른
촉진믹스의 구성

	광고	PR	구전	판매촉진		인적 판매
				소비자 판촉	중간상 판촉	
푸쉬		●			●	●
풀	●	●	●	●		

4. 촉진믹스 요소의 통합적 활용

지금까지 우리는 여러 가지 경우로 나누어 촉진믹스 요소들의 효과를 살펴보았는데, 모든 경우에 적용되는 가장 효과적인 촉진믹스 요소란 존재하지 않는다는 것을 알게 되었다. 즉, **어떤 촉진믹스 요소 하나에만 전적으로 의존하기보다는, 다른 요소와 같이 통합적으로 사용하는 것이 바람직하다.**[3] 이러한 아이디어를 통

---

2 Philip Kotler and Gary Armstrong, *Principles of Marketing*, 18th ed. (Pearson, 2021), p. 425.
3 이처럼 촉진믹스 요소들을 개별적으로 사용하는 것보다 통합적으로 사용하는 것이 더 큰 매출

물샐틈없는 촉진믹스의 통합, 존슨앤존슨의 아큐브(Acuvue) 렌즈

존슨앤존슨(Johnson & Johnson)의 일회용 콘택트 렌즈인 아큐브(Acuvue)는 1988년 처음 출시되었을 때부터 통합적 마케팅 커뮤니케이션(이하, IMC)을 성공적으로 활용한 것으로 유명하다. 오늘날에도 아큐브는 IMC를 효과적으로 활용하고 있는데 여기에는 인터넷과 모바일 앱이 중요한 역할을 하고 있다(아래 그림 참조).

예를 들어, '원데이 아큐브 모이스트'를 출시할 때 **TV, 케이블TV, 인쇄광고**에 '무료시험착용 클릭 www.acuvue.co.kr'이라는 문구를 삽입하였다. 광고를 통해서 신제품을 인지하게 된 소비자가 **아큐브 홈페이지**에 가면 신제품에 대한 자세한 정보를 얻을 수 있었다. 또한 홈페이지에서는 각종 이벤트를 실시하여 구전 창출을 도모하였다. 소비자가 관심이 생겨서 무료시험착용 메뉴를 클릭하면, 먼저 **마이아**

큐브 앱을 다운로드하도록 되어 있었다. 앱을 설치하고 나면, 아큐브렌즈 4알 **무료시험착용 쿠폰**이 생성되었다. 가까운 **안경원**을 선택하고 방문 날짜와 시간을 예약한 뒤 안경원에 가면 쿠폰을 신제품과 교환할 수 있었다. 존슨앤존슨과 안경원은 이렇게 무료시험 행사에 참여한 소비자들을 구매자로 전환시키고 지속적인 관계를 구축할 수 있었다.

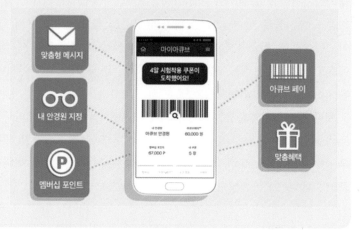

통합적 마케팅 커뮤니케이션

기업이 전략적 목표를 달성할 수 있도록 서로 다른 커뮤니케이션 수단들을 일관되고 상호 보완적으로 작용하게끔 조직화하는 커뮤니케이션 캠페인 관리 방법[4]

합적 마케팅 커뮤니케이션(integrated marketing communications, IMC)이라고 부른다. '마케팅 프론티어 9-1: 물샐틈 없는 촉진믹스의 통합, 존슨앤존슨의 아큐브 렌즈'는 촉진믹스를 통합적으로 운영한다는 것이 어떤 것인지를 잘 보여준다.

원리 9-1

촉진믹스 요소들을 통합적으로 활용하라.

효과를 가져온다는 것을 실제 데이터를 이용해서 증명한 논문은 Prasad A. Naik and Kalyan Raman, "Understanding the Impact of Synergy in Multimedia Communications," *Journal of Marketing Research* (November, 2003).

4 Philip Kotler, Kevin Lane Keller, and Alexander Chernev, *Marketing Management*, 16th ed. (Pearson, 2022), p. 310.

2 광고: 광고는 상품을 구매하여야 하는 이유를 제공한다

1절에서 배운 촉진믹스 요소들의 일반적인 특성을 기초로, 이 절에서는 촉진믹스 요소들 중에서 우리들의 눈에 가장 많이 띄는 요소인 광고를 다룬다. 광고는 계획하고, 제작하고, 집행하고, 그 효과를 측정하는 과정에서 여러 가지 학문분야의 깊이 있는 지식이 요구되는 전문분야이다. 이 책은 마케팅 관리에 대한 책이므로, 우리는 광고 제작자가 아니라 마케터가 알아야 되는 중요한 내용들을 중심으로 설명하기로 한다.

광고
기업 등의 스폰서가 비용을 지불하고 비인적 매체를 통하여, 기업이나 그 상품들을 널리 알리고 구매를 촉진하기 위하여 벌이는 모든 형태의 활동

1. 광고대행사

광고에 대한 이론적인 내용에 들어가기 전에, 먼저 광고대행사를 살펴보자. 광고계획을 세우고 집행하는 업무는 마케터가 혼자서 할 수 있는 일이 아니기 때문에, 마케터는 **광고대행사(advertising agency)**를 선택하고, 선택된 광고대행사와 긴밀한 협조하에 광고를 관리하게 된다.

광고대행사에는 **종합 대행사(full-service advertising agency)**와 **전문 대행사(limited-service advertising agency)**의 두 가지 종류가 있다. 종합 대행사는 브랜드 포지셔닝, 카피, 제작, 매체결정, 조사 등 광고와 관련된 종합적인 서비스를 기업에게 제공한다. 전문 대행사는 제작, 녹음, 촬영 등 한정된 서비스만을 전문으로 제공한다. 제일기획, HS애드 등의 대형 광고 대행사들은 모두 종합 대행사에 해당된다. 앞으로 '광고대행사'라고 하면 종합 대행사를 의미하는 것으로 하자. 전통적으로 우리나라에서는 재벌그룹 계열의 광고대행사들이 강세를 보여왔다.

종합 대행사
광고와 관련된 종합적인 서비스를 제공하는 광고대행사

전문 대행사
제작, 녹음, 촬영 등 한정된 서비스만을 제공하는 광고대행사

광고대행사는 크게 4개의 부서로 이루어져 있다. 광고의 제작을 담당하는 크리에이티브 팀(creative team), 매체의 결정과 스케줄링을 담당하는 매체 팀(media team), 표적시장의 특성을 조사하고 분석하는 마케팅 팀(marketing team), 그리고 새로운 광고주를 개발하고, 광고주와 광고대행사간의 관계를 맡고 있는 기획 팀(planning team)이 그것이다. 기획 팀의 일원으로서 광고대행사 내의 여러 팀들과 광고주 사이의 연결고리 역할을 하는 사람을 **AE(account executive)**라고 부른다.

[그림 9-2]는 광고대행사의 대강의 업무흐름을 보여준다. 삼성전자, SK텔레콤처럼 광고를 하는 회사를 **광고주(advertiser)**라고 부르는데, 광고주는 신상품의 개발이 어느 정도 진척되었을 때, 광고대행사에게 신상품의 개발배경, 특징, 마케팅 목표, 향후 개발일정 등을 설명해 주고, 촉진계획 수립을 의뢰한다. 이 절차를 **오리엔테이션(orientation)**이라고 부른다. 광고대행사에서는 AE, 카피라이터

그림 9-2

광고대행사의
업무흐름[5]

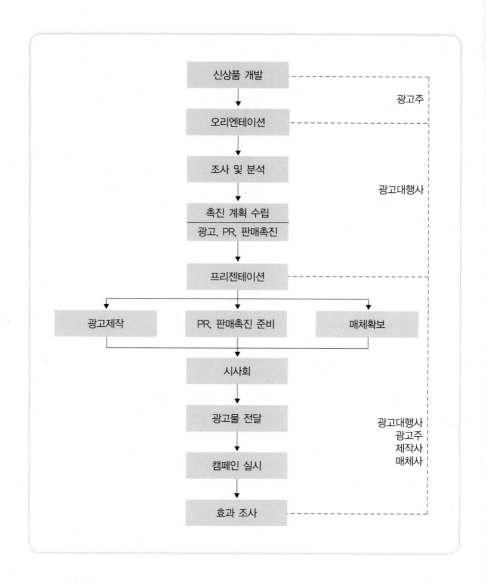

(copywriter), 그래픽 디자이너(graphic designer) 등으로 전담 팀을 구성하여, 시장에 대한 데이터를 수집하고 분석하며, 이를 기초로 광고, PR, 판매촉진을 포함한 촉진 계획을 수립한다. 이렇게 수립된 계획을 광고주에게 설명하는 것을 **프리젠테이션(presentation)**이라고 부른다. 광고주가 이를 승인하면, 제작과 매체 확보에 들어간다. 실제 광고물 제작은 전문적인 제작사에게 의뢰하는 것이 일반적이다. 완성된 제작물에 대한 광고주의 시사가 끝나면, 매체사에 광고물이 전달되고, 캠페인이 시작된다. 캠페인이 시작되었다고 광고대행사의 임무가 끝난 것은 아니며, 진행되고 있는 캠페인의 효과를 조사, 분석하여 다음 계획을 수립하여야 한다.

---

5 이두희 · 안용기, "MBC 애드컴," 한국의 마케팅 사례 (박영사, 1993), p. 236 일부 수정.

광고대행사는 무형의 서비스를 파는 회사인데 그러한 서비스의 대가는 어떻게 받을까? 광고대행사의 주수입원은 매체비용의 약 15%인 매체대행수수료이다. 예를 들어, 삼성전자가 제일기획을 통하여 동아일보의 광고지면을 1,000만원어치 구매하였다면, 제일기획은 이 중에서 150만원을 수수료로 받는 것이다. 매체대행수수료와 별도로 광고대행사는 광고 제작비에 대해서 제작수수료를 받는다. 광고 업무를 하면서 실제로 지출되는 비용(예: 제작비용, 마케팅조사비용 등)은 광고주가 부담한다.

2. 커뮤니케이션 과정 모형

광고는 마케팅 활동들 중에서 가장 대표적인 커뮤니케이션 수단이다. 그러므로 광고의 효과를 극대화하기 위하여 마케터는 커뮤니케이션 과정을 이해하고 있어야 한다.

(1) 커뮤니케이션 과정의 구성요소

[그림 9-3]은 아홉 개의 요소로 이루어진 커뮤니케이션 모형을 보여준다. 이 그림에서 **발신자**(sender)와 **수신자**(receiver)는 커뮤니케이션을 하는 당사자에 해당된다. **메시지**(message)와 **매체**(media)는 커뮤니케이션을 가능하게 하는 수단에 해당된다. 그리고 부호화(encoding), 해독(decoding), 반응(response), 피드백(feedback)은 커뮤니케이션 과정에서 일어나는 주요 단계에 해당된다.

부호화(encoding)란 전달하고자 하는 생각을 문자, 그림, 말 등으로 상징화하

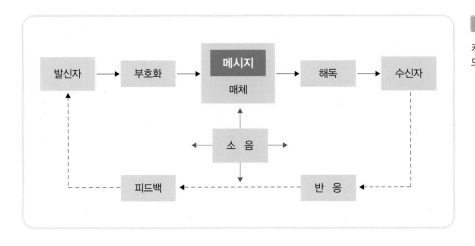

그림 9-3

커뮤니케이션 과정 모형[6]

---

6 Philip Kotler, Kevin Lane Keller, and Alexander Chernev, *Marketing Management*, 16th ed. (Pearson, 2022), p. 290.

부호화
전달하고자 하는 생각
을 문자, 그림, 말 등으
로 상징화하는 것

해독
발신자가 부호화하여
전달한 의미를 수신자
가 해석하는 것

피드백
수신자의 반응 중에서
발신자에게 전달되는
것

소음
발신자가 전달하고자
하는 메시지의 전달을
방해하는 요인들

는 것을 의미한다. **해독**(decoding)은 발신자가 부호화하여 전달한 의미를 수신자
가 해석하는 것을 의미한다. **반응**(response)은 메시지를 해독한 다음 수신자가
보이는 행동으로서, 반응단계에 따라 인지, 지식, 호감, 선호 등이 나타날 수
있다. 그리고 **피드백**(feedback)은 반응 중에서 발신자에게 전달되는 것을 가리킨
다. 광고를 보고 인터넷에 댓글을 달거나, 회사가 실시하는 설문조사에 응답하
는 것 등을 예로 들 수 있다.

커뮤니케이션 과정의 마지막 요소는 **소음**(noise)이다. 이것은 발신자가 전달하
고자 하는 메시지의 전달을 방해하는 요인들을 가리킨다. 여기에는 수신자 외
적인 요인들도 있고 수신자 내적인 요인들도 있다. 수신자 외적인 요인으로는
다른 회사들이 경쟁적으로 보내는 수많은 메시지들 때문에 수신자가 우리의 메
시지에 주목하지 않는 경우를 예로 들 수 있다. 수신자 내적인 요인으로는 수
신자가 이미 갖고 있는 선입견 때문에 우리가 보낸 메시지를 왜곡해서 받아들
이거나, 아예 기억하지 못하는 경우가 있다.

(2) 시사점

커뮤니케이션 과정 모형에 의하면, 커뮤니케이션이 효과를 거두기 위하여 다
음과 같은 점들에 주의하여야 한다.

▶ 발신자는 자신이 커뮤니케이션하고자 하는 **수신자가 누구인지**, 그리고 수신자로
부터 **어떤 반응을 얻기를 원하는지**를 명확히 하여야 한다.
▶ 발신자는 메시지를 부호화할 때, 수신자가 이를 **해독하는 과정**을 염두에 두어야
한다. 즉, 수신자에게 친숙한 방식으로 부호화를 해야만 커뮤니케이션이 효과를
거둘 수 있다. 그러자면 발신자와 수신자 사이에 공통분모가 많은 것이 바람직
하다. 예를 들어, 광고 메시지의 수신자는 20대 여성인데, 광고 메시지는 40대
남성의 사고로 만든다면 효과적인 커뮤니케이션이 되기 어려울 것이다.
▶ 수신자가 **주로 접하는 매체**를 통하여 메시지를 내보내야 한다.
▶ 수신자가 메시지에 대하여 보이는 **피드백을 파악할 수 있는 경로**를 개발해 놓아
야 한다. 이 점은 특히 오늘날 중요하다. 과거에는 마케팅 커뮤니케이션이 일방
적으로 수신자가 발신자에게 메시지를 보내버리고 마는 형태였지만, 현재에는
인터넷, 소셜 미디어 같은 양방향 매체가 발전하고 있기 때문이다.

3. 광고관리의 요소

마케터가 광고계획을 세울 때에는, [그림 9-4]에 나와 있는 여덟 가지 요소

들에 대하여 결정을 내려야 한다. 이 여덟 가지 요소들이 모두 M으로 시작하므로, 이들을 **광고관리의 8M**이라고 부르기도 한다. 이하에서는 이 요소들을 자세히 살펴보기로 하자.

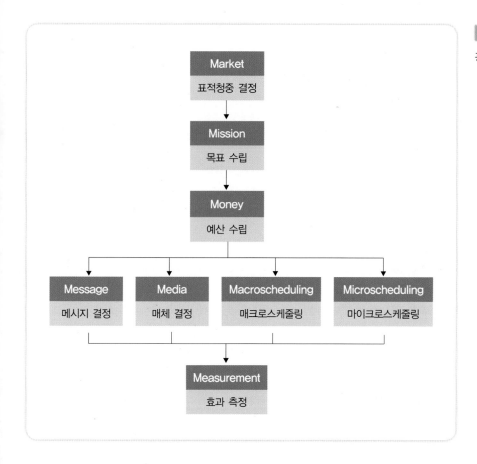

그림 9-4

광고관리의 8M

4. 표적청중의 결정

광고의 표적청중은 브랜드의 표적시장과 동일하게 정하는 경우가 대부분이다. 그러나 다음과 같은 경우에는 광고의 표적청중과 브랜드의 표적시장이 일치하지 않을 수도 있다.

▶ 여러 사람들이 구매의사 결정과정에 영향력을 미치는 경우(예: 아동용품, 산업재 등). 이 경우에는 의사결정에 관여하는 사람들을 모두 표적으로 삼기보다는 그 중 어느 하나를 주된 표적으로 삼는 것이 바람직하다. 주된 표적을 선택하려면, 의사결정에 관여하는 사람 각자의 상대적인 영향력, 각자에게 메시지를 전

		어린이(사용자)	부모(구매자)
목표		가게에 가서 스스로 찾게 만든다	자녀들을 위하여 사게 만든다
메시지 주제		재미있고 인기있는 장난감	교육적 효과가 큰 장난감
매체	인터넷	넥슨	네이버
	TV	헬로카봇	아침마당

**2단계 커뮤니케이션
과정**
기업은 의견 선도자들
을 대상으로 광고를 하
고, 의견 선도자들이 일
반 대중에게 구전을 전
파하는 커뮤니케이션
과정

달하는 데 들어가는 비용, 그리고 각자가 설득될 가능성 등을 기준으로 삼아야
한다.

▶ 어떤 상품의 경우에는 구매자들이 대중매체를 이용한 광고보다는 **의견 선도자**
(opinion leader)의 입에서 나오는 구전(word-of-mouth) 커뮤니케이션을 더 신
뢰할 가능성이 있다. 주로 값이 비싸고, 구매자가 자주 구입하지 않기 때문에
상품에 대한 지식이 부족하고, 잘못 구입하였을 경우 위험 부담이 큰 상품(예:
법률/의료 서비스, 의약품 등)이 여기에 속한다. 그러므로 이런 상품의 광고의
표적청중을 일반 대중으로 설정하게 되면 광고효과가 매우 떨어질 가능성이 높
다. 이런 경우에는 **2단계 커뮤니케이션 과정**을 활용해야 한다([그림 9-5] 참
조).

어느 경우든 표적청중이 누가 되는가에 따라서 뒤에 이루어지는 결정들은 많
은 영향을 받게 된다. 예를 들어, 〈표 9-4〉는 교육용 완구 광고의 표적청중이
어린이(사용자)와 부모(구매자) 중 누가 되는지에 따라서 광고의 목표, 메시지의
주제, 매체 등이 어떻게 달라지는지를 보여준다.

5. 목표수립

다른 어떤 촉진믹스 요소와 마찬가지로 광고의 궁극적인 목표는 잠재고객으
로 하여금 우리 상품을 구매하게 만드는 것이지만, **구매와 관련된 지표(예: 판매**
량, 시장점유율 등) 그 자체를 광고의 목표로 삼는 것은 바람직하지 않다. 그 이유
는, 앞에서 설명한 것처럼, 광고는 잠재구매자의 반응단계들 중에서 비교적 앞

부분에서 가장 큰 효과를 발휘하는 반면, 정작 구매를 완결짓는 데에는 광고 이외에도 여러 가지 다른 변수(예: 판매촉진, 인적판매, 가격, 상품, 경쟁자의 마케팅 활동 등)들이 더 큰 영향을 미치기 때문이다.

그러므로 설령 어떤 광고가 나간 다음에 판매량이 상승하였다고 해도, 반드시 광고가 잘 되었기 때문이라고 해석할 수는 없다. 광고는 그저 그랬지만 가격할인이 효력을 발휘하였을지도 모르기 때문이다. 반대로 판매량이 증가하지 않거나 심지어 줄어들었다고 해도 반드시 광고가 잘못되었기 때문이라고 볼 수는 없다. 광고는 아주 뛰어났지만 가격이 인상되는 바람에 판매가 저조하였을지도 모른다. 실제로, 광고가 판매량이나 시장점유율에 미치는 효과를 평가하려면 마케터의 주관적인 판단만으로는 불충분하고, 상당히 복잡한 조사와 분석을 거쳐야 한다.

따라서 **광고의 목표는 반응단계 중에서 앞부분과 관련된 지표들을 기준으로 설정되는 것이 바람직하다.** 이것을 흔히 커뮤니케이션 목표라고 부른다. 여기에는 다음과 같은 여러 가지 종류들이 있으며, 표적청중들이 어느 단계에 있는지를 파악한 후 적절한 목표를 선택해야 한다.

▶ 상품 카테고리(예: 태블릿 PC)에 대한 욕구 자극
▶ 브랜드 인지도 향상
▶ 상품정보 제공
▶ 브랜드에 대한 호의적 태도 형성
▶ 브랜드 선호도 향상
▶ 만족도 향상/구매후 부조화 감소

광고의 목표는, 다른 모든 목표들과 마찬가지로, **구체적이고 측정 가능한 형태로 표현**되어야 한다. 예를 들어, 어떤 세탁 세제 브랜드의 광고목표를 구체적이고 측정 가능한 형태로 표현하면 다음과 같다:

세탁기를 보유하고 있는 주부들 가운데 브랜드 A가 브랜드 B보다 빨래를 더 깨끗이 해준다고 믿는 사람들의 비율을 현재 10%에서 1년 이내에 40%로 상승시킨다.

원리 9-2

판매 목표보다는 커뮤니케이션 목표를 광고의 목표로 설정하라.

---

6. 예산수립

광고예산을 수립하는 것은 광고와 관련된 여러 가지 결정들 중에서도 특히 어려운 결정에 속한다. 광고비를 너무 많이 지출하면 상품을 많이 팔고서도 이익은커녕 손실을 기록할 위험을 안게 된다. 반대로, 너무 적게 지출하면 돈은 돈대로 쓰고 상품판매가 늘어나지 않는 위험을 안게 된다.

이론적으로는 어떤 상품으로부터의 이익을 극대화하는 광고비 액수를 도출할 수 있는 방법이 존재하지만(p. 295 '(3) 광고예산 결정방법' 중 '5) 실험법' 참조), 그러한 방법은 여러 가지 한계점 때문에 실무에서 거의 사용되지 않고 있다. 실무에서는 그 대신 비교적 단순한 방법들을 이용하여 광고예산을 결정하고 있다.

광고예산 결정방법들을 구체적으로 다루기 전에, 광고비와 매출액 간의 관계에 대한 몇 가지 기본적인 원리들을 먼저 살펴보기로 하자.

(1) 광고비와 매출액 간의 관계에 대한 기본적인 원리

앞에서 설명한 것처럼, 우리의 광고비가 우리의 매출액에 얼마나 큰 영향을 미치는지를 밝히려면 상당히 복잡한 조사나 분석이 필요하다고 하였다. 그러나 지금까지 알려진 연구결과들을 종합하면, 광고비와 매출액 사이에 다음과 같은 일반적인 관계가 존재하는 것으로 보인다.

1) 판매반응함수의 모양

판매반응함수
광고비와 매출액 간의 관계를 함수로 나타낸 것

광고비와 매출액 간의 관계를 함수로 나타낸 것을 **판매반응함수**(sales response function)라고 부른다. 이 함수의 모양에 대해서 일치된 결론은 아직 없지만, 많은 연구 결과들은 [그림 9-6]과 같이 S자 형태임을 보여주고 있다. [그림 9-6]에서 X축은 어떤 브랜드의 (연간) 광고비를 나타내고, Y축은 그 브랜드의 (연간) 매출액을 나타낸다.

판매반응함수가 S자 형태라면, 광고예산을 결정하는 데 있어서 다음과 같은 몇 가지 시사점을 얻을 수 있다. [그림 9-6]에서 원점에 가까운 부분(즉, a의 왼쪽 부분)에서는 광고비가 늘어남에도 불구하고 매출액은 거의 늘어나지 않는다. 즉, **광고비를 너무 적게 지출하면 광고효과를 거의 거둘 수 없다**는 것이다. 이것은 커뮤니케이션 과정 모형에서 언급된 **소음**(noise) 때문이라고 설명할 수 있다. 즉, 광고비를 너무 적게 지출하면 우리의 목소리가 경쟁자들의 목소리에 눌려서 수신자에게 거의 전달되지 않는다.

그 다음, X축 가운데 부분(즉, a와 b 사이)에서는 광고비가 늘어남에 따라 매출액이 매우 빠른 속도로 증가한다. 광고비를 이 정도는 지출해야 비용대비 큰

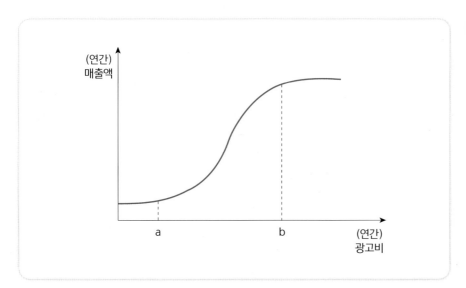

그림 9-6

S자 모양의
판매반응함수

효과를 기대할 수 있다.

마지막으로, X축의 끝 부분(즉, b의 오른쪽 부분)에서는 광고비가 늘어남에 따라 매출액이 거의 늘어나지 않는다. 즉, 이 부분에서는 광고비와 매출액 사이에 수확체감의 법칙이 적용된다. 그러므로 **광고비를 너무 많이 지출하면, 매출액은 더 이상 높아지지 않고 도리어 이익만 감소하는 결과를 낳을 수 있다.**

> **원리 9-3**
>
> 광고비를 너무 많이 지출하는 것은 물론이고, 너무 적게 지출하는 것도 비효율적이다.

2) 시간의 흐름에 따른 광고효과

판매반응함수는 일정 시점에서 광고비의 높고 낮음에 따라 매출액이 보이는 반응을 나타낸 것이었다. 이와는 관점을 달리해서, 우리가 광고를 내보내면 매출액에 변화가 올 때까지 걸리는 시간을 생각해보자.

광고가 매출액에 영향을 미치기까지 걸리는 시간은 그 상품이 이미 시장에 출시된 기존 상품인가 아니면 신상품인가에 따라 달라진다. **기존 상품**에 대한 광고를 한동안 중단했다가 다시 시작하였다면, **매출은 즉각 늘어나는 경우가 대부분이다**(만약 매출이 즉각 늘어나지 않는다면 그 광고를 계속하면서 기다려도 매출이 늘어나지 않는 것이 보통이다).[7] 그러나 신상품의 경우에는 **시간이 걸리는 경우가**

---

7 John Philip Jones, *How Advertising Works* (Sage Publication, 1998).

대부분이다. 그 이유는 신상품의 매출이 일어나려면 인지, 지식, 호감, 선호, 확신, 그리고 구매로 이어지는 반응단계의 일부 또는 전부를 거쳐야 하기 때문이다. 실제로, 미국에서 수행된 많은 연구결과들을 종합해보면, 신상품의 경우 광고가 매출액에 미치는 효과의 90%는 광고를 한 지 3~9개월 동안에 발생하는 것으로 나타났다.[8]

이것은 두 가지를 우리에게 시사해준다. 첫째, 신상품의 이번 달의 매출액은 여러 달 전에 지출한 광고비의 영향을 받는다는 것이다. 이와 같이 과거(현재)에 이루어진 광고의 효과가 누적되어 현재(미래)의 매출에 영향을 미치는 것을 **광고의 이월효과(carryover effect)**라고 부른다.

둘째, 광고를 계속 해 오다가 이번 달에 광고비를 전혀 지출하지 않더라도, 당장의 매출액은 거의 영향을 받지 않는다는 것이다. 실제로 **광고를 중단할 경우, 매출액은 서서히 감소**하는 패턴을 보인다.

위의 두 가지 시사점을 실제 상황에 적용시켜보자. 우리나라가 외환위기를 겪은 1990년대 말에 많은 기업들은 광고비를 대폭 줄였다. 광고비를 줄이더라도 매출액은 서서히 감소하기 때문에, 이렇게 광고비를 줄인 기업의 수익성은 단기적으로는 개선되었을 것이다. 그러나 이 시기에 모든 기업들이 광고비를 줄인 것은 아니었다. 광고를 투자라고 생각하고 광고비를 줄이지 않거나 광고비를 상대적으로 적게 줄인 기업들은 다른 기업들이 광고비를 줄인 틈을 타서 시장점유율을 쉽게 확장할 수 있었고, 경기가 회복되었을 때에도 그동안 누적된 광고효과 덕분에 경기회복이라는 열매를 즉각 따먹을 수 있었다. 그러나 광고를 비용이라고 생각하고 광고를 중단했던 기업들은 시장점유율도 빼앗긴데다, 경기회복 후에 광고를 늘리더라도 시장점유율을 회복하기 어려웠다. 이처럼 **광고를 투자로 보지 않고 비용으로만 간주한다면 장기적으로 기업의 경쟁력이 약화될 것이다.**[9]

광고의 이월효과
과거(현재)에 이루어진 광고의 효과가 누적되어 현재(미래)의 매출에 영향을 미치는 것

원리 9-4

광고에는 이월효과가 있다.

---

8 Darrel G. Clarke, "Econometric Measurement of the Duration of Advertising Effect on Sales," *Journal of Marketing Research*, 13 (November, 1976), pp. 345–357.

9 실제로 다음 연구는 단기적으로 마케팅 비용을 줄이는 것이 장기적으로 기업 가치를 훼손시킨다는 결과를 보여준다. Natalie Mizik and Robert Jacobson, "Myopic Marketing Management: Evidence of the Phenomenon and Its Long-Term Performance Consequences in the SEO Context," *Marketing Science* (May–June, 2007), pp. 361–379; Jan-Benedict E. M. Steenkamp and Eric Fang, "The Impact of Economic Contractions on the Effectiveness of R&D and Advertising: Evidence from U.S. Companies Spanning Three Decades," *Marketing Science* (July–August, 2011), pp. 628–645.

(2) 광고예산 결정시 고려사항

광고예산을 결정할 때에는 다음과 같은 요인들을 고려하여야 한다.[10]

▶ **신상품 vs. 기존상품**: 신상품의 경우 인지도를 높이고 시용을 유도하기 위하여 매출액 대비 높은 비율의 광고예산을 필요로 한다. 그러나 시장에 나온 지 오래된 상품들은 매출액 대비 낮은 광고예산으로도 충분하다.

▶ **시장점유율**: 시장점유율이 높은 브랜드는 낮은 브랜드에 비하여 매출액 대비 낮은 비율의 광고비를 갖고도 점유율을 유지하는 것이 가능하다. 다른 말로 표현하면, 점유율이 높은 브랜드는 고객 1명당 광고 메시지를 노출시키는 비용을 점유율이 낮은 브랜드에 비하여 적게 들여도 된다.

▶ **소음**: 경쟁자들이 수도 많고 광고도 많이 하는 시장에서는 소음(noise)이 크기 때문에, 이 소음을 제압하려면 광고비를 높여야 한다. 이와 마찬가지로, 어떤 매체에 실리는 광고의 양이 많아질수록 광고비를 높여야 한다.

▶ **메시지의 성격**: 메시지가 복잡하거나 많은 정보를 담고 있어서 고객이 그 메시지를 이해하려면 여러 번 반복이 필요한 경우에는 더 높은 광고비가 들어간다.

▶ **상품의 차별성**: 차별화 포인트를 도출하기 어려운 상품 카테고리(예: 맥주, 청량음료, 은행 등)에서 차별화된 이미지를 심어주기 위해서는 광고비를 많이 들여야 한다.

(3) 광고예산 결정방법

기업들이 광고예산을 결정하기 위하여 사용하는 방법에는 다음과 같은 다섯 가지가 있다.

1) 가용 자원법

가용 자원법(affordable method)이란 예상매출액과 여러 가지 예상비용을 기초로 예상이익을 구해보고, 적절한 이익을 내는 데 지장이 없도록 광고예산을 책정하는 방법이다. 이 방법은 단순하다는 장점을 갖고 있지만, 광고를 투자가 아니라 비용으로 간주하고 있고, 광고예산이 어떤 원칙 없이 해마다 들쭉날쭉해진다는 단점을 갖고 있다.

> **가용 자원법**
> 적절한 이익을 내는 데 지장이 없도록 광고예산을 책정하는 방법

2) 매출액 비율법

매출액 비율법(percentage-of-sales method)이란 현재 또는 앞으로 예상되는 매출액 중의 일정한 비율을 광고예산으로 책정하는 방법이다. 이 방법은 단순하고

> **매출액 비율법**
> 현재 또는 앞으로 예상되는 매출액 중의 일정한 비율을 광고예산으로 책정하는 방법

---

10 Philip Kotler, Kevin Lane Keller, and Alexander Chernev, *Marketing Management*, 16th ed. (Pearson, 2022), pp. 293-294.

나름대로 일관성을 유지할 수 있다는 장점을 갖고 있다.

그러나 이 방법의 단점은 다음과 같다. 첫째, 광고비를 매출액의 원인으로 보는 것이 아니라, 매출액의 결과라고 간주하는 논리적인 잘못을 범하고 있다. 둘째, 매출액이 감소하면 광고비도 감소하고, 그 결과 매출액이 더 감소하는 악순환에서 벗어나기 어렵다.

3) 경쟁자 기준법

경쟁자 기준법
경쟁자들의 매출액 대비 광고예산의 비율을 그대로 써서 광고예산을 책정하는 방법

경쟁자 기준법(competitive-parity method)이란 위의 매출액 기준법에서 매출액 대비 광고예산의 비율을 정할 때, 경쟁자들이 사용하는 비율을 그대로 쓰는 방법을 가리킨다. 이 방법의 논리는 적자생존의 원칙을 갖고 설명할 수 있다. 즉, 광고예산을 과학적으로 책정하기 어려운 상황에서, 치열한 경쟁을 뚫고 생존한 기업들의 매출액 대비 광고비는 다른 기업들에게 유용한 지침이 될 수 있다는 것이다.

이 방법의 장점은 다음과 같다. 첫째, 경쟁자들과 같은 비율을 광고예산으로 책정하는 것은 단순하고 편리하다. 둘째, 모든 경쟁자들이 같은 비율을 쓰게 되면, 광고경쟁이 일어나는 것이 억제될 가능성이 있다.

이 방법의 단점은 매출액 비율법의 경우와 동일하다. 뿐만 아니라, 이 방법을 쓰면 광고경쟁이 억제된다는 증거는 아직 발견되지 않고 있다. 그러나 경쟁자의 매출액 대비 광고비는 '적절한' 광고예산을 결정하는 데 유용한 출발점이 될 수는 있을 것이다.

4) 목표 과업법

목표 과업법
광고목표를 달성하기 위하여 요구되는 과업들을 수행하는 데 필요한 예산을 추정하여 광고예산을 책정하는 방법

목표 과업법(objective-and-task method)이란 마케터가 광고 목표를 세우고, 그 목표를 달성하기 위하여 필요한 과업들을 결정한 다음, 이 과업들을 수행하는 데 필요한 예산을 추정하는 방법이다. 예를 들어, 광고 목표가 표적시장에서 80%의 인지도를 달성하는 것이라고 하자. 그리고 이 목표를 달성하려면 매주 각 가구마다 평균 세 번씩 한 달 동안 광고를 내보내야 한다고 하자. 이 비용이 가구당 240원이고, 표적시장의 가구 수가 500만 가구라면, 광고예산은 12억 원으로 책정되어야 한다.

이 방법은 다른 방법들과는 달리 매우 논리적이라는 장점을 갖고 있다. 그러나 이 방법이 이익을 극대화해주는 최적(optimal) 광고비를 도출해 준다는 보장이 있는 것은 아니다.

5) 실험법

실험법(experimentation method)이란 두 가지 이상의 광고비 수준들을 실험적으로 지출하고, 그 결과 얻어지는 매출액을 비교한 다음에 광고예산을 결정하는 방법이다. 예를 들어, 어떤 브랜드의 광고예산을 100억원으로 할지 아니면 150억원으로 할지를 결정해야 하는 경우, 비슷한 특성을 가진 소도시 두 곳을 골라서 한 곳에서는 '100억원 규모에 해당되는' 광고를 하고, 다른 곳에서는 '150억원 규모에 해당되는' 광고를 한 다음, 두 도시에서 얻어지는 매출액을 비교하는 것이다. 여기서 '100억원' 또는 '150억원'이라고 한 광고예산은 전국적으로 광고를 하였을 때 들어가는 예산이므로, 소도시에서 실험을 할 때에는 수 십분의 일의 비용만이 필요할 것이다.

이 방법은 지금까지 언급된 방법들 중에서 가장 과학적이고, 또 최적 광고비를 발견할 수 있는 잠재력을 갖고 있으나, 시간과 비용이 많이 든다는 단점 때문에 널리 쓰이지 않고 있다. 특히 우리나라에서는 지방 소도시에서만 광고를 내보낼 수 있는 매체가 많지 않기 때문에 이용하기가 어려운 실정이다.

실험법
두 가지 이상의 광고비 수준들을 실험적으로 지출하고, 그 결과 얻어지는 매출액을 비교한 다음, 광고예산을 결정하는 방법

7. 메시지 결정

광고 메시지를 결정하는 것은 다음 3단계로 이루어진다: 포지셔닝 결정, 크리에이티브(creative)개발, 광고시안 평가 및 선택. 표적시장 고객들에게 우리 상품에 대하여 무엇을 말할 것인가(즉, what to say)를 결정하는 것도 중요하지만, 어떻게 말할 것인가(즉, how to say)를 결정하는 것도 중요하다.

(1) 포지셔닝 결정: what to say

6장에서 우리는 포지셔닝을 '표적시장의 고객의 마음 속에 우리 상품의 차별

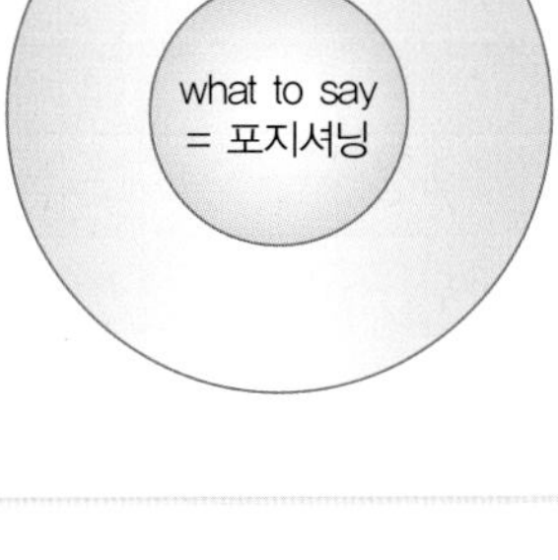

그림 9-7

what to say와
how to say

how to say
= 크리에이티브

what to say
= 포지셔닝

점을 인식시키는 것'이라고 정의한 바 있다.

예를 들어 삼성전자가 갤럭시 스마트폰에 대해서 내세울 수 있는 특징에는 여러 가지가 있을 수 있다. '뛰어난 화질', '세련된 디자인', '세계 1위' 등. 이 중에서 '세계 1위'를 적극적으로 커뮤니케이션 하기로 결정하였다면 이것이 바로 갤럭시 스마트폰의 포지셔닝이 되는 것이다. 〈표 9-5〉에는 대표적인 포지셔닝 유형들과 완성된 카피의 예가 정리되어 있다.

(2) 크리에이티브 개발: how to say

앞의 단계에서 선택된 포지셔닝 아이디어는 고객들에게 어필할 수 있도록 표현되어야 한다. 비유하자면, 앞의 단계에서 결정된 포지셔닝은 광산에서 채굴된 다이아몬드 원광석이라고 할 수 있다. 이 광석을 얼마나 기술이 뛰어난 사람이 어떤 방법으로 가공하고 어떤 장식을 붙이는가에 따라서 그 값어치가 크게 달라지는 것처럼, 같은 포지셔닝이라도 얼마나 뛰어난 안목과 창의적인 아이디어를 가진 사람의 손을 거쳐 표현되는지에 따라서 그 결과는 큰 차이를 보인다. 그러나 예술적인 안목과 창의성보다도 더 중요한 것은, 크리에이티브가 포지셔닝과 일관성을 가져야 하고, 더 나아가서는 포지셔닝을 강화시켜줄 수 있어야 한다는 것이다. 즉, **크리에이티브를 위한 크리에이티브는 곤란하다. 포지셔닝에 충실한 크리에이티브가 좋은 크리에이티브**이다.

> **원리 9-5**
>
> 크리에이티브는 포지셔닝과 일관성을 갖고 있어야 한다.

표 9-5

대표적인 포지셔닝
유형과 이를 기초로
완성된 카피의 예

유 형	What to Say (포지셔닝)	How to Say (완성된 카피)
속성 또는 기능적 편익	과학적으로 만든 침대	침대는 가구가 아니다 (에이스침대)
이미지	따뜻함	이 세상 가장 향기로운 커피는 당신과 마시는 커피입니다(맥심)
용도	1차	시작만큼은 좋은 술 백세주 (백세주)
사용자	상류층 소비자	Dare to be the Purple? (현대카드 the Purple)
경쟁자	빈폴과 폴로의 경쟁자	굿바이 폴 (헤지스)
관계	컨설턴트	라끄베르와 상의하세요 (라끄베르)
가치	저가 티슈보다 값은 비싸지만 품질은 월등히 우수	크리넥스로 올라오세요 (크리넥스)

크리에이티브 개발단계에서는 어필, 카피, 아트, 그리고 메시지의 원천이 중요한 위치를 차지한다.

1) 어필(appeal)

브랜드의 포지셔닝을 표적청중들에게 표현하는 방식에는 다음과 같은 것들이 있다.

- 이성적인 어필(rational appeal)

우리 상품이 선택될 수밖에 없는 합리적인 근거와 객관적인 증거를 보여주는 광고. 이런 광고는 대개 독자가 판단을 내릴 수 있도록 상품에 대한 많은 정보를 제공한다. 주로 카메라, 컴퓨터, 금융서비스 등의 광고들이 여기에 속한다.

- 감정적인 어필(emotional appeal)

우리 상품이 주는 느낌에 초점을 맞춘 광고. 이런 광고는 사랑, 따뜻함, 효심, 애국심 등과 같은 감정을 불러일으킴으로써 청중들의 머리가 아니라 가슴에 호소한다. 주로 보석, 향수, 패션상품 등의 광고들이 여기에 속한다.

이성적인 어필을 채택한 LG노트북 그램의 광고. 객관적인 증거를 제시하고 있다.

- 성적인 어필(sex appeal)

성적인 소재를 이용한 광고. 청중들의 흥미를 유발하고 주의를 끄는 효과가 있으며, 청중들로 하여금 우리 상품을 사용하면 성적으로 더욱 매력적인 사람이 될 것이라고 믿게 만드는 효과도 거둘 수 있다. 상품의 속성과 일치하는 섹스 어필의 경우 광고 메시지 회상률이 높지만, 그렇지 않은 경우에는 광고의 시각적인 부분에 주의가 집중되는 바람에 회상률이 낮아질 위험이 있다. 또 광고에 등장하는 성적 모델과 동성인 소비자에게 부정적인 효과를 줌으로써, 사회적인 비난의 대상이 될 위험도 안고 있다.

- 공포를 이용한 어필(fear appeal)

청중들에게 광고에서 제안하는 것을 따르지 않았을 때 닥치는 위험을 인식시키고, 이를 극복할 수 있는 방법을 보여주는 광고. 보험, 경비시스템 등의 광고와 일부 공익광고들이 주로 여기에 속한다. 그러나 공포의 수준이 너무 낮거나 높으면 광고 효과가 나타나지 않을 수도 있다.

- 유머러스한 어필(humor appeal)

유머러스한 소재를 이용한 광고. 대개 스토리 상에서 예기치 못했던 반전을 집어넣음으로써 웃음을 유발시킨다. 이런 광고들은 광고에 대한 주목률과 기억

광고대행사 200% 활용하기[11]

1. what to say와 how to say를 구분하라. what to say, 즉 포지셔닝은 한번 결정되면 오랫동안 일관성있게 밀고 나가야 하므로, 광고대행사가 마음대로 고치도록 내버려두어서는 안된다. 그러나 how to say, 즉 포지셔닝을 어떻게 표현할 것인가는 대행사에게 맡겨두어야 한다.

2. 폭넓은 자유를 허용하라. 대행사에게 우리 상품의 포지셔닝을 충실히 따라줄 것을 요청한 다음, 나머지는 대행사에 완전히 맡겨야 한다. 즉, 광고주는 어떤 크리에이티브를 기대하는지 일체 언급하지 말아야 한다. 광고주가 별 뜻 없이 제시한 의견이라도 대행사의 창의성을 억누르는 부작용을 낳을 수 있기 때문이다.

3. 풍부한 자극과 영감을 제공하라. 뛰어난 광고 아이디어는 그냥 나오는 것이 아니다. 원료가 재배되는 들판에, 상품이 생산되는 공장에, 판매되는 점포에 대행사 사람들을 데리고 가라. 또, 우리 상품을 사용하는 고객들은 물론, 우리 상품을 사용하지 않는 사람들, 우리 상품에 불만을 갖고 있는 사람들까지 만나게 하라. 그들이 뭐든지 보고, 느끼고, 만질 수 있도록 하라.

4. 충분한 시간을 주라. 로마가 하루 아침에 만들어지지 않았듯이, 훌륭한 광고 캠페인도 마찬가지이다.

광고 아이디어는 처음에 작은 씨앗에서 시작되어, 점차 뿌리를 내리고 자라게 되며, 여기에 끊임없이 무엇인가를 더하거나 빼다가 보면, 어느날 갑자기 전혀 예상치 못했던 아름다운 모습으로 피어나게 된다. 대부분의 좋은 캠페인은 완성되는 데 6~8개월이 걸린다.

5. 광고에 너무 많은 요구를 하지 말라. 15초 광고물에서 광고 구성요소가 많으면 많을수록, 복잡하면 복잡할수록 광고물은 망가지게 된다. 메시지가 단순할수록 좋다. 하나의 빅 아이디어로 승부하라.

6. 신속하고 솔직하게 의견을 개진하라. 대행사에서 가져온 시안들에 대해서는 그 자리에서 느낀 그대로 의견을 말하라. 그러나 어필, 카피, 아트 등에 대해서는 논평을 자제하고, 단지 어떤 시안이 포지셔닝에 부합되고 어떤 시안이 부합되지 않는지에 초점을 맞추라. 성공적인 시안이 완성되려면 이런 과정을 몇 차례 거쳐야 한다.

7. 예상 지출액을 문서로 받으라. 대행사가 실제로 일을 시작하기 전에 예상 지출액을 문서로 받고, 의문나는 점에 대해서는 꼼꼼히 챙겨야 한다. 청구서를 받은 다음에 후회를 해도 소용이 없다.

가능성을 높여주지만, 유머 내용이 브랜드의 포지셔닝과 연결되어 있지 않으면 광고의 핵심 메시지를 이해시키는 데 방해가 될 수 있다.

광고들 중에는 위의 유형들 중에서 두 개 이상을 결합하여 사용하는 것들도 있다.

2) 카피(copy)

광고의 구성요소들을 크게 언어적인 부분과 비언어적인 부분으로 나눈다면,

---

11 Eric Schulz, *The Marketing Game* (Adams Media Corporation, 1999), pp. 142-149; 조서환 · 추성엽, *한국형 마케팅* (21세기북스, 2004), p. 312.

카피(copy)는 언어적인 부분을 가리키는 말이다. 즉, 앞에서 개발된 포지셔닝 방향과 어필을 토대로 하여, 청중들의 주의를 끌고 오래 기억될 수 있는 언어로 표현시킨 것이 카피이다. 좋은 카피를 만드는 작업은 고도의 전문성과 창의성을 요구하는데, 광고대행사에서 **카피라이터**(copywriter)라고 불리는 사람들이 이 일을 담당한다.

카피
광고의 언어적인 부분

3) 아트(art)

광고의 비언어적인 부분을 **아트**(art)라고 부른다. 인쇄광고의 경우 광고의 크기, 컬러, 사진, 삽화, 활자체, 여백 등이고, 방송광고의 경우 동영상, 음악, 음향 효과 등이다. 청중들의 주의를 끌고, 카피를 읽게 만드는 역할은 아트의 몫이므로, 아트는 카피 못지 않게 광고의 효과를 높이는 데 중요한 역할을 한다. 특히 감정적인 어필을 사용하는 광고의 경우에는 아트의 중요성이 크게 높아진다. 아트 작업 역시 고도의 전문성과 창의성을 요구하며, 광고대행사에서는 그래픽 디자이너, 일러스트레이터, 사진사 등의 사람들이 이 일을 담당한다.

4) 메시지의 원천

청중들은 유명하거나 매력적인 인물에 주목하는 경향이 있기 때문에, 이런 인물들을 등장시킨 광고는 오래 기억되곤 한다. 뿐만 아니라, 이러한 인물들에 대한 호감(또는 신뢰)가 광고에 대한 호감(또는 신뢰)로 연결되기도 한다. 상품이 갖고 있는 차별화 포인트를 보여주기 어려울 때(예: 무형의 서비스)에는 광고 모델을 통하여 차별화된 이미지를 구축할 수도 있다. 더구나 표적 청중들이 광고에 등장한 인물을 모방하려는 성향이 강하다면 광고의 효과는 더욱 높아진다. 스포츠용품의 광고에 유명 선수들이 등장하는 이유가 여기에 있다. 그러나 청중의 시선이 광고 모델에 집중된 나머지, 정작 어떤 브랜드가 그 광고를 했는지는 기억하지 못할 가능성도 있다. 또한 광고 모델이 스캔들에 휘말리는 경우 브랜드도 타격을 입을 위험이 있다.

(3) 광고시안 평가 및 선택

7장에서 신상품 개발과정을 설명할 때, 좋은 신상품 아이디어는 희귀하므로 될 수 있는대로 많은 아이디어와 컨셉트를 창출하는 것이 중요하다는 것을 강조한 바 있다. 광고에 대해서도 똑같은 원리가 적용된다. 가능한 한 많은 아이디어를 창출하고 시안을 제작해 보아야 우수한 광고를 얻게 될 가능성이 높아진다. 한 연구에 따르면, 광고시안을 테스트하는 데 광고예산의 15% 정도를 지출하는 것이 바람직한 것으로 나왔지만, 실제로 광고대행사들은 이 액수의 몇

분의 일 정도밖에 쓰지 않는 것으로 나타났다.[12]

이것은 아이디어와 시안을 많이 창출할수록 시간과 비용이 들어가는 반면, 광고대행사가 받는 보수는 고정되어 있으므로 광고대행사는 아이디어를 되도록 적게 창출하려는 경향을 갖고 있기 때문이다. 그러므로 우수한 광고를 얻고자 한다면, 광고주는 시안을 제작하고 테스트하는 비용을 광고대행사에게 별도로 지급할 필요가 있다. 한 가지 다행스러운 것은 컴퓨터 기술의 발전으로 광고시안을 제작하는 데 들어가는 시간과 비용이 크게 줄어들고 있다는 것이다.

광고시안은 인쇄광고의 경우 거의 실물과 유사한 형태로 만들어지며, TV 광고의 경우 **스토리보드**(storyboard)의 형태로 만들어진다. 이렇게 제작된 시안을 평가하여 가장 높은 점수를 받은 시안을 선택한다. 메시지 평가는 마케팅 부서나 광고대행사의 전문가들은 물론 표적청중들을 대상으로 실시하는 것이 바람직하다. 〈표 9-6〉에는 전문가들이 평가할 때 사용할 수 있는 평가기준들이 나와 있다. 표적청중들을 대상으로 광고시안을 평가받는 것을 광고의 **사전 테스트** (**pretest**)라고 부르는데, 테스트 광고를 기억하는 정도, 테스트 광고에 대한 태도, 브랜드 인지도, 브랜드에 대한 선호도 등을 조사한다.

사전테스트
표적청중들을 대상으로 광고 시안을 평가받는 것

표 9-6

전문가용 메시지 평가기준[13]

기 준	내 용
전략과의 적합성	시장상황, 기업의 여건, 마케팅 전략, 광고목표와 어울리는가?
표적청중과의 적합성	표적청중을 정확하게 겨냥하고 있는가?
다양한 매체와의 적합성	TV, 신문, 온라인 등 다양한 매체에 사용될 수 있는가?
일관성	표적청중들이 갖고 있는 선입견과 일관성이 있는가?
명확성	분명하고, 단순하며, 혼동을 일으킬 가능성이 낮은가?
구체성	구체적인 상황이나 욕구를 겨냥하고 있는가?
낮은 반론 가능성	경쟁자들이 모방하거나 반론을 제기하기 어려운 독특한 포지셔닝을 제공하는가?
롱런(long-run) 가능성	오랫동안 사용할 수 있는가?
법적 규제와 사회적 규범	법률적 규제와 대다수 사회 구성원들이 갖고 있는 규범에 어긋나지는 않는가?

---

12 Irwin Gross, "The Creative Aspects of Advertising," *Sloan Management Review* (Fall, 1972), pp. 83-109.
13 Michael Ray, *Advertising and Communication Management*, 1981, pp. 211-216 일부 수정.

8. 매체결정

과거 소비자들은 주로 TV, 신문 같은 광고 매체에 의존하여 상품이나 브랜드에 관한 정보를 얻을 수 있었으나, 인터넷과 소셜 미디어의 등장 이후 다양한 매체를 통하여 정보를 얻게 되었다. 이렇게 다양해진 매체들을 크게 세 종류 – **유료 매체**(paid media), **기업 소유 매체**(owned media), **자발적 확산 매체**(earned media) – 로 분류할 수 있는데, 〈표 9-7〉은 각 매체의 대표적인 형태와 특징을 보여준다.

여기서는 광고를 다루고 있으므로, '매체결정'과 관련해서는 유료 매체를 주로 다루기로 한다. 기업 소유 매체와 자발적 확산 매체는 뒤에 PR과 구전을 다룰 때 다루기로 한다.

광고를 하기 위한 매체를 결정하는 것은 매우 전문적이고 어려운 결정이다. 이 부분은 광고대행사의 **미디어 플래너**(media planner)의 도움을 받을 필요가 있다. 매체결정은 크게 두 부분으로 나누어진다. 첫째, TV, 신문, 인터넷 등 매체 종류별로 광고예산을 할당하고, 둘째, 어떤 매체 내에서 구체적인 수단(예: 신문 내에서 중앙일보, 스포츠서울, 매일경제신문 등)을 결정하는 것이다.

유료 매체
기업이 구입하는 매체

기업 소유 매체
기업이 스스로 보유하는 매체

자발적 확산 매체
제3자 또는 소비자가 발신하는 매체

유 형	유료 매체 (Paid Media)	기업 소유 매체 (Owned Media)	자발적 확산 매체 (Earned Media)
정의	기업이 구입하는 매체	기업이 스스로 보유하는 매체	제3자 또는 소비자가 발신하는 매체
예 (오프라인)	• 대중매체 광고 • 스폰서십	• 상품 패키지 • 브로슈어	• 소비자간 입소문 • 대중매체의 보도
예 (온라인)	• 검색 광고 • 디스플레이(배너) 광고	• 기업 웹사이트/블로그 • 소셜 미디어(예: 트위터, 페이스북) 내 기업 계정	• 소셜 미디어 상의 게시글 • 뉴스 사이트의 보도
장점	• 통제 가능 • 즉각성 • 광범위한 도달 가능	• 통제 가능 • 비용 대비 고효율 • 장기적 사용 가능 • 융통성 높음	• 높은 신뢰도 • 판매에 많은 영향
단점	• 낮은 신뢰도 • 반응이 낮음	• 낮은 신뢰도 • 제작에 시간이 걸림	• 통제 어려움 • 광범위한 도달 어려움 • 부정적으로 흐르기 쉬움 • 측정 어려움

표 9-7

Triple Media의 정의와 특징[14]

---

14 Andrew T. Stephen and Jeff Galak, "The Effects of Traditional and Social Earned Media on Sales: A Study of a Microlending Marketplace," *Journal of Marketing Research* (October, 2012), p. 625; 이승연, "소비자 접점 효과 측정의 새로운 패러다임: M&C CAMTM," *insight train* (2012), p. 129; 박진한, "디지털 마케팅의 현재와 미래," *HS Ad* (Nov./Dec., 2012), p. 47.

(1) 주요 매체별 광고예산 할당

어느 매체를 많이 이용하고 어느 매체를 적게 이용할 것인지를 결정하려면, 다음과 같은 다섯 가지 요인들을 고려하여야 한다.

1) 표적청중의 특성

표적청중이 어느 매체를 어느 경우에 보는지를 이해하는 것은 매체결정의 출발점이다. 많은 경우에 방송사 또는 신문사 등이 자체적으로 청중들의 인구통계적 특성을 조사해서(이런 조사를 **매체조사(media research)**라고 부른다.) 광고주들에게 제공하므로, 광고주들은 이러한 데이터를 보고 표적청중의 인구통계적 특성과 가장 부합되는 매체를 선택할 수 있다.

2) 매체별 특성

표적청중의 매체습관을 이해하는 것 못지 않게 중요한 것은, 각 매체가 갖고 있는 특징들을 정확하게 파악하는 것이다. 〈표 9-8〉에는 대표적인 유료매체의 비용, 장점, 단점들이 정리되어 있다.

3) 광고의 특성

매체결정시에는 광고 자체의 특성도 고려하여야 하는데, 여기에는 광고의 목표, 도달률, 빈도, 어필, 아트 등이 있다.

- 광고의 목표, 도달률, 빈도

도달률
일정한 기간 동안에 특정 광고에 적어도 한 번 이상 노출된 사람(또는 가구)들의 비율

도달률(reach)이란 일정한 기간 동안에 특정 광고에 적어도 한 번 이상 노출된 사람(또는 가구)들의 비율을 가리키는 말이다. **빈도(frequency)**란 역시 일정한 기간 동안에 한 사람(또는 가구)당 특정 광고가 노출된 평균 횟수를 가리키는 말이다. 예를 들어, 어떤 신문광고가 총 100만 명의 독자들 중에서 10만 명에게는 0번 노출되고, 20만 명에게는 1번, 30만 명에게는 3번, 40만 명에게는 4번 노출되었다면, 빈도는 다음과 같이 계산된다:

빈도
일정한 기간 동안에 한 사람(또는 가구)당 특정 광고가 노출된 평균 횟수

$$빈도 = \{(10만 \times 0) + (20만 \times 1) + (30만 \times 3) + (40만 \times 4)\}/100만 = 2.7(회)^{[15]}$$

매체결정의 출발점은 광고의 목표를 달성할 수 있는 가장 비용 효과적인 도달률과 빈도를 예산의 범위 내에서 찾는 것이다. 예를 들어, 어떤 광고의 목표가 1년

GRP
= 도달률×빈도×100

15 참고로 광고업계에서 많이 쓰이는 용어 중에 GRP(gross rating points)라는 것이 있다. 이것은 도달률과 빈도를 모두 고려하는 개념인데 '도달률×빈도×100'으로 정의된다. 예를 들어, 위의 신문광고는 90%의 사람들에게 적어도 한 번 이상 도달되었고, 평균 2.7회 노출되었으므로, GRP는 243이 된다.

이내에 인지도를 50%로 만드는 것이라고 하자. 그런데 인지도를 50%로 만들수 있는 방법에는 [그림 9-8]처럼 여러 가지가 있을 수 있다. 예를 들어, 100%의 사람들에게 2번씩 노출시키거나, 80%의 사람들에게 3번씩 노출시키거나,

	비용의 예	장 점	단 점
TV	SBS 2020연기대상 13,500,000 ~15,000,000원 (15초)	• 동영상과 음향 활용 • 도달률 및 주목도가 높아서 브랜드 인지도 제고에 효과적 • 고품격, 긍정적 이미지 전달 • 높은 신뢰도	• 청중을 타겟팅하기 어려움 • 매체비용 높음 • 광고제작비 높음 • 다른 광고의 간섭 높음
케이블 TV	YTN (주중 05시~12시) 1,000,000원(20초)	• TV보다 청중을 타겟팅하기 쉬움 • TV보다 매체비용 낮음 • TV보다 긴 광고가 가능	• TV보다 도달율 낮음 • TV보다 채널변경이 잦음
라디오	MBC AM 지금은 라디오시대 (16시~18시) 670,000원(20초)	• 매체비용 낮음 • 광고제작비 낮음	• 청각효과에 한정됨 • TV보다 주의집중도 낮음
신문	중앙일보 1면 61,050,000원 (4단, 299mm×125mm)	• 광고를 신속하게 낼 수 있음 • 광고제작비 낮음 • 길고 복잡한 메시지 전달 가능 • 특정 지역에만 내보낼 수 있음 • 높은 신뢰도	• 짧은 수명(하루만 지나도 읽혀지지 않음) • 시각 효과에 한정됨 • 자세하기 읽혀지지 않음 • 인쇄 화질 낮음 • 다른 광고의 간섭 높음
잡지	과학동아 표지2(표지 뒷면) 4,000,000원	• 청중을 타겟팅하기 쉬움 • 고화질 인쇄 가능 • 돌려읽는 경우 많음 • 길고 복잡한 메시지 전달 가능 • 긴 수명	• 도달률 낮음 • 시각 효과에 한정됨 • 다른 광고의 간섭 높음
온라인 – 검색(또는 키워드)광고	인기 키워드(예: 성형, 대출, 라식)의 경우 1회 클릭시 3~10만원	• 청중을 타겟팅하기 쉬움 • 매번 광고를 제작할 필요가 없고 수정이 용이함 • 구매전환율이 높음 • 동영상과 음향 활용 가능 • 효과 실시간 측정 가능	• 도달률 낮음 • 허위 클릭으로 피해 가능
온라인 – 디스플레이 광고	네이버 타임보드 (초기 화면 배너) 31,000,000원(주중 14시~15시, 1시간)	• 도달률 높음 • 동영상과 음향 활용 가능 • 클릭수 실시간 측정 가능	• 클릭율이 검색광고보다 낮음 • 클릭이 구매로 이어지는 비율(구매전환율)이 낮음 • 크기의 제한 • 허위 클릭으로 피해 가능
옥외	잠실야구장 본부석 회전식 롤링보드 390,000,000원(시즌)	• 긴 수명 대비 낮은 비용 • 특정 지역 타겟팅 가능 • 다른 광고의 간섭 적음	• 주목도 낮음 • 시각 효과에 한정됨 • 도시미관과 환경 측면에서 규제 많음

표 9-8

대표적인 유료매체의 특징

그림 9-8

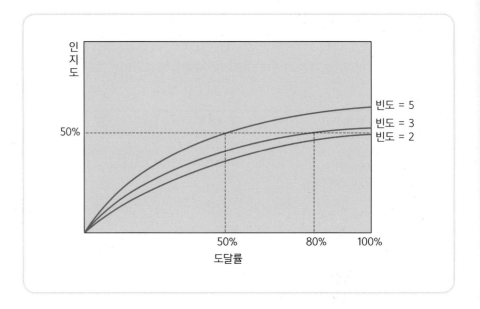

50%의 사람들에게 5번씩 노출시키거나 모두 50%의 인지도를 달성할 수 있다고
가정하자.

첫 번째 방법은 도달률을 빈도보다 중요시하는 방법이고, 세 번째 방법은 반
대로 빈도를 도달률보다 중요시하는 방법이다. 그렇다면, 어떤 경우에 도달률
(또는 빈도)를 중요시하여야 할까?

다음과 같은 경우에는 빈도보다는 도달률을 높이는 것이 바람직하다.

▶ 신상품인 경우
▶ 유명 브랜드의 브랜드 확장 상품인 경우
▶ 구매주기가 긴 상품인 경우
▶ 표적청중을 명확히 정의하기 어려운 경우

그리고 **다음과 같은 경우에는 도달률보다는 빈도를 높이는 것이 바람직하다.**

▶ 강력한 경쟁자가 있는 경우
▶ 메시지가 복잡한 경우
▶ 표적청중들이 우리 상품에 대하여 부정적인 태도를 갖고 있는 경우
▶ 구매주기가 짧은 상품인 경우

그러나 빈도를 높이면 어느 수준까지는 광고의 효과가 높아지지만, 그 수준
을 넘어서서 계속 빈도를 높이면 청중들이 광고에 더 이상 반응을 보이지 않거

디스플레이 광고의 혁신: RTB(Real Time Bidding)[16]

온라인 광고는 크게 디스플레이 광고와 검색 광고의 두 가지로 분류된다. **디스플레이 광고**라고 하면 생소하게 들릴 수 있지만, 과거에는 배너 광고라고 부르던 것이다. 포털 사이트의 메인 화면이나 뉴스 사이트에서 흔히 볼 수 있는데, 오늘날에는 디스플레이 광고라는 말이 더 널리 쓰인다. **검색 광고**는 검색 엔진에서 검색어를 입력하면 이와 관련된 광고주 사이트가 검색 결과에 포함되는 것을 뜻한다. 인터넷이 처음 나왔을 때에 온라인 광고는 곧 디스플레이 광고였지만, 구매 의사가 없는 사람들에게도 배너가 노출되어 클릭율과 구매전환율이 떨어진다는 단점을 갖고 있었다(〈표 9-8〉 참조). 이어 등장한 검색 광고는 이러한 단점을 상당 부분 극복함으로써 곧 디스플레이 광고를 추월하고 온라인 광고의 대표주자로 올라섰다. 실제로 네이버의 온라인 광고수입의 대부분은 검색 광고가 차지하고 있다. 그러나 최근 디스플레이 광고에 RTB라는 혁신적인 기술이 도입되면서 디스플레이 광고가 다시 주목 받고 있다.

RTB를 이해하기 위해서 먼저 디스플레이 광고가 어떻게 진화해왔는지 살펴보자. 초기에는 광고주와 퍼블리셔(publisher, 즉 매체를 소유한 사업자)(예: 네이버, 조선일보 등)가 직접 계약을 맺곤 하였다. 광고주가 광고 배너를 제공하면 퍼블리셔는 자신의 사이트에 이를 노출시켰다. 퍼블리셔는 일정한 노출횟수를 보장하고, 광고주는 그 대가로 일정 금액을 지불하였다. 이 방식은 간단하기는 하지만, 퍼블리셔와 광고주 모두에게 단점이 있었다. 계약이 사람의 손으로 이루어지기 때문에 퍼블리셔는 한정된 숫자의 광고주에게만 광고를 팔 수 있었고, 광고주 역시 한정된 수의 퍼블리셔에게

만 광고를 내보낼 수 있었다. 특히 팔리지 않은 인벤토리(inventory, 즉 광고를 실을 수 있는 영역)가 생길 경우 퍼블리셔는 이를 판매하지 못하고 놀리는 경우가 많았다.

이러한 단점을 극복하기 위하여 등장한 **애드 익스체인지**(ad exchange)(예: 구글의 더블클릭)는 다수의 퍼블리셔와 다수의 광고주를 중개하게 되는데, 더 이상 인력에 의존하는 것이 불가능하기 때문에 자동화된 프로그램을 이용한다. 여기에서 핵심적인 역할을 하는 것이 바로 RTB이다. 과거에는 광고주가 퍼블리셔의 인벤토리를 미리 구매했던 반면, 애드 익스체인지는 (옆 페이지 그림 참조) (1) 어떤 소비자가 퍼블리셔 사이트에서 어떤 페이지를 요청하면, (2) 해당 페이지에 있는 광고 인벤토리를 실시간으로 경매에 부친다. 이때 해당 소비자에 대한 데이터(예: 쿠키ID, 디바이스 종류, IP주소, 인구통계학적 정보, 관심사 등)와 퍼블리셔 사이트에 대한 데이터도 함께 제공되는데, (3) 광고주들은 제공된 데이터와 자신들이 보유하고 있는 사용자 데이터를 분석하여 좋은 기회라고 판단되면 (4) 경매에 참여한다. (5) 애드 익스체인지는 최고가를 제출한 광고주의 배너를 요청한 페이지에 삽입한다. 이 과정은 모두 자동화된 프로그램에 의하여 수행되므로, 대부분 0.1초 안에 완료된다(참고로, 사람이 눈을 한 번 깜빡이는데 걸리는 시간은 약 0.3초).

과거의 디스플레이 광고에서는 광고주가 특정 사이트를 타겟팅한 반면, **RTB에서는 특정 사용자를 타겟팅한다**는 점이 다르다. 독자 여러분은 G마켓 같은 온라인 쇼핑몰에서 상품을 검색만 하고 구매하지 않았는데, 뉴스 사이트에 접속했을 때 자신이 봤던 상품 광고가

---

16 Michael Trusov, Liye Ma, Zainab Jamal, "Crumbs of the Cookie: User Profiling in Customer-Base Analysis and Behavioral Targeting," *Marketing Science* (May–June, 2016), pp. 405–426; 신재열, "디스플레이 광고의 이해," http://meetup.toast.com/posts/84 (2016년 5월 20일); 정용제, "인터넷/게임: 모바일 광고 시장 트렌드 분석," 미래에셋증권 (2015년 11월 24일).

뜨는 경험을 했을 것이다. 이것도 RTB에 의한 것인데, 이러한 광고 기법을 **리타겟팅(retargeting)**이라고 부른다. 리타겟팅 광고는 다른 디스플레이 광고 대비 클릭률이 월등히 높은 것으로 알려져 있다.

RTB 덕분에 퍼블리셔는 이전 보다 훨씬 많은 광고주에게 인벤토리를 팔 수 있게 되었고, 인기있는 퍼블리셔의 인벤토리는 더 비싼 가격에 판매되어 광고 수입을 늘릴 수 있게 되었다. 광고주는 RTB를 이용하여 광고 비용 대비 효과를 높일 수 있고, 광고 효과도 보다 쉽게 측정할 수 있다. 그런데 광고주가 입찰 가격을 결정하려면 사용자에 대해서 정확한 데이터를 많이 갖고 있어야 한다. 이런 측면에서 페이스북이나 핀터레스트 같은 소셜 네트워크 사이트들은 사용자의 다양한 관심사를 수집하기 용이하므로 광고주에게 선호되고 있다. 인터넷 업체들이 간편결제시스템(예: 카카오페이, 네이버페이 등)을 출시한 것도 사용자의 구매 데이터를 수집하기 위한 노력의 일환이다. 모바일 광고의 경우 디바이스의 특성상 사용자 정보를 수집하기 용이하기 때문에, **RTB는 모바일 광고 시장에서 특히 효과적**이다.

미국에서는 RTB가 급성장하여 디스플레이 광고의 절반 이상을 이미 RTB가 차지하고 있으며, 이 덕분에 전체 온라인 광고비 중에서 디스플레이 광고의 비중도 거의 절반에 육박하고 있다. 우리나라의 경우 2015년 NHN엔터테인먼트가 애드 익스체인지를 만드는 등 생태계가 조성되고 있어서 점차 활성화될 것으로 기대된다.

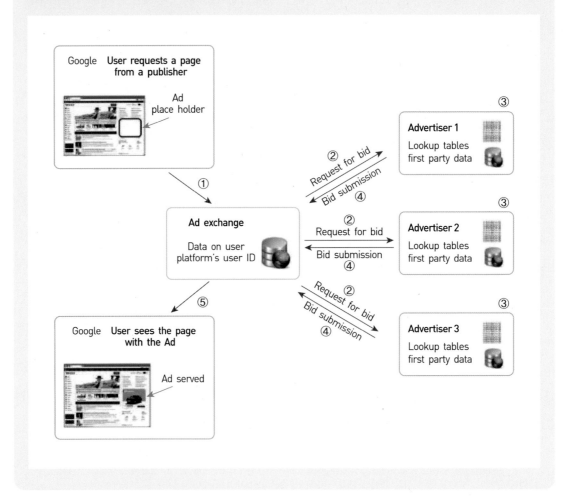

나, 경우에 따라서는 싫증이나 짜증을 내서 광고의 효과가 떨어질 수도 있다. 이것을 **광고효과의 감퇴**(advertising wearout)라고 부른다. 이를 예방하려면, 포지셔닝의 일관성을 유지하면서 소재에 변화를 준 후속 광고들을 계속 내보내는 것이 바람직하다. 에이스침대가 '침대과학'이라는 포지셔닝은 유지하면서, 상황과 등장인물에 변화를 준 광고들을 30여 년 간 계속해온 것이 좋은 예이다.

광고효과의 감퇴
광고의 노출빈도가 어느 수준을 넘어서면 광고효과가 떨어지는 현상

　표적청중의 특성에 따라 차이가 있지만, 일반적으로 TV는 잡지나 옥외광고에 비하여 도달률이 높다. 그러나 TV의 경우에는 매체비용의 절대 액수가 높으므로, 빈도를 높이려면 예산이 많이 필요하다. 반면에, 잡지나 옥외광고는 도달률은 낮지만, 비용 효과적으로 빈도를 높일 수 있다. 이들 매체는 긴 수명을 갖고 있어서, 한 번만 광고를 실어도 여러 번 노출되기 때문이다.

- 메시지의 어필과 아트

　메시지가 논리적일 때에는 메시지가 길어지고 복잡해지는 경우가 많으므로, 신문, 잡지, 또는 인터넷이 적합하다. 그러나 메시지가 감정적일 때에는 길고 복잡한 메시지가 불필요하고, 동영상이나 음향 효과가 필요하므로 TV나 라디오가 적합하다.

4) 경쟁광고의 매체

　경쟁자가 쓰지 않는 매체를 이용하는 것은 경쟁자와 우리를 차별화하는 데 도움이 될 수 있다. 특히 우리의 광고예산이 경쟁자보다 작은 경우에, 같은 매체에 광고를 한다면 경쟁자의 광고에 눌려 버릴 가능성이 높으므로 다른 매체를 이용하는 것이 도움이 될 것이다.

5) 예산의 크기

　TV는 매체비용과 제작비용의 절대 액수가 높기 때문에, 예산의 절대 금액이 낮다면 이용하기 어렵다. 잡지, 옥외 광고 등은 매체비용과 제작비용은 낮지만, 도달범위가 좁기 때문에, 도달 범위를 높이려면 여러 개의 매체수단에 광고를 내야 하므로(예를 들어, 옥외 광고탑을 10개 써야 한다든지, 20개의 잡지에 광고를 내야 한다든지), 순식간에 비용이 커질 수 있다.

　이상의 요인들을 종합해보면, 매체결정은 매우 복잡하다는 것을 알 수 있다. 그러므로 광고대행사의 미디어 플래너들은 특별히 만들어진 소프트웨어를 이용하여 각 매체별로 예산을 할당하는 경우가 많다. 그리고 여러 가지 매체의 장단점들을 감안할 때, **어느 한 가지 매체만을 이용하는 것보다는 여러 매체를 통합적으로 이용하는 것이 더 비용 효과적**임을 알 수 있다. 게다가 소비자들은 여러

매체들을 넘나들므로, 온라인이 대세라고 해서 온라인에만 광고를 하는 것은 비효율적이다. 그보다는 TV 광고를 통해서 호기심을 유발하고, 온라인으로 자세한 정보를 전달하는 것이 더 나을 수 있다.

> **원리 9-6**
>
> 한 가지 매체에 전적으로 의존하지 말고 여러 가지 매체를 통합적으로 활용하라.

(2) 구체적 매체수단 선정

앞의 단계에서 할당된 예산범위 내에서 각 매체별로 가장 비용 효과적인 수단들을 선정하여야 한다. 예를 들어, 신문이라면 어떤 신문(예: 조선일보, 매일경제 등)에 광고를 게재할 것인가를 결정하는 것이 이번 단계에서 할 일이다. 이 단계에서 가장 중요한 기준은 **표적청중 도달 효율성**이다. 이 개념을 이해하기 위해서 CPM이라는 개념을 먼저 알아보자.

1) CPM

CPM
청중 1,000명에게 광고를 도달시키는 데 드는 비용

CPM(cost per mille, 라틴어로 mille은 **1,000**)이란 청중 1,000명에 도달하는 비용을 가리키는 용어다. 예를 들어, 중앙일보에 5단짜리 흑백 광고를 내는 비용이 1,000만원이고, 중앙일보의 독자수가 200만명이면, 1,000명의 독자에게 도달하는 비용은 5,000원이다. 그러나 매일경제신문에 5단짜리 흑백 광고를 내는 비용이 800만원이고 독자수가 80만명이라면, 1,000명의 독자에게 도달하는 비용은 10,000원이다. 그러므로 CPM 기준으로는 중앙일보가 매일경제신문보다 더 효율적인 매체수단이다.

2) 표적청중 도달 효율성

그러나 위의 계산에서 잘못된 것이 있다. 그것은 중앙일보의 200만 독자 모두가, 그리고 매일경제신문의 80만 독자 모두가 우리 광고의 표적청중이라고 생각한 것이다. 만약 우리 광고가 30~40대의 직장인들을 표적으로 하고 있고, 중앙일보의 독자들 중에서 1/4이, 그리고 매일경제신문의 독자들 중에서 3/4이 표적청중에 해당된다면, 표적청중 1,000명당 도달 비용은 중앙일보의 경우 20,000원이고, 매일경제신문의 경우 13,333원이다. 그러므로 표적청중을 기준으로 하면, 매일경제신문이 더 효율적인 매체수단이 된다.

온라인 광고 중에서 검색 광고와 RTB에 기반한 디스플레이 광고('마케팅 프론티어 9-3: 디스플레이 광고의 혁신: RTB' 참조)는 우리 상품을 구매할 가능성이 높은 사람들을 타겟팅하므로 다른 광고 대비 표적청중 도달 효율성이 높은 편이다.

3) 기타 고려사항

매체수단을 선정할 때에는 표적청중 도달 효율성 이외에도 몇 가지 더 고려해야 할 사항들이 있다.

▶ **광고를 읽어보는 청중의 비율**: 위에서 계산한 표적청중 1,000명당 도달비용에서는 1,000명의 표적청중들에게 단지 '노출되는' 비용을 계산한 것뿐이며, 광고에 노출된 1,000명 중 몇 명이나 광고를 읽어보는지는 고려하지 않고 있다. 실제로는 매체수단에 따라 광고를 읽어보는 청중들의 비율이 다르다. 예를 들어, 패션 잡지의 독자들은 시사 주간지의 독자들에 비하여 광고를 읽는 비율이 높은 편이다. 온라인 광고의 경우에는 얼마나 많은 사람들이 그 광고를 클릭했는지 그리고 어떤 경우에는, 해당 상품을 구매했는지의 여부까지도 파악할 수 있으므로, 오프라인 광고보다 광고의 효과를 측정하기가 용이하다.

▶ **매체수단의 신뢰성과 권위**: 다른 조건이 모두 동일하다면, 신뢰성과 권위를 인정받는 매체수단에 실린 광고가 더 높은 신뢰를 받을 수 있다.

▶ **부대 서비스**: 예를 들어, 전국을 커버하는 신문이라도 각 지방별로 지방판을 인쇄한다면, 우리가 원하는 지역만을 대상으로 광고를 실을 수 있을 것이다.

9. 매크로스케줄링

매체결정이 이루어지면, 각 매체별로 광고 스케줄을 정해야 한다. 광고 스케줄을 결정한다는 것은 시간의 흐름에 따라 광고예산을 어떻게 할당할 것인가를 결정하는 것이다.

대개 1년 이상의 장기 스케줄 결정이 먼저 이루어진 다음, 1년 이내의 단기 스케줄 결정이 이루어지는데, 이것을 각각 **매크로스케줄링**(macro-scheduling)과 **마이크로스케줄링**(micro-scheduling)이라고 부른다.

매크로스케줄링의 핵심은 계절상품(즉, 장난감, 냉난방기구 등과 같이 특정 시기에 매출이 집중되는 상품)에 대한 광고를 언제 할 것인지를 결정하는 것이다. 여기에는 다음과 같은 세 가지 대안이 있다:

▶ 매출이 집중되는 성수기에 광고를 집중하고 나머지 시기에는 광고를 거의 하지 않는다.

▶ 성수기가 시작되기 전에 광고를 집중하고 성수기에는 광고를 거의 하지 않는다.

매크로스케줄링
1년 이상의 기간에 걸쳐 광고예산을 할당하는 것

마이크로스케줄링
1년 이내의 기간에 걸쳐 광고예산을 할당하는 것

광고의 새 패러다임, 브랜디드 엔터테인먼트(Branded Entertainment)와 브랜드 저널리즘(Brand Journalism)

TV와 같은 대중매체에 실리는 광고량은 '광고의 홍수'라고 할 정도로 많아졌는데도 광고 단가는 꾸준히 올라가는 바람에, 많은 광고주들은 TV와 같은 전통적인 매체의 효과와 효율성에 대해서 의문을 품고 있었다. 그 결과 일부 광고주들은 스폰서십이나 PPL[17]처럼 과거에는 많이 활용하지 않던 매체들에 눈을 돌리기 시작하였다. 그러나 넓게 보면 이런 매체들도 광고의 전통적인 패러다임을 그대로 따르고 있어서 진정으로 새로울 것이 없다는 비판을 받게 되었다. 그래서 광고주들은 광고의 새로운 패러다임이 등장하기를 고대하고 있었다.

그러면 여기서 잠깐 **광고의 전통적인 패러다임**이 무엇인지 알아보자. 전통적인 광고의 패러다임은 소비자들을 **수동적인 존재**로 간주한다. 소비자들은 가만히 내버려두면 절대로 우리의 상품을 사지 않기 때문에 광고를 해서 소비자를 인지 → 지식 → 호감 → 선호 → 확신의 단계를 거쳐서 구매 단계로 끌고 가야 한다는

것이다. 또한 전통적인 패러다임은 소비자들이 **광고를 기피**한다고 가정한다. 그러므로 광고를 보지 않으려는 소비자에게 광고를 보여주기 위해서 전통적인 광고들은 소비자들이 다른 무엇인가를 하는 도중(예: 드라마 시청, 인터넷 검색)에 소비자들의 이목을 끄는데 골몰하였다.

이와는 달리 **광고의 새로운 패러다임**은 소비자들이 **능동적이고 자발적으로 우리가 만든 광고를 찾아서 보게 하고,** 더 나아가 다른 소비자들에게 우리 광고를 전파시키는 세상을 상정하고 있다. 이것이 가능하려면 우리가 만든 '광고'는 상품을 파는 광고가 아니라 **소비자들에게 엔터테인먼트 밸류를 줄 수 있는 컨텐츠**여야 하므로, 이를 **브랜디드 엔터테인먼트**(이하 BE)라고 부른다. BE의 가장 성공적인 사례는 BMW North America가 2001년에 내놓은 BMWFilms가 꼽히고 있다. 총 1,500만 달러의 제작비를 투입하여 미키 루크, 마돈나 등의 유명 배우가 출연하고 할리우드의 5명의 '잘 나가

이것은 광고가 신상품의 매출에 영향을 미치는데 몇 달의 시간이 걸리는 것을 감안한 스케줄링이다. 또, 잠재구매자들로 하여금 미리 우리 상품을 사다가 쌓아놓도록 함으로써, 경쟁상품의 매출이 일어날 수 있는 여지를 없애버리는 효과도 거둘 수 있다.

▶ 비수기에 광고를 집중하고 성수기에는 광고를 전혀 하지 않는다. 이것은 성수기에는 어차피 매출이 일어나니까 비수기에 광고를 해서 추가적인 매출을 올리겠다는 의도의 표현이다.

---

17 Product Placement(광고 효과를 얻기 위하여 우리 회사의 상품을 TV 프로그램이나 영화 등의 소품으로 등장시키는 것)의 준말.

는' 감독들이 제작한 5편의 단편 영화로 구성된 BMWFilms는 인터넷(www.BMWFilms.com)에서만 볼 수 있었는데, 소비자들과 전문가들로부터 엄청난 찬사를 받았고, '개봉' 후 3개월 만에 약 200만 명이 등록하고 900만 건의 조회를 기록한 것으로 나타났다.

BMWFilms의 성공은 즉시 전 세계의 광고주들에게 영향을 미쳐서 이와 유사한 시도들이 여러 나라에서 이루어졌다. 우리나라에서 가장 성공한 사례는 삼성전자가 2005년에 내놓은 이효리, 에릭 주연의 뮤직 비디오인 애니모션(Anymotion)으로 3주 만에 약 79만 건의 조회와 9만 건의 다운로드를 기록하였다.

이후 유튜브의 등장 덕분에 많은 기업들이 BE에 뛰어들 수 있게 되었지만, 몇 가지 해결되지 않은 과제들을 안고 있어서 전통적인 광고의 대안으로 확실하게 자리잡을 수 있을지는 미지수이다. 첫째, BE는 상품을 파는 목적이 아니라 소비자들을 즐겁게 하는 목적으로 만들어지기 때문에 BE가 우리 상품을 파는데 얼마나 도움을 주는지 확실치 않다. 둘째, BE의 엔터테인먼트 밸류를 높이려면 전통적인 광고에 비해서 훨씬 더 높은 제작비가 들어간다. 게다가 소비자들에게 BE를 알리기 위해서 광고를 따로 해야 하므로 광고비도 상당히 들어간다. 이렇게 높은 액수를 지불하고 만든 BE가

우리 상품 판매에 얼마나 기여하는지 확실치 않다면 BE를 흔쾌히 승인할 CEO는 많지 않을 것이다.

BE와 비슷한 것으로 브랜드 저널리즘이 있다. 브랜드가 상품 광고가 아니라 소비자의 시각에서 필요한 정보를 제공하기 위해서 컨텐츠를 생산하고 이를 온라인 또는 오프라인으로 유통시키는 것을 뜻한다. 레드불이 발행하는 잡지인 레드 불레틴(Red Bulletin)이 대표적인데, '스포츠, 모험, 문화, 음식, 밤 문화, 혁신과 라이프스타일, 그 이상'이라는 모토를 갖고 있다. 이 잡지에는 레드불에 대한 이야기는 전혀 없고, 액션 스포츠나 모터 스포츠에 대한 기사가 있을 뿐이다.[18]

10. 마이크로스케줄링

예를 들어, 어떤 상품을 성수기에만 광고를 하기로 했는데 이 상품의 성수기는 한 달 동안이라고 하자. 한 달 동안 30번의 라디오 광고를 할 수 있다고 할 때, 이것을 어떻게 배분할 것인가? [그림 9-9]에는 세 가지 패턴과 각 패턴이 적합한 경우들이 나와 있다.

11. 광고효과의 측정

광고를 내보낸 다음에 광고효과를 사후적으로 측정하는 것은 광고관리에 있어서 매우 중요한 단계이다. 광고효과를 어떻게 측정할 것인지는 광고의 목표

---

18 박기완, *트렌드를 넘는 마케팅이 온다*(21세기북스, 2020), p. 94.

그림 9-9

세 가지 마이크로
스케줄링 패턴[19]

명 칭	형 태	장 점	단 점	적합한 경우
집중형 (blitz)	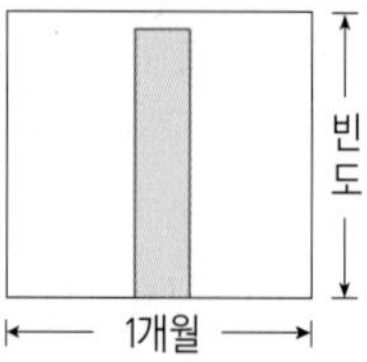 빈도 / 1개월	• 단기적으로 큰 효과	• 광고 효과가 곧 소멸될 가능성 • 지나친 집중으로 광고예산을 낭비할 가능성	• 신상품 발매시 • 예산이 부족한 경우 • 경쟁광고가 많은 경우 • 다양한 세분시장에 노출될 필요가 있는 경우
지속형 (even)	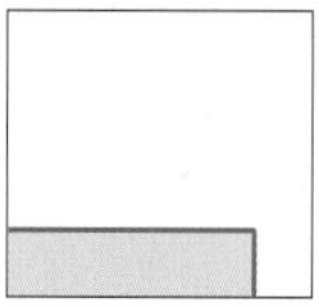	• 방송 매체 시간 확보 시 유리	• 반복된 광고 노출로 광고 효과의 감퇴 현상이 일어날 가능성 • 평균 광고량이 작음	• 독점적 성숙 상품 • 지속적인 기억 보강이 필요한 경우
파동형 (pulsing)	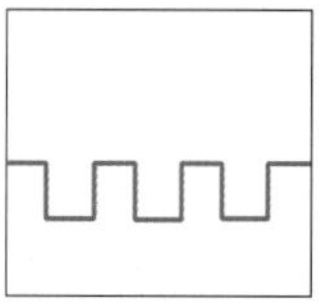	• 예산의 효율적 사용	• 방송매체 시간 확보 어려움	• 구매주기가 규칙적인 경우 • 경쟁자가 지속형 광고를 하는 경우

를 수립할 때 이미 결정된다. 예를 들어, 광고의 목표가 1년 이내에 인지도를 60%로 만드는 것이었다면, 광고가 개시된 날로부터 1년이 지난 시점에 표적청중들을 대상으로 설문조사를 실시하여 인지도를 측정할 수 있을 것이다.

광고가 매출액에 미친 효과를 측정하는 것은 훨씬 더 어렵다. 광고의 목표를 설명할 때 이미 언급한 것처럼, 광고 캠페인은 다른 마케팅 믹스 활동들과 동시에 진행되는 경우가 많으므로, 광고가 매출액에 기여한 부분을 가려내기란 쉽지 않기 때문이다. 이를 가려내려면, 장기간에 걸친 시장 테스트를 통하여 수집된 데이터를 분석할 필요가 있다. '마케팅 프론티어 9-5: TV광고는 매출을 증가시키는가?'는 미국에서 약 10년에 걸쳐 이루어진 시장 테스트 결과들을 요약해서 보여준다.

---

19 장대련 · 한민희, 광고론, 2판(학현사, 2006), pp. 276-285.

TV광고는 매출을 증가시키는가?[20]

1. GRP만 높인다고 해서 매출액이 자동적으로 증가하는 것은 아니며, 다음과 같은 경우에만 GRP를 높이는 것이 매출액을 증가시킬 가능성이 높다:

(1) **카피/브랜드 전략:** 새로운 카피이거나, 신상품을 소개하는 카피이거나, 소비자들이 갖고 있는 태도를 바꾸어보려는 카피이거나, 브랜드가 시장점유율 증대 목표를 갖고 있는 경우.

(2) **매체전략:** 매체전략의 목표가 표적청중을 확대하거나 아니면 기존 청중 내에서도 중점을 두는 집단을 바꾸려고 하는 경우.

(3) **상품 카테고리의 성격:** 성장기에 있거나, 구매주기가 짧은 상품인 경우.

2. TV광고는 적지 않은 장기적인 매출액 증대효과를 가져온다. 어느 한 해에 GRP를 높여서, 그 해의 매출액이 증가된 경우, 그 다음 해, 그 다음 다음 해까지도 상당한 매출액 증가가 일어난다. 이 3년 동안 매출액이 늘어난 크기는 첫 해에 매출액이 늘어난 크기의 2배에 달한다. 매출액 증가는 주로 기존 구매자들이 더 자주 구매하거나, 한 번에 구매하는 양을 높였기 때문에 일어난다. 그러나 첫 해에 효과가 없었다면 그 다음해에도 효과는 나타나지 않는다.

3. TV광고의 효과를 평가할 때, 판매량의 퍼센티지 변화에만 주목하지 말고, 절대적인 변화 크기에도 주목해야 한다. 중소 브랜드들은 대형 브랜드에 비하여 카피의 변화나 GRP 증가를 통하여 매출액이나 점유율을 큰 폭으로 높이는 것이 용이하다. 그러므로 광고가 매출액에 미치는 영향을 평가하려면 상대적인 변화뿐만이 아니라 절대적인 변화도 보아야 한다.

4. 판매촉진이 TV광고의 효과에 미치는 영향은 기존의 상식과 일치한다. 중간상 판촉(10장 참조) 활동을 높이면 TV광고가 매출액에 미치는 효과가 낮아지지만, 쿠폰 배포를 강화하면 TV광고가 매출액에 미치는 효과가 높아진다.

5. TV광고의 회상 측정 및 설득력 측정 결과와 매출액 증대 효과 사이에는 강력한 관계가 존재하지 않는 것으로 보인다.

6. TV광고가 매출액에 미치는 효과는 새 브랜드 또는 라인 확장 상품의 경우에 기존 상품의 경우보다 더 높다. 새 브랜드/라인 확장 상품에 대하여 GRP를 높이면 58%의 경우에 매출액이 증가하였지만, 기존 상품의 경우 46%에 그쳤다.

7. 신상품을 출시할 때에는 출시 초기에 광고를 프라임 타임(prime time)[21]에 집중적으로 실시하는 것이 중요하다. 신상품의 광고를 출시 초기에 프라임 타임에 집중할 경우 매출액 증대효과가 더욱 크게 나타난다.

8. 집중형 스케줄링이 지속형 스케줄링보다 매출액 증대 효과가 크다. 광고 캠페인 기간의 앞부분이나 뒷부분에 예산을 집중시키는 것이, 균등하게 배분하는 것보다 매출액을 높일 가능성이 더 크다.

---

20 Leonard M. Lodish et al., "How T.V. Advertising Works: A Meta-Analysis of 389 Real World Split Cable T.V. Advertising Experiments," *Journal of Marketing Research* (May, 1995), pp. 125-139에서 보고된 결과를 요약한 것임.

21 프라임 타임(prime time)이란 TV시청자 수가 가장 많은 시간대를 가리킨다. 우리나라의 경우 주중에는 오후 8시에서 11시 사이, 그리고 토, 일요일에는 오후 7시에서 11시 사이가 해당된다.

3 PR(Public Relations): PR은 피할 것은 피하고, 알릴 것은 알리는 것이다

촉진믹스 요소들 중에서 광고와 가장 유사한 기능을 하는 것이 바로 PR이다. 특히 PR과 광고는 구매자의 반응단계 중에서 주로 앞 단계에 큰 효과를 미친다는 점에서 비슷하다.

많은 사람들은 PR과 홍보를 동의어처럼 쓰고 있지만, **홍보**(publicity)는 엄밀히 말하자면 **PR보다는 범위가 좁다**. 홍보는 매체비용을 지불하지 않고, 우리 회사의 활동이나 상품에 대한 정보를 언론의 기사나 뉴스 형태로 내보내는 것만을 가리키지만, PR은 홍보활동뿐만이 아니라, 고객, 언론, 정부, 국회, 시민단체 등 회사와 직접 또는 간접으로 관련이 있는 여러 집단들과 좋은 관계를 구축하고 유지하는 활동, 이들에게 회사에 유리한 방향으로 영향을 미치기 위한 합법적인 로비활동, 회사의 경영진에 대하여 회사 이미지나 사회적 이슈에 대하여 조언을 하는 활동, 그리고 회사에 위기가 닥쳤을 때 이를 관리하는 등의 활동을 모두 포함한다. PR의 범위가 광범위하고, 광고와 마찬가지로 상당한 전문성을 요구하며, 로비활동 같은 것이 회사가 나서기가 어색한 측면도 있으므로, 최근에는 전문적인 PR대행사를 고용하는 사례가 늘어나고 있다.

이렇게 PR은 마케팅과 직접 관련이 없는 활동들까지 포함하고 있으므로, 여기서는 그 중에서 마케팅과 관련이 있는 활동들을 중심으로 설명하기로 한다. 이것을 특히 **MPR**(Marketing Public Relations)이라고도 부른다. 〈표 9-9〉는 MPR의 대표적인 수단들을 보여준다. 이 중에서 가장 중요한 수단은 역시 홍보이다. 홍보는 광고와 유사한 점이 많지만 다음과 같은 차이점들을 갖고 있다.

▶ 광고는 **매체비용**을 지불하지만 홍보는 지불하지 않는다. 그러나 홍보가 돈이 전혀 안든다는 뜻은 아니며, 매체비용만 들어가지 않을 뿐, PR대행사 비용과 같은 비용은 적지 않게 들어갈 수도 있다.

▶ 청중들은 광고보다는 언론의 기사나 뉴스를 더 **신뢰**한다. 예를 들어, KBS에서 방송한 '생로병사의 비밀'이라는 교양 프로그램에서 프랑스 사람들이 레드 와인을 많이 마시기 때문에 장수한다는 내용이 보도되자, 레드 와인의 소비가 급증하기 시작해서 급기야 국내 재고가 바닥이 나고 프랑스에서부터 비행기로 와인을 실어와야 하는 상황이 벌어지기도 하였다. 지금까지 국내의 와인 회사들이 벌인 어떤 마케팅 활동보다도 더 강력한 성과를 가져온 것이 바로 언론의 보도였다는 것은 홍보의 잠재력을 보여주기에 충분하다.

수 단	내 용
홍 보	회사 자체, 회사의 임직원 또는 상품 등에 관한 뉴스거리를 발굴하여 언론 매체에 실리도록 함
출판물	사보, 브로슈어, 연례 보고서, 신문 또는 잡지 기고문 등
이벤트	기자회견, 세미나, 전시회, 기념식, 행사 스폰서쉽, 스포츠마케팅 등
연 설	최고 경영자 또는 임원들이 각종 행사에 참석하여 연설
사회봉사활동	지역 사회나 각종 공익 단체에 기부금을 내거나 임직원들이 직접 사회 봉사활동에 참여

표 9-9

마케팅에 활용될 수 있는 대표적인 PR 수단

그림 9-10

PR 관리과정

▶ 광고의 내용, 위치, 일정 등에 대해서는 기업이 **통제**할 수 있지만, 홍보의 경우에는 그렇지 않다. 예를 들어, 기사의 내용, 위치, 일정, 심지어 기사의 게재 여부조차도 기업이 통제할 수 없는 경우가 많다.

이 장의 시작 부분에서 강조한 것처럼, PR 역시 다른 마케팅 믹스, 특히 광고와 연계해서 계획을 세우고 실행함으로써 더 큰 효과를 발휘할 수 있다. 이를 위하여, 마케터는 회사의 PR 담당자와 정기적으로 회의를 갖는 것이 바람직하다. 벤처처럼 **촉진예산의 규모가 작아서 매체광고를 하기 어려운 회사나** 술, 의약품처럼 **광고에 대한 규제가 많은 산업의 경우 PR은 특히 효과적인 촉진 수단이될 수 있다.** PR을 관리하는 과정은 [그림 9-10]과 같이 네 단계로 이루어진다. 이하에서는 이에 대하여 좀 더 자세히 알아보자.

1. 상황 분석

성공적으로 PR을 하기 위해서는 현재 상황을 정확하게 이해하는 것이 중요하다. 이를 위해서는 우리 회사(또는 상품)에 대한 언론의 보도 현황과 소비자(또는 이해관계자)들의 의식과 태도를 분석해야 한다. 특히, 타겟들의 주요 관심사와 그들이 주로 이용하는 매체가 무엇인지를 파악하는 것은 필수적이다. 예를 들어, 우리나라의 20대는 PC와 모바일, 60대는 TV을 통해서 주로 뉴스에 접하는 것으로 알려져 있으므로, 타겟이 20대인지 60대인지에 따라서 매체 선택이 달라져야 할 것이다. 상황 분석을 위한 자료를 수집하기 위해서 기업의 PR

부서에서는 매체별로 보도 기사를 분석하기도 하고 소비자나 이해관계자들을 대상으로 인터뷰나 설문조사를 실시하기도 한다.

2. PR 목표 설정

앞서 설명한대로 MPR활동의 목표는 주로 우리 회사의 상품에 대한 인지도 제고, 정보 제공, 신뢰도 제고, 유통업자 및 판매조직의 판매활동 지원 등을 들 수 있다. 다른 모든 목표와 마찬가지로 PR의 목표도 구체적이고 측정가능한 형태여야 하며, PR에 사용할 수 있는 자원과 기간을 감안하여 현실적으로 세워야 한다.

3. PR 메시지와 수단 선택

이 장의 앞부분에서 다룬 '커뮤니케이션 과정 모형'의 시사점들이 PR 메시지를 개발할 때에도 그대로 적용된다. 특히 기업의 입장이 아니라 타겟의 입장에서 메시지를 개발하는 것이 중요하다. PR 수단들은 실로 다양한데(〈표 9-9〉 참조), 목표한 시간 내에 메시지를 전달할 수 있는지, 비용이 얼마나 소요되는지, 그리고 타겟에게 신뢰를 줄 수 있는지 등을 종합적으로 고려해서 적합한 수단을 선택해야 한다.

4. PR 실행 및 성과평가

PR 계획을 원활하게 실행에 옮기려면 상당한 노력과 전문성이 필요하다. 예를 들어, 뉴스거리가 언론에 보도되는 데에는 PR 담당자와 언론인들과의 개인적인 유대관계가 중요한 역할을 한다. 이러한 이유 때문에, 기업의 PR 책임자로 전직 언론인들이 스카우트되는 경우도 많다. 또, 이벤트를 성공적으로 개최하려면 아주 작은 부분에 이르기까지 세심한 주의가 필요하다. 그러므로 이런 부분은 전문 대행사에 의뢰하는 것이 바람직하다.

광고의 경우와 마찬가지로, PR도 매출이나 이익에 미치는 효과를 측정하기는 매우 어렵다. PR의 효과를 측정하는 방법으로는 언론매체에 회사나 회사의 상품이 노출된 횟수를 카운트한 다음, 이를 금액으로 환산하는 방법이 널리 쓰인다. 이것을 **노출횟수**(exposures) 측정이라고 부른다. 예를 들어, 기아자동차가 세계 4대 테니스대회 중 하나인 호주오픈테니스대회를 후원하였을 때, 이 후원의 가치를 금액으로 환산하는 방법은 다음과 같다.[22]

노출횟수 측정
언론 매체에 회사나 회사의 상품이 노출된 횟수를 카운트한 다음, 이를 금액으로 환산하는 PR 효과 측정 방법

---

22 chosun.com 매거진(2006.11.6)

호주오픈테니스대회 기간 중 경기장 벽면과 네트, 관중석 등에 박힌 기아 로고가 TV 화면에 노출된 시간은 총 3,133시간에 달한다. 이것을 30초짜리 광고로 환산하면 37만5,960개의 광고를 내보낸 것과 같다. 여기에 호주오픈테니스대회 TV 중계방송의 30초짜리 광고 단가를 곱하면, 약 4억7,200만 달러(약 4,484억원)어치의 광고를 한 것과 같은 노출효과를 얻었다고 추정할 수 있다.

그러나 이 방법은 PR의 효과를 지나치게 단순하게 측정한다는 문제점을 안고 있다. 예를 들어, 얼마나 많은 사람들이 실제로 기아자동차의 로고를 주목했는지, 그리고 기억하고 있는지를 알 수가 없다. 그러므로 이러한 한계점을 보완하려면, PR 활동 전후에 설문조사를 실시하고 인지도나 이미지의 변화를 추청하여야 한다.

4 구전(Word of Mouth): 피할 수 없다면 즐겨라

상품의 장단점, 구매, 사용 경험에 관한 사람과 사람 간의 구두, 서면 또는 전자적 커뮤니케이션을 통틀어 **구전**이라고 부른다. 약 50억의 인구와 160억 개의 디바이스가 인터넷에 연결된 요즘 구전이라고 하면 인터넷을 통한 구전(**eWOM**, **electronic word of mouth**)을 먼저 떠올리곤 하지만, 여전히 구전의 대부분은 오프라인(예: 대면접촉, 전화 등)에서 일어나고 있다. 그러나 사람들은 다양한 채널을 이용하여 커뮤니케이션하기 때문에 온라인 구전과 오프라인 구전을 명확히 구별하기란 대단히 어렵다.

이제 **사람들은 자신이 원하는 것(예: 정보, 아이디어 등)을 얻기 위하여 굳이 기업과 같은 전통적인 기관에 의존하는 대신 서로서로에게서 얻을 수 있게 되었으며, 그 추세는 더욱 가속화되고 있다.** 이러한 변화는 촉진 활동에 있어서 더욱 두드러지게 나타난다. 고객들이 어떤 상품이나 브랜드에 대해서 갖게 되는 이미지가 과거에는 기업이 대중매체를 통하여 내보내는 광고에 의하여 많은 영향을 받았던 반면, 오늘날에는 고객들이 전파하는 구전의 영향력이 커지고 있다. 신뢰하는 사람이 전파하는 구전은 더욱 그러하다. 즉, 과거에는 기업 쪽으로 기울어져 있었던 힘의 균형이 오늘날에는 고객 쪽으로 기울고 있는 것이다.

이러한 변화는 마케터에게 커다란 위기이다. 구전이 마케팅의 성패에 큰 영향을 미치는 반면, **마케터는 구전을 자기 마음대로 통제할 수 없다.** 광고는 기업

구전
상품의 장단점, 구매, 사용경험에 관한 사람과 사람 간의 구두, 서면 또는 전자적 커뮤니케이션

그림 9-11

온라인에서의
구전 관리과정

이 만들기 때문에 상품이나 브랜드에 유리한 내용이 담겨 있지만, 구전은 고객들이 전파하므로 불리한 내용도 들어있다. 게다가 **사람들은 긍정적인 정보보다는 부정적인 정보에 관심**을 더 많이 갖곤 하기 때문에, 시간이 지남에 따라 긍정적인 정보보다는 부정적인 정보가 더 널리 확산될 수도 있다. 그러나 그렇다고 해서 마케터가 구전을 관심 밖에 두는 것은 해답이 될 수 없다. 최소한 구전을 이해하고, 구전과 함께 사는 방법을 찾아야 한다. 구전 속에서 성공할 수 있는 방법을 찾을 수 있다면 최상일 것이다.

구전은 인류의 역사만큼이나 오랜 역사를 갖고 있지만, 오프라인에서의 구전은 측정하기가 어렵기 때문에 체계적인 연구가 많이 이루어지지 못하였다. 온라인에서의 구전은 측정하기는 쉬워졌지만 아직 연구의 역사가 짧고 그나마 나온 결과들도 불일치하는 경우가 많아서, 교과서에 체계적인 이론을 소개하려면 좀 더 기다려야 하는 실정이다. 따라서 이 절에서는 온라인에서의 구전을 실무적으로 관리하는 과정에 초점을 맞추기로 한다([그림 9-11] 참조).

1. 상황 분석

온라인 구전관리라고 하면 대뜸 '브랜드 커뮤니티 개설'이나 '페이스북 페이지 오픈' 같은 구체적인 대안부터 떠올리는 사람들이 많지만, 이는 매우 성급하며 잘못된 의사결정을 내리게 될 위험을 안고 있다. '커뮤니티'나 '페이스북' 같은 기술들은 저마다의 특성을 갖고 있어서 모든 기업에 적합한 것이 아니다. 또 기술은 끊임없이 바뀌고 있어서 신중한 선택이 필요하다. 다른 모든 마케팅 활동과 마찬가지로, 구전을 성공적으로 관리하기 위해서는 현재 상황을 정확하게 분석하는 것으로부터 시작해야 한다. 이를 위한 몇 가지 중요한 질문들은 다음과 같다.

▶ **상품의 유형:** 우리 회사는 어떤 종류의 상품을 판매하는가? 가령 종이나 메모리 반도체같이 동일한 규격을 가진 일반적인 상품(즉, commodity)이라면, 고객들은 이런 상품에 대해서 구전을 창출하지도 전파하지도 않을 것이다. 반면 스마트폰이나 자동차처럼 사람들이 높은 관여도를 갖고 있는 상품이라면 구전이 활발하

게 창출되고 전파될 가능성이 높다.

▶ **브랜드의 특성:** 우리 브랜드는 열광적인 팬들을 갖고 있는가? 열광적인 팬들이 많을수록 우리 브랜드에 유리한 구전이 만들어질 가능성이 높다. 우리 브랜드에 만족하는 고객들이 불만족하고 있는 고객들보다 많은가? 불만족한 고객들이 많은 브랜드라면, 구전을 활성화하기 위하여 브랜드 커뮤니티를 만든다든지 하면 불리한 구전만 잔뜩 만들어질 위험이 크다. 이런 경우라면 새로운 구전을 창출하는 것보다 이미 온라인에서 전파되고 있는 (부정적인) 구전을 수집하고 개선점을 찾는 것이 더 낫다.

▶ **고객의 특성:** 우리 고객들이 온라인 구전을 창출하거나 전파하는 데 얼마나 적극적인가? 가령 10대 후반에서 20대 초반의 연령층을 가진 브랜드라면 고객들이 온라인 구전에 적극적일 가능성이 높지만, 50대 이상의 연령층을 가진 브랜드라면 그 반대일 것이다. 뿐만 아니라 10대 후반에서 20대 초반이라고 하더라도, 이들 중에서 UGC(user generated content)를 직접 생산하는 것을 즐기는 집단이 많은지, 누군가 올린 UGC에 댓글을 달거나 평점을 매기는 것을 즐기는 집단이 많은지, 아니면 남이 쓴 글이나 UGC를 '눈팅'만 하는 집단이 많은지를 파악하는 것도 중요하다.

2. 목표 설정

온라인 구전을 관리해서 우리는 어떤 성과를 얻고자 하는지를 명확히 해야 한다. 기업들이 온라인 구전 관리를 통하여 추구하는 목표는 대부분 판매증대에 맞춰져 있지만, 그 밖에도 고객의 의견을 청취하거나, 고객과 대화를 나누거나, 효율적으로 고객을 지원하거나, 고객과 협업을 하는 등의 부수적인 목표를 추구하기도 한다.[23]

▶ **판매증대:** 우리 상품이나 브랜드에 열성적인 고객들로 하여금 우리 상품을 다른 사람들에게 판매하도록 유도하는 것. 가령 우리 상품에 매우 만족한 고객들이 많다면 그들에게 우리 웹사이트에 상품에 대한 리뷰나 평점을 올리도록 유도하고, 이를 있는 그대로 공개함으로써 잠재 고객들의 구매를 촉진할 수 있다.

▶ **청취:** 고객들이 우리 상품이나 브랜드에 대해서 주고받는 대화를 지속적으로 모니터함으로써 고객들에 대한 이해를 높이는 것. 대개 온라인 구전을 전문적으로 모니터하는 전문 기관에 의뢰함으로써 달성할 수 있다. 설문조사나 표적집단면접(13장 참조) 같은 마케팅 조사로 보완할 수 있다. 테라와 참이슬의 합성어인 '테슬라'는 원래 소비자들이 자연발생적으로 만든 것인데, 하이트진로가 온라인

---

23 Charlene Li and Josh Bernoff, *Groundswell* (Harvard Business Press, 2008), pp. 68–69.

구전을 청취하다가 발견하여 이를 마케팅에 활용한 것이다.

▶ **대화**: 고객들이 주고받는 대화에 참여하거나 그런 대화가 활발하게 일어날 수 있도록 촉진하는 것. 기발한 동영상을 올리거나, 소셜 네트워킹 사이트에 참여하거나, 블로그나 커뮤니티를 여는 것 등을 통해서 달성할 수 있다. 여기서 '대화'란 우리의 광고를 블로그에 올리는 것 같은 **일방적인 메시지 전달이 아니라** 고객의 질문에 즉시 답한다든지 하는 **쌍방향적인 대화**를 뜻함에 유의하여야 한다.

▶ **고객지원**: 우리의 고객들로 하여금 다른 고객들이 갖고 있는 질문이나 기술적인 문제에 도움을 줄 수 있는 '마당'을 제공하는 것. 주로 기술 지원이 많이 요구되는 상품에 적합하다. 우리의 고객들 중에 기술적으로 높은 수준에 도달한 사람들이 있고, 또 이들이 남을 도울 의향을 갖고 있을 때 성공할 가능성이 높다. 기술 지원을 위한 커뮤니티를 개설하거나 위키(wiki) 같은 협업 프로젝트를 수행함으로써 달성할 수 있다.

▶ **협업**: 우리의 고객들을 우리의 상품을 개선하거나 개발하는 작업에 참여시키는 것. 여기에 나온 다섯 개의 목표 중에서 가장 달성하기 어려운 목표이므로, 앞에 나온 네 개의 목표 중 어느 하나에서라도 성공을 거둔 기업이라야 도전할 수 있다. 크라우드소싱(crowdsourcing)이 대표적인 수단이다.

고객과 대화를 나누고, 고객 지원이나 상품 개발에 고객을 참여시키는 것은 고객 인게이지먼트를 높일 수 있는 좋은 방법이기도 하다. 1장에서 언급한 바와 같이, **고객 인게이지먼트**가 높아지면 기업의 수익성도 높아질 수 있다.

목표를 결정하였다면, 선택된 목표의 달성 여부를 언제 어떤 방법으로 측정할 것인지를 결정한다. 모든 성과 지표가 그렇듯이, 구체적이고 측정 가능한 형태로 표현되어야 한다.

3. 컨텐츠 개발 및 매체 선택

상황 분석과 목표 설정을 한 다음에는 목표 달성에 필요한 컨텐츠를 개발하고 매체를 선택하는 단계에 들어간다. 여기서 컨텐츠란 우리 상품에 관한 이야기, 뉴스, 또는 정보 등을 뜻한다. 인터넷 등장 이전에는 구전으로 전파될 수 있는 컨텐츠는 기본적으로 텍스트 형태였지만, 인터넷이 등장한 후에는 비디오 형태까지 포함하게 되었다. 이렇게 다양해진 형태별로 효과적인 컨텐츠를 개발하는 방법을 설명하는 것은 이 책의 범위를 벗어나므로, 여기서는 전염성이 높은 컨텐츠들이 갖고 있는 공통적인 특성들을 설명하기로 한다.[24]

---

24 Jonah Berger, *Contagious* (Simon & Schuster, 2013), pp. 22-24.

▶ **사회적 자산가치(Social Currency):**
사람들이 타인과 커뮤니케이션 하
는 동기 중의 하나는 남들이 자기
자신에 대해서 좋은 인상을 갖도
록 하는 데에 있다(이를 **인상관리**
(impression management) 동기라
고 부른다). 내가 입는 옷, 운전하
는 자동차가 타인이 갖고 있는 나

에 대한 인상에 영향을 주는 것처럼, 내가 무엇에 대해서 이야기를 하는가도 마
찬가지이다. 우리 상품에 대한 구전을 퍼트리려면, 우리 상품에 대해서 이야기
를 했을 때 남에게 똑똑하고 앞서가는 사람으로 보일 수 있도록 메시지를 만들
어야 한다. 예를 들어, 상품을 누구나 살 수 없도록 한정판으로 내놓거나 희소
하게 만들면, 그것을 손에 넣은 사람들은 스스로를 특별한 존재로 느끼고 타인
에게 자랑할 것이다.

▶ **계기(Triggers):** 사람들은 마음 속에 떠오르는 것을 화제로 삼는다. 따라서 우리
상품이 자주 생각날수록 대화의 주제로 삼을 가능성이 높아진다. 그러므로 우리
상품이 자주 생각나도록 만드는 것은 구전 확산에 도움이 된다. 주변에서 흔히
볼 수 있는 사물에 우리 상품을 연결시키는 것이 한 방법이다. 던킨도너츠가 광
고에서 "커피? 던킨도너츠."라는 카피를 사용한 것을 예로 들 수 있다.

▶ **감정(Emotion):** 아이폰을 갈아버리는 동영상은 우리를 깜짝 놀라게 한다. 가격
을 올린다는 소문은 화나게 한다. 이처럼 감정을 자극하는 컨텐츠가 전염성이
높다. 따라서 상품의 기능보다는 감정에 초점을 맞춰야 한다. 단, 모든 종류의
감정이 구전에 도움이 되는 것은 아니므로 적절한 종류의 감정을 불러일으켜야
함은 물론이다.

▶ **가시성(Public):** 우리 상품이 쉽게 보여야 모방 구매가 일어날 수 있고, 그래야
많이 팔릴 수 있다. 그러므로 우리의 상품을 눈에 잘 띄게 디자인해서 스스로
광고를 할 수 있도록 해야 한다.

▶ **실용적 가치(Practical Value):** 사람들은 남을 돕고 싶어한다. 따라서 우리 상품이
얼마나 시간을 절약해주는지, 얼마나 건강에 도움이 되는지, 또는 얼마나 돈을
절약해주는지를 보여준다면, 사람들은 입소문을 퍼트릴 것이다. 그러나 현대인
은 수많은 광고에 노출되므로, 평범한 컨텐츠로는 충분치 않다. 같은 메시지라
도 어떻게 하면 눈에 확 들어오고, 귀를 솔깃하게 만드는지를 이해해야 한다.

▶ **스토리(Stories):** 사람들은 단지 정보를 전달하지 않고 스토리를 말한다. 스토리
가 트로이의 목마라면, 우리 상품은 그 속에 숨어 있는 병사들이다. 사람들이 말
하고 싶어하는 트로이의 목마를 만들어서 그 속에 우리의 상품을 심어야 한다.

쉐이크쉑 버거는 희소
성을 구전 확산에 활
용하였다. 대대적인 언
론 홍보로 한국 진출
을 알렸지만, 점포는
단 한 개만을 오픈함
으로써 폭염 속에서도
소비자들이 장사진을
이루는 진풍경이 연출
되었다. 이 모습이 다
시 언론과 소셜 미디
어를 통하여 재확산됨
으로써 광고 없이도
브랜드 인지도를 순식
간에 끌어올리는데 성
공하였다.

구전 확산에 시동을 걸 수 있는 매체에는 여러 가지가 있다. 앞에서 살펴 본 매체의 3가지 종류 — 유료 매체(paid media), 기업 소유 매체(owned media), 자발적 확산 매체(earned media) — 모두가 활용될 수 있다. 유료 매체는 광고를 다룰 때 이미 언급했고, 자발적 확산 매체 중에서 언론 매체를 통한 홍보는 PR을 다룰 때 살펴보았다. 여기서는 앞에서 다루지 않은 기업 소유 매체(예: 온라인 커뮤니티, 기업 블로그, 소셜 네트워크 상의 기업 계정 등)를 중점적으로 다룬다.

(1) 온라인 커뮤니티

커뮤니티에는 기업이 주도해서 만드는 것도 있고 고객들이 자발적으로 만드는 것도 있다. 커뮤니티가 성공적으로 구축되고 유지되면 고객과의 대화, 판매 증진, 고객지원 등의 다양한 목적을 달성하는 데 활용될 수 있다.

커뮤니티가 성공적으로 구축되기 위해서는 적극적인 참여자들이 다수 있어야 하는데, 사람들이 평소에 깊은 관심을 갖고 있는 일부 상품이나 브랜드를 제외하고는 커뮤니티를 성공적으로 만들기란 쉽지 않다. 어떤 기업들은 경제적인 인센티브에 의존해서 커뮤니티 회원 수를 늘리기도 하는데 이러한 전략이 회원들의 커뮤니티 참여도와 브랜드 애호도를 높이는데 장기적인 효과가 있는지는 의문이다. 커뮤니티는 만들기도 어렵지만, 일단 만들고 나면 쉽게 닫을 수도 없으므로, 장기적으로 커뮤니티를 끌고 나가야겠다는 의지 없이 만들어서는 안된다.

그러므로 고객들이 자발적으로 만든 커뮤니티가 이미 있다면, 우리가 별도로 커뮤니티를 만들기보다는 이미 존재하는 커뮤니티에 참여하고 그것이 더욱 활성화되도록 지원을 하는 것이 바람직하다. 만약, 어쩔 수 없이 기업 주도로 커뮤니티를 만들어야 하는 상황이라면, **우리의 상품에 초점을 맞춘 커뮤니티가 아니라 고객들이 열광하는 주제를 다루거나 아파하는 문제를 해결해주는데 초점을 맞추는 것이 성공 가능성을 높일 수 있다.** 예를 들어, 우리가 카메라를 판매하는 회사라면, 우리 카메라 브랜드의 커뮤니티를 만드는 것보다는 사진을 좋아하는 사람들의 커뮤니티를 만드는 것이 더 나은 방법이다.

(2) 블로그

블로그는 개인 웹페이지의 소셜 미디어 버전이며, 개인의 생활을 기록한 일기부터 특정 주제에 관련된 정보를 모은 것에 이르기까지 여러 가지 형태로 나타난다. 블로그는 보통 한 사람이 작성하지만, 다른 사람도 댓글을 달 수 있기 때문에 여러 사람들이 상호작용할 수 있는 가능성을 제공한다. 때문에 기업들은 블로그를 이용하여 고객과 대화를 나눌 수 있다.

예를 들어 HP는 프린터 이외에도 컴퓨터, 주변기기, 소프트웨어, IT서비스 등 수백 종류의 상품을 소비자에서부터 기업에 이르기까지 다양한 고객들에게 판매하고 있는데, 고객들은 기술적인 이슈에 대한 자세한 정보와 도움에 목말라하고 있었다. 이러한 욕구를 충족시키기 위해서 HP는 '인간의 얼굴을 한' 도움을 제공하기로 하였고, 수십 명의 임직원들이 각기 자신의 전문 분야에 대한 블로그를 개설하였다. HP의 블로거들은 단지 글만 작성하는 것이 아니라 독자들이 올린 댓글에 답을 씀으로써 고객과 대화를 나눌 수 있게 되었고 이를 통하여 고객을 더 잘 이해하고 아이디어를 얻을 수 있었다. 또한 고객들은 HP의 전문가들이 직접 작성한 글을 읽으면서 HP에 대해서 더 높은 신뢰감을 갖게 되었다.

이처럼 기업 블로그는 고객과 대화를 나눌 수 있는 좋은 수단이지만, 블로그를 작성하는 임직원은 많은 시간을 투입하여야 한다는 문제가 있다. 그러므로 블로그 작성을 강제해서는 결코 성공할 수 없고, 자발적으로 참여하도록 하는 것이 바람직하다. 또한 임직원 블로거들에게 사전 교육을 실시하고 명확한 가이드라인을 제공할 필요가 있다.

임직원 이외에 '파워 블로거'도 구전 확산에 중요한 역할을 한다. 하지만 파워 블로거가 기업으로부터 대가를 받고 해당 기업의 상품을 추천하는 경우에는 그런 사실을 명확히 공개해야 하며, 그렇게 하지 않은 경우에는 광고주가 책임을 져야 한다(보다 자세한 것은 14장 참조).

(3) 소셜 네트워크와 UGC 사이트

소셜 네트워킹 사이트는 사용자들이 자신의 개인 프로파일을 작성한 후, 친구와 동료들을 초대하고 상호간에 이메일과 메시지를 주고받음으로써 교류하는 사이트이다. 가장 대표적인 사이트는 페이스북이며, 이미 많은 기업들이 페이스북에 페이지를 개설해 놓고 있다. 그러나 소셜 네트워크가 모든 기업에 적합한 것은 아니다. 고객들의 연령이 비교적 젊고, 해당 브랜드를 열광적으로 좋아하는 고객들이 많을수록 소셜 네트워크를 통하여 성공적으로 구전을 창출할 수 있다. 이미 고객들이 소셜 네트워크에 자발적인 팬 페이지를 만들어 놓았다면, 굳이 새로운 페이지를 만들기보다는 기존 페이지와 협력하는 편이 나을 수도 있다.

UGC 사이트의 주목적은 사용자들이 스스로 만든 컨텐츠(텍스트, 사진, 동영상 등)를 공유하는 것이며, 유튜브가 대표적이다. 마케터는 기발한 컨텐츠를 UGC 사이트에 올림으로써 구전을 창출하고 브랜드 인지도를 제고할 수 있다. 이 경우 마케터는 브랜드 인지도를 반짝 높인 것에 만족해서는 안되고, 반응단계 중의 다음 단계(예: 지식, 호감, 선호, 확신, 구매)로 어떻게 하면 연결시킬 것인지를 면밀하게 계획해야 한다.

4. 실행 및 성과 평가

온라인 구전 관리를 성공적으로 실행하기 위해서는 시작부터 일을 너무 크게 벌이지 않는 것이 중요하다. 경험이 없는 기업이라면 더욱 그러하다. 가령 목표가 판매증대나 고객지원이라고 하더라도 처음에는 청취라는 낮은 단계를 조준하는 것이 바람직하다. 그래서 청취에 성공을 거둔 것을 확인한 다음에 그 다음 단계로 나아가야 한다.

온라인 구전 관리의 성과 평가는 일차적으로는 목표 달성 여부를 확인하기 위해서 필요하지만, 이차적으로는 (많은 임직원들이 생소해하는) 온라인 구전 관리가 성과가 있음을 보여줌으로써 회사 내부의 더 많은 지원을 획득하기 위해서도 필요하다. 온라인 구전은 측정하기가 비교적 용이하기 때문에 투입된 비용 대비 효과를 계량화하여 ROI(return on investment) 계산을 하는 것이 바람직하다. 이때, 효과를 너무 좁게 한정하지 않도록 유의하여야 한다. 예를 들어, 앞에서 예를 든 HP의 블로그의 경우 예상되는 효과는 광고효과(즉, 블로그 방문자 수), PR효과(즉, 블로그에 실린 내용이 언론에 취급되는 빈도), 구전효과(즉, HP 블로그에 실린 내용이 영향력 있는 다른 블로그에 언급되는 빈도), 고객지원효과(즉, 블로그에 실린 기술 정보 덕분에 줄어든 고객지원 요청 건수), 고객조사효과(즉, 블로그를 통한 대화 덕분에 얻게 된 고객 정보의 양) 등으로 나눠볼 수 있으며, 각 효과의 가치를 금액으로 산정하는 것도 가능하다.

▪ 이 장의 요약

이 장에서는 촉진믹스 요소인 광고, PR, 구전, 판매촉진, 인적판매의 일반적인 특징을 먼저 살펴본 다음, 그 중 광고, PR 및 구전을 공부하였다.

1절에서는 촉진믹스의 각 요소가 어떤 경우에 가장 큰 효과를 발휘할 수 있는지를 알아보았다. 어느 한 요소에만 의존하여 촉진활동을 하는 것은 비용 효과적이지 못하며, 다섯 가지 요소들을 통합적으로 활용하여 효과를 극대화하는 것이 중요하다. 이렇게 하는 것을 통합적 마케팅 커뮤니케이션(integrated marketing communications)이라고 부른다.

2절에서는 광고관리의 여러 가지 요소들을 알아 보았다. 먼저, 광고대행사에 대하여 살펴보았고, 커뮤니케이션 과정 모형이 무엇인지 그리고 이것이 시사해 주는 바가 무엇인지를 공부하였다. 광고관리는 표적청중 결정, 목표수립, 예산수립, 메시지 결정, 매체결정, 매크로스케줄링, 마이크로스케줄링, 효과측정의 여덟 가지 요소(8M)로 이루어진다고 하였다. 이러한 결정들을 내리려면 상당한 전문성이 필요하므로, 마케터는 광고대행사와 긴밀히 협조하면서 도움을 받을 필요가 있다.

3절에서는 PR의 의미와 관리과정에 대하여 공부하였다. PR은 홍보보다 더 넓은 개념으로서, 홍보, 출판물, 이벤트, 연설, 사회봉사활동 등의 활동들을 포함하는 것이다.

끝으로 4절에서는 온라인 구전 관리의 중요성과 이를 관리하기 위한 체계적인 과정을 살펴보았다. 구전은 마케터가 마음대로 통제할 수 있는 것은 아니지만, 이를 체계적으로 관리한다면 판매 증대 뿐만이 아니라, 고객 반응의 청취, 고객과의 대화, 고객 지원, 그리고 고객과의 협업 등의 다양한 성과를 거둘 수 있다. 그러나 성급하게 기술부터 선택해서는 안되며, 그 이전에 철저한 상황 분석과 적절한 목표 설정이 선행되어야 한다.

▪ 더 읽어 볼 거리

1. 광고 전반에 대한 보다 깊이 있는 내용은 다음을 참조하시오.

안광호 · 이유재 · 유창조, *광고관리*, 제4판 (학현사, 2020).

이두희, *광고론* (박영사, 2009).

장대련 · 한민희, *광고론*, 2판 (학현사, 2006).

George E. Belch and Michael A. Belch, *Advertising and Promotion: An Integrated Marketing Communications Perspective*, 11th ed. (McGraw Hill, 2017).

2. 판매반응함수에 대한 내용은 다음을 참조하시오.

권익현, "광고비의 판매반응곡선에 대한 이론적/실증적 연구," *광고연구* (봄호, 1994), pp. 160−181.

Demetrios Vakratsas and Tim Ambler, "How advertising works: What do we really know?" *Journal of Marketing* (1999), pp. 26−43.

3. 전염성 높은 컨텐츠를 만들기 위한 이론 및 사례는 다음을 참조하시오.

Jonah Berger, *Contagious* (Simon & Schuster, 2013).

4. 온라인 구전 관리에 관한 보다 자세한 내용은 다음을 참조하시오.

Charlene Li and Josh Bernoff, *Groundswell* (Harvard Business Press, 2008).

5. 광고에 대한 최신 통계, 각종 광고대회 입상작, 우리나라 주요 기업들의 광고물 등은 다음 웹 사이트에서 쉽게 찾아볼 수 있다.

http://www.tvcf.co.kr
http://www.adic.co.kr

제 10 장

촉진관리(Ⅱ):
판매촉진과 인적판매

풀빵을 굽는 것이 창피한 것이 아니다. 풀빵을 남들과 다르게 굽지 못하는 것이 창피한 것이다.
– 고세림(Mr. Chop Chop), 미국에서 20년 동안 30만개의 채칼을 판 한국인

차를 사는 고객의 주변에는 반드시 2~3명의 잠재 고객이 있다.
– 김정한, 한국GM 판매왕

이 장의 흐름

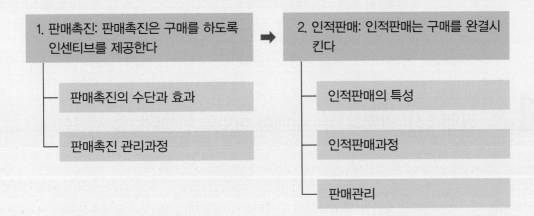

1. 판매촉진: 판매촉진은 구매를 하도록 인센티브를 제공한다 → 2. 인적판매: 인적판매는 구매를 완결시킨다

- 판매촉진의 수단과 효과
- 판매촉진 관리과정

- 인적판매의 특성
- 인적판매과정
- 판매관리

이 장의 목표

이 장을 읽은 다음에는 다음 질문에 답할 수 있어야 한다.

1. 소비자 판매촉진과 중간상 판매촉진의 차이는 무엇인가?
2. 소비자 판매촉진 수단들은 무엇이며, 각각의 효과는 무엇인가?
3. 중간상 판매촉진 수단들은 무엇이며, 각각의 효과는 무엇인가?
4. 판매촉진은 브랜드 이미지를 낮추는가?
5. 거래형 판매와 관계형 판매의 차이는 무엇인가?

9장에서 우리는 촉진믹스를 구성하는 요소들 중에서 광고, PR 및 구전을 공부하였다. 이 장에서는 나머지 두 요소인 판매촉진과 인적판매를 공부하기로 한다. 광고와 PR은 잠재구매자의 반응 단계 중에서 앞 부분에 큰 효과를 미치는 요소들이지만, 판매촉진과 인적판매는 뒷 부분, 특히 확신을 갖게 하고 구매를 하게 만드는 데 큰 효과를 발휘하는 요소들이다.

1 판매촉진: 판매촉진은 구매를 하도록 인센티브를 제공한다

판매촉진
어떤 상품의 구매를 촉진하기 위하여 여러 가지 단기적인 인센티브를 제공하는 활동

어떤 상품을 구입하여야 하는 이유를 제공해 주는 것이 광고의 역할이라면, 어떤 상품을 구입하도록 인센티브를 제공해 주는 것은 **판매촉진**(sales promotion)의 역할이다. 예를 들어, 할인쿠폰, 무료샘플, 사은품, 현상퀴즈, 세일 등이 모두 판매촉진에서 이용되는 대표적인 인센티브들이다. 판매촉진을 편의상 '**판촉**'이라고 줄여서 부르기도 한다.

판매촉진에는 [그림 10-1]처럼 세 가지 종류가 있다.

소비자 판매촉진
제조업자가 직접 소비자를 대상으로 인센티브를 제공하는 것

중간상 판매촉진
제조업자가 중간상을 대상으로 인센티브를 제공하는 것

도매(소매)업자 판매촉진
도매(소매)업자가 소매업자(소비자)를 대상으로 인센티브를 제공하는 것

▶ 제조업자가 직접 소비자를 대상으로 여러 가지 인센티브를 제공하는 것은 **소비자 판매촉진**(consumer promotion)이라고 부른다.
▶ 제조업자가 중간상(보통 도매업자나 소매업자)을 대상으로 인센티브를 제공하는 것은 **중간상 판매촉진**(trade promotion)이라고 부른다. 그러나 중간상 판촉은 주로 학계에서 쓰는 용어이고, 실무에서는 거래처 판촉, 유통업체 판촉 등의 용어가 쓰인다.
▶ 도매업자가 소매업자를 대상으로, 또는 소매업자가 소비자를 대상으로 인센티브를 제공하는 것은 각각 **도매업자 판매촉진**(wholesaler promotion) 또는 **소매업자 판매촉진**(retailer promotion)이라고 부른다.

이 절에서 우리는 판촉수단에는 어떤 종류들이 있는지를 알아보고, 그 효과를 공부한 다음, 판촉관리 과정을 살펴보기로 한다.

1. 판매촉진의 수단 및 효과

판매촉진의 수단들은 실로 다양하며, 날이 갈수록 새로운 수단들이 등장하고 있다. 여기서는 그 중에서도 대표적인 수단들을 살펴보기로 한다.

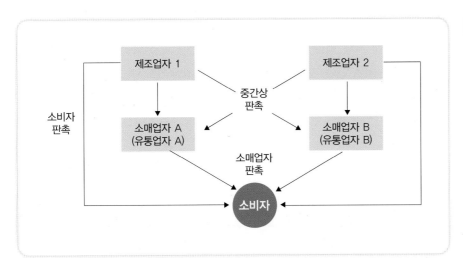

그림 10-1

판매촉진의 종류[1]

소비자 판촉과 소매업자 판촉은 소비자를 대상으로 한다는 점에서 비슷하고, 중간상 판촉과 도매업자 판촉은 소비자가 아니라 유통업자를 대상으로 한다는 점에서 비슷하다. 그러므로 우선 소비자 판촉수단과 소매업자 판촉수단들을 묶어서 설명한 다음, 중간상 판촉수단과 도매업자 판촉수단들을 묶어서 설명하기로 한다.

(1) 소비자 판매촉진

소비자 판촉수단들은 잠재구매자들의 구입가격을 인하시키는 효과를 갖는지를 기준으로 크게 가격수단과 비가격수단으로 구분된다.

1) 가격수단

가격수단들은 가격을 인하하는 효과를 갖기 때문에, 매출액에 미치는 효과가 매우 빠르고 눈에 띄게 나타난다. 그러므로 단기적으로 매출액을 높이는 데에는 매우 효과적이다. 또, 잠재구매자들의 가격민감도가 높아질수록 가격수단들의 효과는 더욱 높아진다. 예를 들어, 불경기에 접어들면 구매자들의 가격민감도가 상승한다. 또, 경쟁상품들간의 차별화가 잘 이루어지지 않아서 구매자들이 경쟁상품들이 별 차이가 없다고 느낀다면, 구매결정을 할 때 가격의 중요성이 높아진다(이 밖에 가격민감도가 높아지는 경우에 대해서는 3장을 참조하시오). 가격수단에 속하는 소비자 판촉수단들은 다음과 같다.

• **할인쿠폰**

할인쿠폰(discount coupons)이란 쿠폰 소지자가 쿠폰에 표시된 상품을 구입할

---

1 Donald R. Lehmann and Russell S. Winer, *Product Management* (McGraw-Hill, 2005), p. 362.

때, 일정 기간 동안 명시된 만큼의 할인혜택을 받을 수 있게 해 주는 증서를 가리킨다. 쿠폰이 배포되는 경로는 다양한데, 우송되기도 하고(direct-mail couponing), 상품 안에 포함되거나 상품에 부착되기도 하고(in-pack or on-pack coupons), 신문이나 잡지에 인쇄되거나(run-of-press coupons), 그 안에 끼어서(free-standing insert, FSI) 배포되기도 한다. 또, 웹사이트나 휴대폰을 통해서 배포되기도 한다(online/mobile coupons). 할인쿠폰의 장점은 다음과 같다.

▶ 신상품의 **사용과 반복구매를 촉진**시키고, 경쟁브랜드의 구매자들을 우리 브랜드로 **전환**시키는 데 효과적이다.
▶ 신상품의 **인지도**를 높이고 기존 상품의 경우에는 기억을 상기시키는 효과가 있다.[2]
▶ 배포방법이 다양하기 때문에 판매촉진 목적에 맞는 **표적시장에만 정확하게 배포**하기가 비교적 쉽다. 특히, 우편, 인터넷 또는 휴대폰을 통해서 배포하는 방법이 표적시장에만 배포하는 데 효과적이다.
▶ 쿠폰을 모든 사람들에게 배포하더라도, 받은 사람들이 모두 이용하는 것은 아니다. 왜냐하면, 쿠폰을 찾고, 보관하고, 구매할 때 잊어버리지 않고 갖고 가서 제시하는 데에는 적지 않는 노력과 시간이 들어가는데, 이러한 노력을 기꺼이 들이는 사람들은 대개 가격에 민감한 사람들이기 때문이다. 즉, 대체로 가격민감도가 높은 구매자들이 쿠폰을 이용하여 할인혜택을 받고, 그렇지 않은 사람들은 제값을 다 내기 때문에, 쿠폰은 **가격차별(price discrimination)**의 수단이 되고, 이론적으로는 기업의 이익을 증가시킬 수 있다(8장 참조).

그러나 할인쿠폰은 다음과 같은 단점을 갖는다.

▶ **쿠폰 사용률이 매우 낮다.** 우리나라의 통계는 없으나, 쿠폰의 사용이 일찍이 생활화된 미국에서는 신문에 끼어서 배포되는 쿠폰의 사용률은 2%에 지나지 않으며, 우편의 경우는 4%, 상품에 넣거나 부착하는 경우는 9%인 것으로 알려져 있다. 우리나라 소비자들은 '체면의식' 때문에 쿠폰 사용을 꺼리는 경향이 있어서 더 낮을 것으로 추측된다. 그러나 위에서 언급한 것처럼, 쿠폰은 상품의 인지도를 높여주는 광고 효과도 갖고 있으므로, 사용되지 않은 쿠폰이 모두 낭비된 것이라고 단정할 수는 없다.
▶ 쿠폰 사용을 위한 **하부구조가 미비하다.** 예를 들어, 우리나라에서는 소매점에서 판매되는 생필품들의 제조업자가 발행한 할인쿠폰은 일부 대형마트 정도에서만 받아주고 있어서 소비자들이 쿠폰을 사용하는 것이 불편하다. 이렇게 된 이유는

---

2 Rajkumar Venkatesan and Paul W. Farris, "Unused Coupons Still Pay Off," *Harvard Business Review* (May, 2012).

1. 배포 비용: 10,000,000장×10원/장	100,000,000원	표 10-1
2. 사용률: 2%(200,000장)		쿠폰 비용의 계산 예[3]
3. 할인액: 200,000장×250원	50,000,000원	
4. 회수 비용: 200,000장×50원	10,000,000원	
5. 총 비용: 1 + 3 + 4	160,000,000원	
6. 회수된 쿠폰 1장당 비용: 160,000,000원/200,000장	800원	
7. 상환 오류: 20%(40,000장)		
8. 상환 오류를 제외한 회수된 쿠폰 1장당 비용: 160,000,000/160,000	1,000원	

우리나라에서는 규모가 작은 구멍가게들이 많은데 제조업자가 이들로부터 쿠폰을 회수하고 차액을 보상해 주려면 매우 많은 비용과 시간이 들기 때문이다.

▶ **상환오류**(misredemption)의 문제가 있다. 소매점의 부주의로 쿠폰이 만료되었는데도 할인해 주거나, 대상 상품이 아닌데도 할인해 주는 경우가 발생한다. 심지어, 일부 소매업자들은 소비자들이 사용하지도 않은 쿠폰을 사용한 것처럼 속여서 제조업자로부터 그 차액을 받아내기도 한다.

상환오류
소매점이 부주의로 쿠폰상환을 잘못하거나, 또는 고의로 상환하지도 않은 쿠폰을 상환한 것으로 처리하는 것

▶ **비용이 높아질 수 있다.** 쿠폰의 낮은 사용률, 회수비용, 상환오류 등을 모두 감안하면, 회수된 쿠폰 1장당 비용은 1장당 할인액과 배포 비용의 몇 배에 달할 수도 있다. 〈표 10-1〉은 이를 보여준다.

• 리베이트

리베이트(rebates)란 일정 기간 동안 어떤 상품을 구입한 사람에게 구입가격의 일부를 금품으로 보상해 주는 것을 가리킨다. 이를 받으려면, 구매자는 자신이 구매하였다는 증거(예: 바코드, 포장지 등)를 제조회사에 보내야 한다. 그러면 제조회사는 구매자에게 온라인으로 송금하거나 우편환을 보내준다. 상품에 부착된 인증번호를 웹사이트에 입력하면 마일리지나 경품을 받는 온라인 구매인증도 리베이트의 일종이다.[4] 리베이트는 다음과 같은 장점들을 갖고 있다.

리베이트
일정 기간 동안 어떤 상품을 구입한 사람에게 구입가격의 일부를 금품으로 보상해 주는 것

▶ 우리 브랜드 구매자들의 **반복구매, 다량구매, 조기구매**를 촉진시킬 수 있고, 경쟁 브랜드 구매자들의 **브랜드 전환**도 유도할 수 있다.

▶ 리베이트 역시 쿠폰과 마찬가지로 **가격차별의 수단**이 되기 때문에, 기업의 이익을 높이는 데 기여한다. 왜냐하면 상당히 많은 수의 사람들이 리베이트를 신청

조기구매
판촉이 진행되는 동안에 나중에 살 상품까지 앞당겨 구매하는 것

---

3 안광호·유창조, *광고원론* (법문사, 2002), p. 339 일부 수정
4 우리나라에서 리베이트라고 하면, 건설공사나 산업재 구매 등을 할 때 판매자가 구매자에게 불법적으로 제공하는 검은돈을 가리키기도 하지만, 이는 영어를 잘못 사용한 것이다. 이런 검은돈은 킥백(kickback)이라고 불러야 한다.

하지 않거나 잊어버리는데, 이런 사람들은 대개 가격에 민감하지 않기 때문이다. 결국, 쿠폰과 마찬가지로, 가격에 민감한 사람들은 대부분 보상을 받고, 가격에 민감하지 않은 사람들은 보상을 받지 못하므로 가격차별 효과가 발생하는 것이다.

▶ 8장에서 가격을 다룰 때, 우리는 가격할인이 준거가격을 낮출 위험을 안고 있다고 하였다. 그러나 리베이트는 일단 구입할 때에는 정가를 다 내야 하기 때문에, **준거가격을 낮출 위험이 작다.**

▶ **고객 데이터베이스를 구축할 수 있게 해준다.** 대부분의 제조업자들은 자기 회사의 상품을 누가 구매하였는지를 알기 어렵다. 그러나 구매자들이 '꼼꼼하게' 작성한 리베이트 신청서는 고객에 대한 데이터가 담겨 있는 보물상자라고 할 수 있다.

그러나 리베이트는 보상을 받을 때까지 기다려야 하기 때문에, 액수가 어느 정도 이상이 되어야 소비자들로부터 강력한 반응을 기대할 수 있다는 단점을 갖고 있다.

• 보너스 팩

보너스 팩(bonus packs)이란 같은 상품 또는 관련된 상품 여러 개를 묶어서 싼 가격에 판매하는 것을 가리킨다. 예를 들어, 비누 두 개를 묶어서 한 개 값에 팔거나, 치약과 칫솔을 묶어서 싼 값에 파는 것 등이 여기에 해당된다. 또, 300ml짜리 샴푸에 50ml를 더 넣어서 300ml 가격에 파는 것도 보너스 팩에 해당된다.

보너스 팩의 장점은 **다량구매**나 **조기구매**를 유도해서, 경쟁자들이 침투할 여지를 좁혀 놓을 수 있다는 데에 있다. 그러나 진열면적을 많이 차지하기 때문에 유통업자의 협조가 없이는 사용하기 어렵다는 단점도 갖고 있다.

• 보상판매

보상판매(trade-ins)란 우리 회사 또는 경쟁회사 상품 사용자들에게 그 상품을 반납하고 우리 상품을 구입하는 조건으로 일정 액수를 할인해주는 것을 가리킨다. 보상판매는 주로 PC, 이동통신 단말기 등과 같은 내구재에서 많이 이용되고 있다.

보상판매의 대상을 우리 회사 상품 사용자로 한정하는 폐쇄형과, 경쟁회사 상품 사용자들까지 확대하는 개방형이 있는데, 폐쇄형은 기존 고객들의 **반복구매**를 통하여 시장점유율 방어효과가, 개방형은 경쟁자 고객들의 **브랜드 전환**을 통하여 시장점유율 증대효과가 크다.

보상판매는 기존 상품 사용자에게만 낮은 가격을 적용하고, 처음 구입하는

보너스 팩
같은 상품 또는 관련된 상품 여러 개를 묶어서 싼 가격에 판매하는 것

보상판매
우리 회사 또는 경쟁회사 상품 사용자들에게 그 상품을 반납하고 우리 상품을 구입하는 조건으로 일정 액수를 할인해 주는 것

사람들에게는 정상가격을 적용하므로 **가격차별의 일종**이라고 볼 수 있다.[5]

• 세 일

세일(sale)이란 일정 기간 동안 상품가격을 일정한 비율만큼 할인해 주는 것을 가리킨다. 예를 들어, 맥도널드에서 한 달 동안 빅맥 샌드위치를 3,200원에 판매하는 것이 세일에 해당한다. 그러나 세일중에서는 아마도 '백화점 세일'이 우리에게 가장 친숙하므로, 백화점 세일의 효과와 문제점에 대해서 생각해보자.[6] 백화점 세일은 다음과 같은 여러 가지 효과를 갖고 있다.

▶ **매출액**이 높아진다. 우리나라 백화점의 경우 세일 기간 동안의 매출액이 1년 매출액의 무려 40%를 차지한다고 한다.

▶ 제철이 지난 재고들을 처분함으로써, **재고유지비용**을 줄일 수 있다.

▶ 세일까지 기다리지 못하는 사람들은 평상시에 제값을 다 내고 구매하고, 세일이 없었다면 백화점에 오지 않았을 사람들이 세일기간에 백화점에서 구매한다면, **가격차별을 통한 이익증대**를 기대할 수 있다.

그러나 우리나라의 백화점 세일은 다음과 같은 여러 가지 문제점들을 갖고 있는 것도 사실이다.

▶ 거의 모든 백화점들이 **동시에 세일**을 함으로써, 다른 백화점의 고객들을 빼앗아 오는 효과는 거의 기대할 수 없다.

▶ 세일 시기가 매년 거의 일정하므로, 고객들이 세일을 언제 하는지를 **예측할 수 있다.** 그러므로 세일이 얼마 남지 않았을 때에는 세일을 할 때까지 구매를 연기 하는 사람들이 많다. 그래서 세일이 없었다면 제값을 다 내고 구입하였을 사람 들도 할인된 가격으로 구입하게 되므로, 가격차별로 인한 이익 증대 효과가 줄 어든다.

결론적으로, 우리나라의 백화점들이 세일기간에 매출액이 엄청나게 늘어나는 것은 다음과 같은 두 가지 원천 때문이라고 할 수 있다. 첫째, 기존 고객들이 세일 때까지 구매를 늦추거나, 세일기간 동안에 대량으로 구매하거나 앞당겨 구매하기 때문이다. 따라서 세일이 끝난 다음에는 한동안 백화점 매출이 크게 감소할 수밖에 없다. 둘째, 평소에는 시장이나 대형마트를 이용하는 사람들이 세일기간 동안에는 백화점에서 구매하기 때문이다.

---

5 김용준 · 김소영, "가격차별화전략으로서의 보상판매에 대한 연구," *경영학연구* (1999년 12월), pp. 861-887.

6 이기엽, "백화점의 세일효과 진단을 위한 가이드 라인," SMG(편), *마케팅 기본법칙* (한언, 1998), pp. 320-325.

2) 비가격수단

비가격수단들은 가격수단들에 비하여 매출액에 미치는 효과가 느리게 나타나고 그 크기도 작을 가능성이 높지만, 그 대신 브랜드 이미지를 높인다든지 애호도를 높이는 등의 추가적인 효과를 갖고 있다. 비가격수단에 속하는 소비자 판촉수단들은 다음과 같다.

• 샘플과 무료시용

샘플(samples)이란 소량의 상품을 무료로 제공하는 것을 가리킨다. 샘플은 여러 가지 방법으로 배포되는데, 우송, 가정배달, 점포내 배포, 가두 배포, 상품에 부착하는 방법 등이 널리 쓰인다.

샘플은 잠재구매자들에게 상품을 사용해 볼 수 있는 기회를 제공함으로써, **시용을 유도**할 수 있기 때문에 신상품에 아주 효과적이라는 장점을 갖는다. 특히 '시용-반복' 과정을 거쳐서 판매가 일어나는 식품, 생활용품, 화장품, 의약품 등의 신상품 발매시에 널리 쓰이고 있다.

그러나 샘플은 다른 판매촉진 방법들에 비하여 상대적으로 비용이 많이 드는데다가, 샘플 배포를 정확하게 하지 못하면 사용되지 않는 샘플이 많이 발생하기 때문에 비효율적일 수 있다.

샘플이 주로 비내구재에서 이용되는 반면, 가전제품, 승용차, 사무기기 등과 같은 내구재 신상품을 일정 기간 동안 무료로 사용해 볼 수 있도록 하는 것을 **무료시용**(free trial)이라고 부른다.

무료시용은 시용을 촉진하는 것 이외에 무료시용한 사람들을 대상으로 고객 데이터베이스를 구축할 수 있다는 장점을 갖고 있다. 예를 들어, 한국 GM에서 실시한 '에스페로 고객평가단' 모집 행사는 100명의 테스트 드라이버에게 1년 동안 에스페로를 빌려주는 것이었는데, 무려 43만 5천명에 달하는 사람들이 응모하였고, 한국GM은 이들을 데이터베이스로 구축하여 불과 1년 6개월 사이에 1만 5천대의 차를 팔 수 있었다.

• 사은품

사은품(premium 또는 gift)이란 일정한 기간 동안 어떤 상품을 구입한 사람들에게 다른 상품을 무료 또는 낮은 가격으로 제공하는 것을 가리킨다. 사은품은 상품과 함께 그 자리에서 배포되기도 하고, 리베이트처럼 구매자가 회사에 구매하였다는 증거를 보내면 우편으로 배달되기도 한다. 판촉수단으로서 사은품이 갖는 장점은 다음과 같다:

▶ 우편으로 사은품을 배포하는 경우, **고객 데이터베이스를 구축하기 위한 수단**으로

사은품을 이용할 수 있다. 실제로 미국의 담배회사들은 약 10년에 걸쳐서 사은품을 제공하면서 미국인 흡연자 대부분을 수록한 데이터베이스를 구축할 수 있었다.

▶ 사은품은 다른 판촉수단들과는 달리, **브랜드의 이미지를 높이는 데 기여**할 수 있다. 예를 들어, 말보로(Marlboro) 담배는 '말보로 맨(Marlboro Man)'으로 표현되는 카우보이 이미지로 유명한데, 사은품으로 카우보이 모자, 부츠 등을 제공함으로써, 판매촉진은 물론 브랜드 자산 강화효과도 거두었다.

그러나 사은품이 우편으로 배달되는 경우에는 구매자들이 기다려야 하기 때문에, 구매자들이 참여하는 비율이 저조해질 수 있다.

• 현상경품, 게임, 콘테스트

현상경품(prizes)이란 일정한 기간 동안에 어떤 상품을 구입한 사람들 중에서 일부를 추첨하여 현금이나 물건을 주는 것을 가리킨다. 요즘은 스크래치 카드(scratch-off card)를 이용하여 즉석에서 당첨 여부를 알 수 있도록 하는 방식이 많이 이용되고 있다. 반면에 상품을 구입하든 구입하지 않든 누구나 응모할 수 있는 현상경품은 **공개현상경품(sweepstakes)**이라고 부른다.

현상경품과 비슷한 것으로 **게임(games)**과 **콘테스트(contests)**가 있다. 게임은 현상경품과 마찬가지로 어떤 상품을 구입한 사람들만 참여할 수 있는데, 예컨대 상품을 구입할 때마다 숫자나 알파벳이 적힌 카드를 주고, 이것이 어떤 패턴을 이루게 되면 상을 주는 것이다.

(공개)현상경품과 게임은 순전히 운에 의하여 결정되는 반면에, 콘테스트는 상당한 지식이나 기술을 요구하는 문제를 낸 다음, 이를 맞춘 사람들이나 심사를 통과한 사람들에게 상을 주는 점이 다르다. 그러므로 콘테스트는 우리 상품에 대한 구매자들의 관여도를 높이는 수단으로 활용될 수 있다. 가령, 신상품의 브랜드 네임이나 슬로건을 공모하는 것이 좋은 예이다. 콘테스트에는 대개 상품을 구매하지 않아도 누구나 참여할 수 있다.

그동안 우리나라 정부는 지나치게 비싼 경품을 주지 못하도록 규제해왔으나, 2016년 7월부터 관련 규제를 완전히 폐지하였다.

• 고정고객 우대 프로그램

고정고객 우대 프로그램(patronage awards)이란 어떤 회사(들)의 상품을 구매한 양이나 액수에 비례하여 현금, 제품, 또는 서비스 등으로 보상해 주는 프로그램을 가리킨다. 대부분의 항공사들이 시행하고 있는 **마일리지 프로그램(mileage program)**이 좋은 예이다. 이 프로그램은 여러 가지 장점을 갖고 있다.

현상경품
일정한 기간 동안에 어떤 상품을 구입한 사람들 중에서 일부를 추첨하여 현금이나 물건을 주는 것

콘테스트(소비자 판촉수단)
소비자들에게 상당한 지식이나 기술을 요구하는 문제를 낸 다음, 이를 맞춘 사람들이나 심사를 통과한 사람들에게 상을 주는 것

고정고객 우대 프로그램
어떤 회사(들)의 상품을 구매한 양이나 액수에 비례하여 현금, 제품, 또는 서비스 등으로 보상해 주는 프로그램

▶ **고객의 이탈을 방지**함으로써 생애가치를 높일 수 있다(1장 참조).

▶ **윈윈(win-win) 전략**의 일종이다. 모든 경쟁자들이 이런 프로그램을 시행하고 있고, 거의 모든 구매자들이 가입하였다면, 가격경쟁이 줄어들어서 업계 전체의 수익성이 향상될 수 있다(4장 참조).

▶ **고객 데이터베이스**를 구축할 수 있다.

그러나 우리 기업들이 운영하고 있는 고정고객 우대 프로그램은 다음과 같은 문제점들도 갖고 있다.

▶ 대부분의 프로그램들이 고객의 구매액이 높아짐에 따라 많은 혜택을 제공하도록 설계되어 있다. 그러나 **구매액이 높은 고객이 반드시 이익도 높은 고객이 아닌 경우**도 있을 수 있으므로, 주의가 필요하다.

▶ 많은 프로그램들이 **금전적인 혜택을 주는 데 치중**하고 있어서, 시간이 지남에 따라 기업의 수익성을 떨어뜨릴 위험이 있다. 비금전적인 혜택도 제공할 필요가 있다.

• 구매시점 디스플레이

구매시점 디스플레이
소비자들이 어떤 상품을 구매하도록 유도하기 위하여 소매점 내에 눈에 잘 띄게 진열해 놓은 것

구매시점 디스플레이(point-of-purchase displays)란 소비자들이 어떤 상품을 구매하도록 유도하기 위하여 소매점 내에 그 상품을 눈에 잘 띄게 진열해 놓은 것을 가리킨다. 예를 들어, 대형마트에 가면 통로 끝 매대에 어떤 상품을 가득 쌓아 놓은 것을 볼 수 있는데, 이것이 구매시점 디스플레이에 해당된다.

앞에서 나온 판촉수단들과는 달리, 구매시점 디스플레이는 소비자들에게 경제적인 인센티브를 제공하는 것은 아니다. 구매시점 디스플레이는 단지 소비자들의 시선을 집중시킴으로써 충동구매를 유발할 수 있다. 흥미로운 사실은, 소비자들은 어떤 상품이 눈에 띄게 잔뜩 쌓여 있는 것을 보면, 실제로 세일을 하지 않더라도, 그 상품이 세일을 하는 것으로 생각하고 구매하는 경향이 있다고 한다.[7] 그렇기 때문에, 구매시점 디스플레이는 경제적인 인센티브를 제공하는 것은 아니지만, 그와 비슷한 효과를 거둘 수 있다.

구매시점 디스플레이를 하려면 앞서 나온 보너스 팩의 경우처럼 **소매업자의 협조가 필수적**이다. 소매업자가 구매시점 디스플레이를 허락하는 대가로 제조업자는 디스플레이 용품을 제공하고 자기 직원을 파견하여 디스플레이를 하는 것은 물론이고, 디스플레이를 허용한 대가를 소매업자에게 지불하곤 한다. 이것을 **진열 공제**(display allowances)라고 부르는데, 중간상 판촉수단을 설명할 때 다

---

7 J. Jeffrey Inman and Leigh McAlister, "A Retailer Promotion Policy Model Considering Promotion Signal Sensitivity," *Marketing Science* (Fall, 1993), pp. 339-356.

표 10-2 소비자(또는 소매업자) 판촉수단들의 효과[a]

	시 용	반 복	브랜드 전환	다량구매	조기구매	인지도 향상	이미지 향상	DB 구축
가 격 수 단								
할인쿠폰	●[b]	●	●		●	●		
리베이트	◑	●	●	●	●	◑		●
보너스 팩	◑	●	●	●	●	◑		
보상판매	●	●	●		●	◑		●
세 일	●	●	●		●	●		
비 가 격 수 단								
샘 플	●	●	●		●	●		●
무료 시용	●	●	●	●	●	●		●(우편)
사은품	◑	●	●	●	●	●	●	●
현상경품 및 게임		●	●	●	●	●		●
공개현상경품						●		●
콘테스트		●				●	●	●
고정 고객 우대 프로그램		●		◑			◑	●
디스플레이	◑	◑	◑			●		

a 경쟁자의 반응에 따라 효과가 약해질 수 있음.
b 매우 효과적임. ● 매우 효과적임, ◑ 약간 효과적임.

시 언급하기로 한다.

지금까지 우리는 대표적인 소비자 판촉수단(소매업자 판촉수단을 포함해서)들을 살펴보았다. 〈표 10-2〉에는 이들 수단의 효과가 정리되어 있다. 판촉의 경우에도 두 개 이상의 수단을 통합적으로 사용함으로써 효과를 극대화시키는 것이 바람직하다. 예를 들어, 무료샘플 속에 할인쿠폰을 집어 넣음으로써 시용유발 효과를 더욱 높일 수도 있다.

(2) 중간상 판매촉진

중간상 판매촉진은 중간상으로 하여금 우리 상품을 취급하도록 하기 위하여, 우리 상품에 대한 판매노력을 강화하도록 하기 위하여, 또는 우리의 재고부담을 줄이기 위하여 실시하는 경우가 대부분이다. 유통업자들이 대형화되어 **유통업자들의 파워**가 과거에 비하여 높아지면서, 제조업자가 원해서 중간상 판촉을 하는 것이 아니라 중간상이 요구해서 '할 수 없이' 중간상 판촉을 하는 경우가 늘어나고 있다. 중간상 판촉수단들도 다음과 같이 가격수단과 비가격수단으로 구분된다.

1) 가격수단

소비자 판촉의 경우와 마찬가지로, 중간상을 대상으로 한 가격판촉은 제조업자의 매출액에 즉각적이고 강력한 효과를 미친다. 가격수단에는 다음과 같은 종류들이 있다.

• 중간상 공제

중간상 공제(trade allowances)란 유통업자가 어떤 상품을 취급해 주거나, 대량 구매해 주거나, 광고를 해주거나, 구매시점 진열을 해주는 대가로 제조업자가 받아야 하는 상품대금(외상매출금)에서 일부를 공제해 주거나 아니면 별도로 현금을 지불하는 것을 가리킨다. 실무에서는 유통업체 장려금, 유통업체 수수료 등의 용어로 불리고 있다. 중간상 공제의 대표적인 종류들은 다음과 같다.

> ▶ **입점 공제**(slotting allowances): 소매업자가 신상품을 취급해 주는 대가로 제조업자가 입점시 상품대금의 일부를 공제해 주는 것. 실무에서는 입점 장려금, 입점 수수료 등의 용어로 불림.
> ▶ **광고 공제**(advertising allowances): 소매업자가 자신의 광고물에 어떤 상품을 중점 광고해 주는 대가로 제조업자가 상품대금의 일부를 공제해 주는 것.
> ▶ **진열 공제**(display allowances): 소매업자가 점포 내에 어떤 상품을 일정 기간 동

중간상 공제
유통업자가 제조업자를 위하여 어떤 일을 해주는 대가로 제조업자가 상품대금에서 일부를 공제해 주거나 별도로 현금을 지불하는 것

입점 공제
소매업자가 신상품을 취급해 주는 대가로 제조업자가 상품대금의 일부를 공제해 주는 것

광고 공제
소매업자가 자신의 광고물에 어떤 상품을 중점 광고해 주는 대가로 제조업자가 상품대금의 일부를 공제해 주는 것

진열 공제
소매업자가 점포 내에 어떤 상품을 일정 기간 동안 눈에 잘 띄게 진열해 주는 대가로 제조업자가 상품대금의 일부를 공제해 주는 것

안 눈에 잘 띄게 진열해 주는 대가로 제조업자가 상품대금의 일부를 공제해 주는 것. 실무에서는 진열 장려금, 매대 수수료 등의 용어로 불림.

▶ **구매 공제(buying allowances)**: 제조업자가 일시적으로 출고가격을 인하하거나(가격인하), 일정 비율의 상품을 무료로 제공하는 것(물량할증).

중간상 공제 중에서 제조업자에게 **가장 큰 골칫거리는 구매 공제**이다. 그 이유는 중간상들이 자신들의 이익을 극대화하기 위하여 다음과 같은 행동을 보이기 때문이다.

▶ 구매 공제가 제공되는 기간 동안에 도소매업자들은 많은 물량을 **조기 구매(forward buying)**하는데, 이렇게 폭발적인 수요를 맞추기 위하여 제조업자의 생산 및 물류 시스템에서는 높은 비용이 발생하기 때문이다. 예를 들어, 2교대하던 공장을 3교대로 돌리면서 시간외 수당을 지급해야 한다.

▶ 제조업자가 도소매업자에게 가격을 할인해 준 것만큼 **소비자가격이 낮아지지 않을 수 있다.** 예를 들어, 제조업자가 20% 할인을 해주었다면, 도소매업자도 가격을 20% 할인하는 것이 아니라, 일부만 할인할 수도 있다.

▶ 대량으로 조기 구매한 상품들 중의 일부를 다른 지역의 도소매업자나 다른 유통경로에 다시 판매함으로써, 제조업자의 유통정책에 혼란을 가져오기도 한다. 이렇게 하는 것을 **유출(diverting)**이라고 부른다. 예를 들어, 제조업자는 온라인 쇼핑몰에 대한 공급을 거부하더라도, 대리점들이 유출시킨 물건들이 흘러 들어가기도 한다.

이러한 문제점들 때문에 많은 제조업자들은 구매 공제를 줄이기를 원하고 있으나, 대형유통업자와의 관계가 악화될 위험이 있어서 적절한 대안을 찾기란 쉽지 않다.

2) 비가격수단

비가격수단들은 제조업자가 당장 자신의 매출액을 올리기 위한 목적 이외에도 자신과 유통업자간의 관계를 강화하기 위한 목적도 갖고 있다. 비가격수단에는 다음과 같은 종류들이 있다.

• **판매원 훈련 및 판매보조자료 제공**
소비자들이 구매결정을 할 때 점포 내의 판매원들의 도움을 받아야 하는 화

대형마트의 진열대 양쪽 끝에 위치한 '엔드(end-of-aisle) 매대'는 구매자들의 동선과 시선을 끌 수 있는 노른자위에 해당된다. 여기에 진열을 하기 위해서는 대형마트에 진열 장려금(또는 매대 수수료)을 지불해야 된다.

구매 공제
제조업자가 일시적으로 출고가격을 인하하거나, 일정 비율의 상품을 무료로 제공하는 것

장품, 가전제품, 보석 등과 같은 상품들의 경우에는 소매점의 판매원들이 어떤 상품을 권하는지가 매우 큰 영향을 미친다. 일반적으로, 판매원들은 자신들이 잘 알고 있는 상품을 소비자들에게 권하는 경향이 있기 때문에, 이런 상품의 경우에는 판매원들에게 우리 상품에 대한 충분한 정보와 지식을 제공해 주는 것이 매우 중요하다. 그러므로 제조업자들은 점포를 순회하거나 아니면 판매원들을 한 곳에 모아 놓고 교육훈련을 시키고 있으며, 여러 가지 판매보조자료들을 제공하고 있다.

• 판촉물 제공 및 판매원 파견

제조업자들은 자기 회사의 이름이나 상표가 부착된 펜, 달력, 시계, 메모지 등의 판촉물들을 유통업자들에게 무료로 제공한다. 또, 규모가 큰 유통업자의 점포에 제조업자의 직원들이 파견되어 판매활동을 하기도 하는데, 우리나라에서는 백화점과 대형마트 판매원들의 상당 수가 이렇게 제조업자가 파견한 직원들이다.

• 대금지급조건 완화와 판매장려금 지급

흔히 쓰이는 중간상 판촉수단 중의 하나가 유통업자에 대한 대금지급조건을 완화해 주는 것이다. 예를 들어, 외상기간을 연장해 주는 것이 그것이다. 제조업자가 대리점들에게 판매 목표를 부여하고 목표를 초과 달성할 경우 지급하는 판매장려금도 널리 사용되고 있다.

• 인센티브 및 콘테스트

인센티브(incentive)란 일정 기간 동안 어떤 상품을 판매하는 판매원에게 판매실적에 비례하여 일정 액수의 보상을 지급하는 것을 가리킨다.

중간상 판촉수단으로서 **콘테스트**(contest)란 일정 기간 동안 일정 수준 이상의 판매실적을 올린 판매원에게 상으로 현금, 해외여행, 또는 물품을 지급하는 것을 가리킨다.

• 반품 및 JIT 재고

유통업자의 재고부담을 덜어 주는 것 역시 제조업자가 할 수 있는 중요한 판매촉진 수단이다. 반품 정책을 완화해서 안 팔리고 남은 상품들을 대부분 받아 준다든지, 아니면 유통업자가 주문을 하는 즉시 상품을 공급해줌으로써 유통업자의 재고부담을 획기적으로 줄여주는 **JIT 재고**(just-in-time inventory)가 바로 그것이다.

지금까지 우리는 대표적인 중간상 판촉수단(도매업자 판촉수단을 포함해서)들을

판매장려금
제조업자가 대리점들에게 판매 목표를 부여하고 목표를 초과 달성할 경우 지급하는 장려금

인센티브
일정 기간 동안 어떤 상품을 판매하는 판매원에게 판매 실적에 비례하여 일정 액수의 보상을 지급하는 것

콘테스트(중간상 판촉수단)
일정 기간 동안 일정 수준 이상의 판매실적을 올린 판매원에게 상을 주는 것

JIT 재고
유통업자가 주문을 하는 즉시 제조업자가 상품을 공급해 주는 것

	주문량 증대	판매노력 증대	관계 강화	표 10-3
가 격 수 단				중간상(또는 도매업자) 판촉수단들의 효과
입점 공제	●			
구매 공제	●	◐	◐	
광고 공제		●		
진열 공제		●		
비 가 격 수 단				
훈련 및 판매 보조자료 제공		●	●	
판촉물 및 판매원 제공		●	●	
대금 지급 조건 완화	●		◐	
판매 장려금 지급		●		
인센티브 및 콘테스트		●	●(콘테스트)	
반품 및 JIT 재고	●		●	

살펴보았다. 〈표 10-3〉에는 이들 수단의 효과가 정리되어 있다. 중간상 판촉의 경우에도 **두 개 이상의 수단을 통합적으로 사용**함으로써 효과를 극대화시키는 것이 바람직하다.

2. 판매촉진 관리과정

지금까지 우리는 여러 가지 판매촉진 수단들과 그 효과를 알아보았다. 이제부터는 판매촉진을 관리하는 과정을 살펴보자. 판매촉진 관리과정은 다음과 같은 세 단계로 이루어진다.

(1) 판매촉진목표 설정 및 수단선택

소비자(또는 소매업자) 판촉의 경우에는 〈표 10-2〉에, 중간상(또는 도매업자) 판촉의 경우에는 〈표 10-3〉에 판촉 목표달성에 효과적인 수단들이 정리되어 있다. 예를 들어, 소비자들의 시용률을 높이는 것이 목적이라면, 쿠폰, 세일, 샘플, 무료 시용 중의 한 가지 방법이 가장 효과적일 것이다. 선택된 판촉수단은 우리 브랜드의 **표적시장의 특성과 일치하여야 하고, 포지셔닝을 강화시켜 줄 수 있어야** 한다. '마케팅 프론티어 10-1 : 기침하는 사람 찾고! 100만불 타고!'는 이 두 마리의 토끼를 잡는 데 성공한 흥미로운 사례를 보여준다.

기침하는 사람 찾고! 100만불 타고![8]

스위스 리콜라(Ricola)사의 미스터리 코퍼 (Mystery Cougher) 프로모션은 판매 증대는 물론 포지셔닝 강화에도 성공한 일석이조의 프로모션 사례로 꼽히고 있다. 리콜라는 감기 치료용 목 캔디 시장에서 독보적인 존재였으나 이 시장에 수많은 경쟁자들이 들어오면서 판매량 감소는 물론 '기침에는 리콜라'라는 포지셔닝이 약화되는 위기를 맞이하였다. 이에 리콜라 사는 미스터리 쇼퍼(Mystery Shopper)에서 아이디어를 가져온 미스터리 코퍼 프로모션을 준비하였다.

미스터리 코퍼란 일반인의 모습을 하고 미국 내 도시 어딘가에서 기침을 하면서 돌아다니는 리콜라의 직원이었다. 미스터리 코퍼를 찾아서 리콜라 캔디를 건낸 사람은 100만 달러의 상금을 받을 수 있었다.

리콜라 사는 미국 전역에 방송되는 폭스(Fox) TV 뉴스 시간을 통해 이 프로모션을 홍보했고, 워싱턴 포스트 등의 일간지에도 광고를 게재하였다. 또한 소비자들의 관심을 유발하기 위하여 어떤 도시에 미스터리 코퍼가 출현하는지에 관한 힌트를 홈페이지, 매장, 리콜라 패키지 등에 2주일에 한 번씩 제공하였다.

이 프로모션은 소비자들로부터 폭발적인 반응을 얻게 되었는데, 리콜라 사가 제공하는 힌트를 모아서 분석하는 온라인 블로그들이 급증하여 미국 전역에 구전이 전파되었고, 주위에 기침을 하는 사람이 있으면 무조건 리콜라를 건네면서 "당신이 미스터리 코퍼입니

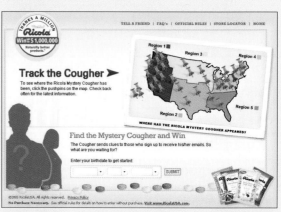

온라인으로 제공된 미스터리 코퍼에 관한 힌트

까?"라고 묻는 것이 유행처럼 번지게 되었다. 기침에는 리콜라를 먹어야 한다는 인식이 강화되었음은 물론이다.

게다가 내 주변 어딘엔가 있을지 모르는 미스터리 코퍼를 찾기 위해서는 주머니에 항상 리콜라 캔디를 넣고 다녀야 했기 때문에 판매량도 급증하였다. 프로모션 시작 10일 만에 리콜라 역사상 두 번째로 높은 판매 성장률을 기록하였고, 그 다음 달에는 다른 모든 목 캔디들의 판매가 감소하는 가운데 리콜라의 판매만이 증가하였다. **판매량 증대와 포지셔닝 강화라는 두 마리의 토끼를 잡는 데 성공**한 리콜라의 미스터리 코퍼 프로모션은 프로모션 분야에서 가장 권위있는 상인 레지 어워드(Reggie Award)를 수상하였다.

(2) 판매촉진프로그램 개발 및 예비시험 실시

예를 들어, 선택된 수단이 쿠폰이라면, 할인대상상품, 할인 폭, 실시시기와 기간, 그리고 예산 등을 수립하여야 한다. 판촉기간중에 판매량이 급증할 것에

---

8 김태은, "Reggie Award," *Cheil Communications* (June, 2006), pp. 51-55를 기초로 작성.

대비해서 충분한 공급량을 확보하는 것도 중요하다. 롯데리아가 새우버거를 70% 할인 판매하였을 때에는, 1년 판매량이 단 이틀 만에 판매되는 바람에 양상추 값이 두 배로 폭등하는 소동이 벌어지기도 하였다. 결과를 예측하기 어렵다면 작은 지역을 대상으로 먼저 예비시험을 실시하는 것이 바람직하다.

(3) 판매촉진 실시 및 결과평가

다른 모든 마케팅 믹스 요소와 마찬가지로, 판매촉진을 실시한 다음에는 결과를 측정하여 성과를 평가하여야 한다. 이 문제를 소비자 판촉과 중간상 판촉으로 나누어 살펴보자.

1) 소비자 판촉의 평가

판매촉진의 결과를 측정하는 가장 대표적인 방법은 판매촉진 시점 전후로 매출액을 **추적조사(tracking)**하는 것이다. [그림 10–2]에는 판촉 전후에 흔히 발견되는 매출액 패턴이 나와 있다. 이 그림에서 구간 A가 판촉(예를 들어, 가격할인)이 실시된 기간을 나타낸다.

기본적으로는 구간 A에서 매출액이 늘어난 부분(즉, 점선 위의 부분)이 판촉의 성과라고 볼 수 있지만, 실제로는 다음과 같은 이유 때문에 이렇게 단순하지만은 않다.

▶ 구간 A의 매출액 증가는 **구간 B의 매출액 감소**에 의하여 상당 부분 상쇄될 수 있다. 구간 B에서 매출액이 감소되는 것은 구매자들이 판촉기간 중에 구매를

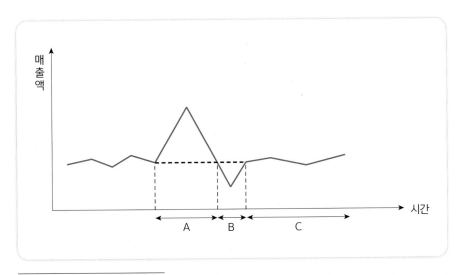

그림 10–2

판매촉진 전후의
매출액 패턴[9]

---

9 Donald R. Lehmann and Russell S. Winer, *Product Management* (McGraw-Hill, 2002), p. 387 일부 수정

앞당기거나 대량 구매를 하여 재고를 비축하였기 때문이다.

▶ 구간 A에서 매출액이 얼마나 증가하였는지를 평가하려면, **베이스라인(baseline)이 어디였는지**를 알 수 있어야 한다. 베이스라인이란 판촉을 하지 않았다면 달성할 수 있었을 매출액을 가리킨다. 베이스라인은 경쟁자들의 마케팅 활동 수준, 판촉을 제외한 우리의 마케팅 활동 수준, 시기, 기타 환경적 요인들에 따라 달라진다. [그림 10-2]에서 베이스라인(점선)은 편의상 직선으로 그려져 있지만, 실제로는 이를 정확히 추정하는 것이 결코 쉽지 않다.

▶ 구간 A만 보고 결과를 평가하는 것은 지나치게 단기적이고, 판촉이 가져올지도 모르는 **장기적인 매출액 증대효과**를 무시하게 된다. 예를 들어, 구간 C에서는 매출액이 다시 판촉 이전 수준으로 돌아가는 것으로 그려져 있지만, 만약 이 구간에서의 매출액이 판촉 전의 매출액보다 높아졌다면(예: 신상품을 판촉 기간 중에 처음 써본 후 만족한 사람들이 지속적으로 구매해주는 경우), 이것도 판촉의 성과에 포함시킬 수 있을 것이다.

▶ **여러 개의 판촉수단**들이 동시에 사용되었다면(예를 들어, 소비자 판촉과 중간상 판촉이 동시에 이루어지는 경우), 어느 판촉수단이 얼마나 영향을 끼쳤는지를 가려내는 것은 쉽지 않다.

• 판촉이 이익에 미치는 영향

이와 같이 판촉이 매출액에 미치는 효과를 측정하는 것은 쉬운 일이 아니다. 더구나, 매출액이 아니라 이익에 미치는 효과를 분석하는 것은 더욱 어려운 일이 될 것이다.

기본적으로, 판촉이 이익에 미치는 효과를 분석하려면 우선 **판촉기간 중에 늘어난 매출액의 원천부터 분석하여야** 한다. 즉, 매출액 증가가 어차피 우리 상품을 살 사람들로부터 왔는지, 아니면 판촉이 없었으면 우리 상품을 사지 않았을 사람들로부터 왔는지를 파악해야 한다는 것이다.

여기서는 지면관계상 자세한 분석은 생략하고, 대략적으로 판촉이 이익에 미치는 영향을 살펴보기로 하자.[10] 먼저 매출액 증가의 원천을 분석하기 위하여, 판촉기간 중에 이 브랜드를 구입한 사람들을 다음과 같이 세 가지 집단으로 나누자: 평소에 항상 이 브랜드만 구입하는 사람들, 평소에 이 브랜드도 구입하지만 다른 브랜드들도 구입하는 사람들, 평소에 이 브랜드는 물론 이 상품 카테고리내의 어떤 브랜드도 전혀 구입하지 않는 사람들. 이 세 집단을 각각 **100% 애호집단, 전환집단, 비구매집단**이라고 부르자(〈표 10-4〉 참조).

〈표 10-4〉로부터 소비자 판촉이 이익에 미치는 영향에 대하여 다음과 같은 결론을 도출할 수 있다.

---

10 판촉효과에 대한 상세한 분석은 이 장 끝의 [더 읽어 볼 거리]를 참조하시오.

표 10-4

소비자 판촉이 이익에
미치는 영향

	카테고리 구매량		이익에 미치는 영향	설 명
	판촉기간내	판촉기간후		
100% 애호 집단	평소 수준	평소 수준	-	구매량이 늘지 않았기 때문에 판촉으로 마진만 감소
	증가	평소 수준	?	구매량 증가가 마진 감소를 상쇄하고도 남을 것인지 불확실
	증가	감소	-	판촉기간내 구매량 증가가 판촉 후 구매량 감소로 상쇄되고, 판촉으로 마진만 감소
전환 집단	평소 수준	평소 수준	?	판촉기간중 다른 브랜드를 적게 사고 판촉 브랜드를 많이 샀다면, 판촉을 하였던 브랜드의 구매량이 판촉이 끝난 후에 얼마나 늘어나는지 또는 줄어드는지에 따라 이익이 달라짐
	증가	평소 수준	?	판촉기간중 판촉 브랜드의 구매량이 얼마나 늘어나며, 판촉 후에는 얼마나 늘어나는지 또는 줄어드는지에 따라 달라짐
	증가	감소	?	
비구매 집단	평소 수준(즉, 0)	평소 수준(즉, 0)	0	이익에 영향을 미치지 못함
	증가	평소 수준(즉, 0)	+	판촉이 없었다면 사지 않았을 사람들이므로, 이들의 구매는 이익 증가에 기여
	증가	증가	+	

▶ 판촉기간 중 판매량 증가가 100% 애호도 집단으로부터 나온다면, 판촉으로 인하여 이익이 감소될 가능성이 높다.

▶ 반대로, 판촉기간 중 판매량 증가가 비구매집단으로부터 나온다면, 판촉으로 인하여 이익이 증가될 가능성이 높다.

▶ 위의 어느 경우든, 판촉기간 중 판매량 증가가 클수록, 그리고 판촉기간 후 판매량 감소가 작을수록, 판촉으로 인하여 이익이 증가될 가능성이 높아진다.

▶ 이를 종합하면, **시장점유율이 작은 브랜드가 큰 브랜드보다 판촉으로부터 이익증대 효과를 볼 가능성이 높다.**[11]

위의 결과에 의하면, 시장점유율이 높은 브랜드는 판촉활동을 되도록 하지 않는 것이 바람직하다고 할 수 있다. 그러나 실제로 시장에서 이런 브랜드들도 작은 브랜드 못지 않게 판촉활동을 활발하게 하고 있는 이유는 무엇일까?

그것은 경쟁 때문이다. 즉, 위의 분석에서는 경쟁자의 판촉은 고려하지 않았다. 그러나 실제로는 경쟁자가 판촉을 하는데 우리가 판촉을 하지 않는다면,

---

11 Raj Sethuraman and V. Srinivasan, "The Asymmetric Share Effect: An Empirical Generalization on Cross-Price Effects," *Journal of Marketing Research* (August, 2002), pp. 379-386.

매출액이 급격히 줄어들게 되므로 어쩔 수 없이 판촉을 하게 되는 것이다. 마찬가지로, 우리가 판촉을 하면 대개 경쟁자들도 맞대응을 하므로, 시장점유율이 낮은 브랜드라고 하더라도 판촉을 해서 이익을 크게 높이기는 어렵다.

미국 슈퍼마켓 계산대에서 흔히 볼 수 있는 체크아웃 쿠폰. 계산을 마치면 자동적으로 할인 쿠폰이 인쇄되어 제공된다. 이 쿠폰은 누구에게나 주어지는 것이 아니라 선별적으로 제공된다. 예를 들어, 코카콜라가 펩시를 산 고객을 빼앗아오고 싶다면, 이번에 펩시를 산 소비자에게 다음 번에 쓸 수 있는 코카콜라 할인 쿠폰을 줄 수 있다. 반대로 코카콜라의 반복 구매를 유도하고 싶다면, 이번에 코카콜라를 산 사람에게 다음 번에 쓸 수 있는 코카콜라 쿠폰을 주는 것도 가능하다. 체크아웃 쿠폰은 경쟁자에게 잘 노출되지 않기 때문에 경쟁자의 맞대응을 피할 수 있다는 장점을 갖고 있다.

> ### 원리 10-1
>
> 시장점유율이 작은 브랜드가 큰 브랜드보다 판촉으로부터 이익증대 효과를 볼 가능성이 높다.

• 판촉의 기타 효과

지금까지는 단 한번의 판촉이 우리의 이익에 미치는 영향을 주로 살펴보았다. 그러나 판촉을 거듭하면 고객의 심리나 행동에 영향을 미칠 수 있고, 이것은 장기적으로 우리의 이익에 변화를 줄 수 있다.

▶ **가격판촉이 소비자들의 가격민감도에 미치는 영향**: 8장에서 설명한 것처럼, 가격판촉이 거듭되면 고객들의 준거가격이 낮아지기 때문에, 가격판촉이 끝난 후에 구매량이 큰 폭으로 감소할 수 있고, 이것은 판촉으로부터 우리가 얻을 수 있는 이익을 감소시킨다. 또, 앞서 백화점 세일을 설명하면서 언급한 것처럼, 소비자들이 판촉을 하는 시점을 미리 예측할 수 있게 되면, 구매를 세일 시점까지 지연시키는 현상이 나타나는데, 이것 역시 우리의 이익을 감소시킨다. 이러한 현상들은 가격에 따라 소비자들의 구매량이 점점 더 큰 영향을 받게 된다는 것을 의미하므로, 가격민감도가 높아진 것이다.[12]

▶ **판촉이 브랜드 이미지에 미치는 영향**: 판촉을 자주 하면 소비자들이 그 브랜드를 '싸구려'로 인식하기 때문에 브랜드 이미지가 떨어지고, 더 나아가서는 브랜드 자산을 떨어뜨리는 것으로 알려져 있지만 반드시 그런 것은 아니다. 예를 들어, BMW가 하루가 멀다하고 50% 세일을 한다면, BMW의 브랜드 이미지는 크게 나빠질 것이다. 그러나 위와 같은 예는 매우 극단적이다. 실제로는, 판촉이 무조건 브랜드 이미지를 낮추는 것은 아니며, **판촉수단이 가격수단인지 아니면 비가격수단인지**, 그리고 그 브랜드에 대해서 소비자들이 **얼마나 높은 관여도를 갖고 있는지**에 따라서 달라진다. 비가격수단들 중에서 사은품은 이미지를 높이는 데 매우 큰 효과를 발휘할 수 있다. 또, 고정고객 우대 프로그램이나 콘테스트 역시 이미지를 높이는 데 기여할 수 있다. 또, 소비자들이 낮은 관여도를 갖고 있는 상품 카테고리에서는 가격판촉을 하더라도 브랜드 이미지가 나빠지지 않

---

12 Carl F. Mela, Sunil Gupta, and Donald R. Lehmann은 "The Long-Term Impact of Promotion and Advertising on Consumer Brand Choice," *Journal of Marketing Research* (May, 1997), pp. 248-261에서 약 8년간에 걸친 구매 데이터를 분석한 결과, 판촉활동이 증대됨에 따라 소비자들의 가격민감도가 높아졌음을 발견하였다.

을 수도 있다.[13] 반대로 높은 관여도를 갖고 있는 상품 카테고리에서는 가격판촉이 브랜드 이미지를 나쁘게 만들 가능성이 높다.

2) 중간상 판촉의 평가

중간상 판촉이 제조업자의 이익을 높일 수 있으려면, 중간상 판촉의 효과가 최종 구매자들에게 전달되어야 한다. 그러나 예를 들어, 구매공제(buying allowances)를 통하여 출고가격을 인하하더라도, 소매업자가 소매가격을 충분히 낮추지 않을 수도 있고 조기 구매(forward buying)를 하기도 하기 때문에, 구매공제는 제조업자의 이익을 높이기는커녕, 오히려 낮출 가능성이 더 큰 것으로 나타나고 있다. 미국에서 이루어진 한 연구에 따르면, 제조업자가 슈퍼마켓을 대상으로 전개한 중간상 판촉 중에서 16퍼센트만이 제조업자에게 이익을 안겨준 것으로 나타났다.[14]

뿐만 아니라, 제조업자가 실시하는 소비자 판촉이 제조업자의 이익에 미치는 효과는 불분명한 가운데, 중간상의 이익은 높여주는 결과를 가져오기도 한다. 보너스 팩의 일종인 1+1 판촉(buy one, get one free)을 실시하면 제조업자가 이익을 볼 가능성은 높지 않지만, 해당 점포에 들어오는 고객 수가 크게 늘어나기 때문에 소매업자는 이익을 볼 가능성이 있다.

그렇다면, 제조업자들은 중간상 판촉을 중단하여야 하는가? 두 가지 이유 때문에 중간상 판촉은 중단하기 어렵다. 첫째, 경쟁자가 중간상 판촉을 하는데, 우리가 팔장을 끼고 있다면, 이익은 더 낮아질 것이다. 둘째, 나날이 유통업자들의 파워가 커지고 있는 가운데, 중간상 판촉을 중단할 수 있는 회사는 극소수에 불과하다. 4장에서 언급한 Win-Win 전략의 정신을 따라서 경쟁자들간에 중간상 판촉을 자제하자는 암묵적 합의가 실천된다면 바람직하겠지만, 이것이 항상 가능한 것은 아니다. 그렇다면, 중간상 판촉의 목표를 **이익이나 매출을 높이기 위한 것이 아니라 중간상과의 장기적인 관계를 강화하기 위한 것**으로 바꾸는 것이 바람직하다. 즉, 중간상 판촉비용은 제조업자가 선택할 수 있는 비용이 아니라 사업을 하는 데 필수적으로 지출해야 하는 비용으로 간주할 수 있을 것이다.

---

13 Scott Davis, J. Jeffrey Inman, and Leigh McAlister, "Promotion Has a Negative Effect on Brand Evaluations—Or Does It?" *Journal of Marketing Research* (February, 1992), pp. 143–148.

14 Magid M. Abraham and Leonard M. Lodish, "Getting the Most out of Advertising and Promotion," *Harvard Business Review*, 68 (1990), pp. 50–60.

2 인적판매: 인적판매는 구매를 완결시킨다

지금까지 우리는 촉진믹스 중의 네 번째 요소인 판매촉진을 공부하였다. 이제부터는 촉진믹스 중의 마지막 요소인 인적판매를 알아보기로 하자. 먼저 인적판매의 일반적인 특성과 중요성을 알아보고, 인적판매가 이루어지는 과정을 살펴본 다음, 인적판매조직을 설계하고 관리하는 방법을 다룬다.

1. 인적판매의 특성

인적판매
상품을 알리고, 질문에 답하며, 주문을 끌어내기 위하여, 잠재고객들과 대면접촉하는 활동

외부판매
판매사원이 잠재구매자를 방문하여 판매활동을 하는 것

내부판매
소매 또는 도매 점포에서 판매사원이 잠재구매자에게 판매활동을 하는 것

인적판매(personal selling)는 **외부판매**(outside selling)와 **내부판매**(inside selling)로 나누어지는데, 판매사원이 잠재구매자를 방문하여 판매활동을 하는 것은 외부판매이고, 소매 또는 도매 점포에서 판매사원이 잠재구매자에게 판매활동을 하는 것은 내부판매라고 부른다. 우리나라 기업들은 흔히 외부판매를 '영업'이라고 부르고, 인적판매를 하는 사원을 '영업사원' 또는 '판매사원'이라고 부르고 있다. 그러나 여기서는 이를 모두 '판매'와 '판매사원'으로 통일하기로 한다.

광고, PR, 판매촉진은 주로 대면접촉을 통하지 않는 촉진수단임에 비하여, 인적판매는 대면접촉을 통하여 이루어진다는 특징을 갖고 있다. 이러한 이유 때문에, 인적판매는 마케팅의 다른 어떤 분야보다도 이론 못지 않게 실무적인 경험이 중요한 분야이다. 일반적으로, 인적판매의 중요성은 다음과 같다.

▶ 잠재구매자와의 접촉을 통하여 잠재된 욕구를 심층적으로 이해하고, 이를 충족시킬 수 있는 상품정보를 제공할 수 있다. 그러므로 고객마다 독특한 문제를 갖고 있고, 이를 해결할 수 있는 방법도 고객별로 달라질 수밖에 없는 시장에서 인적판매는 매우 중요하다. 이런 시장에서 **고객이 지각하는 가치는 상품뿐만이 아니라 판매사원에 의해서도 크게 좌우된다.** 대부분의 산업재들이 거의 전적으로 인적판매에 의존하고 있으며, 소비재 중에서도 보험이나 화장품 등이 인적판매에 대한 의존도가 높다. 뿐만 아니라, 상품의 종류에 상관 없이 제조업자가 도매업자나 소매업자에 대한 마케팅을 할 때에는 인적판매에 대한 의존도가 크게 높아진다. 예를 들어, 중간상 판촉수단들 중의 대부분이 판매사원의 손을 거치게 된다.

▶ 인적판매를 담당하는 판매사원들은 고객들에게는 **회사를 대표**하고, 회사 안에서는 **고객들을 대표**하는 중요한 역할을 한다. 즉, 어떤 고객이 하나은행에 대해서 갖고 있는 이미지는 하나은행의 창구 직원이 주는 이미지에 의하여 많은 영향을 받는다. 또, 하나은행 내에서는 고객의 욕구를 관련 부서에 전달하고, 이를

충족시켜 줄 수 있는 방안을 마련하도록 요구하는 역할을 한다.

▶ 판매사원들은 고객과의 빈번한 대면접촉을 통하여 친밀감과 신뢰감을 줄 수 있고, 이를 토대로 **장기적인 인간관계를 형성**함으로써, 기업이 고객의 생애가치를 극대화하는 데 기여한다. 특히 우리나라 사람들은 대체로 대면접촉을 중시하는 경향을 띄므로 더욱 중요하다.

▶ 판매사원들의 인건비와 판매조직을 운영하는 데 들어가는 기타 비용이 **마케팅 예산 중에서 큰 부분을 차지**하는 회사들이 많다. 그러므로 이 비용을 효율적으로 지출하는 것이 매우 중요한 과제가 된다. 예를 들어, 한 조사결과에 따르면, 판매사원이 잠재구매자를 한 번 방문하는 데 들어가는 비용은 평균 25유로에서 200유로이며, 판매를 성사시키려면 평균 네 번 방문해야 하므로, 총 100유로에서 800유로의 비용이 들어가는 것으로 나타났다.[15]

2. 인적판매과정

과거에는 기업들이 인적판매의 최우선 목표를 판매에 두었기 때문에, 판매사원들을 교육시킬 때, 잠재구매자들을 압박하고 설득하는 테크닉들과 유창한 화술을 위주로 가르치곤 하였다. 이러한 강압적인 방식은 단기적으로 매출액을 높이는 데에는 상당한 기여를 하였지만, 윤리적인 문제를 일으키고 구매자들의 적지 않은 불만을 사게 되었다. 이러한 판매방식을 **거래지향적 판매**(transaction selling)이라고 부른다.

그러나 1장에서 설명한 것처럼, 시장환경이 바뀌고 마케팅 원리가 도입되면서, 기업들은 인적판매의 최우선 목표를 판매가 아니라 잠재구매자의 욕구를 심층적으로 이해하고, 이를 기초로 잠재구매자가 안고 있는 문제를 해결하는 데에 두고 있다. 즉, 판매사원은 단지 상품을 판매하는 역할만 하는 것이 아니라, 고객의 문제를 해결할 수 있는 아이디어와 지식을 제공해 주는 컨설턴트의

거래지향적 판매
고객의 욕구를 이해하기 보다는 판매를 성사시키는 데에 초점을 맞추는 판매방식

거래지향적 판매	관계지향적 판매
고객의 욕구를 이해하기보다는 판매에 초점을 맞춤	판매보다는 고객의 욕구를 이해하는 데 초점을 맞춤
듣기보다는 말하는 데 치중함	말하기보다는 듣는 데 치중함
설득, 화술, 가격조건 등을 앞세워서 신규고객을 확보하고 매출을 늘리고자 함	상호 신뢰와 신속한 반응을 통하여 고객과 장기적인 관계를 형성하고자 함
단기적인 매출은 높일 수 있으나 장기적인 매출은 낮아질 수 있음	단기적인 매출은 낮을 수 있으나 장기적인 매출은 높아질 수 있음

표 10-5

거래지향적 판매와
관계지향적 판매

---

15 Philip Kotler and Kevin Lane Keller, *Marketing Management*, 13th ed. (Prentice-Hall, 2009), p. 591.

| 표 10-6 | 단 계 | 활 동 |

표 10-6	단 계	활 동
관계지향적 판매과정	**판매 전 단계**	
	잠재고객 선별	• 광범위한 원천으로부터 명단 입수 • 욕구존재 여부 및 지불능력 여부에 따라 잠재고객 선별 • 선별된 잠재구매자의 우선 순위 결정
	기초조사	• 선별된 잠재구매자의 인구통계적, 지리적, 행동적인 특성 파악
	접근방법 결정	• 방문약속을 어떻게 맺을 것인지 결정 • 몇 번에 걸쳐 방문할 것인지 결정 • 산업재의 경우, 구매센터내의 누구를 방문할 것인지 결정
	판매 단계	
	고객욕구 파악	• 잠재구매자의 충족되지 않은 욕구 파악 • 말하기보다는 듣기에 치중 • 보충질문을 통해서 숨겨진 욕구 확인
	프리젠테이션	• 마케팅 메시지 전달 • 판매하려는 상품이 고객의 욕구를 어떻게 해결해 줄 수 있는지를 이해시킴
	질문 및 반론 처리	• 잠재구매자의 질문에 응답하고 보충 설명 • 잠재구매자가 제기한 반론에 응답하면서, 자기 상품의 경쟁 우위, 차별적 편익, 가치를 다시 한번 주지시킴
	상담 종료	• 방문목적을 달성하고 상담을 종료 • 방문목적이 구매를 성사시키는 것이라면, 잠재구매자로부터 확실한 구매의사 표시를 받아냄
	판매 후 단계	
	사후 관리 및 관계 유지	• 제품이 제대로 배달 · 설치되었는지, 서비스가 수행되었는지, 구매자가 만족하였는지 확인하고, 문제발생시 신속하게 처리 • 구매자에게 다시 한번 감사 표시
	이탈 고객과의 관계 재구축	• 고객이 이탈한 원인을 파악 • 다시 고객으로 만들기 위한 회복전략 수립 및 실시

관계지향적 판매 = 컨설턴트식 판매
판매보다는 고객의 욕구를 이해하고 문제를 해결해 줌으로써 장기적인 관계 구축에 초점을 두는 판매방식

역할을 하게 된다. 이러한 판매방식을 **컨설턴트식 판매**(consultative selling)라고 부른다. 이러한 판매방식하에서 판매사원과 고객의 관계는 한 번의 거래로 끝나는 것이 아니라, 장기적으로 유지 발전되므로, 이를 **관계지향적 판매**(relationship selling)라고 부르기도 한다.

구매자들이 구매를 하기까지 여러 단계를 거치는 것처럼, 판매사원이 판매를 완결지으려면, 여러 단계를 거쳐야 한다. 관계지향적 인적판매과정은 〈표 10-6〉과 같이 크게 판매 전, 판매, 판매 후의 세 단계로 이루어진다. 그러나 이 모든 단계들이 반드시 사람에 의해서 수행되어야 하는 것은 아니며, 어떤 단계들은 인터넷이나 전화 등의 수단에 의하여 더 효율적으로 수행될 수 있다.

3. 판매관리

다른 모든 촉진요소들과 마찬가지로 인적판매도 세심하게 관리되어야 한다. 인적판매계획을 수립하고, 판매조직을 설계하고, 판매사원들을 선발, 교육, 훈련, 감독하고 동기를 부여하며, 이들의 성과를 평가하는 활동들을 **판매관리**(sales management)라고 부른다.

판매관리
인적판매계획을 수립하고, 조직을 설계하며, 판매사원을 개발하고 평가하는 활동

(1) 계획수립

판매관리는 판매계획을 수립하는 것에서부터 시작된다. 판매계획에는 표적시장, 판매목표, 구체적인 목표달성 방안, 예산 등이 담겨 있어야 한다. 판매계획은 마케팅 계획에 기초하여 수립되지만, 마케팅 믹스 중에서 인적판매에 초점을 맞추어 수립된다는 점이 다르다.

일단 판매목표가 수립되면, 여기서부터 각 판매사원이나 팀이 달성해야 할 목표가 도출된다. 여기에는 매출액이나 이익과 같은 재무적인 목표들도 있지만, 고객 만족도나 고객 유지율과 같은 마케팅적인 목표들도 있다.

(2) 조직설계

판매조직에는 여러 가지 형태가 있을 수 있는데, 가장 대표적인 형태는 [그림 10-4]와 같이 **지역별**, **상품별**, 또는 **고객별** 조직이다. 모든 회사에 적합한 판매조직 형태라는 것은 존재하지 않으며, 고객, 상품, 경쟁, 그리고 판매사원의 수에 따라 적합한 형태가 달라진다. 또 여러 형태를 혼합한 조직형태를 취하는 회사들도 있다.

판매조직의 형태와 함께 판매사원의 수도 결정되어야 한다. 판매사원의 수가

그림 10-3

판매관리 과정

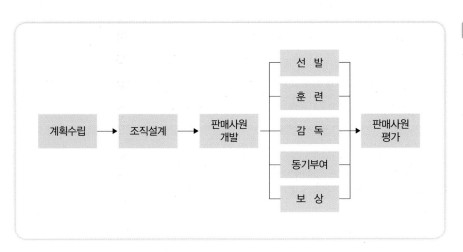

그림 10-4

판매조직의 세 가지
형태와 장단점

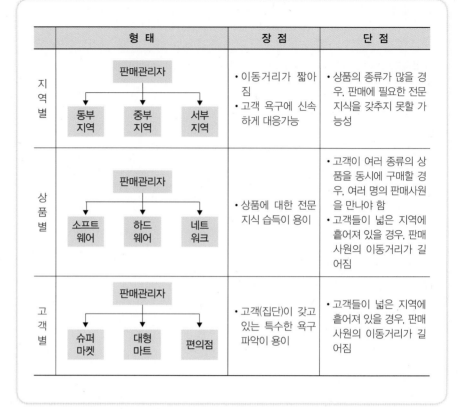

형 태			장 점	단 점
지역별	판매관리자 → 동부지역 / 중부지역 / 서부지역			• 이동거리가 짧아짐 • 고객 욕구에 신속하게 대응가능	• 상품의 종류가 많을 경우, 판매에 필요한 전문지식을 갖추지 못할 가능성
상품별	판매관리자 → 소프트웨어 / 하드웨어 / 네트워크			• 상품에 대한 전문지식 습득이 용이	• 고객이 여러 종류의 상품을 동시에 구매할 경우, 여러 명의 판매사원을 만나야 함 • 고객들이 넓은 지역에 흩어져 있을 경우, 판매사원의 이동거리가 길어짐
고객별	판매관리자 → 슈퍼마켓 / 대형마트 / 편의점			• 고객(집단)이 갖고 있는 특수한 욕구 파악이 용이	• 고객들이 넓은 지역에 흩어져 있을 경우, 판매사원의 이동거리가 길어짐

표 10-7

업무량 기준법의 예[16]

거래처 규모	연간 방문횟수		거래처 수		연간 총 방문횟수
대	20	×	200	=	4,000
중	10	×	1,000	=	10,000
소	5	×	1,400	=	7,000
				합계	21,000

판매사원 1인이 연간 1,000회 방문할 수 있다면, 필요한 판매사원의 수는 21,000/1,000=21(명)

업무량 기준법

방문해야 할 고객의 수와 판매사원 1인당 방문가능 횟수를 기초로 판매사원의 수를 결정하는 방법

너무 많으면 비용이 높아지고, 너무 적으면 판매노력이 미약해지므로, 적절한 수의 판매사원을 갖고 있는 것이 중요하다. 판매사원의 수를 결정하는 방법에는 여러 가지가 있는데, 가장 널리 쓰이는 방법은 **업무량 기준법**(workload method)이다. 〈표 10-7〉에는 이 방법으로 판매사원의 수를 결정하는 과정이 예로 나와 있다.

---

16 William G. Nickels and Marian Burk Wood, *Marketing: Relationships, Quality, Value* (Worth Publishers, 1997), p. 610 일부 수정.

(3) 판매사원 개발

인적판매의 성격상 어떤 사람이 판매를 하는가는 판매의 성패를 좌우할 만큼 중요한 요인이다. 그러므로 최고 수준의 판매사원들을 선발하고 이들의 능력을 개발시킴으로써, 경쟁자들이 모방하기 어려운 경쟁우위를 확보하고 고객들과의 관계를 강화할 수 있다.

1) 선 발

기업이 성공하려면 우수한 인재를 선발해야 한다는 것은 새삼 강조할 필요가 없을 것이다. 판매사원의 선발도 신중하고 치밀하게 이루어져야 한다.

이를 위하여, 판매관리자는 판매사원을 선발하기 전에, 이들이 어떤 업무를 하게 될 것이며, 이 업무를 성공적으로 수행하려면 어떠한 자질과 경력을 갖춘 판매사원이 필요한지를 분명히 하여야 한다.

판매사원이라는 직종은 이직률이 높은 특성을 갖고 있는 반면, 사원을 선발하고 교육시키는 데에는 적지 않은 비용이 들어가므로, 우리 회사에서 오래 일할 수 있는 사람을 뽑는 것도 중요하다. 기업마다 선호하는 판매사원의 특성은 다르지만, 한 연구에 따르면 유능한 판매사원들은 다음과 같은 특성을 갖고 있다고 한다.[17]

▶ **영향력**: 판매사원은 고객, 동료, 잠재구매자들의 태도와 행동을 바꾸어 놓을 수 있어야 한다.

▶ **야망**: 성공한 판매사원들은 야심적인 목표를 세우고 이를 성취하기 위하여 열심히 일한다.

▶ **적극성**: 판매에는 집요함과 창의성이 요구되므로, 남보다 먼저 시작하는 적극성이 필요하다.

▶ **효과적인 커뮤니케이션 능력**: 단지 말하는 능력만이 아니라 남의 말을 잘 듣고 적절한 질문을 던지는 능력이 요구된다.

▶ **고객에 대한 관심과 애정**: 고객을 만족시키기 위하여 고객의 입장에서 일하는 태도가 필요하다.

▶ **자신감**: 어떠한 난관이 있더라도, 침착하게 뚫고 나갈 수 있는 프로페셔널리즘 (professionalism)을 갖고 있어야 한다.

2) 훈 련

선발된 판매사원들은 회사의 상품, 판매전략, 고객, 표적시장 등에 대하여 교

---

17 Niklas von Daehne, "Hiring Top Performers," *Success Selling* (May, 1994), pp. 34-35.

육훈련을 받아야 한다. 이런 교육은 한 번으로 그치는 것이 아니라, 지속적으로 실시하여 판매사원들에게 신상품, 시장동향, 신기술에 대한 지식을 제공하고 그들의 능력을 개발하여야 한다.

3) 보상 및 동기부여

우수한 판매사원들을 확보하려면 매력적인 보상패키지를 제공하여야 한다. 대체로 판매사원들은 안정적인 수입, 노력에 대한 인정, 그리고 경험과 근속 연수에 따른 공정한 보상을 원하는 반면, 회사는 판매사원에 대한 감독과 통제, 비용절감, 그리고 단순함을 염두에 둔다.

판매사원에 대한 보상은 크게 **고정급(salary)**과 **성과급(commission)**의 두 가지 요소로 구성된다. 고정급이란 판매사원의 성과에 관계 없이 매달 일정하게 지급되는 급여를 가리킨다. 성과급이란 판매사원의 성과에 따라서 액수가 달라지는 것을 가리킨다. 그러므로 판매사원들이 받는 보상 패키지에는 100% 고정급, 100% 성과급, 혼합형의 세 가지 유형이 있다.

100% 고정급이나 100% 성과급의 경우, **판매사원과 회사의 이해관계가 충돌할 수 있다.** 100% 고정급의 경우 판매사원이 판매량을 높이기 위한 노력을 게을리 한다는 문제가 있다. 100% 성과급을 도입하면 위의 문제는 해결되지만, 판매사원의 입장에서는 매월 수입이 들쑥날쑥해지므로 안정적인 생활을 하기 어렵다. 또, 판매사원은 자기가 받는 성과급의 액수를 당장 높이는 데 도움이 되지 않는 활동은 소홀하게 된다. 가령, 시장 조사를 한다든지, 보고서를 작성한다든지, 지금 당장 우리 상품을 구입할 가능성이 없는 고객을 상대한다든지 하는 것들이 여기에 속한다. 그러나 회사의 입장에서는 이런 활동들 역시 중요한 활동이다.

그러므로 판매사원과 회사의 이해관계가 가급적 일치하도록 보상 패키지를 설계하여야 한다. **혼합형** 패키지는 이런 측면에서 유리하다. 성과급 부분은 판매 노력을 높이는 동기를 부여할 수 있고, 고정급 부분은 판매 이외의 활동에 대한 보상을 제공하며, 안정적인 수입을 보장할 수 있다.

뿐만 아니라, 성과급의 기준을 어디에 두는가도 중요하다. 매출액을 기준으로 커미션을 지급하면 판매사원은 가격을 낮춰서라도 판매를 많이 하려고 하므로, 회사는 손실을 보는데 판매사원은 성과급을 받아가는 경우도 생길 수 있다. 그러나 총공헌마진(=단위당 공헌마진 × 판매량)을 기준으로 커미션을 지급하면 이를 예방할 수 있다. 또한 성과급 액수를 결정할 때 매출액이나 이익 뿐만이 아니라 고객만족도나 고객유지율 같은 지표들을 일부 반영하는 기업들도 있다.

판매사원에 대한 보상패키지는 판매사원과 회사의 이해관계를 일치시킬 수 있어야 한다.

14장의 '마케팅 프론티어 14-2: 커미션의 함정, 씨어즈 오토모티브 서비스 (Sears Automotive Service)의 교훈'은 판매사원들에게 동기부여를 하는 데 성과급을 도입하는 것만이 능사가 아니라는 것을 잘 보여준다.

(4) 판매사원 평가

판매사원들은, 다른 모든 직원들과 마찬가지로, 각자가 올린 성과에 대하여 정기적으로 피드백(feedback)을 받을 필요가 있다. 판매사원 평가는 이러한 피드백을 제공하고, 성과를 올리는 데 장애가 되는 요인들을 발견하여 시정조치를 취할 수 있도록 해준다. 평가가 이러한 효과를 거두려면, 판매관리자는 성과 평가의 기준을 정할 때 독단적으로 하기보다는 판매사원과 협의하여 정하여야 한다.

구체적인 성과평가 기준은 회사에 따라 다르지만, 매출액이나 이익과 같은 재무적인 기준과 고객 만족도나 고객 유지율과 같은 마케팅적인 기준을 함께 사용하는 것이 바람직하다.

이 장의 요약

이 장에서는 촉진믹스의 나머지 두 요소인 판매촉진과 인적판매를 공부하였다. 두 요소는 구매자의 반응단계 중에서 확신단계와 구매단계에 가장 효과적인 촉진수단들이다.

판매촉진에는 크게 소비자 판매촉진, 중간상 판매촉진, 도매업자(또는 소매업자) 판매촉진의 세 가지 유형이 있으며, 각 유형별로 다양한 수단들이 존재한다. 뿐만 아니라, 판매촉진 효과도 수단에 따라 상당한 차이를 보이므로, 원하는 효과를 가져올 수 있는 수단을 선택하는 것이 중요하다.

일반적으로 소비자 판매촉진 수단들을 사용하면 판매촉진 기간 중에는 강력한 매출증대 효과를 보이지만, 판매촉진이 끝난 다음에는 한동안 매출이 감소되는 경향이 나타나므로, 판매촉진의 성과를 평가할 때에는 이 두 부분의 크기를 비교하여야 한다. 또, 판매촉진 기간 중에 늘어난 매출액의 원천을 파악하는 것도 중요하다. 판매촉진이 있든 없든 어차피 그 상품을 살 사람들이 판매촉진 기간 동안에 조기구매를 하거나, 대량구매를 한 것이 대부분이라면, 판촉으로 이익이 감소하였을 가능성이 높다.

중간상 판매촉진의 경우에는 좀 더 복잡하다. 구매공제와 같은 가격판촉의 혜택을 1차적으로 받는 중간상들은 자신들의 이익을 높이기 위하여 조기구매를 하고, 유출을 하는가 하면, 소비자 가격은 그만큼 내리지 않는 경우가 많기 때문에, 대부분의 제조업자들이 손해를 보는 경향이 있다. 그러나 이러한 문제점들에도 불구하고, 경쟁자의 판매촉진에 대응하기 위하여 판매촉진은 계속되고 있다.

인적판매는 고객과 대면 접촉이 가능하다는 특징을 갖고 있기 때문에, 판매뿐만이 아니라 고객과의 관계를 구축하고 유지하는 데 있어서 중요한 역할을 한다. 이 장에서는 인적판매가 이루어지는 과정을 살펴보았고, 판매관리의 요소들을 공부하였다. 인적판매와 판매관리는 사람에 의하여 이루어지고 또 사람을 다루어야 하는 분야이므로, 이론 못지 않게 실무경험이 중요시되는 분야이다.

더 읽어 볼 거리

1. 판매촉진에 대한 보다 자세한 내용은 다음을 참조하시오.

Robert C. Blattberg and Scott A. Neslin, *Sales Promotion: Concepts, Methods, and Strategies* (Englewood Cliffs, N.J.: Prentice Hall, 1990).

2. 판매촉진이 이익에 미치는 영향을 분석하는 것에 대해서는 다음을 참조하시오.

Scott A. Neslin and Robert W. Shoemaker, "A Model for Evaluating the Profitability of Coupon Promotions," *Marketing Science*, 2 (1983), pp. 361-388.

3. 판매관리에 대해서는 다음을 참조하시오.

Mark W. Johnston and Greg W. Marshall, *Sales Force Management*, 13th ed. (Routledge, 2020).

제 11 장

유통관리

우리의 고객은 월마트(Wal-Mart)이고, 소비자는 월마트의 고객이다.
– 존 페퍼(John E. Pepper), P&G 회장(1995-1999)

<h1 style="text-align:center">이 장의 흐름</h1>

> 1. 유통경로의 개념과 필요성:
>   중간상은 없애도 중간상의 기능은 없앨 수 없다

> 2. 소매상과 도매상의 유형: 유통경로도 경쟁우위의 원천이다

> 3. 유통경로의 구조: 통제 가능성과 투자비 사이에서 균형을 유지하라

> 4. 유통경로의 설계: 유통은 바톤패스가 아니다

> 5. 유통경로의 관리: 경로구성원들은 공동 번영의 파트너이다

이 장의 목표

이 장을 읽은 다음에는 다음 질문에 답할 수 있어야 한다.

1. 유통경로에서는 어떤 기능들이 수행되는가?
2. 소매상과 도매상에는 어떤 유형들이 있는가?
3. 어떤 경우에 통합적 유통이 바람직한가?
4. 수직적 마케팅 시스템은 왜 필요한가?
5. 경로구성원들이 경로 전체의 이익을 극대화하는 방향으로 움직이게 할 수 있는 방법은 무엇인가?

지금까지 우리는 마케팅 믹스의 네 가지 요소 중에서 상품, 가격, 촉진을 공부하였다. 마지막으로 이 장에서는 유통을 다룬다. 대부분의 기업들은 상품을 최종 구매자에게 직접 판매하는 것이 아니라 도매상, 소매상과 같은 중간상들의 손을 거쳐서 판매하고 있다. 또, 기술의 발전으로 새로운 형태의 유통경로들이 속속 등장하고 있고, 이에 대항하여 전통적인 유통경로들도 변화하고 있다.

이 장에서는 먼저 유통경로가 무엇이며 왜 필요한가를 살펴본 다음, 유통경로의 여러 가지 형태를 알아보고, 이렇게 다양한 경로들 중에서 기업이 자신에 적합한 유통경로를 설계하는 방법을 공부하기로 한다. 마지막으로, 일단 만들어진 유통경로를 유지하는 데 있어서 어떤 문제들이 발생할 수 있는지 그리고 어떻게 해결할 수 있는지를 알아본다.

1 유통경로의 개념과 필요성: 중간상은 없애도 중간상의 기능은 없앨 수 없다

유통경로
어떤 상품을 최종 구매자가 쉽게 구입할 수 있도록 만들어주는 과정에 참여하는 모든 조직체나 개인들

대부분의 상품들은 도매상, 소매상과 같은 중간상들의 손을 거쳐서 최종 구매자에게 판매된다. **유통경로**(distribution channel)란 어떤 상품을 최종 구매자가 쉽게 구입할 수 있도록 만들어주는 과정에 참여하는 모든 조직체나 개인들을 가리키는 말이다. 또, 유통경로에 참여하는 도매상, 소매상과 같은 조직체나 개인들을 **중간상**(middlemen) 또는 **경로구성원**(intermediaries)이라고 부른다.

중간상=경로 구성원
유통경로에 참여하는 도매상, 소매상과 같은 조직체나 개인들

유통경로가 존재하는 근본적인 이유는 생산자와 소비자 사이에 **시간, 장소, 형태상의 불일치**가 있기 때문이다.

▶ **시간상의 불일치**란 생산시점과 소비시점의 불일치를 가리킨다. 예를 들어, 우리 나라에서 쌀은 가을에만 생산되지만 소비는 1년 내내 일어난다.

▶ **장소상의 불일치**란 생산장소와 소비장소의 불일치를 가리킨다. 다시 쌀의 예를 들면, 생산은 농촌지역에서 이루어지지만, 소비는 전국적으로 일어난다.

▶ **형태상의 불일치**란 생산되는 형태와 소비되는 형태의 불일치를 가리킨다. 쌀의 경우 생산자는 대량으로 생산하지만 소비자는 10kg, 20kg 등과 같이 소량으로 구매한다.

유통경로는 다음과 같은 기능을 수행함으로써, 시간, 장소, 형태상의 불일치를 해소시킨다.

▶ **촉진**: 생산자만이 아니라 중간상도 상품의 존재를 현재 또는 미래의 구매자들에게 알리고, 구매하도록 설득하며, 구매를 유인할 수 있는 여러 인센티브를 제공한다.

▶ **보관**: 생산된 상품을 소비시점까지 보관하여 시간상의 불일치를 해소한다.

▶ **협상**: 가격 및 기타 거래조건을 구매자와 협상하고 합의를 이끌어냄으로써 판매를 가능하게 한다.

▶ **주문 접수**: 구매자로부터 주문을 접수하고, 생산자에게 이를 전달한다.

▶ **배달**: 생산장소로부터 소비장소까지 상품을 운송함으로써 장소상의 불일치를 해소한다.

▶ **판매후 서비스 및 반품처리**: 설치나 보증수리 같은 판매후 서비스를 제공하는 경우도 있고, 반품이 있을 경우 이를 처리한다.

▶ **관계 유지**: 구매자와의 관계를 유지하기 위한 여러 활동들을 펼친다.

▶ **정보 제공**: 상품에 대한 정보를 구매자에게 제공하는 것 이외에도, 구매자, 경쟁자, 기타 시장환경요인들에 대한 정보를 생산자에게 제공한다.

▶ **금융**: 구매자에게 외상이나 할부판매를 제공하는 것 뿐만이 아니라, 생산자에게도 자금을 융통해 줄 수 있다. 예를 들어, 생산자가 중간상에 비하여 영세한 경우에는 중간상이 생산자에게 자금을 융통해 주기도 한다. 또, 중간상이 재고를 갖고 있는 것도 생산자에게 자금을 융통해 준 것과 같은 효과를 갖는다.

여기서 중요한 것은, **반드시 도매상이나 소매상 같은 중간상들이 위와 같은 유통경로기능들을 담당해야 하는 것은 아니며, 생산자나 소비자가 일부 기능들을 수행할 수도 있다**는 것이다. 생산자, 중간상, 소비자 중에서 누가 어떤 기능을 수행하는지에 따라서 다양한 형태의 유통경로들을 발견할 수 있다.

▶ 현대자동차의 경우 '영업소'라고 불리는 점포들이 대부분의 유통기능을 수행하고 있다. 그러나 판매후 서비스 중 일부, 보관, 촉진활동 중 일부(예: TV 광고)는 현대자동차가 직접 수행하고 있다. 영업소 중의 일부('지점')는 현대자동차가 직접 운영하고 있지만, 다른 일부('대리점')는 독립적인 사업자들이 현대자동차와 계약을 맺고 프랜차이즈 형태로 운영하고 있다(프랜차이즈에 대해서는 '3절 2. 혼합적 유통경로'에서 자세히 설명함).

▶ (주)아모레퍼시픽은 현대자동차와는 달리 다양한 유통경로들을 이용하고 있다. 라네즈와 마몽드 같은 화장품들은 전문점, 대형마트, 백화점 등이, 헤라 같은 화장품들은 백화점과 방문판매조직이 대부분의 유통기능을 담당하고 있다. 카탈로그, 텔레비전 홈쇼핑, 온라인 쇼핑몰을 통해서도 유통되고 있다. 물론, 현대자동차와 마찬가지로, 광고 같은 촉진활동은 아모레퍼시픽이 주로 수행한다.

▶ 델(Dell)은 개인 소비자에게 인터넷과 전화를 이용한 통신판매로 PC를 판매하기

한우값 비싼 이유, 중간상은 사라져야 하는가?[1]

우리나라 소비자들은 한우 쇠고기가 수입 쇠고기보다 비싸다는 것을 당연하게 받아들이고 있지만, 곰곰이 생각해보면 국내에서 생산된 쇠고기가 바다 건너서 온 쇠고기보다 훨씬 더 비싸다는 것은 그렇게 당연한 일은 아니다.

이렇게 된 데에는 크게 두 가지 요인이 있는데, 하나는 생산비용 자체가 높다는 것이고, 다른 하나는 유통단계가 지나치게 많다는 것이다. 예를 들어, 한국과 호주의 쇠고기 유통 구조를 비교한 아래 그림을 보면, 생산비용은 한국이 호주보다 약 2배 정도 차이가 나지만, 소비자 가격은 약 3.7배 차이를 보인다. 한우의 경우 많게는 8단계의 유통단계를 거치는 반면 호주 쇠고기는 단 2단계만 거치기 때문이다. 호주에서는 사육, 도축, 가공, 도매를 수직적으로 통합하여 하나의 회사가 수행하기 때문에 유통단계를 축소하고 유통마진도 줄어든 것이다.

정부는 물가 안정을 위하여 유통단계를 건너뛰는 직거래를 한때 장려했지만, 직거래 활성화는 쉽지 않다. 생산자 단체(예: 농협)와 소비자 간의 직거래장터 같은 방법은 시간, 장소, 품목 상 제한이 따른다.

게다가 정부가 유통마진 축소를 추구하는 정책을 펼 때 신중해야 한다고 지적하는 목소리도 있다. 유통단계가 많다는 것은 그만큼 여기에 종사하는 사람도 많다는 것을 의미하는데, 이 중에는 영세 판매업자들이 다수를 차지하고 있어서, 이들에 대한 지원이나 전업 방안도 마련되어야 한다는 것이다. 한 쪽에서 보면 '거품'이지만, 다른 쪽에서 보면 '생계'인 것이다.

결국 한우 쇠고기 가격을 단숨에 내릴 수 있는 묘안은 없어 보인다. 시간이 걸리겠지만 대형마트들이 투자를 해서 유통 단계를 줄이거나, 호주처럼 사육에서 도매까지 통합해서 수행하는 기업들이 등장하여 점차 가격이 내려가기를 기대하는 수밖에 없을 것이다.

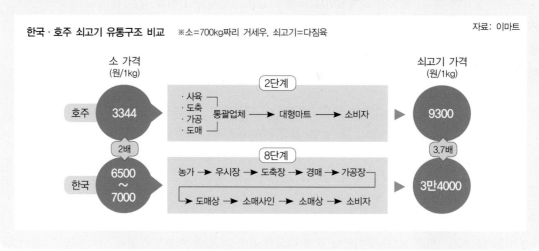

한국·호주 쇠고기 유통구조 비교   ※소=700kg짜리 거세우, 쇠고기=다짐육   자료: 이마트

1 이 사례는 다음을 기초하여 작성하였음: 최지영, 장정훈, 구희령, 김영민, "호주 쇠고기 왜 싼지 봤더니, 한국과 달리," 중앙일보 (2013년 3월 18일); 이재기, "묘한 한우값 … 유통구조 안 바꾸나 못 바꾸나?" 노컷뉴스 (2012년 1월 11일); 이명진, "가격 3배 뻥튀기는 농축산 유통구조," 매일경제 (2008년 8월 26일); 우상규, "정부·aT, 농축산물 유통구조 고비용 날선 공방," 세계일보 (2007년 6월 18일); 장강명, "농축산물 직거래 활성화 정말 힘들까요?" 동아일보 (2008년 8월 28일); 김지영, "야채장수 아저씨의 한숨," 서울경제 (2008년 8월 29일).

때문에 대부분의 유통기능을 직접 수행하는 셈이다. 그러나 배달은 페덱스(FedEx) 같은 특송회사에, 판매후 서비스는 제록스(Xerox)같이 서비스 네트워크를 갖춘 회사에 맡기고 있다.

▶ 암웨이(Amway)는 다단계 판매회사로서 디스트리뷰터(distributor)라고 불리는 판매원들이 대부분의 유통기능을 담당한다. 그런데 디스트리뷰터들은 판매원인 동시에 소비자이기 때문에, 소비자들이 유통기능을 담당하고 있다고도 볼 수 있다(다단계 마케팅에 대해서는 '2절 1. 소매상'에서 자세히 설명함).

인터넷의 등장으로 가장 큰 영향을 받은 마케팅 믹스 요소가 바로 유통이라고 할 수 있다. 실제로, 상품에 따라서 다르지만, 위에서 언급한 유통기능들 중에서 촉진(특히 상품정보 제공), 협상, 주문접수, 관계 유지 등을 생산자가 웹사이트를 통하여 직접 수행하는 것이 가능해졌다. 그 결과, 도매상이나 소매상 같은 중간상들의 역할이 줄어들게 되었고, 델(Dell)처럼 중간상을 배제하고 대부분의 유통기능을 생산자가 직접 수행하는 회사들도 등장하게 되었다. 이처럼 유통경로에서 중간상들을 배제하는 것을 **디스인터미디에이션(disintermediation)**이라고 부른다.

디스인터미디에이션
유통경로에서 중간상들을 배제하는 것

인터넷의 보급으로 디스인터미디에이션 현상이 널리 나타날 것이라고 예측하는 사람들도 있었지만, **오프라인 기업들 중에서 전면적인 디스인터미디에이션에 성공한 사례는 찾아보기 힘들다.** 여러 가지 이유가 있겠지만, 다음과 같은 네 가지 중요한 이유를 들 수 있다. 첫째, 오프라인 기업들이 전부터 이용하고 있었던 중간상들과의 관계를 하루 아침에 끊는 것이 쉽지 않았다는 점이다. 실제로 델(Dell)의 최대 경쟁자였던 컴팩(Compaq)은 온라인 판매를 시도하였지만, 기존 중간상들의 반발 때문에 포기할 수밖에 없었다. 반대로, 처음부터 중간상을 배제하고 시작한 델은 그런 문제에서 자유로울 수 있었다. 둘째, PC처럼 표준화된 상품 이외에는 온라인으로 충분한 상품정보를 제공하는 것이 어렵다. 즉, 상품을 직접 눈으로 확인하고 만져보기를 원하는 구매자들이 있는 한, 점포를 가진 중간상들이 필요하다(물론 생산자가 점포를 직접 운영할 수도 있지만, 적지 않은 비용이 들어간다). 셋째, 단지 한 생산자의 상품만 취급하는 웹사이트는 구매자에게 그다지 큰 가치를 제공하지 못한다. 실제로, 그 동안 주목받은 대부분의 닷컴들은 제조업자가 세운 것이 아니라 유통업자가 세운 것이라는 사실이 이를 잘 보여준다(예: Amazon, G마켓 등). 넷째, 제조업자나 소비자들은 유통경로 기능을 수행하는 데 익숙치 않으므로, 기존의 중간상들이 제조업자나 소비자에 비하여 유통경로 기능을 수행하는 데에 비교 우위를 갖고 있었다.

그러므로 중간상들이 가까운 시일 안에 완전히 사라지지는 않을 것이다. 이러한 예측은 역사적으로도 뒷받침되고 있는데, 미국에 전화가 놓이기 시작했던 1930년대에도 중간상의 몰락을 예견한 사람들이 있었고, 고속도로가 건설되었던 1950년대에도 같은 예측이 나왔지만 실현되지 않았었다. 설령 중간상이 사라지게 된다고 하더라도, 중간상이 수행하던 기능마저 사라지는 것은 아니며, 생산자 혹은 소비자가 맡아서 수행해야 할 것이다.

> **원리 11-1**
>
> 중간상은 없앨 수 있어도, 중간상이 수행하던 기능은 없앨 수 없다.

2 소매상과 도매상의 유형: 유통경로도 경쟁우위의 원천이다

생산자(또는 제조업자)가 자신에게 가장 적합한 유통경로를 선택하는 것은 단지 효율성 측면에서만 중요한 것이 아니라, 경쟁우위 확보 측면에서도 중요하다. 화장품 시장에 뒤늦게 진입한 LG가 5년 만에 2위 자리에 올라설 수 있었던 것은 새로운 유통경로 개척에 힘입은 바 크다.

화장품 시장에 뒤늦게 진입한 LG(당시 럭키) 드봉 화장품은 유통경로를 확보하는 데 어려움을 겪게 되었다. 선발 주자인 태평양과 한국화장품을 비롯한 대부분의 회사들이 방문판매를 위주로 하고 있었는데, 후발 주자인 LG가 단기간에 우수한 인력을 흡수하여 방문판매 조직을 구축하는 것은 쉽지 않은 일이었다. 그래서 LG는 당시 등장하기 시작한 화장품 종합 할인 코너를 이용하기로 하고, 이들에 대하여 더 많은 판촉물과 샘플을 제공하였고, 인센티브(10장 참조)를 높이는 등 판매촉진활동을 다른 회사들보다 강화하였다. 이것은 타이밍을 매우 잘 잡은 셈이었는데, 당시 여성들의 사회활동이 많아지면서 여성들이 방문 판매보다는 점포 구매를 선호하기 시작하였고, 욕구의 다양화로 한 회사의 브랜드만 이용하는 것이 아니라 여러 회사의 브랜드들을 사용하는 경향이 나타나고 있었기 때문이었다. 그래서 화장품 할인 코너들은 해마다 급성장하게 되었고, 이 경로에 주력한 LG는 불과 5년 만에 한국화장품을 밀어내고 화장품 시장 2위 자리에 올라설 수 있었다.[2]

---

2 권익현 · 임병훈 · 안광호, *마케팅* (경문사, 1999), p. 435.

이렇게 적절한 유통경로를 찾음으로써 경쟁우위를 확보하기 위해서는 우선 여러 가지 유통경로 대안들을 잘 알고 있어야 한다. 이 절에서는 유통경로구성원 중에서 절대 다수를 점하고 있는 소매상과 도매상의 여러 가지 형태들을 소개하기로 한다.

1. 소매상

소매상(retailers)은 유통경로의 마지막 단계에서 최종 구매자와 접촉하므로, 제조업자의 성과에 큰 영향을 미칠 수 있다. 소매상들은 슈퍼마켓, 백화점 등과 같이 점포가 있는 **점포형 소매상**과 방문판매, 온라인 쇼핑몰 등과 같이 **무점포형 소매상**으로 나누어진다.

소매업에 다양한 업태들이 공존하는 이유는, 기본적으로, 각 업태가 어필(appeal)하는 세분시장(들)이 다르기 때문이다. 가령, 재래시장은 분위기보다는 가격을 중요시하는 소비자들에게, 반대로 백화점은 가격보다는 분위기를 중요시하는 소비자들에게 어필하고 있다. 또, 온라인 쇼핑몰은 쇼핑할 시간이 없는 바쁜 사람들에게 어필하는 반면, 점포형 소매상들은 시간이 걸리더라도 상품을 직접 눈으로 확인하려는 사람들에게 어필하고 있다.

> **소매상**
> 상품을 최종 구매자에게 직접 판매하는 상인

(1) 점포형 소매상

이하에서는 우리나라의 점포형 소매상들을 그 형태별로 살펴보기로 한다. 소매 업태의 진화가 어떤 방향으로 흘러가는지를 알 수 있도록, [그림 11-1]에는 각 형태가 우리나라에서 시작된 시간적 순서에 따라 배열되어 있다.

1) 재래시장

점포형 소매상의 원조라고 할 수 있는 **재래시장**은 신라시대에까지 거슬러 올라갈 정도로 오랜 역사를 갖고 있다. 여기서는 재래시장을 소매상으로 분류하였지만, 실제로는 도매기능과 소매기능을 겸하고 있다. 재래시장은 가격이 저렴하다는 강점을 갖고 있는 대신, 품질보증기능이 미약하고 소비자들로부터 적지 않은 불신을 받고 있다는 약점도 갖고 있다. 재래시장이 소매업에서 차지하는 비중은 그 동안 대체로 감소하였고, 앞으로도 이러한 추세는 계속될 것으로 보인다. 그러나 재래시장이 도매기능도 겸하고 있고, 저가상품에 대한 수요는 어느 시대에나 존재하기 때문에 재래시장이 완전히 사라지지는 않을 것이다.

2) 전문점

전문점(specialty store)이란 한정된 상품라인을 취급하지만, 그 상품라인 안에

> **전문점**
> 한정된 상품라인을 취급하지만, 그 상품라인 안에서는 다양한 브랜드를 취급하고 깊이 있는 상품 구색을 갖춘 점포

그림 11-1

점포형 소매상의 종류

서는 다양한 브랜드를 취급하고 깊이 있는 상품 구색을 갖춘 점포를 가리킨다. 의류, 서적, 화장품, 가전, 오디오, 스포츠용품 등의 상품에서 전문점들을 쉽게 발견할 수 있다.

3) 백화점

우리나라의 **백화점**(department store)은 1930년에 일본 미츠코시 백화점 경성 지점이 신세계 백화점 본점 자리에 들어서면서부터 시작되었다. 세계적으로는 1852년 프랑스 파리에 개점한 봉 마르쉐(Bon Marche) 백화점이 최초의 백화점인 것으로 알려져 있다.

백화점은 다양한 상품 구색, 편리한 입지, 쾌적한 쇼핑공간, 높은 신뢰성, 강력한 품질보증을 제공하고 있고, 그 대신 가격이 높은 것이 특징이다. 이러한 특징 때문에, 백화점은 구매자에게 사회적 지위와 관련된 만족을 줄 수 있다는 강점도 갖고 있다.[3]

우리나라의 백화점은 외국의 백화점과 비교하여 몇 가지 특징을 갖고 있다. 첫째, 외국의 백화점들은 양판점이나 대형마트와의 가격경쟁에서 밀려나면서 패션 중심으로 상품 구색을 바꾸어나가고 있으나, 우리나라에서는 상설 할인매

---

3 임영균 · 안광호 · 김상용, *고객지향적 유통관리*, 제3판(학현사, 2015), p. 63.

장과 슈퍼마켓에서부터 고급의류 매장에 이르기까지 글자 그대로 '**한 지붕 아래 수백 가지 종류의 재화**'를 취급하고 있다는 점이다. 이것은 우리나라에 양판점이 뿌리내리지 못했고, 대형마트도 역사가 짧아서 백화점이 상류층은 물론 중하류 계층의 소비자들까지 폭넓게 흡수할 수 있다는 데 그 원인이 있다. 그러나 이 렇게 광범위한 표적시장을 유지하는 정책은 오래가기 어렵다.

둘째, 외국의 백화점들은 자기 책임하에 상품을 구입, 판매하며, 재고 부담을 지는데 비하여, 우리나라의 백화점들은 재고 부담을 피하기 위하여 매장을 제 조업자에게 임대하고 매출액의 일정 부분을 수수료로 떼어가는 수수료 매장 중 심으로 운영되고 있다. 실제로 백화점 매장 직원들 중의 대부분은 백화점 직원 이 아니라 제조업자가 파견한 판매사원들이다. 이것을 '**부동산적 소매업**'이라고 부른다. 이것은 일본에서도 '한물 간' 백화점 운영방식을 그대로 들여온 것으로, 하루속히 벗어나야 할 숙제이다.

4) 슈퍼마켓

우리나라의 **슈퍼마켓(supermarket)**은 1964년에 한국수퍼마켓㈜이 설립되면서 시작된 것으로 알려져 있으며, 세계적으로는 대공황 중이던 1930년에 미국 뉴 욕에 킹 컬렌(King Kullen)이라는 슈퍼마켓이 개점한 것이 최초로 알려져 있다. 슈퍼마켓은 당시로서는 획기적인 아이디어인 **셀프서비스** 개념을 도입하여 저렴 한 가격을 실현함으로써, 대공황으로 가격에 민감해진 소비자들로부터 환영을 받아 급성장할 수 있었다.

우리나라의 슈퍼마켓은 숫자는 많지만, 내용적인 면에서는 여러 가지 문제점 을 안고 있다. 첫째, 점포의 면적이 좁아서 **상품 구색이 부족**하다. 특히 고기, 생선, 야채의 구성비가 낮아서 많은 소비자들을 재래시장과 대형마트에 **빼앗기** 고 있다.

둘째, 많은 점포들이 체인으로 묶여서 공동으로 대량 구매를 해야 구입원가 를 낮출 수 있지만, 우리나라에는 이러한 **다점포화가 미흡**한 슈퍼마켓이 많아서 가격경쟁에서 대형마트에 뒤떨어지고 있다.

최근 대형마트들이 진출한 SSM(Super Supermarket)은 대형화된 점포와 체인화된 운영으로 슈퍼마켓의 약점들을 보완할 수 있을 것으로 기대되었지만, '골목상 권'을 보호하기 위한 정부의 규제와 쿠팡, 마켓컬리 같은 이커머스와의 경쟁때 문에 고전하고 있다.

5) 양판점

양판점(general merchandising store, GMS)은 우리나라의 많은 사람들이 그 개념

양판점
의류 및 생활용품을 중 심으로 다품종 대량 판 매하는 체인형 대형 소 매점으로, 상품 구색 및 매장형태는 백화점과 비슷하지만 가격은 백 화점보다 싼 소매업태

을 정확하게 이해하지 못하고 있으며, 우리나라에 그 뿌리를 내리지 못한 소매업태이다. 양판점은 의류 및 생활용품을 중심으로 다품종 대량 판매하는 체인형 대형 소매점으로, 상품 구색 및 매장형태는 백화점과 비슷하지만, 가격은 백화점보다 싼 곳이라고 할 수 있다. 그러면 어떻게 해서 가격을 낮출 수 있는 것일까?

첫째, 유명 브랜드보다는 **자체 브랜드**(store brand 또는 private label)를 많이 취급한다. 이러한 스토어 브랜드는 유명 브랜드와 비슷한 품질이지만 가격은 훨씬 낮으므로, 양판점의 가격경쟁력을 높이는 데 크게 기여한다.

둘째, **다점포화**를 통해서 구입원가를 낮춘다. 미국의 대표적인 양판점인 씨어즈(Sears)는 한 해에만 무려 230개의 점포를 개설한 적도 있었는데, 이것은 다점포화가 얼마나 중요한지를 보여준다. 스토어 브랜드 상품을 개발하더라도 점포수가 적으면 대량 생산, 대량 판매를 통한 가격 인하가 어려워지므로, 다점포화는 양판점의 필수조건인 셈이다.

다점포화의 어려움은 왜 우리나라에서 양판점이 뿌리내리지 못했는지를 설명해준다. 우리나라에도 양판점이 없었던 것은 아니었다. 1983년에 개설된 한양유통의 잠실점과 1988년에 롯데월드에 개설된 새나라 수퍼백화점 등이 있었지만 실패하였고, 그 후 새나라 수퍼백화점은 백화점으로 바뀌었다.

우리나라에 앞으로 양판점이 뿌리내릴 수 있을지는 불투명하다. 왜냐하면 양판점이 정착되기도 전에 더 낮은 가격을 앞세운 대형마트들이 들어왔기 때문이다. 미국에서도 양판점들이 할인점들에 밀려나고 있어서, 1902년에 설립된 미국 최초의 양판점이었던 제이 씨 페니(J. C. Penny)는 패션 백화점으로 변신하였고, 현재는 씨어즈(Sears)만이 양판점의 명맥을 잇고 있다.[4]

6) 편의점

편의점(convenience store)은 1946년에 미국에서 7-Eleven이 설립된 것이 처음이며, 우리나라에서는 1989년에 7-Eleven이 개점한 것이 최초이다. 편의점은 24시간 영업을 통한 시간적인 편익, 편리한 입지를 통한 공간적인 편익을 제공한다. 그 대신 슈퍼마켓보다 비싼 가격과 한정된 상품 구색을 갖추고 있다. 편의점들 중에는 본사가 직영하는 것들은 소수에 지나지 않고, 대부분은 프랜차이즈(franchise) 형태로 가입한 가맹점들인데, 이러한 방식 덕분에 편의점 본부들은 짧은 시간 안에 다점포화를 달성하고, 규모의 경제를 이룩할 수 있었다(프랜차이즈에 대해서는 이 장의 뒷 부분에서 설명하기로 한다). 편의점들은 편의성의 개념

---

4 전원재, "비교 국가론적 관점에서 본 소매업태 변화에 관한 연구," *한국국제경영학회 1996년도 제2차 학술발표회 발표논문집*, p. 7.

을 더욱 확장하여, 공공요금 납부 서비스, 택배 픽업 등의 서비스를 제공하고 있다.

7) 대형마트

대형마트는 유명 브랜드 상품을 낮은 가격으로 판매하는 소매업태를 가리킨다. 이마트, 홈플러스 등이 대표적이고, 미국에서는 월마트(Wal-Mart)가 대표적이다. 미국에서는 월마트를 **할인점**(discount store)이라고 부르고 있어서, 우리나라에서도 한동안 할인점이라는 명칭이 사용되었으나, 2006년 6월부터 공식적으로 명칭이 대형마트로 변경되었다. 양판점이 백화점 수준의 매장에서 스토어 브랜드 상품을 판매하는 반면, 할인점은 매우 평범한 매장에서 유명 브랜드 상품을 판매한다는 점이 다르다. 1948년 미국에서 최초의 할인점인 콜벳(Korvett)이 개점한 이후, 할인점은 양판점과의 가격경쟁에서 승리하여 지배적인 소매업태가 될 수 있었는데, 이것은 다점포화에 의한 상품구입원가 및 물류비용 절감, 셀프서비스를 통한 인건비 절감, 저렴한 입지, 내부장식 최소화 등에 힘입은 바 크다.

미국식 할인점은 식료품의 비중이 매우 낮다. 이것은 미국의 슈퍼마켓이 식료품에 관한 한 매우 강력한 경쟁력을 갖고 있기 때문에 할인점들이 식료품 구색을 키우지 않았기 때문이었다. 그러나 1980년대 말부터 미국의 할인점들도 식료품을 취급하는 것이 스토어 트래픽(store traffic)을 높일 수 있다고 판단하고 식료품 비중을 대폭 높인 형태를 도입하고 있는데, 이것을 미국에서는 **슈퍼센터**(supercenter), 유럽에서는 **하이퍼마켓**(hypermarket)이라고 부른다. 즉, 미국식 할인점에 슈퍼마켓을 합쳐 놓은 형태라고 이해할 수 있다.

1993년에 개점한 우리나라 최초의 대형마트인 이마트를 비롯해서 우리나라의 대형마트들은 상품 구색에서 식품이 차지하는 비중이 높기 때문에 미국식 할인점보다는 수퍼센터나 하이퍼마켓에 가깝다고 할 수 있다. 이것은 앞에서도 설명한 바와 같이 우리나라의 슈퍼마켓이 제 기능을 다하지 못하고 있기 때문이다. 대형마트들은 성장을 거듭하여 2003년을 고비로 소매업에서 차지하는 매출액 비중이 백화점을 앞지르게 되었다.

8) 전문 할인점(또는 카테고리 킬러)

전문점이 높은 수준의 서비스, 품위 있는 매장, 높은 가격을 갖고 있다면, **전문 할인점**(specialty discount store) 또는 **카테고리 킬러**(category killer)는 낮은 수준의 서비스, 넓지만 평범한 매장, 낮은 가격을 갖고 있다. 다시 말해서, 상품라인이 카테고리 하나에 집중되어 있다는 것 이외에는 대형마트와 매우 비슷한

대형마트(할인점)
유명 브랜드 상품을 낮은 가격으로 판매하는 소매업태

하이퍼마켓=슈퍼센터
할인점에 슈퍼마켓을 합쳐 놓은 소매업태

특징을 갖고 있다. 미국에서는 전문 할인점이 1970년대에 처음 등장한 것으로 알려져 있으며, 1980년대 후반과 1990년대 초반에 걸쳐서 급속하게 성장하였다. 장난감 전문 할인점인 토이저러스(Toys 'R' Us), 가전 전문 할인점인 베스트바이(Best Buy) 등이 대표적인 예이며, 우리나라의 하이마트도 전문 할인점에 속한다고 볼 수 있다.

9) 회원제 창고형 도소매점

회원제 창고형 도소매점(membership warehouse club)은 미국에서 1976년에 개점한 프라이스 클럽(Price Club)이 최초이며, 우리나라에서도 1994년에 서울에 개점한 프라이스 클럽(현재, 코스트코)이 역시 최초이다. 회원제 창고형 도소매점은 다음과 같은 특징을 갖는다.

첫째, **회원제**로 운영되며, 회원은 비즈니스 회원(중소 소매상)과 개인 회원으로 구성되므로, 도매의 기능과 소매의 기능을 동시에 수행한다.

둘째, 회원들로부터 **연회비**를 받기 때문에, 초기 투자자금을 조기에 회수할 수 있고, 상품의 가격을 더 낮출 수 있다는 장점을 갖고 있다.

셋째, 상품의 **가격**은 대형마트보다도 더 저렴하다. 이것은 앞서 언급한 연회비 이외에도, 묶음 판매를 통한 대량구매의 실현, 창고형 점포로 점포 투자비용 및 진열, 포장비용 최소화, 셀프서비스를 통한 인건비 절감 등에 힘입은 것이다.

넷째, **상품 구색**은 하이퍼마켓이나 수퍼센터보다 좁아서 회전율이 높은 상품과 브랜드에 집중되어 있다.

회원제 창고형 도소매점이 대단위 묶음 판매를 하는 것이 우리나라의 좁은 가옥구조에 어울리지는 않기 때문에, 이 업태는 우리나라에서 미국에서와 같은 고도성장을 달성하기는 어려울 것이다.

(2) 무점포 소매상

무점포 소매상(non-store retailing)이란 점포를 이용하지 않는 소매상을 가리키는 말이다. 여기에는 [그림 11-2]와 같은 여러 가지 형태들이 포함되어 있다. 무점포 소매상은 기업에게는 점포개설 비용이 절감되고, 입지조건에 구애받지 않고 표적시장에 접근할 수 있다는 장점을 제공하며, 소비자에게는 시간을 절약해 주는 편익을 제공한다.

1) 방문판매

방문판매(direct sales)는 무점포 소매상 중에서 가장 오래된 형태이다. 보험, 아동용 도서, 학습지 시장, 화장품 등이 방문판매에 크게 의존하고 있다. 방문

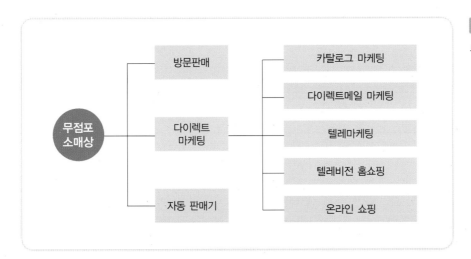

그림 11-2

무점포 소매상의 종류

판매는 10장에서 다루었던 인적 판매 중 **외부판매**(outside selling)에 해당되는 것이기도 하다. 인적 판매는 10장에서 다루었기 때문에 여기서는 생략하고, 방문판매의 한 형태인 다단계 마케팅을 살펴보자.

　다단계 마케팅(multi-level marketing, MLM)이란 '제조업자-도매업자-소매업자-소비자'와 같은 일반적인 유통경로를 거치지 않고, 상품을 사용해 본 소비자가 판매원이 되어 상품을 구입, 다른 소비자에게 판매하고, 이 소비자가 다시 판매원이 되는 과정이 반복되는 판매형식을 가리킨다. 즉, 소비자가 판매원이 된다는 것이 핵심이다. 사실 다단계 마케팅이라고 하면 유통경로가 다단계라는 말처럼 들리지만, 여기서 '다단계'라고 하는 것은 판매원들이 형성되는 과정이 다단계라는 뜻일 뿐이고, 유통경로는 [그림 11-3]과 같이 판매원이 어느 단계

다단계 마케팅(MLM)
상품을 사용해 본 소비자가 판매원이 되어 상품을 구입, 다른 소비자에게 판매하고, 이 소비자가 다시 판매원이 되는 과정이 반복되는 판매형식

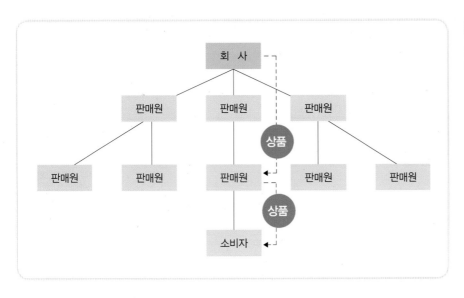

그림 11-3

다단계 마케팅의
유통경로

표 11-1

다단계 마케팅과
피라미드 판매의
식별 기준

	다단계 마케팅	피라미드 판매
입회비	없거나 낮음	고가의 상품을 구입해야 입회 가능
상품	중저가 소비재	고가의 내구소비재
구매	자유 의사	판매원 등록시 또는 매달마다 구매액 강제 부과
환불 가능성	일정 기간 내에는 가능	불가능

에 있든 상관 없이 '회사-판매원-소비자'로 이어진다.

다단계 마케팅은 우리나라에 도입되는 과정에서 많은 오해와 비난을 받았는데, 전부터 존재하던 피라미드 판매방식에 대한 부정적인 인식이 사회 전반에 퍼져 있었기 때문이었다. 그러나 개정된 방문판매법에서는 엄격한 조건을 붙여서 다단계 마케팅을 합법화하고, 이 조건을 어기는 판매방식은 피라미드 판매방식으로 규정해서 처벌대상으로 삼고 있다. 〈표 11-1〉에는 다단계 마케팅과 피라미드 판매방식을 구분할 수 있는 기준들이 나와 있다.[5]

다단계 마케팅은 기업에게는 다음과 같은 장점을 제공한다.

▶ 중간 마진이 작아지므로 가격경쟁력이 높아진다.
▶ 점포개설 비용은 물론 광고비와 인건비 등도 대폭 절약할 수 있다.
▶ 최종 구매자와 기업 간에 긴밀한 커뮤니케이션이 가능하며, 고객 데이터베이스도 쉽게 구축할 수 있다.
▶ 일단 유통경로가 구축되면, 이 경로를 통하여 다양한 상품들을 유통시킬 수 있다. 예를 들어, 암웨이(Amway)는 세제, 화장품, 건강보조식품, 커피, 주방용품, 식품 등 1,000가지가 넘는 다양한 상품들을 판매하고 있다. 물론 이 모든 것을 암웨이가 생산한 것은 아니며 다른 회사가 생산한 상품들도 포함되어 있다.

다단계 마케팅에 적합한 상품들은 어떤 것일까?[6]

▶ 품질이 우수한 상품이어야 한다. 소비자가 곧 판매자가 되는 다단계 마케팅에서는 품질이 우수하지 않다면 다른 사람들에게 권유하기 어렵다.
▶ 구매주기가 짧은 비내구재가 바람직하다. 그래야만 기존 소비자들의 재구매를 통하여 지속적인 매출이 일어날 수 있다.
▶ 소매점포에서는 구할 수 없는 상품이어야 한다. 같은 상품이 점포와 다단계 마

---

5 다단계 마케팅과 피라미드 판매를 구별할 수 있는 보다 자세한 정보는 공정거래위원회가 고시한 '다단계판매에 관한 해설자료'를 참조하시오.
6 백승철, "다단계판매(MLM)에 관한 고찰," *다이아몬드 애드* (1997년 3월-4월), pp. 31-32.

케팅으로 동시에 판매된다면, 소비자 가격은 중간 마진 때문에 점포에서 더 높아질 가능성이 높다. 이렇게 되면, 점포에서는 그 상품을 적극적으로 판매하려고 하지 않을 것이다.

▶ 소비자의 관여도가 높지 않은 상품이 바람직하다. 소비자가 높은 관여도를 갖고 있는 상품을 판매하려면, 판매원도 자세한 상품지식을 갖고 있어야 하는데, 다단계 마케팅의 성격상 기하급수적으로 늘어나는 판매원들을 철저히 교육시키기란 불가능하기 때문이다.

▶ 폭 넓은 수요층을 가진 상품이어야 한다. 수요층이 제한되는 상품은 매출과 판매원을 확장하는 데 곧 한계에 부딪히기 때문이다.

2) 다이렉트 마케팅

다이렉트 마케팅(direct marketing)이란 우편, 전화, 팩스, 이메일 또는 인터넷을 이용해서 고객으로부터 어떤 반응이나 대화를 이끌어내는 것이라고 정의된다.[7] 여기서 '반응'이란 대개 주문을 의미한다.

다이렉트 마케팅은 방문판매와 마찬가지로 무점포 소매업에 속하지만, 한 가지 중요한 차이가 있다. 방문판매에서는 잠재 구매자가 상품을 직접 확인할 수 있는 반면, 다이렉트 마케팅에서는 그것이 불가능하다. 다이렉트 마케팅에는 [그림 11-2]와 같이 다섯 가지 대표적인 형태들이 있다.

카탈로그 마케팅(catalog marketing)이란 잠재 구매자들에게 카탈로그를 발송하고, 이를 받은 구매자들이 우편, 전화, 팩스 등을 이용하여 주문하는 판매방식을 가리킨다. 카탈로그 판매는 19세기 후반 미국에서 시작되었는데, 도시지역에서 멀리 떨어진 농촌 가구들에게 쇼핑 편의를 제공하기 위하여 몽고메리 워드 (Montgomery Ward)가 1872년에, 씨어즈(Sears)가 1886년에 카탈로그 판매를 시작한 것에서부터 비롯되었다. 우리나라에서는 1976년에 신세계 백화점이 백화점 신용 카드 고객들을 대상으로 주문용 엽서를 이용한 판매를 한 것이 카탈로그 판매의 시작으로 알려져 있다.

다이렉트 메일 마케팅(direct mail marketing)이란 잠재구매자에게 발송된 광고물을 이용하는 판매방식이다. 광고물 발송은 우체국을 통해서만 이루어지는 것이 아니라, DHL과 같은 특송업체는 물론, 팩스와 e-mail을 통해서도 이루어지고 있을 정도로 범위가 넓어지고 있다. 다이렉트 메일은 개별화가 가능하고 길고 복잡한 메시지를 전달할 수 있으며 상품 샘플도 보낼 수 있다는 장점을 갖고 있으나, 읽히지도 않고 버려지는 경우가 많으며 다수의 사람들에게 보내려면 비용이 많이 든다는 단점도 갖고 있다.

---

7 Philip Kotler and Kevin Keller, *Marketing Management*, 14th ed. (Prentice-Hall, 2012), p. 478.

> **다이렉트 마케팅**
> 우편, 전화, 팩스, 이메일 또는 인터넷을 이용해서 고객으로부터 어떤 반응이나 대화를 이끌어내는 것

> **카탈로그 마케팅**
> 잠재 구매자들에게 카탈로그를 발송하고, 이를 받은 구매자들이 우편, 전화, 팩스 등을 이용하여 주문하는 판매방식

> **다이렉트 메일 마케팅**
> 잠재 구매자에게 발송된 광고물을 이용하는 판매방식

텔레마케팅
전화로 잠재 구매자에게 상품 정보를 제공하고, 구매를 유도하는 판매방식

텔레마케팅(telemarketing)이란 전화로 잠재 구매자에게 상품정보를 제공하고, 구매를 유도하는 판매방식을 가리킨다. 원래 텔레마케팅이란 처음부터 잠재 구매자에게 전화를 해서 상품정보를 제공하는 경우를 의미하였지만, 먼저 대중매체(TV, 라디오, 신문, 잡지 등)에 상품정보와 수신자 요금 부담 전화번호(080)를 실은 광고를 낸 다음, 이를 보고 전화를 한 사람들에게 더 자세한 정보를 제공하고 판매를 유도하는 경우도 텔레마케팅에 포함될 수 있다. 미국에서는 1970년대에 텔레마케팅이 보급되었고 1980년대 후반부터 성장하였다. 우리나라의 경우 호텔, 금융, 부동산, 잡지, 비영리단체 등 서비스업에서 주로 많이 쓰이고 있다. 텔레마케팅은 판매자와 구매자 사이에 실시간 쌍방향 커뮤니케이션이 가능하므로, 고객의 욕구를 파악하고 여기에 즉각 대응할 수 있다는 장점을 갖고 있다. 그러나 일부 텔레마케팅 회사들이 좋지 않은 이미지를 갖고 있고, 프라이버시 침해에 대한 우려가 높아지면서, 텔레마케팅에 대한 호의적인 반응을 높일 수 있는 방법을 개발하는 것이 중요한 과제가 되고 있다.

위의 세 가지 형태들은 상품정보를 어떤 매체를 통하여 전달하느냐만 다를 뿐, 상품정보를 불특정 다수가 아니라 미리 선별된 잠재 구매자에게만 전달할 수 있다는 점에서 서로 비슷하다. 이런 종류의 판매방식이 성공하려면 다음과 같은 요인들이 뒷받침되어야 한다.

첫째, 양질의 잠재 구매자 리스트를 확보할 수 있어야 한다. 둘째, 확보된 리스트에서 생애가치가 높은 잠재 구매자들을 가려낼 수 있는 노하우를 갖고 있어야 한다. 그러나 우리나라에서는 대부분의 회사들이 이 두 가지 측면에서 선진국의 기업들에 비하여 뒤떨어져 있다. 그러므로 우리나라에서는 카탈로그, 다이렉트 메일, 텔레마케팅이 반응 가능성이 높은 잠재 구매자들에 대하여 선별적으로 이루어지는 것이 아니라, 무차별적으로 이루어지는 경향이 높기 때문에, 반응(즉, 주문)을 보이는 비율이 낮은 수준에 머물고 있다.

텔레비전 홈쇼핑
홈쇼핑 채널로 상품정보를 방송하고, 전화주문을 받는 판매방식

텔레비전 홈쇼핑(television home shopping)은 홈쇼핑 채널(전적으로 상품판매만 목적으로 만들어진 케이블 TV 채널)에서 방송한 상품정보를 본 구매자가 화면에 나타난 수신자 요금 부담 전화로 전화를 해서 상품을 주문하고 대금은 신용카드로 결제하는 판매방식을 가리킨다. 요즘에는 모바일앱도 이용된다. 텔레비전 홈쇼핑은 미리 선별된 구매자들에게만 마케팅을 하는 것이 아니라, 텔레비전을 시청하는 불특정 다수의 사람들을 대상으로 한다는 점에서 다른 다이렉트 마케팅 방법들과 구분된다. 미국에서는 1980년대 초에 홈쇼핑 채널이 도입된 이래 빠른 성장을 보였다. 우리나라에서는 1995년에 종합유선방송이 시작되면서 홈쇼핑이 도입되었다.

온라인 쇼핑(online shopping)은 웹사이트를 이용해서 상품을 판매하는 방식을 가리킨다. 여기에는 소비자들을 대상으로 하는 B2C(Business-to-Consumer) 온라인 쇼핑 사이트와 기업들을 대상으로 하는 B2B(Business-to-Business) 마켓플레이스의 두 가지가 있으나, 여기서는 이 중에서 좀더 활성화된 B2C에 초점을 맞추기로 한다. B2C 온라인 쇼핑은 기업에게 다음과 같은 이점을 제공한다.[8]

> 온라인 쇼핑
> 웹사이트를 이용해서 상품을 판매하는 방식

▶ **시간 및 공간상의 제약이 없이 주문을 받을 수 있다.**

▶ **매우 상세한 상품정보를 제공**할 수 있다. 소프트웨어나 음반처럼 디지털화가 가능한 상품의 경우, 구매하기 전에 테스트하는 것도 가능하다.

▶ **일부 비용이 절약**된다. 예를 들어, 카탈로그 인쇄 및 발송 비용이 절약되는 것이 그것이다. 그러나 홈페이지를 개설하고 이를 대중매체를 이용하여 광고하는 비용은 적지 않게 들어갈 수 있다.

▶ 인터넷을 통하여 **쌍방향 커뮤니케이션**이 가능하고, 커뮤니티 형성도 가능하며, **데이터베이스 마케팅**을 할 수 있는 토대를 마련할 수 있다.

▶ **시장 상황 변화에 신속하게 대응**할 수 있다. 예를 들어, 카탈로그가 일단 발송되면 상품가격을 변경하는 것은 불가능하지만, 인터넷에서는 즉시 변경할 수 있다.

▶ 고객들의 **클릭 행동에 대한 풍부한 데이터**를 얻을 수 있다. 예를 들어, 구매한 고객들의 클릭 행동과 구매하지 않은 고객들의 클릭 행동이 어떻게 다른지를 분석함으로써, 보다 많은 방문자들로 하여금 구매하도록 유도할 수 있다. 더 나아가서는 고객 개개인의 성향에 맞도록 **개별화**된 서비스를 제공할 수도 있다.

스마트폰과 태블릿 PC의 확산으로 스마트 기기를 이용한 **모바일 쇼핑**(mobile shopping)도 빠르게 성장하고 있다. 모바일 쇼핑은 이동 중에도 쇼핑할 수 있어서 편리하다는 장점이 있으나, 이동 중이라는 상황과 좁은 화면 때문에 한계점을 지니고 있다. 정보 탐색과 가격 비교가 덜 필요한 상품이나 가격이 저렴한 상품이 주로 구매되고 있다.

우리나라는 인터넷과 모바일의 보급률이 높은데다가 온라인 쇼핑의 경쟁상대인 점포형 소매상들의 가격이 높은 편이기 때문에 온라인 쇼핑이 급성장하고 있다. 2009년에 온라인 쇼핑의 매출액이 백화점의 매출액을 추월한 데 이어, 2015년에는 대형마트의 매출액도 넘어섰다.

3) 자동 판매기

자동 판매기(vending machines)[9]는 1950년대 후반에 저가의 편의품을 판매하기 위하여 미국에 등장한 이후 점차 그 범위가 확대되었다. 우리나라에서는 1975

---

8 이문규 · 안광호 · 김상용, *인터넷 마케팅* (법문사, 2004), pp. 9-13.
9 안광호 · 권익현 · 임병훈, *마케팅*, 제3판(경문사, 2005), p. 430.

년에 대한가족협회가 콘돔 자동판매기를 도입한 이후 1980년대부터 빠르게 성장하기 시작하였는데, 점포 임대료가 상승하는 가운데 제조업체들이 자체 판매망 확보 경쟁을 벌인 것이 큰 원인이 되었다. 자동판매기는 음식료품 제조회사나 개인이 자동판매기 제조회사로부터 구입하여 직접 운영하는 것이 일반적이다. 우리나라에서 자동판매기는 주로 커피, 음료 등을 판매하지만, '자동판매기의 천국'이라고 불리는 일본에서는 보석, 내의, 티셔츠 등 다양한 상품용 자동판매기가 보급되고 있다.

지금까지 우리는 점포형 및 무점포형 소매상의 여러 가지 형태들을 살펴보았다. 우리보다 긴 역사를 갖고 있는 미국의 소매업태의 진화 과정을 살펴보면, 다음과 같은 두 가지 패턴을 발견할 수 있으며,[10] 이것은 우리에게도 많은 것을 시사해준다:

▶ **전문화**: 처음에는 만물가게처럼 다양한 상품을 취급하는 소매업태가 등장하지만, 이들은 나중에 한두 가지 상품에 집중한 소매업태의 도전을 받게 된다. 한 지붕 아래 수백 가지 종류의 재화를 취급하던 백화점들이 수십-수백개의 전문점들이 모여서 이루어진 쇼핑몰(shopping mall)의 도전을 받은 것, 수많은 상품을 취급하던 카탈로그 회사들이 한두 가지 상품범주에 특화한 전문 카탈로그 회사의 위협에 직면한 것, 할인점들이 전문 할인점(카테고리 킬러)들과 치열한 경쟁을 벌이게 된 것이 모두 여기에 해당된다. 이것은 자신이 원하는 상품을 어디에서 취급하는지를 알게 되면, 포탈 형태의 소매상보다는 전문화된 소매상을 선호하는 사람들이 나타난다는 것을 보여준다. 그러나 이러한 패턴이 온라인 쇼핑몰에도 적용될 것인지는 좀 더 두고 볼 일이다.

▶ **고급화**: 새로운 업태는 기존의 업태보다 더 낮은 가격을 무기로 삼아서 등장하는 경향을 보인다. '백화점 → 양판점 → 할인점 → 회원제 창고형 도소매점'의 순서로 등장한 것이 이를 잘 보여준다. 이를 설명하는 이론이 맥네어(M. P. McNair)의 **소매업 수레바퀴 가설(Wheel of Retailing)**이다. 이 가설에 따르면, 소매업에 처음 들어온 업태는 저원가, 저마진, 저가격으로 시작하지만, 보다 상류층 소비자들을 흡수하기 위하여 점차 상품 및 서비스를 개선하고 가격을 올리게 된다. 이렇게 되면, 이 공백을 메우기 위하여 새로운 업태가 더 낮은 원가, 마진, 가격을 앞세워서 진입하고, 기존 업태는 가격경쟁을 피하기 위하여 더욱 차별화된 상품들을 취급하고 고급화의 길을 걷게 된다. 미국의 경우, 양판점의 등장은 백화점의 고급화를 촉진시켰다. 백화점들은 의류와 화장품 같은 상품들

10 Clayton M. Christensen and Richard S. Tedlow, "Patterns of Disruption in Retailing," *Harvard Business Review* (January-February, 2000), pp.42-45.

의 취급 비중을 높이면서 양판점과 차별화하였는데, 이들 상품들을 판매하려면 높은 수준의 서비스가 필요하기 때문에 낮은 가격을 앞세운 양판점보다는 백화점이 경쟁우위를 갖고 있었고, 백화점은 그 덕분에 높은 가격을 받을 수 있었다. 뒤이은 할인점의 등장은 백화점들의 고급화를 더욱 촉진시켰고, 가격경쟁에서 밀려난 일부 양판점들은 패션 백화점으로 변신하기도 하였다.

2. 도매상[11]

도매상(wholesaler)은 재판매 또는 사업을 목적으로 구매하는 고객에게 상품을 판매하고 이와 관련된 활동을 수행하는 상인을 가리킨다. 소매상은 최종 구매자를 상대하는 반면, 도매상은 주로 소매상을 상대하며(간혹 최종 구매자를 상대하는 경우도 있음), 도매상은 소매상에 비하여 더 넓은 상권을 대상으로 대규모의 거래를 한다는 점이 차이점이다.

도매상이 수행하는 기능은 기본적으로 **조달**(sourcing)과 **분배**(distribution)이다. 즉, 다수의 제조업자들로부터 상품을 구매하여 이를 소매상에게 배분하는 기능을 수행하는 것이다. 그런데 이런 기능은 굳이 별도의 도매상이 아니더라도, 제조업자나 소매상이 수행하는 것도 가능하다. 미국의 경우 국토가 넓어서 제조업자가 전국의 소매상들을 일일이 접촉할 수 없었기 때문에 도매상이 발달할 수 있었지만, 우리나라의 경우 국토가 좁아서 제조업자가 도매상을 거치지 않아도 직접 소매상과 접촉할 수 있었기 때문에 도매상이 발달하기 어려웠다. 또, 우리나라의 제조업자들이 소매상들을 통제하고자 하는 강한 욕구를 갖고 있었던 것도 도매상의 자체적인 발달을 가로막는 요인이 되었다. 결국, 도매상은 우리나라의 유통산업에서 **가장 미발달된 분야**가 되었다.

도매상에는 매우 다양한 형태들이 존재하고, 다양한 이름으로 불리고 있어서 쉽게 이해하기 어렵다. [그림 11-4]에는 도매상의 네 가지 주요 유형들이 나와 있다. 가장 대표적인 도매상은 **상인 도매상**(merchant wholesaler)이다. 상인 도매상과 **대리점**(agent) 및 **브로커**(broker)의 차이는 상품의 소유권을 누가 갖느냐 하는 데에 있다. 즉, 상인 도매상은 상품을 제조업자로부터 구매하여 이것을 판매할 때까지 자기가 소유권을 갖지만, 대리점 및 브로커는 상품을 제조업자로부터 구입하는 것이 아니라 상품은 계속 제조업자(또는 생산자)가 소유하고 있는 가운데, 단지 거래를 성사시켜 주는 역할을 할 뿐이다. 마지막으로 **제조업자 도매상**(manufacturers' branches and offices)은 독립적인 도매상이 아니라, 제조업자가 소유하고 운영하는 도매상을 가리킨다. 〈표 11-2〉에는 각 유형에 속하는 여

11 임영균 · 안광호 · 김상용, *고객지향적 유통관리*, 제3판(학현사, 2015), pp. 155-182.

도매상
재판매 또는 사업을 목적으로 구매하는 고객에게 상품을 판매하고 이와 관련된 활동을 수행하는 상인

러 가지 도매상들과 그들의 기능이 정리되어 있다.

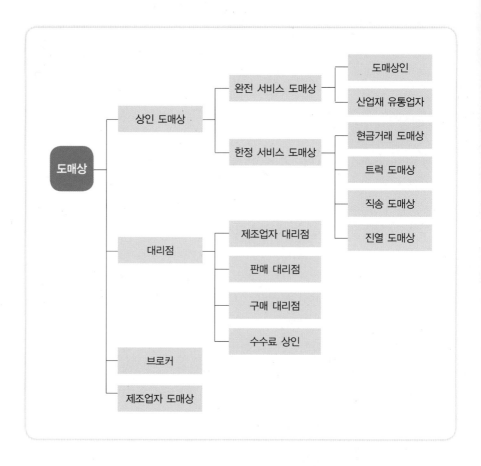

그림 11-4

도매상의 유형

표 11-2

도매상들의 유형과
기능

유 형	기 능
1) 상인 도매상 (merchant wholesaler)	가장 전형적인 도매상으로, 상품의 소유권을 갖고 다양한 기능을 수행함; 제공하는 서비스의 폭에 따라 완전 서비스 도매상과 한정 서비스 도매상으로 나누어짐.
① 완전 서비스 도매상 (full-service wholesaler)	정보제공, 촉진, 협상, 주문, 금융 등 거의 모든 유통기능을 수행함; 누구를 대상으로 하는지에 따라 도매상인과 산업재 유통업자로 나누어짐.
• 도매 상인 (wholesale merchant)	가장 대표적인 도매상으로, 소매상을 상대로 종합적인 유통기능을 수행함; 취급하는 상품의 폭에 따라 종합 머천다이즈 도매상(general merchandise wholesaler, 다양한 상품라인 취급), 한정 상품 도매상(limited line wholesaler, 관련된 몇 개의 상품라인 취급), 전문품 도매상(specialty wholesaler, 한 개의 상품 라인만 취급)으로 나누어짐.
• 산업재 유통업자 (industrial distributor)	소매상이 아니라 제조업자들을 상대로 산업재를 판매하는 도매상.

② 한정 서비스 도매상 (limited-service wholesaler)	거래 고객들에게 몇 가지 서비스만을 전문적으로 제공하는 도매상; 현금거래 도매상, 트럭 도매상, 직송 도매상, 진열 도매상 등으로 구분됨.
• 현금 거래 도매상 (cash-and-carry wholesaler)	회전율이 높은 한정된 상품들을 현금으로만 판매하는 도매상; 배달은 하지 않음(예: 회원제 창고형 도소매점).
• 트럭 도매상 (truck wholesaler)	과일, 야채 등 부패 가능성이 높은 식료품을 트럭에 싣고 순회하면서 현금판매하는 도매상.
• 직송 도매상 (drop shipper)	소매상으로부터 주문을 받으면 제조업자에게 연락하여 상품이 제조업자로부터 직접 소매상에게 배달되도록 함; 재고는 보유하지 않지만, 주문을 받은 시점부터 배달이 완료된 시점까지 상품에 대한 소유권을 갖게 됨; 주로 석탄, 목재, 중장비 등 부피가 큰 상품 취급.
• 진열 도매상 (rack jobber)	상품을 배달할 뿐만이 아니라, 소매상을 대신하여 진열하며, 가격표를 붙이고, 재고도 관리해 주는 도매상; 소매상의 이익과 매출에서 차지하는 비중은 낮지만 회전율이 높은 비식품(사탕, 껌, 건강 및 미용상품 등) 취급; 이들 상품은 소비자에게 팔리기 전까지는 도매상의 소유이며, 팔린 상품에 대해서만 소매상이 도매상에게 대금을 지급하고, 팔리지 않은 상품은 도매상이 다시 가져감.
2) 대리점(agent) 및 브로커(broker)	상품을 소유하지 않으면서 단지 거래를 성사시키는 역할만 하고 수수료를 받음; 대리점은 장기적 관계인 반면, 브로커는 한 번의 거래로 끝나는 단기적 관계임(예: 부동산 중개인); 대리점에는 제조업자 대리점, 판매 대리점, 구매 대리점, 수수료 상인 등이 있음.
① 제조업자 대리점[12] (manufacturers' agent)	서로 경쟁관계에 있지 않은 두 개 이상의 제조업자들과 계약을 맺고 이들을 대신하여 판매활동을 함; 이들은 대개 몇 명의 판매사원들을 고용하고 있는 작은 기업임; 자체 판매사원들을 둘 수 없는 작은 제조업자나 새로운 지역을 개척하려는 큰 제조업자들이 이들을 이용함; 의류, 전기제품 등에서 자주 이용됨.
② 판매 대리점 (selling agents)	어떤 제조업자의 전품목을 판매할 수 있는 계약을 맺고 판매활동을 함; 판매기능에 관심이 없거나 능력이 없는 제조업자들이 이용함; 실질적으로 제조업자의 판매부서와 같은 기능을 수행하므로, 가격과 판매조건 등에 대해 상당한 영향력을 행사함; 섬유, 기계장비, 석탄, 화학제품, 금속제품 등에서 자주 이용됨.
③ 구매 대리점 (purchasing agents)	구매자(즉, 소매상)와의 계약에 의하여 구매를 대신하고, 구매한 상품을 검사, 보관, 배달해 주기도 함; 의류산업에서 작은 의류 소매상들이 자주 이용함.
④ 수수료 상인 (commission merchant)	상품의 소유권은 갖지 않지만, 상품은 갖고 다니면서 판매를 성사시키는 기능을 함; 주로 농산물 생산자의 위탁을 받아서 트럭에 농산물을 싣고 큰 시장에 가서 팔아주는 일을 함.
3) 제조업자 도매상(manufacturers' branches and offices)	독립적인 도매상이 아니라 제조업자가 소유하고 운영하는 것으로 도매상의 기능을 수행함; 판매 지점(sales branches)은 재고를 보유하는 반면, 판매 사무소(sales offices)는 재고를 보유하지 않는 점이 다르다.

---

12 우리가 흔히 '대리점'이라고 부르는 것들이 모두 여기서 말하는 대리점(agent)에 해당되는 것은 아니다. 예를 들어, 삼성전자나 LG전자의 가전제품 대리점은 도매상이 아니라 소매상이며, 이름은 대리점이지만 재고를 보유한다.

3 유통경로의 구조: 통제 가능성과 투자비 사이에서 균형을 유지하라

독립적 유통경로 (간접유통경로)
제조업자로부터 독립된 유통업자들이 유통경로 기능을 수행하는 유통경로

통합적 유통경로 (직접유통경로)
제조업자가 유통경로 기능을 직접 수행하는 유통경로

지금까지 우리는 유통경로를 구성하는 소매상과 도매상들의 여러 가지 형태를 살펴보았다. 이번에는 **유통경로의 구조**를 알아보자. 유통경로의 구조란 유통경로 기능들을 독립적인 유통업자에게 맡길 것인가 아니면 제조업자가 직접 수행할 것인가 하는 문제를 가리킨다. 전자를 **독립적 유통경로**(independent distribution channel) 혹은 **간접 유통경로**(indirect distribution channel)라고 부르고, 후자를 **통합적 유통경로**(integrated distribution channel) 혹은 **직접 유통경로**(direct distribution channel)라고 부른다.

제조업자가 독립적 유통경로를 이용한다면, 점포를 빌리거나 판매원을 고용하는 비용은 제조업자의 부담이 아니라 유통업자의 몫이기 때문에 제조업자는 **투자비를 절약할 수 있다.** 그러나 독립적 유통경로에 좋은 점만 있는 것은 아니다. 독립적 유통업자가 제조업자의 뜻대로 유통경로 기능을 수행해줄 것인지 불확실하다. 이것을 **통제가능성**이라고 부른다. 예를 들어, 어떤 하이테크 상품을 판매하려면 판매원이 잠재구매자에게 많은 시간을 들여서 충분한 설명을 해주어야 한다고 가정하자. 이 판매원이 제조업자의 직원이라면 열심히 하겠지만, 유통업자의 직원이라도 열심히 할 것인가? 설상가상으로 이 유통업자가 여러 제조업자가 만든 수십 가지 상품을 취급하고 있고 그 중에는 힘들이지 않고도 팔 수 있는 물건이 많이 있다면, 이 판매원은 이 하이테크 상품보다는 쉽게 팔 수 있는 다른 상품을 파는데 노력을 투입할 것이다. 이처럼 **독립적 유통경로는 통제가능성이 낮다**는 단점을 갖고 있다([그림 11-5] 참조).

그림 11-5

독립적 유통경로와 통합적 유통경로

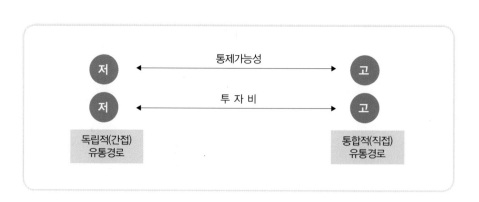

1. 독립적 유통경로 vs. 통합적 유통경로

앞에서 우리는 독립적 유통경로와 통합적 유통경로의 장단점을 살펴보았다. 여기서는 어떤 경우에 어떤 경로가 적합한지를 알아보고, 두 가지 경로를 혼합한 혼합적 유통경로도 살펴본다.

(1) 어떤 경우에 어느 경로가 더 적합한가?

독립적 경로와 통합적 경로는 상반된 장단점들을 갖고 있기 때문에, 어느 한 경로가 항상 나을 수는 없고, 여러 가지 요인들의 변화에 따라 어느 한 경로가 다른 경로보다 우위에 설 수도 있고 열위에 설 수도 있다. 지금까지 이루어진 연구결과에 따르면, **다음과 같은 경우에는 생산자들이 통합적 경로를 갖게 될 가능성이 높아진다.**[13]

① 생산자가 이미 통합적 유통경로를 갖고 있는 경우
② 그 상품을 취급할 수 있는 다수의 유능한 중간상들이 없는 경우
③ 중요한 영업비밀이 있는 경우
④ 그 상품을 판매하는 데 요구되는 서비스 수준이 높거나(예: 자세한 설명이 필요한 경우) 일관된 경험을 제공하는 것이 중요한 경우(예: 브랜드 체험 매장)
⑤ 규격화된 상품을 판매하는 것보다는 상품을 구매자의 요구에 맞춰주는 것(product customization)이 중요한 경우
⑥ 품질보증이 중요한 경우
⑦ 운반이나 보관절차가 복잡한 경우
⑧ 한 번에 판매되는 양이 많고 자주 판매되는 상품인 경우
⑨ 전국적으로 폭 넓게 유통시키는 것이 중요하지 않은 경우
⑩ 한 곳에서 여러 상품을 구입할 수 있는 것(즉, one-stop shopping)이 구매자에게 중요하지 않은 경우

우유는 전국 방방곡곡에 촘촘하게 유통시켜야 하는데 우유 제조회사가 이를 직접 감당하기는 어렵다. 그 때문에 우유 제조회사들은 대부분 대리점을 통한 독립적 유통경로를 사용하고 있다

위의 조건들 중에서 ①~③번은 자명하며, ④번은 이미 앞에서 설명한 바 있

13 Erin Anderson and Anne T. Coughlan, "International Market Entry and Expansion via Independent or Integrated Channels of Distribution," *Journal of Marketing* (January, 1987), pp. 71–82; Donald R. Lehmann and Russell S. Winer, *Product Management* (McGraw-Hill, 2002), pp. 404–405.

다. 그리고 ⑤~⑦번은 ④번과 같은 맥락에서 이해할 수 있다. ⑧~⑩번은 통합적 경로의 단점이 별로 문제가 되지 않는 경우에 해당된다. ⑧번의 경우, 상품이 소량 판매되고 그것도 드물게 판매된다면 많은 투자를 해서 유통기능을 직접 수행하기보다는 독립적인 중간상에게 맡기는 것이 바람직하기 때문이다. ⑨번의 경우, 통합적 경로의 성격상 전국 방방곡곡에 거미줄 같은 유통망을 확보하는 것이 어렵기 때문이며, ⑩번의 경우, 통합적 경로에서는 보통 타사의 상품을 취급하지 않기 때문이다.

원리 11-2

유통경로를 결정할 때에는 비용뿐만이 아니라 통제가능성도 고려하라.

2. 혼합적 유통경로

위에서 살펴본 바와 같이, 독립적 유통경로와 통합적 유통경로는 매우 상반된 장단점을 갖고 있기 때문에 제조업자는 모든 유통경로 기능을 독립적인 유통업자에게 100% 맡기기도 꺼려지고 스스로 100% 수행하기도 어렵다. [그림 11-5]처럼, 독립적 유통경로와 통합적 유통경로는 양 극단에 위치하고 있어서 기업들은 이 극단적인 두 경로의 장점을 골고루 살리기 위해서 혼합적인 형태의 유통경로들을 고안하게 되었다.

그 중의 하나가 **복수경로 마케팅 시스템**(multichannel marketing system)이다. 예를 들어서, 대량 구매자들에게는 제조업자가 직접 판매하고 소량 구매자들에게는 독립적인 유통업자로 하여금 판매하게 하는 것이다.

혹은 유통경로 기능들 중의 일부는 제조업자가 수행하고, 나머지는 유통업자가 수행하는 유통경로를 쓰기도 하는데, 이것을 **하이브리드 마케팅 시스템**(hybrid marketing system)이라고 부른다.[14] 가령, 촉진, 협상 및 주문 접수 기능은 제조업자의 판매사원들이 수행하고, 배달 및 판매후 서비스는 독립적인 유통업자로 하여금 수행하게 하는 것이다.

또 다른 혼합적인 유통경로로서 **수직적 마케팅 시스템**(vertical marketing system, **VMS**)이 있다. 수직적 마케팅 시스템에서는 각각 독립적인 경로구성원들 중에서 누군가가 다른 구성원들보다 더 큰 파워를 갖고 다른 구성원들의 활동을 통제하고 조정하는 역할을 한다. 즉, 독립적인 유통경로의 형태를 띠면서 마치 통합

복수경로 마케팅 시스템
통합적 유통경로와 독립적 유통경로가 함께 존재하는 유통경로

하이브리드 마케팅 시스템
유통경로 기능들 중의 일부는 제조업자가 수행하고, 나머지는 다른 사업자가 수행하는 유통경로

수직적 마케팅 시스템
경로구성원들 중에서 더 큰 파워를 가진 구성원에 의하여 다른 구성원들의 활동이 통제되고 조정되는 유통경로

---

14 Rowland T. Moriarty and Ursula Moran, "Managing Hybrid Marketing Systems," *Harvard Business Review* (November–December, 1990).

그림 11-6

수직적 마케팅 시스템

적 유통경로처럼 기능하는 것이다. 여기에는 [그림 11-6]과 같이 크게 세 가지 종류가 있다.

(1) 관리형 VMS

관리형 VMS(administered VMS)란 상호 독립적인 경로구성원들 중에서 규모나 파워에 있어서 지도적 위치에 있는 기업이 다른 구성원들의 활동을 통제하고 조정하는 경우를 가리킨다. 이와 같이 경로상에서 지도적 위치에 있는 기업을 **채널 캡틴**(channel captain)이라고도 부른다.

우리나라에서는 가전제품과 같이 대기업이 생산하는 상품의 경우 제조업자가, 의류의 경우에는 백화점이나 대형마트와 같은 대형 소매업자가 대개 채널 캡틴의 역할을 한다.

(2) 계약형 VMS

관리형 VMS에서는 독립적인 경로구성원들이 지도적 위치에 있는 기업에게 묵시적으로 협조함으로써 통제와 조정이 이루어지지만, **계약형 VMS**(contractual VMS)에서는 통제와 조정이 독립적인 구성원들간의 명시적인 계약에 의하여 이루어진다는 점이 다르다. 여기에는 다시 다음과 같은 세 가지 유형이 있다.

1) 프랜차이즈 조직

프랜차이즈 조직(franchise organization)은 흔히 '체인점'이라고 불리는데, **본부**(franchisor)가 **가맹점**(franchisee)에 대하여 제품, 서비스, 상점관리의 노하우 등을 제공하는 대가로 계약금이나 로열티(royalty) 등의 수입을 얻는 계약에 의하여 운

관리형 VMS
지도적 위치에 있는 경로구성원이 다른 독립적인 구성원들의 활동을 통제하고 조정하는 VMS

계약형 VMS
상호 독립적인 경로구성원들이 계약에 의해서 서로의 활동을 통제하고 조정하는 VMS

프랜차이즈 조직
본부가 가맹점에게 제품, 서비스, 상점관리 노하우 등을 제공하는 대가로 계약금이나 로열티 등의 수입을 얻는 계약에 의하여 운영되는 유통경로

영되는 유통경로를 가리킨다.

프랜차이즈는 1850년대에 미국의 싱거 재봉틀 회사(Singer Sewing Company)가 자기 회사 제품의 판매를 위하여 시작한 것이 처음이라고 알려져 있지만, 1950년대에 KFC, 맥도날드(McDonald's), 피자헛(Pizza Hut) 등이 잇따라 문을 열면서 프랜차이즈가 본격적으로 성장하기 시작하였다. 우리나라에서는 1979년에 롯데리아와 난다랑(커피 전문점)이 문을 열면서 프랜차이즈가 시작되었다.

본부 입장에서 프랜차이즈 조직은 다음과 같은 장점을 갖고 있다.[15]

▶ 큰 투자비 부담 없이 사업을 빠르게 확장시킬 수 있다.
▶ 사업 의욕이 높은 사람들을 가맹점으로 참여시킬 수 있다.
▶ 가입비와 로열티 등의 안정적인 수입을 확보할 수 있다.
▶ 가맹점의 점포 스타일, 판매원의 유니폼 등을 통일시킴으로써, 소비자와 업계 전반에 일관된 이미지를 줄 수 있다.
▶ 가맹점의 영업상황, 본부체제, 환경변화에 따라 가맹점 모집속도를 조절함으로써 유연한 경영을 할 수 있다.

그러나 프랜차이즈 본부는 다음과 같은 문제점들이 발생할 수 있음을 예상하고 대비하여야 한다.

▶ 가맹점들을 효과적으로 통제하지 못할 경우, 프랜차이즈 전체의 이미지나 성과가 나빠질 수 있다.
▶ 성과가 나쁜 가맹점을 쉽게 내보낼 수 없다.
▶ 가맹점들이 이탈해서 새로운 경쟁자가 될 수 있다.
▶ 본부와 가맹점들 사이에 여러 가지 갈등이 발생할 수 있다.
▶ 가맹점으로부터 부실채권이 발생할 가능성이 크다.

2) 소매상 협동조합

소매상 협동조합(retailer cooperative)은 중소 소매상들이 연합하여 만든 조직체를 가리키는데, 대기업이 운영하는 슈퍼마켓 체인에 대항하기 위하여 형성되었다. 이 협동조합은 공동구매 및 공동촉진활동을 수행함으로써 여기에 가입한 소매상들이 비용을 절감할 수 있도록 해 준다. 여기에 가입한 소매상들은 상당량의 상품들을 본부(즉, 조합)로부터 구입하여야 하며, 같은 상호하에 점포를 운영한다. 우리나라의 경우 한국슈퍼마켓협동조합 연합회의 브랜드인 코사마트(KOSAMART)가 여기에 속한다.

소매상 협동조합
공동구매 및 공동촉진 활동을 수행하기 위하여 중소 소매상들이 연합하여 만든 조직체

---

15 임영균 · 안광호 · 김상용, *고객지향적 유통관리*, 제3판(학현사, 2015), pp. 349-361.

3) 도매상이 후원하는 자발적 체인

도매상이 후원하는 자발적 체인(wholesaler-sponsored voluntary chain)은 소매상 협동조합과 비슷하지만, 대형 도매상을 중심으로 소형 소매상들이 뭉쳤다는 점이 다르다.

도매상이 후원하는
자발적 체인
대형 도매상을 중심으로 소형 소매상들이 자발적으로 만든 체인

(3) 기업형 VMS=통합적 유통경로

기업형 VMS(corporate VMS)는 한 경로구성원이 다른 경로구성원들을 소유한 유통경로를 가리킨다. 즉, 이것은 우리가 이미 살펴본 통합적 유통경로와 동일하다.

기업형 VMS
= 통합적 유통경로

4 유통경로의 설계: 유통은 바톤패스가 아니다

지금까지 우리는 유통경로를 구성하는 소매상, 도매상들의 종류와 유통경로의 여러 가지 구조들을 살펴보았다. 이를 기초로, 이 절에서는 기업이 유통경로를 설계하는 절차를 알아보자. 어떤 유통경로를 갖는가 하는 것은 **매출에 직접적인 영향**을 미친다. 예를 들어, 전국을 커버하는 유통경로를 가진 회사와 그렇지 못한 회사, 유통경로를 단축해서 중간마진을 낮춤으로써 가격경쟁력을 갖게 된 회사와 그렇지 못한 회사를 비교해보라. 또, 유통경로는 **비용과도 깊은 관계**를 갖게 된다. 특히, 물류비와 판촉비가 원가에서 차지하는 비중이 높은 상품일수록 그러하다. 그러므로 우리 회사에 적합한 유통경로를 설계하는 것은 매출 증대와 비용절감에 큰 기여를 할 수 있는 중요한 활동이다. 유통경로를 설계하는 과정은 [그림 11-7]과 같이 6단계로 이루어진다.

1. 상황 분석

유통경로 설계의 첫 단계는 상황분석이다. 각 유통경로의 수익성, 각 경로가

그림 11-7

유통경로 설계과정

시장을 커버하는 정도, 경쟁자들이 기존 유통경로들을 활용하고 있는 정도, 유통경로 기능을 수행하는 데 들어가는 원가 등을 분석해야 한다. 또한 구매 패턴의 변화 가능성, 경쟁자의 진입, 신기술(예: 모바일 기술) 등에도 관심을 기울여야 한다.

2. 고객의 욕구 파악 및 세분화

고객들이 유통경로에서 얻기를 바라는 편익에는 여러 가지가 있지만, 다음과 같은 것들이 대표적이다: 편리한 위치, 짧은 대기시간, 다양한 상품 구색, 소량 구매, 저렴한 가격. 물론, 이 다섯 가지를 모두 충족시키는 유통경로는 만들기 어렵기 때문에, 잠재 고객들이 이 중에서 무엇을 희생할 용의가 있는지를(즉, 무엇을 더 중요하게 여기는지를) 조사하여야 한다.

고객이 원하는 편익이 이질적인 경우에는, **세분시장별로 욕구를 파악해야** 한다. 예를 들어, 사무용 가구를 만드는 회사에게 대기업체 시장과 SOHO (small office, home office)시장의 욕구는 상당히 다르기 때문에, 대기업체 세분시장과 SOHO 세분시장을 분리해서 봐야 한다.

3. 유통경로 과업 파악

다음 단계는 각 세분시장의 욕구를 충족시키기 위하여 유통경로상에서 수행되어야 하는 과업들을 파악하는 것이다. 앞에서 예를 든 사무용 가구 회사의 경우, SOHO 세분시장에 대해서 다음 과업들을 수행하여야 한다.[16]

1. 우리 회사의 인지도를 높인다.
2. 우리 회사를 인체공학 전문가로서 포지셔닝한다.
3. 우리가 취급하는 상품 종류를 소개한다.
4. 우리 상품들을 시연(demonstration)한다.
5. 가격을 제시한다.
6. 주문을 접수하고, 주문 번호를 부여함으로써 온라인으로 주문 처리 과정을 확인할 수 있도록 한다.
7. 신속하게 배달한다(SOHO 구매자들은 대개 계획구매를 하지 않음).
8. 쉽게 조립/설치할 수 있도록 한다.
9. 보증 수리 서비스를 제공한다.

---

16 Robert J. Dolan, "Going to Market," *Harvard Business School Case* 9-599-078 (October 30, 2000).

10. 액세서리를 판매한다.
11. 할부판매를 제공한다.

반면에, 대기업체 세분시장에 대해서는 위와는 다른 종류의 과업들을 수행하여야 한다. 가령, 새 건물에 입주하는 대기업에 대해서는 다음과 같다:

1. 그 기업이 고려하고 있는 가구업체 리스트에 포함되도록 한다(대기업이라면 주요 가구업체들의 이름이나 포지셔닝은 이미 알고 있을 것이므로).
2. 우리의 상품 라인을 소개한다.
3. 그 기업의 욕구에 맞춘 해결방안(solution)을 제공할 수 있음을 보여준다.
4. 그 기업의 건축가/디자이너와 공동으로 작업하여, 그 기업의 욕구를 충족시킬 수 있는 가구모형을 개발한다.
5. 가격과 판매조건을 협상한다.
6. 그 기업의 기존 가구들을 처분할 수 있는 방안을 제시한다.
7. 주문을 접수한다.
8. 다른 공급업체들과 공동으로 가구 설치 계획을 수립한다.
9. 주문시점부터 배달시점까지 발생하는 변경사항에 대처한다.
10. 가구를 배달하고 설치한다.
11. 설치된 가구를 유지 · 보수한다.
12. 액세서리 및 추가품목을 판매한다.

4. 최적 유통경로 파악

다음 단계는 앞에서 파악한 각 과업을 최소의 비용으로 수행할 수 있는 최선의 유통경로를 파악하는 것이다. 구체적으로, 경로구성원의 구조(즉, 독립적, 혼합적, 통합적)와 유형(예: 점포형 소매상 vs. 무점포형 소매상)을 결정한다. 그리고 경로구성원의 수(이것을 경로 커버리지에 대한 결정이라고도 부른다. 〈표 11-3〉 참조)를 결정한다.

여기서 중요한 것은, 이미 우리 회사가 갖고 있는 유통경로를 무시하고, **백지상태에서 최적 유통경로를 그려야** 한다는 것이다. 또한 유통경로 과업 모두를 제조업자가 직접 담당하거나, 아니면 반대로 유통업자에게 전부 맡기는 식의 극단적인 방식을 피하고, 각 **과업별로 누가 수행하는 것이 비용을 최소화할 수 있는지를 검토해야** 한다는 것이다. 앞서 예를 든 SOHO 세분시장에 사무용 가구를 파는 경우, 다음과 같이 결정할 수 있다:

표 11-3

경로 커버리지의 종류

	정 의	특 징
전속적 유통 (exclusive distribution)	일정 지역 내에서 한 개의 중간상에게만 상품을 공급하는 것 (이 중간상은 경쟁상품은 취급하지 않음)	높은 마진이 보장되므로 중간상이 적극적으로 푸쉬(push)함: 제조업자의 통제가능성 높음; 고급 가구와 같은 전문품에 적합
집약적 유통 (intensive distribution)	일정 지역 내에서 가능한 한 많은 수의 중간상들에게 상품을 공급하는 것	중간상의 푸쉬보다는 소비자의 풀(pull)에 의해서 팔리는 상품에 적합 (예: 저가의 생활용품 같은 편의품이나 유행상품)
선택적 유통 (selective distribution)	전속적 유통과 집약적 유통의 중간 형태	전속적 유통과 집약적 유통의 중간

1과 2 : 일간 신문에 광고 게재

3과 5 : 웹 사이트와 카탈로그 이용

4 : 30일 무료 시용 프로그램 실시(10장 참조)

6 : 콜 센터(080 무료전화) 또는 웹 사이트 이용

7 : CJ대한통운 같은 특송업체 이용

8과 9 : 유튜브채널 또는 콜 센터(080 무료전화) 운영, 서비스센터 위탁

10 : 다이렉트 메일 발송

11 : 신용카드 가맹

예를 들어, 우리 상품을 시연해야 하는 과업 4의 경우, 전통적으로는 잠재 구매자가 매장을 방문하지 않으면 불가능하였다. 그러나 30일 무료시용 프로그램을 실시하면, 굳이 매장을 만들 필요가 없어진다. 결국, 이 회사는 총 11개의 과업들 중에서 대부분을 직접 수행하고, 소수만을 다른 사업자에게 의존하면 된다. 이와 같은 형태를 **하이브리드 마케팅 시스템**(**hybrid marketing system**)이라고 부른다고 하였다.

> **원리 11-3**
>
> 유통은 바톤 패스(baton pass)가 아니다. 즉, 제조업자가 유통업자에게 바톤을 넘기듯이 모든 유통경로 기능을 무조건 맡기지 말고, 누가 어떤 기능을 수행하는 것이 가장 적합한지를 검토하라.

5. 표적시장 선택

앞의 단계에서 세분시장별로 고객들의 욕구를 최소의 비용으로 충족시킬 수

있는 최적유통경로를 파악하였다. 다음 단계는 어떤 세분시장에 진입하고 어떤 세분시장에는 진입하지 않을 것인지를 선택하는 것이다. 이를 위해서 각 세분시장의 **매력도**, 우리 회사의 **경쟁우위**, 그리고 세분시장과 우리 회사와의 **적합성**에 대한 검토가 필요하다(3장 및 4장 참조). 예를 들어, 앞에서 예를 든 가구회사의 경우, 기존 경쟁자들이 장악하고 있는 대기업체 세분시장은 포기하고 아직 확고한 지배자가 없는 SOHO 세분시장에 진입하기로 결정할 수 있다.

6. 경로 신설 또는 개선

앞의 단계에서 선택한 표적시장에 우리 회사가 아직 아무런 유통경로도 갖고 있지 않다면, '4. 최적 유통경로 파악'에서 설정한 최적 유통경로 그대로 만들면 된다. 반대로, 선택된 표적시장에 우리 회사가 이미 유통경로를 갖고 있다면, 최적 유통경로와 기존 유통경로 사이의 격차를 줄일 수 있는 방법들을 실행에 옮겨야 한다. 예를 들어, 경로 구성원들이 맡고 있는 경로 과업들을 조정한다든지, 새로운 기술을 활용한다든지, 혹은 새로운 경로 구성원들을 모집하는 등의 방법들을 생각할 수 있다.

마지막으로, 유통경로가 이 상품의 **다른 마케팅 믹스와 어울리는지**를 점검하는 것이 중요하다. 예를 들어, 고급 의류 브랜드로 포지셔닝하고자 하는 상품이 백화점을 유통경로로 이용하지 않는다면 좋은 결정이라고 볼 수 없다. 삼성전자가 미국의 할인점인 월마트(Wal-Mart)에서 삼성 제품이 저가로 팔리는 것이 삼성 브랜드를 고급화하는 데 방해가 된다고 판단하고, 월마트에 저가 상품 공급을 중단한 것도 좋은 예이다.

5 **유통경로의 관리**: 경로 구성원들은 공동 번영의 파트너이다

일단 만들어진 유통경로는 지속적으로 높은 성과를 낼 수 있도록 체계적으로 관리되어야 한다. 그러나 이것이 언제나 쉬운 일만은 아니다. 유통경로는 다양한 구성원들로 이루어져 있어서(예: 제조업자, 도매업자, 소매업자, 운송업자 등) **각자가 추구하는 목표가 같지 않다.** 예를 들어, 롯데제과는 자기 회사의 자일리톨 껌이 많이 팔리기를 원하지만, 이마트는 어느 회사의 자일리톨 껌이든 상관없이 많이 팔려서 이익이 많아지기만을 원하게 된다. 그런데 문제를 더욱 어렵게 만드는 것은 이렇게 상이한 목표를 가진 **경로 구성원들의 행동이 다른 경로 구성원들의 성과에 영향을 미친다**는 것이다. 예를 들어 다른 모든 경로 구성원들이 자기가 담당한 경로 과업을 제대로 수행하였다고 하더라도, 운송업자가 제때에 상품을 소매업자에게 배달하지 못했다면 상품 판매에 지대한 차질을 빚게 될 것이다. 이렇게 상호의존적인 경로 구성원들이 제각기 각자의 이익을 극대화하기 위하여 움직인다면, 경로 구성원 서로에게 손해를 입힐 수 있다. 이러한 이유 때문에, 유통경로에서 지도적인 위치에 있는 채널 캡틴은 경로 구성원들이 각자의 이익을 극대화하는 것이 아니라, **경로 전체의 이익(즉, 토탈 파이)을 극대화하는 방향으로 움직이도록 관리할 필요**가 있다. 앞서 다뤘던 수직적 마케팅 시스템은 이를 가능하게 해준다.

P&G와 월마트(Wal-Mart)의 사례도 교훈적이다.[17] 전통적으로 P&G는 소매업자들이 갖고 있지 못한 광범위한 소비자 조사 자료를 무기로 삼아서 소매업자들 위에 군림해 온 기업이었다. 월마트 역시 막강한 구매력을 무기로 삼아서 제조업자들에게 최저의 가격, 추가적인 서비스, 그리고 최상의 결제 조건을 요구해 온 기업이었다. 이처럼 제조업의 강자와 소매업의 강자가 만났으니 둘 사이의 관계가 처음부터 원만하기는 어려웠다. P&G는 월마트에게 판매수량, 가격, 결제 조건을 일방적으로 강요하려고 하였고, 월마트는 P&G의 상품들을 더 이상 취급하지 않겠다고 맞섰다.

그러나 두 회사가 서로를 절실히 필요로 한다는 것을 깨달은 두 회사의 최고 경영자들이 극적인 회동을 가진 것을 계기로, 두 회사는 정보기술을 적극적으로 활용하여 포괄적인 동반자관계를 구축하게 되었다. 양사가 구축한 시스템을 이용하여, P&G는 월마트의 점포 하나하나로부터 P&G 상품의 판매량, 재고, 가격 데이터를 인공위성을 통하여 입수할 수 있게 되었다. 이를 토대로 P&G는 해당 점포에서의 P&G 상품의 판매량을 예측할 수 있게 되었고, 필요한 상품 수량을 자동적으로 월마트에게 공급할 수 있게 되었다. 상품 대금의 청구와 지불도 전자 결제 시스템으로 이루어졌다.

이 시스템 덕분에 월마트는 재고를 줄이면서 품절 가능성도 낮출 수 있게 되었다. P&G는 정확한 수요에 입각하여 생산을 할 수 있게 됨으로써 비용을 절감할 수 있게 되었고(5장, [그림 5-7]의 '소채찍 효과' 참조), 상품 대금도 더 일찍 회수할 수 있게 되었다. 뿐만 아니라, 두 회사는 주문-배송-결제에 걸리는 시간과 인력을 대폭 줄일 수 있게 되었다. 그 결과, 두 회사 모두 비용을 절감하고 매출액이 높아짐으로써 이익을 신장시킬 수 있게 되었다.

---

17 Nirmalya Kumar, *Marketing as Strategy* (Harvard Business School Press, 2004), pp. 122-123.

이 절에서는 유통경로 관리의 주요 요소들을 알아보기로 한다. 이 절의 내용은 독립적인 유통경로나 혼합적인 유통경로를 가진 기업에 해당되는 내용이며, 통합적인 유통경로를 가진 기업에 해당되는 내용은 10장에서 다룬 인적판매를 참조하기 바란다.

1. 동기 부여

독립적인 사업자인 경로구성원들을 자신이 기대하는대로 움직이게 만들기 위하여 제조업자는 여러 가지 수단들을 동원할 수 있다. 어떤 사람이 다른 사람을 자신의 뜻대로 행동하게 만드는 능력을 **파워**(power)라고 부른다. 파워는 〈표 11-4〉처럼 다섯 가지 원천으로부터 생기는데, 이 중에서 **강압적 파워는 가능한한 사용하지 않는 것이 바람직하다.**

제조업자가 파워에만 의지하여 중간상과의 관계를 유지하는 것은 단기적으로는 가능하지만 장기적으로는 가능하지 않을 수 있는데, 그 이유는 다음과 같다.[18] 첫째, 시간이 지남에 따라 파워가 약해질 수 있고, 심지어는 역전될 수 있다. 실제로 과거에는 제조업자의 파워가 월등했지만, 소매업이 급속히 대형화되면서 힘의 균형이 소매업자 쪽으로 넘어가고 있다. 둘째, 약한 파워를 가진 쪽이 대항력을 보유하게 될 수 있다. 프랜차이즈 가맹점들이 단결하여 자신의 권익을 신장시키는 것이 좋은 예이다.

파워
어떤 사람이 다른 사람을 자신의 뜻대로 행동하게 만드는 능력

종 류	정 의	예
강압적 파워	중간상이 제조업자의 요구대로 행동하지 않을 경우 처벌할 수 있는 능력을 갖고 있기 때문에 발생하는 파워	중간상에 대한 지원 철회 또는 거래 관계 단절 위협
보상적 파워	제조업자가 중간상에게 보상을 줄 수 있는 능력을 갖고 있기 때문에 발생하는 파워	중간상이 일정 수량 이상 판매할 경우 인센티브 제공
합법적 파워	제조업자가 중간상에 대하여 어떤 행동을 요구할 수 있는 합법성 또는 정당성을 갖고 있기 때문에 발생하는 파워	프랜차이즈 조직에서 본부가 가맹점에게 계약에 의거하여 일정 수준 이상의 재고를 유지하도록 요구
전문적 파워	제조업자가 중간상이 안 갖고 있는 특별한 지식이나 노하우를 갖고 있기 때문에 발생하는 파워	제조업자가 매우 효과적인 재고관리기법을 갖고 있는 경우
준거적 파워	중간상이 제조업자에 대해 일체감을 갖고 있거나 갖게 되기를 바라기 때문에 발생하는 파워	삼성전자, 맥도날드 등은 강한 준거적 파워를 가진 반면, 주연테크, BBQ 치킨 등은 약한 준거적 파워를 갖고 있음

■ 표 11-4

파워의 종류

---

18 Nirmalya Kumar, *Marketing as Strategy* (Harvard Business School Press, 2004), pp. 123-124.

그러므로 전적으로 **파워에 의지하여 관계를 유지하기보다는 상호간의 신뢰**(trust)
를 형성하고 상호 협력하는 것이 장기적으로는 서로에게 더 나은 결과를 가져올 수
있다. 위에서 살펴본 P&G와 월마트의 동반자적 관계가 이를 잘 보여준다.

> **원리 11-4**
>
> 경로구성원들과 신뢰에 기반을 둔 동반자적 관계를 형성하라.

2. 갈등처리

아무리 동반자적인 관계라고 하더라도, 갈등으로부터 자유로울 수는 없다.
상호 독립적인 사업자들로 이루어진 유통경로의 경우, 모든 사업자들의 이해관
계가 완벽하게 일치하기를 기대할 수는 없기 때문이다. 이하에서 유통경로 갈
등의 종류, 원인, 그리고 해결방안을 살펴보자.

(1) 갈등의 종류

유통경로에서 발생하는 갈등은 크게 수직적 갈등과 수평적 갈등의 두 가지
종류로 나누어진다. **수직적 갈등**(vertical conflict)이란 유통경로 내의 다른 레벨에
있는 구성원들 간에 발생하는 갈등을 가리킨다. 가전제품 메이커가 대형마트에
상품을 공급하는 것에 대해서 대리점들이 반발한다든지, 패스트푸드 프랜차이
즈 본사가 신상품 개발을 게을리해서 가맹점들의 매출액이 줄어들고 있다고 가
맹점 주인들이 집단행동을 한다든지 하는 것들이 수직적 갈등의 예이다.

수평적 갈등(horizontal conflict)이란 유통경로 내의 같은 레벨에 있는 구성원들
간에 발생하는 갈등을 가리킨다. 대리점마다 판매구역이 정해져 있는데, 어느
대리점이 다른 대리점의 구역을 침범하여 판매활동을 해서 대리점들 간에 갈등
이 빚어지는 것이 수평적 갈등의 예이다.

(2) 갈등의 원인

유통경로 갈등이 발생하는 원인들은 다양하지만 크게 다음과 같이 세 가지로
분류할 수 있다. **목표 불일치**(goal incompatibility)란 경로구성원 각자의 목표가
서로 다르고, 이들 목표를 동시에 달성할 수 없는 경우를 가리킨다. 예를 들어,
제조업자가 매출액을 높이기 위하여 자기 회사의 웹 사이트에서 상품을 판매하
자, 기존의 유통업자들이 이에 반발하는 것이 여기에 해당된다.

영역 불일치(domain dissensus)란 경로구성원간에 각자의 역할이나 영역에 대

수직적 갈등
유통경로 내의 다른 레벨에 있는 구성원들 간에 발생하는 갈등

수평적 갈등
유통경로 내의 같은 레벨에 있는 구성원들 간에 발생하는 갈등

목표 불일치
경로구성원 각자의 목표가 서로 다르고, 이들 목표를 동시에 달성할 수 없는 경우

영역 불일치
경로구성원간에 각자의 역할이나 영역에 대하여 합의가 이루어지지 않는 경우

하여 합의가 이루어지지 않는 경우를 가리킨다. 예를 들어, 가전제품 메이커들은 본사에 특판팀을 두고 대형 거래처에 대해서 직접판매를 하고 있는데, 대리점들도 대형 거래처에 판매하기를 원하므로 갈등이 빚어질 수 있다.

지각 불일치(perceptual differences)란 동일한 사안을 놓고도 경로구성원들이 인식을 다르게 하는 경우를 가리킨다. 예를 들어, 판매량이 감소한 사실을 놓고, 제조업자는 유통업자가 판매노력을 게을리해서 생긴 일이라고 해석하고, 유통업자는 시장점유율은 유지되고 있지만 전체 시장 규모가 줄어들고 있기 때문에 생긴 일이라고 해석하는 것이다.

지각 불일치
동일한 사안을 놓고도
경로구성원들이 인식을
다르게 하는 경우

(3) 갈등해결 방안

갈등이 전혀 없는 유통경로를 찾기란 매우 어렵다. 오히려 적당한 수준의 갈등은 건설적으로 해결만 된다면 경로구성원들의 성과를 한층 더 끌어 올리는 데 도움이 된다. 그러므로 **갈등관리의 열쇠는 갈등을 제거하는 것이 아니라, 갈등을 건설적으로 해결하는 것이다.**[19] 갈등을 해결하는 방법에는 여러 가지가 있지만 다음과 같은 것들이 대표적이다.[20]

▶ **세분시장별로 경로를 명확히 구분** : 전통적으로 방문 판매에 의하여 화장품을 판매해 온 에이본(Avon) 화장품이 쇼핑몰에 소규모 점포를 열었을 때, 점포 구매자의 90%는 전에 에이본 화장품을 전혀 구입한 적이 없는 사람들이었다. 즉, 방문 판매를 거의 잠식하지 않고 새로운 세분시장을 개척하는 데 성공한 것이다.

▶ **경로별로 상품 및 브랜드 차별화** : LG생활건강은 한때 인터넷 전용 브랜드로 이튠(E-Tune)을 선보였다. 그러나 이러한 전략은 종종 실패하기 쉽다. 이튠의 경우 오프라인 구매자들이 손쉽게 온라인에서도 구입할 수 있으므로 경로 갈등이 완화되지 않으며, 이튠이 매우 인기를 끌게 된다면 거꾸로 오프라인에서 이튠을 취급하기를 원하게 될 것이다.

▶ **경로와 매출액을 동시에 확대** : 굿이어(Goodyear) 타이어는 독립적인 딜러들에만 의존하던 정책을 바꾸어 할인점에도 타이어를 공급하기로 하였는데, 독립적인 딜러들의 반발을 무마하기 위하여 신상품인 아쿠아트레드(Aquatred) 타이어를 독립적인 딜러들에게만 공급하기로 하였다. 이를 통하여 독립적인 딜러들의 매출액과 이익을 보호하면서 유통경로를 확대시킬 수 있었다.

▶ **역할 분담 및 보상 제공** : 가구 메이커인 이썬 엘렌(Ethan Allen)은 대리점이 상품을 배달해주거나 판매후 서비스를 수행해주면, 본사가 웹사이트에서 올린 매출액 중의 25%를 떼어주는 정책을 실시하였다 이것은 앞에서 언급한 하이브리드

---

19 임영균 · 안광호 · 김상용, *고객지향적 유통관리*, 제3판 (학현사, 2015), p. 473.
20 Nirmalya Kumar, *Marketing as Strategy* (Harvard Business School Press, 2004), pp. 108-112.

마케팅 시스템에 해당된다.

▶ **경로 축소** : 우리 상품의 유통업자가 너무 많아지면 유통업자 한 곳당 매출액이 줄어들므로 갈등의 원인이 된다. 덴마크의 유명한 전자회사인 뱅앤올룹슨(Bang & Olufsen)은 한 때 부도위기를 맞이하였지만, 유럽과 미국의 딜러들을 대폭 정리하고, 남은 딜러들에 대한 투자를 확대함으로써 오히려 적은 수의 딜러들을 갖고도 매출액을 신장시킬 수 있었다.

▶ **투명한 경로 관리** : 제조업자가 특정 유통업자에게 유리한 가격 조건 등의 특혜를 주고 있다고 느끼는 경로 구성원이 생길 수 있다. 가장 좋은 해결책은 모든 경로 구성원들을 투명하게 그리고 공정하게 다루는 것이다. 만약 특정 유통업자에게 유리한 가격 조건을 적용하려면, 해당 업자가 우수한 성과를 보였기 때문임을 입증할 수 있어야 한다.

3. 성과평가

다른 모든 마케팅 믹스 요소와 마찬가지로, 유통경로 역시 그 성과가 평가되어야 하고, 그 결과를 바탕으로 필요한 시정조치를 취함으로써 더 나은 성과를 거둘 수 있도록 관리되어야 한다.

유통경로의 성과평가는 경로 전체의 성과를 평가하는 거시적 평가와 경로구성원 각자의 성과를 평가하는 미시적 평가로 나누어진다. 성과평가 항목에는 여러 가지가 있을 수 있는데, 크게 효과성에 대한 평가항목과 효율성에 대한 평가 항목으로 나누어 볼 수 있다. 〈표 11-5〉에는 이러한 효과성 및 효율성 평가항목들이 예시되어 있다.

효과성 및 효율성 평가를 위한 기초자료는 대부분 회사 내부로부터 수집할 수 있으나, 고객의 전반적인 만족도나 시장별 서비스 수준의 만족도 등은 고객들을 대상으로 설문조사를 실시하여 수집하여야 한다. 이렇게 평가된 효과성 및 효율

표 11-5	효과성 평가항목	효율성 평가항목
유통경로의 효과성 및 효율성 평가항목[21]	• 고객의 전반적 만족도 • 시장별 차별적인 서비스(구매정보, 전시, 배달, 교환, 주차장 등) • 클레임(claim) 건수 • 수요예측의 정확성 • 신시장 개척 건수 및 비율 • 중간상의 거래 전환 건수 • 신규 대리점의 수와 비율	• 단위당 총 유통비용 • 단위당 총 물류비용 • 단위당 수송비 • 단위당 창고비 • 단위당 생산비 • 적정재고 유지비 • 악성 미수금 비율

---

21 오세조 · 박진용 · 김상덕, *소비자 지향적 유통관리*, 제3전정판 (박영사, 2015), p. 334.

성 점수는 여러 가지 기준들과 비교되어야 한다. 예를 들어, 우리 회사의 목표와 비교하는 것은 물론이고, 같은 업계의 평균치나 우리의 최대 경쟁자의 수치와도 비교하는 것이 바람직하다.

이 장의 요약

이 장에서는 마케팅 믹스 요소 중 마지막으로 유통을 다루었다. 우리는 먼저 유통경로 구성원인 중간상들이 어떤 기능을 수행하며 왜 필요한지를 살펴보았다.

2절에서 우리는 대표적인 중간상인 소매상과 도매상에는 어떠한 형태들이 있으며, 어떠한 특징이 있는지를 살펴보았다. 소매업에는 새로운 업태들이 속속 등장하고 있는데, 이것을 어느 정도까지는 전문화와 고급화라는 패턴으로 설명할 수 있다고 하였다. 도매업과 관련해서는 우리나라의 도매업이 발달이 덜 된 이유를 살펴보았고, 도매업의 여러 기능을 도매상 대신 생산자나 소매상이 수행하는 것이 가능하다는 것도 설명하였다.

3절에서는 여러 가지 유통경로 구조를 알아보았다. 독립적인 경로와 통합적인 경로는 각각 상반된 장점과 단점을 갖고 있기 때문에, 이의 절충형태로서 등장한 혼합적인 경로의 여러 가지 형태들을 살펴보았다. 수직적 마케팅 시스템에는 관리형, 계약형, 기업형의 세 가지가 있는데, 이 중 관리형과 계약형의 경우, 경로 구성원들이 독립적인 지위를 유지하면서도 각자의 활동이 조정되고 통제되는 특성을 갖고 있다고 하였다.

4절과 5절에서는 유통경로 설계와 관리의 주요 요소들을 다루었다. 유통경로 설계는 상황을 분석하고, 고객의 욕구를 파악하고, 경로과업을 파악하며, 최적 유통 경로를 설계하고, 표적시장을 선택하며, 경로를 신설 또는 수정하는 순서로 이루어진다. 또한 경로 구성원들과 신뢰에 기반을 둔 동반자적인 관계를 구축하는 것이 바람직함을 강조하였다.

더 읽어 볼 거리

1. 유통관리 전반에 대한 보다 자세한 내용은 다음을 참조하시오.

오세조 · 박진용 · 김상덕, *소비자 지향적 유통관리*, 제3전정판 (박영사, 2015).

임영균 · 안광호 · 김상용, *고객지향적 유통관리*, 제3판 (학현사, 2015).

Robert Palmatier, Eugene Sividas, Louis W. Stern, and Adel I. El-Ansary, *Marketing Channel Strategy*, 9th ed. (Routledge, 2019).

제4부

마케팅
실행과 통제

제 12 장

마케팅 조직과 통제

80%의 해답만 갖고 있으면 실행하기에 충분하다.
– 칼리 피오리나(Carly Fiorina), HP 회장(1999~2005)

행동이 없는 비전은 몽상이다. 비전이 없는 행동은 악몽이다.
– 일본 속담

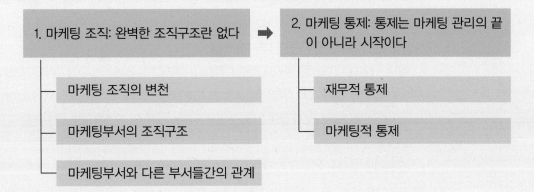
이 장의 목표

이 장을 읽은 다음에는 다음 질문에 답할 수 있어야 한다.

1. 마케팅 조직은 시대의 흐름에 따라 어떻게 진화하여 왔는가?
2. 기능별 조직, 브랜드 관리자 조직, 세분시장별 조직의 장점과 단점은 각각 무엇인가?
3. 마케팅부서와 다른 부서간에 협조적인 관계를 형성할 수 있는 방법은?
4. 마케팅 통제의 방법에는 어떤 것들이 있는가?

우리는 이제 이 책의 마지막 부분에 도달하였다. 이 책의 제1부에서는 '마케팅이란 무엇인가'라는 문제를 생각해 보았고, 제2부에서는 마케팅 계획 수립을 위한 기초적인 내용들, 즉 시장을 선택하고, 고객을 이해하며, 시장을 세분화하고 표적시장을 선택하는 문제들을 다루었다. 그리고 제3부에서는 마케팅 믹스 — 상품, 가격, 촉진, 유통 — 를 관리하는 문제들을 살펴보았다. 이제 제4부에서는, 대단원의 막을 내리기 전에, 우리가 꼭 짚고 넘어가야 할 나머지 문제들을 다루기로 한다.

우리는 2장에서 마케팅 관리과정은 계획하고, 실행하고, 통제하는 과정이라고 하였다. 우리가 제2부와 제3부에서 다룬 내용들은 계획과 관련된 것들이 대부분이었고, 실행이나 통제와 관련된 것들은 많지 않았다. 12장에서 우리는 실행 및 통제에 관한 내용들을 다루기로 한다.

1절에서는 마케팅 조직을 다루고 있다. 먼저, 시간의 흐름에 따라 마케팅 조직이 어떻게 변천하여 왔는지를 다루고, 마케팅 조직의 여러 가지 형태, 각각의 장점과 단점을 알아본다. 그리고 마케팅부서와 다른 부서들과의 관계를 보다 협조적으로 만들 수 있는 방안들을 알아본다. 2절에서는 마케팅 통제를 다룬다. 특히, 마케팅 활동의 성과를 평가할 수 있는 여러 가지 방법들을 살펴본다.

13장에서는 마케팅 조사와 정보를 다룬다. 마케팅 계획을 세우려면 — 신상품 개발이든, 가격결정이든, 촉진계획이든, 유통경로 설계든 — 고객, 경쟁자, 기타 시장환경에 대한 정확한 정보가 필수적이다. 뿐만 아니라, 마케팅 활동의 성과를 평가하는 데에도 마케팅 정보는 필수적이다.

14장에서는 마케팅 윤리를 다룬다. 기업의 다른 활동 — 재무, 생산, 인사 등 — 과는 달리, 마케팅은 소비자인 일반 대중을 대상으로 이루어지는 경우가 많아서, 조금만 잘못해도 비윤리적인 기업으로 몰려서 여론의 따가운 비난을 받게 될 위험을 안고 있다. 그러므로 마케터는 높은 윤리의식을 갖고 윤리적인 마케팅을 해야 한다.

1 마케팅 조직: 완벽한 조직구조란 없다

이 절에서는 마케팅 조직이 어떻게 형성되었는지를 살펴보고, 오늘날 기업들이 갖고 있는 마케팅 조직의 여러 가지 형태들을 알아본 다음, 마케팅 조직과 다른 조직들과의 관계를 다루기로 한다.

1. 마케팅 조직의 변천

회사 내의 다른 조직이 다 그렇듯이, 마케팅 조직도 시간이 지나면서 진화, 발전해 왔다. 물론 구체적인 진화단계는 회사에 따라 다르겠지만, 역사가 긴 회사들을 중심으로 분석해보면, 마케팅 조직은 대략 다음과 같은 4단계를 거쳐서 진화해 왔음을 발견할 수 있다.

(1) 판매부서[1]

이 단계에서는 판매부서만이 존재하고 마케팅부서는 별도로 존재하지 않는다. 판매부서는 대개 임원급 관리자의 지휘를 받는다. 판매부서 안에서도 마케팅 기능(예 : 광고, 조사 등)을 담당하는 직원은 따로 없으며, 필요하다면 외부의 도움을 받는다. 주로 소규모 기업들에 해당된다.

(2) 판매부서 산하의 마케팅 그룹

이 단계에서도 마케팅부서는 별도로 존재하지 않지만, 판매부서 안에 마케팅 기능(예 : 광고, 조사 등)을 전담하는 직원들이 채용된다. 이 단계는 앞의 단계에서보다 규모가 좀 더 큰 회사들에 해당된다. 예를 들어, 회사가 새로운 지역에 진출한 경우에는 새로운 시장의 고객들이 갖고 있는 욕구를 파악하고 회사의 인지도를 높이기 위하여 마케팅 조사와 광고를 실시할 필요가 있다. 그러므로 마케팅 기능을 전담할 직원들이 채용되는 것이다.

(3) 판매부서에서 독립된 마케팅부서

회사의 규모가 커짐에 따라서 새로운 마케팅 기능들이 필요하게 되지만(예 : 상품 계획, 판촉 등), 판매담당 임원은 마케팅 기능에 대한 인식이 부족한 경우가 많기 때문에, 마케팅에 대한 투자를 늘리는 데 소극적인 경향을 보인다. 그러나 마케팅의 중요성을 깨달은 회사의 최고경영자는 마케팅부서를 판매부서에서 독립시키고, 판매책임자와 같은 급의 마케팅 책임자를 임명한다. 이렇게 함으로써, 마케팅 활동들은 충분한 자원을 배분받을 수 있게 된다. 이 단계는 앞의 단계에서보다 규모가 더 커진 회사들에 해당된다.

---

1 우리나라 기업들은 '판매부서'를 '영업부서'라고 부르는 경우가 많다. 그러나 10장에서와 마찬가지로, 우리는 이를 '판매부서'로 통일해서 부르기로 한다.

그림 12-1

마케팅 조직의
진화단계[2]

(1) 판매부서

```
        사 장
          │
      판매 담당 임원
          │
    ┌─────┴─────┐
 판매 조직    외부
            마케팅 전문가
```

(2) 판매부서 산하의 마케팅 그룹

```
        사 장
          │
      판매 담당 임원
          │
    ┌─────┴─────┐
 판매 조직    마케팅 그룹
```

(3) 판매부서에서 독립된 마케팅부서

```
           사 장
             │
      ┌──────┴──────┐
  판매 담당 임원   마케팅 담당 임원
      │              │
   판매 조직       마케팅 조직
```

(4) 단일 책임자 밑의 마케팅부서와 판매부서

```
          사 장
            │
     마케팅 및 판매 담당 임원
            │
      ┌─────┴─────┐
   판매 조직    마케팅 조직
```

(4) 단일책임자 밑의 마케팅부서와 판매부서

이 단계에서 마케팅부서와 판매부서는 다시 한 사람의 책임자 밑에 들어간다. 이 배경에는 마케팅부서와 판매부서 사이에 종종 빚어지는 갈등이 숨어 있다. 마케팅부서와 판매부서 사이에 갈등이 빚어지는 이유를 이해하려면, 먼저 두 부서가 하는 일을 정확히 이해해야 한다. 2장에서 언급한 것처럼, 마케팅부서와 판매부서가 하는 일은 산업에 따라 기업에 따라 달라지곤 하므로 하나로 정의하기 어렵다. 그러므로 여기서는 슈퍼마켓이나 대형마트에서 판매되는 Fast-Moving Consumer Goods(FMCG)(예: 음식료품, 생활용품, 화장품 등)을 생산하는 기업을 중심으로 설명하기로 한다.

예를 들어, 동서식품이 '맥심 화이트골드'라는 커피믹스 신상품을 출시한다면, 이 신상품을 개발하고, 가격, 촉진, 유통과 관련된 결정을 하는 것은 대부분 마케팅부서의 몫이다. 판매부서는 이러한 결정을 실행하는데 있어서 중요한 역할을 수행한다. 가령, '맥심 화이트골드'를 소비자에게 판매하기 위해서는 그전에 이마트 같은 대형마트들이 이 물건을 사서 매장에 진열을 해놓아야 한다.

2 Philip Kotler, *Marketing Management*, 11th ed. (Prentice-Hall, 2003), pp. 668−669 일부 수정.

이렇게 유통업체에 신상품을 판매하는 것이 바로 판매부서의 몫이다. 이렇게 본다면, 마케팅부서와 판매부서는 긴밀히 협조해야 하지만, 실제로 항상 그런 것만은 아니다.

마케팅부서는 전사적(全社的)인 매출액 및 이익 목표를 달성하고자 하고, 소비자가 자신들의 고객이라고 생각하며, 마케팅 조사결과에 의지하고, 비교적 장기적으로 생각한다. 그러나 판매부서는 지역별 혹은 경로별로 할당된 매출액 혹은 이익 목표를 달성하고자 하고, 유통업자가 자신들의 고객이라고 생각하며, 실전 경험에 의지하고, 비교적 단기적으로 생각한다.

이처럼 사고방식이 다른데다가, 마케팅부서와 판매부서는 회사의 한정된 예산을 놓고 종종 상호 경쟁하는 관계(예 : 광고를 더 많이 할 것인가 아니면 판매사원을 더 고용할 것인가)에 있기 때문에 갈등을 빚는 경우가 많다. 마케팅과 판매 사이의 갈등이 적절히 조정된다면 회사의 발전에 도움이 되므로, 최고경영자는 두 부서를 한 사람의 책임자 밑에 두게 되는 것이다. 특히, 10장과 11장에서 설명한 것처럼, 소매업의 대형화로 인하여 모든 마케팅 의사결정을 할 때 대형 소매업자의 반응을 염두에 두지 않을 수 없게 되었고, 마케팅부서와 판매부서 사이의 긴밀한 협조가 그 어느 때보다도 더 중요하게 되었다.

실제로 우리 주위의 기업들을 분석해보면, 첫 번째, 두 번째, 세 번째 단계에 해당되는 기업들은 많이 발견할 수 있지만, 네 번째 단계에 속하는 기업들은 발견하기 힘들다. 이것은 선진국 기업의 경우에도 마찬가지이다.[3] 실제로 대부분의 대기업들의 마케팅 조직은 세 번째 단계에 머무르고 있다.

2. 마케팅부서의 조직구조

판매부서에서 독립된 마케팅부서를 갖고 있는 회사(앞의 세 번째 단계나 네 번째 단계)라고 하더라도, 마케팅부서 그 자체를 어떻게 편성하는가에 따라 여러 유형으로 분류될 수 있다. 마케팅부서의 조직구조에는 기능별 조직, 브랜드 관리자 조직, 세분시장별 조직, 지역별 조직 등이 있다.

(1) 기능별 조직

기능별 조직(functional organization)이란 [그림 12-2]와 같이 마케팅의 주요 기능별로 관리자를 두는 조직형태를 가리킨다. 이것은 아마도 마케팅부서의 조직

기능별 조직
주요 기능별로 담당자를 두는 조직형태

---

3 John P. Workman, Jr., Christian Homburg, and Kjell Gruner, "Marketing Organization : An Integrative Framework of Dimensions and Determinants," *Journal of Marketing* (July, 1998), pp. 21-41.

그림 12-2

기능별 조직

구조 중에 가장 흔한 형태일 것이다.

기능별 조직은 관리하기 단순하다는 장점을 갖고 있다. 그러나 취급하는 상품의 종류가 많아지고 시장이 다양해지면, 특정 상품이나 시장에 대한 책임 소재가 불분명해지며, 중앙집권적 조직이므로 신속한 의사결정이 어려워진다는 단점을 갖고 있다. 그러므로 기능별 조직은 상품이나 시장이 다양하지 않은 경우에 적합한 조직구조이다.

(2) 브랜드 관리자 또는 상품 관리자 조직

브랜드(상품) 관리자 조직
브랜드(상품)별로 임명된 관리자가 그 브랜드(상품)의 마케팅 관리를 맡는 조직형태

브랜드 관리자 조직(brand management organization) 또는 **상품 관리자 조직**(product management organization)이란 [그림 12-3]처럼 각 브랜드나 상품마다 관리자가 임명되어 그 브랜드나 상품의 마케팅 관리를 맡도록 하는 조직형태를 가리킨다. 물론, 관리자 한 사람이 마케팅 관리의 모든 것을 다 맡아서 하는 것은 아니며, 관리자 밑에서 대개 2~4명의 직원들이 함께 일하고 있다.

FMCG 기업에서는 상품(예: 치약)마다 여러 개의 브랜드(예: 죽염, 페리오 등)를 갖고 있는 경우가 대부분이어서, 브랜드 관리자(brand manager)를 두지만, 내구재나 산업재 기업에서는 상품의 종류는 많지만(예: 모터, 배터리, 필름 등) 브랜드는 기업 브랜드 하나만을 쓰는 경우가 대부분이어서, 상품 관리자(product manager)를 두는 경우가 많다. 이하에서는 브랜드 관리자 조직에 대해서 좀더 자세히 알아보기로 한다.

그림 12-3

브랜드 관리자 조직

1) 브랜드 관리자 조직의 유래

브랜드 관리자 조직은 마케팅에서 매우 중요한 조직형태이기 때문에 자세히 이해할 필요가 있다. 브랜드 관리자 조직은 P&G가 1931년에 처음 시작한 것으로 알려져 있다. 당시 P&G는 1926년에 출시한 카메이(Camay)라는 비누 브랜드의 성과가 좋지 않아서 고민하고 있었다. P&G의 경영진은 카메이가 P&G의 간판상품이었던 아이보리(Ivory)와 차별화가 잘 되지 않았기 때문에 성과가 부진해진 것이라고 판단하였다. 그래서 같은 광고대행사에게 카메이와 아이보리의 광고를 맡겨오던 정책을 바꿔서, 카메이는 새로운 광고 대행사에게 맡겼고, 곧이어 카메이만 전담하는 마케터를 임명하였다. 브랜드 관리자 조직은 이렇게 해서 탄생되었다.

그러나 P&G의 브랜드 관리자 조직은 전혀 새로운 '발명품'은 아니라는 것이 오늘날의 평가이다. 1920년대에 이미 GM(General Motors)과 듀퐁(Du Pont)은 사업부제 조직을 운영하고 있었는데, 브랜드 관리자 조직은 P&G가 이 아이디어를 FMCG 기업에 맞도록 변형시킨 것으로 추측된다.[4] 이후 1960년대에 이르러 미국내 FMCG 회사들의 대부분이 브랜드 관리자 조직을 채택하기에 이르렀다. 우리나라에서는 1990년대에 들어와서 FMCG 기업들을 중심으로 브랜드 관리자 조직이 본격적으로 도입된 것으로 알려져 있다.[5]

2) 브랜드 관리자의 임무

브랜드 관리자는 자신이 맡은 브랜드에 대한 **연간 마케팅 계획을 수립하고, 집행**하는 임무를 맡는다. 우리가 2장에서 배운 것처럼, 연간 마케팅 계획을 수립한다는 것은 마케팅 믹스 모두를 다루어야 한다는 것을 의미한다. 즉, 상황을 분석하고 목표를 수립하는 것에서부터, 신상품 개발, 상품의 리뉴얼, 가격변경, 광고 캠페인 개발, 판촉계획수립에 이르기까지 다양한 결정을 내리는 것이 브랜드 관리자의 임무이다.

또, 브랜드의 마케팅 계획이 차질 없이 실행에 옮겨질 수 있도록 하기 위하여, 브랜드 관리자는 회사 안의 관련 부서(예 : 연구개발, 생산, 판매, 구매 등)는 물론 회사 밖의 여러 파트너(예 : 광고 대행사, 마케팅 조사 회사 등)들과 접촉하고 긴밀한 협조관계를 유지하여야 한다.

---

4 George S. Lowand and Ronald A. Fullerton, "Brands, Brand Management, and the Brand Manager System : A Critical-Historical Evaluation," *Journal of Marketing Research* (May, 1994), pp. 173-190.

5 황현숙·박찬수, "국내 브랜드 관리자 제도의 현황 및 문제점에 관한 연구," *디자인브랜드경영저널*(2004) 1권 1호, pp. 25-49

3) 브랜드 관리자 조직의 장점 및 단점

브랜드 관리자 조직은 다음과 같은 여러 가지 장점들을 갖고 있다.

▶ **브랜드의 독특성 유지** : 각 브랜드의 특성을 살릴 수 있고, 여건에 맞는 효율적인 마케팅 계획을 수립할 수 있다.

▶ **신속한 의사결정** : 기능별 조직에서는 의사결정을 하려면 각 기능 담당자들간의 협의가 있어야 하지만, 브랜드 관리자 조직에서는 그럴 필요가 없기 때문에 신속한 의사결정이 가능하다.

▶ **명확한 책임 소재** : 각 브랜드마다 관리자가 정해져 있으므로 책임 소재가 명확하다.

▶ **차세대 경영자 양성 코스** : 브랜드 관리자는 일종의 '소사장(小社長)'의 역할을 하기 때문에, '차세대 경영자'를 위한 훌륭한 훈련 코스로서의 기능을 할 수 있다. P&G에서는 평균적으로 신입사원 3명 중의 1명만이 브랜드 관리자가 될 수 있다. 최초의 브랜드 관리자였던 닐 맥컬로이(Neil H. McElroy)가 뒤에 P&G 최고 경영자가 된 이후, P&G의 사장에는 브랜드 관리자를 거친 사람들이 임명되고 있다.

그러나 브랜드 관리자 조직은 다음과 같은 단점도 갖고 있다.

▶ **미약한 권한** : 브랜드 관리자는 주어진 책임을 효과적으로 수행하기에는 권한이 미약하다. 브랜드 관리자는 마케팅부서에 소속된 비교적 젊은 관리자이기 때문에(P&G의 경우 입사한 지 평균 4년이 지나면 브랜드 관리자가 됨), 자기가 맡은 브랜드의 연간 마케팅 계획도 자기보다 상위에 있는 관리자의 결재를 받아야 한다. 또, 다른 부서의 협조를 '명령'하는 것이 아니라 '부탁'해야 하는 위치에 있다. 이렇게 미약한 권한으로 주어진 책임을 수행하기 위하여, 브랜드 관리자들은 뛰어난 대인관계 능력과 커뮤니케이션 능력을 갖추고 있어야 한다.

▶ **자기 잠식** : 각 브랜드 관리자들은 각자 자기가 맡은 브랜드의 목표달성에만 관심이 있기 때문에, 자칫 잘못하면 같은 회사의 브랜드들끼리 경쟁이 벌어져서 자기 잠식(cannibalization)이 발생할 수 있다.

▶ **비용 상승** : 브랜드마다 관리자를 임명하기 시작하면, 많은 브랜드를 가진 회사의 경우 인건비가 급상승할 수 있다.

▶ **단기 지향성** : 브랜드 관리자는 임기가 2~3년밖에 안되기 때문에 이 기간 안에 무언가를 보여주어야 한다는 압력을 받고 있다. 그러므로 돈을 쓰면 당장 성과가 나타나는 전략과 시간이 지난 후에 성과가 나타나는 전략이 있다고 할 때, 브랜드 관리자는 당장 성과가 나타나는 전략을 선택하게 된다. 예를 들어, 브랜드 관리자는 즉시 시장점유율을 높일 수 있는 판촉은 선호하는 반면, 당장 효과

가 나타나지 않는 광고는 소홀히 할 가능성이 높다. 그러므로 브랜드 관리자가 이름은 '브랜드' 관리자이지만, 실제로는 브랜드 자산을 강화시키는 것이 아니라 약화시키는 주범이라는 비판도 받고 있다.

▶ **정보 유출**: 유능한 브랜드 관리자가 경쟁사로 스카우트될 경우 해당 브랜드에 관한 모든 마케팅 정보가 유출될 위험이 높다.[6]

이러한 단점에도 불구하고, 많은 브랜드를 갖고 있는 회사의 입장에서는 브랜드 관리자를 대신할 수 있는 다른 대안은 없는 것이 현실이다. 그러므로 많은 기업들은 브랜드 관리자의 권한을 강화하여 단점을 보완하는 방향으로 나아가고 있다.

(3) 세분시장별 조직

같은 상품이라도 이를 다양한 종류의 고객들에게 판매하는 기업들이 많이 있다. 예를 들어, 아디다스는 전통적으로 마케팅 조직을 상품별로(즉, 의류마케팅, 신발마케팅, 장비마케팅 등으로) 조직해 왔었으나, 이를 **세분시장별 조직**(market management organization)으로(즉, 농구팀마케팅, 축구팀마케팅, 야구팀마케팅 등으로) 개편하였다.

세분시장 관리자는 브랜드 관리자와 비슷한 임무를 수행한다. 세분시장별 조직이 고객별로 짜여져 있어서, 고객의 욕구를 더 잘 충족시켜 줄 수 있다는 것은 이 조직이 갖는 근본적인 장점이다. 예를 들어, 어떤 축구구단이 새로 생겼다고 할 때, 이 구단은 신발만 필요하거나 유니폼만 필요한 것이 아니라, 신발＋유니폼＋장비로 구성된 **통합적 솔루션**(total solution)이 필요한 것이다. 그러나 조직이 상품별로 짜여져 있다면, 이러한 통합적 솔루션을 제공할 수 있는 능력은 크게 떨어질 것이다. 그 밖에 이 조직이 갖는 장점 및 단점은 브랜드 관리자 조직의 경우와 비슷하다.

세분시장별 조직
세분시장별로 관리자를 두는 조직형태

그림 12-4

세분시장별 조직

---

6 조서환·추성엽, *한국형 마케팅* (21세기북스, 2004), p. 31.

(4) 지역별 조직

지역별 조직(geographical organization)이란 마케팅 조직을 지역별로 만들어 놓은 것을 가리킨다. 판매조직은 종종 지역별 구조를 따르기도 하지만(10장 참조), 마케팅 조직은, 특히 우리나라같이 국내시장이 좁은 경우에는, 지역별 구조를 따르는 경우가 드물다(다만, 지역별 판매지점이나 사무소에 해당 지역에 대한 마케팅 전문가를 배치하는 기업들이 생겨나고 있다). 이런 마케팅 조직구조는 다국적기업에서 많이 발견된다.

지금까지 우리는 마케팅 조직의 여러 가지 형태들을 살펴보았다. 그러나 마케팅 조직형태를 기능별 조직, 브랜드 관리자 조직, 세분시장별 조직, 지역별 조직 등으로 나눈 것은 이해를 돕기 위한 것이고, **기업들이 실제로 취하고 있는 조직은 여러 형태들이 혼합된 모습을 띠고 있는 경우가 대부분이다.** 예를 들어, 브랜드 관리자가 있더라도, 브랜드 관리자가 마케팅의 모든 것을 할 수는 없기 때문에, 마케팅 중에서 고도의 전문성이 요구되는 일부 기능(예: 마케팅 조사, 포장 디자인 등)은 기능별 조직으로 남겨두는 것이 보통이다. 이것은 세분시장별 조직의 경우에도 마찬가지이다.

3. 마케팅 부서와 다른 부서들간의 관계

2장에서 '마케팅 계획의 실행'에 관해서 설명할 때 이미 언급한 것처럼, 마케팅 계획을 차질 없이 실행에 옮기려면, 마케팅부서 혼자만의 힘으로는 충분하지 않고, 회사 안의 관련 부서들의 협조가 필수적이다. 예를 들어, 신상품을 개발하려면, 연구개발, 생산, 재무부서 등의 협조가 필요하고, 중간상 판촉의 일환으로 구매공제(buying allowances)를 하려면, 사전에 생산부서(폭증하는 주문을 소화하기 위해서) 및 판매부서(중간상들에게 판촉내용을 알리기 위해서)의 협조를 확보해 놓아야 한다. 그러나 이러한 협조가 언제나 만족스럽게 이루어지지는 않는다. 〈표 12-1〉에는 마케팅부서와 다른 부서들 사이에 일어날 수 있는 대표적인 갈등의 예들이 나와있다.

이러한 갈등이 생기는 가장 큰 원인은 각 부서가 달성하고자 하는 목표가 제각기 다르고, 각 부서가 다른 부서를 정확히 이해하지 못하여 왜곡된 선입견을 갖고 있기 때문이다. 그러므로 이러한 갈등을 예방하려면 다음과 같은 방법으로 원인들을 치료하지 않으면 안된다.

▶ **각 부서가 상충되는 목표를 추구하지 않도록 하라.** 생산부서와 구매부서가 낮은 원가를 달성하는 것을 목표로 삼고 있다면, 이들 부서는 고객의 욕구를 충족시

표 12-1

마케팅부서와 다른
부서들간의 갈등의 예[7]

부 서	해당 부서의 강조점	마케팅부서의 강조점
연구개발	• 기초 연구 • 상품 자체의 객관적 성능 • 기술적으로 진보된 상품	• 응용 연구 • 고객이 주관적으로 지각한 성능 • 판매에 도움이 되는 상품
구 매	• 좁은 상품라인 • 표준화된 부품 • 자재의 원가 • 불필요한 재고 최소화 • 부품을 규칙적으로 대량 구매	• 넓은 상품라인 • 특별히 생산된 부품 • 자재의 품질 • 품절 예방을 위한 대량 구매 • 고객욕구 충족을 위하여 수시로 소량 구매
생 산	• 생산단계에 충분한 시간 배정 • 소품종 대량 생산 • 모델 변경 최소화 • 가공하기 용이한 설계 • 보통 수준의 품질관리	• 생산소요시간 단축 • 다품종 소량 생산 • 필요할 때마다 모델 변경 • 美的인 설계 • 엄격한 품질관리
서 비 스	• 스태프(staff)의 편의 • 보통의 서비스	• 고객의 편의 • 고객의 기대를 초월하는 서비스
재 무	• 지출근거가 분명해야 함 • 원가를 커버할 수 있는 가격설정 • 예산의 엄격한 준수	• '감(感)'에 따른 지출 • 시장침투를 위해서라면 원가 이하의 가격설정도 가능 • 상황변화에 따른 신축적인 예산집행

키기 위하여 원가가 높아지는 것을 받아들이기 어려울 것이다. 마찬가지로, 재무부서가 단기적인 수익성을 높이는 것을 목표로 삼고 있다면, 고객의 애호도를 높이는 것과 같이 당장 이익을 높이기 어려운 투자는 받아들이기 어려울 것이다. 이를 해결하려면, 각 부서가 자기만의 목표를 추구하는 것이 아니라, 전사적인 목표도 추구하도록 만들어야 한다. 최고경영자가 마케팅적인 경영철학(즉, 마케팅 컨셉트)을 갖고 있다면 고객만족도 향상을 전사적인 목표로 제시할 수 있을 것이다(1장 참조).

▶ **서로의 관점을 이해할 수 있는 제도를 만들라.** 여기에는 여러 가지 수단이 있을 수 있는데, 상호 인적 교류(예를 들어, 엔지니어를 마케팅부서나 판매부서에 일정 기간 근무시키는 것), 교육(예를 들어, 엔지니어들에게 마케팅 교육을 시키는 것), 공동 세미나를 개최하거나 공동 프로젝트를 수행하게 하는 것 등이 대표적인 수단들이다.

'마케팅 프론티어 12-1 : 부서간 벽을 허물어버린 삼성전자의 VIP센터'는 연구개발, 생산, 디자인, 마케팅 부서 간의 커뮤니케이션을 원활히 하여 히트상품을 잇따라 만들어내는 데 성공한 삼성전자의 사례를 보여준다.

---

7 Philip Kotler, *Marketing Management*, 11th ed. (Prentice-Hall, 2003), pp. 676-679 일부 수정.

부서간 벽을 허물어버린 삼성전자의 VIP센터[8]

"나는 GE가 비록 대기업이지만 운영방식만은 구멍가게처럼 했으면 좋겠다. 커뮤니케이션이 단절되고, 벽이 생기는 대기업이 아니라 서로 자유롭게 이야기하고, 재미있게 일하는 구멍가게 방식이 좋다." 몇 년 전 미국의 유명 CEO 대담 TV프로그램인 'CEO Exchange'에 출연한 잭 웰치(Jack Welch) 전 GE 회장이 한 말이다. 한때 세계 최고의 기업으로 평가 받았던 GE에 웬 구멍가게 타령일까?

삼성전자 수원 사업장에 위치한 VIP(Value Innovation Program)센터를 방문한 순간 구멍가게 비슷한 느낌을 받았다. 입구에서는 보안이 철저했지만 막상 프로그램을 진행하고 있는 회의실에는 각종 장난감과 잡지가 난무했다. 기술 관련 외국 잡지나 경영·경제 서적은 눈에 띄지 않았다. 한쪽에는 여성지와 패션지가 어지럽게 널려 있고, 한쪽에는 꽃 목걸이처럼 생긴 종이 장식과 만화에 나오는 모자들이 널브러져 있었다. 상황

VIP센터에 입소한 팀이 회의 중 모자와 소품을 이용해 상황극을 하고 있다. VIP센터는 아이디어 개발을 위해 다양한 시도를 하고 있다.

극을 했기 때문이라는 설명이다. 화이트 보드에 어지럽게 쓰인 글만이 '그래도 여기서 회의를 하는구나' 하는 생각을 들게 했다. 화단도 깨끗하게 관리한다는 '삼성'의 이미지와는 완전히 달랐다. 건물도 그랬다. 같은 사업장에 있지만 최첨단 인텔리전트 빌딩에다 국내 최대 연면적을 자랑하는 DM연구소와는 달리 VIP센터는 과거 기숙사를 개조한 5층짜리 구식 건물이다. 여기가 삼성전자가 자랑하는 기술혁신의 본산이라고 하면 누가 믿을까?

VIP센터는 한국말로 하면 '가치혁신 프로그램 센터'다. 제품의 가치를 혁신해 소비자에게는 더 좋은 상품을 제공하고 기업에게는 원가가 절감된 상품을 제공하는 것이 목적이다. 삼성전자의 최대 히트작 중의 하나로 꼽히는 보르도 TV에서부터 초슬림 디자인으로 찬사를 받은 시리즈9 노트북에 이르기까지 수많은 히트상품들이 이곳에서 개발되었다. 이런 상품을 연구개발진만으로 개발할 수 있을까? 소비자가 어떤 상품을 좋아하는지를 알려면 마케팅 전문가의 얘기가 필요하다. 생산원가를 절감하려면? 당연히 생산 부서의 얘기를 들어야 된다. 디자인은 상품을 만드는 과정에서 반드시 고려해야 될 사항이다. 하지만 조직표에 보면 연구개발, 생산, 마케팅, 디자인은 각각 분리돼 있다. 업무가 다르기 때문이다. 상품은 디자인과 기술, 마케팅의 결합체인데 제품을 만드는 곳은 각각 떨어져 따로 놀고 있으니 문제가 생길 수밖에 없다.

"VIP센터의 초기 개념은 이런 다른 부서 사람들을 하나의 물리적인 공간에 모아 놓는 것이었습니다." VIP

---

8 이 사례는 다음 기사를 기초로 작성하였음. 문소진, "삼성 VIP센터, 그 정체가 궁금하다!" http://blog.samsung.co.kr/5924 (2015년 8월 20일); [시리즈9 디자이너 인터뷰2] 명품디자인을 이어가는 방법" http://samsungtomorrow.com/2848 (2012년 7월 5일); 김준모, "[기업경쟁력의 산실을 찾아서] 삼성전자 수원사업장 VIP센터, 상상을 현실로… '창조경영의 심장'." 세계일보 (2007년 10월 22일); 이석호, "업무벽 깨면 세계적 名作 나온다," 이코노미스트 (2006년 9월 4일).

센터의 기획파트장인 김동준 차장의 말이다. "기본적으로 **VIP센터는 커뮤니케이션 센터**이기도 합니다. **사내 전문가들의 커뮤니케이션을 활성화하는 곳**이죠." 초창기에는 우선 한 건물에 모아놓고 관련 프로젝트를 하는 담당자들을 자주 보게 하고, 대화를 하게 했다. VIP센터는 강도높은 커뮤니케이션을 위해 합숙도 불사한다. 원래 기숙사였던 건물이기 때문에 자는 데는 안성맞춤이다. 지하에는 피트니스센터와 당구장, 탁구장도 있다. 한 프로젝트가 들어오면 짧게는 1개월, 길게는 1년씩도 간다. 평균 4개월인 프로젝트 진행기간 중 필요하면 멤버들은 합숙과 마라톤 회의를 반복한다.

문제는 그냥 모아 놓는다고 대화가 되지 않는다는 점이다. 다 자기 잘난 맛에 사는 전문가들이 순순히 양보할 리 만무하다. 마케팅에서 보면 개발실은 물정 모르는 사람들의 집합소다. 엔지니어들이 보면 디자이너는 황당한 아이디어꾼들이다. 가치혁신을 실천할 수 있는 툴(tool)을 갖추지 않으면 대화가 아니라 싸움으로 번지고 만다. 센터에서 사용하는 대표적인 툴이 바로 프랑스 인시아드(INSEAD)의 김위찬 교수와 르네 마보안(Renée Mauborgne) 교수가 공동 주창한 가치혁신 이론의 전략의 시각화 4단계였다. 이기원 부사장은 "가치혁신 이론을 삼성의 실정에 맞게 교육하고, 적용하는 데만 4년이 걸렸다"고 했다.

전략의 시각화 4단계는 상품의 전략적 위치와 컨셉트가 '전략캔버스(Strategy Canvas)'라는 한 장의 그래프로 정리된다. 이 그래프에는 경쟁사의 상품과 삼성전자 신상품의 전략적 강·약점은 물론 소비자들이 원하는 가치가 곡선으로 표시된다. 이동진 상무는 "간단한 것 같지만 눈에 보이는 자료가 없으면 분야가 다른 전문가들끼리의 대화는 말싸움이나 결론 없는 브레인스토밍으로 끝나고 만다"고 했다.

전 세계적으로 600만 대 이상 팔린 보르도TV도 VIP에서 태어났다. '히트상품개발'이라는 목표를 부여받고 VIP에 입소한 프로젝트 팀원들은 시내를 돌며 관찰조사를 벌였다. 가전제품 매장도 가고 극장, 오페라, 와인가게, 가구단지 등 TV와 관계없는 곳으로 다녔다. 젊은이들이 많이 다니고, 고급문화가 있다는 강남 거리도 헤맸다. 뭔가 다른 TV를 만들기 위해서는 기술적 차이를 넘어선 차별화가 필요했기 때문이다. 그리고 전략캔버스를 그렸다. 경쟁사 제품과 어떻게 차별화할 수 있을지, 어떤 점을 소비자가 더 원하고 있는지 파악하기 위해서다. 많은 토론 끝에 화질이나 음향보다 디자인을 차별화해야 한다는 데에 의견이 모아졌다. 단순히 방송을 볼 수 있는 도구가 아니라 거실 내 다른 가구들과 조화를 이룰 수 있는 인테리어 소품 개념의 TV를 개발하기로 방향이 정해졌다. 이렇게 된 데에는 LCD TV분야에서 전통적으로 강세를 보이고 있던 일본의 샤프와 기술적 우위 논쟁으로 들어가면 어려워진다는 판단도 작용하였다. 기술이 아무리 뛰어나도 소비자들에게는 설명하기 어렵고, 결국 기존에 우위를 점하고 있던 샤프에 유리하게 돌아가기 때문이다.

상품의 개념이 확정되자, 반짝거리는 아이디어들이 쏟아졌다. V자로 곡선처리된 TV 하단부와 와인잔 모양의 받침대, 블랙컬러, 스크린 밑으로 숨은 스피커 등 종전에 볼 수 없던 디자인의 TV가 만들어진 것이다. 또한 관련 부서들이 공동 작업을 함으로써 개발시간이 단축되고, 생산도 일사천리로 진행되었으며, 마케팅이나 광고도 사전에 기획할 수 있게 됐다. 그 결과 보르도 TV는 전 세계 시장에 동시에 출시되어 히트상품이 될 수 있었다.

2005년 한 해에만 삼성전자는 VIP센터를 통해 5조 원에 달하는 원가절감을 했다고 밝혔다. 보르도 TV이외에도 많은 히트상품, 예를 들면, 센스Q 노트북, 2중 힌지 모니터, 지펠 냉장고, 컬러레이저 프린터 등이 VIP센터의 과제로 입소한 것들이었다. 이 중 컬러레이저프린터는 흑백레이저프린터와 원가가 같다. 또 2중 힌지 모니터는 사용자의 눈높이를 맞춰 기능도 향상됐지만 완전히 접히기 때문에 박스포장을 줄여 물류비를 혁신적으로 절감했다.

VIP센터는 삼성전자 개발 팀 전체를 VIP 센터화하기 위한 교육사업도 하고 있다. 신한은행을 비롯한 여러 회사도 삼성전자의 VIP센터를 방문해 견학했다. 또 삼성전기, SDI 등 전자 관련 계열사에서는 비슷한 조직이 생겨 활동하고 있다. 오늘도 VIP센터 내에는 수백 명의 전문가가 토론과 논쟁, 상황극을 하며 밤을 새우고 있다.

2 마케팅 통제: 통제는 마케팅 관리의 끝이 아니라 시작이다

2장에서 소개한 것처럼, '통제(control)'란 성과를 측정하고, 성과와 목표 사이의 차이가 발생한 원인을 분석하고, 시정조치를 취하는 것을 가리킨다. 마케팅을 관리하는 것뿐만이 아니라, 다른 어떤 것을 관리한다고 하더라도, 가장 마지막에 오는 것은 '통제'단계이다. 그러나 가장 마지막에 온다고 해서 이 단계가 중요하지 않다거나 소홀히 취급해도 좋다는 뜻은 결코 아니다. 성과에 대한 철저한 분석과 시정을 위한 조치 없이, 다음 번에 더 나은 성과를 기대한다는 것은 요행을 바라는 것과 마찬가지이다. 또한, 마케팅 활동의 결과 이익이 얼마나 높아졌는지를 최고 경영자에게 보일 수 없다면, 마케팅 활동에 더 많은 투자가 필요하다고 설득하기 어렵다.

그러나 **실제로 많은 기업들이 갖고 있는 통제절차는 매우 미흡하다.** 미국에서 75개의 기업들을 대상으로 이루어진 한 연구는 다음과 같은 사실들을 발견하였다.[9]

▶ 작은 기업들은 큰 기업들에 비하여 목표를 명확히 세우지 못하고, 성과를 측정하는 시스템도 뒤떨어진다.

▶ 개별 상품의 수익성을 측정하는 기업들은 절반에도 못 미친다. 성과가 부진한 상품들을 정기적으로 가려내는 기업들은 1/3 정도에 지나지 않는다.

▶ 거의 절반 정도의 기업들이 자기 회사의 가격과 경쟁자의 가격을 비교하지 않고, 보관 및 유통 비용을 분석하지 않으며, 반품된 상품의 원인을 분석하지 않고, 광고효과를 체계적으로 평가하지 않고, 판매사원들의 활동보고서를 검토하지 않는다.

▶ 많은 기업들의 경우 통제 보고서를 작성하는 데 4주에서 8주까지 걸리며, 이것마저 간혹 부정확하다.

위의 연구 결과는 미국의 기업들을 대상으로 한 것이지만, 우리나라 기업들에도 대부분 적용될 것이라고 생각된다. 이렇게 느슨한 통제절차를 갖고 있는 기업들이 많은 원인은 다음과 같다.

▶ **마케팅 활동과 성과 사이에는 상당한 시차가 존재한다.** 즉, 마케팅 활동의 성과는 바로 나타나는 것이 아니라, 상당한 시간이 걸린 후에야 나타나는 경우가 많다. 이것은 이미 여러 차례 언급된 바 있는데, 예를 들어, 신상품의 성패는 보통 1년 정도는 지나야 정확히 판단할 수 있고, 광고가 신상품의 판매에 미치는 효과

---

9 Philip Kotler, *Marketing Management*, 11th ed. (Prentice-Hall, 2003), pp. 684–685.

역시 대부분 3개월에서 9개월 사이에 발생한다. 고객의 애호도를 높이기 위한 마일리지 프로그램 같은 마케팅 활동의 성과는 이보다 훨씬 더 뒤에 나타날 것이다.

▶ **양질의 데이터를 신속하게 수집하기 어렵다.** 가장 기본적인 데이터인 판매 데이터만 하더라도, 제조업체에서는 도매상이나 소매상에 판매된 수량만 바로 파악할 수 있을 뿐, 이 중에 얼마나 많은 비율이 소비자에게 판매되었고, 얼마만큼이 유통경로에 재고로 쌓여 있는지는 시간이 지나야 파악할 수 있다.

▶ **마케팅 비용을 정확하게 추정하기 어렵다.** 어떤 상품의 수익성을 계산하려면, 판매 데이터와 함께 필요한 것이 비용 데이터이다. 그러나 우리가 '비용'이라고 부르는 것들 중에는, 이 상품을 마케팅하는 데 얼마의 비용이 들었는지를 확실히 파악할 수 있는 것들이 있는가 하면, 그렇지 않은 것들도 많기 때문에 비용을 계산하는 것이 쉽지 않다. 예를 들어, 이 상품만 광고하는 데 들어간 비용은 확실히 이 상품의 마케팅 비용이라고 말할 수 있지만, 기업 이미지 광고에 들어간 비용은 이 상품의 마케팅 비용이라고 말할 수 있을지 분명하지 않다. 그러므로 비용을 어떻게 계산하느냐에 따라서 같은 상품이라도 이익을 내고 있는 것처럼 보일 수도 있고 손실을 내고 있는 것처럼 보일 수도 있다.

위와 같은 문제들은 짧은 시간 내에 해결되기 어렵다. 그러므로 앞으로 마케팅 활동의 성과를 보다 정확히 측정할 수 있는 방법이 개발되기를 기대하면서, 여기서는 현재 쓰이고 있는 마케팅 성과측정 방법들을 알아보기로 하자. 기존의 마케팅 성과측정 방법들은 크게 재무적인 방법과 마케팅적인 방법으로 분류될 수 있다([그림 12-5] 참조).

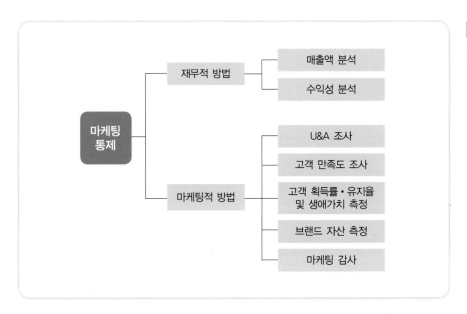

그림 12-5

마케팅 통제의 방법

1. 재무적 방법

이것은 회계 데이터를 기초로 성과를 측정하고, 목표와의 차이를 분석하며, 개선방안을 마련하는 통제방법이다. 여기에는 매출액 분석과 수익성 분석이 포함된다.

(1) 매출액 분석

매출액 분석(sales analysis)이란 실제로 달성된 매출액 데이터를 수집하고, 분류하고, 목표와 비교하고, 차이가 난 원인을 분석하는 것을 가리킨다. 이해를 돕기 위하여 간단한 예제를 갖고 설명하기로 한다.

가령, 어느 상품의 6개월 동안의 매출액이 목표 대비 2억원 미달이라고 하자. 그리고 이 상품이 네 가지 용량으로 판매되고 있고, 매출액을 용량별로 분석한 결과가 〈표 12-2〉와 같다고 하자.

목표 대비 2억원이 미달된 것은 처음 3개의 용량에서 3.8억원만큼 초과달성하였지만, 네 번째 용량에서 5.8억원만큼 차질이 발생하였기 때문이라는 것을 알 수 있다. 즉, 문제는 네 번째 용량에 있다는 것을 발견하였다.

네 번째 용량의 매출액을 더 깊이 파고들기 위하여, 이를 4개의 지역으로 나누어 본 결과가 〈표 12-3〉과 같았다고 하자. 네 번째 용량의 매출은 서부, 남부, 북부에서는 목표를 초과하였지만, 동부지역에서 10억원이나 차질을 빚고 있다는 것을 알 수 있다.

이 예에서 알 수 있듯이, 마케터는 매출액 분석을 함으로써 두 가지 도움을

표 12-2

용량별 매출액
(단위: 1,000,000원)

용 량	목표 초과	목표 미달
1	180	
2	140	
3	60	
4		580
계	380	580

표 12-3

네 번째 용량의
지역별 매출액
(단위: 1,000,000원)

용 량	목표 초과	목표 미달
동부		1,000
서부	240	
남부	30	
북부	150	
계	420	1,000

그림 12-6

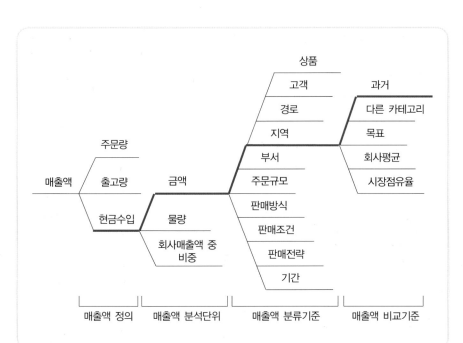

받을 수 있다. 첫째, 문제의 심각성을 정확히 파악할 수 있다. 위의 예에서도, 처음에는 단지 2억원의 차질이 발생한 것으로 보였지만, 실제로는 문제가 이보다 더 심각하다는 것이 판명되었다. 둘째, 문제가 어디서 발생하고 있는지를 정확히 파악할 수 있다. 위의 예에서, 마케터는 동부지역에서 네 번째 용량의 판매가 부진한 원인을 집중분석해서 적절한 해결 방안을 찾아내야 할 것이다.

매출액 데이터를 수집하지 않는 회사는 없지만, 이를 체계적으로 분석하고 있는 회사는 많지 않다. 위의 예가 보여주듯이, 매출액 분석은 간편하면서도 매우 강력한 통제수단이 될 수 있다. [그림 12-6]에는 매출액 분석의 네 가지 주요 구성요소들이 나와 있다.

▶ **매출액 정의는?** [그림 12-6]이 보여주듯이, 매출액은 주문량으로 정의될 수도 있고, 출고량으로 정의될 수도 있으며, 현금 수입액으로 정의될 수도 있다. 매출액을 어떻게 정의하는가는 통제에 매우 큰 영향을 미친다. 예를 들어, 매출액을 출고량으로 정의하는 회사에서는, 마케터나 판매 관리자가 매출액 목표를 달성하기 위하여 '밀어내기'를 하는 경우가 자주 발생한다.

▶ **매출액 분석단위는?** 모든 회사들이 매출액을 금액 단위로 측정하는 것이 아니라, 물량 단위(예 : 리터, 톤, 박스 등)로 측정하는 회사들도 많이 있다. 상품이

---

10 Thomas R. Wotruba and Edwin K. Simpson, *Sales Management: Text and Cases*, 2nd ed. (Wadsworth Publishing, 1992), p. 589.

여러 가지 용량이나 형태(예 : 액체, 가루 등)로 판매되는 경우에는 물량보다는 금액단위로 측정하는 것이 더 유용하다. 그러나 매출액을 금액으로만 측정하면, 매출액이 상승한 것이 가격인상 때문인지 혹은 물량증대 때문인지 구분할 수 없다는 단점이 있다.

▶ **매출액 분류기준은?** 매출액을 분류하는 기준에는 여러 가지가 있을 수 있다. 앞의 예에서는 용량과 지역을 기준으로 구분하였지만, 이 밖에도 [그림 12-6]에 나와 있는 것처럼 상품의 타입, 고객의 타입, 유통경로의 타입, 주문량 등이 있을 수 있다.

▶ **매출액 비교기준은?** [그림 12-6]에서와 같이, 현재의 매출액을 비교하는 잣대는 과거의 매출액이 될 수도 있고, 같은 기간 동안 기록된 다른 상품의 매출액이 될 수도 있으며, 사전에 정해진 목표액이 될 수도 있고, 사업부나 회사 전체의 상품당 평균 매출액이 될 수도 있고, 시장점유율 목표가 될 수도 있다.

위의 네 가지 구성 요소들을 조합해보면, 매출액 분석의 가짓수는 실로 다양하다는 것을 알 수 있다. [그림 12-6]을 기준으로 한 가지 예를 들면, 매출액을 현금 수입액을 기준으로 금액단위로 측정하고, 지역별로 과거의 매출액 실적과 비교하는 매출액 분석이 가능하다. 어떤 방법을 쓰든, 회사의 회계처리방법과 일관성이 있는 방법을 사용하는 것이 중요하다.

(2) 수익성 분석

수익성 분석(profitability analysis)이란 어떤 분류기준에 따라 이익을 계산하고, 목표와 비교하고, 차이가 난 원인을 분석하는 것을 가리킨다. 여기서 '분류기준에 따라 이익을 계산'한다는 것은, 가령 상품별로 이익을 계산하거나, 고객별로 이익을 계산하거나, 유통경로별로 이익을 계산하거나 하는 것들을 뜻한다. 즉, 매출액 분석에서의 분류기준([그림 12-6] 참조)이 그대로 적용될 수 있다.

1) 총원가법에 의한 이익

회계에 대한 지식이 조금이라도 있는 사람이라면 금방 알 수 있듯이, **이익은 어떤 방법으로 계산하느냐에 따라서 크게 달라질 수 있다.** 이것을 다음과 같은 예제를 가지고 설명하기로 한다.

어느 통신회사에서 판매하고 있는 여러 가지 상품들 중에서 넷폰(Net Phone)이라는 상품의 손익계산서가 〈표 12-4〉와 같다고 하자. 2025회계연도 동안에 이 상품은 4천원씩 5백만 단위가 팔려서 총 200억원의 매출액을 올렸다. 그런데 이 상품을 제공하는 데 직접 들어간 비용(예 : 노무비, 재료비 등)을 빼면 총 110억원의 매출 총이익이 발생한다. 그리고 모든 다른 비용을 빼면, 총 5억원의 손

표 12-4

손익계산서
(단위: 1,000,000원)

상품: 넷폰(Net Phone)
손익계산서, 2025. 12. 31

매출액(5백만 단위×4,000원)		20,000
매출원가		
노무비	4,500	
재료비	1,500	
제조간접비	3,000	
소계		9,000
매출총이익		11,000
판매관리비		
광고비	5,500	
판매촉진비	500	
판매사원인건비	2,000	
상품관리비	100	
마케팅비	200	
상품개발비	1,000	
시장조사비	200	
고객서비스비	1,100	
상품시험비	400	
일반관리비	500	
소계		11,500
영업이익(손실)		(500)

실이 생긴다.

이렇게 이익을 계산하는 것을 **총원가법**(full-costing approach)이라고 부른다. 왜냐하면 모든 원가를 매출액으로부터 빼주기 때문이다. 여기에는 재료비와 같이 확실히 그 상품에 들어간 원가는 물론, 사장의 월급과 같이 어느 상품에 얼마가 들어갔는지 확실하지 않은 원가도 들어간다. 총원가법에 의하여 상품 하나하나의 이익을 계산하면, 매출액이 회사의 모든 비용을 커버하고 있는지를 알 수 있다는 장점이 있다. 즉, 총원가법을 기준으로 상품 하나하나가 이익을 내고 있다면, 회사의 매출액이 회사의 모든 비용을 커버하고 있는 셈이다.

그러나 총원가법은 다음과 같은 중요한 단점들을 갖고 있다.

▶ **총원가법을 이용하면 아주 단순한 분석도 하기 어렵고, 경우에 따라서는 매우 그릇된 결론을 도출할 위험도 있다.** 예를 들어, 현재 넷폰이 손실을 내고 있는데, 이 회사는 넷폰을 없애버려야 하는가? 〈표 12-4〉를 언뜻 보기에는 넷폰을 없애버리면 이 회사의 이익이 5억원 상승할 것으로 보이지만, 실상은 그렇지 않고, 좀 더 뒤에서 우리는 넷폰을 그대로 두는 것이 더 나을 수도 있다는 것을 알게 될 것이다. 또 다른 질문을 하자면, 매출액이 10퍼센트 늘어나면 이익은 얼마나 늘어나는가? 총원가법에서는 확실히 그 상품 때문에 발생한 원가와 그렇지 않은 원가가 뭉뚱그려져서 계산되므로, 원가, 판매량, 이익간의 관계를 분석하기 어

렵기 때문에 위와 같은 간단한 질문에도 답하기 어렵다.

▶ **총원가법은 고정비를 임의적으로**(arbitrarily) **배분한다.** 예를 들어, 본사 사무실의 전기료를 각 상품에 할당할 때에는 주로 판매량을 기준으로 사용한다. 즉, 판매량이 많아질수록 사무실 전기료를 더 많이 떠안아야 한다. 이런 시스템하에서는, 판매를 많이 할수록 상품의 수익성은 오히려 나빠지는 것처럼 보일 수 있기 때문에, 판매 관리자가 판매량을 늘리려고 노력하지 않게 될 가능성이 있다.[11]

▶ 방금 설명한 것과 관계되는 것으로, **총원가법은 마케터가 통제할 수 있는 원가와 그렇지 않은 원가를 구분하지 못한다.** 마케터가 통제할 수 있는 원가를 기준으로 수익성을 따지는 것은 공정하지만, 마케터가 통제할 수 없는 원가까지 포함해서 수익성을 따지는 것은 공정하다고 할 수 없다. 예를 들어, 회사의 임원들이 회사 헬리콥터를 몇 번 이용하였는지에 따라서 상품의 수익성이 오르락내리락한다면 문제가 아닐 수 없다.

위와 같은 단점 때문에, 총원가법은 회사 내부에서 여러 가지 의사결정을 하는 데에는 유용하지 못하다. 그러나 그렇다고 해서 총원가법이 전혀 유용하지 않다는 의미는 아니다. 회사에 투자한 주주나 채권자들의 입장에서는 상품별 수익성에 관심이 있는 것이 아니라, 회사 전체의 수익성에 관심이 있으므로 총원가법에 의하여 계산된 이익이 유용하다.

2) 공헌마진법에 의한 이익

총원가법의 대안은 공헌마진을 기준으로 하는 것이다. 이미 8장에서 소개한 것처럼, **공헌마진**(contribution margin)이란 판매가격에서 변동비를 빼고 남은 것을 가리킨다. 이렇게 이익을 계산하는 것을 **공헌마진법**(contribution-margin approach)이라고 부른다. 그리고 공헌마진법을 이용하면, 위에서 언급한 여러 가지 질문에도 쉽게 답할 수 있다.

〈표 12-4〉에서 다룬 넷폰의 공헌마진을 계산하기 위하여, 먼저 원가를 변동비와 고정비로 분류해보자(8장 참조). 그 결과가 〈표 12-5〉에 나와 있다. 먼저, 매출원가부터 살펴보면, 대부분의 제조원가는 변동비에 해당되지만, 제조간접비는 변동비적인 요소(예 : 전기료)와 고정비적인 요소(예 : 기계 설비 감가상각비)를 모두 갖고 있다. 다음으로, 판매관리비는 대부분 고정비에 속하지만, 판매사원 인건비와 고객 서비스 비용에는 변동비적인 요소가 포함되어 있다. 예를 들어, 판매사원의 커미션(commission)과 애프터 서비스(after-sales service) 비용은 판매

---

11 이처럼 총원가법은 고정비를 임의적으로 배분하기 때문에, 개별 상품의 수익성을 왜곡시킨다. 그러므로 요즘에는 고정비 배분을 하지 않고, 그 대신 상품의 원가를 그 상품과 관련된 기업활동과 연결시키는 원가회계가 각광을 받고 있다. 이것을 활동기준 원가(activity-based costing)라고 부른다. 활동기준 원가에 대한 자세한 내용은 관리회계 교과서들을 참조하시오.

표 12-5

항 목	총원가	원가분류	
		변동비	고정비
매출원가			
노무비	4,500	4,500	
재료비	1,500	1,500	
제조간접비	3,000	500	2,500
소계	9,000	6,500	2,500
판매관리비			
광고비	5,500		5,500
판매촉진비	500		500
판매사원인건비	2,000	1,200	800
상품관리비	100		100
마케팅비	200		200
상품개발비	1,000		1,000
시장조사비	200		200
고객서비스비	1,100	800	300
상품시험비	400		400
일반관리비	500		500
소계	11,500	2,000	9,500
합계	20,500	8,500	12,000

량에 따라 변동하는 비용이다.

이렇게 분류된 원가를 기초로 넷폰의 총공헌마진을 계산한 결과가 〈표 12-6〉에 나와 있다. 매출액은 200억원으로 전과 같지만, 여기에서 변동비 총액인 85억원을 빼주면 총공헌마진은 115억원이 된다. 즉, 이 상품 100원어치를 판매하면 그 중에 57.5원은 고정비를 커버하는 데 공헌하게 되는 셈이다. 넷폰의 단위당 가격이 4,000원이므로, 이 중 2,300원(=4,000원×57.5%)은 고정비를 커버하는 데 기여하게 된다.

공헌마진법을 사용함으로써, 우리는 앞서 총원가법으로는 답할 수 없었던 질문들에 답할 수 있게 되었다. 예를 들어, 매출액이 10퍼센트 올라가면 이익은 얼마가 될 것인가? 매출액이 10퍼센트 올라가면, 변동비도 10퍼센트 올라갈 것이므로, 93억 5천만원이 될 것이다. 그러나 고정비는 늘어나지 않을 것이므로, 이익은 6억 5천만원(=220억원−93억 5천만원−120억원)이 된다. 즉 전보다 11억 5천만원 늘어난 셈이다. 그러나 〈표 12-4〉와 같은 손익계산서만 갖고 있었다면, 이 계산은 쉽지 않았을 것이다. 공헌마진을 이용하여 할 수 있는 분석에는 이밖에도 여러 가지가 있다. 예를 들어, 8장에서 다룬 바 있는 **손익분기점**(break-even point) 분석도 공헌마진을 이용한 분석의 대표적인 예이다.

표 12-6

공헌마진법으로
계산한 손익계산서
(단위: 1,000,000원)

상품 : 넷폰(Net Phone) 손익계산서, 2025. 12. 31		
매출액(5백만 단위×4,000원)		20,000
변동비		
노무비	4,500	
재료비	1,500	
변동제조간접비	500	
변동판매사원인건비	1,200	
변동고객서비스비	800	
소계		8,500
총공헌마진		11,500
고정비		
고정제조간접비	2,500	
광고비	5,500	
판매촉진비	500	
고정판매사원인건비	800	
상품관리비	100	
마케팅비	200	
상품개발비	1,000	
시장조사비	200	
고정고객서비스비	300	
상품시험비	400	
일반관리비	500	
소계		12,000
영업이익(손실)		(500)

3) 직접고정비와 간접고정비

공헌마진법으로 이익을 계산하는 것은 총원가법에 비하여 여러 가지로 유용한 정보를 많이 제공해주지만, 고정비에 대한 처리는 아직도 미흡하다. 변동비는 상품의 판매량 또는 생산량에 따라 변동하는 비용이기 때문에, 마케터의 통제하에 놓여 있음이 분명하다.

그렇다면, 고정비는 모두 마케터의 통제 밖에 놓여 있는 것일까? 고정비 중에서도 어떤 부분은 특정 상품과 직접 연결된 것이 있다. 예를 들어, 특정 상품을 광고하기 위한 광고비, 특정 상품을 생산하기 위한 생산설비의 감가상각비 등이 그것이다. 이런 것들을 **직접고정비**(direct fixed cost)라고 부르자. 그런가하면, 어떤 상품과 직접 연결시키기 어려운 고정비도 있다. 예를 들어, 기업 이미지 광고비, 사장의 월급, 회사 헬리콥터의 유지비 등이 그것이다. 이런 것들은 **간접고정비**(indirect fixed cost)라고 부르자. 직접고정비는 마케터의 통제하에 있지만, 간접고정비는 통제 밖에 있다.

고정비를 이렇게 두 가지로 분류하는 것이 필요한 이유는, 다시 원점으로 돌아가서, 마케터의 성과를 어떻게 측정할 것인가 혹은 상품의 수익성을 어떻게

직접고정비
어떤 상품과 직접 연결시킬 수 있는 고정비

간접고정비
어떤 상품과 직접 연결시킬 수 없는 고정비

표 12-7

상품 : 넷폰(Net Phone) 손익계산서, 2025. 12. 31		
매출액(5백만 단위×4,000원)		20,000
변동비		
노무비	4,500	
재료비	1,500	
변동제조간접비	500	
변동판매사원인건비	1,200	
변동고객서비스비	800	
소계		8,500
총공헌마진		11,500
직접고정비		
고정제조간접비	2,500	
광고비	3,000	
판매촉진비	500	
고정판매사원인건비	800	
상품관리비	100	
마케팅비	100	
상품개발비	500	
시장조사비	100	
고정고객서비스비	100	
상품시험비	400	
일반관리비	100	
소계		8,200
간접고정비		
광고비	2,500	
마케팅비	100	
상품개발비	500	
시장조사비	100	
고정고객서비스비	200	
일반관리비	400	
소계		3,800
영업이익(손실)		(500)

표 12-7

직접고정비와
간접고정비를 구분한
손익계산서
(단위 : 1,000,000원)

측정할 것인가 하는 문제와 관련이 있다. 마케터는 자신이 통제할 수 있는 비용에 대해서만 책임을 져야 한다. 즉, 그 상품이 없었더라도 발생하였을 비용에 대해서는 책임을 묻지 말아야 한다.

고정비를 직접고정비와 간접고정비로 나누고, 넷폰의 이익을 다시 계산한 결과가 〈표 12-7〉에 나와 있다. 넷폰의 총공헌마진이 115억원이라는 것과, 최종적으로는 5억원의 손실을 보고 있다는 것은 변함이 없지만, 그 중간에서 또 하나의 '이익'을 계산할 수 있다. 즉, 총공헌마진 115억원에서 직접고정비 82억원을 빼고 나면 33억원의 '이익'이 남는다! 여기서 주목할 것은, 마케터가 통제할 수 없는 비용을 배제하면 넷폰이 흑자를 보이지만, 통제할 수 없는 비용까지 집어넣으면 적자를 보인다는 것이다.

이제 우리는 앞에서 던진 질문에 답할 수 있게 되었다. 이 회사는 '적자'를 보고 있는 넷폰을 버려야 하는가? 〈표 12-7〉에 따르면, 넷폰은 현재 33억원의 '이익'을 창출해서, 간접고정비를 커버하는 데 기여하고 있다. 그러므로 이 회사가 넷폰을 버린다면 오히려 수익성이 더 악화될 것이다.[12]

우리는 지금까지 세 가지 관점에서 이익에 접근해 보았다. 총원가법에 의한 이익, 공헌마진법에 의한 공헌마진, 그리고 직접고정비와 간접고정비를 구분한 후의 이익. 어느 관점을 취하느냐에 따라서 '이익'의 크기가 크게 달라질 수 있기 때문에, **마케터는 이 세 가지 관점에서 이익을 계산하는 방법을 숙지하고 있어야** 한다.

원리 12-1

마케터는 자신의 통제하에 있는 비용에 대해서만 책임을 져야 한다.

---

2. 마케팅적 방법

주로 회계 데이터를 이용하는 재무적 통제 수단들과는 달리, 마케팅적 통제 수단들은 주로 고객(경쟁상품의 고객들을 포함하여)들로부터 수집된 데이터들을 이용하여 성과를 측정하고, 목표와의 차이를 분석하고, 개선 방안을 마련한다. U&A 조사, 고객만족도 조사, 고객 획득률·유지율 및 생애가치 측정, 브랜드 자산 측정, 마케팅 감사 등이 여기에 포함된다.

(1) U&A 조사

U&A 조사
고객들의 사용행동(usage)과 브랜드 태도(attitude)를 중심으로 여러 관련 변수들을 측정하는 조사

U&A(usage and attitude) 조사란 우리 상품뿐만이 아니라 경쟁상품의 고객들도 포함하여 이 시장의 고객들의 구매행동, 사용행동, 여러 브랜드들에 대한 인지도, 속성지각, 선호도 등을 조사하는 것을 가리킨다. U&A 조사는 대개 1년에 한 번 정도 실시하기 때문에, 이 조사를 기업의 회계연도가 끝날 무렵에 실시하면 통제목적으로 유용한 여러 가지 정보를 얻을 수 있다.

(2) 고객만족도 조사

많은 기업들이 고객만족도를 정기적으로 측정하여 통제에 이용하고 있다. 고객만족도를 정기적으로 측정하면, 고객만족도와 수익성 사이의 관계를 발견할 수 있어서, 고객만족도를 높이기 위한 투자결정을 하는 데 유용한 정보를 얻을

---

12 이같은 결론은 단기적으로는 이 회사에 넷폰을 대신할 상품이 없다는 것을 전제로 하는 것이다.

수 있다. 예를 들어, 우리나라의 87개 기업들을 대상으로 이루어진 한 연구에서는 고객만족도가 1점 높아지면 기업의 총자산이익률(return on assets, ROA)가 평균적으로 0.189%p 높아지는 것으로 나타났다.[13]

(3) 고객 획득률 · 유지율 및 생애가치 측정

기계, 공장, 건물, 토지 같은 것만이 회사의 중요한 자산이 아니라, 높은 애호도를 갖고 있는 고객들도 중요한 자산이다. 효과적이고 효율적인 마케팅 활동을 벌여서 신규고객의 획득률과 기존고객의 유지율이 올라간다면, 우리 회사 고객들의 생애가치도 높아질 것이다(1장 참조).

고객생애가치란 우리 회사가 고객들로부터 얻을 수 있는 이익 흐름의 현재가치이므로, 생애가치가 높아진다는 것은 우리 회사의 미래 수익성이 높아진다는 것과 같은 이야기가 된다. 그러므로 생애가치를 측정하면, 획득률이나 유지율을 높이기 위한 마케팅 투자의 정당성을 최고 경영자나 주주들에게 입증할 수 있다는 이점이 있다. 그러므로 고객의 생애가치를 정기적으로 측정하고 이를 통제에 반영하는 것은 기업의 마케팅 수준을 한 단계 높이는 계기를 제공해 줄 것이다.

(4) 브랜드 자산 측정

기업의 자산 가운데 고객 못지 않게 중요한 것이 브랜드이다(7장 참조). 많은 기업들이 자산으로서의 브랜드의 중요성을 인식하고 있고, 브랜드의 자산적 가치를 정기적으로 측정하는 기업들이 늘어나고 있다. 특히, 브랜드 자산을 금액으로 측정한다면, 브랜드 자산을 높이는 데 들어간 투자 금액과 이러한 투자의 결과로 증가된 브랜드 자산의 가치를 비교할 수 있어서, 최고 경영자와 주주들을 설득하는 데 유용한 정보를 얻을 수 있다.

(5) 마케팅 감사

마케팅 감사(marketing audit)란 기업의 마케팅 활동에서 문제영역과 기회를 발견하고 마케팅 성과를 개선하기 위한 구체적인 계획을 마련하기 위하여 기업의 마케팅 환경, 목표, 전략 및 활동을 광범위하게, 체계적, 독립적, 정기적으로 평가하는 것을 가리킨다.[14]

> **마케팅 감사**
> 마케팅 성과를 개선하기 위하여 기업의 마케팅 환경, 목표, 전략 및 활동을 광범위하게, 체계적, 독립적, 정기적으로 평가하는 것

---

13 이유재 · 차경천 · 이청림, "기업의 수익성과 가치에 미치는 고객만족의 동태적 영향," *한국마케팅저널*(2008년 4월), pp. 1–23.

14 Philip Kotler, Kevin Lane Keller and Alexander Chernev, *Marketing Management*, 16th ed. (Pearson, 2022), p. 72.

앞서 소개된 마케팅적 통제수단들은 마케팅 활동의 결과(예 : 인지도, 획득률 등)에 초점을 맞추고 있는 반면, **마케팅 감사는 마케팅 활동의 결과는 물론 과정에도 초점을 맞추고 있다**는 점이 다르다. 마케팅 감사에서는 마케팅 목표가 명확하게 세워져 있는지에서부터 출발하여, 마케팅 계획이 수립되는 과정이 체계적인지, 신상품이 개발되는 프로세스가 잘 운영되고 있는지, 마케팅 믹스 요소들이 효과적이고 효율적으로 사용되고 있는지, 마케팅 조직이 원활하게 기능하고 있는지, 그리고 마케팅 활동의 수익성이 적절한지에 이르기까지 광범위한 내용을 다룬다.[15]

이렇게 광범위한 내용에 대하여 평가를 하려면 앞서의 통제수단들과는 달리 평가자의 주관적인 판단에 의존해야 하는 경우가 많기 때문에, 마케팅 감사가 객관적으로 이루어지려면, 회사 외부의 전문가(예 : 컨설팅 회사)에게 맡겨져야 한다.

지금까지 우리는 마케팅 성과를 측정하기 위한 재무적인 방법들과 마케팅적인 방법들을 살펴보았다. 이 중에서 어느 방법이 더 바람직할까? 바람직한 성과 측정 방법은 다음과 같은 세 가지 요구를 충족시킬 수 있어야 한다. 첫째, **과거의 실적을 보여주는 것은 물론이고, 미래의 성과가 좋아질 것인지 나빠질 것인지도 보여줄 수 있어야** 한다. 둘째, 실적이 좋아진 혹은 나빠진 **원인을 진단해 줄 수 있어야 한다.** 이러한 진단적 정보가 있어야 개선 방안을 마련할 수 있기 때문이다. 셋째, 기업의 성과는 궁극적으로는 '이익'으로 귀결되므로, 성과를 어떻게 측정을 하든, **측정된 성과는 기업의 수익성과 직접적인 관계를 맺고 있어야 한다.** 즉, 성과 측정치가 1% 개선되면 기업의 이익이 몇 % 개선될 수 있는지를 보여줄 수 있어야 한다.

앞에서 살펴본 어느 방법도 이 세 가지 요구를 완벽하게 충족시키지 못하고 있다. 재무적인 방법들은 대체로 기업의 수익성과 직접적인 관계를 맺고 있고, 과거의 실적을 보여줄 수 있지만, 미래의 성과가 어떨 것인지를 보여주지는 못하며, 진단적인 정보의 깊이도 부족하다. 예를 들어, 〈표 12-3〉에서 네 번째 용량의 판매가 동부지역에서 부진하다는 것까지는 재무적 방법만으로도 파악할 수 있었지만, 왜 부진한지는 파악하기 어렵다. 이를 파악하려면, 해당 지역의 구매자들이 우리 상품과 경쟁 상품들을 어떻게 생각하고 있는지에 대해서 별도의 조사를 해야 할 것이다. 반대로, 마케팅적인 방법들은 대체로 과거의 성과를 보여주고, 또 앞으로의 성과가 어떨 것인지를 예측하는 데에도 도움을 주며, 진

---

15 마케팅 감사에 대한 보다 자세한 내용은 이 장 끝의 [더 읽어 볼 거리]를 참조하시오.

단적인 정보도 풍부하게 제공하지만, 기업의 수익성과 직접적인 관계를 맺고 있지는 못하다. 가령, 브랜드 인지도가 1% 올라가면 이익은 얼마나 올라갈 수 있는지를 예측하기 어렵다. 물론 최근에 개발된 브랜드 자산 측정 방법이나 고객생애가치 측정 방법들을 이용하면 기업의 수익성에 미치는 영향도 예측할 수 있기는 하지만, 이를 이용하기 위해서는 매우 정교한 분석과 많은 데이터가 필요하다.

그러므로 마케터는 어느 하나의 방법에만 의존하기보다는 **재무적인 방법과 마케팅적인 방법을 상호보완적으로 활용**하여 마케팅 성과를 측정하여야 한다.

이 장의 요약

이 장에서는 마케팅 관리 과정의 마지막 두 단계인 실행 및 통제와 관련된 내용들을 공부하였다. 1절에서는 마케팅 계획을 실행하는 주역인 마케팅 조직이 어떻게 진화해 왔는지를 살펴보았고, 마케팅 조직의 형태별로 어떤 장점 및 단점을 갖고 있는지를 살펴보았다. 특히 많은 소비재 기업들이 채택하고 있는 브랜드 관리자 조직을 자세히 다루었다. 또, 마케팅부서와 다른 부서들간의 관계를 보다 협조적으로 만들기 위하여 어떤 조치를 취할 수 있는지도 살펴보았다.

2절에서는 통제의 수단들을 다루었다. 마케팅 성과를 측정하고, 목표와의 차이를 분석하고, 시정조치를 취하게 도와주는 수단에는 크게 재무적 방법들과 마케팅적 방법들이 있다고 하였고, 각각에 속하는 세부적인 방법들도 알아보았다. 재무적 방법에는 매출액분석, 수익성분석 등이 있는데, 특히 수익성분석과 관련해서는 총원가법으로 계산한 이익이 왜 마케팅 의사결정에 부적당한지를 설명하였다. 마케팅적 방법으로서 U&A 조사, 고객만족도 조사, 고객획득률·유지율 및 생애가치측정, 브랜드 자산측정, 마케팅 감사 등을 다루었다.

더 읽어 볼 거리

1. 브랜드 관리자 조직에 대한 역사적인 고찰에 대해서는 다음 논문을 참조하시오.

George S. Low and Ronald A. Fullerton, "Brands, Brand Management, and the Brand Manager System: A Critical—Historical Evaluation," *Journal of Marketing Research* (May, 1994), pp. 173—190.

2. 우리 기업의 브랜드 관리자 조직의 실태는 다음을 참조하시오.

황현숙 · 박찬수, "국내 브랜드 관리자 제도의 현황 및 문제점에 관한 연구," *디자인브랜드경영저널*(2004), 1권 1호, pp. 25−49.

3. 마케팅 감사 항목에 대한 구체적인 소개는 다음을 참조하시오.

Philip Kotler, William Gregor, and William Rodgers, "The Marketing Audit Comes of Age," *Sloan Management Review* (Winter, 1989), pp. 49−62.

제 13 장

마케팅 정보와 마케팅 조사

1. 마케팅 정보의 원천: 2차 자료로부터 시작하라

2. 마케팅 조사: 마케팅 조사가 의사결정을 대신해 주지는 않는다

3. 마케팅 정보의 관리와 활용: 구슬이 서 말이라도 꿰어야 보배다

이 장의 목표

이 장을 읽은 다음에는 다음 질문에 답할 수 있어야 한다.

1. 마케팅 정보는 어떤 원천들로부터 구할 수 있는가?
2. 마케팅 정보의 홍수 속에서 마케팅 정보를 최대한 활용하려면 어떻게 하여야 하는가?
3. 마케팅 조사란 무엇이며, 마케팅 조사는 어떤 단계를 거쳐 이루어지는가?
4. 마케팅 정보 시스템이란 무엇이며 왜 중요한가?
5. 시장 지향성이 마케팅 정보에 관하여 던져주는 시사점은 무엇인가?

지금까지 우리는 마케팅 계획을 세우고, 실행에 옮기고, 통제하는 마케팅 관리 과정 전부를 다루었다. 이 과정에서 마케터가 수많은 결정들을 내려야 한다는 것을 우리는 알게 되었다. 이런 결정들 중에는 사소한 것들도 있지만, 회사의 성과와 마케터 자신의 지위에 적지 않은 영향을 미칠 수 있는 중요한 것들도 있다. 마케터가 이런 중요한 결정들을 올바르게 내리려면 정확한 정보를 제때에 갖고 있어야 한다. 그러나 실제로는 마케터가 모든 정보를 갖고 결정을 내리는 경우는 거의 없으며, 불확실한 정보를 갖고 위험한 결정을 내리는 경우가 대부분이다.

이렇게 되는 원인은 크게 두 가지이다. 첫째, 회사 안에 정보가 절대적으로 부족한 경우가 있다. 둘째, 이와는 반대로, 회사 안에 정보는 넘쳐날 정도로 많지만, 이러한 정보가 부장의 주머니 속에, 과장의 서랍 속에, 대리의 파일 속에 있어서, 정작 필요한 사람에게는 제공되지 않는 경우도 있다. 첫 번째가 원인이라면 마케팅 정보를 어디서 얻을 수 있는지를 제대로 파악하고 다양한 정보원천을 활용할 줄 아는 것이 중요하다. 두 번째가 원인이라면 회사 안에 흩어져 있는 정보를 체계적으로 관리하여 활용 가능성을 높이는 것이 중요하다.

이 장에서는 마케팅 정보의 원천에는 어떤 것들이 있는지를 살펴보고, 수집된 정보를 관리하고 활용하기 위한 방안을 알아본다. 그리고 끝으로, 마케팅 정보를 제공하는 데 중요한 역할을 담당하고 있는 마케팅 조사를 공부하기로 한다.

1 마케팅 정보의 원천: 2차 자료로부터 시작하라

2차 자료
다른 문제를 해결하기 위하여 이미 수집된 자료

1차 자료
현재 직면한 문제를 해결하기 위하여 특별히 수집된 자료

마케팅 정보의 원천은 실로 다양하지만, 크게 나누면 2차 자료와 1차 자료로 분류할 수 있다. 우리는 4장에서 이미 2차 자료와 1차 자료라는 용어에 접한 적이 있다. **2차 자료**(secondary data)란 다른 문제를 해결하기 위하여 이미 수집된 자료를 가리키며, **1차 자료**(primary data)란 현재 직면한 문제를 해결하기 위하여 특별히 수집된 자료를 가리킨다. 예를 들어, 경쟁자들이 누구인지를 파악하기 위하여 표준산업분류를 이용한다면, 이것은 2차 자료의 예가 된다. 왜냐하면 표준산업분류는 정부가 경제정책을 세우기 위하여 정리해 놓은 데이터이기 때문이다. 그러나 경쟁자들이 누구인지를 파악하기 위하여 마케터가 수백명의 소비자들을 대상으로 설문조사를 하고 이 데이터를 분석하여 지각도를 작성하였다면, 이것은 1차 자료의 예가 된다.

2차 자료는 이미 수집된 데이터이기 때문에, 데이터 수집비용이 절약되고 바로 이용할 수 있다는 장점을 갖고 있다. 특히 인터넷에서 입수할 수 있다면 더욱 그러하다. 그러나 다른 목적으로 수집된 데이터이므로, 현재 직면한 문제를 해결하기에는 충분히 자세하지 않거나, 너무 오래 되었거나, 또는 공정하지 않을 수 있다는 단점도 갖고 있다. 예를 들어, '4대 매체 광고 중에서 신문광고가 가장 효과가 크다.'라는 연구결과가 한국신문협회에서 나온 것이라면 그 연구방법의 공정성에 대하여 의문을 가져 볼 필요가 있다. 2차 자료가 갖는 이러한 단점에도 불구하고, 시간과 비용을 절약하려면 **2차 자료를 먼저 찾아보고, 2차 자료로서 커버되지 않는 부분에 대해서 1차 자료를 수집하는 것이 바람직하다.**

4장에서는 경쟁자 분석에 이용할 수 있는 2차 자료와 1차 자료의 종류들을 살펴보았지만, 여기서는 폭을 넓혀서 마케터가 의사결정을 내리는 데 이용할 수 있는 2차 자료와 1차 자료의 종류들을 살펴보기로 하자.

원리 13-1

1차 자료를 수집하기에 앞서 2차 자료를 먼저 찾아보라.

1. 2차 자료의 원천

2차 자료의 원천은 다시 기업내부 원천과 외부 원천으로 분류된다.

(1) 기업내부 원천

2차 자료를 얻을 수 있는 기업내부 원천이란 기업이 여러 가지 활동을 수행하면서 만들어지고 저장되는 데이터를 가리킨다. 구체적인 데이터의 종류는 회사의 종류에 따라 달라지겠지만, 여기서는 그 중에서 대표적인 원천인 주문-결제 데이터, POS데이터, 고객 데이터베이스를 설명하기로 한다. 나머지 원천들은 〈표 13-1〉에 정리되어 있다.

1) 주문-결제 데이터

주문-결제 데이터는 상품주문, 출고, 대금결제 과정에서 생성되는 데이터를 가리킨다. 이런 데이터는 주문현황, 출고현황 등을 파악하는 데 도움을 준다. 그리고 특수한 경우에는, 구매자에 대한 정보도 제공해준다. 예를 들어, 삼성전자에서는 에어컨을 대리점과 전문할인점 등을 통해서 판매하므로, 누가 삼성에어컨을 구매하였는지 파악하기 어렵다. 그러나 삼성전자가 멤버십 프로그램을

표 13-1	원 천	대표적인 예
2차 자료의 원천	기업 내부	주문-결제 데이터, POS 데이터, 고객 데이터베이스, 웹 로그 파일 데이터, 과거의 마케팅 조사보고서, 판매사원 활동보고서, 재무제표 등
	기업 외부	• 중앙 행정기관: 통계청, 한국은행, 공정거래위원회, 기획재정부, 한국소비자원, 국세청, 산업통상자원부 등 • 지방자치단체 • 경제단체: 대한상공회의소 및 각 지역 상공회의소, 전국경제인연합회, 중소기업협동조합중앙회 등 • 협회: 한국자동차공업협회, 한국백화점협회 등 • 신용평가회사: 한국신용평가, 한국기업평가 등 • 일간지/주간지 또는 온라인/인터넷 뉴스 데이터베이스 • 전문지: 전자신문, 화장품신문 등 • 경제연구소: 삼성경제연구소, LG경영연구원 등 • 마케팅조사회사 또는 광고대행사 • 소셜 미디어

운영하면서 회원들에게 할인혜택을 제공하고 대부분의 구매자들이 여기에 가입한다면, 이 데이터를 통해서 구매자에 대한 기초적인 사항들을 파악할 수 있다.

2) POS 데이터

POS 데이터
소매점의 계산대에 설치된 스캐너로 판매된 상품의 바코드를 읽음으로써 수집되는 데이터; 스캐너 데이터라고도 부름

POS 데이터(point-of-sale data)란 **스캐너 데이터**(scanner data)라고도 불리는데, 주로 슈퍼마켓이나 편의점 같은 소매점의 계산대에 설치된 스캐너로 판매된 상품의 바코드(bar code)를 읽음으로써 수집되는 데이터를 가리킨다. 이 데이터에는 판매된 상품의 고유번호, 수량, 시각, 가격 등이 입력되며, 일부 업체에서는 점원으로 하여금 구매자의 성별과 추정된 연령까지 입력하도록 하고 있다. 그러므로 이 데이터를 분석함으로써, 소매점은 여러 가지 유용한 정보를 얻을 수 있다. 예를 들어, 한 편의점 체인에서는 밤 8시부터 새벽 4시 사이의 맥주 매출액이 하루 동안의 맥주 매출액의 75%를 차지한다는 사실을 발견하기도 하였다.

3) 고객 데이터베이스

고객 데이터베이스
잠재고객 발굴, 선별, 상품판매, 또는 고객과의 관계 유지 등의 목적으로 기존고객과 잠재고객에 대한 광범위한 데이터를 조직적으로 모아놓은 것

데이터 웨어하우스
여러 가지 원천으로부터 수집된 데이터를 통일된 포맷으로 저장해 놓은 것

고객 데이터베이스는 이 책의 앞 부분에서 여러 차례 언급한 바 있다. **고객 데이터베이스**(customer database)란 잠재고객 발굴, 선별, 상품판매, 또는 고객과의 관계유지 등의 목적으로 기존고객은 물론 잠재고객에 대한 광범위한 데이터를 조직적으로 모아놓은 것을 가리킨다. 고객 데이터베이스와 관련된 것으로, **데이터 웨어하우스**(data warehouse)라는 것이 있다. 이것은 고객 데이터베이스뿐만이 아니라, 다른 여러 가지 원천으로부터 수집된 데이터를 통일된 포맷으로 저장해 놓은 것을 가리킨다.

(2) 기업외부 원천

기업외부에서 얻을 수 있는 2차 자료의 종류는 매우 다양하다. 〈표 13-1〉에는 기업외부 원천들 중에서 대표적인 것들이 분류되어 있다.

2. 1차 자료의 원천

2차 자료만으로 당면한 문제를 해결하는 데 충분하지 않다면, 1차 자료를 수집하여야 하는데, 이것을 마케팅 조사(marketing research)라고 부른다. 경우에 따라서는 2차 자료를 수집하기 위하여 마케팅 조사를 하는 경우도 있지만, 대개 마케팅 조사라고 하면 1차 자료를 수집하는 것을 의미한다. 마케팅 조사에 대해서는 다음 절에서 자세히 다루기로 한다.

2 마케팅 조사: 마케팅 조사가 의사결정을 대신해 주지는 않는다

마케팅 조사(marketing research)란 기업이 당면한 구체적인 마케팅 문제를 해결하기 위하여 필요한 데이터와 정보를 체계적으로 수집하고, 분석하고, 보고하는 것을 가리킨다. 마케팅 조사와 비슷한 용어로 **시장조사(market research)**가 있는데, 시장조사는 어떤 시장을 조사하는 것만을 가리키므로, 마케팅 조사의 한 부분에 지나지 않는다.

마케팅 조사
기업이 당면한 구체적인 마케팅 문제를 해결하기 위하여 필요한 데이터와 정보를 체계적으로 수집, 분석, 보고하는 것

1. 마케팅 조사의 범위

마케팅 조사는 마케팅과 관련된 거의 모든 문제들을 범위로 하고 있다고 해도 지나친 말이 아니며, 새로운 조사기법들이 개발되면서 그 범위가 더욱 넓어지고 있다. 〈표 13-2〉에는 미국의 435개 기업들이 하고 있는 마케팅 조사활동의 종류와 빈도가 나와 있다. 우리나라 기업들에 대해서는 아직 알려진 바 없지만, 미국 기업들의 경우와 크게 다르지 않을 것으로 추측된다.

2. 우리나라의 마케팅 조사 산업

마케팅 조사는 9장에서 다룬 광고와 마찬가지로 높은 전문성이 요구되는 분야이다. 그러므로 마케팅 조사를 전문으로 하는 마케팅 조사회사들이 존재하고

표 13-2

미국의 435개
기업들의 마케팅 조사
활동[1]

종 류	%	종 류	%
A. 기업/사업 단위의 조사		D. 유통(계속)	
1. 산업/시장의 특성 및 추세	92	3. 경로 커버리지 조사	31
2. 사업 인수 · 합병/다각화 조사	50	4. 수출 및 국제시장 조사	32
3. 시장점유율 분석	85	E. 촉진	
4. 내부직원 조사(사기, 커뮤니케이션 등)	72	1. 동기 조사	56
B. 가격 결정		2. 매체 조사	70
1. 원가 분석	57	3. 카피 조사	68
2. 이익 분석	55	4. 광고 효과	
3. 가격 탄력성	56	a. 사전 테스트	67
4. 수요 분석		b. 사후 테스트	66
a. 시장 잠재력	78	5. 경쟁 광고 조사	43
b. 판매 잠재력	75	6. 일반대중 대상의 이미지 조사	65
c. 판매 예측	71	7. 판매사원 보상체계 조사	34
5. 경쟁자 가격 분석	71	8. 판매사원 판매쿼터 조사	28
C. 상품		9. 판매사원 구역 조사	32
1. 컨셉트 개발 및 테스트	78	10. 판촉수단 조사	47
2. 브랜드 네임 창출 및 테스트	55	F. 구매 행동	
3. 시험 시장	55	1. 브랜드 선호도	78
4. 기존 상품의 테스트	63	2. 브랜드 태도	76
5. 포장 디자인 조사	48	3. 상품 만족도	87
6. 경쟁상품 조사	54	4. 구매 행동	80
D. 유통		5. 구매 의도	79
1. 공장/창고 입지 조사	25	6. 브랜드 인지도	80
2. 경로 성과 조사	39	7. 시장세분화 조사	84

있어서 대부분의 기업들은 마케팅 조사를 직접하지 않고, 마케팅 조사회사에
맡기고 있다. 대기업들은 대개 마케팅 부서 안에 마케팅 조사 파트를 두고 있
지만, 이 마케팅 조사 파트는 조사 프로젝트를 직접 수행하는 것이 아니라 프

---

1 Thomas C. Kinnear and Ann R. Root, eds., *1994 Survey of Marketing Research: Organization,
Functions, Budget, and Compensation* (Chicago: American Marketing Association, 1994), p. 49.

로젝트를 관리하는 것이 보통이다. 어떤 경우에는 기업을 대신하여 광고 대행사가 마케팅 조사회사에 조사를 의뢰하기도 한다. 우리나라에는 수십개의 마케팅 조사회사들이 있는 것으로 알려져 있으며, 그 중 닐슨(Nielsen)코리아, 한국리서치, 한국갤럽(Gallup), 칸타코리아 등이 상위권을 형성하고 있다. 광고대행사와 마찬가지로, 마케팅 조사회사 역시 우리의 마케팅 성과에 지대한 영향을 미치는 중요한 파트너이므로, **유능한 회사를 객관적인 방법으로 선택**하고, 한 번 선택된 회사와 **장기적인 관계를 유지**해나가는 것이 바람직하다.

3. 마케팅 조사의 단계

마케팅 조사는 [그림 13-1]과 같이 크게 여섯 단계로 이루어진다. 이하에서는 마케팅 조사의 각 단계를 보다 자세히 살펴보기로 한다.

(1) 조사목적의 정의 및 필요한 정보파악

마케팅 조사과정은 마케터가 어떤 **마케팅 문제**에 직면하여, 이 문제 해결방안을 찾기 위해서 정보가 필요하다는 것을 깨닫게 되면서 시작된다. 가령, 마케팅 성과가 목표에 미치지 못하거나, 어떤 예상치 못한 위협이 발생하였거나, 심지어는 좋은 기회가 발견되었을 때에도 마케팅 문제가 발생하였다고 말한다.

오랫동안 우리나라 초콜릿 시장에서 선두를 지켜온 롯데제과의 가나초콜릿이 오리온의 슈샤드에게 선두를 빼앗긴 상황을 예로 들어 보자.[2] 가나초콜릿은 몇 년 동안 시장점유율 1위를 차지하고 있었고, 강력한 경쟁자도 없었기 때문에, 몇년 동안 광고를 하지 않고 있었다. 롯데제과의 마케터는 시장점유율 선두를 되찾으려면 새로운 광고 캠페인을 하루빨리 시작할 필요가 있다고 판단하고, 새로운 광고 캠페인의 방향을 결정하기 위한 조사를 조사회사에 의뢰하였다. 앞으로 이 조사회사의 담당자를 '조사담당자'라고 부르기로 하자.

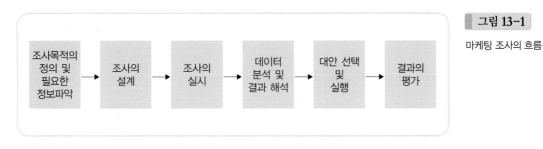

그림 13-1

마케팅 조사의 흐름

---

2 이낙운(편), *광고캠페인 이렇게 해서 성공했다* (디자인하우스, 1992), pp. 168-174를 기초로 저자가 각색.

이 경우 마케팅 문제는 '시장점유율 1위를 되찾는 것'이고, 조사목적은 '새 광고 캠페인의 방향 설정'이다. 그 다음 단계는 조사목적을 달성하기 위하여 어떤 정보가 필요한지를 파악하는 것이다. 이것은 롯데제과의 마케터와 조사담당자가 함께 의논하면서 결정되어야 한다. 그 결과, 구체적으로 다음과 같은 정보가 필요하다는 결론에 도달하였다:

- 소비자들이 가나와 슈샤드의 차이를 실제로 느끼고 있는가?
- 가나와 슈샤드의 속성들 가운데 어느 것이 가장 크게 어필하는가?
- 가나와 슈샤드에 각각 높은 애호도를 갖고 있는 소비자들은 어떤 특성을 갖고 있는가?

(2) 조사의 설계

조사의 설계
조사계획을 구체적으로 세우는 것

조사목적을 정의하고 어떤 정보가 필요한지를 파악한 다음에는, 조사계획을 구체적으로 세워야 한다. 이것을 **조사의 설계**라고 부르는데, 여기에는 다음과 같은 내용들이 포함된다:

▶ 조사의 성격 규정
▶ 데이터 수집방법 결정
▶ 데이터 수집도구 결정
▶ 표본 선정

이하에서는 각각의 내용을 알아보자.

1) 조사의 성격 규정

조사의 목적과 필요한 정보의 종류에 따라서 마케팅 조사는 다음 세 가지 중 어느 하나의 성격을 띠게 된다: **탐색적 조사**(exploratory research), **기술적 조사** (descriptive research), **인과적 조사**(causal research).

조사의 목적을 분명하게 정의하기 어렵거나, 어떤 정보가 필요한지도 불분명한 경우에는 탐색적 조사를 하는 것이 보통이다([그림 13-2] 참조). 탐색적 조사에서 얻어진 정보를 갖고 조사목적을 분명하게 정의할 수 있게 되었고, 필요한 정보의 종류도 명확해지면, 기술적 조사(예: 설문조사)나 인과적 조사(예: 실험)를 한다. 마케터는 기술적 조사나 인과적 조사에서 얻어진 정보를 갖고 마케팅 문제를 해결하기 위한 의사결정을 하게 된다. 위의 세 가지 성격의 조사 중에서 기술적 조사가 가장 빈번하게 이루어지며, 탐색적 조사가 그 다음이고, 인과적 조사는 그다지 자주 이루어지지 않는다.

그림 13-2

탐색적 조사, 기술적
조사, 인과적 조사

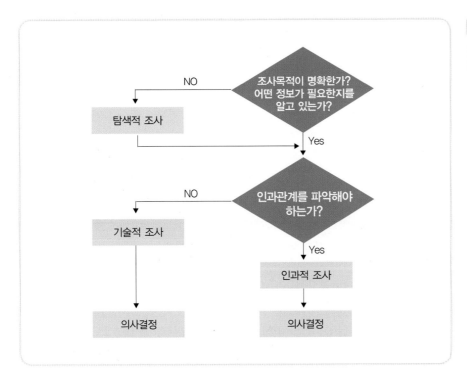

• 탐색적 조사

탐색적 조사(exploratory research)란 마케팅 문제 및 현재상황을 보다 잘 이해하기 위하여, 조사목적을 명확히 정의하기 위하여, 또는 필요한 정보를 분명히 파악하기 위하여 벌이는 일종의 예비적인 조사이다.

탐색적 조사는 그 자체로서 끝나 버리는 것이 아니라, 다음 단계에서 기술적 조사나 인과적 조사를 하기 위한 '징검다리' 역할을 하는 경우가 대부분이다. 예를 들어, 탐색적 조사는 기술적 조사인 대규모 설문조사를 하기에 앞서, 설문지에 어떤 문항을 넣어야 할지를 결정하기 위하여 흔히 이용된다. 즉, 탐색적 조사는 '**조사를 위한 조사**'라고 이해할 수 있다.

탐색적 조사가 필요한 이유는 신상품을 시장에 내놓기 전에 테스트가 필요한 이유와 비슷하다. 즉, 현재 직면한 마케팅 문제나 상황, 조사목적, 또는 필요한 정보에 대한 명확한 정의 없이 조사를 진행하면, 조사결과가 마케팅 문제를 해결하는 데 도움이 되지 않고, 비용과 시간만 낭비할 가능성이 높기 때문이다. 그러므로 탐색적 조사에서는 큰 비용과 긴 시간을 들이지 않고 비교적 간편하게 할 수 있는 다음과 같은 방법들을 이용한다:

▶ **문헌조사**란 2차 자료를 검토하는 것을 가리킨다(〈표 13-1〉 참조). 예를 들어, 과거에 수행된 마케팅 조사 보고서를 읽어 보는 것이 여기에 속한다.

탐색적 조사
마케팅 문제 및 현재상황을 보다 잘 이해하기 위하여, 또는 조사 목적이나 필요한 정보를 분명히 정의하기 위하여 벌이는 일종의 예비적인 조사

▶ **전문가 면접**이란 해당 산업 또는 기업에 대하여 많은 지식이나 경험을 갖고 있는 사람들로부터 정보를 얻는 방법을 가리킨다. 여기서 '전문가'에는 회사 내부의 임직원들은 물론, 유통업자, 소비자, 교수 등 회사 외부의 사람들까지 포함된다.

표적집단면접법(FGI)
진행자가 6~10명의 응답자들과 함께 어떤 주제에 대하여 토의하는 면접방법

▶ **표적집단면접(focus group interview, FGI)**이란 진행자가 6~10명의 응답자들과 함께 대화 형식으로 이끌어 가는 면접방법을 가리킨다. FGI는 자유스러운 분위기 속에서 비교적 긴 시간(약 두 시간) 동안 진행되기 때문에, 어떤 상품에 대하여 응답자들이 갖고 있는 심층적인 느낌이나 감정을 발견할 수 있다는 장점을 갖고 있다. 그러나 응답자의 수가 작기 때문에, FGI에서 나온 결과를 그대로 일반화하기는 어렵다는 단점도 갖고 있다. 그러므로 **FGI에서 얻은 결과는 기술적 조사나 인과적 조사를 통하여 재확인하여야 한다.**

앞서 언급한 가나초콜릿의 경우, 필요한 정보를 얻으려면 초콜릿 소비자들을 대상으로 대규모 설문조사를 할 필요가 있었다. 그러나 설문지를 만들기에 앞서서, 설문지에 어떤 문항을 넣어야 할지를 파악하기 위하여 FGI를 실시하였다. 초콜릿의 주 소비자인 10대 여학생들을 대상으로 3집단이 만들어졌고, 각 집단은 6~8명으로, 초콜릿의 대량 소비자(1주일에 3개 이상 소비)와 소량 소비자(1주일에 1~2개 소비)가 골고루 포함되도록 구성되었다. 그 결과, 다음과 같은 흥미로운 사실들을 발견할 수 있었다:

표적집단면접(FGI)이 이루어지는 현장을 조사 회사와 조사를 의뢰한 기업의 관계자들이 원웨이 미러(one-way mirror) 뒤에서 관찰하고 있다. 이들은 고객의 표정과 목소리를 생생하게 보고 들을 수 있다. 사후 분석을 위하여 FGI의 전 과정은 녹화된다. 채팅 소프트웨어나 화상회의 시스템을 이용한 온라인 FGI도 가능하다.

• 가나초콜릿의 주소비자는 18세 전후의 여학생들인 반면, 슈샤드의 주소비자는 14세 전후의 여학생들이다. 이것은 슈샤드의 발랄한 광고가 10대 초반의 여학생들의 정서와 일치하였기 때문이다.
• 가나초콜릿은 맛이 진하고, 정통 초콜릿이라는 장점을 갖고 있지만, 너무 달다는 단점도 갖고 있다. 슈샤드는 부드럽고, 덜 달고, 우유 맛이 난다는 장점을 갖고 있지만, 싱겁고 뭔가 비어 있는 것 같다는 단점도 갖고 있다.

• 가나초콜릿의 갈색 포장은 속이 꽉 차고 진한 느낌을 주며, 깊은 정감을 느끼게 한다. 슈샤드의 보라색 포장은 상대적으로 부드러움을 느끼게 한다.

여기서 마케터와 조사 담당자의 눈길을 끈 대목은 가나초콜릿의 포장으로부터 여학생들이 '깊은 정감'을 느끼고 있다는 것이었다. 바로 이런 대목이 FGI의 진가가 발휘되는 순간이다. 자유로운 분위기 속에

서 긴 시간 동안 초콜릿에 대한 이야기를 하게 함으로써, 참여자들의 마음 깊숙한 곳에 숨어 있던 감정을 찾아낼 수 있었던 것이다. 이제 남은 일은 FGI 참여자들이 느낀 이러한 감정을 과연 얼마나 많은 여학생들이 느끼고 있는지를 확인해 보는 것이다.

원리 13-2

탐색적 조사가 필요하다면 기술적 조사나 인과적 조사에 앞서서 실시하라.

• 기술적 조사

기술적 조사(descriptive research)란 현재 일어나고 있는 마케팅 현상을 보다 정확하게 이해하기 위하여 수행하는 조사를 가리킨다. '기술적(descriptive)'이라는 단어가 '묘사하다(describe)'라는 단어에서 나온 것처럼, 기술적 조사의 목적은 현재 상태를 있는 그대로 정확하게 그려내는 데에 있다. 기술적 조사는 많은 사람들을 대상으로 주로 설문조사를 통하여 데이터를 수집한다는 점에서 탐색적 조사와 다르다.

예를 들어, 12장에서 언급한 U&A(usage and attitude) 조사는 어떤 상품에 대한 소비자들의 사용 행동과 태도 등을 설문조사하는 것인데, 기술적 조사의 대표적인 형태이다. 마케팅 조사에서 가장 널리 쓰이는 조사방법인 설문조사는 대부분 기술적 조사에 속하기 때문에, 마케팅 조사의 거의 대부분이 기술적 조사라고 해도 지나친 말이 아니다.

• 인과적 조사

인과적 조사(causal research)란 어떤 마케팅 현상의 원인이 무엇인지를 밝혀내기 위한 조사를 가리킨다. 앞서 설명한 **탐색적 조사나 기술적 조사로는 인과관계를 짐작할 수는 있어도, 이를 분명하게 밝혀내는 것은 어렵다.**

예를 들어, 소매점에서 우리 상품에 할당된 진열면적이 넓어질수록 우리 상품의 매출액도 높아진다는 사실을 발견할 수 있다. 이 경우 진열면적이 원인이고 매출액이 결과라고 단정짓기 쉽지만, 반드시 그런 것만은 아니다.

가령, 우리 회사의 풀(pull) 정책(9장 참조), 예를 들어 광고나 소비자 판촉 등이 아주 효과적이어서, 우리 상품을 찾는 사람이 많아지자 소매점 주인이 우리 상품의 진열면적을 넓혔을 가능성도 있다. 이 경우 매출액이 원인이고 진열면적이 결과인 셈이다. 또는 경쟁자가 가격을 올렸거나 광고를 중단해서 경쟁상품에 할당된 진열면적이 줄어들고, 우리 상품이 반사적인 이득을 보았을 가능성도 있다. 이 경우 경쟁자의 마케팅 활동이 원인이고, 진열면적과 매출액은 모

기술적 조사
현재 일어나고 있는 마케팅 현상을 보다 정확하게 이해하기 위하여 수행하는 조사

인과적 조사
어떤 마케팅 현상의 원인이 무엇인지를 밝혀내기 위한 조사

두 결과인 셈이다.

그러므로 인과관계를 분명히 밝히려면, 우리가 관심을 갖고 있는 원인변수(이 경우, 진열면적) 이외에 결과변수(이 경우, 매출액)에 영향을 미칠 수 있는 다른 모든 변수(이 경우, 우리와 경쟁자의 광고, 가격 등)들의 영향을 배제한 상태에서, 원인변수가 변하면 결과변수도 변하는지를 보아야 한다. 이것은 일반적인 설문 조사로는 불가능하며, **실험**(experiment)이라는 엄격한 조사방법을 사용하지 않으면 안된다. 실험은 설문조사에 비하여 훨씬 더 복잡한 절차를 거쳐야 하고 오랜 시간이 들어가므로, 기업들이 실험을 하는 경우는 흔치 않았다. 그러나 정보 기술의 도입으로 인하여 이러한 문제는 점차 해소되고 있다. 예를 들어, 우리나라의 한 이동전화 회사에서는 불만 고객에 대한 효과적인 응대 방법을 발견하기 위하여, 불만 고객들을 무작위로 두 개의 집단으로 나눈 다음, 한 집단('집단 A'라고 부르자)에게는 불만을 표시한 지 이틀 후에 불만 처리 여부를 확인하는 전화를 하고, 다른 집단('집단 B'라고 부르자)에게는 불만을 표시한 지 이틀 후에 확인 전화를 하고 2주일 후에 확인 전화를 또 하였다. 그 결과, 집단 B에서의 해지율이 집단 A에서의 해지율에 비하여 60%나 낮아졌음을 발견하게 되었다[3] 이 후 이 회사가 불만 고객에 대해서 어떻게 응대하기로 하였을지 짐작하기는 어렵지 않다.

2) 데이터 수집방법 결정

앞에서 설명한대로, 마케팅 조사는 대부분 기술적 조사이므로 앞으로는 기술적 조사를 중심으로 마케팅 조사 과정을 설명해 나가기로 한다. 기술적 조사에서 데이터를 수집하는 방법은 크게 관찰과 설문조사로 나누어진다.

• 관 찰

관찰(observation)이란 사람들의 행동이나 어떤 사건이 전개되는 과정을 본 다음에, 그 결과를 정리하여 데이터로 만드는 조사방법을 가리킨다. 예를 들어, 슈퍼마켓 계산대에서 구매자들이 기다리는 시간을 측정하여 이를 기록할 수 있다. 우리 회사 홈페이지를 방문한 고객들의 움직임을 기록한 웹 로그 파일 데이터도 관찰의 한 예로 간주할 수 있다.

관찰이 필요한 이유를 이해하려면, 설문조사의 단점을 먼저 이해하여야 한다. 설문조사에서는 응답자들의 '말'에 전적으로 의존한다. 그러나 종종 응답자들의 말과 행동 사이에 적지 않은 불일치를 발견하게 된다. 예를 들어, '섹스 이야기와 루머가 없이 유익한 정보만을 전해주는 잡지가 나오면 구독하시겠습

실험
인위적인 상황하에서 원인 변수를 변화시킨 후에 나타나는 결과변수의 변화를 측정하는 조사방법

관찰
사람들의 행동이나 어떤 사건이 전개되는 과정을 본 다음에, 그 결과를 정리하여 데이터로 만드는 조사방법

---

3 김대영, *뜨는 마케팅으로 승부하라*(미래의 창, 2001), p. 103.

니까?'라는 문항에 응답자의 95%가 '그렇다'라고 응답해 놓고도, 실제로 그런 잡지가 나오자 철저히 외면해 버려서 창간한 지 17호만에 부도가 난 여성잡지 '마리안느'의 경우가 이를 잘 보여준다.[4] 그러나 관찰은 실제로 드러나는 행동에 근거하므로, 이러한 문제로부터 비교적 자유롭다는 장점을 갖고 있다.

실제로 많은 기업들이 관찰방법을 마케팅 조사에 이용하고 있다. 미국에서 펩시콜라가 코카콜라보다 먼저 페트 병에 든 콜라를 내놓을 수 있었던 것은, 슈퍼마켓에서 구매자들이 유리병에 든 콜라를 힘들게 운반하는 것을 관찰한 덕분이었다. SK플래닛이 운영하는 온라인 쇼핑몰 '11번가'에 채팅 기능을 도입한 것도 관찰조사 덕분이었다. 이 회사는 고객 15명의 집을 직접 방문, 고객들이 인터넷을 이용하는 모습을 관찰했다. 그리고 많은 고객들이 '11번가'의 창을 띄워놓은 상태에서 다른 채팅 전용 창을 열고 채팅하는 모습을 발견했다. '11번가 홈페이지에 채팅 공간을 마련해 놓으면, 방문객들이 쇼핑과 채팅을 동시에 즐길 수 있지 않을까?' 1년여의 연구 끝에 실제로 적용했고, 예상대로 좋은 반응을 얻었다. 이 서비스의 개시 이후 방문자가 홈페이지에 머무는 시간이 평균 23% 늘었고 페이지 뷰는 62% 증가한 것으로 나타났다.[5]

그러나 **사람들의 행동을 단지 관찰만 한다면, 어떤 행동을 보인 이유나 심리상태 등을 파악하기 어렵다**는 단점이 있다. 그러므로 **관찰이 끝난 후 면접 질문을 할 수 있는 기회를 갖는 것이 바람직**하다.

• 설문조사

설문조사(survey)란 주로 설문지를 이용하여 조사자와 응답자 간에 질문과 응답을 통하여 데이터를 수집하는 방법을 가리킨다. 마케팅 조사의 대부분이 설문조사를 이용한다는 것은 이미 설명한 바 있다. 설문조사에서 응답자를 접촉하는 방법에는 크게 대인면접, 전화조사, 인터넷 조사의 세 가지가 있다.

▶ **대인면접**(personal interviews)이란 훈련을 받은 조사원이 응답자와 대면접촉을 통하여 데이터를 수집하는 것을 가리킨다. 대인면접에는 가정에서의 면접(in-home personal interviews), 쇼핑 몰이나 거리를 지나가는 사람들을 대상으로 한 면접(mall-intercept interviews), 조사원이 갖고 온 컴퓨터 앞에 응답자가 앉아서 스크린에 나타나는 질문에 마우스나 키보드를 이용하여 답하는 면접(computer-assisted personal interviews, CAPI) 등이 있다. 대인면접은 숙달된 조사원이 응답자와 대면 접촉을 하면서 진행하므로, 응답자가 질문내용을 이해하지 못하는 경우 자세히 설명해 줄 수 있고, 상품이나 샘플 등을 보여줄 수 있으며, 응답자로

4 홍성태, "소비자의 언행은 일치하지 않는다," *주간매경* (1991.4.17), pp. 42~43.
5 김승범, "소비자 조사의 진화," *조선일보* (2008년 7월 26~27일).

설문조사
주로 설문지를 이용하여 조사자와 응답자 간에 질문과 응답을 통하여 데이터를 수집하는 방법

mall-intercept interviews
쇼핑 몰이나 거리를 지나가는 사람들을 대상으로 한 대인면접 방식

computer-assisted personal interviews(CAPI)
조사원이 갖고 온 컴퓨터 스크린에 나타나는 질문에 응답자가 마우스나 키보드를 이용하여 답하는 대인면접 방식

표 13-3

대인면접, 전화조사,
인터넷 조사의
장·단점

	대인면접	전화조사	인터넷 조사
수집 가능한 데이터의 양	많음	적음	보통
유연성[6]	높음	보통	보통
응답률	보통	낮음	보통
표본의 대표성	보통	높음	보통
비용	높음	보통	낮음
시간	느림	빠름	빠름

computer-assisted
telephone
interviews(CATI)
조사원이 컴퓨터 스크
린에 나타나는 질문을
읽어주고, 응답자의 답
을 직접 컴퓨터에 입력
하는 전화조사 방식

하여금 긴 설문지에도 응답하게 할 수 있다는 장점을 갖고 있다. 그러나 비용이 많이 들고, 조사를 완료하는 데 시간이 오래 걸린다는 단점도 갖고 있다.

▶ **전화조사(telephone interviews)**란 조사원이 전화를 통하여 응답자로부터 데이터를 수집하는 것을 가리킨다. 조사원이 컴퓨터 스크린에 나타나는 질문을 읽어주고, 응답자의 답을 직접 컴퓨터에 입력하는 방식(computer-assisted telephone interviews, CATI)이 많이 쓰이고 있다. 전화면접은 비용이 비교적 적게 들고, 조사가 빨리 완료되며, 무작위 전화 걸기(random digit dialing) 또는 전화번호부를 이용해서 응답자를 선정하기 때문에 대표성이 높은 표본을 얻을 수 있다는 장점을 갖고 있다. 그러나 10~15분 이상 조사를 하기 어렵고, 복잡한 질문을 하기 어려우며, 무엇을 보여주면서 할 수 없다는 단점을 갖고 있다.

▶ **인터넷 조사(internet survey)**란 인터넷 홈페이지에 설문지를 만들어 놓고 방문자들로 하여금 설문지에 응답하도록 함으로써 데이터를 수집하는 것을 가리킨다. 이메일(e-mail)로 설문지를 보내는 것도 인터넷 조사로 분류된다. 인터넷 조사의 장점은 낮은 비용으로 빠른 시간 내에 조사를 마칠 수 있다는 것이다. 그러나 여기서 '낮은 비용'이라는 말은 응답자로부터 데이터를 수집하는 비용이 적게 든다는 것을 뜻할 뿐이다. 실제로는 하드웨어 및 소프트웨어를 갖추고, 인터넷 조사에 경험이 있는 조사인력을 확보하고, 인터넷 환경에 적합한 조사방법을 개발하는 데에 많은 비용이 들어가기 때문에, 고품질의 인터넷 조사를 하는 데에는 적지 않은 비용이 들어간다. 전화조사와는 달리, 인터넷 조사에서는 대표성이 높은 표본을 얻기가 어렵다(웹 사이트 회원들을 대상으로 한 사이트 평가와 같은 경우는 예외). 그러나 모집단을 대표할 수 있는 온라인 패널(panel)을 구성하거나 아니면 표본이 모집단과 비슷해지도록 가중치를 부여하는 등의 방법으로 대표성을 높일 수 있다. 예를 들어, 미국 대통령, 상원의원, 주지사 선거에

---

6 유연성이란 얼마나 다양한 주제를 다룰 수 있으며, 얼마나 다양한 형식을 띨 수 있는가를 의미한다. 대인면접은 상품이나 광고 시안을 직접 보여주면서 할 수 있기 때문에 가장 유연한 조사 방법이다.

서 인터넷 조사는 매우 정확한 예측능력을 보여주었다.[7]

3) 데이터 수집도구 결정

데이터 수집도구는 데이터 수집방법이 무엇인가에 따라 결정된다. 가령 관찰방법을 이용하기로 하였다면 카메라나 녹음기 등이 동원될 것이고, 설문조사를 이용하기로 하였다면 설문지가 필요하다. 설문지 작성은 대개 다음과 같은 순서로 이루어진다:

▶ 질문의 순서 결정
▶ 개별항목의 완성
▶ 설문지 초안의 완성
▶ 사전조사 및 사전분석
▶ 최종 설문지 완성

사전조사
설문지 초안을 갖고 소수의 응답자들로부터 데이터를 수집해 보는 것

설문지 초안은 조사회사의 조사 담당자가 만들지만, 조사를 의뢰한 회사의 마케터의 검토를 받아서 몇 차례 수정을 하는 것이 보통이다. 이렇게 해서 설문지 초안이 완성되면, 사전조사와 사전분석을 하게 되는데, **사전조사(pre-test)**란 설문지 초안을 갖고 소수의 응답자들로부터 데이터를 수집해 보는 것을 가리킨다. 그리고 **사전분석(pre-analysis)**이란 사전조사에서 수집된 데이터를 분석해보는 것을 가리킨다. 사전조사와 사전분석을 통하여 설문지의 어디에 문제가 있는지를 알 수 있기 때문에, 매우 유용하고 중요한 단계이므로 **이 단계를 건너뛰어서는 안된다.** 사전조사의 결과를 기초로 설문지를 수정하면, 최종 설문지가 완성된다.

사전분석
사전조사에서 수집된 데이터를 분석해 보는 것

앞서 예를 든 롯데제과의 가나초콜릿에 대한 조사는 대인면접을 이용하기로 결정되었고, 그 설문지는 다음과 같은 순서로 구성되었다:

▶ 브랜드별 인지도
▶ 최근 구매 브랜드
▶ 브랜드별 속성 평가
▶ 브랜드별 선호도 및 구매 의도
▶ 브랜드별 이미지 평가
▶ 브랜드별 광고 인지도
▶ 브랜드별 광고내용 평가
▶ 응답자의 인구통계적 특성

---

7 Humphrey Taylor et al., "Using Internet Polling to Forecast the 2000 Elections," *Marketing Research* (Spring, 2001), pp. 26−30.

표 13-4

여러 가지 질문 형태[8]

척 도	질문 형태 및 예제
양자택일형	2개의 응답 중에서 선택하는 질문
	예) 당신은 이번 여행을 준비하면서 대한항공에 전화를 하셨습니까? 　　예　　　　　　　　　　아니오
선택형	3개 이상의 응답 중에서 선택하게 하는 질문
	예) 당신은 누구와 함께 여행을 떠나십니까? 　　□ 혼자 　　□ 배우자 　　□ 배우자와 아이들 　　□ 아이들만 　　□ 사업 관계자들/친구들/친척들 　　□ 기타
리커트 척도	응답자가 동의나 반대의 정도를 나타내도록 하는 질문
	예) 소규모 항공사는 일반적으로, 대형 항공사보다 나은 서비스를 제공한다 　　매우 반대　　　반대　　　어느 쪽도 아님　　　동의　　　매우 동의 　　　1　　　　　2　　　　　　3　　　　　　4　　　　　5
어의차이 척도	상반되는 의미를 양끝으로 가지는 척도에서 선택하도록 하는 질문
	예) 대한항공은 　　작다　　　　　　1 2 3 4 5　　　크다 　　경험이 적다　　　1 2 3 4 5　　　경험이 많다 　　구식이다　　　　1 2 3 4 5　　　최신이다
중요도 척도	속성의 중요도를 평가하는 척도
	예) 항공여행에서 기내식 서비스는 나에게 　　전혀 중요　　　별로 중요　　　보통이다　　　중요하다　　　매우 　　하지 않다　　　하지 않다　　　　　　　　　　　　　　중요하다 　　　1　　　　　　2　　　　　　3　　　　　4　　　　　5
평정 척도	질문의 속성을 "좋다"와 "나쁘다" 사이에서 평가하는 척도
	예) 대한항공의 기내식 서비스는 　　매우 나쁘다　　　나쁘다　　　그저 그렇다　　　좋다　　　매우 좋다 　　　1　　　　　2　　　　　3　　　　　4　　　　5
구매의도 척도	응답자의 구매의도를 측정하는 척도
	예) 장거리 여행에서 기내전화를 사용할 수 있다면, 나는 　　절대로 사용하지　　아마도 사용하지　　잘 모르　　아마 사용할　　확실히 사용할 　　않을 것이다　　　않을 것이다　　　겠다　　　것이다　　　것이다 　　　1　　　　　　　2　　　　　　3　　　　4　　　　5

---

8 Philip Kotler, Kevin Lane Keller and Alexander Chernev, *Marketing Management*, 16th ed. (Pearson, 2022), p. 132 일부 수정.

가령 초콜릿의 맛에 대한 평가는 속성평가 항목에서 묻고 있고, 가나초콜릿에 대해서 '깊은 정감'을 느끼는지의 여부는 이미지 평가항목에서 물을 수 있다. 〈표 13-4〉는 여러 가지 질문형태들의 예를 보여준다.

4) 표본선정

데이터 수집방법이 결정되면 표본을 선정하는 작업을 시작할 수 있다. 일반적으로 마케팅 조사는 그 상품을 가까운 시일 안에 구입할 사람들을 대상으로 이루어지는데, 이러한 사람들의 수는 많은 것이 보통이다. 이들 모두로부터 데이터를 수집할 수는 없기 때문에, 전체를 잘 대표할 수 있는 비교적 적은 수의 응답자들을 어떻게 선정할 것인가를 결정해야 한다. 표본선정은 [그림 13-3]과 같은 순서로 이루어진다:

• 모집단의 정의

모집단(population)이란 어떤 조사의 대상이 될 수 있는 사람(또는 상품 또는 회사 등)의 전체를 가리킨다. 그리고 **표본(sample)**이란 모집단의 특성을 잘 나타낼 수 있도록 모집단으로부터 추출된 일부 대상들을 가리킨다. 롯데제과 조사의 경우, 모집단은 원칙적으로 초콜릿 소비자 모두로 구성된다고 할 수 있다.

그러나 이렇게 모집단을 정의하면 어디까지가 소비자인지 명확하지 않고 범위도 너무 넓기 때문에, 좀 더 구체적으로 정의할 필요가 있다. 초콜릿의 대량소비자는 10대 여학생이었고, 전국적인 조사를 할 필요는 없다고 판단되었기 때문에 모집단을 다음과 같이 정의하였다:

모집단
어떤 조사의 대상이 될 수 있는 사람(또는 상품 또는 회사 등)의 전체

표본
모집단의 특성을 잘 나타낼 수 있도록 모집단으로부터 추출된 일부 대상들

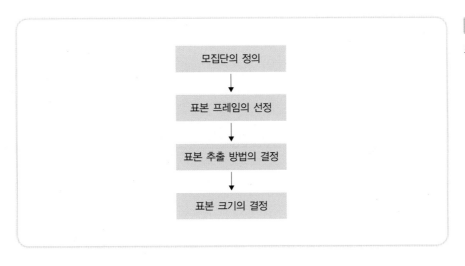

그림 13-3

표본 선정 과정

▶ 만 13살 이상 18살 이하의 여학생으로서,

▶ 서울, 대전, 광주, 대구, 또는 부산에 거주하고,

▶ 최근 한 달 사이에 초콜릿을 두 번 이상 구입한 사람.

• 표본 프레임의 선정

표본 프레임

모집단에 포함된 조사 대상들의 명단이 기재된 리스트

표본 프레임(sampling frame)이란 모집단에 포함된 조사대상들의 명단이 기재된 리스트를 가리킨다. 예를 들어, 현대백화점 신용카드 고객들을 대상으로 한 만족도 조사의 표본 프레임은 현대백화점 신용카드 고객 리스트가 될 것이다.

그러나 **마케팅 조사에서는 만족스러운 표본 프레임이 없는 경우가 매우 많다.** 어떤 상품(예: 맥주)의 사용자만을 모아 놓은 리스트는 찾기 어렵기 때문이다. 롯데제과의 조사도 마찬가지이다. 표본 프레임이 있느냐 없느냐는 표본추출방법을 결정하는 데 커다란 영향을 미친다.

• 표본추출방법의 결정

확률표본추출

모집단 내의 각 대상이 표본에 뽑힐 확률이 얼마인지를 알 수 있는 표본추출방법

표본추출방법은 크게 확률표본추출과 비확률표본추출로 나누어진다. **확률표본추출**(probability sampling)이란 모집단 내의 각 대상이 표본에 뽑힐 확률이 얼마인지를 알 수 있는 표본추출방법을 가리킨다.

예를 들어, 모집단에 1,000명의 사람이 들어 있고, 이 중에서 100명을 무작위로(즉, random하게) 뽑아서 표본을 만든다고 할 때, 모집단 내의 어떤 사람이 표본에 뽑힐 확률은 0.1이다. 이 예에서 알 수 있듯이, **표본 프레임이 있으면 확률표본추출을 할 수 있다.**[9] 확률표본추출을 사용하면 우리가 통계학에서 배운 신뢰구간을 계산할 수 있고, 추출된 표본이 모집단을 얼마나 잘 대표하는지를 추정할 수 있다는 장점이 있다.

비확률표본추출

모집단 내의 각 대상이 표본에 뽑힐 확률이 얼마인지를 알 수 없는 표본추출방법

비확률표본추출(nonprobability sampling)이란 모집단 내의 각 대상이 표본에 뽑힐 확률이 얼마인지를 알 수 없는 표본추출방법을 가리킨다. 이 방법은 대개 표본 프레임이 없을 때 이용되는데, 이 방법을 사용하면 신뢰구간을 계산할 수 없고, 추출된 표본이 모집단을 얼마나 잘 대표하는지를 알 수 없다는 단점이 있다. 마케팅 조사에서는 표본 프레임이 없는 경우가 많기 때문에, 비확률표본추출이 더 많이 쓰인다.

비확률표본추출에는 다음과 같은 종류들이 있다.

편의표본추출

조사자가 편리하게 조사할 수 있는 대상들로 표본을 추출하는 것

▶ **편의표본추출**(convenience sampling)은 글자 그대로 조사자가 편리하게 조사할 수 있는 대상들로 표본을 추출하는 것이다. 예를 들어, 길거리에서 지나가는 사

---

9 그러나 반드시 표본 프레임이 있어야만 확률표본추출을 할 수 있는 것은 아니다. 군집표본추출의 일종인 체계적 표본추출은 표본 프레임을 이용하지 않지만 확률표본추출이다. 보다 자세한 것은 [더 읽어 볼 거리]에 나와 있는 마케팅조사론 교과서들을 참조하시오.

람들을 대상으로 어떤 조사를 한다면 이에 해당된다. 이 방법은 많은 문제를 안고 있으므로, **사용하지 않는 것이 바람직하다.**

▶ **판단표본추출**(purposive sampling 또는 judgment sampling)은 조사자가 판단하기에 좋은 표본이 될 것이라고 생각되는 대상들로 표본을 구성하는 것이다. 예를 들어, 대학생을 위한 어떤 패션상품 컨셉트에 대하여 대학생 패션 리더들의 반응을 수집하는 경우를 생각해보자. 대학생 패션 리더들이 서울시 강남구 압구정동에 많이 모일 것이라는 판단하에, 압구정동을 조사장소로 선택하였다면, 판단표본추출에 해당된다. 조사자의 판단이 옳다면, 판단표본추출은 적은 비용으로 의미 있는 데이터를 수집할 수 있다는 장점을 갖고 있다.

▶ **할당표본추출**(quota sampling)은 모집단의 특성을 반영하도록 미리 할당된 비율에 따라 표본을 추출하는 것이다. 여기서 모집단의 특성이란 주로 연령, 거주지, 성별 등과 같은 인구통계적 특성을 의미한다. 롯데제과의 경우, 모집단에서 18세가 20퍼센트를 차지한다면, 표본에서도 18세가 20퍼센트를 차지하게끔 응답자를 선정하는 것이다. **마케팅 조사에서 표본 프레임이 없을 경우, 가장 많이 쓰이는 표본추출방법이 바로 이 방법이다.** 이 방법을 쓰면 모집단의 인구통계적 특성을 반영하는 표본을 추출할 수는 있지만, 단지 그렇다고 해서 표본이 모집단을 잘 대표한다는 보장이 있는 것은 아니다.

지금까지 우리는 비확률표본추출을 알아보았고 이제부터는 확률표본추출을 알아보자. 확률표본추출에는 다음과 같은 종류들이 있다.

▶ **단순 무작위표본추출**(simple random sampling)은 모집단 내의 각 대상이 표본에 뽑힐 확률이 모두 동일한 표본추출방법을 가리킨다. 즉, 복권을 추첨하는 것과 같은 방법이다. 그러나 이 방법은 지나치게 단순하기 때문에, 마케팅 조사에서는 별로 사용되지 않는다.

▶ **층화표본추출**(stratified sampling)은 모집단을 어떤 기준변수에 따라 서로 상이한 소집단들로 나누고, 각 소집단으로부터 표본을 단순 무작위추출하는 방법을 가리킨다. 예를 들어, 소매점들을 대상으로 어떤 조사를 할 때, 먼저 소매점들을 매출액에 따라 대형, 중형, 소형으로 나눈 다음, 각 소집단으로부터 표본을 단순 무작위추출하는 경우가 이 방법에 해당된다. 기준변수를 잘 선택하면, 이 방법은 모집단을 잘 대표하는 표본을 얻을 수 있다는 장점을 갖고 있다.

▶ **군집표본추출**(cluster sampling)은 모집단을 어떤 기준변수에 따라 서로 상이한 소집단들로 나누는 데까지는 층화추출과 같지만, 소집단들 중에서 일부를 단순 무작위추출하여, 선택된 소집단 내의 모든 대상들을 표본에 포함시키는 방법이다. 롯데제과의 경우 서울 소재 여자 중학교와 여자 고등학교 중에서 몇 개를 무작위추출한 다음에, 추출된 학교의 재학생 모두를 대상으로 조사를 한다면 군

판단표본추출
조사자가 판단하기에 좋은 표본이 될 것이라고 생각되는 대상들로 표본을 구성하는 것

할당표본추출
모집단의 특성을 반영하도록 미리 할당된 비율에 따라 표본을 추출하는 것

단순 무작위표본추출
모집단 내의 각 대상이 표본에 뽑힐 확률이 모두 동일한 표본추출방법

층화표본추출
모집단을 서로 상이한 소집단들로 나누고, 각 소집단으로부터 표본을 단순 무작위추출하는 방법

군집표본추출
모집단을 서로 상이한 소집단들로 나누고, 소집단들 중에서 일부를 단순 무작위추출하여, 선택된 소집단 내의 모든 대상들을 표본에 포함시키는 방법

집추출에 해당된다. 이 방법은 표본추출에 들어가는 시간과 비용을 절약할 수 있다는 장점이 있지만, 추출된 표본이 모집단을 잘 대표하지 못할 가능성을 안고 있다는 단점도 있다. 가령, 위의 예에서 추출된 학교가 강남구와 서초구에만 있었다면, 표본이 서울의 여학생들을 잘 대표한다고는 볼 수 없을 것이다.

롯데제과의 경우에는 어떤 방법을 쓸 수 있을까? 우선, 표본 프레임이 없으므로, 할당표본추출을 쓸 수 있을 것이다. 또는 학교를 하나의 군집으로 보는 군집표본추출을 쓸 수도 있을 것이다. 그러나 이 경우, 뽑힌 학교들이 특정 지역에 편중되지 않도록 어떤 조치를 취할 필요가 있다. 예를 들어, 서울을 강북과 강남 지역으로 나누어 각 지역에서 학교를 뽑을 수 있을 것이다.

• 표본크기의 결정

표본의 크기는 조사예산과 시간적인 제약에 의하여 큰 영향을 받는다. 대체로 전국을 커버하는 설문조사의 경우 600~1,200명 정도의 표본크기가 일반적이다. 흔히 표본의 크기가 커질수록 표본이 모집단을 잘 대표할 것이라고 생각하지만, 어떤 표본추출방법을 썼느냐에 따라 그럴 수도 있고 그렇지 않을 수도 있으므로, 맹목적으로 표본의 크기를 늘려 잡지 않는 것이 바람직하다. 예를 들어, 서울시장 선거 때, 어느 생명보험회사는 보험설계사들을 동원하여 총 5만명에 달하는 유권자들로부터 여론조사를 실시하였으나, 그 결과는 보기 좋게 빗나가고 말았다.[10] 보통 선거여론조사가 불과 수백명에서 수천명 정도의 표본을 갖고 이루어지는 것에 비추어보면, 5만명이라는 표본 수는 어마어마한 것이었지만 **표본의 크기가 표본의 대표성을 보장해 주는 것은 아니다.**

(3) 조사의 실시

조사의 성격이 규정되고, 데이터 수집방법과 도구가 결정되고, 표본이 선정되면, 실제로 데이터를 수집하는 단계에 들어간다. 이것을 업계에서는 **실사(實査)**라고 부르기도 하는데, 다음과 같은 과정을 거쳐서 진행된다.

▶ 조사원의 선발 및 교육
▶ 데이터의 수집
▶ 검증
▶ 데이터 파일 작성

이제 각각의 내용을 알아보자.

---

10 김진호, *우리가 반드시 알아야 할 통계상식 100가지* (현암사, 2006), p. 106.

1) 조사원의 선발 및 교육

대인면접과 전화조사의 경우 조사원들이 직접 데이터를 수집하므로, 조사원들이 어떻게 하는가에 따라서 수집된 데이터의 정확성이 좌우된다. 예를 들어, 조사원이 응답자에게 어떤 문항의 의미를 잘못 설명해 준다든지 또는 조사원이 실제로 응답자를 만나지 않고 자신이 허위로 설문지를 기재한다든지 하는 일들이 일어날 수 있다. 그러므로 마케팅 조사 회사는 우수한 조사원들을 선발하고, 실사를 시작하기 전에 이들을 철저히 교육시켜서 위와 같은 문제가 일어나지 않도록 하여야 한다. 조사원들에게 설문내용에 대한 교육을 할 때에는, 조사를 의뢰한 마케터도 참석해서 조사원들로 하여금 이 조사가 중요한 조사라는 것을 인식시키는 것이 바람직하다.

우리나라의 마케팅 조사회사들은 대부분 규모가 작기 때문에, 조사원을 정식 직원으로 고용하는 경우가 흔하지 않고, 주부나 학생들을 임시직으로 고용하는 경우가 많다. 그래서 조사원들의 전문성이나 직업의식이 약한 편이므로 조사원 교육이 특히 중요해진다.

2) 데이터의 수집

일단 조사원들이 응답자들을 접촉하기 시작하면, 조사 담당자는 조사가 진행되는 과정을 모니터하면서 필요하다면 신속하게 적절한 조치를 취해야 한다. 예를 들어, 전화조사를 하는 경우에는 조사 담당자가 조사원과 응답자의 통화를 청취하면서 조사원들이 잘못하는 점은 없는지를 확인할 수 있다. 또는, 조사원들이 지정된 장소에서 대인면접을 하고 있다면, 조사 담당자가 몇 군데에 나가서 면접과정을 지켜볼 수도 있다.

3) 검 증

검증(validation)이란 조사원들이 실제로 응답자를 접촉해서 데이터를 수집하였는지를 마케팅 조사회사가 확인하는 것을 가리킨다. 전화조사의 경우 조사회사 안에 마련된 전화조사 룸에서 감독자(supervisor)의 감독하에 실시되기 때문에, 별도의 검증절차가 필요 없지만, 대인면접의 경우 조사원들을 일일이 따라 다니면서 감독하는 것이 불가능하기 때문에 반드시 검증절차를 거쳐야 한다.

이를 위하여, 조사회사에서는 수집된 설문지 중에서 일정한 비율(보통 10~20%)을 추출한 다음, 응답자에게 전화를 해서 실제로 조사원과 접촉을 하였는지를 확인하고, 몇 문항을 다시 질문하여 응답이 일치하는지를 체크한다. 만약 어떤 설문지가 허위로 작성되었다면, 그 설문지는 물론 그 조사원이 가져온 모든 설문지를 버려야 한다.

검증
실제로 조사원들이 응답자를 접촉해서 데이터를 수집하였는지를 마케팅 조사회사가 확인하는 것

4) 데이터 파일 작성

많은 응답자들로부터 설문지를 통하여 수집된 데이터는 컴퓨터를 이용하여 분석할 수밖에 없기 때문에, 컴퓨터가 읽어 들일 수 있는 파일형태로 입력되어야 한다. 마케팅 조사회사에서는 대개 SPSS(Statistical Package for Social Sciences)와 같은 통계 패키지를 이용하여 데이터를 분석하므로, 데이터 파일도 통계 패키지가 요구하는 형태로 만들어진다.

(4) 데이터 분석 및 결과 해석

조사 담당자는 데이터를 분석하여 조사의 목적을 충족시킬 수 있는 정보를 도출한다. 이를 위하여 조사 담당자는 여러 가지 방법으로 데이터를 분석해야 한다. 간단하게는 표나 그래프를 그리는 것에서부터, 회귀분석과 같은 통계적 기법들을 적용시키기도 한다. 조사 담당자가 높은 수준의 통계적 지식을 가져야 하는 것은 물론이고, 마케터도 분석결과를 제대로 이해하기 위해서는 상당한 수준의 통계적 지식을 갖추고 있어야 한다.

분석결과는 보고서로 만들어져서 조사를 의뢰한 회사의 관계자들 앞에서 구두로 발표(presentation)되는 것이 일반적이다. 조사 담당자는 조사대상 상품에 대한 지식이 아무래도 부족하기 때문에, 분석결과를 조사 담당자 혼자서 해석하고 보고서를 작성하면 엉뚱한 보고서가 만들어지기 쉽다. 그러므로 조사 담당자는 마케터와 분석결과를 어떻게 해석할 것인지에 대하여 자주 협의하면서 보고서를 작성하여야 한다.

(5) 대안 선택 및 실행

초콜릿의 광고로서는 이례적으로 어둡고 무거운 분위기로 어필한 가나초콜릿의 광고는 철저한 조사 덕분에 탄생한 성공작이었다. '가나와 함께라면 고독마저도 감미롭다'라는 카피는 20년이 넘게 사용되었다.

조사 담당자는 분석결과를 바탕으로 여러 개의 대안들의 장단점을 평가하고, 그 중에서 가장 나은 대안을 골라서 조사를 의뢰한 회사에 제안한다. 예를 들어, 롯데제과의 경우 새로운 광고 캠페인의 방향으로서 여러 가지 대안이 있었지만, '가나초콜릿이 맛이 진한 정통 초콜릿'임을 강조하고, 광고의 톤(tone)을 감성적으로 끌고 나가되 슈샤드의 발랄한 분위기와 차별화하기 위하여, 다소 무겁고 어두운 분위기를 이용할 것을 제안하였다. 이것은 가나를 선호하는 사람들이 슈샤드의 고객들에 비하여 나이가 많은 경향이 있고, 가나의 갈색 포장으로부터 깊은 정감을 느낀다는 조사결과에 바탕을 둔 것이었다.

그러나 **조사보고서가 의사결정을 도와줄 뿐이지, 의사결정을 대신해 주는 것은 아님을 마케터는 인식하고 있어야 한다.** 즉, 마케터가 직면한 문제에 대하여 조사회사가 완벽한 해결방안을 제시해 주기를 기대해서는 안된다. 조사결과는 단지 마케터가 올바른 의사결정을 내릴 가능성을 높여주는 역할을 할 뿐이다. 아무리 잘 설계된 조사라도 모든 요인들을 고려하고 있지는 못하기 때문이다.

예를 들어, 한때 파산 직전의 위기에 몰린 크라이슬러(Chrysler) 자동차를 위기에서 구한 미니밴(minivan)의 경우를 살펴보자.[11] 사실 포드

GM이 1978년에 시험 제작한 다목적 승용차 (상)와 크라이슬러가 1984년에 출시한 미니밴(하). GM은 막대한 돈을 투입하여 미니밴의 시험 제작까지 마쳤지만 출시를 보류하였고, 그 덕분에 크라이슬러는 미니밴으로 재기에 성공할 수 있었다.

(Ford)와 GM은 이미 마케팅 조사를 통하여 미니밴과 같은 다목적 차량에 대한 욕구가 존재한다는 것을 알고 있었으나, 이들 회사의 경영진은 각기 다른 이유 때문에 미니밴의 개발을 승인하지 않고 있었다. GM의 경우 미니밴이 왜곤의 판매를 잠식할 것을 우려하였고, 포드의 경우 미니밴의 차체를 얹을 수 있는 전륜구동 방식의 승용차를 갖고 있지 않았다는 것이 걸림돌로 작용하였다. 그러나 크라이슬러의 경우에는 이러한 제약조건들이 없었고, 워낙 회사의 사정이 다급하였기 때문에, '물에 빠진 사람이 지푸라기라도 잡는 심정으로' 미니밴 개발에 총력을 기울인 결과 경쟁사보다 앞서서 미니밴을 내놓을 수 있었다.

(6) 결과의 평가

우리가 바로 앞의 장에서 강조한 바와 같이, 마케팅 활동을 수행한 다음에는 그 성과를 평가하고, 목표와의 차이를 분석한 다음, 시정조치를 취하는 통제절차를 밟아야 한다. 마케팅 조사도 예외가 아니다. 조사결과를 기초로 선택된 대안을 실행에 옮긴 다음에는 그 결과를 평가해 보아야 한다. 이렇게 함으로써 다음 번에 마케팅 조사를 할 때에는 보다 나은 결과를 얻을 수 있는 바탕이 마련된다.

마케팅 조사의 결과를 평가하려면, 대개 또 한번의 조사를 해야 한다. 예를

11 Vincent P. Barabba, *Meeting of the Minds* (Harvard Business School Press, 1995), pp. 54-56.

들어, 롯데제과의 마케터는 광고가 나온 후에 광고에 대한 소비자들의 반응을 조사하여, 광고의 목표가 얼마나 달성되었는지를 평가하고 시정조치를 취하게 될 것이다.

지금까지 우리는 마케팅 조사 과정을 살펴보았다. 마케팅 조사는 전문성이 요구되는 분야이기 때문에, 마케팅 조사회사에 맡기는 것이 일반적이라고 하였다. 그러나 **마케팅 조사를 최대한 활용하려면, 조사를 의뢰한 마케터가 팔장만 끼고 있어서는 안되고 각 단계를 적극적으로 관리하여야 한다.** 특히 조사목적을 정의하고 필요한 정보를 파악하는 단계, 그리고 분석결과를 해석하고 결론을 도출하는 단계에서는 마케터의 활발한 참여가 필수적이다.

3 마케팅 정보의 관리와 활용: 구슬이 서 말이라도 꿰어야 보배다

이 장을 시작할 때, 기업들이 마케팅 정보와 관련해서 갖고 있는 문제는 다음 두 가지 중의 하나라고 이야기한 바 있다: 첫째, 회사 안에 정보가 절대적으로 부족한 경우. 둘째, 이와는 반대로, 회사 안에 정보는 많지만, 여기 저기 흩어져 있어서 정작 필요한 사람에게 제때에 제공되지 않는 경우.

많은 기업들이 '육감'에 의하여 의사결정을 하던 악습에서 벗어나, 정확한 정보에 의한 의사결정을 내리기 시작하고 있고, 인터넷과 같은 정보 기술의 눈부신 발전으로 '데이터의 홍수'라고 불릴 정도로 마케터가 이용할 수 있는 데이터가 많아지면서, 첫 번째 원인이 차지하는 비중은 점점 줄어들고 있다. 오히려, 이제는 두 번째 원인이 더 커지고 있다.

정보는 많지만 정작 이를 필요로 하는 사람에게 제때에 공급되지 않는 현상이 기업에만 있는 것이 아니다. '마케팅 프론티어 13-1 : 미국은 왜 몰랐을까? 진주만 공습의 진실'은 이를 잘 보여준다. 이후 미국 정부는 중요한 정보가 각 첩보기관 내에서만 돌지 않도록 여러 가지 제도 개선을 실시하였지만, 3,000여 명의 희생자를 낸 9·11 테러의 발생으로 미 정보기관의 정보 공유 능력에 다시 심각한 의문이 제기되었다. 무려 20개월 동안 9·11 테러를 조사한 미 의회의 조사위원회에서는 미연방수사국(FBI)과 중앙정보국(CIA)이 사전에 테러를 감지할 수 있는 기회를 10번이나 놓쳤다고 밝히고, 부서간의 영역 다툼이 치열해 정보를 공유하지 않으려는 인간적·관료적인 벽이 형성된 것이 중요한 원인임

미국은 왜 몰랐을까? 진주만 공습의 진실[12]

1941년 12월 7일 아침 8시. 6척의 항공모함과 353 대의 비행기를 주축으로 한 일본군 기동함대는 선전포고 없이 전격적으로 미군 태평양 함대의 기지가 있는 하와이 오아후(Oahu) 섬의 진주만(Pearl Harbor)을 기습하여, 5척의 미군 전함을 격침시키고 다른 10여 척의 군함에 심각한 타격을 입혔다. 이 공습으로 총 2,335명의 미군이 전사하였으나, 일본군의 피해는 29 대의 비행기가 격추된 것에 불과하였다. 이 사건으로 태평양 전쟁의 서막이 오르게 된 것은 잘 알려진 사실이다.

그러나 당시에 미국이 일본에 비해 압도적으로 우세한 전력을 갖고 있었고, 이미 양국 사이에는 긴장이 높아지고 있었음에도 불구하고, 어떻게 일본의 기동함대가 접근하는 것을 미국이 탐지하지 못했는지는 많은 사람들의 의문의 대상이 되어 왔다.

이 문제를 연구해온 역사학자들의 결론은 한 마디로, '구슬이 서 말이라도 꿰어야 보배'라는 우리의 격언으로 요약될 수 있다. 즉, 당시 미국의 각 첩보기관들은 일본 정부와 일본군에 대한 심상치 않은 첩보를 제각기 입수하였으나, 이 첩보가 필요한 사람에게 제때에 전달되지 못한 것이 화근이었다는 것이다.

예를 들어, 모종의 작전이 임박하였음을 암시하는 일본측 무선 메시지들이 미 해군 첩보부대에 의하여 입수되었지만, 미국 태평향 함대 사령관에게 전달되지 않았다. 또, 전쟁부(War Department)의 비밀암호 해독 팀은 일본 정부가 호놀룰루 주재 일본 영사관에 진주만에 있는 미 해군의 준비태세, 함정의 위치, 방어태세 등을 보고하도록 훈령을 내렸다는 사실을 간파하였지만, 이 사실 역시 태평양 함대에는 전달되지 않았다. 또, 미 육군의 레이더 부대는 일본과의 긴장이 높아지자 레이더 정찰활동을 강화하고 있었지만, 정작 레이더 스크린을 들여다 보고 있는 일선 장병들에게는 사태가 얼마나 심각한지 제대로 전달되지 않고 있었다. 그래서 12월 7일 당일 레이더 스크린에 대규모 비행 편대가 오아후로 날아들고 있는 것이 잡혔을 때에도, 별 의심 없이 미군의 B-17 폭격기 편대일 것으로 결론짓고 상부에 보고하지 않는 실수를 저지르고 말았다.

결국 미국은 일본의 진주만 기습을 예측할 수 있는 데이터를 갖고 있었지만, 팀웍 부재, 부서간의 경쟁과 영역 다툼, 그리고 사태의 긴박성에 대한 인식 부족 등으로 엄청난 피해를 입고 말았다.

일본군의 공습으로 불타고 있는 미국 태평양 함대. 특히 전함 아리조나(Arizona)의 탄약고에 일본군의 폭탄이 명중하여 침몰하면서, 이 배에서만 1,177명의 미군이 전사하였다.

---

12 이 사례는 Vincent P. Barabba, *Meeting of the Minds* (Harvard Business School Press, 1995), pp. 5-6에 기초하여 작성하였음.

을 지적하고 있다.[13] 이는 정보를 잘 수집하는 것 못지 않게, 잘 활용하는 것이 얼마나 어려운 과제인지를 잘 보여준다.

마케팅 정보 시스템

마케터에게 필요한 정확한 정보를 수집하고, 분류하고, 분석하고, 평가하고, 제때에 배포하기 위한 사람, 장비, 절차로 이루어진 시스템

이러한 문제를 해결하기 위한 것이 마케팅 정보 시스템이다. **마케팅 정보 시스템**(marketing information system)이란 마케터에게 필요한 정확한 정보를 수집하고, 분류하고, 분석하고, 평가하고, 제때에 배포하기 위한 사람, 장비, 절차로 이루어진 시스템을 가리킨다.

이 절에서는 먼저 마케팅 정보 시스템을 살펴본 다음, 마케팅 정보를 부서간의 구분 없이 수집하고 공유하고 활용하는 것이 기업의 성과와 어떤 관계를 맺고 있는지를 알아보기로 한다.

1. 마케팅 정보 시스템

마케팅 정보 시스템의 개념은 [그림 13-4]와 같이 그려질 수 있다. 마케터들은 표적시장, 유통경로, 경쟁자, 일반대중, 거시환경 등에 대한 여러 가지 정보를 필요로 한다. 특히, 최근 들어 정보 기술이 비약적으로 발전하고 경쟁이 치열해지면서 '계획 → 실행 → 통제'로 이어지는 **마케팅 관리과정의 사이클이 짧아지는 추세**를 보이고 있다. 가령, 과거에는 마케팅 관리과정이 한 바퀴 도는 데 1년이 걸렸다면, 요즘은 3개월 심지어는 1개월밖에 걸리지 않는 경우도 생겨나

그림 13-4

마케팅 정보 시스템[14]

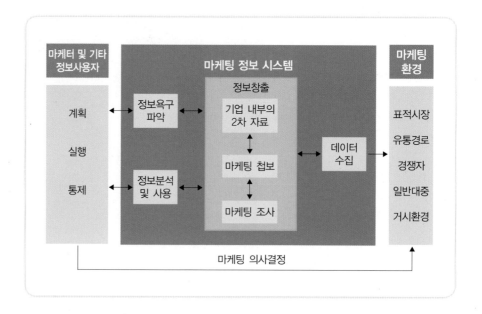

---

13 "[후나바시 요이치 칼럼] 미국은 '9 · 11'에서도 배운다," *동아일보* (2004년 9월 10일).

14 Philip Kotler and Gary Armstrong, *Principles of Marketing*, 18th ed. (Pearson, 2021), p. 120, 일부 수정.

456 제4부 마케팅 실행과 통제

고 있다. 또, 고객들의 욕구가 다양화되면서, 고객, 경쟁자, 상품 등에 대한 정보가 더욱 더 중요한 경쟁우위의 원천이 되고 있다. 따라서 마케터에게 필요한 정보를 창출하고 이를 제때에 전달하는 마케팅 정보 시스템의 중요성이 더욱 커지고 있다.

마케팅 정보 시스템은 다음과 같은 세 가지 요소들로 이루어진다. 기업 내부의 2차 자료, 마케팅 조사, 마케팅 첩보. 이하에서는 이들 구성요소를 살펴보자.

(1) 기업 내부의 2차 자료

기업 내부의 2차 자료의 종류에 대해서는 이미 이 장의 1절에서 설명한 바 있으므로, 이를 참조하기 바란다. 기업 내부의 2차 자료들은 이를 수집하고 관리하는 부서가 각기 다르기 때문에, 어떤 데이터를 어느 부서가 갖고 있는지를 몰라서 활용하지 못하는 경우가 많고, 데이터를 요청하더라도 이를 얻기까지 오래 걸리는 경우도 많다. 최근에 기업간 인수·합병이 빈번해지면서 이러한 문제가 더욱 심각해지고 있다. 이 문제를 해결하려면, 회사 안의 데이터를 여러 부서가 공유할 수 있는 하드웨어와 소프트웨어를 도입하여야 한다. 1절에서 언급된 데이터 웨어하우스도 이러한 배경에서 탄생하였다.

(2) 마케팅 조사

마케팅 조사 과정에 대해서는 이미 2절에서 설명한 바 있다. 많은 비용과 시간을 들여서 마케팅 조사 프로젝트를 실시한 다음에, 그 보고서를 체계적으로 보관하고 있는 기업들은 많지 않다. 그래서 조사보고서를 찾기 위해서 이 사람 저 사람 수소문하거나, 비슷한 조사 프로젝트를 중복해서 실시하는 낭비가 드물지 않다. 이 문제를 해결하려면 과거의 조사 보고서를 데이터베이스로 만들어서 저장하여야 한다.

뿐만 아니라, 우리 회사가 갖고 있는 모든 상품이나 브랜드에 대해서 표준화된 조사방법과 문항을 사용함으로써, 상품간 또는 브랜드간에 조사결과를 비교해 볼 수 있도록 하는 것도 중요하다. 예를 들어, 코카콜라는 브랜드에 관계없이 반드시 설문지에 포함되어야 하는 150개 문항을 개발하여 모든 브랜드에 똑같이 적용시키고 있다.

(3) 마케팅 첩보

마케팅 첩보(marketing intelligence)란 표적시장, 유통경로, 경쟁자, 일반대중, 시장환경 등에 대한 일상적인 정보를 가리킨다. 마케팅 조사가 어떤 구체적인

마케팅 첩보
표적시장, 유통경로, 경쟁자, 일반대중, 시장환경 등에 대한 일상적인 정보

마케팅 문제를 해결하기 위하여 정보를 수집하는 것이라면, 마케팅 첩보는 어떤 구체적인 문제를 해결하기 위한 것이 아니라, 언젠가 필요할 때를 대비하여 지속적으로 수집되는 정보이다. 마케팅 첩보는 다양한 방법으로 수집된다. 책, 신문, 잡지를 읽는다든지, 고객, 공급업자, 유통업자와 만난다든지, 소셜 미디어를 모니터하는 등의 방법을 예로 들 수 있다.

특히 소셜 미디어와 스마트 폰의 확산으로 마케터가 수집할 수 있는 데이터의 양이 엄청나게 늘어났고, 실시간으로 생성되고 있으며, 다양한 형태로(즉, 숫자만이 아니라 텍스트, 이미지, 동영상 등의 형태로) 만들어지고 있는데, 이러한 특징을 가진 데이터를 '빅 데이터'(big data)라고 부른다. 예를 들어, 아마존은 모든 고객들의 구매 내역을 데이터베이스에 기록할 뿐만이 아니라, 이 고객이 어느 페이지에서 얼마 동안 머물렀는지(즉, 보기만 하고 사지 않은 책이 무엇인지), 판촉이나 서평에 의해서 얼마나 영향을 받았는지 등도 모두 기록한다. 그리고 이런 데이터를 분석해 아마존은 고객 한 사람 한 사람의 취향과 독서 경향에 일치한다고 생각되는 상품을 이메일이나 홈 페이지상에서 자동적으로 추천할 수 있게 되었다. 이와 같은 방식으로 구글과 페이스북도 이용자의 검색어, 사진, 동영상 등을 즉각 처리하여, 이용자에게 맞춤형 광고를 제공하고 있다('마케팅 프론티어 9-3: 디스플레이 광고의 혁신, Real Time Bidding' 참조). 이러한 수준의 분석은 그동안 온라인 기업들의 전유물이었지만, 이제는 빅 데이터를 분석할 수 있는 기법이 발전하면서, 전통적인 오프라인 기업들도 과거에는 상상하지 못했던 방대하고 다양한 데이터를 실시간으로 수집하고 분석하여 의사결정에 활용할 수 있게 되었다.

빅 데이터
기존의 데이터베이스 관리도구로는 효과적으로 관리될 수 없는 데이터

2. 시장지향성

지금까지 우리는 마케팅 정보의 수집, 관리, 그리고 활용에 대하여 여러 가지 내용들을 살펴보았다. 마케터는 불확실한 정보를 갖고 위험한 결정을 내려야 하기 때문에, 마케터가 조금이라도 더 정확한 정보를 제때에 이용할 수 있다면 마케터 자신은 물론 회사 전체에도 상당한 도움이 될 것이다. 마케팅을 잘하는 기업들은 그렇지 못한 기업들에 비하여, 다음과 같은 세 가지 특징을 갖고 있는 것으로 알려져 있다.[15]

▶ 부서의 구분 없이 현재 그리고 미래의 고객 욕구에 관한 정보를 창출한다.

---

15 Ajay K. Kohli and Bernard J. Jaworski, "Market Orientation: The Construct, Research Propositions, and Managerial Implications," *Journal of Marketing*, Vol. 54 (April, 1990), pp.1-18.

▶ 수집된 정보는 모든 부서에 전파된다.

▶ 부서의 구분 없이 수집된 정보에 신속하게 대응한다.

이 세 가지 특징을 묶어서 **시장지향성**(market orientation)이라고 부른다. 즉, 시장지향성이 높은 기업은 위의 세 가지 특징들을 골고루 갖추고 있다. 그 동안의 많은 연구결과에 따르면, 최고 경영자의 관심이 높을수록, 부서간의 갈등이 낮을수록, 부서간의 벽이 낮을수록, 성과에 대한 보상이 단기적인 수익성이 아니라 고객 만족도와 같은 장기적인 지표를 기준으로 하여 이루어질수록, 시장지향성이 높아지는 것으로 나타났다. 무엇보다 중요한 것은, **시장지향성이 높은 기업들은 낮은 기업들에 비하여 훨씬 더 높은 수익성을 거두는 경향을 보인다**는 점이다.

1941년에 미군 첩보기관들 간에 정보 공유가 되지 않아서 미국 태평양 함대가 막대한 타격을 입었던 것처럼, 마케팅 '전쟁'에 있어서도 우리 부서와 관련없는 정보수집에는 소극적으로 나서고, 우리가 수집한 정보는 우리만 갖고 있으려 하고, 부서간에 영역다툼을 벌이느라 늑장 대응을 한다면 '패배'를 거듭해서 벼랑 끝까지 몰리는 운명을 맞이하게 될 것이다.

시장지향성
부서의 구분 없이 현재 그리고 미래의 고객욕구에 관한 정보를 창출하고, 이를 모든 부서에 전파하며, 부서의 구분 없이 신속하게 대응하는 조직성향

이 장의 요약

이 장에서는 마케팅 정보와 마케팅 조사를 공부하였다. 우리가 12장까지 배운 내용을 상기해보면, 마케터는 수많은 결정을 내려야 한다는 것을 알 수 있다. 그러나 마케터가 모든 정보를 다 갖고 결정을 내리는 경우는 거의 없으며, 불확실한 정보를 갖고 위험한 결정을 내리는 경우가 대부분이다. 그러므로 조금이라도 더 정확한 정보를 제때에 활용하는 것은 매우 중요한 과제가 아닐 수 없다.

그러자면 우선 광범위한 원천으로부터 정보를 수집하여야 한다. 정보의 원천에는 크게 2차 자료와 1차 자료가 있으며, 2차 자료에는 다시 기업내부 원천과 외부 원천이 있다. 어떤 정보가 필요할 때에는 우선 2차 자료를 찾아보고, 2차 자료로서 충분하지 않은 경우에만 1차 자료를 수집하는 것이 비용과 시간을 줄일 수 있다.

마케팅 조사는 주로 1차 자료를 수집하고, 분석하고, 보고하는 기능을 가리킨다. 마케팅 조사 과정은 다음과 같이 여섯 단계로 이루어진다: 조사목적의 정의 및 필요한 정보파악, 조사의 설계, 조사의 실시, 데이터 분석 및 결과 해석, 대안

선택 및 실행, 결과의 평가. 마케팅 조사는 주로 마케팅 조사회사에 의뢰하여 실시하지만, 마케팅 조사결과가 의사결정에 도움이 되려면 마케터가 마케팅 조사회사와 조사과정의 처음부터 끝까지 자주 커뮤니케이션하고 긴밀하게 협조하여야 한다.

마케팅 정보의 수집 못지않게 중요한 것은 수집된 정보를 어떻게 관리하고 활용하는가이다. 실제로 기업들은 정보가 없어서가 아니라, 정보는 회사 안에 있지만 부서 간에 잘 공유되지 않아서 의사결정을 그르치는 경우가 많다. 수집된 정보를 체계적으로 분류하고, 분석하고, 평가하고, 배포하기 위해서는 마케팅 정보 시스템을 구축할 필요가 있다. 마케팅 정보 시스템은 기업 내부의 2차 자료, 마케팅 조사, 마케팅 첩보로 구성된다.

결론적으로, 부서의 구분 없이 시장에 대한 정보를 창출하고, 수집된 정보를 모든 부서에 전파하고, 부서의 구분 없이 수집된 정보에 신속하게 대응하는 것은 오늘날 마케팅을 잘하는 기업들과 그렇지 못한 기업들을 가르는 기준이 되고 있으며, 모든 기업들은 이러한 시장지향성을 높이기 위하여 노력을 기울여야 한다.

■ 더 읽어 볼 거리

1. 마케팅 조사 전반에 대한 깊이 있는 내용은 다음을 참조하시오.

안광호 · 임병훈, *마케팅조사원론*, 제6판 (창명, 2017).

이학식, *마케팅조사*, 제5판 (집현재, 2021).

이훈영, *마케팅조사론*, 제4판 (청람, 2013).

Naresh Malhotra, *Marketing Research: An Applied Orientation*, 7th ed. (Pearson, 2019).

2. 시장지향성에 대한 자세한 내용은 다음을 참조하시오.

Ajay K. Kohli and Bernard J. Jaworski, "Market Orientation: The Construct, Research Propositions, and Managerial Implications," *Journal of Marketing*, Vol. 54 (April, 1990), pp. 1-18.

Bernard J. Jaworski and Ajay K. Kohli, "Market Orientation: Antecedents and Consequences," *Journal of Marketing*, Vol. 57 (July, 1993), pp. 53-70.

제 14 장

마케팅 윤리

윗사람의 명령이 공법(公法)에 어긋나고 민생에 해를 끼치는 것이라면, 마땅히 의연하게 굽히지 말고 확연하게 자신을 지키며 버텨야 한다.
– 정약용, 목민심서 봉공편

나는 주주들이 전부라고 생각하지 않는다. 그들은 여러 이해관계자 중 하나일 뿐이다.
– 아니타 로딕(Anita Roddick), 더바디샵(The Body Shop)의 창업자

약은 사람을 위한 것이지, 이익을 위한 것은 아니다.
– 조지 머크(George W. Merck), 머크 제약회사의 창업자

이 장의 흐름

1. 마케팅 윤리: 윤리는 선택이 아니라 필수다

- 상품과 관련된 윤리적 문제

- 가격과 관련된 윤리적 문제

- 촉진과 관련된 윤리적 문제

- 유통과 관련된 윤리적 문제

- 마케팅 정보와 관련된 윤리적 문제

이 장의 목표

이 장을 읽은 다음에는 다음 질문에 답할 수 있어야 한다.

1. 기업윤리란 무엇이며 왜 필요한가?
2. 기업활동 중에서 마케팅은 다른 활동보다 더 비윤리적인가?
3. 윤리적인 문제를 일으킬 수 있는 마케팅 활동에는 어떤 것들이 있는가?

지금까지 우리는 마케팅 계획을 수립하고, 실행하고, 통제하는 과정 모두를 살펴보았다. 이 책의 마지막 장에서는 마케팅 윤리를 다룸으로써, 이 책을 마감하고자 한다.

과거에 우리 사회는 '士農工商'이라는 유교적 직업관의 영향 때문에 '商'을 가장 천대하였고, '장사＝속임수'라는 인식을 갖고 있었다. 그래서 기업이 비윤리적인 행동을 하더라도 크게 문제삼지 않았고 심지어는 당연하게 받아들이는 경향도 있었다. 그러나 우리 사회가 빠른 속도로 발전하면서 시민단체와 언론의 감시기능이 강력해졌고 **기업의 사회적 책임**과 **지속가능성**에 대한 인식이 높아졌기 때문에, 단기적인 이익을 얻기 위하여 비윤리적인 행동을 하는 기업은 물론, 그러한 행동을 지시하거나 수행한 개인도 엄중한 책임을 면할 수 없게 되었다. 그러므로 이 장에서는 마케팅 관리의 분야별로 중요한 윤리적 이슈들을 다룸으로써 독자들의 관심과 이해를 높이고자 한다.

1 마케팅 윤리: 윤리는 선택이 아니라 필수다

위에서 언급한 바와 같이, 과거에는 기업에게 요구되는 윤리 수준이 매우 낮았기 때문에 마케팅 윤리에 대한 인식도 매우 낮았다. 따라서 마케팅 윤리를 언급하면, 다음과 같은 반응을 듣는 경우가 드물지 않다:

▶ **법만 잘 지키면 되는 것 아닌가요?** 법은 최소한의 윤리이므로, 법을 준수하는 회사는 그렇지 않은 회사보다 더 윤리적임에 틀림이 없다. 그러나 법만 잘 지켰다고 해서 윤리적인 책임을 다한 것은 아니다. 예를 들어, 우리나라에서 사용이 금지된 식품첨가제가 포함된 식품을 그러한 금지규정이 없는 개발도상국에 수출한다면 합법적이지만 윤리적으로는 비난의 대상이 된다. 윤리적인 책임을 다한다는 것은 법에서 규정된 수준 이상을 요구하는 것이다.

▶ **경제 전쟁이 벌어지고 있는 마당에 윤리를 따지다니 무슨 한가한 소리입니까?** 경쟁에서 이기기 위해 법규정만을 지키고 그 이상의 윤리적인 책임을 소홀히 한다면, 기업은 장기적으로 몇 배나 더 큰 손실을 입을 수 있다. 그러므로 장기적으로 손익을 따져보면 법 수준 이상의 윤리적 행동을 하는 것이 더 이익인 경우가 많다. 예를 들어, 풀무원은 '쓰레기만두' 파동에 휘말리지 않았는데, 그 이유는 정부에서 정한 식품의 성분 규격인 식품공전에서 요구하는 수준보다 더 엄격한 풀무원 식품공전을 지켜온 덕분인 것으로 알려지고 있다. 이처럼, 윤리적으로 마케팅을 하자는 것은 **막연히 도덕군자가 되자는 뜻이 아니라, 궁극적으로는 기업**

의 경쟁력을 높이자는 뜻이다.

▶ 비윤리적인 행동이라는 것은 알지만, 회사를 위해서는 어쩔 수 없는 일 아닙니까?

이것은 다음과 같은 허점을 안고 있다. 첫째, 마케터는 업무상 의사결정을 내릴 때에도 개인적인 책임에서 완전히 벗어날 수 없다. 예를 들어, '백화점 사기 세일 사건'으로 구속된 서울 시내 6개 백화점의 의류 부장들은 "업무 수행상 어쩔 수 없이 관여한" 중간관리자에 불과하였지만 재판에서 유죄 판결을 받게 되었다. 둘째, 마케터는 무엇이 회사를 위한 것인지를 완벽하게 알기 어렵다. 비록 자신의 상급자가 비윤리적인 마케팅을 해서 단기적인 이익을 높이라고 명령하더라도, 이것이 반드시 회사를 위하는 것이라고는 할 수 없다. 셋째, 마케터는 **회사의 주주 이외에도 여러 이해관계자(stakeholders ; 고객, 직원, 유통업자, 공급업자, 지역사회, 일반 대중 등)들에 대한 책임**을 지고 있으므로, 회사의 이익을 위해서 다른 이해관계자에게 피해를 입혔다면 비윤리적이라는 비난을 면하기 어렵다.

마케팅 윤리(marketing ethics)란 회사의 여러 이해관계자들을 정직하고 공평하게 대우하는 투명하고, 신뢰할 수 있고, 책임을 다하는 마케팅 정책과 활동을 하도록 강조하는 것이다.[1] 여기서 **이해관계자**라는 개념은 마케팅 윤리를 실행에 옮기는데 유용한 틀을 제공해준다. 왜냐하면 단지 회사의 주주만이 아니라 다양한 이해관계자들에 대한 책임과 영향을 감안하도록 해주기 때문이다. 즉, **마케팅적으로 윤리적인 기업이란 기업의 목표를 달성하면서도 동시에 다른 어떤 이해관계자들에게도 피해를 주지 않도록 하는 기업을 의미한다.** 1장의 마케팅 프론티어 1-4에서 소개된 존슨앤존슨의 우리의 신조(Our Credo)는 고객, 임직원, 지역사회, 주주에 대한 책임을 명시하고 있어서, 이러한 이해관계자 개념을 잘 드러내고 있다. 존슨앤존슨이 단지 매출액이나 이익만 우수한 기업이 아니라 가장 존경받는 기업이 된 것은 이처럼 이해관계자들에 대한 책임을 다하면서 기업의 이익을 추구해왔기 때문이라고 할 수 있다.

언론과 시민단체 등의 기업 활동에 대한 감시가 강화되면서 비난의 화살을 많이 맞게 되는 분야 중의 하나가 마케팅이다. 이것은 마케터가 다른 매니저들보다 특별히 비윤리적이기 때문이 아니라, 마케팅 활동이 다른 활동들보다 기업 외부에 더 많이 노출되기 때문이다. 윤리적인 마케팅을 해야 하는 이유가 바로 여기에 있다.

이하에서는 마케팅 활동이 일으킬 수 있는 대표적인 윤리적인 문제들을 상품, 가격, 촉진, 유통, 마케팅 정보의 다섯 가지 분야로 나누어 살펴보기로 한다.

---

1 Patrick E. Murphy, Gene R. Laczniak, Norman E. Bowie, and Thomas A. Klein, *Ethical Marketing* (Pearson Education, 2005), p. xviii.

이해관계자
어떤 조직의 목표를 달성하는 과정에 영향을 미치거나 영향을 받게 되는 모든 개인이나 집단

마케팅 윤리
회사의 여러 이해관계자들을 정직하고 공평하게 대우하는 투명하고, 신뢰할 수 있고, 책임을 다하는 마케팅 정책과 활동을 하도록 강조하는 것

"흡연과 폐암 간의 인과관계는 인정하지만…": 아직 끝나지 않은 담배피해소송[2]

"담배가 이렇게 위험한지 원고는 알 수 없었습니다. 이런 위험을 처음부터 알려주지 않은 KT&G에게 책임이 있다고 봅니다."

1999년 11월 25일 오후 서울지방법원 민사합의 100부(재판장 김판결) 법정. 폐암 말기 환자 김억울(63)씨의 KT&G에 대한 손해배상 청구소송 제10차 공판이 벌어지고 있다. 김씨는 지난 5월 31일 세계 금연의 날에 KT&G를 상대로 흡연으로 인한 폐암 발생에 대해 1억원의 손해배상 청구소송을 냈다.

김씨가 소송을 낸 근거는 '제조물책임론'이다. 담배는 결함이 있는 제조물이기 때문에, 이것을 사용하다 입은 피해에 대해 제조자인 KT&G가 책임을 져야 한다는 것이다.

7차 공판까지 김씨 측은 담배가 결함이 있는 제조물이라는 사실의 입증에 주력했다. '담배는 중독성인 니코틴 성분과 43가지 발암성분을 포함하고 있고, 심혈관계 질환, 호흡기 질환, 각종 암 등의 발병원인이 된다.'는 사실을 증명하는 국내외 의학보고서가 근거로 제출됐다.

이와 함께, 김씨 측은 이런 위험에 대해 KT&G가 충분한 경고를 하지 않았다는 '표시상의 결함'도 지적했다. 김씨가 담배를 피우기 시작한 것은 1960년에 군에 입대하면서부터였는데, KT&G가 담뱃갑에 최초로 '건강을 위하여 지나친 흡연을 삼갑시다.'라는 경고문구를 붙인 것은 1976년이었다.

김씨는 담배를 처음 피울 당시 담배가 유해하다는 사실을 알지 못했다라고 주장하였다. 더구나, KT&G는 담배의 중독성에 대해서 당시에 경고를 하지 않았다. 8차 공판에서 김씨는 자신의 폐암이 흡연 때문에 생겼다는 점을 입증해야 하였다. 김씨의 주치의인 박연구 교수는 "김씨는 폐암 중에서도 흡연과 관련성이 높은 편평상피세포암"인데 "이 암은 담배를 하루에 1갑씩 20년 이상 피울 경우 발생 가능성이 20배 이상 높아진다."고 말해, 적어도 인과관계의 가능성은 충분함을 증언하였다.

이날 10차 공판부터는 KT&G의 반격이 시작됐다. 피고 측은 원고에게 책임이 있다는 점을 집중적으로

1. 상품과 관련된 윤리적 문제

상품과 관련된 대표적인 윤리적 문제들로는 상품의 결함으로 인한 문제, 술, 담배 등과 같이 원래 위험한 상품이 일으키는 문제, 성분·효능에 대한 허위표시, 상품으로 인한 환경오염문제 등이 있다.

---

2 "'피해자만 있고 가해자는 없는 담배 소송'…'사법부의 유체이탈 판결'", 헬스코리아뉴스 (2021년 4월 1일); 김양중·박수지, "건보공단 '537억 담배소송' 불붙었다," 한겨레신문 (2014년 4월 14일); 필더, "대법원, 흡연만으로는 폐암 걸리지 않아," 법률로그 (http://laweater.com/u/2655) (2014년 4월 11일); 박양명·김성준, "12년 끌어온 담배소송, 흡연자 패소," http://www.kormedi.com/news/ article/1200170_2892.html (2011년 2월 15일); "〈사설〉 흡연의 폐해를 다시 생각한다," 문화일보 (2007년 1월 26일); "담배 피해 소송 가상 시나리오: 피고 담배인삼공사 반론있습니까?" 한겨레신문 (1999년 5월 27일).

물고늘어졌다.

- 노공사 변호사: "김씨는 담배가 건강에 안좋다는 것을 경고한 1976년 이후에도 담배를 끊지 않았습니다. 김씨는 위험을 알고도 자발적으로 담배를 피웠으므로 그 결과를 감수해야 합니다."
- 이배상 변호사: "그때는 흡연을 시작한 지 10년이 지난 때입니다. 이미 중독이 돼 끊기가 어려웠습니다."
- 노 변호사: "우리 주위에는 더 오랫동안 담배를 피운 뒤에도 끊는 사람이 얼마든지 있습니다."
- 이 변호사: "금연을 시도한 100명 중에 1년 동안 금연상태를 유지하는 사람은 5명도 되지 않는다는 통계가 있습니다. 평균적인 사람의 의지로는 한 번 중독된 담배를 끊기 어렵다는 점을 고려해야 합니다."

재판부는 어느 쪽의 손을 들어줄 것인가? 귀하가 재판장이라면 어떻게 판결할 것인가?

* * *

1999년에 제기된 국내 최초의 '담배 소송'은 7년의 심리 끝에 원고측의 패소로 제1심의 막이 내렸다. 서울중앙지법은 흡연과 폐암 발생의 인과관계는 인정하지만 원고들의 폐암이 흡연에 의한 것이라고 인정하기

어렵고, 흡연자는 자유의지로 원할 때 언제나 금연할 수 있다는 등의 이유로 KT&G의 손을 들어주었다. 이로부터 5년 뒤에 열린 2심에서도 법원은 원고 패소 판결을 내렸다. 서울고등법원은 흡연과 폐암 사이에 인과관계는 인정했지만 KT&G가 만든 담배에 결함이 있다거나 고의적으로 정보은폐, 거짓정보 제공 등의 위법행위를 했다고 보기는 어렵다고 판단하였다.

3년 뒤 대법원 역시 흡연과 폐암 사이의 인과관계는 일부 인정하지만, 흡연자는 안정감 등 니코틴의 약리효과를 원한다는 점을 고려하면 KT&G가 니코틴이나 타르를 완전히 제거하는 방법을 쓰지 않은 것을 제조물의 결함이라고 볼 수 없다는 등의 이유로 원고 패소 판결을 내림으로써 장장 15년에 걸친 담배 피해 소송이 일단락되는 듯이 보였다.

그러나 이 판결이 나온 지 나흘 후 국민건강보험공단이 KT&G 등 4개의 담배회사를 상대로 흡연과 직접 관련된 치료에 공단이 지급한 치료비 537억원을 청구하는 소송을 제기하여 담배 피해를 둘러싼 새로운 법정 공방이 시작되었다. 7년 뒤에 나온 1심 판결은 흡연과 폐암과의 인과관계를 인정하였지만, 담배회사들이 불법 행위를 했다는 증거가 부족하다는 이유로 원고 패소로 나왔고, 원고는 이에 불복하여 항소하였다..

(1) 상품의 결함으로 인한 문제

결함이 있는 상품은 사용자의 안전을 위협할 수 있으므로, 상품 안전에 관한 최소 기준은 법에 규정되어 있는 경우가 많다. 그러므로 상품 안전에 관한 윤리적인 문제는 법적인 문제가 되곤 한다. 상품 안전에 관한 중요한 원칙은 사용자를 해칠 것이라는 것을 알면서도 그런 상품을 마케팅해서는 안된다는 것이다. 과거에 우리나라 민법에 따르면, 상품에 결함이 있더라도 피해자가 그 결함이 기업의 고의나 과실에 의한 것임을 입증해야만 기업에 법적인 책임을 물을 수 있었다. 그 덕분에 우리나라의 기업들은 상품의 결함으로 인한 책임문제로부터 상당히 자유로울 수 있었다. 예를 들어, 많은 관심을 끌었던 자동차 급발진 사고의 경우에, 자동차에 결함이 있었다하더라도 피해자가 자동차 회사의 고의나 과실이 있었다는 것을 입증하는 것이 매우 어렵기 때문에, 피해자들이

자동차 회사들로부터 손해배상을 받기란 거의 불가능하였다.

그러나 2002년부터 시행된 **제조물책임법**(product liability law, 흔히 '**PL법**'이라고 부름)에 따르면, **기업의 고의나 과실이 없었더라도 제조물의 결함으로 인한 피해에 보상을 해주어야** 하기 때문에, 기업들이 결함이 없는 상품을 만들기 위하여 훨씬 더 많은 노력을 기울이지 않으면 안되게 되었다.

제조물책임법에서 정의하는 제조물의 결함이란 원래 의도된 설계에서 벗어난 제조상의 결함, 설계를 대체했다면 안전을 확보할 수 있었는데 그렇게 하지 않은데 따른 설계상의 결함, 그리고 표시를 했다면 안전할 수 있었는데 표시를 안해서 생긴 표시상의 결함 등이다. 소비자는 피해를 입고 제조업자가 누구인지를 파악한 때로부터 3년 이내 또는 제조업자가 상품을 유통시킨 날로부터 10년 이내에 손해배상을 청구할 수 있다.

제조물책임법에 대응하여 기업들은 사전대책과 사후대책을 수립하여야 한다.[3] **사전대책**이란 결함으로 인한 사고가 생기지 않도록 상품의 제조, 품질관리, 판매과정에 걸쳐서 철저한 안전관리를 하는 것이다. 품질 개선, 상품 자료 보존, 사용설명서 보완, 제조물책임보험 가입, 전담 임원 선임 등이 대표적이다. **사후대책**이란 일단 사고가 발생하였을 경우 신속하게 **상품 리콜**(product recall)을 할 수 있는 만반의 준비를 해 놓고, 구체적인 행동계획을 마련해 놓는 것이다. 특히, 우리 회사는 고객의 안전을 최우선으로 삼고 있다는 방침을 사회에 알리고, 회사의 최고 경영진이 사고 처리를 직접 담당하고, 사회의 반응이 지나치게 과격해 보일지라도 이해하는 자세를 취하고, 과실이 증명될 경우 보상금을 지불하겠다는 입장을 분명히 밝혀야 한다.

(2) 원래 위험한 상품이 일으키는 문제

원래 위험한 상품이란 결함 여부에 상관 없이 사용자의 건강이나 안전에 위협을 줄 수 있는 담배, 술, 오토바이 등과 같은 것들을 가리킨다. 최근에는 패스트푸드도 종종 비난의 대상에 오르고 있어서, 기업들을 긴장시키고 있다. 이러한 상품을 만드는 기업들은 **상품의 위험성에 대하여 조사하고, 이를 알릴 의무**를 갖고 있다.

이러한 상품 중에서 특히 많은 논란의 대상이 되는 것이 담배이다. 담배는 술과 달리, 오용 혹은 남용뿐만이 아니라 정상적인 사용 상황하에서도 피해를 주며, 사용자뿐만이 아니라 비사용자에게도 피해를 준다(간접 흡연). 또, 담배 회사들이 벌이는 촉진 활동들은 종종 청소년의 흡연을 촉진할 수 있다는 비난

3 이종영, *기업윤리*, 제7판 (탑북스, 2011), p. 351.

제조물 책임

기업의 고의나 과실이 없었더라도, 제조물의 결함으로 사용자가 입은 피해에 대하여 기업이 부담해야 하는 책임

을 받고 있으며('3. 촉진과 관련된 윤리적 문제' 중 조 캐멀(Joe Camel) 캐릭터를 둘러싼 논쟁 참조), 담배에 대한 규제가 심한 선진국을 피해서 규제가 느슨한 저개발 국가로 진출한다는 비판도 일고 있다. 그래서 담배의 판매를 아예 금지시켜야 한다는 주장도 있으나, 담배는 마약과 달리 합법적인 상품이고, 담배에 대한 촉진 활동은 합법적인 상품에 대한 정보를 제공하는 것이므로 보호되어야 한다는 반론도 있다.

(3) 성분 · 효능에 대한 허위 표시

상품의 원재료, 성분, 품질, 성능, 효능 등에 대해서 사실과 다르게 과장해서 표시하거나, 보험 같은 금융 상품의 경우에 팸플릿에 대문짝만하게 높은 수익률을 제시해 놓고 깨알만한 글씨로 단서 조항들을 삽입함으로써 구매자들에게 실제보다 좋게 인식시키는 것은 비윤리적일 뿐만이 아니라, 법적인 제재를 받을 수도 있다. 이러한 부당한 표시유형들에 대해서 공정거래위원회가 예시한 사례들을 살펴보면 다음과 같다:

▶ 실제는 콩기름이나 들기름 등 기타 식용유를 섞어서 판매하면서 "참기름"이라고 표시, 광고하는 경우

▶ "산딸기 아이스크림"이라고 표시하였으나 실제는 산딸기 성분이 들어있지 않거나 단지 산딸기 맛의 향만 들어있는 경우(이 경우 "산딸기맛 아이스크림"이라고 표시, 광고해야 한다.)

▶ "휘발유 1리터로 ○○km주행"이라고만 하고 그것이 혼잡한 시내에서의 기준인지 또는 고속도로에서의 기준 등인지를 분명히 밝히지 않는 경우

▶ 사용된 주원료가 천연의 식물성 원료이기는 하지만 여타 부원료와 화학반응시켜 얻어진 상품을 "천연○○○"이라고 표시, 광고하는 경우

▶ ○○식품의 효능에 대하여 지방과 콜레스테롤 함량이 낮아 심장병 위험을 감소시킬 수 있다고 하면서, 소금 함량이 높아 심장병 위험을 높일 수 있다는 것을 나타내지 않는 경우

▶ 철분 결핍에 의한 피로, 권태 등의 증세에 효험이 있는 약에 대하여 그러한 사실을 표기하지 않고 단순히 피로, 권태 등에 효과가 있다고만 표시, 광고함으로써 광고된 약이 원인에 관계없이 모든 피로, 권태 등에 효과가 있는 것처럼 표시, 광고하는 경우

보다 자세한 규정은 공정거래위원회 홈페이지(www.ftc.go.kr)에 고시된 '표시 · 광고의 공정화에 관한 법률' 및 동 시행령, 그리고 관련 지침들을 참조하기 바란다.

50,664,461
우리강산 푸르게 푸르게
Since 1984

유한킴벌리는 기업의 사회적 책임을 다하기 위하여 매출액의 1%를 나무 심기에 쓰기로 결정하고, 1984년 8월부터 다음 해 4월까지 무려 188만 그루의 묘목을 심었다. 이때부터 시작된 '우리강산 푸르게 푸르게' 캠페인은 오늘날까지도 계속되고 있다.

(4) 환경오염

상품 자체로서는 유용하지만 그 상품을 생산, 사용 또는 폐기하는 과정에서 환경을 오염시키는 상품(예: 일회용 기저귀, 경유, 화학약품, 세제 등)과 희소한 천연 자원을 대량으로 소모하는 상품(예: 포장재료, 대형차량 등)은 사회적으로 종종 비난의 대상이 되곤 한다. 예를 들어, 경유 차량은 휘발유 차량보다 미세먼지와 질소산화물을 더 많이 배출하는 것으로 알려져 있는데, 경유의 가격이나 경유 차량의 가격에 오염된 대기를 정화하는 데 들어가는 비용을 포함시키지 않는다면, 경유 차량의 생산자들은 일종의 무임승차를 한다는 비난을 받게 될 것이다. 특히, 환경은 소비자, 공급업자, 유통업자 등의 이해관계자들과는 달리 말이 없는(silent) 존재이므로 환경이 훼손되더라도 잘 노출되지 않는다는 심각성을 지니고 있다. 그러므로 이런 상품의 생산자들은 **법이 요구하는 수준 이상의 환경보호 노력을 자발적으로 전개함으로써**, 윤리적인 책임을 다할 수 있을 뿐만이 아니라, 좋은 이미지도 구축할 수 있다.

2. 가격과 관련된 윤리적 문제

가격과 관련된 대표적인 윤리적 문제에는 가격경쟁을 제한하는 행위, 기만적인 가격광고, 실질적인 가격인상, 그리고 유보가격을 이용한 가격결정 등이 있다.

(1) 가격경쟁을 제한하는 행위

이 책에서 이미 여러 번 강조한 것처럼, 가격경쟁은 기업의 수익성에 매우 해롭기 때문에 가격경쟁 대신 차별화 경쟁을 벌이는 것이 바람직하다고 하였다. 또 가격경쟁을 줄이고 수익성을 높일 수 있는 **윈윈(win-win) 전략**의 여러 가지 사례도 4장에서 이미 살펴보았다.

그러나 가격경쟁이 줄어드는 것은 기업에게는 이익이 되지만 구매자에게는 손해가 되기 때문에, 정부는 가격경쟁이 적절한 수준에서 일어나도록 '심판'의 역할을 담당하고 있다. 특히 기업들 간에 담합이나 계약을 맺고 가격경쟁을 제한하는 것은 불법으로 규정하고, 이러한 행위가 발견될 경우에는 법률에서 정한 바에 따라 제재를 가하고 있다. 최근 몇 년 동안에만 하더라도, 철강, 가전,

교복, 레미콘, 참고서, 노래방 기기 등 다양한 시장에서 담합 의혹이 제기되거나 실제로 적발된 바 있다.

가격담합과 달리 재판매 가격 유지는 겉보기에는 정상적인 마케팅 활동같지만, 법으로 금지하고 있으므로 주의할 필요가 있다. **재판매 가격 유지**(resale price maintenance)란 공급업자(주로 제조업자)가 재판매업자(주로 소매업자)에게 가격을 어느 수준 이상으로 유지하도록 강제하는 것을 가리킨다. 재판매업자가 이를 지키지 않을 경우, 공급업자는 상품의 공급량을 제한한다든지 제때에 공급을 해주지 않는다든지 하는 수단들을 동원해서 제재를 가한다. 가격을 어느 수준 이상으로 유지하는 것은 프리미엄 이미지를 유지하는데 효과적인 수단이다. 고급 브랜드의 가격이 소매업자들간의 경쟁에 의해서 자주 할인되면 프리미엄 이미지를 잃어버릴 위험이 크기 때문이다. 그러나 재판매 가격 유지는 불법으로 규정되어 있다는 것을 명심하여야 한다. 소매업자들간의 가격경쟁을 줄일 필요가 있을 때에는, 우리 상품을 취급할 수 있는 소매업자의 수를 제한함으로써 (예: 전속적 유통이나 선택적 유통), 자연스럽게 소매가격이 높은 수준에서 유지되도록 하는 것이 바람직하다. 예를 들어, 아모레퍼시픽은 고급 브랜드인 아이오페를 화장품 전문점들 가운데 일부에만 공급하였다.[4]

재판매 가격 유지
공급업자(주로 제조업자)가 재판매업자(주로 소매업자)에게 가격을 어느 수준 이상으로 유지하도록 강제하는 것

(2) 기만적인 가격표시

실제로는 가격할인이 없었음에도 불구하고 가격할인을 한 것처럼 표시하거나, 실제 가격할인 폭보다 과장해서 표시하는 것이 모두 기만적인 가격표시에 들어간다. 예를 들어, 서울 시내 백화점들의 사기 세일 사건에서는 19만 8천원짜리 여성 의류를 제값에 팔면서 28만 5천원짜리를 30% 할인해 주는 것처럼 속인 백화점이 사기죄로 고발되기도 하였다. 이와 같이 할인판매 가격을 표시할 때 무엇이 부당한 가격표시에 해당되는지에 대하여 공정거래위원회가 예시한 내용들은 다음과 같다[5]:

▶ 캔커피가 10종인데 그 중 3종만을 바겐세일하면서 "캔커피 30% 할인"이라고만 광고함으로써 소비자가 캔커피 대부분을 할인 특매하는 것으로 오인할 우려가 있는 경우

▶ 1일 또는 2일 정도 판매할 재고밖에 없으면서 당해 상품에 대해 10일 동안 할인

---

4 저작권법 상의 출판물(예: 실용도서를 제외한 간행물, 일간신문 등)은 지적 창작물의 생산을 장려하기 위하여 재판매 가격 유지를 예외적으로 허용받고 있다. 또한 재판매 가격 유지를 통하여 브랜드간 경쟁이 촉진되어 소비자 후생 증대 효과가 크다는 것을 사업자가 입증할 경우에는 처벌을 피할 수 있으나, 사업자가 이를 입증하기란 쉽지 않다.

5 보다 자세한 규정은 공정거래위원회 홈페이지(www.ftc.go.kr)에 고시된 '표시·광고의 공정화에 관한 법률' 및 동 시행령, 그리고 관련 지침 참조.

특매를 실시한다고 표시, 광고하는 행위

▶ 평상시와 동일한 가격으로 판매하면서 "7/1~7/15 남성정장 대처분"이라고 광고하여 위 기간동안 저렴하게 판매하는 것처럼 하는 경우

▶ "6/1일 ○○상품 100개 한정판매"라고 광고한 후 100개를 초과하여 판매하거나 6/2일까지 판매하는 경우

▶ ○○아동복에서 의류는 30~40% 할인특매를 하고 아동용품은 50% 할인 특매를 하면서 "○○아동복 50%세일"이라고 광고함으로써 소비자가 ○○아동복의 대부분이 50%로 할인 특매하는 것으로 오인할 수 있도록 표시, 광고하는 경우

▶ 전년도에 가격인하를 한 사실을 지금 광고하면서 단순히 "30% 가격인하"라고 표기함으로써 최근에 또 가격인하를 한 것처럼 표시, 광고하는 경우

(3) 실질적인 가격인상

가격은 올리지 않았지만, 용량을 줄이거나, 부품이나 원료를 값싼 것으로 바꿈으로써 실질적으로 가격인상의 효과를 거두는 것을 실질적인 가격인상이라고 부른다. 이것은 많은 기업들이 즐겨 사용하는 가격인상 방법이기도 하다. 그러나 실질적인 가격인상은 다음과 같은 두 가지 이유 때문에 비난의 대상이 되고 있다.

▶ 기업은 상품의 용량을 줄이거나, 부품이나 원료를 싼 것으로 바꾼 경우에는 구매자들에게 이를 알릴 도덕적 의무가 있다.

▶ 가격인상 요인이 발생하면 비교적 빠르게(실질적으로) 가격을 올리면서, 가격인상 요인이 사라지면 가격을 내리지 않거나, 느리게 내리거나, 조금만 내린다.

이와 관련하여, 공정거래위원회에서는 내용물에 비하여 현저하게 과대포장하는 것을 부당한 표시, 광고 행위로 간주하여 처벌하고 있다. 예를 들어, 용기의 밑부분을 위로 볼록하게 만들어서 내용량이 용기의 외형에 비하여 현저하게 적게 들어가도록 하는 것이 바로 그것이다.

(4) 유보가격을 이용한 가격결정

8장에서 우리는 가격정책의 목표는 원가를 커버하는 것이 아니라, 구매자가 지각한 가치만큼을 받아내는 것이라는 것을 강조한 바 있다. 대개의 경우, 이것은 마케터가 가격을 결정하는 데 올바른 지침이 될 수 있지만, 특수한 경우에는 윤리적인 문제를 일으킬 가능성이 있다.

가령 AIDS 치료약의 가격을 매기는 문제를 생각해보자.[6] AIDS 치료약으로

---

6 Donald R. Lehmann and Russell S. Winer, *Product Management* (McGraw-Hill, 2002), p. 332.

유명한 AZT를 개발한 웰컴(Wellcome)은 이 약의 1년치 분량의 가격을 무려 10,000달러로 매겼다. 이 회사는 이 시장의 규모가 작은 반면 거액의 투자비가 들어갔기 때문에, 이같이 높은 가격을 매기는 것이 정당하다고 주장하였다. 더구나, AIDS 증상을 크게 완화시킬 수 있는 치료약에 대하여 사용자들이 기꺼이 높은 가격을 지불할 용의를 갖고 있었던 것도 사실이었다. 그러나 이러한 정당성에도 불구하고 웰컴의 가격정책에 대한 비난이 하도 거세게 일어나서, 결국 AZT의 가격을 낮추지 않으면 안되게 되었다. 그리고 웰컴의 이미지와 명성은 큰 타격을 입게 되었다.

그러나 AZT의 경쟁상품인 비덱스(Videx)를 개발한 브리스톨 마이어스 스큅 (Bristol-Myers Squibb)은 비덱스를 출시하기 전에 일부 AIDS 환자들에게 무료로 나누어 주었고, 출시할 때에는 1년치 분량의 가격을 1,745달러로 매김으로써 의학계로부터 찬사를 받았다. 한 분석가의 계산에 따르면, 이 가격은 '정상가격'의 1/3밖에 되지 않는 가격이었다. 그러나 이 회사는 이러한 가격정책이 단기적으로는 비덱스의 판매를 촉진하는 데 도움이 되었고, 장기적으로는 회사의 이미지를 높이는 데 기여한 '올바른' 가격결정이었다고 평가하고 있다.

이와 비슷하게, 만성골수성백혈병 치료제인 글리벡(Gleevec)을 개발한 스위스의 노바티스(Novartis)는 연간 소득이 10만 달러 이하인 환자에게는 이 약을 저가 또는 무료로 제공할 계획임을 발표하여 많은 주목을 받았다.[7]

위의 사례가 보여주는 것처럼, 일부 상품의 가격은 사회적이고 윤리적인 측면을 갖고 있기 때문에, 마케터는 가격결정이 가져올 파급효과에 대하여 폭넓은 시야를 갖고 있을 필요가 있다.

3. 촉진과 관련된 윤리적 문제

촉진 믹스 요소—광고, PR, 구전, 판매촉진, 인적판매—별로 자주 일어나는 윤리적 문제들을 알아보기로 한다.

(1) 광 고

광고에 대한 윤리적인 비판들은 거시적인 수준과 미시적인 수준의 두 가지로 나누어진다. **거시적인 수준의 비판**은 광고 그 자체가 사회 전반에 미치는 부정적인 영향에 초점을 맞추고 있는 반면, **미시적인 수준의 비판**은 구체적인 광고기법의 부작용에 관한 것이다. 여기서는 먼저 거시적인 수준의 비판과 그에 대한 반론들을 정리한 다음, 미시적인 수준의 문제들 중에서 허위광고와 오도광

---

7 "노바티스 글리벡 미 시판가격 파괴선언," *매일경제신문* (2001년 5월 17일).

고, 어린이를 대상으로 하는 광고에 대해서 알아보자.

1) 광고에 대한 비판과 변론

광고에 대한 거시적인 비판은 크게 다음 네 가지로 요약된다. 첫째, 광고에 투입되는 막대한 비용을 기술 개발이나 품질 개선 등에 쓰는 것이 사회적으로 더 바람직할 것이다. 둘째, 광고는 물질주의를 만연시킨다. 셋째, 광고는 일방적인 메시지만을 담고 있으므로, 구매자들의 합리적인 의사결정을 방해한다. 넷째, 담배나 술과 같은 상품의 광고는 중독을 유발시키며, 이것은 개인적으로도 문제일 뿐만이 아니라 사회적으로도 비용을 발생시킨다.

그러나 이러한 비판에 대응하여 광고를 옹호하는 의견들은 다음과 같다. 첫째, 광고는 시장경제에서 없어서는 안되는 존재이다. 광고가 존재하지 않는다면 신문 구독료가 대폭 올라갈 것이며, TV 드라마도 유료로 시청해야 할지도 모른다. 둘째, 광고는 사회를 어떤 방향으로 이끌어 가는 존재가 아니라 단지 사회 구성원들이 현재 갖고 있는 태도를 반영하는 거울에 불과하다. 셋째, 일방적인 메시지를 담고 있는 것은 광고만이 아니며, 다른 종류의 커뮤니케이션들(가령, 정당이나 시민단체의 주장, 일부 예술작품)도 일방적이다. 넷째, 광고는 구매자들에게 유용한 정보를 제공함으로써 효율적인 선택이 일어나도록 도움을 주며, 구매자들은 광고 이외에도 자기 자신의 사용 경험을 포함한 다양한 종류의 정보에 의존해서 선택을 한다. 또, 담배, 술 등의 광고는 이미 많은 나라에서 다양한 규제를 받고 있다.

2) 허위광고와 오도광고

광고와 관련된 윤리적 문제들 중에서 가장 빈도가 높은 것이 허위광고와 오도광고이다. **허위광고**(false advertising)란 광고에서 주장하는 내용이 사실과 다른 경우를 가리킨다. 예를 들어, 어떤 기술에 대하여 특허출원만 해놓고 특허권 획득이라고 표현한다거나, 객관적 근거 없이 '세계 최초'라고 주장하는 것 등이 여기에 속한다.

오도광고(misleading advertising)란 그 내용이 거짓은 아니지만 그 광고를 본 사람들이 사실과 다른 인식을 갖게 되는 경우를 가리킨다.[8] 예를 들어, 실제로는 과일 주스가 15%만 포함되어 있는 음료를 선전하면서 명확한 함량표시 없이 '일곱 가지 천연 주스가 포함되어 있습니다.'라고 하는 것은 이 음료를 100% 과일 주스로 잘못 인식하게 만들 가능성을 갖고 있다.

허위광고 및 오도광고와 관련하여 또 하나 설명할 것은 **과대광고**이다. 이것

---

8 안광호·유창조, *광고원론* (법문사, 2002), pp. 96-97.

은 사실을 과장해서 표현하는 광고를
가리키는 것이다.

허위광고, 오도광고, 과대광고에 대
한 처벌기준은 해당 광고를 본 소비자
들 중에 얼마나 많은 비율이 사실과 다
르게 인식하여 피해를 입을 가능성이
있는가에 따라 달라진다.[9] 즉, 광고내용
이 허위이거나 과장되었다 하더라도,
이 광고를 본 소비자들이 사실과 다르
게 인식하여 피해를 입을 가능성이 미
미하다면 처벌의 대상이 되지 않는다.
이것은 광고가 단지 상품의 정보를 전
달하는 기능만 갖고 있는 것이 아니라, 설득하는 기능도 갖고 있으므로 어느
정도의 미화나 과장은 허용되어야 하기 때문이다. 단, 이를 이해하지 못하는 계
층에 대한 광고(예: 어린이에 대한 광고, 아래 참조)에서는 보다 엄격한 윤리적인
기준이 적용되어야 한다.

소비자에게 피해를 입
힐 가능성이 미미한
과대광고의 예. 자동차
를 가로막을 정도로
큰 새우가 등장한다.

우리나라의 경우 광고에 대한 법적인 규제는 공정거래위원회에서 하고 있는
데, **공정거래위원회**에서는 가벼운 사안에 대해서는 경고나 시정권고를, 무거운
사안에 대해서는 시정명령이나 고발 등의 조치를 취하고 있다.[10]

법적인 규제 이외에도 광고업계나 대중매체 등의 자율적인 규제도 이루어지
고 있다. 우리나라에서는 민간 방송사업자가 자율적으로 심의를 하고 있으며,
YMCA, YWCA 등의 **시민단체**들은 물론 **경쟁업체**들도 광고를 모니터하고 관계
기관에 신고를 하기도 한다.

3) 어린이를 대상으로 하는 광고

한 연구결과에 따르면 미취학 어린이들은 TV의 정규 프로그램과 광고를 구
분하지 못하며, 광고에 숨겨진 판매의도를 파악하지 못하고, 현실과 공상
(fantasy)의 차이를 분별할 능력이 없는 것으로 나타났다.[11] 이와 같이 **어린이들은**
무방비 상태로 광고에 노출되기 때문에, 어린이들을 대상으로 하는 광고에 대해
서는 엄격한 규제가 가해지고 있으며, 이런 광고를 하는 기업도 스스로 높은

---

9 이두희, 광고론 (박영사, 2009), pp. 526-530.
10 보다 자세한 규정은 공정거래위원회 홈페이지(www.ftc.go.kr)에 고시된 '표시 · 광고의 공정화
   에 관한 법률' 및 동 시행령, 그리고 관련 지침 참조.
11 Thomas S. Robertson and John R. Rossiter, "Children and Commercial Persuasion: An
   Attribution Theory Analysis," *Journal of Consumer Research* (June, 1974), pp. 13-20.

윤리적 기준을 갖고 있어야 한다.

예를 들어, 우리나라 방송광고에서는 어린이 프로그램의 진행자나 주인공을 이용한 광고를 프로그램과 인접한 시간에 방송하여 어린이들에게 프로그램과 광고를 혼동하게 하는 것이 금지되어 있다. 또, 어린이가 광고노래를 부르거나, 광고문구를 읽는 것이 허용되지 않는다. 또, 어린이들이 약품을 남용하거나 오용하는 사고를 막기 위하여, 어린이가 나오는 모든 의약품 광고는 어린이 잡지와 어린이 대상 TV 프로그램 시간대에 싣는 것을 금지하고 있다.

담배나 술과 같이 건강에 해로울 수 있는 상품의 광고에 만화 주인공처럼 어린이나 청소년들에게 친숙한 캐릭터를 등장시키는 것은 어린이나 청소년들의 흡연이나 음주를 촉진시킬 가능성이 높기 때문에 사회적으로 강력한 비난을 받게 된다. 우리나라의 한 맥주회사

미국에서 실시된 한 조사에 따르면, 6세 아동들에게 조 캐멀(Joe Camel)은 미키 마우스만큼 친숙한 것으로 나타났다.[12] 이 조사를 시행한 연구자들은 만화 주인공을 이용한 광고는 10대 청소년들의 흡연을 유발시키고 있다고 비난하였다. 그러나 담배회사들은 만화 주인공을 이용한 광고가 성인들을 대상으로 한 것이며, 광고가 흡연을 유발하는 것이 아니라, 단지 선호하는 브랜드를 바꾸게 할 뿐이라고 주장하였다.

는 아기공룡 둘리를 맥주광고에 이용하였다가 외국 언론에까지 보도되는 망신을 당하였고, 미국의 한 담배회사는 캐멀(Camel)이라는 담배광고에 '조 캐멀(Joe Camel)'이라는 만화 캐릭터를 사용하다가 의학계, 언론, 정부, 금연단체 등으로부터 거센 비난을 받기도 하였다. 마침내, 미국 연방공정거래위원회(Fair Trade Commission)는 '조 캐멀'을 이용한 광고가 18세 이하의 청소년들을 대상으로 해롭고 중독성이 있는 상품의 판매를 촉진하였기 때문에 연방공정거래법을 위반하였다고 발표하였고, 결국 이 회사는 '조 캐멀'을 광고에 이용하지 않기로 함으로써 약 6년에 걸친 논란에 종지부를 찍었다.

(2) PR 및 구전

9장에서 다루었다시피, PR의 가장 대표적인 수단인 홍보는 우리 회사나 상품에 대한 정보를 언론의 기사나 뉴스 형태로 내보내는 것을 가리킨다. 홍보는 내용상 광고와 다를 바가 없지만, 소비자들은 언론의 기사나 뉴스를 광고보다 더 신뢰하므로, 홍보가 광고보다 더 큰 설득 효과를 낳을 잠재력을 갖고 있다. 그렇기 때문에, 마케터나 홍보 담당자는 자기 회사에 유리한 기사가 보도되도록 하기 위해서 많은 노력을 하게 되는데, 이 과정에서 윤리적인 문제가 발생할

---

12 "Joe Camel Is Also Pied Piper, Research Finds," *Wall Street Journal* (December 11, 1991), B1; "Surgeon General Says It's High Time Joe Camel Quit," *Wall Street Journal* (March 10, 1992), B1.

수 있다. 예를 들어, 뉴스로서의 가치를 높이기 위해서 허위 또는 부정확한 사실을 언론에 전달하는 문제, 뉴스가 꼭 보도되도록 하기 위해서 언론인에게 뇌물이나 향응을 제공하는 문제 등을 들 수 있다.[13] 이것을 마케터나 홍보 담당자의 양식에 맡겨두는 것은 좋은 방법이 아니다. 이들은 성과를 올려야 한다는 압박을 받고 있기 때문이다. 그러므로 회사 차원에서 무엇이 되고 무엇은 안되는지를 **문서화한 명확한 윤리 기준을 도입**하고, '조금이라도 의심이 드는 경우에는' 지체 없이 상사나 회사 내의 **윤리담당관에게 문의하도록** 만들어야 한다.

구전도 회사가 아니라 일반인의 입을 통해서 전달되므로 광고보다 더 신뢰받고 설득 효과도 높아지는 경향을 갖고 있다. 특히 인터넷과 소셜 미디어의 보급 덕분에 온라인에서 구전은 매우 빠르게 확산되곤 한다. 온라인 구전과 관련된 대표적인 윤리적 이슈는 **'인플루언서'의 기만적인 추천 행위('뒷광고')**이다. 즉, 기업으로부터 대가를 받고 그 기업의 상품을 추천하는 글을 쓰면서도 마치 자발적인 추천인 것처럼 보이게 하는 것이다. 공정거래위원회의 **'추천·보증 등에 대한 표시·광고 심사지침'**은 인플루언서가 광고주로부터 대가를 받고 추천을 하는 경우 그런 사실을 **명확히 공개**해야 한다고 규정하였고, 이를 위반할 경우 부당 광고를 한 사업자(즉, 광고주)에게는 과징금을 부과하게 되어 있다(검찰에 고발될 경우 징역이나 벌금형에 처해질 수 있음). 또한 부당한 광고로 상당한 수익을 얻은 인플루언서도 사업자로 간주하여 처벌할 것으로 보인다. 이 지침에 예시된 사례들은 다음과 같다.

▶ 파워블로거 A가 B사의 20만 원짜리 살균 세척기의 공동구매를 주선하기 위해 자신의 블로그에 추천글을 게재하면서 B사로부터 수수료를 받기로 한 경우 ⇒ '저는 해당 제품의 공동구매를 주선하기 위해 추천글을 게재하면서 B사로부터 일정 수수료를 받기로 함'이라고 밝혀야 함.

▶ D회사가 대학생 C에게 회사가 새로 개발한 게임프로그램을 무료로 보내주고 C가 운영하는 게임동호회 카페에 홍보성 이용후기를 게재해 줄 것을 요청한 경우 ⇒ '저는 위 프로그램을 홍보하면서 D사로부터 무료 프로그램을 제공받음'이라고 밝혀야 함.

▶ 저명인사 E가 G사로부터 일정금액을 받고 자신의 트위터에 G사 제품에 관한 홍보성 이용후기를 올린 경우 ⇒ '저는 이 제품을 홍보하면서 G사로부터 현금을 받음'이라고 밝혀야 함.

---

13 2016년 9월부터 청탁금지법('김영란법') 발효로 언론인에게 부정한 청탁이나 금품을 제공하면 처벌을 받게 되었다.

(3) 인적판매

판매사원은 고객과 대면접촉하는 기회를 많이 갖기 때문에 기업은 이들이 윤리적인 문제를 일으킬 가능성에 대해서 특히 깊은 관심을 가져야 한다. 판매사원들은 현장에서 혼자 활동하므로 윤리적인 문제에 직면하면 상사와 상의할 겨를이 없이 즉시 해결해야 하는 경우가 많다. 또, 판매성과에 대한 압력을 끊임없이 받고 있어서 작은 유혹에도 쉽게 넘어갈 위험을 안고 있다.[14] 판매사원과 관련된 윤리적 문제들은 고객과의 관계와 경쟁자와의 관계에서 일어날 수 있다.

1) 고객과의 관계에서 일어날 수 있는 문제

판매사원과 고객과의 관계에서 일어날 수 있는 윤리적인 문제에는 뇌물/향응을 제공하는 문제, 필요 이상의 고가품을 권하는 문제, 판매 목표를 달성하기 위하여 유통업자(보통, 대리점)에게 상품을 떠안기는 문제, 지키지 못할 약속을 남발하는 문제, 구매자에게 중요한 정보를 숨기는 문제 등을 들 수 있다. 여기서는 이 중에서 처음 두 가지에 대해서 알아보자.

• 뇌물/향응 제공

판매자가 구매자에게 금품이나 향응을 제공하는 것이 윤리적인지 비윤리적인지에 대해서 뜨거운 논란이 벌어질 수 있다. 이를 옹호하는 입장에서는, 첫째, 많은 나라에서 이것이 관행으로 자리잡았고, 둘째, 경쟁자들도 이렇게 하기 때문에 경쟁에서 이기기 위해서는 불가피하며, 셋째, 뇌물이라기보다는 일종의 커미션으로 볼 수 있다는 논리를 전개한다. 그러나 이를 반대하는 입장에서는, 첫째, 이러한 비용이 결국 상품의 가격에 전가됨으로써 사회 전체적으로 비용을 상승시키고, 둘째, 상품 자체의 장점이 아니라 금품/향응에 의하여 상품을 구매하는 것은 구매자의 경쟁력을 약화시키고, 셋째, 이렇게 음성적으로 지출된 비용은 회계상으로 적법한 비용으로 둔갑해야 하기 때문에, 주주들을 속이는 결과를 가져온다고 반박한다.

구체적인 사례로 들어가면, 가령 납품업체의 판매사원이 구매업체의 임직원에게 주는 선물이나 접대가 윤리적인 것인지 아닌지를 구분하는 것은 쉽지 않다. 의사결정을 하기 전에 주었는지 후에 주었는지, 업계의 일반적인 관행인지 아닌지, 액수가 큰지 작은지가 일반적인 잣대가 될 수 있지만, 명확한 기준이 마련되어 있지 않다면 주는 쪽이나 받는 쪽이나 거북한 느낌을 갖게 될 것이다.

---

14 Patrick E. Murphy, Gene R. Laczniak, Norman E. Bowie, and Thomas A. Klein, *Ethical Marketing* (Pearson Education, 2005), pp. 189-190.

선진국의 많은 회사들은 이 점에 대해서 **문서화된 명확한 윤리기준**을 갖고 있다. 예를 들어, 애플의 임직원들은 소속 부서에 따라 'zero gift rule'(원칙적으로 어떠한 선물도 주거나 받을 수 없음)이나 '$150 gift rule'(원칙적으로 $150미만의 선물만 주거나 받을 수 있음)이 적용되는데, 후자의 경우라도 현금 또는 상품권을 주거나 상대방의 의사 결정에 영향을 미칠 의도로 선물을 주는 것은 금지되어 있다. 그러나 모든 경우를 윤리규정에 포함시킬 수는 없으므로, 이런 회사들은 임직원들에게 "조금이라도 의심이 나는 경우에는" 상사나 회사 내의 **윤리담당관에게 문의하도록** 권장하고 있다.

우리나라 기업들 중에서도 위와 같이 문서화된 명확한 기준을 도입하는 경우들이 늘어나고 있다. 과거 우리 기업들의 윤리 수준은 선진국 기업들에 비하여 낮은 편이었다. 그러나 우리나라가 OECD 회원국이 된 이후 기업윤리를 비롯한 기업활동의 여러 측면에서 OECD 기준에 도달할 것을 요구받고 있으며, 2016년부터 시행된 '부정청탁 및 금품 등 수수의 금지에 관한 법률'(일명 김영란법)때문에 선물 및 접대 관행이 바뀌지 않으면 안될 것이다.

- **고객에게 필요 이상의 고가품을 권하는 경우**

이것은 흔히 '바가지를 씌우는' 경우에 해당된다. 판매사원이 구매자에게 바가지를 씌우는 데에는 여러 가지 이유가 있지만, 마케팅 측면에서 그 원인을 찾아 본다면, 판매 쿼터가 무리하게 높게 매겨졌다든지, 고정급 대비 성과급의 비중이 지나치게 높다든지 하는 것들이 중요한 원인으로 꼽는다.

'마케팅 프론티어 14-2: 커미션의 함정, 씨어즈 오토모티브 서비스(Sears Automotive Service)의 교훈'은 자동차 수리처럼 고객이 그 내용을 파악하기 어려운 경우에, 기업이 판매사원들에게 실적을 높이도록 압력을 가하면 어떤 결과가 발생할 수 있는지를 잘 보여준다.

이런 업종에서는 종업원들이 고객들의 무지를 악용하여 더 많은 커미션(성과급)을 타고자 할 가능성이 매우 높으므로, 커미션의 도입에 신중을 기해야 한다. 그리고 커미션 제도를 도입한다 하더라도 그 기준을 매출액에만 둘 것이 아니라 고객만족도나 유지율과 같은 고객지향적인 지표를 포함시키는 것이 바람직하다.

2) 경쟁자와의 관계에서 일어날 수 있는 문제

판매사원이 고객에게 거짓말을 하거나 '바가지를 씌우는' 것을 금지하는 회사들은 많아도, 경쟁자에게 수단 방법을 가리지 않고 행동하는 것을 금지하는 회사들은 많지 않다. 가령 근거 없이 경쟁자의 제품을 헐뜯거나, 경쟁자의 제품을

커미션의 함정, 씨어즈 오토모티브 서비스(Sears Automotive Service)의 교훈[15]

1992년 6월 미국 캘리포니아 주 정부의 법무장관은 씨어즈(Sears, Roebuck & Co.)가 운영하는 자동차 수리 센터(Sears Automotive Service)의 종업원들이 고객들에게 불필요한 자동차 수리를 하도록 함으로써 소비자들에게 큰 피해를 주고 있다는 내용의 수사결과를 발표하고, 씨어즈 자동차 수리 센터의 사업면허를 취소시킬 것을 고려하겠다고 선언하였다.

씨어즈는 미국의 유통업계를 대표하는 대기업으로 양판점, 통신판매, 증권회사, 그리고 신용카드회사 등을 운영하면서 고객들로부터 깊은 신뢰를 얻어 오고 있었기 때문에, 이같은 발표는 씨어즈는 물론 씨어즈의 고객들에게도 큰 충격을 주기에 충분하였다. 더구나 뉴저지주에서도 비슷한 부당행위가 적발됨으로써 사건의 여파가 커지기 시작하였다. 이같은 발표가 나오자마자 비슷한 피해를 당한 소비자들로부터 무려 3,000여건의 고발이 접수되었다.

주 정부와 씨어즈는 주 정부가 씨어즈의 자동차 수리사업 면허를 취소하지 않는 조건으로, 씨어즈가 피해를 입은 고객들에게 피해 액수를 환불해 주기로 합의하였는데, 그 금액이 총 1,500만 달러에 달하였다. 그러나 씨어즈 자동차 수리 센터는 이 사건 직후 하루 평균 매출액이 전국적으로 70만 달러나 감소하는 어려움을 겪게 되었고, 손상된 신뢰를 회복하기 위해서 주요 언론매체에 대대적인 광고 캠페인을 전개하여야 했으므로, 금전적인 손실은 이루 다 헤아릴 수가 없었다.

이 사건의 발단은 씨어즈의 자동차 수리 센터가 지나치게 높은 수리비를 요구한다는 불평이 주 정부에 접수되면서 시작되었다. 그때까지 씨어즈의 자동차 수리 센터는 대기업에서 운영하기 때문에 믿을 수 있고 기술이 좋지만 값이 비싼 곳으로 소비자들에게 인식되고 있었다. 자동차를 운전할 줄은 알아도 자동차의 후드를 열면 전혀 깜깜인 사람들은 일단 자동차에 이상이 생기면 수리 센터 기술자의 말을 전적으로 믿어야 한다. 다소 돈에 여유가 있는 사람들은 조금 비싸더라도 믿을 수 있는 씨어즈의 수리 센터를 찾는 경향이 있었다.

이같은 불만을 접수한 캘리포니아주 정부에서는 1991년 초부터 18개월에 걸쳐서 사복 요원들을 투입하여 은밀하게 수사를 진행하였다. 이들은 철저히 정비하여 아무 이상이 없는 차를 씨어즈 수리 센터에 가지고 가서 차에 이상이 있는 것처럼 행세하면서 종업원들이 얼마만큼의 수리를 권장하는지를 조사하였다. 그 결과 씨어즈 수리 센터에서 자동차 한 대당 평균 223달러씩의 불필요한 수리를 시키고 있음을 발견하게 된 것이었다. 특히 이같은 불필요한 수리는 브레이크 계통이나 휠 얼라인먼트처럼 고객들이 사전 지식이 거의 없는 부분에 집중되었다.

백년 이상 동안 고객들의 신뢰를 받으며 대기업으로 성장한 씨어즈가 이같은 불명예를 당하게 된 원인은 어디에 있었을까? 그 원인은 씨어즈가 자동차 수리 센터의 매출액을 높이기 위해서 종업원들에게 판매액수의 일정비율을 커미션(성과급)으로 지급한 데에서 싹트게 되었다. 이렇게 되자 종업원들은 가능한 한 많은 수당을 타기 위해서 무지한 고객들에게 불필요한 수리를 하도록 하거나 멀쩡한 부품을 교체하도록 권유하게 되었다. 결국 커미션제도는 단기적으로는 매출액을 높이는 데 기여하였는지는 몰라도, 장기적으로는 막대한 매출 손실과 돈으로도 계산할 수 없는 고객 불만족의 도화선이 되었다.

---

15 이 사례는 "Commissioned for Trouble," *San Jose Mercury News* (July 26, 1992), p. 1E; "Sears to link incentives for auto service sales to customer satisfaction," *Marketing News* (April 11, 1994), p. 8을 기초로 작성하였음.

미리 망가뜨려 놓은 다음에 비교 테스트를 해서 판매를 따낸 '무용담'이 전설처럼 입에서 입으로 전해져 내려오면서 판매사원들을 그릇된 방향으로 유도하는 경우가 더 많다.

선진국의 기업들은 경쟁자에 대해서도 매우 엄격한 윤리규정을 만들어 놓고 있다. 예를 들어, 제록스(Xerox)는 판매사원들에게 "경쟁사의 제품이나 서비스를 비방하거나 낮추어 말해서는 안되며, 설사 경쟁사 상품이 좋지 않다고 믿어도 그렇게 말해서는 안된다"라고 가르치고 있다. 보잉(Boeing)도 "경쟁사의 종업원이 우리 회사 제품과 서비스에 관해서 언제나 비방을 하더라도, 같은 식으로 대응하지 말고 우리 회사 제품의 장점을 강조할 것"을 교육시키고 있다.

4. 유통과 관련된 윤리적 문제

유통경로에서 윤리적 문제가 발생하는 경우는 경로 구성원 중의 누군가가 다른 구성원들보다 더 큰 파워를 갖고 있을 때 발생한다. 이러한 유통경로를 **수직적 마케팅 시스템(VMS)**이라고 부른다고 하였다(11장 참조). 이렇게 강력한 파워를 갖고 있는 구성원이 선의로 다른 구성원들의 활동을 조정하고 통제하면 별 문제가 없겠지만, 간혹 자신의 이익만을 위하여 자기가 갖고 있는 파워를 남용하면 여러 가지 법률적·윤리적 문제가 일어난다. 이것을 흔히 **'우월적 지위의 남용'**이라고 부른다.

11장에서도 설명한 것처럼, 우리나라에서는 경제개발 과정에서 제조업은 빠르게 성장하였지만 유통업은 매우 뒤떨어져 있었기 때문에, 제조업자가 파워를 갖고 있는 관리형 VMS를 많이 발견할 수 있다. 반대로, 보다 최근에는 대규모 백화점과 대형마트들이 등장하면서, 이들이 파워를 갖는 관리형 VMS도 발견할 수 있다. 또, 최근 빠르게 성장하고 있는 프랜차이즈는 VMS의 또 다른 형태인 계약형 VMS에 해당된다. 그러므로 유통경로에서 '우월적 지위의 남용'으로 인한 문제가 발생할 가능성이 매우 크다고 할 수 있다. 우월적 지위를 남용하는 대표적인 사례들은 다음과 같다.

▶ 대금지불 조건을 자신에게 일방적으로 유리하게 정하거나, 대금지급 시기를 늦추는 경우
▶ 백화점이 현상경품행사를 하면서, 그 비용을 납품업체에게 일방적으로 청구하거나, 상품대금에서 공제하는 경우
▶ 백화점이 납품업체에게 판매사원을 파견하도록 요구한 다음, 이들을 포장이나 물품하역 등 백화점 고유의 업무에 투입하는 경우

위와 같은 사례들은 비윤리적일 뿐만이 아니라, 공정거래위원회가 규정한 '**불공정 거래행위**'로서 경고, 과징금 등의 조치를 받게 된다.

5. 마케팅 정보와 관련된 윤리적 문제

지금까지 우리는 상품, 가격, 촉진, 유통 등 마케팅 믹스와 관련된 윤리적 문제들을 다루어 보았다. 이제 마지막으로 마케팅 정보와 관련된 윤리적인 문제들을 살펴보자.

기업들간의 경쟁이 치열해지면서 마케팅 정보의 중요성은 나날이 높아지고 있다. 또, 데이터베이스 마케팅처럼 개인정보에 바탕을 둔 마케팅 수단들이 각광을 받으면서 기업들은 마케팅 정보 수집에 더욱 박차를 가하고 있다. 그러나 수단 방법을 가리지 않고 경쟁자나 고객에 대한 정보를 수집하고 이를 마케팅에 이용하려고 하면 법률적·윤리적 문제에 부딪히게 될 가능성이 높다. 여기서는 마케팅 정보와 관련된 두 가지 대표적인 문제—경쟁자 정보 수집과 개인정보 보호—를 살펴보기로 하자.

(1) 경쟁자 정보 수집

유능한 마케터라면 경쟁자에 대한 정보를 끊임없이 수집하여야 한다. 그러나 이러한 활동에 있어서도 윤리적인 관점을 유지하여야 하며, 기만적인 수단을 쓰는 것은 피해야 한다. 〈표 14-1〉에는 경쟁자 정보를 얻을 수 있는 다양한 방법들이 윤리적인 것에서부터 비윤리적인 것에 이르기까지 나와 있다. 이 중에서 아래쪽 2/3는 윤리적으로 모호하거나 명백히 비윤리적이며, 일부는 비합법적인 것으로 처벌을 받을 수 있다.

(2) 개인정보 보호

데이터베이스 마케팅을 하는 기업들이 많아지면서, 이들 기업들이 확보한 방대한 양의 개인정보가 어떤 방법으로 수집되고 외부로 유출되지 않도록 얼마나 잘 관리되고 있는지에 대한 관심이 높아지고 있다.

그러나 우리나라에서는 개인정보 보호 또는 프라이버시 보호에 대한 인식이 낮은 데다가, 법률상의 허점도 많아서 개인정보를 빼돌리는 일들이 자주 발생하였다. 전혀 알지 못하는 사람이나 업체에서 상품 소개서 등을 우송하거나 전화를 걸어왔다면 자신에 대한 정보가 자기도 모르게 유출되었을 가능성이 크다.

지금까지의 관행이 어떤 수준이었느냐와 상관없이, 기업들은 개인정보를 보호하기 위하여 더 한층 노력하지 않으면 안되게 되었다. 개인정보보호는 단순

윤리성	정보원천 또는 수집방법의 예
명백히 윤리적	1. 공개된 출판물, 재판기록, 특허기록, 웹사이트 2. 경쟁사 임직원들이 자발적으로 공개한 정보 3. 시장조사 보고서 4. 공표된 재무기록, 증권사의 분석보고서 5. 판매사원의 보고 6. 경쟁사 상품의 분석 7. 경쟁사를 퇴직한 임직원의 합법적 면접
윤리적으로 모호함	8. 경쟁사의 기술 세미나에서 정체를 숨기고 질문 9. 전시회에서 명찰이나 회사 배지를 떼고 경쟁사 부스 방문 10. 비밀리에 관찰 11. 거짓으로 라이센스나 프랜차이즈 협상 12. 채용계획이 없으면서도 채용공고를 내고, 응시한 경쟁사 임직원 면접 13. 전문 사설탐정 이용 14. 경쟁사에 재직중인 임직원 스카우트
명백히 비윤리적	15. 경쟁사에 잠입하여 정보수집 16. 경쟁사 임직원이나 공급업자에게 뇌물제공 17. 경쟁사에 위장 취업 18. 경쟁사 도청 19. 설계도면 등의 자료 절취 20. 공갈 또는 협박

표 14-1

경쟁자 정보 원천의
윤리성 판정 기준[16]

히 법을 지키기 위한 소극적인 차원이 아니라, **경쟁우위를 확보하기 위한 적극적인 차원에서 접근해야** 한다. 자신에 대한 정보 하나도 제대로 보호해주지 못하는 기업이 있다면, 고객들은 자신의 안전을 위해서라도 스스로 발길을 돌리는 것은 물론이고, 피해보상을 요구하는 소송을 제기하기 때문이다. 국내에서도 개인정보 유출 사건이 발생한 기업들은 수만명의 피해고객들로부터 수백억원대의 소송을 당한 것으로 알려져 있다. 또, 앞에서도 언급한 바와 같이 우리나라는 OECD회원국으로서 개인정보의 보호 수준 역시 OECD 수준으로 높이도록 요구 받고 있다. 2011년에 개정 시행된 '개인정보보호법'은 사업자가 개인정보를 보호해야 할 법적 의무를 크게 강화하였는데, 사업자들은 다음과 같은 원칙을 실천해야 한다.

▶ 무분별한 개인정보 수집자제
▶ 개인정보 수집 시 서비스 제공에 꼭 필요한 필수정보와 선택정보 구분
▶ 주민등록번호 등 고유식별번호와 종교, 건강정보 등 민감정보는 원칙적으로 처리금지

---

16 Worth Wade, *Industrial Espionage and Mis-Use of Trade Secrets* (Ardomore, PA: Advance House, 1965)의 내용을 Patrick E. Murphy, Gene R. Laczniak, Norman E. Bowie, and Thomas A. Klein, *Ethical Marketing* (Pearson Education, 2005), pp. 69~70에서 재인용. 번호가 커질수록 비윤리적인 원천을 나타낸다.

▶ 홍보·판매 목적으로 개인정보 위탁 시 고객에게 고지하고 철저히 관리

▶ 개인정보 파일은 DB보안프로그램, 암호화 소프트웨어 등 안전한 방법을 사용하여 보관

▶ 보관이 필요한 증빙서류는 법령에서 정한 보유기간을 숙지하여 준수

▶ 개인정보 파일을 수집 당시 사용목적에 따라 이용한 후에는 알아볼 수 없도록 파기

▶ CCTV에는 반드시 안내판 설치

▶ 개인정보보호에 관한 지침·문서 등을 반드시 구비

▶ 개인정보 유출 시 즉시 통지하고 신속히 초동 조치 실시; 집단분쟁조정이나 단체소송에 대비

유럽연합(EU)이 2018년부터 시행한 일반 개인정보 보호법(GDPR, General Data Protection Regulation)도 많은 주목을 받았다. 이 법은 EU 거주자의 개인정보를 다루는 모든 기업이나 단체에게 적용되는데, 중대한 위반 행위의 경우 해당 기업의 전 세계 연간 매출액의 4% 또는 2,000만 유로 중 큰 금액을 과징금으로 부여하기로 하여 EU에 사업장을 보유하고 있거나 EU 거주자에게 서비스를 제공하거나 데이터를 활용하는 기업들의 개인정보 정책에 큰 영향을 미치고 있다.

이 장의 요약

이 책을 마감하면서 이 장에서는 마케팅 윤리를 다루었다. 먼저 기업들이 마케팅 윤리에 대해서 관심을 가져야 하는 이유들을 살펴보았고, 상품, 가격, 촉진, 유통, 마케팅 정보와 관련된 대표적인 윤리적인 문제들을 다루었다. 상품과 관련된 윤리적 문제들로서 상품의 결함으로 인한 문제, 술, 담배 등과 같이 원래 위험한 상품이 일으키는 문제, 성분·효능에 대한 허위표시, 상품으로 인한 환경오염문제 등을 다루었고, 가격 관련 문제들로서 가격경쟁을 제한하는 행위, 기만적인 가격광고, 실질적인 가격인상, 그리고 유보가격을 이용한 가격결정 등을 알아보았다. 촉진 중에서 광고와 관련해서는 허위광고와 오도광고, 어린이를 대상으로 하는 광고 등을, PR 및 구전과 관련해서는 허위 또는 부정확한 사실을 언론에 전달하는 문제, 언론인에게 뇌물이나 향응을 제공하는 문제, 파워 블로거의 기만적인 추천 행위 등을, 인적판매와 관련해서는 고객이나 경쟁자와의 관계에서 일어날 수 있는 여러 가지 문제들을 다루었다. 유통과 관련된 윤리적인 문제로서

우월적 지위를 남용하는 사례들을 알아보았다. 그리고 마케팅 정보와 관련된 문제로서 경쟁자정보수집과 개인정보보호 문제를 다루었다.

윤리적으로 마케팅을 하자는 것은 막연히 도덕군자가 되자는 뜻이 아니라, 궁극적으로 기업의 경쟁력을 높이자는 뜻임을 기억하여야 한다.

더 읽어 볼 거리

1. 마케팅 윤리에 대한 전반적인 내용은 다음을 참조하시오:

이종영, *기업윤리*, 제7판 (탑북스, 2011).

Patrick E. Murphy, Gene R. Laczniak, Norman E. Bowie, and Thomas A. Klein, *Ethical Marketing* (Pearson Education, 2005).

국문
색인

[저자소개]

박찬수 교수는 고려대학교 경영대학에 재직하고 있다. 서울대학교 경영대학을 졸업한 후, 미시 간대학교에서 경영학석사, 스탠포드대학교에서 통계학석사 및 경영학박사 학위를 받았다. 미시 간대학교 재학 중에는 전 학년 수석으로 외국인으로서는 처음으로 헨리 포드 2세 장학생(Henry Ford II Scholar)으로 선발되었고, 스탠포드대학교 재학 중에는 미국마케팅학회의 Doctoral Consortium Fellow로 선발되기도 하였다. 박 교수가 고객 지향적인 신상품 개발 기법과 브랜드 자산 측정 분야에서 내놓은 연구 성과는 국내외에서 높은 인정을 받고 있다. *Journal of Marketing Research*에 발표한 논문, 'A Survey-Based Method for Measuring and Understanding Brand Equities and its Extendibility'는 마케팅 조사 분야의 발전에 기여한 공로를 인정받아서 미국마 케팅학회 (American Marketing Association)가 수여하는 도널드 레이먼 상 (Donald R. Lehmann Award) 수상작으로 선정되었다. 또, *Management Science*에 발표한 논문, 'An Approach to the Measurement, Analysis, and Prediction of Brand Equity and Its Sources,'는 INFORMS (The Institute for Operations Research and the Management Sciences)가 수여하는 존 리틀 최 우수논문상 (John D.C. Little Best Paper Award)의 Finalist로 선정되었다. 이러한 연구 활동과 함께, 박 교수는 고려대학교가 수여하는 석탑강의상을 13회 수상하였고, 유수의 기업들을 대상 으로 강의와 자문 활동을 지속적으로 해오면서 이론과 실무를 접목시키기 위하여 많은 노력을 하고 있다.

마케팅원리 [제7판]

2000년	1월	5일	초판 발행
2002년	1월	5일	제2판 발행
2006년	1월	10일	제3판 발행
2010년	1월	5일	제4판 발행
2014년	1월	5일	제5판 발행
2017년	2월	20일	제5판 6쇄 발행
2018년	1월	5일	제6판 발행
2021년	1월	5일	제6판 3쇄 발행
2022년	12월	5일	제7판 발행

저 자 박 찬 수

발행인 배 효 선

발행처 도서출판 法 文 社

주 소 10881 경기도 파주시 회동길 37-29
등 록 1957년 12월 12일/제2-76호(윤)
전 화 (031)955-6500~6 FAX (031)955-6525
E-mail (영업)bms@bobmunsa.co.kr
        (편집)edit66@bobmunsa.co.kr
홈페이지 http://www.bobmunsa.co.kr

조 판 법 문 사 전 산 실

정가 33,000원   ISBN 978-89-18-91356-8